Friedrich Matz

Antike Bildwerke in Rom Sarkophagreliefs

Friedrich Matz

Antike Bildwerke in Rom Sarkophagreliefs

ISBN/EAN: 9783744629188

Hergestellt in Europa, USA, Kanada, Australien, Japan

Cover: Foto ©Thomas Meinert / pixelio.de

Weitere Bücher finden Sie auf **www.hansebooks.com**

ANTIKE BILDWERKE
IN ROM

MIT AUSSCHLUSS DER GRÖSSEREN SAMMLUNGEN

BESCHRIEBEN
VON

FRIEDRICH MATZ

NACH DES VERFASSERS TODE WEITERGEFÜHRT UND HERAUSGEGEBEN
VON

F. VON DUHN

GEDRUCKT MIT UNTERSTÜTZUNG DES KAISERL. DEUTSCHEN ARCHÄOLOGISCHEN INSTITUTS

ZWEITER BAND
SARKOPHAGRELIEFS

LEIPZIG

DRUCK UND VERLAG VON BREITKOPF & HÄRTEL

1881

INHALTS-VERZEICHNIS.

NACHTRAG.

ZEICHEN UND ABKÜRZUNGEN.

[ ] Zusätze des Herausgebers.

O Monumente, welche vom Herausgeber nicht haben revidirt werden können.

* Monumente, deren Aufstellung nur eine summarische Beschreibung ohne Garantie für die Einzelheiten gestattete.

H.: Höhe.

L.: Länge.

Br.: Breite.

Lgr.: Lebensgröße.

Gr. H. (L. oder Br.): Größte Höhe (Länge oder Breite).

Tsl.: Torsolänge.

Gsl.: Gesichtslänge.

Gr. M.: Griechischer Marmor.

It. M.: Italischer Marmor.

N. Cl.: Nach Clarac.

K.: Kopf.

H.-K.: Hermenkopf.

S.: Sarkophag.

K.-S.: Kindersarkophag.

S.-D.: Sarkophagdeckel.

S.-Fr.: Sarkophagfragment.

S.-Nbs.: Sarkophagnebenseite.

S.-P.: Sarkophagplatte.

S.-U.-B.: Sarkophagunterbalken.

R.: Relief.

R.-Fr.: Relieffragment.

e. f.: en face.

e. p.: en profil.

P.: Palazzo.

V.: Villa.

Stud.: Studio.

n. l.: nach links.

n. r.: nach rechts.

Hgr.: Hintergrund.

Vgr.: Vordergrund.

Zoega A.: Zoega, handschriftlicher Apparat zu den Bassirilievi.

SARKOPHAGE.

GRIECHISCHE SARKOPHAGE.

[Vgl. Matz, *Arch. Zeit.* 1873, 11 ff.]

2207. S. Maria sopra Minerva.

Zeichnung: Cod. Cob. 490, 197.

Abgeb.: Braun, *Ant. Mw.* II, 7.

[Vgl. Welcker, *A. D.* I, 208; *Ann. dell' Ist.* 1859, 63, 10 (Michaelis); *Arch. Zeit.* 1873, 15, 24 (Matz).]

S. L. 2,12. Gesammthöhe 0,61. Höhe der Bildfläche 0,18. [Gr. M.] Nur die Vorderseite des Sarkophages ist sichtbar. Die das Relief einschließenden, architektonischen Glieder sind folgende: über der dicken, als Unterlage dienenden Marmorplatte zieht sich eine wulstige, gleichmäßige, im Profil halbrunde Guirlande aus schuppenförmig dicht zusammengelegten Blättern (mit Früchten: Lorbeer), die von Zeit zu Zeit unterbunden ist. Oben eine Leiste mit dem Eierstab.

An den Ecken in der Höhe derb gebildete Stierköpfe, von denen breite Tänien herabhängen. Die Darstellung selbst ist folgende. Der jugendliche, unbärtige Herakles [Winckelmann würde Pankratiastenohren constatiren] hat sich n. r. über den Löwen geworfen und würgt ihn, indem er seinen Hals mit beiden Armen, die Hände in einander gelegt, umklammert hält. Der Löwe seinerseits hat das l. Hinterbein erhoben und drückt mit der Tatze gegen den Kopf des Herakles. L. ein Baum mit Blättern [Eiche?], gegen den die Keule gelegt ist. [Die Schamhaare sind weggemeißelt. Der Typus des Herakles, nicht bloß die Composition, ist alterthümlich. Ein gleicher S. nach Welcker zu Müller's IIdb. 677 in einer Kirche hinter dem Hymettos.]

[Der S. ist zu einem Grabe verwandt und in eine Nische eingemauert, deren Anlage den Verzierungen nach zu schließen dem 15ten Jahrhundert angehört. Die darunter angebrachte Inschrift lautet: Ioanni arberino iacobi f. nobilitate prudentiaq. insigni ac b. m. qui vix. annis LXXXV m. VI d. V iacobus arberinus f. patri cariss. pos. et s. et s.]

2208. V. Carpegna.

Abgeb.: Doni, *Inscr. praef.* p. IX. (Nur die Vorderseite.)

[Vgl. Matz, *Arch. Zeit.* 1873, 16, 37 M.

s. Auf der Vorderseite: Knaben im Ring- und Faustkampf. Auf das erste Faustkämpferpaar eilt von l. der ganz in ein Himation gehüllte [ebenfalls jugendliche] Brabeut zu, in der R. einen Palmzweig erhebend. Von den beiden Kämpfern ist der eine auf den Rücken gefallen; er stützt sich auf die R. und erhebt die L. Auf sein r. Bein tritt von r. der andere, indem er seine Fäuste schwingt. Diese wie die des Gegners sind mit dem Cestus bewehrt. Zweites Paar: Ein Knabe hat seinen Gegner niedergeworfen und streckt seine Hand nach dem Palmzweig aus, der ihm von dem in ein Himation gehüllten Brabeuten gereicht wird. Drittes Paar: Ein Knabe hat den andern vornüber in's Knie geworfen [und umschlingt ihn, über ihm stehend, mit den Beinen]; er packt ihn mit der L. am Kopfe und ist im Begriff, ihm mit der R. einen Faustschlag zu versetzen. Ein dritter Brabeut [in der L. die Palme] eilt, sich umschauend, n. r. — L. Ns.: L. steht ein Eros mit gekreuzten Beinen e. f. und unterstützt mit beiden Händen eine Schale mit Früchten, die er auf dem Kopfe trägt. Ein zweiter, [bekränzt] mit gekreuzten Beinen dastehend, legt den r. Arm über den Kopf, [in der Hand eine Hypothymis], den l. dagegen um den Nacken eines Gefährten, der in der L. eine gesenkte Fackel hält [und ihn unterstützt]. Von r. schreitet ein vierter [ebenfalls bekränzt] heran, die Doppelflöte blasend. — R. Ns.: Eroten, ausschreitend, halten einen Clipeus, in welchem das Brustbild eines Römers in Toga mit breitem Vorstoß.

Der Deckel [Rückseite glatt] ist, wie es scheint, zugehörig, ragt jedoch an allen Seiten etwas vor. [Vielmehr springt der S. vor.] Auf einer Matratze liegt eine Frau im doppelten Gewand, sich mit dem l. Ellbogen [auf ein Kissen] aufstützend. Ohne allen Grund ist die Figur sehr verkürzt und zeigt die Proportionen der Deckelfiguren etruskischer Aschenkisten. [Das Gewand ist über den Hinterkopf gezogen; die Frisur zeigt noch deutlich die breite, von hinten auf die Höhe des Kopfes genommene Flechte des ausgehenden dritten und des vierten Jahrhunderts.] Am Kopfende steht

ein verschlossener, viereckiger Kasten mit Voluten. Der Sarkophag
hat einen hohen Sockel und ein stark ausgebildetes Gesims. Beide
Theile jedoch ohne irgendwelche Verzierungen. [Die Seitenwände,
welche klineartig die Matratze einfassen, sind in flacher Zeichnung
mit je drei liegenden Rauten geschmückt, in und um welche Rosetten.]

2209. V. Medici.

[Vgl. Matz, *Arch. Zeit.* 1873, 16 ; 37 E.

Inventar Capranica bei Gotti, *Musei di Firenze* 364 : »uno quatro, con cinque
puttini di mezzo rilievo, alto palmi doi, lungo cinque.«]

S.-P. L. gebrochen. Ein Ringerpaar [n. l.]. Der eine Knabe
hat den andern um den Leib gefasst und ist bemüht ihn niederzuwerfen ; dieser scheint keinen bedeutenden Widerstand entgegen-
zusetzen ; sein Kopf ist weggebrochen. Zweites Paar : Der Knabe
zur L., offenbar trunken, hat die r. Hand auf den Kopf, den l. Arm
um den Nacken seines Gefährten gelegt. Ein langes, streifenartiges
Gewandstück zieht sich von der r. Schulter um den Nacken und
fällt vorn über das vorgesetzte l. Bein herab. Der Gefährte hält
in der Hand des gesenkten l. Armes einen Krug. Die fünfte Figur
bildete offenbar die r. Ecke des Sarkophages : der r. Unterarm ist
über den Kopf gelegt und scheint hier eine neben der l. Schläfe
herabhängende Guirlande zu halten, [welche die niedergehende L.
von unten wird unterstützt haben].

2210. V. Borghese.

S.-Fr. R. gebrochen. Auf einem von einem n. l. ausschreitenden
Knaben n. l. geführten Panther sitzt ein nackter Knabe, der zurücksinkend sich mit der l. Hand auf den Rücken des Thieres
stemmt und den r. Arm um den Nacken eines hinter dem Thiere
stehenden Knaben legt. Hinter dem Kopfe des Panthers ein zweiter n. l. ausschreitender Knabe. [L. ein Baumstamm, über den
Gewand hängt.]

ADONIS.

2211. P. Rospigliosi.

Beschr. von Zoega A. 138ᵈ (sehr kurz). — Zeichnung beim Institut.

[Vgl. *Ann.* 1833, 155 (Welcker); 1664, 68 G und 75, 1 (Hirzel).]

S.-P. in fünf Scenen. I. Aufbruch zur Jagd. Aphrodite im doppelten Gewand sitzt n. r. auf einem Stuhl, in der L. das Scepter, die R. wie zur Ermahnung erhebend. L. hinter dem Stuhl im gegürteten, ärmellosen Chiton ein Mädchen, die erhobene (abgebrochene) R. dem im Hintergrunde aufgehängten Vorhange nähernd. Neben dem Stuhle Eros mit gekreuzten Beinen zu Aphrodite emporblickend und sie am Gewande fassend. Vor dieser steht Adonis, augenscheinlich im Begriff, sich n. r. zu entfernen, ganz nackt bis auf ein über die l. Schulter geworfenes Gewandstück; die r. Hand ist gegen die Hüfte gesetzt; der l. Arm ist gebrochen. Im Hintergrunde zwei bärtige Männer: der eine ganz in einen Mantel gehüllt, der andere im Profil n. l. in Chiton mit flachem Hute, eine Lanze (?) schulternd. — II. Durch einen Pfeiler getrennt: Aphrodite von Eros n. r. gezogen im ärmellosen, gegürteten Chiton. Mit der R. fasst sie in der Hüftengegend einen Zipfel ihres nach hinten im Bogen flatternden Mantels. Die L. ist nach vorn ausgestreckt (Z.: »come per far buon augurio(?)«). Weiter n. r. wird von einem unbärtigen Manne in gegürtetem Chiton ein Pferd n. r. geleitet. Über seinen l. Arm hängt ein Mantel herab, in der Hand ruht eine Lanze; [vor dem Pferde ein Hund]. Über den beschriebenen Figuren kommen noch vier andere zum Vorschein, alle in Bewegung n. r. Zunächst links n. r. schreitend ein bärtiger Mann, die R., in der er einen rundlichen Gegenstand hält, erhebend; ein bärtiger Jäger mit flachem Hut (in der Zeichnung Helm); ein bärtiger Mann, in dessen r. Arm eine Lanze; vom vierten Manne ist nur der bärtige Kopf sichtbar. Aus dem Umstande, dass Adonis fehlt, scheint hervorzugehen, dass sich Aphrodite hier auf den Schau-

platz des Unglücks begiebt. — III. Wiederum durch einen Pfeiler
geschieden: fast en face, den Kopf ein wenig n. r. steht ein Mann
in Doppelchlamys; in der L. eine Lanze. Neben ihm Adonis, den
Oberkörper n. r. vornüber gebeugt, legt die l. Hand auf den Kopf
eines Mannes, der vor ihm knieend mit der Verbindung der am
Schenkel befindlichen Wunde beschäftigt ist. Er ist bärtig und
trägt einen gegürteten Chiton mit Halbärmeln. Ein zweiter im
ärmellosen Chiton (nach Z. eine Frau) unterstützt mit der L. Adonis' Kopf. Über dem Nacken des letzteren kommt noch ein bärtiger Kopf zum Vorschein. — IV. Adonis nackt bis auf die Chlamys ist auf den Rücken gestürzt, hält sich mit der aufgestemmten
r. Hand noch halb aufrecht und erhebt die L. [Links hinter Adonis wird Kopf und Hals einer Gestalt sichtbar, gegen welche Adonis gesunken scheint; ihr Geschlecht ist nicht zu bestimmen. Über
ihren Kopf zieht sich ein, wie es scheint, von ihrem l. Arm em-
porgehobenes Gewand hin, wie um den Gefallenen zu schützen.]
Hinter ihm ein Jüngling mit Chlamys in der bekannten Stellung
Meleager's, den aus seiner Höhle hervorbrechenden Eber abfangend.
Ein Jäger fällt ihm dabei von l. in den Arm. Über der Höhle ein
Mann mit Chlamys, im l. Arm eine Lanze, das Unthier mit einem
Steinwurfe bedrohend. In der Höhe neben einem Baume in ganz
kleiner Gestalt ein Berggott, die L. an den Kopf legend, im r.
Arm einen Zweig. — V. Adonis ist n. l. auf einen Felsen nieder-
gesunken, auf welchen er den l. Arm stemmt. Der Kopf ist ein
wenig zurückgebeugt. Der l. Schenkel in der Binde. Von l. tritt
Aphrodite an ihn heran, sein Haupt unterstützend. Unten hockt
Eros. In der Höhe erscheint bis zur Brust ein zuschauender Satyr, Berggott oder (nach der Zeichnung) Eros, [schien mir das Wahr-
scheinlichste].

2212. V. Panfili.

Beschr. von Zoega A. 242.

[Vgl. *Ann. dell' Ist.* 1833, 155 (Welcker); 1845, 402 (de Witte); 1864, 68 II.
und 74 (Hirzel).]

S.-P. L. ein Ansatz von Stucco, der vier Figuren enthält. Darauf:
1. Aphrodite neben dem verwundeten Adonis sitzend; die Göttin
im doppelten Gewande; er nackt. An seinem l. Bein ist ein Eros
beschäftigt [»al lato del sasso dalla parte d'Adone è attaccato un
turcasso e dietro i piedi dell' amorino giace un' arco.« Z.]. R. ein
trauernder Diener in Doppelchlamys, die R. zu dem gesenkten
Haupte emporhebend; im l. Arm einen Speer. Im Hintergrunde die

einander zugewendeten Köpfe zweier Figuren, [welche nach Zoega den Adonis hielten. Der Kopf zur L. ist weiblich, die zur R. ist ganz sichtbar, bärtig, aber jugendlich, mit Chlamys und Jagdstiefeln. Hinter der Scene ein Vorhang. Ergänzt ist der Eros fast ganz mit Ausnahme des Flügels, vom Adonis das verwundete l. Bein, sowie das r. Bein und größtentheils der r. Arm der Aphrodite]. — II. Verwundung des Adonis. Dieser ist n. r., wohin er auch den Kopf wendet [Gesicht neu], in's r. Knie gestürzt [l. Oberschenkel und Knie neu]. Die Arme waren weit ausgestreckt (die Unterarme fehlen), [der r. ganz, der l. ist ergänzt]. Ihm gegenüber der Eber, aus seiner Höhle hervorbrechend und von zwei Hunden angegriffen. L. von dieser Gruppe ein bärtiger Mann im gegürteten Chiton n. r. ausschreitend, die L. erhebend, [Hand und r. Knie neu]; »es fehlt der r. Arm, der gesenkt war, vielleicht um den Sterbenden zu halten«, [nämlich dessen dorthin ausgestreckt gewesenen r. Arm]. Im Hintergrunde n. l. gewendet ein Jüngling, gleichfalls den Arm mit einer Gebärde des Erschrockenseins erhebend. Von einer dritten bärtigen Figur sieht man noch den Kopf. Über der Höhle erscheinen drei Jäger. — III. Adonis' Abschied. Adonis in einem bis auf die Waden reichenden Chiton n. l. abgehend, streckt die R. vor. Der l. Oberarm lag am Körper an. Er blickt nach Aphrodite zurück, die in der Gesellschaft zweier Eroten [der l. fast ganz modern, von dem zur R. das l. Bein neu, das r. fehlend] vor einem Vorhang n. l. gewendet sitzt. Sie lehnt sich mit der L. auf einen Sessel, die R. ist vorgestreckt [Unterarm fehlt]. L. von Adonis drei seiner Jagdgenossen in Chiton und Chlamys, im Begriff fortzugehen; von ihnen trägt der eine einen flachen Jägerhut; die Arme waren zur Seite gestreckt [Beine fehlen]. Hinter dem Sessel der Aphrodite zwei bärtige Jagdgenossen »im Gespräch mit der Göttin«. [Neben Adonis sitzt ein Hund, dessen Kopf und l. Bein fehlen.]

2213. P. Rospigliosi.

Abgeb.: *Ann. dell' Ist.* 1864, Tav. D E. 1.

Vgl. [*Ann.* 1833, 155 (Welcker); Engel, *Kypros* II, 630, 7]; *Ann.* 1862, 161 (Petersen); *Ann.* 1864, 68 F (Hirzel).

Beschr. von Zoega A. 139.

s.-p. 1. Vor einem Vorhang sitzen Aphrodite und der verwundete Adonis, letzterer schlaff den l. Fuß auf einen Schemel setzend. Den r. Arm hat er um den Nacken der Göttin gelegt; der l. wird von der der Scene zugewendeten Amme unterstützt, die in der L. einen länglichen, nicht deutlich ausgedrückten Gegenstand darreicht, »vielleicht eine Salbenflasche«. An der Erde zwischen Aphrodite und Adonis ein Hund. Im Hintergrunde ein n. l.

gewendetes Mädchen »Artemis«. [Der Arm wird nicht von der
Amme, sondern von der sog. Artemis unterstützt.] — II. Adonis
vor der Höhle, aus welcher der Eber hervorbricht [dem ein Hund
in die Seite fällt], niedergestürzt, erhebt vor Schreck die L. und
stemmt die R. auf den Boden. L. von ihm ein bärtiger Mann
in gegürtetem Chiton und Chlamys, einen Stein schleudernd. Drei
andere, gleichfalls Steine werfende Jäger theilweise von der Höhle
verdeckt. — III. Aphrodite sitzt n. l. gewendet auf einem Stuhle;
neben ihr Eros. Sie scheint Adonis, der in der Doppelchlamys
mit dem Speer in der L. von ihr Abschied nimmt, zum Bleiben
überreden zu wollen. L. von diesem erscheint ein bärtiger Mann
in gegürtetem Chiton und Chlamys, auf das Fortgehen des Jünglings wartend.

2214. V. Giustiniani. ○

Abgeb.: *Gall. Giust.* II, tav. 116.

Beschr. von Zoega A. 291.

[Vgl. *Ann. dell' Ist.* 1833, 155 (Welcker); Engel, *Kypros* II, 628, 4; *Ann.* 1845,
348 (Jahn); O. Jahn, *Arch. Beitr.* 45, 4, a; *Ann.* 1864, 68 C (Hirzel).]

S.-P. I. Aphrodite, hinter welcher mit gekreuzten Beinen eine
Dienerin steht, sitzt auf einem Thron (Gesicht, der l. Oberarm, dessen
Hand vielleicht an einen aufgestützten Scepter gelegt war, neu). Neben ihr
ein Eros, der sich zu einer an der Erde sitzenden Taube nieder-
biegt. (Er ist sehr zerstört, der r. Arm neu.) Vor der Göttin steht
Adonis, im Fortgehen begriffen, bekleidet mit einem gegürteten
Chiton (Kopf und Unterarme neu), doch scheint der Köcher, den er an einem
Riemen hält, antik zu sein. Im Hgr. zwischen den beiden Hauptfiguren ragt mit Kopf und Brust ein bärtiger Mann hervor (der r. vor
die Brust gebogene Unterarm neu). Ein Diener in Exomis hält ein Pferd
an der Leine, dessen Schnauze und l. Vorderbein modern. Am Boden
sitzen zwei Hunde (Köpfe neu). Im Hintergrunde eine Eiche. Hinter der Hauptgruppe ist ein Parapetasma ausgespannt. — II. Durch
einen Pilaster getrennt: Adonis (»Kopf neu«), auf den Rücken niedergestürzt in halbsitzender Stellung. Zwei Eroten umgeben ihn
aufrichtend. (An beiden sind die Köpfe, an dem zur L. auch der r., an dem
zur R. der l. Arm neu.) Von l. eilt Aphrodite herbei (der r. rückwärts
erhobene Arm ist modern). Über ihrer r. Schulter erscheint der »mit
dem Petasos bedeckte« Kopf eines Jünglings. Über Adonis: ein
bärtiger Mann in Chiton und Chlamys, der sein Pferd am Zügel
ergriffen hat und im Begriff ist dasselbe n. r. zu reißen: er biegt
den Oberkörper n. r. und blickt mit Entsetzen auf das Geschehene.

Zwischen dem Kopfe des Rosses und dem Aphrodite's erscheinen Brust und Kopf eines trauernden bärtigen Mannes. L. von dem hervorbrechenden Eber, der von zwei Hunden angegriffen wird, sieht man zwei Jäger in gegürtetem Chiton und Chlamys: der eine holt gegen den Eber zu einem Schlage aus, indem er den runden Schild vorhält; (die r. Hand mit dem Schwerte ist modern). Der andere, mehr im Hintergrunde befindliche steht ruhig da; die Haltung der Arme ist ohngefähr die im Stiche angegebene, doch hält er keinen Speer. Beide tragen Stiefeln, der zweite eine Aermeltunica, auf dem Kopfe eine Mütze.

2215. V. Medici.

S.-Fr. Rechts sitzt Aphrodite im doppelten Gewande, den r. gebogenen Arm etwas erhebend (Kopf neu). Neben ihrem Stuhle ein Eros. Vor ihr l. Adonis, Abschied nehmend e. f., den Kopf n. r., (der r. gesenkte Arm ist gebrochen), [das l. Bein fehlt größtentheils]. Im Hintergrunde werden noch zwei Frauen oder Mädchen sichtbar. Schon Zoega bemerkt, das Relief sei zu stark mit Moos bedeckt, um zu entscheiden, ob eine von beiden die Amme sei. [L. hinter Adonis ein Begleiter in der Chlamys.]

2216. Vigna Codini.

S.-Fr. Oben zerstört und an den Seiten gebrochen. Von der auf einem Felsen sitzenden Aphrodite ist nur der untere, mit einem doppelten Gewande bekleidete Körper erhalten. R. von ihr auf dem Felsen sitzt in schlaffer Haltung Adonis. Von der Brust an nach oben zerstört. Ein Eros in halbknieender Stellung ist an seinem l. Bein beschäftigt.

[2217. Vigna Guidi.

S.-Frr. 1) Vor einem Parapetasma n. r. Aphrodite (nur Obertheil erhalten). Der Chiton ist ihr von der r. Schulter niedergeglitten; r. von ihr noch Reste des Adonis, dessen r. Hand ihr über die l. Schulter gelegt, hinter ihrem Rücken sichtbar wird. Hieran schließt sich noch ein Stück der Nbs., die mit einem Greif geschmückt war.

2) Der Eber bricht n. l. aus seiner Grotte hervor, über welcher halben Leibes ein Jäger, bartlos, in Exomis sichtbar wird, mit rundem Hut, die R. entsetzt erhoben (ohne Stein).]

[2218. S. Sebastiano.

K.-S.-Fr. L. und r. unvollständig. In der Mitte ein viereckiges, freigelassenes Inschriftfeld. L. von demselben steht Adonis (Kopf weggebrochen' in Chlamys, nach hinten, unklar wie, angelehnt: an seinem l. Bein ist ein knieender Eros mit einem Schwamm beschäftigt. Des Adonis r. Arm ging zurück (Unterarm weggebrochen), der l. (weggebr.) wurde wahrscheinlich unterstützt durch einen zweiten Eros, der im Hintergrunde oben sichtbar wird. R. von dem Inschriftfeld Eros, mit beiden Händen ein nur theilweise erhaltenes vierfüßiges Thier, wohl den Eber, n. r. schleppend.]

2219. Stud. Altini.

S.-Fr. Auf einem Felsen sitzt fast e. f. [n. r. ein Jüngling, nackt bis auf ein Gewandstück, das über seine Lenden fällt; die R. legt er mit dem Ausdruck des Leidens und der Ermüdung an's Haupt. L. neben ihm in halbknieender Stellung ein junges, leicht bekleidetes Mädchen mit der Haartracht der Psyche, Blick und r. Hand wie erschrocken bittend erhebend, [ihn unterstützend]. Von einer Figur l. ist nur eine Hand, die einen flachen Korb mit Früchten aufstützt, erhalten. R. über dem Kopfe der sitzenden Figur der Arm eines Eros, wie jenen zu stützen. [Die Hand hält an einem Bande einen Feston; das obere Ende des Bandes ist dem Kopfe der von M. versuchsweise für Adonis gehaltenen Figur nahe.]

AMAZONEN.

[S. Troische Sagen Nr. 3352—3360.]

2220. V. Altoviti.

Zeichnung im Apparat des arch. Instituts.

S. L. 1,95. H. 0,33. L. der Nss. 0,47. In der Mitte eine n. l. hin sprengende Amazone, welche, sich weit vorneigend, an der r. Seite ihres Pferdes, unter dem ein Krieger bereits zu Boden gestürzt ist, einen mächtigen Hieb führt gegen einen anderen Griechen. Derselbe hat das r. Knie auf den Boden gestemmt und sucht sich mit dem Schilde zu schützen; aber schon sprengt eine zweite Amazone heran, ebenfalls zum Hiebe mit der Axt gegen ihn ausholend. Hinter ihr zunächst im Hintergrunde ein reiterloses Ross, dann ein Krieger, welcher eine vor ihm in's Knie gestürzte Feindin,

deren R. sich auf eine Lanze stützt, zu fesseln sucht. Andererseits
sieht man, halbverdeckt von dem Pferde der Amazone, in der Mitte
einen Krieger, der mit geschwungenem Schwerte einer anderen,
gleichfalls n. l. hin reitenden Amazone in die Zügel fällt. Hinter
ihr wieder ein reiterloses Pferd und weiter ein Krieger, der eine
vor ihm knieende Amazone überwältigt. An beiden Ecken eine
Nike mit einem Schwerte in der Hand, das aber noch in der Scheide
ruht. L. Ns. Ein Grieche reißt seine Gegnerin an den Haaren
vom Pferde herab, auf dem sie eigenthümlicher Weise seitwärts
sitzt. R. Ns. Ein Krieger eilt drohend hinter einer Amazone her,
welche soeben mit ihrem Ross zu Boden stürzt. Diese Gruppen
werden einerseits durch die genannten Niken, andererseits durch
einen halben Stierschädel eingerahmt.

Die Griechen tragen Helme und kämpfen mit Schwert und
Schild; sie sind völlig unbekleidet. Die Amazonen haben kurzen
Chiton, der in den meisten Fällen die eine Brust nackt lässt. Auf
dem Haupte tragen sie sämmtlich Helme mit hohen Büschen. Die
ihnen eigenthümlichen Waffen: Axt, Pelta und Bogen, sieht man
in ihren Händen und auf dem Boden oder im Felde des Reliefs
zerstreut. Die Niken sind langbekleidet und geflügelt. Die Composition der Hauptseite ist von hoher Vorzüglichkeit. Der Sieg
ist unentschieden: in der Mitte auf Seiten der Amazonen, an den
Ecken auf Seiten der Männer.

2221. P. Salviati.

S.-Fr. Wegen der Überwucherung durch Rankengewächse kaum sichtbar,
[jetzt freier]. R. und l. gebrochen. Ein Krieger in einem Chiton, der
die r. Schulter und einen Theil der Seite bloß lässt, ist n. r. auf's
Gesicht gestürzt. Am l. Arm bemerkt man noch den runden Schild.
Über ihm e. f. erscheint eine (weibliche?) Gestalt, weit ausschreitend, in der R. eine oben und unten gebrochene Lanze, mit der
L. einen ovalen Schild erhebend; [sie trägt einen kurzen bis zum
Knie reichenden Chiton, der l. Brust und Schulter freizulassen
scheint]. L. von ihr ein dem Hintergrunde zusprengendes Ross,
das Kopf und Nacken nach l. einer nackten Figur [mit Helm und
Schild] zuwendet, die es wahrscheinlich nach dieser Seite reißt,
[der vorn liegende Krieger scheint von diesem Ross gestürzt]. Im
Hintergrunde n. l. gewendet noch eine männliche [?] Figur, [zu
Pferde n. r., aber n. l. umblickend]. R. von der Mittelfigur sprengt,
von einem runden Schilde fast verdeckt, ein Krieger [ob männlich?]
n. l. Gegen diesen holt eine andere behelmte Figur [ebenfalls zu

Pferde] n. r. mit der Lanze aus. Vor dem Original zweifelte ich nicht, dass das Fragment einem Amazonensarkophag gehöre.

2222. V. Panfili.

S.-Fr. Nur der untere Rand der Vorderseite ist erhalten; an beiden Ecken etwas mehr. L. bemerkt man neben einem Helm und Amazonenschild eine in's l. Knie gestürzte, gestiefelte Amazone (bis zum Nabel erhalten). R. einen n. l. ruhig gelagerten, die Beine kreuzenden Krieger (Kopf und l. Arm fehlen). [Auf den l. Oberschenkel des Kriegers ist der l. Fuß einer n. l. schreitenden Amazone gesetzt.]

[2223. Via Margutta 53 B.

* S.-Fr. Am Boden liegt eine todte Amazone n. r. ausgestreckt auf der r. Seite, den Kopf auf den r. Arm gelegt; am l. auf dem Körper liegenden Arm noch den Schild. Über sie weg sprengt (auf einem zwar angesetzten, doch wie es scheint zugehörigen Stücke) eine zweite n. r.

Hohes Relief, doch, soweit zu erkennen, gute Arbeit.]

[2224. Vigna Guidi.

S.-Fr. l., r. und oben unvollständig (gr. L. 0,54; gr. H. etwa 0,40). Nach l. liegt am Boden eine todte Amazone, den l. Arm über den Kopf; eine andere stürzt n. r. gerade zusammen: über beide n. r. sprengend eine Figur zu Pferde.

Äußerst zerstört.]

2225. P. Camuccini.

S.-Fr. Erhalten nur die Gestalt einer [mit dem r. Beine vorschreitenden] Amazone e. f., in der l. Hand die sehr verstümmelte Pelta. Kopf und Unterbeine [und r. Hand mit einem Stück Unterarm] weggebrochen. [Auf den Schultern noch Lockenreste; am r. Arm großer Ansatz einer nebengestandenen Figur.]

2225*. P. Colonna.

S.-Fr. Eine Amazone sitzt auf einem n. l. galoppirenden Rosse. Rücklings von demselben herabstürzend lässt sie ihr Schwert fallen.

(Modern.)

[2226. V. Borghese.

K.-S.-Fr. l., und oben unvollständig. Auf dreifach überhöhtem Felsterrain liegen drei todte Amazonen, die eine entblößten Hauptes, die zweite mit der spitzen Mütze und dem Köcher an der Seite, alle im enganliegenden Chiton mit kurzen Ärmeln.]

2227. V. Panfili.

Beschr. von Zoega A. 260 als »frammento di fregio«.

s.-Fr.? Amazone mit Helm in kurzem, anliegendem, die r. Brust ganz nackt lassendem Gewande, sprengt auf einem galoppirenden Pferde u. r. Sie holt (Arm gebrochen) gegen einen, unter dem Ross hingestürzten, nackten, behelmten griechischen Krieger mit der verloren gegangenen Axt aus. Dieser ist in's l. Knie gesunken, das r. Bein bleibt ausgestreckt; er wehrt sich mit der R. Links von der Vorstellung erhebt sich ein schlanker, geschweifter Pfosten, oben durch eine einfache Verzierung abgeschlossen; rechts ist dieses Glied von Stuck wiederholt. An der Ecke [r. von der Gruppe] eine geflügelte, bekleidete Nike n. r., einen Feston vor sich haltend. [Kopf, Theile der Brust und l. Arm aus Stuck.]

Gutes, sorgfältiges Relief, glatt und rundlich ausgearbeitet; im Stil zu einem Fragment am großen Columbarium stimmend [s. folg. Nr.; jedoch nicht in den Proportionen].

2228. V. Panfili.

s.-Fr. Auf einem Pferde mit kurz geschorener Mähne reitet eine Amazone im kurzen, die r. Brust bloß lassenden Gewande, den Helm auf dem Haupte, u. l. An der Ecke r. eine bekleidete, geflügelte Nike, mit beiden Händen einen Feston vor sich haltend.

Arbeit und Marmor lassen dies Fragment zu dem an der Hinterwand des Casino, r. neben dem Balcon eingemauerten zugehörig erscheinen [s. vor. Nr.].

2229. S. Lorenzo f. l. m.

s.-Fr.? Das Relief (für einen S. zu sorgfältig) ist an allen Seiten gebrochen. H. 0,15; Br. 0,20. R. steht ein Rind (bis zum Nacken erhalten), das den Kopf etwas neigt, wie um einen Amazonenschild zu beschnuppern [?], dessen innere Seite mit dem πόρπαξ sich dem Beschauer zeigt; [hinter diesem, wie mir scheint, noch ein zweiter Schild]; über dem Nacken des Rindes werden noch einige Gewandfalten sichtbar, [und, wie mir scheint, ein Joch, was die Kopfhaltung vollkommen erklären würde].

ARES UND APHRODITE.

|2230. P. Albani.

Abgeb.: Winckelmann, *Mon. ined.* 28 (sehr schlecht); Magnan, *Ville de Rome* (1778) 73. 74; Zoega, *Bassiril.* I, Tav. II.
Vgl. Winckelmann a. a. O., und *Werke* II, 549; Zoega a. a. O.; *Bull. dell' Ist.* 1849, 62 (Brunn); *Mem. dell' Ist.* II, 153 (Lübbert); *Arch. Zeit.* 1866, 261 (Helbig); *Arch. Zeit.* 1866, 297*.

s.-p. Auf einer Kline, die getragen wird von zwei knieenden Knaben, wahrscheinlich Eroten, welche nach Atlantenart die Arme über den Kopf legen, und mit Polster und hohen Seitenlehnen versehen ist, sitzt n. r. Aphrodite, den Oberkörper e. f., den Kopf leicht n. l. gewandt; das unter ihr gebreitete Gewand lässt sie ganz unbedeckt; es bauscht sich über ihrem Kopf, und wird von der r. Hand (Arm weggebrochen) über der Schulter erfasst; in der niedergehenden L. hält sie nach Zoega eine Hypothymis. Ich habe bei der ungünstigen Aufstellung des Originals nicht entscheiden können, ob es nicht vielleicht nur der Gewandzipfel ist, den sie ergriffen hat, um sich damit zu decken. (So vermuthet auch Brunn; Helbig giebt zwar an, das »Original« spräche dagegen; da er jedoch dasselbe als in Villa Albani existirend annimmt, wird man geneigt sein, die Autopsie anzuzweifeln.) Den Kopf schmückt eine Stephane; Locken fallen auf die Schultern nieder; (neu sind ihre beiden Unterbeine, doch ist der l. Fuß theilweise alt). Links von ihr Ares, der bis auf Schwert und Helm seine Rüstung abgelegt hat, im Begriff, auf die Kline zu steigen; den l. Fuß hat er hoch auftretend auf den umgekehrten Schild gesetzt, der r. steht abstoßend auf dem am Boden liegenden Panzer. Den l. Unterarm hatte er zu Aphrodite erhoben (Hand weg); der gesenkt gewesene r. Arm ist ganz weggebrochen; (das r. Bein vom Ansatz bis zum Fuße ist ganz neu, ebenso das l.) Zwischen beiden in der Höhe flattert von hinten herbei ein Eros, mit den Händen im Begriff, ihr bauschendes Gewand vor den Blicken des Ares zu öffnen; zu Füßen des Ares kauert ein anderer Eros, von dem nur wenig erhalten ist. Rings um diese in sich ganz abgeschlossene Scene sind die Götter versammelt. Von l. heran tritt zunächst Hephaistos in der Exomis, beide Hände wie demonstrirend vorgestreckt. (Kopf mit Hals und r. Schulter ist neu, der r. Unterarm großentheils fort.) Sein Blick ist in der Ergänzung gewiss richtig, ebenso wie der der zunächst auf ihn folgenden Götter auf die links im Vordergrunde sitzende Kybele gerichtet, die dea Syria, in deren Bezirk die Liebesverbindung statt hatte nach einer Version der alexandrinischen Dichtung (Dilthey, *Ann. dell' Ist.* 1875, 22). Kybele sitzt auf ihrem Throne, ihre Löwen neben sich, in gewohnter Weise dargestellt. Im Hgr. zwischen ihr und Hephaistos noch Hermes mit dem Kerykeion und Gewand auf der l. Schulter, (r. Arm weggebrochen, Kopf modern), und Demeter(?) [nach Welcker, *Zeitschr. f. G. u. A. d. a. K.* 214: Moira] in gegürtetem, ärmellosem Chiton und über den Kopf gebauschtem Gewand; (Kopf neu, r. Unterarm fort). Hinter dem Throne der Kybele stand zunächst (ganz klein, und jetzt fast ganz fort) eine bekleidete Gestalt, für die es allerdings nahe liegt an Attis zu denken; hinter derselben, mehr zurück, Apollon mit Chlamys, in der L. die Lyra, neben sich einen Lorbeerbaum, (Kopf neu, r. Hand fort); alsdann ein ganz flacher weiblicher Kopf n. r. [Muse?], dann die Umrisse einer ganz fortgebrochenen, sich n. l. umsehenden Figur, über deren vorgestreckten l. Arm ein Gewand fiel. L. im Vordergrunde ein aufgerichtetes Seewesen, von dem Zoega versichert, es könne kein Delphin, sondern nur eine Pistrix sein, und daneben, ganz im Vordergrunde, noch der r. Fuß einer gänzlich weggebrochenen Figur (Poseidon?). Dieser Fuß wäre mit der von Zoega hier vorausgesetzten Figur eines Okeanos in keiner Weise vereinbar. Zwischen Hephaistos und der Liebesgruppe wird im Hintergrunde noch eine oben mit der Chlamys bekleidete, jugendliche, männliche Figur c. f. sichtbar (Helios?). Rechts steht zunächst hinter der Kline eine männliche Figur c. f., von der nur der Oberkörper sichtbar wird, nackt bis auf etwas Gewand auf der l. Schulter; ergänzt ist der Kopf, wohl richtig als Zeus (der r. Arm ist über dem Ellbogen abgebrochen). Dann, n. r. gewandt, Herakles, links die Keule geschultert, merkwürdiger Weise statt des Felles ein Gewand um, von der l. Schulter zur r. Hüfte; (der Kopf ist ergänzt, r. Unterarm und Hand sind größtentheils fort); rechts neben ihm Dionysos c. f., in der Nebris, den l. Arm (Unterarm und Hand fort) auf einen (jetzt fortgebrochenen) Thyrsos gestützt; der r. Arm ging nieder, (Unterarm auch fort). Der (ergänzte) Kopf ist richtig n. l. gewandt. Im Vordergrunde am Boden liegt n. r. Ge, die Beine mit einem Mantel bedeckt, im r., auf einen Stier gestützten Arm ihr Füllhorn, (Kopf und Füße neu).

Die Winckelmann'sche Deutung, von Zoega verworfen, ist von Brunn selbständig wiederholt und gewiss richtig, demnach Iusti's Tadel (Winckelmann II, 2, 364) ungerecht.

Soweit die Zerstörung noch urtheilen lässt, war die Arbeit gut. Zoega: »eseguito in quella maniera andante, che sogliamo incontrare nei monumenti sepolcrali del secondo secolo.«]

2231. V. Pacca.

s. Geriefelt. An den Ecken oblonge Felder mit Reliefdarstellung; beide durch eine Querleiste ungleich getheilt. In den oberen größeren Abtheilungen: l. Aphrodite, die R. vor die Brust legend, mit der L. ein sie umflatterndes Gewand, das die vordere Seite des Körpers nirgends verhüllt, vor den Schoß ziehend. Rechts: Ares nackt, mit der r. Hand den oberen Rand des neben ihm stehenden Schildes berührend, die L. an eine Lanze legend [an der l. Seite hängt am Bande das Schwert]. In den unteren Abtheilungen: links Eros, sich mit der R. die Thränen abwischend; in der L. hält er eine gesenkte Fackel, mit der er einen an der Erde kriechenden Schmetterling verbrennt. Rechts: Eros in lustiger Bewegung, mit der L. den Schmetterling erhebend, in der R. die Fackel haltend.

2232. V. Giustiniani.

Abgeb.: *Gall. Giust.* II, 103.

[Vgl. Bernoulli, *Aphrodite* 164, 10.]

s.-fr. Wahrscheinlich aus der Mitte eines Sarkophages. Unter einem von Säulen getragenen Bogen steht links n. r. gewendet Aphrodite. Sie ist nackt bis auf ein um die Hüften geschlungenes Gewandstück, welches jedoch das l. Bein, dessen Fuß auf eine kleine Erhöhung gesetzt ist, nicht bedeckt. Das Haar fällt über die Schultern. Mit der R. berührt sie die Brust des vor ihr stehenden Ares; dieser ist nackt bis auf die über die l. Schulter geworfene, hinten lang herabfallende Chlamys. Die R. ist an eine Lanze gelegt, der l. Arm mit dem Schilde bewehrt. Um die Brust läuft der Schwertriemen. Den Kopf bedeckt der Helm.

2233. P. Colonna.

[Vgl. Bernoulli, *Aphrodite* 164, 9.]

Dem vorigen gleich; doch vielleicht modern.

2234. P. Mattei.

Abgeb.: *Mon. Matth.* III, 9; Raoul-Rochette, *Mon. inéd.* pl. VII, 2.

Beschr. von Zoega A. 387.

[Vgl. O. Jahn, *Arch. Beitr.* 166, 183; Bernoulli, *Aphrodite* 164, 8.]

s.-p. Fünf Gruppen unter von korinthischen Pfeilern getragenen Bögen. Das Terrain der ersten und letzten ist durch untergelegte Sockel etwas erhöht. I. Zwei Eroten, die auf einander zu schreiten, halten gemeinschaftlich einen großen Helm, im anderen Arme ruht je ein Vexillum. Beide sind nackt bis auf eine über den Rücken fallende, auf der r. Schulter befestigte Chlamys. — II. Gruppe des Eros und der Psyche, letztere ganz bekleidet. — III. Mittelnische: Rechts steht n. l. gewendet Ares, nackt, mit Helm, Schild und Lanze bewehrt. Die Hand des niedergehenden r. Armes legt er an eine an der Erde stehende viereckige Tafel, deren Bedeutung mir nicht klar ist.*) Aphrodite in der Stellung der Göttin von Melos, bekleidet mit Chiton und um die Hüfte geschlungenem Obergewand, legt die L. auf die Schulter des Ares; [neben Ares liegt auf einem Pfeiler (?) ein abgelegtes Gewand]. — IV. Der schlafenden Rhea Silvia naht sich, von Eros mit der Fackel geführt, Mars mit Helm, Schild und Schwert bewaffnet, mit der R. den Zipfel seiner flatternden Chlamys fassend. — V. Eine Nymphe halb nackt, den r. Arm in die Seite stemmend, lehnt sich mit dem l. Unterarm auf eine von einem Pfeiler getragene Urne. Die Beine sind gekreuzt. Neben ihr schreitet ein bärtiger Mann, sich n. l. umsehend, n. r. [er schreitet n. l., sieht sich also auch nicht um] mit gewaltigem Schritte aus, die r. Hand legt er bedächtig an's Kinn; im l. Arm ruht ein Lagobolon. Den Kopf bedeckt ein flacher Hut. In den Zwickeln der Bögen halben Leibes hervorragende, auf Muscheln blasende Eroten.

---

*) »Forse una specie di riparo militare. Ein großer Theil dieser Tafel ist modern, d. h. die ganze obere Ecke bis zu zwei Drittel der ganzen Höhe. Vielleicht war es ein Attribut in der verlorenen R. der Venus.« Zoega.

MARS UND RHEA.

2235. P. Mattei.

Zeichnungen: Cod. Cob. 457, 168 = Cod. Pigh. 217, 180. Schon restaurirt
unter den Zeichnungen des dal Pozzo bei A. W. Franks.

Abgeb.: Bartoli, *Admir.* 22; *Mon. Matth.* III, 32; [ein Theilstück auch bei
Overbeck, *K.-M.*, Atlas Taf. IX, 31].

Beschr. von Zoega A. 394. Vgl. [Winckelmann, *Mon. ined.* 145]; Zoega, *Bassir.*
I, 249, 2; [II, 206, 15; 207, 19]; Raoul-Rochette, *Mon. inéd.* 30 sqq.; [Jahn, *Arch.*
Beitr. 88, 41; Welcker, *A. D.* II, 204, 1*]; Lübbert, *Memorie dell' Istit. arch.* II,
143; Reifferscheid ebenda 471.

Hauptgruppe im Mittelpunkt des Reliefs. Mars schwebt von
links auf Rhea Silvia zu. Letztere ist n. l. mit dem Oberkörper
ziemlich hoch im Schatten eines sich zu ihren Häupten erhebenden
Eichbaumes gelagert. Der r. Arm ist über den Kopf gelegt, die
l. Hand gegen die Wange; der ganze l. Unterarm mit der Hand
und die Finger der r. Hand sind, wie C. und P. zeigen, ergänzt.
Der Körper bis zur Scham ist völlig nackt; über den Rücken fällt
ein weites Gewand, welches auch die Beine bedeckt [und durch
den Ellbogen des über den Kopf gelegten Armes vorhangartig mit
emporgezogen wird]. An ihr l. Unterbein lehnt sich ein, wie es
scheint, schlummernder Eros. Mars ist nackt bis auf die auf der
r. Schulter befestigte Chlamys. Den Kopf bedeckt ein Helm; an
der l. Seite hängt ein Schwert. Am l. Arm trägt er einen runden
Schild; mit der r. Hand stützt er sich auf den Kopf eines Eros,
der ihn n. r. vorschiebt. Der r. Unterarm des Eros und das
l. Unterbein des Ares sind neu. (C. P.) Ein zweiter Eros schwebt
von r. oben herab und packt die Lanze des Mars. Das Motiv ist
vielleicht antik, doch ist der Kopf des Eros, sowie seine Unterarme und Hände, ebenso die Lanze neu. (C. P.) Mars' Gesicht hat
Porträtzüge und einen kurzgeschorenen Bart, [doch ist die ganze
äußere — rechte — Seite mit Nase und Mund neu]. Ebenso ist
das Gesicht der Schlafenden Porträt (Frisur der Iulia Domna). Auf

Rhea zu bewegt sich lebhaft ausschreitend, den Kopf halb zurückgewendet, der Schlafgott. Er trägt ein eng anschließendes Gewand
mit langen Ärmeln, darüber ein zweites mit Halbärmeln, das unter
einem breiten Gürtel aufgeschürzt scheint und bis zu den Knieen
reicht. Von den Schultern hängt die Chlamys herab, welcher zum
Trotz auf dem Rücken doch große Schmetterlingsflügel sichtbar werden. Haar und Bart sind dicht und etwas struppig; über der Stirn
sah Zoega zwei Flügelchen. In der l. Hand trägt er eine Schale,
in der r. einen Gegenstand, der in C. und P. wie eine kurze Fackel
mit lodernder Flamme aussieht, jedoch wohl das gewöhnliche Horn
mit dem ausfließenden Safte sein soll. R. von Rhea lagert Tellus
vom Rücken gesehen, nur die Beine bedeckt. Mit der l. Hand
(Arm und Hand fehlen in P. und C.) fasst sie ein Füllhorn, aus dem
Früchte hervorragen, und wird dabei unterstützt von einem Eros
(l. Arm fehlt in P. und C.). Ein zweiter Eros flattert von r. oben über
ihrem Haupte herab. (Arme fehlen in P. und C.) Der Kopf der Göttin
ist neu, ebenso der der Ziege, die neben ihr liegt. L. entsprechend,
halb in den Wellen gelagert der bärtige Oceanus. Er umfasst ein
oben modernes Füllhorn oder eine große Muscheltrompete, Zoega:
»buccina«, [durchaus das Wahrscheinlichste], wobei ihn ein Eros unterstützt. Die r. Hand des Oceanus ist antik, der Unterarm [mit dem Ellbogen]
nach C. und P. neu, ebenso ist modern der r. Unterarm des Eros. Hinter seinem
Rücken im Wasser ein kleiner Ruderer (Eros?) [sicher] im Boote,
vor ihm ein Seedrache, dessen Kopf auf P. und C. fehlt. Hinter ihm
steht mit gekreuzten Beinen eine Frau. Ein Mantel, der auf der
l. Schulter aufliegt, ist über den Rücken herabgeglitten und lässt
den Körper bis zur Scham frei. Der r. Arm ist vorgestreckt und
die Hand greift nach der Restauration an eine der Krebsscheeren
des Oceanus. Dies Motiv ist durch nichts indicirt. In C. und P.
fehlt der ganze Unterarm mit der Hand; das Gesicht des Weibes war, wie C.
und P. zeigen, stark zerstört und ist jetzt restaurirt; derselben Restauration wird
auch das seltsame Tuch unter dem Kinn [und am Hinterkopf] verdankt, sowie
das wulstige, nur theilweise vorhandene Halsband[?]. Modern ist auch die l. Hand.
L. über der r. Schulter dieser Frau (nach Reifferscheid: Acca La-
rentia) erscheint eine männliche Figur c. f. in einer Art Exomis;
im l. Arm das Lagobolon. Gesichtsmaske neu (Reifferscheid: Faustulus).
Von den Göttern in der oberen Reihe ist durch Größe Iuno aus-
gezeichnet, die über der liegenden Tellus auf einem Sessel mit
Armlehne n. l. thront. Sie trägt einen gegürteten, ärmellosen Chiton, der von der l. Schulter herabgeglitten ist. Auf dem Haupte,
über welches hinten schleierartig der Mantel herabfällt, der Knie
und Beine bedeckt, ein Diadem. Mit der R. stützt sie ein Scepter

auf, doch ist dieses wie der Unterarm, wie C. und P. zeigen, neu. Neu sind auch die Finger der l. Hand und die auf den Zeichnungen sehr zerstörte Gesichtsmaske. Hinter ihr erhebt sich ein wahrscheinlich viersäuliger Tempel. Ein zweiter Tempel, wie es scheint korinthischer Ordnung, schließt sich n. l. an. Die Vorderseite mit vier Säulen erscheint in Verkürzung; im Giebelfeld ein Kranz mit Tänien. Neben der Langseite sitzt n. l. Vulcan, Kopf und Oberkörper n. r. Mit der R. stützt er eine große brennende Fackel auf. In P. und C. fehlt diese und der r. Arm ist von der Mitte seines oberen Theiles an abgebrochen; worauf der l. Ellbogen ruht, ist nicht deutlich. Der Kopf ist von der gewöhnlichen konischen Mütze bedeckt. Das l. Bein ist nach Ausweis von P. und C. modern. In der Höhe befinden sich zwei Ziegen, eine liegend, die andere stehend. In der l. Ecke erscheint Sol auf einem Viergespann; er ist mit einer Ärmeltunica und einer Chlamys bekleidet. P. und C. zeigen den r. Unterarm weggebrochen. Vor ihm strebt eine große, sehr kräftig gebildete jugendliche Figur mit auffallend schnigem Brustkorbe aufwärts. Den Kopf, welchen hinten reiches Haar bedeckt, wendet sie nach Sol zurück, mit der R. erhebt sie hoch eine Fackel, von der nur die Flamme antik ist, Hand und Unterarm modern. Über ein Gewandstück neben dem Ellbogen des gebogenen l. Armes, das auf P. und C. erscheint, kann ich keine Auskunft geben. [Über den l. Arm fällt ein Gewandstück, das vielleicht mit dem um die Hüften geschlungenen in Zusammenhang steht.] Die Figur ist übrigens nackt bis auf ein um die Hüften geschlungenes schmales Tuch. Über ihrer r. Schulter erscheinen in der Höhe Kopf und Brust eines Mannes mit struppigem Bart und Haar. Man wird anzunehmen haben, dass er die gewundene Muschel hält, die neben seiner l. Schulter erscheint. Er kann demnach als Windgott bezeichnet werden.

Von Montfaucon für Mars und Venus erklärt, von Winckelmann auf Peleus und Thetis bezogen; das Richtige lässt schon Zoega in seiner Beschreibung durchblicken; ihm folgen Lübbert und Reifferscheid. Vgl. Juvenal, *Sat.* XI, 106: »nudam effigiem clipeo venientis et hasta pendentisque dei.«

2236. P. Mattei.

Abgeb.: Spence, *Polymetis* Dial. VII. IX (in Einzelheiten besser und genauer als bei Winckelmann, der unbegreiflicher Weise seine sehr schlechte Abbildung für treuer hält); Winckelmann, *Mon. ined.* n. 110. Diese Zeichnung liegt auch zu Grunde der ausgeführteren in den *Mon. Matth.* III, 33.
Beschr. von Zoega A. 276 ff. Bespr.: Zoega, *Bassir.* I, 249, n. 2 [II, 206, 15; 207, 19]; Raoul-Rochette, *Mon. ined.* 30 sqq. [Welcker, *A. D.* II, 204, 1*]; *Memorie dell' Ist. arch.* II, 143 (Lübbert); ebenda 464 (Reifferscheid).

Die Mittelgruppe stimmt mit der des Reliefs an der Treppe vollkommen überein. An der Rhea bemerkt man keine Restaurationen. Die Augen des an ihrer r. Seite angelehnten Eros sind geschlossen. Das Thier, das hinter dem r. Bein des Mars zum Vorschein kommt, ist dem Anschein nach ein Löwe, jedoch modern (L.). Mars scheint hier nicht zu schweben, sondern vorsichtig auf den Zehen zu schreiten. Von dem Eros, der sich an sein l. Bein klammert, sind nach Z. antik nur ein Theil der Brust, die Schultern und der l. Arm, ebenso der r. Fuß, der am Halse des Seedrachen festsitzt. Auf der l. Schulter befindet sich der auch im Stich angegebene Rest eines Gewandstückes. Über den zweiten (ungeflügelten Eros [s. Jahn, *Arch. Beitr.* 248]', der sich an die Lanze hängt, ist nichts Sicheres auszumachen. Der Kopf des Mars ist Porträt. Auf dem Helme in Relief ein Pegasus: auf dem Schilde undeutliche Ornamente. Der Griff des Schwertes modern, ebenso der mittlere Theil der Lanze mit der Hand. Der r. Arm fehlt (auch in den Stichen' ganz, ein großer Theil des r. Beines ist neu. Auf dem Bauche ein großer Flicken. (Z.) Der Schlafgott über dem Oberkörper der Rhea ragt über einer Brüstung hervor, die aus zwei viereckigen, vorn in einem sehr stumpfen Winkel zusammenstoßenden Tafeln besteht. Z. will auf der zur L., die größtentheils durch den Kopf des Knaben verdeckt wird, noch Spuren eines Reliefs wahrnehmen. Der Schlafgott trägt einen langärmeligen Chiton mit breitem Gürtel. An den Schultern Franzen. Der Kopf ist bärtig; über der Stirn zwei Flügelchen. An den Schultern große Schmetterlingsflügel mit Augen. In der r. Hand hielt er das Horn mit dem einschläfernden Safte (jetzt zu einem Stöckchen bastoncello' restaurirt, der sich hinter der Schulter des Eros verliert: Z.). In der l. Hand ruht ein (unten moderner) Zweig, der sich oben in kleinere Sprossen theilt. (Mohn?) Auf einer Erhöhung hinter dem Kopfe der Schlafenden ein Gegenstand, einer modernen Sanduhr gleichend. Zoega, der in ihm eine Wasseruhr sieht, zweifelt nicht, dass er antik sei. (S. Marquardt, *Röm. Privatalterthümer* II, 374, n. 3356.) L. und r. von dieser Mittelgruppe: r. Tellus mit nacktem Oberkörper vom Rücken gesehen, wendet das mit Ähren bekränzte Haupt n. l.; mit der R. hält sie ein mit Früchten angefülltes Füllhorn, das ein von r. herbeieilender Eros mit der R. unterstützt. Neben ihr liegt eine Ziege (Z.: Widder) mit ergänztem Kopfe, [auf deren Rücken der l. Unterarm der Tellus ruht]. L. halbsitzend n. r. Oceanus mit nacktem Oberleibe; der bärtige Kopf ist n. l. gewandt (der Kopf ist modern, nur ein Theil des Bartes antik). Der l. Ellbogen ruht auf einer Urne (deren Öffnung mit

einem Theil des Armes modern. z.); mit der R. hält er eine große gewundene Muschel. Darunter sitzt in kolossaler Größe nackt bis
auf ein unbedeutendes Gewandstück, das über den r. Schenkel fällt,
ein bärtiger Mann. Neu ist der Kopf und der über diesen gelegte r. Unterarm. Über die Schultern hängen Tänien herab. Zwischen die
Kniee ist ein Ruder gestellt, welches die l. (moderne: Z.) Hand
umfasst. Schaufel und Spitze des Stabes sind antik. (z.) Der Reliefgrund
zwischen den Füßen des sitzenden bärtigen Mannes (nach Z. der
Tiber) und der der Rhea ist nach Z. retouchirt, die Wellen scheinen modernen Ursprungs. Von dem Meerungeheuer neben dem l. Knie des Sitzenden sind nach Z. nur der Kopf und der Anfang der Flossen alt. Mir schien auch
die Windung unverdächtig. An der l. Ecke steht eine jugendliche, weibliche Figur mit gekreuzten Beinen. Der Oberleib ist vollkommen
nackt. Die L. legt sie vor die Stirn; [modern scheint der ganze l. Unterarm mit Ausnahme der Spitze des am Kopfe anliegenden Zeigefingers]; in der
R. hält sie einen Palmzweig. z. sagt, derselbe scheine ihm modern, sowie der Arm mit Ausnahme eines Stückchens an der Schulter. Ursprünglich sei
es vielleicht ein Schilfrohr gewesen. Über der Stirn giebt Winckelmann's
Stich Krebsscheeren, die ich nicht bemerkt habe und deren Existenz Raoul-Rochette 33, 5 in Abrede stellt. Von den Göttern in
der oberen Reihe zieht vor allen wieder die r. thronende Iuno un-
sere Blicke auf sich. Sie trägt den gegürteten, ärmellosen Chiton,
Stephane und Schleier; [es ist vielmehr der Mantel, der unter'm
l. Arm durch-, über den Hinterkopf emporgezogen, dann über die
Beine herunterfällt]; Kopf und beide Arme neu. (z.) Was auf den
Stichen als Rücklehne des Thrones erscheint, hielt Zoega für einen
Tempelgiebel. Hinter ihr steht eine bekleidete Gestalt c. f. Das
Motiv des Darreichens einer Schale ist Erfindung des Zeichners.
Das Gesicht ist jugendlich, schien mir aber nicht weiblich zu sein:
so auch Z., der zweifelt, ob der Kopf einen Helm hat, oder ob er
mit einer phrygischen Mütze, oder endlich ob er mit den Exuvien
eines Thieres [ist mir das Wahrscheinlichste] bedeckt ist. (Reifferscheid sah einen Helm und dachte an Roma.) An's Knie der
Iuno angelehnt ein nacktes Knäbchen, das ihr in's Gesicht sicht.
Über letzterem erscheint mit halbem Leibe Minerva, stark vornüber-
gebeugt, die r. Hand am Kinn, mit dem Ellbogen das l. Knie des
l. von ihr sitzenden Vulcan berührend (ob auf dasselbe gestützt zu
denken?). Zoega hält den Kopf für modern, den Busch dagegen für antik. Im
Hintergrunde ein von einer Schlange umwundener Ölbaum (so auch
der Stich Spences). L. n. r. gewandt Vulcan in der Exomis, den
Kopf n. l., im l. Arm die Fackel, deren oberer Theil sicher antik. (z.)

Beide Hände neu. Eine jugendlich männliche Figur e. f., die r. Hand auf den Kopf legend, die l. aufstützend. Über der r. Schulter Vulcan's ein jugendlicher, mit einer Stirnbinde umwundener Kopf (Liber und Libera: Reifferscheid). Vier andere Gottheiten links von Mars: zunächst Apollo n. l. sitzend, nackt bis auf ein schmales Gewandstück, das von der l. Schulter zum l. Schenkel fällt, neben ihm die Lyra, über welche die l. Hand herabfällt; Kopf neu. (Z.) Über der r. Schulter ein Lorbeerbaum. Diana im leichten Jagdgewand mit Stiefeln, in der Haltung etwa der Minerva entsprechend. Neu die r. Hand, vielleicht auch der Kopf, über dem ein Möndchen. Mercur mit Chlamys und Petasus, im l. Arm den Heroldstab, die erhobene r. Hand wohl modern. Über dem Kopfe des sitzenden Wassergottes Kopf und Brust einer Frau, über der Stirn eine Stephane, das Hinterhaupt verschleiert, neben dem Hals herabfallende Locken (Z.), mit der l. Hand die Stirn beschattend, im r. Arm ein plumpes Scepter. Die l. Hand ist nach Reifferscheid, der die Figur für Vesta hält, modern. Auf dem Zodiacus, auf dem ich nichts Bestimmtes zu erkennen vermochte, sah Zoega noch drei Zeichen: den Löwen, die Jungfrau wie auf der Erde sitzend, die Wage; Lübbert erkannte deutlich den auch auf den Abbildungen gezeichneten Skorpion. Reifferscheid hält den ganzen Zodiacus für modern: »an der Stelle, wo er sich befindet, ist der Grund des Reliefs sehr stark verwittert und an einer [zwei] Stelle[n] auch durchbohrt.« [Zum Zodiacus s. auch Jahn, Arch. Beitr. 58, 41.]

Von Spence für Mars und Nerio erklärt; von Winckelmann auf Peleus und Thetis bezogen. Das Richtige sah auch hier schon Zoega, dann Raoul-Rochette, ihm zustimmend Lübbert und Reifferscheid.

ATHLETEN, CIRCUS, SIEG, OPFER.

2237. Arch. Institut. [1878 in's Berliner Museum versetzt.]
Abgeb.: Gerhard, *Ant. Bildw.* Taf. cxix, 4 (»P. Caetani«).
Vgl. ebenda Text 373.]

s.-D. An den Ecken kraushaarige Athletenköpfe, [deren Ohren Winckelmann Pankratiastenohren nennen würde]. — I. Zwei Opferschlächter führen zwei Stiere am Horn; das zweite der Thiere ist widerspänstig. Ein um die Hüften geschürztes Gewand bedeckt Unterleib und Beine: in der R. halten sie das Beil. — II. Von den drei folgenden zu einer Gruppe vereinigten Figuren ist die mittlere der Sieger: er steht e. f., im l. Arm den Palmzweig; mit der R. drückt er sich den Kranz auf's Haupt, welchen ihm der r. von ihm stehende, völlig bekleidete Kampfrichter aufgesetzt hat. L. steht ein Hornbläser in gegürteter Tunica und Mäntelchen. [Zwischen dieser Gruppe und der vorigen steht eine Palme.] L. ein vierbeiniger Tisch, auf dem ein Wedel, ein dicker, von einer umlaufenden Binde umwundener Kranz, und ein pyramidal zugehendes, deckelartiges Geräth liegen. — III. Ein nackter, n. r. galoppirender Reiter.

2238. P. Merolli.

s.-D.-Fr. L. der Rest der Inschrifttafel, auf der die [eigentlich nur eingeritzten] Schriftzüge:

R. davon ein Kampfrichter im Mantel, in der [l.] Hand einen Stab, [in der r. den Büschel]. Weiter ein nackter Ringer, n. r. vorstürzend. Von seinem Gegner ist nur noch der den Nacken umfassende Arm erhalten.

2239. P. Rondinini.

S.-D.-Fr. Von der Gruppe eines Opferstieres, der von dem mit dem Beile versehenen Schlächter n. l. geleitet wird, ist nur ein Fragment übrig. Hinterher jagen zwei nackte Knaben auf weit ausgreifenden Rennern. An der r. Ecke ist die Eckmaske, jugendlich männlich und unbärtig erhalten [Herakles].

[2240. P. Rusticucci.

K.-S.-Fr. L. Ecke. L. Pfeiler, auf dem ein Bogen n. r. aufsetzt. Neben ihm steht zunächst ein Knabe e. f., wie in Bewegung n. l., den Kopf n. r. wendend, die r. Hand n. l. ausgestreckt: mit der l. führt er den auf der l. Schulter aufliegenden Mantel vor die Beine. R. ein anderer Knabe n. r., welcher mit beiden Händen etwas wie ein Thier oder großes Bündel unterstützt, das er auf dem Nacken trägt; (l. Bein und l. Arm fehlen).

L. Nbs. Erhalten ist nur die hintere Hälfte einer n. l. auf einem Fels sitzenden bekleideten Frau, den l. Arm auf den Fels gestützt.]

2241. Arch. Institut.

S.-D. R. abgebrochen. An der Ecke die Maske eines jugendlichen Satyrs. Einem n. r. gewendeten Reiter [in langem Gewande mit Halbärmeln] folgen von l. drei andere in kurzärmeliger, gegürteter Tunica [und Stiefeln] mit Palmzweigen in der L. [wenigstens die beiden zur L.; vom dritten ist nur der Kopf erhalten]: der eine von ihnen eilt mit einem Kranze vor, um den Reiter von hinten kommend zu krönen; (der Kopf des letzteren ist abbozzirt).

[2242. Stud. Jerichau.

K.-S.-Fr. Die Knaben sind bekleidet. Voran einer n. r.: er hat in der R. vor der Brust einen Kranz, und umfasst mit der L. einen unten schmalen, oben breiteren Gegenstand, vielleicht den Kampfrichterzweig oder -wedel; es folgt, sich n. l. umsehend, ein anderer, in der L. eine Palme. Im Grunde noch Füße von zwei anderen.]

2243. V. Altieri.

Beschr. von Zoega A. 339, n. 6.

S.-Fr. [?]. [L. abgeschlossen durch eine vorspringende Leiste, r. durch gerade Fläche, unten, an den Seiten, und oben weggebrochen.] H. 0,37; L. 0,40.

Die Hauptfigur ist eine geflügelte, unten bekleidete Nike, die von r. herbeieilend und den r. Fuß auf einen niedrigen, bekränzten Altar setzend, mit der R. in eine Loosurne greift. Im l. Arm ruht ein Palmzweig. Sie blickt n. l. aufwärts zu einem e. f. dastehenden Manne, der nackt bis auf die Chlamys und im l. Arm einen Speer tragend, in der R. [vor der Brust] einen Kranz hält: [sein Kopf fehlt]. Hinter ihr r. steht Poseidon (?), den r. Fuß auf das Schwanzende eines Delphins stellend; [auf seiner l. Schulter liegt Gewand auf;] [sein Kopf fehlt); mit der r. Hand berührt er den Kopf der Nike. Neben dem Altar zwischen den Füßen der Nike erscheint eine kleine, halb aus der Erde [vielmehr aus Wellen] hervorragende, bärtige Figur, die mit beiden Händen einen Stein (»ovvero un canestro« Zoega) über ihrem Haupte erhebt. Zoega hält die Figur für einen Triton, und glaubt auch, dass das Schwanzende, auf welches der muthmaßliche Poseidon seinen Fuß stellt, zu ihm gehöre: dieses scheint jedoch dafür zu groß. Zu vergleichen ist ein räthselhaftes R.-Fragment in V. Carpegna [Nr. 3495] und ein Bild des P. Rospigliosi [Nr. 4110. 3].

2244. P. Camuccini.

S.-Fr. L. sitzt n. r. [auf einem Felsen] Roma mit entblößter r. Brust, den Mantel auf der l. Schulter befestigt, der über die Schenkel fällt, [und mit Stiefeln]; (der r. Unterarm fehlt). In der [vorgestreckten] L. eine Rolle [oder Stab]. Neben ihr angelehnt ein Schild mit Medusenhaupt. Vor ihr n. r. ein Barbarenknabe mit phrygischer Mütze, Ärmelchiton, Doppelchlamys und Hosen: dann ein römischer Krieger im Harnisch und Kriegsmantel, [Kopf und Extremitäten fehlen], [nur das r. Bein ist ganz da]; man hat ihn sich wohl opfernd zu denken. Im Hintergrunde [hinter diesem Krieger] l.: ein Mann in gegürtetem Chiton und Chlamys mit Kanne in der R., und eine zweite Figur, ebenfalls in gegürtetem Chiton und Chlamys (Köpfe fehlen) [außer dem des Knaben].

Ist stark überarbeitet.

2245. S. Lorenzo f. l. m.

[Abgeb.: Gerhard, *Ant. Bildw.* Taf. cxx, 1 = *Ann. dell' Ist.* 1839, Tav. N 1. Vgl. Gerhard, Text 373; Braun, *Ann.* a. a. O. 249; *Arch. Zeit.* 1847, 54, 21 (Gerhard); *Sächs. Ber.* 1861, 314, 88 (Jahn).]

S. L. 2,05; H. 0,40. [Darstellung eines Circuszuges nach Gerhard.] Ein vierräderiger Wagen wird n. r. von vier Elephanten gezogen; der Wagenkasten ist mit auf Seethieren sitzenden Eroten verziert. Von den darauf stehenden oder sitzenden Figuren ist nicht einmal der Fuß, den Gerhard angiebt, deutlich zu erkennen. Die Elephanten sind mit einem Netz überspannt. Auf ihnen sitzen auf untergebreiteten Decken] vier kleine Figuren in gegürteter Tunica: die erste scheint auf dem Rücken einen Sack zu tragen; der längliche Gegenstand [scheint mir ein allerdings mehr knüppelartiger Stock, an dem der Sack hängt], den sie sonst noch hält, ist ebensowenig zu erkennen, wie der, wie es scheint, identische, den die hinter den Elephanten gehende bärtige Figur trägt. Vor den Elephanten e. f. stehend zwei Männer in Tunica und Toga, der zur R. eine Rolle in der L.

Nach der ohne Inschrift gebliebenen Tafel setzt sich der Zug fort. Acht [bartlose] Männer in gegürteter Tunica tragen ein πῆγμα, auf dem eine Victoria, die den l. Fuß vorsetzt, steht; [dieselbe trug im l. Arm, wie es scheint, einen Palmzweig]. Dreizehn andere, von denen sechs in der Mitte kleiner, tragen ein anderes πῆγμα: darauf auf einem Stuhle mit hoher Rückenlehne n. r. Kybele mit verhülltem Hinterhaupte, auf dem Schoße ein Tympanon. Vorauf zwei springende [gleichsam einen Wagen ziehende] Löwen.

Das Relief ist spät und schlecht.

2246. P. Mattei.

[Abgeb.: *Mon. Matth.* III, 29, 2.]

S.-Fr. Von den Pferden eines n. r. sprengenden Viergespannes sind nur die Köpfe vorhanden. Der Wagenlenker in gegürtetem Chiton und Chlamys blickt sich n. l. um und hebt einen Palmzweig. Über den Köpfen der Rosse im Hintergrunde eine weibliche [bekleidete] Figur: man würde an Nike denken, wenn Flügel sichtbar wären.

2247. Arch. Institut.

S.-Nbs.-Fr. Ringsum gebrochen. Von l. sprengt ein dem Anschein nach vor einen (weggebrochenen) Wagen gespanntes Ross n. r. über einen n. l. gelagerten Flussgott. Darüber schwebt n. r. eine langbekleidete Figur (nur der untere Theil eines Beines erhalten).

[2248. Catacombe di S. Pretestato.

S.-Fr. Ringsum gebrochen. Ein Wagenlenker in langärmeligem Gewande, unbärtig, aber ältlich, fasst die Zügel eines noch ruhig stehenden Zweigespannes. Im Hintergrunde in flacher Zeichnung eine Säulenhalle.]

[2249. P. Merolli.

S.-P. L. unten unvollständig. Nur abbozzirt.

In der Mitte halten zwei Eroten einen Clipeus; links sind von der Darstellung eines Wettrennens noch erhalten die Reste einer Quadriga mit ihrem Führer; vor den Pferden im Hintergrunde die Meilensäule mit ✕, davor zwei unbärtige Tunicati n. r. eilend, hinter einander, sich umblickend; der hintere hält einen Krug. Rechts Rest einer Jagddarstellung: ein bärtiger Reiter in Ärmeltunica und großem Kragen holt aus gegen Hirsche, die in ein Netz getrieben werden: einer liegt bereits verendet vor demselben.]

2250. V. Tomba.

S.-D.-Fr. L. unvollständig. In der Mitte in viereckigem Felde war ein Kopf, von dem noch Reste des wallenden Haares vorhanden, vielleicht Oceanus. Rechts in länglichem Felde ein von r. kommender Elephant, mit einem Netz überhängt, mit dem Rüssel einen gegen ihn stürmenden Stier oder Auerochsen bekämpfend; am Boden liegt ein Löwe todt; ein anderer geht im Hintergrunde n. l. ab. In der Mitte eine Pinie.

Ganz flaches Relief.]

2251. P. Corsetti.

S.-Fr. In zwei Stockwerken stehen auf langen Tischen neben einander breitgedrückte flache Körbe (von der Form, in die gewisse Käsesorten gedrückt werden) mit Kreuzgeflecht. Darin stecken je zwei Palmzweige.

Das Relief ist r. gebrochen.

BACCHISCH.

KINDHEITSPFLEGE DES DIONYSOS.

[2252. P. Cardelli.

S.-Fr. Aus mehreren Stücken zusammengesetzt, doch scheint alles antik bis auf das Viertel unten links. R. und l. unvollständig. Gr. L. etwa 0,60.

Nach l. liegt im Vordergrunde eine Nymphe in ärmellosem Chiton, der jedoch die l. Brust freilässt, an der sie im l., auf ein Felsstück aufgestützten Arm das saugende Dionysosknäbchen hält, den Kopf diesem zugewandt. Über ihr im Hintergrunde über den Felsen erscheint halber Figur c. f. ein bärtiger Mann in kurzärmeligem Chiton und darüber gegürtetem Obergewand, den Kopf, der bärtig ist, ziemlich struppiges Haar und Augensterne zeigt, n. l. oben gewandt. Mit der allein sichtbaren r. Hand fasst er eine Schlange, von der auch um den r. Arm noch mehrere Windungen sichtbar sind. Links von diesem die Figur einer tanzenden Bacchantin, den Oberkörper etwas n. r. gewandt, den Kopf n. l. Ein Chiton wird auf ihrer l. Schulter sichtbar; außerdem ein Mantel, der sich hinter ihr bauscht, und den sie mit der l. Hand an der r. Seite ergreift, während die hinter die l. Schulter zurückgreifende R. den andern Zipfel fasst; zwischen diesem Zipfel und ihrem l. Oberarm eine unklare Masse, die sich flach auch oben auf dem Grunde fortsetzt; der ganze Unterkörper der Figur ist ergänzt. Rechts hinter der liegenden Nymphe sitzt eine andere n. r., mit dem r. Arm auf den Fels gestützt, mit der L. eine ausfließende Urne haltend, welche auf ihrem Schoße ruht. Sie ist bekleidet mit einem gegürteten, ärmellosen, an der r. Schulter niedergeglittenen Chiton und um die Beine geschlagenen Mantel; der n. l. aufwärts gewandte Kopf ist ergänzt. R. von ihr wird der nackte Oberkörper eines n. r. eilen-

den Pan sichtbar, mit Schweinsohren, Bart u. s. w., im r. Arm
ein Lagobolon, den l. vorgestreckt, (doch scheint letzterer nur bis zur
Mitte des Oberarmes alt).

Arbeit spät, aber nicht schlecht.]

2253. V. Medici.

S.-Fr. L. gebrochen. R. sitzt vor einem Felsen, der n. l. eine
Höhle bildet, eine Nymphe in kurzärmeligem Chiton, der von der
r. Schulter herabgeglitten, die r. Brust unbedeckt lässt. Mit beiden Händen hält sie vor sich einen Krug, dessen gesenkter Öffnung Wasser entströmt; dieses wird von einer Nymphe aufgefangen, die l. neben ihr steht und mit beiden Händen ein Becken
unterhält. Sie ist halbnackt; um die Hüften ist ein Gewand geschlungen. Der Kopf ist n. l. zurückgewendet. Von der Scene,
die hier anschloss, ist nur eine gleichfalls halbnackte, n. l. gewendete Nymphe erhalten, [welche den l. Arm vor der Brust erhoben
hat]. Sehr wahrscheinlich von einem Relief, das die Kindheits-
pflege eines Gottes, vermuthlich die des Dionysos darstellte.

[2254. P. Farnese.

Zeichnung der Vorderseite: Cod. Cob. 485, 148 und (nach einer Notiz von Matz
auf dem Lucido der Cob. Zeichnung) in der Sammlung dal Pozzo bei A. W.
Francks »Federzeichnung des 17ten Jahrhunderts n. d. Rest.«

Vgl. Aldroandi 165 (»Farnesina«); *Beschr. Roms* III, 3, 421, 1; Burckhardt,
Cicerone[2] 547, [3] 581, welcher richtig auf die völlige Analogie der Vorderseite mit derjenigen des S.'s im unteren Gange des capitol. Museums links
hinweist.

Beschr. von Zoega A. 166, 5, und 440a, 4: »presso il Sign. Carlo Albagini [scul-
tore] . . S. gr. appartenente alle antichità Farnesiane« (1791); ebendort notirt im Inventar von 1796: *Documenti* I, 207, 394.

S. Groß und an allen vier Seiten sculpirt, doch ist die Arbeit auf der
Rückseite flach und fast nur abbozzirt. Ohne Deckel. L. 2,20. Br. 0,96. H. 1,00.
Gr. M. Nach Aldroandi aus Tivoli.

Vorderseite. Die Eckfigur links bildet ein jugendlicher Satyr
(C. bärtig und porträthaft) mit Nebris um Leib und l. Arm, die
R. über den Kopf, im l. Arm ein Füllhorn, im Tanzschritt nach
vorn. Mit der r. Hand lehnt sich auf seine Schulter eine Bacchantin, die l. Hand in der Hüfte, die Beine gekreuzt, in langem Gewande, das unter der Brust gegürtet, am l. Arm niedergleitet,
(neu: l. Arm von der Schulter bis zur Mitte der Hand, und l. Brust. C. zeigt
die letztere unversehrt, und den l. Arm erst dicht über'm Ellbogen gebrochen).
Sie blickt ehrbar n. l., vorüber an dem Satyr; zwischen beiden
am Boden sitzt ein kleines völlig nacktes Mädchen, n. l. gewandt

und zum Satyr aufblickend, wobei sie mit beiden Händen eine
große Traube hoch hebt, (in C. fehlt der l. Arm von der Mitte ab, die r.
Hand ist zum Munde geführt, aber ohne Traube). Es folgt eine Bacchantin auf den Zehen n. r., mit beiden Händen beschäftigt, von dem
hinter und über der ganzen Scene sich hinziehenden Weinstock
Trauben abzupflücken, sich dabei umblickend zu einem jungen
Satyr, der von links hinten heran kommt, sie anblickt, und im
Begriff ist, mit der R. ihr das bischen Gewand noch wegzuziehen,
das, von einem Gürtel gehalten, nur l. Schulter, Seite, l. Bein,
sowie die Hinterseite der Figur bedeckt. Alsdann eine Bacchantin, trunken n. l. sich anlehnend, wobei sie mit der erhobenen R.
an den Weinstock fasst, (r. Arm, Brust und Seite neu), und unter der
r. Achsel unterstützt wird durch einen mit nebrisartig umgeschlun-
genem Tuch bekleideten, n. l. blickenden Satyrknaben, (l. Bein und
r. Schulter neu; letztere in C. unversehrt), der mit der R. ihr streifen-
artig an den Knieen niedergefallenes Gewand ergreift. Im Übrigen
ist sie bis auf etwas Gewand über der l. Schulter völlig nackt. Im
erhobenen l. Arm hält sie ein Gefäß mit Trauben (unterer Theil des
Gefäßes und l. Unterarm neu: beides in C. unversehrt); der Blick ist schwimmend n. r. gerichtet; über der Stirn eine Binde. Zu ihren Füßen
sitzt l. auf dem Boden ein kleines, unterwärts bekleidetes Mädchen,
Lyra spielend; von r. kommt ein nackter Junge herbei, der in der
erhobenen R. einen unklaren Gegenstand (Schlange? auf C. nur
die Hand zu erkennen) schwingt. Unter den Füßen des Satyrknaben ein Panther n. l., sich zur Lyraspielerin umsehend. Es
folgt eine meist vom Rücken gesehene Bacchantin n. r., den Kopf
zurückgewandt zu einem jungen, nach vorn tänzelnden Satyr, dem
sie die l. Hand (ihr l. Arm und Schulter neu: auf C. unversehrt) auf die
r. Schulter legt. Der Satyr hält im l. Arm (l. Hand neu: auf C. unversehrt) ein spitzes Füllhorn mit Trauben und mit der R. ein Lagobolon, es scheinbar über ihrem Kopfe schwingend; ihr Kopf ist
oben mit einer Art Kappe bedeckt; das Haar fällt im Schopf in
den Nacken nieder; der r. Arm ist nach vorn erhoben. Über die
r. Schulter fällt ein um Hüfte und Oberschenkel gezogenes Gewand: dieses sucht ein anderer Satyr mit der R. neugierig weiter
wegzuziehen, welcher eine folgende Bacchantin in ähnlicher Weise
unterstützt, wie in der vorher beschriebenen Gruppe. Auch diese
Bacchantin gleicht jener völlig; sie hat ebenfalls den Kopf mit
einer Art Kappe bedeckt; nur verhüllt ihr Gewand die Beine etwas
mehr. Ihr l. Arm ist aufwärts gerichtet und fasst eine Traube,
auch lehnt sie sich nach hinten gegen einen Weinstock und kreuzt

die Beine energischer; (neu ist der r. Arm des Satyrknaben, doch sind Fingerreste alt). Zwischen seinen Beinen kniet n. l. vor einem gefüllten Korbe ein Knabe und hebt die R. auf (auf C. nicht zu sehen) zu einem zweiten Knaben, der links aus dem Hintergrunde hervorkommend, in der r. Hand eine Traube hält, (Hand mit Traube und einem Stück Unterarm fehlt auf C.), und mit der erhobenen L. am Gewandzipfel der vom Rücken gesehenen Bacchantin zupft. Dann eine in ein langes feines ungegürtetes Untergewand und um r. Schulter und Beine geschlagenen Mantel gekleidete Bacchantin n. l., welche mit beiden Händen beschäftigt ist, Trauben vom Stock zu nehmen; (ihr l. Arm fehlt in C. größtentheils); ihr Haar hängt hinten in reichem Schopfe nieder. R. von ihr am Boden ein Knabe e. f., über ein Gefäß mit Trauben gebeugt und wie suchend, (r. Arm fehlt auf C.); schließlich als Eckfigur auf einem Weinstockstamm stehend ein Satyrknabe, den l. Arm über den Kopf, im r. Arm ein Füllhorn, (r. Arm und Horn, sowie l. Oberarm neu).

L. Nbs.: Die Eckfigur zur L. bildet ein langbärtiger Silen, epheubekränzt, auf dem Kopfe einen länglichen flachen Korb mit Früchten; der l. Arm war erhoben und unterstützte den Korb, (neu die ganze untere Hälfte und beide Arme). Dann eine Bacchantin n. r., ein Gewand um l. Schulter und Beine, Trauben pflückend, wobei sie von einem vor ihr stehenden Satyr unterstützt wird, der im Bausch seiner Nebris Trauben gesammelt hat. Zwischen beiden am Boden ein gefüllter Korb. Auch sie trägt auf dem Kopfe eine Art Kappe; (modern ist ihr r. Arm mit der Schulter, vom Satyr l. Arm mit Schulter und ein Theil der Nebris). Eine entsprechende Bacchantin kommt von r., in langem feinem ungegürtetem Chiton und Mantel über r. Schulter und Beine; auch sie pflückt mit beiden Händen und hat auf dem Kopfe so eine Kappe: (neu ihre l. Schulter mit einem Theil der Seite, der l. Arm mit Hand und etwas von der Traube). Vor ihr ist ein Knabe auf den Rücken gefallen und streckt zu ihr die l. Hand wie bittend aus; (beide Beine neu). Im Hintergrunde steigt ein anderer Knabe n. r. wie auf einer Leiter in die Höhe und hält mit beiden Händen vor sich eine große Traube, (r. Arm und Schulter neu).

R. Nbs. (weniger gut gearbeitet). R. an der Ecke wieder ein Silen mit Fruchtkorb auf dem Kopfe, über den r. Oberarm hängendem, die Scham verhüllendem Mantel, und Stiefeln. Drei sehr kräftige Weinstöcke geben dieser Seite ein besonders bewaldetes Aussehen. N. r. hingestreckt liegt eine Bacchantin schlafend nach Art der Ariadne, in feinem gegürtetem Obergewand, das von der l. Brust niedergefallen ist, einem Mantel um die Beine, den l. Arm

über den Kopf. Über ihr sitzt auf einem Zweige des Weinstam-
mes ein traubenpflückender Knabe. Von links heran kommt ein
Satyr mit Stiefeln, Früchte in der Nebris, in der hoch erhobenen R. das Lagobolon schwingend. Von rechts schreitet im Hintergrunde auf die schlafende Bacchantin zu ein anderer Satyr, ein
Gewand um die Hüften, die R. erhoben, in der L. einen Henkelkorb mit Trauben. Links hinter der schlafenden Bacchantin liegt
n. r. ein Panther, welcher zu dem von dort kommenden Satyr
aufblickt.

Rückseite (fast nur abbozzirt). L. sitzt n. l. eine nur zur unteren
Hälfte bekleidete Bacchantin, den Kopf im Schlaf zurückgelehnt
auf die l. Hand, die r. über den Kopf. Ein von l. hinten heran-
kommender Satyr in Chlamys befühlt mit der R. ihre r. Brust;
noch weiter l. oben auf dem Weinstock ein kleiner Knabe mit
Früchten im Bausche der Chlamys; in der R. ein Sichelmesser.
R. unterhalb der Schlafenden ein Schwan n. r., welcher, den Kopf
umwendend, denselben ihrem Munde nähert, wie um sie zu liebkosen; vor demselben ein Fruchtkorb. Es folgt eine Bacchantin
mit Gewand um Beine und r. Schulter, n. l., Trauben pflückend,
wobei sie sich u. r. unten umsieht. Dort spielt ein am Boden n. l.
sitzender Knabe mit einem Vogel (Gans?), welcher, den Kopf zurückwendend, mit dem Schnabel seinen Mund liebkosend berührt.
Eine Bacchantin, trunken, wird von einem Satyr in Exomis unterstützt in völlig der Gruppe auf der Vorderseite entsprechender
Weise: derselbe fasst mit der R. ihr streifenartiges Gewand in der
Kniehöhe; sie greift mit der R. in den Weinstock und hält im
l. Arm ein Gefäß mit Früchten, auf welches zu, wie um es ihr zu
entführen, ein Eros von r. oben heranschwebt und es erfasst. Unten sitzt dann ein Knabe am Boden, ein Gefäß voller Trauben umarmend. Darauf ein Silen in einem kurzen, um die Hüften gegürteten Gewande, in der niedergehenden R. eine große Traube, auf
dem l. Arm das Dionysosknäbchen, welches ihm mit der L. in den
Bart fasst. Sein Blick ist n. l. gerichtet. Ein Panther, zwischen
dessen Beinen ein Fruchtkorb steht, schreitet n. r.; auf ihm liegt
ein Knabe, der ihn liebkost. Es folgt eine zumeist vom Rücken
gesehene Bacchantin n. r., um Beine und l. Schulter ein Gewand,
in der erhobenen R. über sich ein Lagobolon; ein Eros fliegt von
l. oben auf sie zu und fasst sie an der Schulter. Vor ihr sitzt
oben auf dem Weinstock ein traubenpickender Rabe, unten ein
Knabe n. l., der auf dem Kopfe einen flachen Korb mit Früchten trägt.

Auf allen vier Seiten ist der Hintergrund durch reiche Weinranken gebildet. Besonders bemerkenswerth ist die treffliche Composition auf Vorder- und Nebenseiten; wie sich etwaige Ergänzungen Albaccini's zu den auf der Pozzo'schen Zeichnung angegebenen Restaurationen verhalten, kann ich nicht entscheiden.

Arbeit und Ergänzungen gleich gut.]

ARIADNE.
[S. auch Nr. 2271. 2347.]

2255. V. Casali.
Beschr. von Zoega A. 32.

Kinder-S. L. 1,20. H. 0,30. T. 0,35. Vds.: Dionysos, vom Wagen herabgestiegen, die L. auf den Thyrsos aufgestützt, legt die
R. auf die Schulter eines l. von ihm stehenden Satyrs. Er betrachtet die vor ihm n. l. gelagerte Ariadne, welche von einem geflügelten, die Fackel haltenden Eros entblößt wird. Ihr zu Häupten
ein (oben ergänzter) Baum. Den Wagen zogen, oder sind vielmehr
als ziehend zu denken — denn jede Spur der Anjochung fehlt —
zwei [jugendliche] Kentauren, die n. l. schreitend den Kopf zu-
rückwenden: der eine hält die Lyra im Arme, der andere bläst die
Doppelflöte (gerade und gebogen). Auf die Mittelscene eilt von
rechts her eine Mänade mit entblößtem l. Bein, deren Oberkörper
falsch als Satyr mit Lagobolon ergänzt ist. Ein zweiter junger
Satyr schreitet n. l., in der L. das Lagobolon. Die Figuren halten die Mitte zwischen Kindern und Erwachsenen. Nss.: sitzende
Greife.

[2256. P. Colonna.
Beschr. von Zoega A. 73. 513 (nur die Notiz p. 513 habe ich vor Augen gehabt:
dort wird auf die eingehendere Beschreibung p. 73 verwiesen); vgl. *Bassir.* II,
206, 15; 209, 27; Jahn, *Arch. Beitr.* 294, 109, J.

s. An den Enden rund. Am Beginn der Rundung l. und r.
Löwenköpfe, welche die mittlere Scene von den begleitenden
trennen.

R. liegt Ariadne, u. l. ausgestreckt, auf den l. Arm gestützt, die R. über den Kopf gelegt, die Beine mit einem Gewand bedeckt: hinter ihr 'unter'm Löwenkopf' ein kleiner Eros (ganz verstümmelt): ein anderer kommt im Hintergrunde von l. heran; r. von diesem, n. r. gewandt, mit einem Gewand (?) über die Schulter, eine Figur (so gut wie völlig zerstört), wohl im Begriff die Schlafende aufzudecken: weiter l. im Hintergrunde eine Bacchantin in enthusiastischer Bewegung n. r., ganz bekleidet, Kopf und Hände erhoben 'r. weggebrochen): kymbelschlagend oder flötenspielend? dann, ebenfalls im Hintergrunde, in ruhigerer Stellung ein sich n. l. umschauender Satyr, über der l. Schulter ein Fell, im r. Arm ein Lagobolon. Im Vordergrunde steigt dann Dionysos vom Wagen, auf Pan gestützt: ein Gewand um Schulter, r. Seite und Beine, mit der L. das Gewand leicht lüftend; er ist merkwürdigerweise weiblich gebildet (wenigstens scheint das Fehlen jeder männlichen Geschlechtsandeutung nicht zufälliger Zerstörung zugeschrieben werden zu dürfen', und damit würde, soweit sie noch bei der fürchterlichen Zerstörung erkennbar, die Haartracht stimmen, welche hinten den aufgebundenen Schopf der Frisuren des dritten Jahrhunderts zu zeigen scheint, so dass der Kopf des Dionysos zu weiblichem Porträt wäre verwandt worden. Den Dionysos führt ein (ganz zerstörter) Eros auf Ariadne zu. Den Wagen zieht ein Kentaurenpaar, von denen der vordere, männliche, sich umschauend, eine riesige Lyra, die Kentaurin die Doppelflöte spielt; beide haben um die Körpermitte Felle geschlungen; zwischen den Kentauren und Dionysos wird im Hintergrunde eine n. r. gewandte Bacchantin sichtbar (sehr zerstört), welche das Tympanon schlägt. Vor den Kentauren am Boden liegt Herakles (s. Stephani, *Mél. gr. rom.* III, 4, 10, und Nr. 2264) n. l., sich umschauend, in der l. Hand ein großes Trinkgefäß. — Es folgt l. vom Löwenkopf eine halb vom Rücken gesehene Bacchantin in enthusiastischer Bewegung n. l., den Kopf emporgeworfen, mit beiden Händen das Tympanon schlagend, den Oberkörper nackt bis auf einen schmalen, von der l. Schulter niederfallenden Gewandstreifen: dieses Gewand sucht ein vor ihr n. l. sich bewegender, mit dem r. Bein hoch auftretender Satyr in Nebris mit der L. (Hand fehlt) ihr zu entreißen; mit der hoch erhobenen R. scheint es, als necke derselbe einen Panther, der zu ihm aufspringt (das l. Bein des Satyrs ist weggebrochen): beim l. Fuß liegt ein abgerissener Bockskopf; weiter l. eine Bacchantin e. f., tanzend, mit der L. ihr bauschendes Gewand haltend, in der gesenkten R. lag ein mit einer Binde umwundener Thyrsos, der ihr unter der

Achsel weg n. l. geht; von dort tänzelt ein Satyr heran, in der
l. erhobenen Hand eine komische Maske, im r. Arm einen Knaben, hinweg über die cista mystica mit angelehntem Deckel, aus
welcher die Schlange kommt; endlich, fast schon auf der Rückseite, Pan, u. l. über eine riesige Silensmaske wegspringend, in
der R. ein Lagobolon schwingend. — An der Rundung r., zunächst
r. vom Löwenkopfe n. l. eine Bacchantin (Oberkörper größtentheils
nackt', im r. Arm einen langen Stab schulternd, im l. ein Tympanon hoch erhebend; dann ein Satyr, halb n. l. gewandt, ein Fell
über der l. Schulter, welcher in der erhobenen R. etwas Unklares,
Längliches, vielleicht eine Flöte, hielt; er stand tänzelnd da, dem
myronischen Marsyas ähnlich; l. von ihm am Boden Syrinx und
Lagobolon; es folgt eine bekleidete, n. r. eilende Bacchantin, die,
sich umblickend, mit der niedergehenden R. ihren Gewandsaum
fasst, die L. nach oben geöffnet hoch vor sich erhoben hat; endlich Pan, über eine Cista wegsteigend, in der L. ein großes Becken,
im Begriff, es an eine Pinie zu hängen. — Auf der jetzt nicht
sichtbaren Rückseite waren, wie es scheint, noch Darstellungen
abbozzirt.

Schlechte Arbeit. Äußerst zerstört.]

2257. V. Medici.
Zeichnungen: Cod. Cob. [479, 126] = Cod. Pigh. 210, 150 [l. noch vollständiger].
Beschr. von Zoega A. 376.

S.-Fr. Von dem davorgehefteten medicäischen Wappenschilde halb verdeckt,
eine von einem auf [geriefelten] Säulen ruhenden Bogen überspannte
Nische. An den Ecken als Akroterien blasende Tritonen. Von der
[auf erhöhter Basis stehenden] Gruppe, die sie enthält, erkennt
man deutlich einen Silen, der den r. Arm um den Nacken eines
Satyrs legt und in der L. ein Lagobolon hält [und nach C. in der
r. niederhängenden Hand einen Kranz]. R. von der Nische: Dionysos, [dem ein Gewandstreifen von der l. Schulter und Rücken
her über den r. Oberschenkel fällt], auf einen zu ihm aufschauen-
den Satyr gestützt, in der R. den Thyrsos, betrachtet die [nach C.
auf untergelegtem Pantherfell] n. l. gelagerte Ariadne; über ihr auf
dem Felsen halbknieend ein Eros; neben Dionysos ein Panther. L.
hinter ihm, sich n. r. vornüberbeugend, eine das Tympanon schlagende Mänade mit Kopftuch; [zwischen beiden der n. l. gewandte,
zu Dionysos umblickende Panther]. Über Ariadne eine zweite Mänade, die auf dem Kopfe einen flachen Korb mit Früchten (so Cob.)
trägt. Z. vermuthet ein zerstörtes Liknon. L. in der Höhe lagert

3*

ein Satyr, der die Querflöte bläst. Unter demselben kniet in kleiner Figur [n. l.] eine Mänade, die Cista mystica öffnend, aus welcher die Schlange fährt. Die Darstellung wird begränzt von zwei Pinien. Über der Gruppe des Dionysos mit seinem Satyr ragt eine dritte hervor. Auf der Cob.-Z. ist noch der diesem zuletzt beschriebenen auf der anderen Seite entsprechende Theil des Reliefs erhalten, [kann nur ein schmaler, allein übrig gebliebener Streifen der l. Hälfte sein]: man sieht hier eine Mänade im doppelten Gewande vor einem kleinen Altar stehend; mit der in der gesenkten r. Hand gehaltenen Fackel ist sie im Begriff, die auf dem Altar liegenden Früchte zu entzünden. Der mit einem Tuche bedeckte Kopf ist n. l. gewendet. Hinter ihr erhebt sich eine Pinie.

2258. P. Rospigliosi.

Beschr. von Zoega A. 136. Zeichnung beim Institut.

[Vgl. Zoega, *Bassir.* II, 206, 15; 210, 28.]

S.-P. An den Ecken je ein großes, ziemlich flach gehaltenes Medusenhaupt; unter beiden ein von einem Eros gerittener Ziegenbock. R. von dem zur L. steht auf einem von zwei Kentauren n. r. gezogenen Wagen der jugendliche, unbekleidete Dionysos (»die erhobene L. mit der Traube ist neu«), auf einen Satyr gestützt. Auf dem Rücken des vorderen der Kentauren, der bärtig ist und sich n. l. umwendet, steht ein Eros. Im Hintergrunde erscheint eine Mänade n. r. gewendet, den Kopf erhebend; sie blies ursprünglich vermuthlich die Doppelflöte. Vor den Kentauren erscheint ein riesiger Löwe, den ein Eros reitet. Derselbe wird von einem großen Pan mit Menschenbeinen und Thierfüßen geführt. Im Hintergrunde eine Mänade mit segelartig flatterndem Mantel, welche, sich umschauend, n. l. schreitet. Vor Pan ein Satyr über die Cista springend, aus der sich die Schlange hervorringelt. Silen, bärtig, ganz in sein Gewand gehüllt, schreitet auf seinen Stab gestützt n. r. N. l. lagert Ariadne. Eroten sind im Begriff sie zu entblößen: »sie drückt mit der L. ein Kind gegen ihre l. Brust: dieses Kind legt die r. Hand gegen ihre Brust und schläft mit auf diesen Arm geneigtem Haupte.«

2259. V. Panfili.

Beschr. von Zoega A. 354.

S.-Fr. Von dem Wagen des Dionysos ist nichts erhalten als die vorgespannten Kentauren, die n. r. schreiten; auch diese nur zur Hälfte, der vordere mit der Lyra im r. Arm, sich umschauend,

der hintere blasend. Voran ein springender Pan. Ariadne n. l.
ausgestreckt, auf den l. Ellbogen gestützt, den r. Arm über den
Kopf legend, wird von einem Eros entblößt. Zwei Satyrn mit der
Nebris blicken, wie es scheint, verwundert n. l. oben; dasselbe
thut ein n. r. schreitender dritter Satyr, der in der L. das Lagobolon haltend, die »moderne« R. über den Kopf erhebt. Eine bekleidete Mänade bläst n. r. schreitend eine gerade und eine krumme
Flöte.

Folgende sich r. anschließende Figuren schienen mir modernen Ursprungs:
Eine nackte dem Anscheine nach weibliche Figur, mit der R. den Zipfel ihres
schmalen Gewandes fassend (scheint nachträglich restaurirt, denn Z. sagt, sie
habe keine Arme); [halte ich noch für antik mit Ausnahme beider Arme, des
von der r. Hand gefassten Gewandstückes und vielleicht des Kopfes]; die folgenden Figuren: eine die Kymbala schlagende Mänade in hoch aufgenommenem
Kleide, und einen flötenblasenden Satyr, neben dem ein Panisk, kennt Zoega's
Beschreibung nicht. Hohes Relief. [Falls Zoega's, auch Matz und mir wahr-
scheinliche Vermuthung über die Zusammengehörigkeit dieses und des folgenden
Reliefs sicher ist, muss auch was von den Kentauren auf diesem sichtbar wird,
modern sein; dafür schien mir auch der Augenschein zu sprechen.]

2260. V. Panflll.

Beschr. von Zoega A. 354.

S.-Fr. L.: Satyr e. f., einen Jungen auf der Schulter tragend,
zu dem er aufblickt; »wahrscheinlich ergänzt«. Dionysos (Z.: Kopf neu)
nackt, den r. Arm um den Nacken eines (nach Z.: fast ganz modernen)
Satyrs legend, steigt n. r. von seinem n. r. von zwei Kentauren
gezogenen Wagen herab; in der l. Hand ruht der Thyrsos. Auf
dem Wagen steht neben ihm eine weibliche, bekleidete Gestalt, die
zu ihm aufblickend ihre L. an den Thyrsos des Gottes legt, während sie ihn mit der R. umarmt. Der vordere der Kentauren ist
bärtig; in der L. hält er die Lyra, die R. ist mit der Flöte, die
der andere bläst, falsch ergänzt. Auf seinem Rücken steht spreizbeinig ein Eros mit einem Stöckchen, »welches zu einem Vexillum
gehört zu haben scheint«; [unter diesem Kentaur der gewöhnliche
Panther n. r. springend, den Kopf zurückgewandt]. Der zweite
Kentaur (»Kopf und r. Arm neu«) [auch der l., wie es scheint] bläst die
Flöte; [beide haben Kränze um den Leib].

Die folgenden Figuren scheinen mir (ebenso schien es Zoega) ergänzt, doch
ist die Entscheidung wegen der Tünche, die das Relief bedeckt, schwer. Es sind
von l. n. r.: zuerst Silen mit Schurz um den Leib n. r. schreitend, den r. Arm
erhebend. Ein junger nackter Satyr n. l. gewendet; über die l. Schulter ist ein
Fell geworfen, das er mit der L. fasst, die R. hält ein Lagobolon; er blickt
n. r. zurück; hier erscheint Pan e. f., über die Cista mystica springend, mit der
erhobenen R. eine undeutliche Bewegung machend. Z. hält die Beine des Silen

noch für alt; er glaubt, dass dieses Relief mit dem gegenüber eingemauerten einer und derselben Sarkophagseite angehört habe, was durchaus wahrscheinlich ist.

2261. P. Massimi.

Beschr. von Zoega A. 355, 1.

[Vgl. Zoega, *Bassir.* II, 210, 28.]

S.-P. Der l. Theil des Reliefs ist, wie Motive und Ausführung erkennen lassen, modernen Ursprungs. Z. meint, es rühre dies Stück von einem anderen Sarkophag her, doch hat er sich der Beschreibung enthalten.

Die erste Figur der antiken Hälfte ist ein hoch n. l. sprengender bärtiger Kentaur, der die R. über den Kopf legend, mit der L. einen großen Kantharos hält. »Mit der jetzt verlorenen R. goß er wahrscheinlich aus einem Rhyton in den Kantharos.« Der zweite jüngere trägt ein Pantherfell, das nebrisartig umgehängt ist; im r. Arm hält er ein Lagobolon, in der erhobenen L. eine Traube. Unter dem vorderen der Kentauren sitzt ein Knäbchen, das mit beiden Händen quer vor sich eine Guirlande hält. Dionysos n. l. gewendet, sich auf einen Panisken lehnend, der auf dem Rande des [von den Kentauren gezogenen] Wagens, auf dem auch der Gott steht, zu sitzen scheint [und sich mit der r. Hand auf den Rücken des bärtigen Kentauren stützt]. Dieser ist unten mit einem um die Hüften geschlungenen Gewande bekleidet; doch sind nach Z. die Beine neu. Die R. hat er an's Haupt gelegt. Um den Leib läuft quer eine schmale von derben Blüthenknoten unterbrochene Guirlande. Ein Eros zieht ihn n. r.; ein »fast unbärtiger Panisk« lüftet das Gewand der schlafenden Ariadne, die den r. Arm über den Kopf legt. »Mit der l. Hand drückt sie ein nacktes Kind an ihre Brust. Der untere Theil des Körpers der Ariadne vom Nabel an ist modern, ebenso der des Kindes.« Über ihr eine riesige Löwenmaske, der eine gleich große l. entsprach. [Hinter Dionysos rechts noch eine n. r. eilende Mänade, deren weites Gewand sich hinter dem Kopfe bauscht und die r. Schulter freilässt; sie schlägt die Kymbeln.]

2262. V. Panflli.

Beschr. von Zoega A. 281.

s.-P. Dionysos, die R. über den Kopf legend, lehnt sich trunken an einen r. vor ihm stehenden Satyr (Z.: Silen), der zu ihm aufschaut. Vor ihm liegt Ariadne (»der Kopf Porträt«), die von einem Eros entblößt wird. Über derselben im Hintergrunde eine das Tympanon schlagende Mänade und ein die Syrinx blasender Pan, [»nella s. tenendo un grappo d' uva«]. An der Ecke eine

Herme mit in ein Pallium gehüllter Brust auf einem runden Untersatze. [Links vom Gott ein neugierig von hinten vorkommender
Satyr, ihn anblickend, im r. Arm das Lagobolon.] Von dem Wagen des Dionysos bemerkt man nichts, wohl aber erscheint l. von
dem Gotte ein n. r. sprengender [noch unbärtiger] Kentaur, der
den Oberleib e. f., den Blick n. l. wendet; die R. hat er über den
Kopf gelegt. Auf seinem Rücken sitzt e. f. ein (gefesselter?) Eros,
der das l. gebogene Bein aufstemmt [»sembra avere degli anelli ai
polsi dei piedi e le mani legate dietro la schiena, essendo veduto
di fronte e sembrando afflitto«]. Die übrigen Figuren von der
l. Ecke beginnend sind: ein Satyr, ein Kind auf der l. Schulter
haltend, im r. Arm ein Lagobolon, in eiliger Bewegung n. r.; neben ihm ein Tiger. Ein flötenspielender Satyr gleichfalls eilend,
das r. Bein stark zurückwerfend. Bacchantin in Tanzbewegung,
das r. Bein entblößt, die L. über den Kopf legend. Pan mit Lyra
im l. Arm springt über eine Cista, aus der die Schlange schlüpft.
Ein kleiner Eros r. davon fällt vor Schreck darüber auf den Rücken
und bedeckt das Gesicht mit der R.

[2263. V. Casali.

Vgl. *Bull. dell' Ist.* 1873, 17 Brizio).

Gefunden in Vigna Casali.

S. Elliptisch. Weisser gr. M. Rechts zwei Eichen: unter der vorderen liegt Ariadne n. l., mit dem l. Arm, auf dessen Hand der
Kopf ruht, auf einen Fels gestützt, den r. Arm über den Kopf
gelegt. Das Gesicht ist nur abbozzirt, war also für Porträt bestimmt. Pan, über dessen l. Arm ein Gewandstück hängt, kommt
von r. heran und deckt ihren Oberkörper auf; mit erhobenem r.
Arm und Blick winkt er Dionysos herbei, der, unterstützt von
einem Satyr, in der Mitte des Ganzen e. f. steht, den r. Fuß über
den l. gesetzt, den r. Arm über den epheubekränzten Kopf gelegt,
den l. Arm um den Nacken des Satyr, so dass der von der l. Hand
gefasste Thyrsos zugleich im l. Arm des Satyrs ruht, der, um Dionysos festzuhalten, sein Lagobolon hat auf den Boden fallen lassen.
Der Satyr ist nackt bis auf das Bocksfell über den l. Arm; des
Dionysos Gewand hängt von der l. Schulter nieder, ist rechts vorgenommen, und bedeckt die Beine. Hinter Ariadne eine Bacchantin in gebauschtem Gewand, beckenschlagend n. r.; eine andere
mit dem Tympanon tanzt l. vom Dionysos der Mitte zu; sie trägt
einen langen ärmellosen Chiton, gebauschtes Obergewand, und
blickt hinter sich nieder; dort springt ein Panther n. r., aufblickend

zu einem n. l. abgehenden Satyr mit Bocksfell über den l. Arm
und auf demselben einen Satyrknaben, der dem Panther mit der
R. einen Gestus zu machen scheint, während die L. von dem tragenden Satyr umfasst wird; im r. Arm trägt derselbe eine große
bekränzte Silensmaske. Es folgt links Silen, n. r. schreitend, als
alter Mann in kurzärmeliger Tunica, bloß r. Schulter und Brust
freilassendem Mantel und Sandalen, mit beiden Händen auf einen
knotigen Thyrsosstab gestützt, den Kopf halb unwillig umgewandt
nach einem Satyr, der aus Leibeskräften die Doppelflöte bläst; letzterem hängt ein Bocksfell über die l. Schulter. Weiter l., schon
an der Seite, eine Mänade in ärmellosem Chiton und gebauschtem
Mantel n. r., die Lyra spielend, den Kopf zurückgewandt; schließlich ein Satyr n. r., ebenfalls sich umblickend, im l. Arm Bocksfell und Lagobolon, in der R. vor der Brust die Syrinx(?). Rechts,
hinter dem Baume, unter welchem Ariadne ruht, zunächst ein runder bekränzter Altar, auf dem eine ithyphallische, oben ganz eingehüllte Priaposherme steht; ein Satyr, um den l. Arm`das Fell,
im r. das Lagobolon, schleppt von r. herbei an den Hörnern einen
sich sträubenden Bock zum Opfer, an einem Gefäß mit Früchten
vorüber; es folgt eine Mänade, die Doppelflöte blasend; schließlich ein ganz nackter Satyr, in der R. eine Fackel, in der erhobenen L. eine Schale mit Früchten.

Eine Pinie trennt von dieser Darstellung die Rückseite, wo in
flacher hässlicher Darstellung drei Knaben beschäftigt sind, in einer
großen, mit Löwenmaul vorn versehenen Kelter den Wein zu treten.
Von r. kommt ein Satyr, das Fell um die r. Schulter, herbei, und
schüttet aus einem Korbe noch mehr Trauben ein; von l. schleppt
ein ebensolcher auf der l. Schulter einen gefüllten Korb und noch
eine große Traube in der r. Hand herbei, während l. noch ein
gehäufter Korb steht. Rechts, durch eine Pinie von den vorhin
beschriebenen Gestalten der l. Seite getrennt, eine Mänade in ärmellosem gegürtetem Chiton mit Überwurf n. l. tanzend, in der
erhobenen L. an einem Bande ein Tympanon schwingend, in der
R., ebenfalls hoch, den Thyrsos.

Der Deckel zeigt in der Mitte die viereckige Inschrifttafel und
zu jeder Seite in kleinen, oben abwechselnd spitz oder rund abgeschlossenen Feldern in flachem und schlechtem, theilweise ganz
undeutlichem Relief folgende Figuren (von l. n. r.):

1) Nackter Knabe, n. r. auf einem Fels sitzend, die R. aufgestützt, mit der L. die Flöte haltend, welche er bläst.

2) Knabe, Lyra spielend n. r., hinten lang wallender Kitharoeden-
mantel, vorne nackt.

3) Nackter Knabe, durch Beckenschlagen einen Panther neckend.

4) Mänade n. r., in der R. Thyrsos, Kopf zurückgewandt.

5) Herakles n. r., auf einem Fels sitzend, in der L. eine große
Amphora, in der R. die Keule, unter sich das Löwenfell.

6) Knabe n. r., eine große Flöte spielend, nackt bis auf ein in
zwei Enden hinter ihm sichtbar werdendes Fell.

7) Knabe n. l., über der l. Schulter ein Fell, im l. Arm ein Lagobolon, mit der R. die Syrinx zum Munde führend.

8) Knabe n. r. reitend auf einem in die Knie gestürzten Maulthier: mit der R. dasselbe hinten ermunternd, in der L. ein
großes Trinkgefäß.

9) Pan, jugendlich, n. r. springend und Flöte spielend.

10) Nackter Knabe n. r., einen großen Krater auf einen viereckigen Altar setzend.

11) Nackter Knabe mit brennender Fackel n. l.

12) Nackter Knabe, n. l. auf einem Fels sitzend, die L. aufgestützt, mit der R. die Flöte zum Blasen haltend.

Die Inschrift lautet:

<pre>
    D   M   (auf der Leiste)
MACONIANAE SEVERIANAE
   FILIAE DVLCISSIMAE
  M·SEMPRONIVS PROCVLVS
   FAVSTINIANVS V C ET
 PRAECILIA SEVERIANA C F
       PARENTES   ]
</pre>

2264. P. Aldobrandini.

S.-Fr. R. und l. gebrochen. Herakles bärtig, um's Haupt die
Corona tortilis, mit einem Löwenfell, dessen Tatzen auf der Brust
zusammengebunden sind, schreitet kymbelschlagend n. l. [s. den S.
Mél. gr.-rom. III, 1]. Ihm den Rücken zuwendend, steht n. r.
gewendet Silen da, kahlköpfig mit um die Hüften geschürztem
Gewande. Im l. Arm hält er ein Tympanon, die R. erhebt er,
vermuthlich erstaunt über den Anblick der vor ihm gelagert zu
denkenden Ariadne. Um seinen Nacken legt eine ihm zur Seite
stehende Bacchantin (Kopf fehlt) ihren r. Arm.

Wahrscheinlich ein Fragment desjenigen Sarkophages, dessen
Zeichnung uns im Cod. Cob. 452, 140 erhalten ist.

[2265. P. Camuccini.

S.-Fr. L., r. und unten unvollständig. Dionysos mit langen Locken und Nebris, leicht n. r. gewandt, stützt sich mit dem r. Arm auf einen Satyr, über dessen Brust von der l. Schulter zur r. Hüfte ein Kranz läuft (die untere Hälfte beider Figuren, Köpfe und Arme fehlen größtentheils); über beiden erscheint in der Höhe eine Mänade n. r. (nur der Oberkörper ist sichtbar) mit flatterndem Gewande, flötenspielend, l. von derselben der Arm einer anderen, welche ein Tympanon schlug.]

PENTHEUS.

[S. Stephani, *C.-R. pour 1867*, 184.]

2266. P. Giustiniani.

[Zeichnung: Cod. Pigh. 212, 155.]

Abgeb.: *Gall. Giust.* II, 104 (und öfter); nach neuer Zeichnung bei Müller-
Wieseler, *D. a. K.* II, 37, 437.

Vgl. [O. Jahn, *Pentheus und die Mänaden* 17]; *Bull. dell' Ist.* 1858, 170
[Michaelis]; [1869, 36 [Dilthey]].

Beschr. von Zoega A. 334.

S.-P. L. sitzt, bekleidet mit einem ärmellosen gegürteten Chiton, der die r. Brust bloß lässt, ein Weib [mit aufgelösten Haaren], den Kopf wie in tiefer Müdigkeit auf die r. Hand stützend [so dass Visconti, *Mus. P.-Cl.* III, 187 die Gestalt für schlafend erklärte]. Der l. Unterarm ist über den Kopf gebogen; die Hand, von der ein Stück antik ist (der Arm ist Ergänzung), ruht auf dem Rande einer Urne, der reichlich Wasser entströmt. Um Schoß und Kniee windet sich eine große Schlange. Eine weibliche Figur in kurzem Chiton mit entblößter l. Brust, mit Jagdstiefeln, von einem Mantel umflattert [zur Tracht vgl. Michaelis, *Das corsinische Silbergefäss*, 12], schreitet n. r. in gewaltigem Schritt aus (Kopf und l. Brust sind modern). Die Vorderarme sind weggebrochen; wahrscheinlich hielt sie einen Thyrsos, den sie gegen die Hauptgruppe bewegte, um die Mänaden, die um Pentheus beschäftigt sind, anzustacheln, und ist als Lyssa aufzufassen. Pentheus ist zu Boden geworfen. Eine

l. knieende Mänade hat sein r. Bein ergriffen; in das l. beißt ein Panther. Er klammert sich, wie schon Zoega erkannte, mit dem r. Arm um einen noch deutlich erkennbaren Baumstamm. Oben im Hintergrunde erscheinen noch zwei andere Mänaden, von denen die zur R. mit der L. in's Haar packt (Kopf und r. Arm fehlen). Eine vierte, von r. herantretend, hat den l. Arm des Pentheus unter der Achselhöhle gefasst und setzt den erhobenen r. Fuß auf den Nacken desselben. Sie sucht ihm den Arm abzureißen. Von r. naht Dionysos auf einem von Kentauren gezogenen Wagen; nur die letzteren sind erhalten: der vordere spielt die Lyra, der andere die Doppelflöte. Vom Wagen erscheint nur ein kleines Eckchen über dem Gesäß der Kentauren. Über diesem sieht man einen nackten Satyr, der die R. auf den Kopf legt. (»Kopf und Brust modern.«)

2267. Aricia giardino Chigi. ○
[Vgl. *Bull. dell' Ist.* 1859, 170 (Michaelis).]

S.-Fr.? L. 0,80. Pentheus wird hinter einem Baume, an den er sich mit der R. festklammert, von einer l. knieenden Mänade n. l. hervorgerissen. Sie hat sein linkes ?) Bein ergriffen und streckt auch den l. Arm nach ihm aus. (Vorderarm fehlt, ebenso der Kopf.) Auf dem Baume ringelt sich eine kleine Schlange, von der ein Endchen erhalten ist. Im Hintergrunde stürmt eine Mänade n. l.; der untere Theil des Körpers ist erhalten. Links von der knieenden eilt eine zweite im langen, die r. Brust freilassenden Gewande n. r.: eine Nebris ist auf der l. Schulter befestigt: um den r. vorn gereckten l. Arm ringelte sich eine Schlange, von der ein kleines Stück erhalten, (der Kopf ist abgebrochen). Über den Nacken fällt das Haar in reicher Fülle. Vom r. Arm ist ein kleiner Stumpf erhalten, er geht rückwärts nach unten.

Das Relief ist unten gebrochen; r. ist es glatt abgeschnitten; eine zweite Platte war daran angesetzt. Dieser Umstand macht es zweifelhaft, ob das Relief ursprünglich einen Sarkophag schmückte. Die Arbeit würde für einen solchen sprechen.

[2268. Catacombe di S. Callisto.
S.-Fr. L., r. und unten unvollständig. Oben auf dem Stabe noch A N · Links noch der obere Theil einer aufwärts gewandten bekränzten Gestalt, dem Anschein nach weiblich, in jeder der erhobenen Hände zweifellos einen Beinknochen; rechts noch der bekränzte Kopf eines Satyr, die Syrinx blasend; dann noch zwei bekränzte Köpfe, der erste e. f., der zweite n. l. Nur zaudernd wage ich bei diesem sonderbaren Stück an Pentheus zu denken.]

LYKURGOS.

[S. Stephani, *C.-R. pour 1867*, 155.]

2269. Frascati. V. Taverna. ○

[Abgeb.: Zoega, *Abh.* Taf. I. = Müller-Wieseler, *D. a. K.* II, 37, 441.

Vgl. Zoega a. a. O.; Welcker ebenda 353; *Arch. Zeit.* 1869, 54, 4 (Matz);
1873, 67 L (Heydemann).]

Beschr. von Zoega A. 96, 3: »giardinetto del palazzo Borghese«.

H. 0,48. L. 1,80. Br. 0,50. Mittelgruppe: Ein halbnacktes, wein-
laubbekränztes, von vorn sichtbares Weib liegt am Boden; die L.
ist auf den Boden gestemmt, die R. erhoben; der Blick ist emporgerichtet gegen einen nackten bärtigen, von einem schmalen strei-
fenartigen Gewande umflatterten Mann (Lykurgos), der eine Doppelaxt gegen sie schwingt. Hinter der Frau neben der l. Seite des
Lykurgos sprießt ein Weinstock auf. Auf Lykurgos tritt von r.
hinzu eine Mänade im langen Ärmelgewand: um die Hüften ist
ein breiter Gürtel geschlungen. Im l. Arm ruht ein kurzes Schwert
in der Scheide, in der R. hält sie ein oben hakenförmig gekränz-
tes Stäbchen, mit dem sie den Kopf Lykurg's berührt. Flügel
am Kopf nicht wahrnehmbar. Auf der andern (r.) Seite in bewegter Stellung eine Mänade in kurzem geschürztem Jagdgewande [und
Jagdstiefeln, völlig der Artemis vergleichbar], mit gesträubtem Haar.
In der L. schwingt sie eine kleine brennende Fackel, in der R.
hält sie die Geißel. L. steht die Gruppe der drei Parzen, [so zuerst Welcker, *Zeitschr. für Gesch. u. Ausl. d. a. K.* 209], nicht Musen:
Kopffedern [Schrader, *Die Sirenen* 54, 20] habe ich nicht wahrgenommen. Die zur L., vom Rücken sichtbar, wendet den Kopf
n. r. und legt die Hand auf eine Kugel, welche auf einem Pfeiler
neben ihr steht; die mittlere hält in der L. eine deutliche Rolle.
R. steht mit aus einander gestellten Beinen [in erstaunter Ent-
rüstung zurücktretend], die R. erhebend, der jugendliche Dionysos

vollkommen nackt. Im l. Arm ruht die Lanze. An seiner r. Seite
steht Silen mit um die Hüften geschlungenem, ziemlich lang herabhängendem Schurz. R. lagert an der Erde Ge mit Schlangenhalsband; im Bausch ihres von beiden Händen gehaltenen Gewandes Früchte. Über ihr erscheint Pan, springend, ithyphallisch, auf
der l. Schulter einen geriefelten Krater tragend, [im r. Arm ein
Lagobolon]. Von r. tritt ein Satyr heran; über den l. Arm, in
dem ein Lagobolon ruht, ist ein Fell geworfen; die R. erhebt er
verwundert. Hinter ihm ein blätterloser Baum. Die Figuren sind,
um ihre Contouren hervorzuheben, auf eine merkwürdige Art um-
rissen, so dass sie den Eindruck der von Blei umfassten Figuren
unserer Kirchenfenster machen. Nbss.: Greifen.

Die Arbeit ist sehr mittelmäßig.

[2270. Basil. di S. Petronilla.

S.-Fr. Ringsum unvollständig. (H. von der unten erhaltenen Leiste bis
zum Halsansatz der liegenden Frau 0,45.) N. r. hingestürzt liegt am Boden ein halbnacktes Weib, den Oberkörper aufgerichtet und durch
den r. Arm aufgestützt, der l. ging zur Seite oder in die Höhe.
Der Kopf fehlt, doch wird auf der r. Schulter noch eine Locke
sichtbar. Vor ihr am Boden sieht man noch den n. l. gestellten
und aufgestemmten r. Fuß des über sie weggetretenen Lykurgos.

Gute Arbeit.]

2271. P. Mattei.

Abgeb.: *Mon. Matth.* III, 7, 2.
Vgl. [Jahn, *Arch. Beitr.* 294 II]; *Bull. dell' Ist.* 1860, 102 (Brunn.; [*Ann. dell' Ist.*
1862, 254, 1 (Helbig.; *Arch. Zeit.* 1873, 67 M (Heydemann.]

S.-P. [Matz war darüber zweifelhaft.] I. Lykurgos, nackt bis auf
ein Gewandstück, das hinter seinem Rücken flattert und über den
r. Schenkel fällt, [und Stiefel], stürzt n. l. eine Doppelaxt schwingend, auf einen kleinen nackten Knaben zu, der in's l. Knie gesunken, flehend beide Arme erhebt. L. eine Erinys [Lyssa] im
geschürzten Gewand mit Kopfflügeln [und Stiefeln]. Im r. Arm
ruht ein geflügelter Stab [vielmehr Peitsche], die L. legt sie an
den Rücken des Thrakerkönigs. R. steht n. l. ein junger Satyr
mit flatternder Chlamys und Lagobolon als Zuschauer, [die R. erstaunt erhoben].

II. Mittelgruppe: Dionysos, [unterwärts] bekleidet mit einem
Gewandstück, dessen einer Zipfel auf der l. Schulter aufliegt, während der größere Theil über die Beine geworfen ist, stützt sich mit

der L. an einem Thyrsos auf; die R., die ein kleines Horn hält,
legt er über den Kopf. Neben ihm gleichfalls e. f. ein junger unbärtiger Satyr, im l. Arm das Lagobolon, in der R. die Syrinx;
[über den l. Arm das Löwenfell]. Ein anderer Satyr in Tanzbewegung n. r. Mit den seitwärts ausgestreckten Händen hält er
die Zipfel eines Löwenfelles, das sich hinter seinem Rücken entlang zieht. Eine Bacchantin, Becken schlagend, in Tanzbewegung
n. r.

III. R. liegt n. l. die schlafende Ariadne unter einer Pinie;
ein junger Satyr, der ein Lagobolon schultert, deckt sie mit der
R. auf. Auf sie schauen von l. ein Jüngling, der so in einen Mantel geschlagen ist, dass der größte Theil des Körpers frei bleibt;
[im l. Arm hält er einen Thyrsos, den r. hat er um den Nacken
seines Gefährten gelegt]; n. l. schreitend wendet er sich zurück.
Er wie der untere Theil der Ariadne sind sicher restaurirt, wie
nicht nur daraus hervorgeht, dass das Stück eingesetzt, sondern
dass es auch von schlechterer Arbeit ist. Offenbar war es Dionysos, wie gewöhnlich, der sich auf die Schulter eines Genossen seines Thiasos auflehnt; [auch wenn das Stück wirklich modern ist,
so bleibt Dionysos sicher durch das erhaltene antike Thyrsosstück
unten vor der stützenden Figur].

Der obere und untere Rand des Reliefs sind mehrfach restaurirt; sonst ist
es antik. Der umlaufende Rand beweist, dass es von keinem Sarkophag her-
stammt.

INDISCHER TRIUMPH.

2272. V. Medici.

Zeichnung: Cod. Cob. 480, 134.

Beschr. von Zoega A. 374.

[Vgl. *Ann. dell' Ist.* 1863, 373 (Petersen); Stephani, *C. R. pour 1867*, 164, 13.]

S.-P. Dionysos im Wagen stehend mit quer über den Leib
laufender Nebris, [das Haar hinten in einen Knauf gesammelt, und
Locken auf den Schultern], legt die R. um den Nacken eines gebückt neben ihm stehenden jungen Satyrs [und stützt die L. auf
den Thyrsos]. R. und l. über den Schultern des Gottes erscheinen

die Köpfe zweier anderer Satyrn. Die r. Wampe des Wagenkastens ist mit einer Schlange verziert [und vorn mit einem n. r. tanzenden Satyr]; gezogen wird der Wagen von großen Elephanten [mit Netz und Decke], auf deren Rücken je ein geflügelter [und um den Leib bekränzter] Eros sitzt. Zur Seite der Elephanten reitet auf einem Panther Silen, [ganz bekleidet]. Er wendet sich, die R. erhebend, zu Dionysos zurück. Das Ende der Chlamys fällt vorn über seine Lenden; am l. Arm trägt er den Schild. Die Elephanten, deren Stirn bekränzt ist, führt eine stark verstümmelte jugendliche Figur, [auf C. fehlt nur r. Bein und Gesicht], die eine Lanze schultert. Auf der l. Schulter liegt ein Gewand [auf, das über den Unterarm herabfällt]. Voran schreitet Pan [mit einem Kranz um den Leib], weit ausschreitend, zur Seite eines Löwen, den ein zurückblickender Satyr führt. R. und l. neben dem Kopfe Pans sieht man Kopf und Brust zweier anderer Satyrn. Ganz hinten unter dem belaubten Aste eines Baumes Kopf und Hals eines Kameels; [auf C. als Pferd missverstanden]. Vor diesem ein Satyr [Bacchantin!] mit langem [Gewand und] Nebris, [welche die r. auf Orig. und C. völlig deutliche weibliche Brust frei lässt], in eine Tuba stoßend. Im Vordergrunde ein nackter Gefangener mit auf den Rücken gebundenen Händen n. r. schreitend. Ein fast e. f. ruhig dastehendes Weib im gegürteten, die r. Brust fast bloß lassenden Chiton soll von einem Satyr n. r. geführt werden. Ein nacktes Kind steht hinter ihr, ihren Chiton berührend (um sie vorwärts zu schieben? [scheint auf C. allerdings geflügelt zu sein]). Im Hintergrunde noch zwei Köpfe, wahrscheinlich von Gefangenen; [hinter dem Knaben im Hintergrunde noch eine weibliche Figur in gegürtetem Chiton]. Auf einem Pferde sitzt eine jugendliche, männliche, ganz verstümmelte Figur ohne Arme und Unterbeine. Nach C. hielt sie einen Gegenstand, der durchaus einer modernen Fahne gleicht, [auch jetzt noch in der l. Hand deutlich zu erkennen]. Über dem Pferde Kopf und Brust eines Satyrs e. f.: über ihm ein Baum[stamm]. Ein Mann im kurzen gegürteten Chiton, der mit der R. das Ross am Zügel hält, (fehlt in C., ist also sicher modern), [die beiden Beine sind sicher antik]. L. vom Wagen des Dionysos sind, wie C. zeigt, noch zwei nackte Reiter verloren gegangen, [hinter denen man eine Art Thorweg gewahrt].

[**2273. P. Albani.**

Abgeb.: Zoega, *Bassiril.* I, Tav. VII.

Vgl. Zoega ebenda; *Ann. dell' Ist.* 1863, 373 E (Petersen).

S.-P. L. unvollständig. Voran reiten auf zwei Kameelen neben einander zwei barbarische Frauen rittlings, gekleidet in ein bis auf die Füße reichendes, gegürtetes Gewand mit Überfall und Halbärmeln. Der einzig erhaltene Kopf der hinteren Barbarin zeigt steif niederfallende Locken, die unter einer breiten, um den Kopf gelegten Flechte hervorkommen; (ergänzt ist der Kopf des vorderen Kameeles, sein r. Fuß und der r. Fuß der Reiterin, sowie der letzteren Kopf; die r. Hand mit einem Stück Unterarm ist weggebrochen); zwischen beiden Kameelen schreitet ein Löwe. Weiter l. steht im Vordergrunde e. f. ein Satyr, nackt bis auf etwas auf der l. Schulter aufliegendes Gewand, das hernach über den l. Unterarm niederfällt. Mit der l. Hand hält er einen Thyrsos geschultert; (der r. Arm ist in der Mitte des niedergehenden Oberarmes weggebrochen). Den Kopf wendet er n. l. (Gesicht neu, ebenso das r. Bein ganz und das l. Unterbein), dem Wagen des Dionysos zu. Dieser wird gezogen — was allerdings in Folge etwas zu eng genommener Perspective nicht klar wird — von zwei Elephanten, die mit Netz, Decke und Kränzen ausgestattet sind; auf ihnen reiten zwei antreibende Eroten; der hintere der Elephanten hat seinen Rüssel hoch emporgerichtet; dem vorderen ist der untere Theil des Rüssels ergänzt, doch auch die Ergänzung ist theilweise wieder fortgebrochen. Im Vordergrunde reitet auf einem weiblichen Panther Silen, am l. Arm einen mächtigen runden Schild, Kopf und r. Arm zurückgewandt nach Dionysos, der, nur mit der Nebris bekleidet, auf dem Wagen steht, unterstützt durch einen auf den Wagen tretenden Satyr; des Dionysos beide Unterarme sind weggebrochen: der l. Unterarm ging vor, und stützte wohl einen Thyrsos auf; die r. Hand ist noch erhalten auf der r. Schulter des Satyrs; sein Gesicht ist sehr zerstört; der äußere Wagenrand ist geschmückt durch einen geflügelten Seegreifen. Auf den Wagen folgen zu Pferde zwei jugendliche Männer, von denen der erste nackt ist, der zweite, hintere, ein Gewand von der l. Schulter zur r. Hüfte hat. (Die Köpfe sind beide neu, doch sind beim vorderen die niederhängenden Flechten theilweise erhalten; vom vorderen Jüngling ist der r. Unterarm, r. Unterbein und das r. Vorderbein des Pferdes weggebrochen.) Hinter ihren Köpfen werden ebenso wie über den Elephanten hinter den Eroten Schlangen sichtbar (keine Federn, wie bei Z.). Es folgt ein anscheinend jugendlicher, bekränzter Mann (Gesicht sehr zerstört, l. Arm fort, l. Unterbein neu), sein Gewand nach Art der Victimarii schurzartig umgebunden, der n. l. gewandt zu einem Satyrknaben spricht, der, ebenfalls bekränzt, Thyrsos oder Fackel links geschultert trägt. Schließlich auf einem Maulthier reitend ein Satyr, (von dem nur noch die vordere Hälfte erhalten ist; neu Kopf und r. Unterbein, sowie ein Theil vom r. Vorderbein des Maultbieres). Hinter ihm wird ein

Pfeiler sichtbar, auf dem vielleicht eine Sonnenuhr stand. (so auch Z.).]

2274. V. Panfili.

Beschr. von Zoega A. 263.

[Zweifelhaft, ob erwähnt von Michaelis *Bull. dell' Ist.* 1855, 173; vgl. *Ann. dell' Ist.* 1863, 373 H (Petersen).]

S.-P. R. eine Frau u. r. hin vor einem »mit Früchten beladenen« Altar opfernd (»modern der Kopf und der r. Arm mit der Patera«). Über dem Altar kommt ein langbekleidetes Götterbild zum Vorschein, in der L. eine Lanze (»Kopf, l. Hand und Lanze neu«). Die ersten Figuren des Zuges sind eine flötenblasende, u. r. vorschreitende Bacchantin und ein Satyr. Dieser hat eine Guirlande quer über den Leib gehängt, steht fast e. f. in Tanzbewegung und hält einen Zipfel des Gewandes der Mänade, [vielmehr seiner eigenen Nebris, die auch über dem u. l. ausgestreckten r. Arm niederfallend sichtbar wird]. Zwischen ihnen ein kleiner Eros (?), der diese dem Satyr zuzuführen scheint. Halben Leibes erscheint noch [Kopf e. f.] ein bärtiger Mann [Silen?], der mit beiden Händen einen derben Knotenstock umfasst hält; [r. hinter dem Satyr noch ein flacher weiblicher Kopf n. r.]. — Eros u. r. auf einem Löwen reitend; hinten halb sichtbar eine Bacchantin, ursprünglich wohl Becken oder das Tympanon schlagend; ferner zwei bekleidete Gefangene, auf einem Kameel reitend; beide haben gedrehte Locken. — Auf einem von zwei Elephanten gezogenen Wagen stehend der mit einem langen Ärmelchiton bekleidete jugendliche Dionysos: [»die L. mit dem Kantharos, dessen Inhalt ein neben her schreitender Panther auffängt, ist neu«, doch die [jetzt weggebrochene] Ergänzung richtig]. Noch auf dem Wagen »ein Satyr mit ergänztem Antlitz und ohne Arme«. Über dem Haupte des Bacchus und seines Begleiters [hinter der ganzen Vorstellung] ein Parapetasma; eine Nike mit Palmzweig [kommt ihm entgegen und] krönt den Gott. L. neben dem Wagen geht einher sehr weit ausschreitend und sich n. l. umwendend eine Mänade, in der R. das Stück eines Thyrsos. Auf jedem der beiden Elephanten reitet ein schlanker Jüngling, nackt bis auf die Chlamys, [beide ebenfalls mit gedrehten Locken]. Über den Elephanten erscheint Pan mit Lagobolon und Syrinx: [l. von ihm im Grunde in flacher Erhebung noch ein Satyrkopf n. l.; ebenso bemerkt man noch einen Kopf n. r. zwischen Dionysos und der Nike].

2275. P. Giustiniani.

Abgeb.: *Gall. Giust.* II, 122.

Beschr. von Zoega A. 335.

[Vgl. *Bull. dell' Ist.* 1858, 173 (Michaelis) = *Ann. dell' Ist.* 1863, 373 G (Petersen).]

S.-P. R.: Eine Frau (Gesicht zerstört) verrichtet ein Hahnopfer über einem Altar. »Der r. Arm mit dem Vogel ist modern.« Neben dem Altar erhebt sich auf einer Säule ein Götterbild in Hermenform. Den Leib umgiebt ein Pallium, unter dem das »ithyphallische« Glied sichtbar wird. In der Höhe über dem Kopfe der Frau sieht man die Köpfe zweier fichtenbekränzter Satyrn. Vor dem Altar steht noch ein kleiner, in einen gegürteten Chiton gekleideter Opferknabe: Kopf und Hände fehlen; die gestiefelten Beine sind neu; blies wohl ursprünglich die Doppelflöte. Die erste Figur des Zuges ist Herakles; über den Kopf ist die Löwenexuvie gezogen. Mit beiden Händen trägt er eine Fackel; »die Hände, r. Arm und r. Bein sind neu«; die Flamme der Fackel ist sicher alt. In der Höhe erscheint der Kopf eines Kameeles, [nach Michaelis Giraffe]. Neben Herakles ein die Keule schleppender Knabe, (fast ganz modern, »sicher alt nur der l. Arm«). Folgt Silen im langen Gewande mit Halbärmeln, mit beiden Händen einen unförmlichen Thyrsos mit umgebundener Tänie umfassend. Ein Elephant, an dessen Seite ein Trinkhorn [oder Elephantenzahn] und ein Kantharos hängen. Auf ihm sitzen zwei Inder mit auf den Rücken gebundenen Händen. Eine kleine nackte Figur sitzt auf dem Nacken des Thieres: vermuthlich der Lenker. Dem Elephanten vorauf eine Mänade; »der Strick, den sie in der R. hält, war ursprünglich das Halfterband des Elephanten«; neu ist an ihr der Kopf, die l. Hand mit dem Tympanon. Auf einem von zwei Tigern gezogenen Wagen steht Dionysos [mit völlig weiblicher Brust] im langen langärmeligen orientalischen Gewand mit vorn dreieckig ansteigendem Gürtel. Den Kopf schmückt eine Art Diadem, das aus Blättern gebildet und vorn mit einem ovalen Edelstein geschmückt ist. In der R. trug er einen Thyrsos, von dem noch Spuren sichtbar sind. Über seiner r. Schulter ein weiblicher Kopf; neben der l. erscheint Nike geflügelt, den r. Arm erhebend; sie ist gedacht, als drücke sie ihm jenes Diadem auf's Haupt. Auf den Tigern sitzen zwei Inderknäbchen in kurzem Chiton mit Hosen; (am vorderen ist der Kopf ergänzt, [es war wohl mehr ergänzt, da jetzt sein ganzer Obertheil fehlt]; vom hinteren sind überhaupt nur sehr schwache Spuren erhalten). Über ihnen ragt hervor ein junger Satyr mit aus Fell gebildeter Chlamys; »Vorderarme abgebrochen«. Darauf n. r. gewendet eine Mänade, welche die doppelte (gerade und krumme) Flöte blies. Den Tigern

voran und sie lenkend schreitet Pan, (l. Bein ergänzt). Vor ihm ein
Panisk, in den Händen eine Syrinx.

2276. P. Rospigliosi.

Zeichnung beim Institut.

Beschr. von Zoega A. 139 (ungewöhnlich kurz und summarisch).

[Vgl. *Ann. dell' Ist.* 1563, 373 (Petersen).]

S.-P. Stark überladen. Mehrere Reihen von Figuren über einander. Voran eine bekleidete Mänade im Doppelgewand schreitet,
sich umblickend, n. r.; [die r. Seite ihres Oberkörpers und ihr Kopf schienen mir neu]. Hinter ihrem Rücken ein nackter Knabe, der sich
wie ohnmächtig an ein auf einem Pfeiler stehendes Gefäß anlehnt;
[Kopf und Hals neu). Auf einem Löwen reitet voran Silen, in der R.
eine Weintraube; »neu mit der Hand«. Den Löwen führt ein kleiner
sich umschauender Satyr. Über ihm ein Kameel, auf dem eine
unten bekleidete männliche Gestalt, [von der Kopf und r. Arm modern,
ebenso der vordere Theil vom Kopfe des Kameeles]. Über diesem wieder
zwei Satyrn; in ihrer Mitte eine Frau mit verschleiertem Hinterhaupte, eine krumme Flöte blasend, [wahrscheinlich die eine der
Doppelflöten]. L. von Silen ein Satyr in halbknieender Stellung,
auf der l. Schulter ein Gefäß, das er mit der R. unterstützt; [neu
l. Arm und Kopf). Ein mit Decken behängter Elephant, [neu r. Vor-
derbein]; zur Seite hängt ein Elephantenzahn herab; [unter ihm
Schilde (?) und Cista mystica mit hervorkommender Schlange]. Auf
seinem Rücken sitzt ein bekleideter Barbar. Ein Satyr, der unter
seiner r. Achsel mit halbem Leibe zum Vorschein kommt, scheint
ihn zu unterstützen. Vorn und hinten die Köpfe zweier anderer
Elephanten. Den Beschluss macht der von zwei Löwen gezogene
Wagen des Dionysos. Dieser selbst ist lang gewandet. Von r.
schwebt ihn zu krönen Nike herbei. Auf den Löwen sitzen zwei
Knaben mit umgehängter Nebris, die die Thiere antreiben. Über
den Löwen erscheint halben Leibes ein Satyr, der einen Krater
trägt. Die Löwen leitet der bärtige, nur mit Schurz um die Lenden versehene Pan mit Menschenbeinen und Stierhufen. Neben
dem Wagen schreitet eine Mänade daher. Im Hintergrunde erscheinen hoch oben noch mehrere halb sichtbare Figuren von Satyrn, Panen und Gefangenen, unter ihnen eine Mänade, die wahrscheinlich ein Liknon trägt. Außerdem bemerkt man noch Hals
und Kopf zweier Giraffen; denn das sind offenbar die zwei Gegenstände, die ich vor dem Original nicht verstand und fast gleich-
lautend mit Zoega folgendermaßen beschrieb: »Auf zwei aufgerich-

4 *

teten Pfeilern von bedeutender Dicke, die durchlöchert sind wie
das Rohr einer Flöte, ruhen zwei Widderköpfe.« (!)

[2277. Stud. Jerichau.

S.-Fr. Sehr gross (gr. H. 0,60; gr. Br. 0,36). Pan (mit menschlichen
Beinen bis auf die Hufe, von sehr kräftiger Bildung, um den
Unterleib ein Fell geschürzt, ein anderes über der l. Schulter, einen
Kranz von der l. Schulter zur r. Hüfte, schreitet n. r. aus mit
stark vorgesetztem l. Bein: im l. Arm hielt er ein Lagobolon. Der
r. Oberarm ging am Körper nieder, die Hand fasste die Leine vom
Gespann des Dionysos. (Beide Arme sind weggebrochen, ebenso Kopf mit
Hals und der größte Theil der Beine.) Zu Füßen des Pan ein Panisk,
ithyphallisch, e. f. (nur der Oberkörper ist theilweise erhalten, an welchem
auch wieder beide Arme mit r. Schulter und Seite, sowie der Kopf fehlen);
im l. Arm lag ein großes Lagobolon, über die l. Schulter ein Fell.
Links Kopf und Hals eines großen Panthers in Bewegung n. r.,
der sich n. l. oben umblickt; er zieht den Wagen des Dionysos,
von dessen Joch noch ein unbedeutender Rest erhalten ist.

Das Bruchstück ist aus einem S. völlig gleicher Composition, so scheint
es, mit dem S. Aldobrandini in Woburn Abbey: Cod. Cob. 480, 132; *Arch. Zeit.*
1875, 69, 144 (Michaelis), und einem ähnlichen, kleinen im capitolinischen Museum.

2278. V. Panfili.

Beschr. von Zoega A. 239.

S.-P. R. und l. mehrere aus Stuck gebildete Figuren. Als Eckfiguren
des Sarkophags je eine Hore oder Nike mit entblößter r. Brust und
l. Bein. Der Zug geht von l. n. r. Voran r. Silen mit Schurz
um die Hüften, auf einem Esel [nicht Pferd, wie Welcker meint:
Zeitschr. f. G. u. A. d. a. K. 387, 59] reitend. Auf dem Kopfe trägt
er eine Mulde mit Früchten, die er mit der R. unterstützt. Unter
dem Esel ein Kind mit einem Böckchen spielend; hinter demselben eine Mänade. Folgt eine Mänade, eifrig flötenblasend, (Z.: vielleicht ist die Flöte ein Thyrsos, der horizontal auf der Schulter
ruht). Der Wagen des Dionysos: Pan leitet die denselben ziehenden Panther; auf dem vorderen steht ein die Zügel haltendes [ge-
flügeltes] Knäbchen. Auf dem Wagen ruht der halbnackte Gott,
bequem n. l. gelagert; die R. an den Kopf legend. (Z.: Kopf und
Arm vielleicht modern): ein kleiner Eros schiebt das Rad. Unter den
Panthern schießt eine Schlange hervor. Im Hintergrunde erscheinen
neben dem Kopfe des Dionysos zwei behelmte Köpfe: [neben dem
einen auch noch der entsprechende schildhaltende l. Arm]; ferner

eine Bacchantin mit segelförmig über dem Haupte sich wölbendem Peplos; »der r. Arm ist neu«. Auf einem Elephanten, der n. r. vorschreitet, sitzen zwei kleine Gefangene, die Hände auf den Rücken gebunden. Ein Satyr mit Nebris führt den Elephanten, zwischen dessen Beinen ein Kind mit einem umgestürzten Körbchen, [ein ebensolches vor den Panthern]. Vor dem Satyr ein Eros mit Fackel Z.: Thyrsos). Hinter dem Elephanten erscheint eine beckenschlagende Mänade. Sehr nahe verwandt Cob. 131 Clarac, *Mus. d. sc.* II, 144, 109, 725.)

2279. Mus. della Sapienza [jetzt im Museo Italico].

S.-Frr. I. L., r. und unten gebrochen. Ein bärtiger Mann, bekleidet mit einer gegürteten und gefranzten Exomis, steht n. r. da. An den Beinen Hosen, die Hände auf den Rücken gebunden. Die Haare sind gelockt, den Kopf bedeckt ein flacher Hut. Von seinem Gefährten r. sind nur noch die auf den Rücken gebundenen Arme sichtbar.

II. Zu demselben Sarkophag gehörig, die r. Ecke bildend. L. und unten gebrochen. Von einem n. r. gewendeten Esel sind nur Kopf und Hals erhalten. Ihm zugewendet steht ein bärtiger fichtenbekränzter Mann (Silen? [? ohne Silensohren], dessen einzige Bekleidung in einem um die Hüften gebundenen Felle besteht. Hinter dem Kopfe des Esels eine Mänade, das Haar nach Mädchenart geordnet, in Bewegung n. r., n. l. zurückblickend. Von der Nbs. ist nur ein schmaler Streifen erhalten. Auch hier ein Gefangener, dessen Hände auf den Rücken gebunden sind.

2280. P. Albani.

Abgeb.: Zoega, *Bassiril.* Tav. VIII.
Vgl. Zoega ebenda; *Ann. dell' Ist.* 1863, 373 I (Petersen).

S.-Fr. R. und l. unvollständig. Von zwei Panthern (Zoega: Luchsen) wird ein auf zwei Blockrädern ruhender Wagen n. r. gezogen, auf dem eine riesige, aus Metall zu denkende Amphora mit Deckel steht; vor ihr sitzt ein gefesselter Barbar (Kopf neu), dessen Ketten eine neben den Panthern her gehende Gestalt in kurzärmligem Chiton führt, (Kopf, l. Arm und Schulter neu); nach Zoega: Methe; mir schien die Figur männlich. Hinter dem Wagen her geht ein nackter Satyr, die L. auf den Wagen legend, in der R. den Thyrsos, (ganz modern bis auf die l. Hand, den r. Fuß theilweise, sowie den l. mit etwas Unterbein, und die r. Hand mit dem langen Thyrsos). Es folgt ein zweiter Satyr, mit Lagobolon im l. Arm, der den r. Arm und den Blick nach einem von l. heranschreitenden Elephanten richtet, (neu: der Oberkörper bis auf dessen l. Seite mit Arm und den r. Arm, ferner der l. Fuß). Auf dem mit Netz und Decke versehenen Elephanteu reitet ein sich umblickender, die Hände auf den Rücken gebundener Barbar.]

[2281. P. Albani.

Abgeb.: Zoega, *Bassiril.* Tav. IX. x.

Vgl. *Ann. dell' Ist.* 1863, 373 K (Petersen).

S.-Nbss.? I. R. eine sog. Balaustra. L. davon ein n. l. gewandter nackter Satyr, der, den Kopf dabei abgewendet, im Begriff ist, einer gefangenen, ihn anblickenden Frau in langem gegürtetem. r. Brust und Schulter freilassendem Gewand die Hände auf den Rücken zu binden. Von r. eilt ein unbärtiger Gefangener in Chlamys herbei, die Hände auf den Rücken gebunden. Ganz links ein auf sehr langer Trompete n. r. blasender Satyr, im r. Arm das Lagobolon. Zoega verweist auf die ähnliche Gruppe auf dem S. *Mus. Pio-Clem.* IV, 23.

II. L. eine sog. Balaustra. Bacchantin, Tympanon schlagend n. r.: vor ihr ein n. r. springender Panther; davor Silen mit großem Krater auf der Schulter n. r. eilend. R. Pfeiler mit Bogenansatz.

Zoega's Vermuthung, die Stücke haben zu einem größeren Fries gehört, ist mir unwahrscheinlich. Die Höhe (3 pal.) verbietet allerdings, sie mit einer der vorhergehenden Nummern zu verbinden.]

2282. S. Paolo f. l. m.

S.-Fr. Erhalten ist nur ein mit einem weitmaschigen Netze bedeckter Elephant, der n. l. schreitet; auf seinem Rücken sitzt ein kleiner Reiter in der Tunica mit dem Stachelstecken [in der Linken; r. schließt das Relief ab; zwischen der Schlussleiste und dem Elephanten ein Baum].

2283. V. Borghese.

S.-Fr. Auf einem n. r. schreitenden Kameele sitzt [rittlings] ein Mann, [vielmehr eine Frau] in unten befranztem, langem, [gegürtetem] Kleide, in der R. den Zaum haltend. Das Kameel wird von einem Satyr geführt. Vorn die Reste einer Mänade, hinten die eines Satyrs.

2284. P. Castellani.

S.-Fr. Es ist wenig mehr erhalten, als der n. r. von Kentauren gezogene Triumphwagen. Auf seiner Wange ein n. r. flie-

gender Eros, der einen Feston vor sich hält. [Der Gott war im
Begriff, niederzusteigen, wie seine erhaltenen Unterschenkel beweisen; ein Satyr, von dem ein Unterschenkel erhalten, unterstützte
ihn dabei.]

BACCHISCHER ZUG.
Dionysos sitzend.

2285. V. Ludovisi.

Zeichnungen: Cod. Cob. 452, 131 [nur die Vorderseite] und beim Institut.

Beschr. von Zoega A. 321.

[Vgl. *Ann. dell' Ist.* 1863, 373 C (Petersen); Th. Schreiber, *Die antiken Bildw. der
V. Ludovisi* 142.]

s. Auf einem vierrädrigen, niedrigen Karren stand l. e. f. ein
jugendlicher Satyr, von dem jetzt nur noch der Torso erhalten ist: [im l. Arm
nach C. ein Lagobolon]. Neben ihm, auf demselben Karren sitzt
auf einem Throne mit hoher Rücklehne Dionysos e. f. fast nackt;
[l. Bein und l. Arm fehlen schon auf C.]: er legt die r. Hand auf die
Schulter des Satyrs. Im Hintergrunde ein Vorhang. Nach r. schreitet ein kleiner Pan (sehr verstümmelt) vom Wagen herunter, vielleicht
um sich auf einen der denselben ziehenden, [durch ein mit Delphinen geschmücktes Joch verbundenen] Panther zu setzen; [Zoega
bemerkte noch den Rest einer Syrinx]. Auf dem vorderen sitzt
ein Eros mit abgebrochenen Armen; nach Z. hielt er vielleicht
eine Lyra; den Kopf wendet er n. l. Über dem hinteren Panther
schwebt gleichfalls ein Eros, der sich mit dem ganzen Körper n. l.
dreht; [Zoega: stiene nella s. abbassata sul collo della pantera alla
s. un bastoncino larghetto, forse una specie die gnaccheree]. Hinter letzterem [in der Höhe] schwebt Nike, (Kopf und Flügel fehlen),
sich aufschwingend, [in der hoch erhobenen L. Rest einer Tro-
paionstange]. Weiter im Hintergrunde [n. l. zu] halben Leibes hervorragend ein [n. r. gewandter] Satyr, der einen Thyrsos auf der
l. Schulter balancirt. Vor den Panthern im Vordergrunde ein größerer
Pan n. r., [Kopf und Arme fehlen], über eine mystische Cista springend,
aus der die Schlange fährt: [zwischen ihm und den Panthern erhebt

sich im Hintergrunde eine Pinie, von der auf C. noch Blatt- und
Fruchtreste im Felde erhalten sind]. Ein junger Satyr, vom Rücken
gesehen, schleppt n. r. eine schwere Keule auf seiner l. Schulter.
Herakles, mit einem Rosenkranz um den Hals, vornüber taumelnd,
greift mit der L. nach einer fast nackten e. f. stehenden Nymphe,
[seine Hand um ihren Nacken legend], die von einem jugendlichen
Satyr, der sie wahrscheinlich um den Rücken gefasst hat, mit Anstrengung [n. r. zurück]gezogen wird: [sie fasste mit der L. vor
der Brust ihr Gewand, um es festzuhalten]. Den Herakles, der
mit dem l. Bein über einen großen umgestürzten Krater zu stol-
pern droht, fasst ein Satyr von hinten mit beiden Armen mitten
um den Leib; [ein zweiter Satyr unterstützt ihn von der andern
Seite]. Im Hintergrunde hinter dem keulentragenden ein anderer
jugendlicher Satyr mit Lagobolon, Kopf n. l. [Vor letzterem im
Hintergrunde] eine Mänade, die auf dem Kopfe die mystische Wanne
mit verdecktem Phallos hält. Weiter im Hintergrunde ein Satyr
mit Pantherfell [Bocksfell nach C.] nach oben blickend, auf seiner
l. Schulter den Thyrsos balancirend: [hinter ihm wird eine Pinie
sichtbar]. Weiter r. ein Satyr [im Schurz], durchaus vom Rücken
gesehen, auf seiner l. Schulter ein großes Gefäß tragend, das er
mit sichtlicher Anstrengung mit beiden Händen unterstützt. Rechts
von dem die Nymphe führenden Satyr und von diesem abgewendet
ein Löwe, der von einem mit dem Pantherfell umgürteten Satyr
u. r. geleitet wird. In der jetzt weggebrochenen R. schwang dieser
vermuthlich das Lagobolon. — Hinten eine beckenschlagende Mänade [n. r.], n. l. unten blickend. Endlich auf einem von zwei
Kentauren gezogenen Karren steht Silen, von schlankerer Bildung
als sonst, e. f. und den r. Arm auf die Schulter eines neben ihm
stehenden, zu ihm aufblickenden Satyrs gelegt, [dessen r. erhoben ge-
wesener Arm großentheils weggebrochen ist]. Von den Kentauren blickt
der erste, bärtige sich um, und streckt dabei die r. Hand nach unten aus. Auf seinem Rücken nach Zoega [auch jetzt noch erkenn-
bar] die Füße eines Eros. Der zweite trägt auf seiner Schulter
ein großes Gefäß, [das vorn mit einer fast unkenntlich gewordenen
bärtigen Maske geschmückt war]. Hinten [u. r.] Kopf und Brust
eines flötenblasenden Satyr. Zwischen den Beinen des vorderen
Kentauren ruht ein Panther.

Nbss. 1. Satyr in orgiastischer Bewegung n. r.: in der R.
den Thyrsos schwingend, mit der L. Wein auf eine Ara libirend;
auf letzterer liegt ein Bockskopf.

Rechts [Welcker, *Zeitschr.* 529, 9]. Zwei Satyrn in einer viereckigen, vorn mit drei Löwenköpfen versehenen Kufe Trauben stampfend; jeder hält im Arm ein Lagobolon; r. davon eine unbärtige Herme n. l.

> Sehr verwittert und zerstört.

2286. P. Doria.

> Beschr. von Zoega A. 259 (damals noch an der Rückseite des Casino der Villa Panfili befindlich).

s. An den Ecken je eine Hore im geschlitzten Chiton mit Überschlag. Die erste Figur r. ist eine Mänade im gegürteten Chiton mit Überschlag, die n. r. schreitend eine Art Mantel, dessen Enden sie mit beiden Händen fasst, im Bogen über sich flattern lässt. Der bärtige Silen, nackt bis auf einen Lendenschurz mit Sandalen an den Füßen, sitzt n. r. auf einem gesattelten Esel. Auf seinem Kopfe trägt er eine flache Mulde mit Früchten, die er mit beiden Händen unterstützt. Am Halse des Esels hängt eine Schelle, unter ihm liegt ein umgestürzter Fruchtkorb. Auf einem zweirädrigen von Panthern gezogenen Karren sitzt n. r. der jugendliche Dionysos, nackt, im Haar einen Epheukranz; die R. mit dem Trinkhorn legt er über's Haupt, in der L. ruht nachlässig der Thyrsos. Die Füße des Gottes ruhen auf dem Nacken der Panther. Ein Knäbchen greift von l. in die Räder des Wagens, diesen zu schieben. Die Panther werden geführt von Pan mit Nebris und Lagobolon; eine Schlange beißt ihn in's Bein. Hinten erscheint eine Mänade, den Leib sehr nach vorn, den dem Dionysos zugewendeten Kopf zurückgebogen; sie schlägt das Tympanon. Eine zweite Mänade bläst die Doppelflöte. L. von dem Wagen: Ein Satyr mit umgebundenem Pantherfell, in der L. ein Lagobolon, in der R. die Syrinx, schreitet n. r., während sein Blick auf ein Böckchen n. l. unten gerichtet ist. Ihm folgt eine Mänade, welche die Becken schlagend n. r. schreitet und sich n. l. umblickt.

> Stark vorspringendes Relief von grober Arbeit, durch gute Erhaltung ausgezeichnet.

2287. V. Pacca.

> Zeichnung beim Institut.

s. Vds.: R. eine Bacchantin mit der Lyra im Arm; sie hat sich im Tanz so gedreht, dass sie vom Rücken gesehen wird. Sie ist nackt bis auf ein schmales Gewandstück, das ihr ein Satyr, der auf der l. Schulter einen Schlauch trägt und n. r. schreitet, zu entreißen sucht. Folgt eine Mänade [im Doppelgewand], eine

gerade und eine krumme Flöte blasend. Ein junger Satyr n. r.
schreitend, den Thyrsos l. schulternd: die r. Hand erhebt er wie
um den Tact der Musik anzugeben. — Auf einem viereckigen, von
zwei Löwinnen gezogenen Karren sitzt auf weichem Kissen n. r.
Dionysos, unbärtig, mit traubenbekränztem Haar. Ein weites Gewandstück fällt über den Rücken: der vordere Theil des Körpers
bleibt nackt [bis auf einen schmalen Streifen, der sich über die
Beine zieht]. Die R. legt er an's Hinterhaupt, den l. Arm um den
Nacken der n. l. hinter ihm auf demselben Wagen lagernden Ariadne
[vgl. Petersen, *Ann.* 1863, 393]. Vorn auf dem Wagen sitzt als
Fuhrmann ein kleiner Eros mit einer mächtigen Traube, auf der
vorderen der Löwinnen ein zweiter, die Lyra spielend. Über dem
Kopfe des ersteren wird eine ruhig stehende, n. r. gewendete Mänade sichtbar; eine zweite schlägt jubelnd über ihrem Kopfe die
Becken zusammen. Endlich ebenfalls noch im Hintergrunde ein
Satyr, der mit beiden Händen eine riesige Fackel hält. Die Löwinnen lenkt vorn der n. r. springende Pan, eigenthümlicher Weise
das Hinterhaupt verschleiert: l. schultert er den Thyrsos, [dessen
oberes Ende theilweise durch die Kopfbedeckung mit bedeckt wird];
an der Erde zwei durch ein Band verbundene Becken.

Nbss.: l. leer, r. ein Greif. — Oben auf dem Deckel lagert
ein wohlgenährter Mann in Tunica mit darüber geworfenem Mantel: der r. Ellbogen sinkt tief in das Kissen, auf das er sich stützt,
ein. In der Hand hält er eine tiefe Schale, deren Boden durchbohrt ist, um die Libationen durchfließen zu lassen, in der R. eine
Hypothymis. An das l. Knie schmiegt sich ein Hund.

2288. P. Rospigliosi.

Abgeb.: Bartoli, *Admiranda* (1693), Tab. 46 und 47: »in aedibus Mazarinis«;
die l. Hälfte danach *Mon. dell' Ist.* III, 59.
Beschr. von Zoega A. 139.
[Vgl. Brunn, *Rhein. Mus.* IV, 469, und *Arch. Zeit.* 1845, 187.]

S.-P. Opfer und bacchischer Zug, gegen die Regel von r. n. l.
L.: Vor einem mit Früchten bedeckten viereckigen Altar steht eine
weibliche Figur im gegürteten ärmellosen Chiton; sie beugt sich
über denselben »wie um darauf zu opfern«. Die Flöte, in die sie
bläst, ist nicht so geschweift wie der Stich zeigt, wahrscheinlich
jedoch mit den Armen Restauration. An den im Tanzschritt sich
n. r. drehenden bärtigen, die Doppelflöte blasenden Satyr tritt von
l. eine fast nackte Mänade, [ihre Beine sind von einem großen,
zur l. Schulter sich hinaufziehenden Mantel bedeckt] mit Brust-

band heran: die r. Hand legt sie an die r. Schulter des Satyrs. (Der Satyr hat das Motiv des Borghesischen Becken schlagenden. und ist diese Figur benutzt worden, um die Ergänzung jenes als falsch zu erweisen.) Hinter diesen drei Figuren ist hinten ein Parapetasma ausgespannt. — Von r. hüpft ein kleiner Satyrbube heran mit umgehängter Nebris, im l. Arm das Lagobolon, die R. erstaunt erhebend. An den Füßen Stiefel. Mehr im Hintergrunde, doch ganz sichtbar eine das Tympanon schlagende, n. r. zurückblickende Mänade. Pan, im r. Arm das Lagobolon, über die Cista mystica springend, aus der eine riesige Schlange n. l. hervorschießt. Eine Mänade mit entblößtem l. Bein, das Tympanon (?) [Becken] schlagend. Voran ein Knabe, auf einem Löwen reitend, den er mit geschwungener Gerte antreibt. Auf einem von zwei Kentauren gezogenen Wagen sitzt Dionysos. Von jenen hält der vordere Lyra und Plektron, der hintere stößt in ein (»jetzt verlorenes«) Blasinstrument; unter dem vorderen liegt ein Panther. Dionysos ist so gut wie nackt; er lehnt sich bequem zurück, indem er den l. Arm um den Nacken des kleinen bekleideten Silens legt, der im Begriff scheint, in den Wagen des Gottes einzusteigen; Silen hält in der R. den Thyrsos, Dionysos in derselben den Kantharos, als ob er spenden wolle, [vielmehr als ob nichts mehr darin wäre]. Über seinem wagrecht ausgestreckten Arm erscheint bis unter die Brust eine Mänade mit Thyrsos im r. Arm, halb n. r. gewendet. — Opferscene: Ein junger Mann, nackt bis auf die über den Rücken lang herabhängende Chlamys, steht, den l. Arm auf einen Thyrsos (?) aufstützend, vor einem viereckigen, mit Früchten beladenen Altar: er scheint im Begriff, aus dem Kantharos, den er in der R. hält, in denselben zu spenden. Ein unbärtiger Opferdiener mit Schurz um den Leib schleppt von r. ein sich sträubendes Böckchen heran. Unten sitzt in lebhafter Bewegung ein Knäbchen e. f., das mit der L. nach dem Ziegenbock greift, in der R. eine Traube hoch hält. Den Abschluss bildet eine Pinie, zwischen deren Zweigen eine weibliche Figur, den r. Arm ausstreckend, »wie um die Früchte der Pinie abzubrechen«.

2289. V. Medici.

Beschr. von Zoega A. 378.

s.-Fr. L. Dionysos halbnackt n. l. gelagert auf einem von zwei Kentauren n. r. gezogenen Wagen, über dem ein Parapetasma aufgehängt ist. Dem Gott bringt ein von l. heranfliegender Eros einen Skyphos. (Z. scheint keine Flügel bemerkt zu haben: er giebt dem Knäbchen einen r. geöffneten Chiton, [weder Flügel noch Gewand konnte ich erkennen; es ist wohl ein Satyrknabe].) Von den Kentauren bläst der zur L. die Flöte, der andere spielt die Lyra. Vor dem Wagen einher ein Löwe, auf dem zwei (?) Eroten sitzen. Ein Satyr im Hintergrunde scheint ihn zu lenken. Eine Mänade schreitet bewegt n. r.; ihr r. Bein wird entblößt. Bogenförmig flattert das Gewand über ihrem Haupte. Die n. r. voranschreitende Figur ist sehr verstümmelt: [wie es scheint Silen, ganz bekleidet, der mit beiden Händen auf seinen Stock gestützt war]. Vor ihr befindet sich, wie es scheint, der Überrest der Figur eines Esels mit gesenktem Kopfe: auf seinem Rücken liegt auf einen Schlauch gestützt Silen n. l. gewendet.

2290. V. Medici.

Beschr. von Zoega A. 377.

S.-Fr. Voran Pan [n. r.] über die Cista mystica springend, »auf der l. Schulter, wie es scheint, einen Krater tragend«. Folgt eine die Becken schlagende Mänade. Über ihr flattert halbmondförmig der Peplos. Sie blickt [ebenso wie Pan] n. l. zurück. Dionysos n. r. gewendet sitzt, rückwärts blickend, nackt bis auf die hinter dem Rücken flatternde Chlamys, auf einem von zwei Kentauren gezogenen Wagen. Von diesen spielt der vordere, auf dessen Rücken noch die Reste eines Eros, die Lyra, der hintere bläst die Flöte. Zwischen den Füßen der Kentauren ein Tiger.

Sehr verwittert und mit Flechten überzogen.

2291. P. Mattei.

S.-D. Ein viereckiger Schild, in dem [jetzt, und gewiss nicht zugehörig, vor einem mit dem theilweise ganz modernen Schilde ebenfalls nicht zugehörigen Vorhang] halben Leibes das Bild eines Knaben erscheint, welcher in der L. eine Rolle hält, und die R. an die Lippe legt, wird von zwei ausschreitenden Bacchantinnen gehalten. L. und r. zwei sich entsprechende bacchische Züge.

L. Hälfte: R. voran ein Satyr, der n. l. umschauend, in der R. die Syrinx und in der L. das Lagobolon hält. Eine Schlange, die aus der Cista mystica hervorschießt, beißt ihn in's Bein. Folgt Silen in seinen weiten Mantel gehüllt, auf den Stab gestützt. Eine Mänade ausschreitend, sich n. l. umblickend [und Tympanon schlagend]. — Dionysos, unten bekleidet, sitzt [in liegender Stellung] n. l. auf einem von Kentauren n. r. gezogenen Wagen. Die R. des Gottes, die einen Becher zu halten scheint, ruht auf dem Knie;

er wendet den Kopf n. r. um. Von den Kentauren spielt der vordere die Flöte, der hintere [wohl weiblich] die Lyra. Unter ihnen liegt an der Erde die [Silens-]Maske: [davor springt der Panther]. Im Hintergrunde eine die Becken schlagende Mänade.

R. Hälfte: Ein Satyr n. r. tanzend, hält in der L. das Lagobolon, mit der R. zerrt er an dem Gewande der den Schild haltenden Mänade. Herakles (?) [unsicheren Ganges] n. l., nackt, die Becken schlagend. Eine Mänade n. l., die Hände [mit Becken? [ja!]] über den Kopf zusammenschlagend. Dionysos wie vorher. n. l. gestreckt, in der R. den Thyrsos, auf einem von zwei Kentauren n. l. gezogenen Wagen: der vordere ist bärtig und trägt die Lyra; der hintere [weiblich] bläst die Flöte; [vor ihnen springt der Panther, unter ihnen, wie es scheint, die Cista]. Im Hintergrunde ein Satyr (?), in der L. das Lagobolon, scheint den Gott zu bekränzen.

2292. S. Paolo f. l. m.

Beschr. von Zoega A. 29.

S.-P. Zwei Victorien im seitwärts geschlitzten Chiton halten einen Clipeus. Unter demselben steht eine Palme, zu deren Seiten n. r. und l. zwei gefesselte Barbaren sitzen. R. und l. der Mitte zuschreitend Kentauren, die, wenn, wie auch Z. vermuthet, das Relief als an beiden Seiten gebrochen zu denken ist, die Wagen des Dionysos und der Ariadne zogen. Der zur L. ist unbärtig, den Kopf wendet er rückwärts, die r. Hand legt er vor die Brust; über seinem Rücken erscheinen die Reste eines Eros. Der zur R. ist bärtig, der l. Unterarm fehlt, [Z.: »trägt einen Krater«], den r. legt er um den Nacken seines Weibes. Über dem Rücken gleichfalls Spuren eines Eros. Unter ihm ein Panther.

Von den Victorien scheint die zur L. ein Vexillum, die zur R. ein Tropaion getragen zu haben.

Schwache Spuren sind erhalten.

2293. V. Panfili.

Beschr. von Zoega A. 294.

S.-Fr. Ein n. l. schreitender, wie gewöhnlich vor dem Wagen des Dionysos gespannter Kentaur. Auf seinem Rücken ruht n. r. gestreckt Silen, nackt bis auf den Schurz, die L. ist an den Kopf gelegt, in der R. hält er eine Hypothymis. Das Gefäß, welches der Kentaur auf der r. Schulter trägt, ist mit sammt dem r. unterstützenden Arme [und dem Kopfe] modern, [ebenso die Vorderbeine]. Von dem auf dem Wagen n. l. sitzenden Dionysos ist nur der vorgestreckte [r.] Fuß antik; modern ist auch die hinter ihm sitzende Ariadne. Auf den Gott flattert n. r. ein Eros zu, [dessen Kopf, Flügel und r. Bein neu sind]. Ein zweiter, [dessen r. Bein und Arm neu], führt einen Löwen n. l.

2294. V. Borghese.

S.-Fr. [Lorbeerguirlanden. In einem der Ausschnitte über denselben:] Dionysos, in ein weites Gewand eingeschlagen, das den Oberleib freilässt, liegt n. l. gestreckt da; die R. legt er über das Haupt (Blick n. r.). In der Hand des l. im Ellbogen aufgestützten Armes ruht der Thyrsos.

2295. P. Rondinini.

S.-Fr. Dionysos liegt n. l. gestreckt und die R. über das Haupt gelegt schlafend da. Hinter ihm erscheint eine Mänade, die das Tympanon schlägt.

Dionysos auf dem Wagen stehend.

2296. V. Ludovisi.

[Zeichnung: Cod. Cob 480, 135: »Vinea Carpi«.]
Beschr. von Zoega A. 319.
[Vielleicht erwähnt von Aldroandi 308.]
[Vgl. *Ann. dell' Ist.* 1863, 373 D (Petersen); Th. Schreiber, *Die antiken Bildw. der V. Ludovisi* 144.]

S. Der langbekleidete Dionysos steht n. r. auf einem von zwei Elephanten gezogenen Wagen; sein Mantel flattert bogenförmig über ihm. In der R. hält er einen [größtentheils weggebrochenen] Thyrsos, in der L. [Unterarm fehlt, Hand erhalten] die Zügel; den Kopf wendet er n. l. Unter dem vorderen Elephanten Reste eines Eros, der einen Panther umfasst zu haben scheint; [richtiger Zoega: »centauro abbracciato da un Ermafrodita«]. Durch den einen vorgesetzten Fuß des Elephanten ist ein Panther auf den Rücken geworfen; derselbe hält noch halb liegend den Fuß umklammert und sucht sich durch einen Biss zu rächen. Auf dem ersten Elephanten sitzt (Extremitäten fehlen alle) Eros, mehr als Jüngling, denn als Knabe gebildet, [mit einer Art Lanze, so scheint es, den Elephanten anstachelnd]; ebenso auf dem zweiten. Im Hintergrunde naht von r. dem Dionysos zu, Nike, in der L. die Palme, [Flügel sind nicht angegeben]. Vor den Elephanten ein Satyr, n. r. schreitend, im r. Arm, über den eine Nebris fällt, ein Kindchen, auf das er hinabsieht; die Beine des Satyrs sind ganz zerstört, [ebenso fast der ganze erhoben gewesene l. Arm]. Weiter: ein Altar mit Opferstücken (?) darauf, daran gelehnt eine umgekehrte Fackel; vor demselben Reste eines Kindes, welches ein Böckchen festzuhalten sucht. Vorher, links, ein auf drei Füßen ruhendes, pyramidal aufsteigendes Geräth [turibulum], aus dem oben Flammen schlagen. Eine Mänade eilt n. r., den r. Fuß vorgesetzt; der zerstörte r. Arm war schräg nach unten ausgestreckt: sie ist im Begriff, eine Fackel, von der noch ein Rest in der l. Hand erhalten ist, in den Flammen der Ara zu entzünden; von der erhaltenen r. Hand hängt ein Tympanon an einem Riemchen herab. Ein Satyr, eine dünne Rosenguirlande quer um den Leib gehängt, geht n. l. ab, fasst jedoch dabei, zu ihr sich umblickend, das Gewand einer Mänade [und entblößt so ihr r. Bein, wobei sie den Oberkörper zu ihm umwendet; sie war in Bewegung n. r. begriffen und] spielte eine [große, an einem Schulterbande hängende] Kithara. Ein bärtiger, etwas beleibter Silen, im l. Arm die Lyra, die R. gebrochen; [das große Plektron, welches die letztere hielt, noch an der Lyra erhalten]; neben ihm die Cista, aus der die Schlange fährt. Eine Mänade, ganz bekleidet, begeistert n. r. schreitend, den Blick nach oben; in der Hand des über den Kopf gebogenen l. Armes hielt sie das mit Schellen besetzte Tympanon. Ihr zugewandt die Herme eines bärtigen Mannes, [Silens, mit spitzen Ohren, ganz in einen Mantel gehüllt, den er mit der L. aufzieht; auf der l. Schulter ein von mir nur mit Hülfe Zoega's erkannter Schlauch, dessen Mündung die R. vor der Brust umfasst hält]. Die Säule, auf der sie steht, ist unten bekränzt.

Nbss.: L. ein Satyr n. r. in halb feierlicher Bewegung ausschreitend, den Blick erhoben. In der L. trägt er an einem Riemen das Tympanon, die R. mit brennender Fackel hält er umgekehrt hinter sich; l. neben ihm ein Baum.

Rechts: ein flötenspielender und das Krupezion tretender Satyr n. r. und Dionysos, ruhig stehend n. l., mit der r. gesenkten Hand aus einem Skyphos spendend, die l. [auf den Thyrsos] aufgestützt. Sehr verwittert und zerstört.

2297. V. Panfll.

[Zeichnung: Cod. Cob. 480, 133.]

Beschr. von Zoega A. 282.

s.-r. Rechts: eine alte Frau [das Gesicht als modern verdächtig] in der gewöhnlichen Tracht n. r. gewendet, verrichtet ein Hahnenopfer vor einem Altar, hinter dem sich auf einem Postament ein

bärtiges, langbekleidetes Götterbild mit Thyrsos und Kantharos erhebt. Im Hintergrunde eine weibliche (?) Gestalt [Bacchantin nach
C.], mit schräg vorgehaltenen Fackeln, (nach Zoega neu: der Kopf und
der Arm mit einem Theil der Fackel) und ein Satyrkopf, [C. zeigt diese
c. f. gerade im Hintergrunde der Opferscene stehende Figur allerdings, wie es scheint, mit kurzem Schnurrbart, aber langbekleidet].
Vorn neben der Alten steht n. r. ein langbekleidetes Kind, das
die Doppelflöte bläst. — Herakles (Z.: Kopf abbozzirt, [auf C. fer-
tig gezeichnet]) n. r. taumelnd, legt die L. um den Nacken eines
Mädchens, das n. l. gewendet [und nach C. auf den Zehen stehend]
mit ihrer L. das Gewand, welches sie von den Hüften abwärts bekleidet, hält, während es die R. erhebt [wie um ihr durch die Lage
des Herakles gestörtes Gleichgewicht zu wahren]. Herakles wird
von hinten an der Hand von einem Satyr gehalten, [indem er auf
dessen Hand die seine stützt]. Zwischen Herakles und der Nymphe
ein Knäbchen, welches die Keule schleppt. [Am Boden nach C.
vor den Füßen der Nymphe ein liegender Krater; hinter den Beinen des Herakles wird ein niedriger, viereckiger Altar sichtbar, auf
dem Früchte liegen.] — Auf einem von zwei [trabenden] Elephanten n. r. gezogenen Wagen steht im langen Ärmelchiton [C.: ärmel-
los] [und hinten flatterndem Obergewand] Dionysos, sich n. l. umschauend: in der R. hält er das Scepter, in der L. ein Rhyton,
dessen Inhalt er über dem Kopfe eines Panthers entleert: [der
Panther hat nach C. einen Bockskopf zwischen den Tatzen]. Auf
den beiden Elephanten sitzt je ein bekleideter, seinen Krummstab
schwingender Reiter. Im Hintergrunde erscheint ein bärtiger Kopf,
[Satyr mit Fackel nach C.]. Neben dem Wagen ein Eros, der den
l. Arm um den Nacken eines n. r. schreitenden [widerspenstig die
Beine vorstemmenden] Löwen legt und in der [erhobenen] R. ein
Lagobolon hält, [es gegen den Löwen zu schwingen]. Die Elephanten leitet Pan (Hörner deutlich) mit menschlichen Beinen [und
Stierhufen, mit Eberfell und Guirlande quer über den Leib; im
l. Arm einen knorrigen Ast, so C.]. Unten ein Panisk, sich mit
einem Böckchen stoßend, [die Hände auf dem Rücken, am Boden
ein Lagobolon: im Hintergrunde ein niedriger Altar: letzteres nach
C.]. Vorn eine [stark zurückgelehnte] Bacchantin n. r., die r. Brust
entblößt, eifrig blasend, [so C.], »vielleicht das jetzt verlorene Tympanon schlagend«: [ihr r. Arm ist größtentheils weggebrochen, ebenso die
l. Hand.

Stark erhabenes, gut erhaltenes Relief, (Z.: lavoro nitido).

2298. Vicolo della fontana secca.

Beschr. von Zoega A. 433.

S.-Fr. (Von der Vorderseite und l. Nebenseite.)

Von der Vorderseite ist nur der jugendliche, langlockige Dionysos [auf dem Wagen n. r.] erhalten. Er trägt ein langes, feierliches Gewand, über das eine Nebris geworfen ist. Der breite Gürtel ist mit drei Masken verziert, [wie es scheint, Silen, Dionysos und Bacchantin]; (Arme gebrochen). Der Wagenrand ist mit bacchischen Figuren geschmückt; namentlich deutlich ist gegen den Rand n. l. zu ein Kentaur, der auf der r. Schulter ein riesiges Füllhorn trägt, das er mit der L. unterstützt. Weiter n. r. ein tanzender Satyr mit Lagobolon. Die Front zierte in flachem Relief eine Heraklesmaske. Im Hintergrunde hinter Dionysos noch Reste eines Satyrs. — Die Nebenseite zeigt einen Satyr, der lebhaft n. r. tanzend die L. erhebt; im l. Arm ruht das Lagobolon. Ihm gegenüber tanzt mit bogenförmig über ihrem Haupte wallendem Schleier eine Mänade, in der R. ein Tympanon. Zwischen beiden auf einer viereckigen, [oben mit einem Tuch verhängten] Ara ein Widderkopf. L. eine Pinie.

[2299. V. Codini.

S.-Fr. (?) Gr. H. 0,27; gr. Br. 0,21. L., r. und oben unvollständig.

Dionysos in langem Gewande n. r., im Begriff, einen Wagen zu besteigen, dessen Rand mit Palmetten verziert ist: in einer der weggebrochenen Hände hielt er den theilweise erhaltenen Thyrsosstab. Neben ihm kauert im Wagen ein kleiner Satyrknabe. (Unterkörper n. l., Oberkörper umgewandt), mit Lagobolon und Syrinx, den Kopf geneigt, als wäre er im Begriff, letztere zu blasen. Von Dionysos ist nur der untere Theil bis etwas über's Knie erhalten. L. schloss sich eine, wie es scheint, freigelassene Fläche an, von der nur ein kleines Stück übrig ist.

Gute Arbeit.]

2300. P. Mattei.

Abgeb.: Mon. Matth. III, 8, 2.
Beschr. von Zoega A. 344.
Vgl. Beschr. Roms III, 3, 528.

S.-P. Oval; an den Ecken Löwenmasken mit Ringen.

Unter der zur R. steht ein Knäbchen n. r., welches die r. Hand, die eine Traube hält, gegen die Brust drückt. »Kopf und Hand neu, von der Traube ein Stück alt.« Es erschrickt vor der aus der vor ihm

stehenden Cista mystica hervorschießenden Schlange; neber jener
sitzt ein Tiger. L. von der Löwenmaske sitzt n. l. ein Satyr, der
ein Kind aus einem großen Horn tränkt. »Von der Figur des Satyrs
ist nur der Rücken mit dem r. Arm und dem Horn antik; die Restaurationen
an dem Knaben sind unbedeutend«; zwischen beiden eine große bärtige
[Silens-]Maske. — Silen mit über die Lenden geworfenem Gewandstück reitet auf einem Esel n. r.; der l. Ellbogen stützt sich auf
einen Schlauch, der auf dem Nacken des Esels liegt; die r. Hand
ist um den Nacken eines n. r. schreitenden Satyrs gelegt. »Modern
sind am Silen die l. Hand, das l. Bein [und der Kopf]; am Esel der Kopf.«
Unter dem Esel liegt ein Ziegenbock. Der genannte Satyr hält in
der L. ein Lagobolon, in der R., die jedoch modern ist [die l. Hand ist
auch modern, ebenso Kopf und l. Bein], ein Ding wie ein Schälchen.
Über dem Kopfe des Esels erscheint noch Pan mit [Fell über] deutlichen Bocksbeinen, im l. Arm ein »knotiges« Lagobolon. Auf
einem von Löwinnen (die vordere mit sehr markirten Zitzen) gezogenen Wagen steht Dionysos im langen Ärmelgewand mit breitem
Gürtel, in der R. die Geißel, (Z.: Scepter), in der L. die Zügel
haltend. Eine [Silens-]Maske unter der vorderen Löwin, die mit
der »restaurirten« Schnauze ein Tuch zu beschnobern scheint, welches
über ein von der Seite vollkommen sichtbares männliches aufgerichtetes Glied mit Hoden gedeckt ist. Über den Thieren erscheinen zwei Bacchantinnen (Gesichter ergänzt, [ebenso die Arme fast durch-
aus]); die hintere bläst die Flöte, die vordere schlug ursprünglich
ohne Zweifel das Tympanon.

2301. P. Mattei.

Zeichnung: Cod. Cob. 451, 137.
Abgeb.: *Mon. Matth.* III, 8, 1.
Beschr. von Zoega A. 345.

S.-P. R. Ein nackter Mann, (Gesicht modern) stellt den l. Fuß
auf eine geringe Erhöhung, hat einen nackten, anscheinend ohn-
mächtigen Knaben um den Leib gefasst und scheint ihn nieder-
legen zu wollen. Nach C. wäre der r. Unterarm des Mannes, der Oberkörper
des Knaben und das r. Bein des letzteren, [auf dem Relief gar nicht sichtbar]
modern. Was mit diesem vorgenommen wird, ist auch hier nicht
klar. Was auf dem Relief als Baumstamm erscheint [unter dem
Kopfe des Knaben], ist hier ein geneigter Pfeiler. Ihm folgt ein
Satyr mit Nebris über dem r. Arm, in dem ein gebrochenes Lagobolon ruht; auf der l. Schulter trägt er einen Schlauch, [neben dem
auf C. rechts oben in räthselhafter Weise der Kopf eines Rindes
sichtbar wird]. Gesicht zerstört. — Silen in ein Gewand gehüllt,

das die r. Brust frei lässt, im l. Arm ein Tympanon, den Kopf
von einer wulstigen Binde umgeben, die den Eindruck einer flachen
Mütze macht, (fehlt in C.), schreitet n. r. Ein fast nackter bärtiger
Mann [Herakles?] ist von r. an ihn heran getreten, hat den r. Arm
um seinen Nacken gelegt und scheint ihm zuzureden. [Mir scheint
er vielmehr, seines Standes nicht mehr mächtig, auf ihn gesunken
zu sein, so dass der Silen unter der Last zurückweicht.] Von l.
kommt ein Knabe herbei, packt den r. Arm des Silen und scheint
ihn n. r. zu drängen, doch ist sowohl der r. Unterarm des Knaben als auch
der des Silen nach C. nicht antik. Über dem Kopfe des Bärtigen (rechts
oben) eine flötenblasende Bacchantin; unter dem Schlauchträger
folgend ein Panther, zum muthmaßlichen Herakles aufblickend.
Über dem Knaben eine die Becken (?) schlagende, n. r. ausschreitende Mänade. Dem Knaben folgend eine zweite in Tanzbewegung
n. r. Über ihrem Haupte flattert bogenförmig ihr Peplos, den sie
mit der L. packt. Der r. Arm hängt herab und berührte fast die
Spitze einer auf einem Rundaltärchen lodernden Flamme, so C.;
jetzt ist dieses Stück glatt gemeißelt.) Auf einem von zwei n. r. sprengenden Kentauren gezogenen Wagen steht Dionysos jugendlich nackt,
die L. auf den Thyrsos gestützt, den r. Arm um den Nacken eines
Satyrknaben legend. »An der Stirn Hörnchen?« [auf C. nur Wein-
trauben ersichtlich.] Von den Kentauren spielt der vordere (bärtige) die Lyra, der hintere (unbärtige) bläst die Muscheltrompete,
(nach C. Flöte, [r. Arm fehlt auf C.]). Auf dem Rücken der Kentauren zwei Eroten, der hintere schlägt die Becken. Vorn unten ein
Altärchen, auf dem ein Widderkopf. Ein Knäbchen zwingt einen
Panther, dessen Nacken es umfasst, n. r. zu schreiten. Auf der
Wange des Wagens eine liegende nackte Figur (Z.: Herakles) mit
Trinkgefäß: auf ihn zu fliegt ein Eros, mit beiden Händen einen
großen Kantharos hebend.

2302. V. Panfili.

Beschr. von Zoega A. 241.

S.-P. R. und l. sind Figuren aus Stucco hinzugefügt.

R. Pan (Kopf modern), in der L. das Lagobolon, [um den Oberkörper eine Nebris, l. Bein neu], leitet ein Kameel, auf dem ein
nacktes Knäbchen reitet; [unter den Füßen des Pan springt ein
sich umschauender Panther]. Folgt eine undeutliche Gruppe von
zwei kleinen Figuren: ein n. l. schreitender Knabe scheint mit
beiden Händen einen Angriff auf eine sehr verstümmelte Figur
»Ziegenbock«) zu machen. Im Hintergrunde eine Bacchantin mit

dem Tympanon. Folgt eine Bacchantin [mit zurückgeworfenem
Kopfe], wie mir schien, die Flöten blasend, nach Z.: in der L.
einen Thyrsos horizontal haltend, [r. Arm modern]. Ein Satyr, in der
R. einen Thyrsos, auf der l. Schulter ein Knäbchen. Dionysos auf
einem von Panthern n. r. gezogenen Karren, den r. Arm bequem
über's Haupt gelegt; die L. hält den Thyrsos, [r. Arm größtentheils
modern, ebenso das untere Ende des Thyrsos]. Ein kleiner Eros schiebt
den Karren. Eine nackte Gestalt, wohl Silen, [ebenso Zoega,
scheint mir aber doch nur ein dicker Junge], sitzt auf dem vorderen der Panther, [l. Arm und Kopf neu]. Über denselben kommen
halben Leibes zwei sich umschauende Bacchantinnen zum Vorschein, von denen die zur R. Kymbeln schlägt; [ich konnte nur
die letztere sehen, (ebenso Zoega), dagegen hinter dem Wagen her-
schreitend eine männliche Figur, deren r. Brust unbedeckt scheint:
der r. Arm und einiges am Kopfe ergänzt; Zoega: dopo il carro evvi un'altro
guerriero tunicato collo scudo alzato sul braccio s., e ancora una
figura più bassa d'uomo nudo corroso]. Ferner ein Mann in Chiton und Chlamys, der in der L. einen Schild erhebt. Voran schreitet ein Panisk über die Cista mystica.

2303. V. Medici.

Zeichnung: Cod. Cob. 451, 135.
Beschr. von Zoega A. 379.

[Wahrscheinlich identisch mit dem im *Inventario Capranica* bei Gotti, *Musei di
Firenze* 362 (11) notirten bacch. S. Vgl. auch Aldroandi 219.]

s.-p. R. sitzt unter einer Pinie [n. l.] ein Satyr, den r. Fuß
auf ein Ziegenböckchen stellend, der aus einem Kübel ein [völlig
zerstörtes] Satyrkind tränkte: [Gesicht und l. Bein neu]. Die erste Figur
des Zuges ist eine Mänade, begeistert nach oben schauend; jetzt
scheint es, als ob ihr Gewand bogenförmig über ihr sich wölbe;
nach C. scheint sie dagegen in der Hand des l. über den Kopf
gelegten Armes ein Tympanon zu halten, [am Or. noch völlig er-
kennbar]; der r. Unterarm ist nach C. schon nicht mehr vorhanden. Zwischen
ihr und dem sitzenden Satyr ragt eine Götterherme hervor: Oberleib in den Mantel eingehüllt, Kopf zerstört; [nach C. mit auf die
Schultern fallenden Locken]. Silen, vollkommen gewandet, schreitet n. r., mit beiden »verlorenen« Händen auf den Stab gestützt.
Folgt ein Satyr n. r. tanzend, auf seiner [l.] Schulter ein jubelndes Knäbchen, dessen Arm er mit der L. hält; [die R. seitwärts
nieder, wohl ein Lagobolon haltend, von dem auf C. noch ein kleiner Rest am Rande eines Pantherfelles haftet]; auf C. sind der r. Un-

terarm und beide Beine weggebrochen. Dionysos steht n. r. auf einem von zwei Kentauren gezogenen Wagen. Von der l. Schulter des Gottes fällt ein Mantel herab, der den Leib bis unter die Scham vorn bloß lassend, nur die Beine bedeckt, [auf C. jedoch merkwürdiger Weise über den Hinterkopf gezogen erscheint]. Die L. [fehlt auf C.] war auf den Thyrsos gestützt, der r. Arm [Hand fehlt auf C.] um den Nacken eines Satyrjünglings [Kopf neu] gelegt, über dessen r. Ellbogen die Nebris [Eberfell] fällt; in der R. ruht der Dithyrsos. Über dem Kopfe des Satyrs erscheinen auf C. zwei bacchische aufgehängte?) Masken, [auch auf dem Or. noch deutlich: doch bleibt auch nach C. zweifelhaft, ob die zur R. nicht vielmehr Kopf eines Pan ist, von dem man auch Hals und Schulteransatz wahrzunehmen glaubt]. Von den Kentauren spielte der vordere [die Arme schon auf C. zerstört] die Kithara, [er ist pinienbekränzt]; der hintere scheint weiblich, wenigstens hat er auf C. lange, über die Schultern fallende Locken, [auch auf dem Or. noch sichtbar]: der l. Arm [wie es scheint, modern] ist so gebogen, dass die Hand hinter dem Wirbel des Kopfes zum Vorschein kommt; was sie hielt. ist nicht deutlich, [vielleicht ein Tympanon]; »in der L., [soll R. heißen] vielleicht ein Lagobolon.« Über dem Kopfe des bärtigen Kentauren erscheint eine flötenblasende Mänade. Neben dem Wagen und unter dem Bauche des Kentauren liegt ein Panther. Zwei Masken: die erste (l.) zerstört, die vordere mit großen Hörnern [Pan]: die Cista mystica, aus der die Schlange hervorkommt. Hinter Dionysos erscheint n. r. tanzend ein Satyr, im r. Arm ein Knäbchen, [über der l. Schulter ein Fell]; dem Satyr fehlt auf C. die l. Hand und das r. Bein, dem Knäbchen der Kopf, beide Arme und der r. Fuß. Über seiner l. Schulter ragt eine Pinie hervor; vor ihm schreitet n. r. ein [sich umschauender] Löwe, vor dem an der Erde ein Widderkopf [Bockskopf nach C.] liegt.

2304. V. Carpegna.

Beschr. von Zoega A. 410d.

s.-Fr. Auf einem von Kentauren n. r. gezogenen Wagen steht Dionysos, den r. Arm um den Nacken eines jugendlichen Satyrs, [Kopf neu], die l. Hand an den Thyrsos legend. Quer über den Leib läuft eine Blumenguirlande, [über ihm ein Weinstamm]. Im l. Arm des vorderen Kentauren ruht ein Fichtenzweig, »die R. trägt einen Kranz«, [der r. Arm von der Schulter bis zur Hand ist neu]; beide sind männlich, doch unbärtig. Voran schreitet eine Bacchantin, die Becken, schlagend, von einer zweiten ist nur ein unbedeutendes Stück antik.

Die Extremitäten der Figuren sind meist ergänzt, ebenso ein ziemlich beträchtliches Stück unten [r.] und links, wo das Relief gebrochen ist.

2305. V. Gentili. ○

s.-Frr. Zwei zusammengehörige Fragmente eines Sarkophags, nämlich die l. Ecke; r. gebrochen. Auf einem n. r. von Kentauren (so kann man wohl sicher sagen, obgleich nur von einem ein Stück des Rossschweifes erhalten ist) gezogenen Wagen steht e. f. mit traubenbekränztem Haar Dionysos: lange Locken fallen über die Schultern; ein Mantel ist von der l. Schulter über den Rücken gezogen, kommt neben der r. Hüfte zum Vorschein und ist über den gebogenen l. Arm geworfen. Der größere Theil des Leibes bleibt frei: die r. Hand stützt ohne Frage einen (jetzt zerstörten) Thyrsos auf. L. neben ihm steht auf dem Wagen ein kleiner Satyr: er stellt den r. Fuß vor und erhebt den Kopf, wie den r. Arm (fehlt ganz); mit dem l. umfasst er die Hüfte des Gottes. Die Wange des Wagens ist mit einem n. r. schreitenden Greifen in Relief verziert.

2306. P. Rondinini.

Beschr. von Zoega A. 137.

s.-Fr. Auf einem von einem Kentaurenpaar n. r. gezogenen Wagen steht e. f. der jugendliche Dionysos, nackt bis auf ein Gewandstück, das vom l. Arm über den Schenkel fällt; er lehnt sich mit dem r. Arme wie gewöhnlich auf einen Satyr, der wie fragend zu ihm aufblickt. Der vordere, männliche Kentaur ist bärtig und mit Pinienzweigen bekränzt: er hält Lyra und Plektron. Auf seinem Rücken steht Eros mit flatternder Chlamys: mit der R. hält er ein Vexillum, mit der L. die Zügel. Von der Kentaurin ist wenig mehr als der n. l. zurückgewandte Kopf sichtbar. [Vor dem Gespann schreitet n. r., unterwärts stark ergänzt, Nike in ärmellosem, gegürtetem Chiton, der hinten lang herabfallend, das r. Bein freilässt; im r. Arm liegt ihr ein Palmzweig.]

2307. P. Rondinini.

Beschr. von Zoega A. 137.

Das mit der vorigen Nummer verbundene Stück kann schon wegen der bedeutenderen Größe der Figuren nicht zu demselben Sarkophag gehört haben. Außerdem ging der bacchische Zug, dem es angehörte, von r. n. l.

Erhalten ist nur ein Kentaur, der in dem Bausche der umgebundenen Fellchlamys Früchte trägt [und die R. hoch erhoben hat]. Auf seinem Rücken lagert n. r. eine weibliche Gestalt, die sich mit der R. auf seinen Nacken stützt. Sie ist völlig bekleidet. Das hinten zusammengeknotete Haar fällt in langen Locken über die Schultern; in der R. hält sie eine Hypothymis.

[2308. Via Margana 18.

s.-Fr. Erhalten sind noch die vorderen Hälften zweier zusammengejochter Panther n. l., welche einen Wagen zogen. Im Hintergrunde ein Satyr n. r., sich umschauend, im r. Arm ein Lagobolon, auf der erhobenen L. eine Schale mit Früchten. Dem Panther voran ein anderer sich umblickender Satyr, der mit der R. vielleicht eine Syrinx zum Munde führte. und im l. Arm ein Lagobolon hält.]

2309. S. Paolo f. l. m. ○

Der vordere Theil eines Panthers, der mit erhobenem Kopfe und weit geöffnetem Rachen n. r. springt. Eigenthümlich ist, dass er von einem Riemen umschlungen ist. der den Hals und den vorderen Theil der Brust umgiebt.

Gutes Relief.

Dionysos auf dem Panther reitend.

2310. P. Barberini.

s.-Fr. Vgl. das Relief der Villa Albani bei Zoega, *Bassir.* II, 74. Auf einem n. r. springenden Panther, der den Kopf zu ihm emporwendet, sitzt e. f. der jugendliche Dionysos. Ein weiter Mantel zieht sich von der l. Seite über den Rücken und bedeckt die unteren Theile des Körpers. In der l. Hand ruht das Scepter. der r. Arm ist erhoben, die Hand hält den Kantharos, aus dem der Gott zu libiren scheint. Das Haar ist mit Trauben und Epheu bekränzt. Epheu oder Weinlaub umgiebt auch den Hals des Panthers. Neben dem r. Knie des Dionysos erscheint im Hintergrunde eine kleine Satyrfigur mit Nebris. Sie blickt zu dem Gott empor, der r. seitwärts erhobene Arm ist abgebrochen. In der Hand hält sie vielleicht — nach Analogie ähnlicher Darstellungen — ein Tympanon am Bändchen. Über dem Kopfe des Panthers erscheint ein Satyr. der eine Traube empor hält. Der gehörnte Pan, in der L. einen Thyrsos, führt den Panther an einem Stricke. Der untere Theil des Reliefs ist modern, antik jedoch die unter den Vorderfüßen des Panthers liegende bacchische Maske.

[Zusammenstellungen bei Stephani, *C. R.* 1863, 231, 6.]

In Ruhe oder Bewegung.

[2311. P. Cardelli.

S.-P. In zwei Stücke gesägt und getrennt eingemauert.

L. Hälfte: Dionysos, nur mit einer leichten Chlamys über l. Schulter und r. Oberschenkel bedeckt, sitzt n. r. auf einem Felssitz in nachlässiger Stellung, das l. Bein vor, das r. zurückgesetzt, den Kopf von hinten durch die r. Hand unterstützt, deren Ellbogen auf dem Nacken eines l. neben ihm n. r. stehenden, unter der Last etwas eingeknickten Satyrknaben ruht, der im r. Arm ein Lagobolon hat. Ergänzt ist am Dionysos das l. Bein von über dem Knie, das r. von der Mitte des Oberschenkels mit dem darüber liegenden, richtig ergänzten Gewandstück abwärts (doch sind die Füße wieder alt), die l. Hand, welche nach vorn gehend ein Gewandende lüftet (das Motiv richtig), und vom r. Unterarm ein kleines Stück; vom unterstützenden Satyr beide Beine bis auf die Füße, die r. Hand mit dem Ende des Lagobolon und einem Stück Unterarm und der untere Theil der Gesichtsmaske). Vor Dionysos steht Silen, dem Gott zugewandt, mit einem Gewand bekleidet, das vom l. Oberarm nach hinten geführt, an der r. Seite vorgenommen, dort so weit herabfällt, dass es das r. Bein größtentheils bedeckt, und über den vorgestreckten l. Unterarm zurückfällt; in letzterem ruht ein (oben abgebrochener) knotiger Thyrsosstab; der r. Ellbogen ist, unklar wie, aufgesetzt, die Hand unterstützt den Kopf, so dass die ganze Gestalt, welche auf dem l. Bein ruht, etwas n. l. geneigt steht; sie ist übrigens arg verzeichnet. Modern ist jedenfalls, obwohl nicht mehr mit Sicherheit zu constatiren, der größere Theil des l. Beines, ferner von der l. Hand einiges, und der r. Arm von über'm Ellbogen abwärts.) Zwischen beiden steht e. f. ein nackter jugendlicher Satyr, den r. Arm, unklar wohin, hinter Dionysos erhoben, den Blick diesem zugewandt. Untergesicht neu'. Hinter Dionysos zunächst im Hintergrunde eine nur sehr theilweise sichtbare Bacchantin, die in der hoch erhobenen L. ein Tympanon am Bande hält. Weiter l. im Vordergrunde steht e. f., aber mit dem seitwärts erhobenen l. Arm, unklar wie, aufgestützt, mit r. Standbein, eine Localgottheit, ganz in der Tracht der Bacchantinnen (langem, gegürtetem, ärmellosem Chiton, der die l. Schulter und Brust frei lässt), den r. Arm in der Hüfte, den Kopf mit einer Thurmkrone aufwärts gewandt (ergänzt der r. Arm von über dem Ellbogen abwärts'. Links hinter ihr in der Höhe noch antike Reste eines Baumes. Rechts vom Silen gewahrt man eine sehr jugendliche Bacchantin, die n. l. gewandt, Oberkörper und Kopf ganz hintenüber gebeugt, von Trauben pflückt, welche von einem von r. her bis zur Mitte des Reliefs in der Höhe sich hinziehenden

Weinstock herabhängen; sie trägt den langen, gegürteten, ärmellosen Chiton, der das l. Bein frei lässt, und ein sich hinten bauschendes, streifenartiges Obergewand. Hinter ihr schleicht von r. auf den Zehenspitzen ein bis auf die Nebris nackter Satyr herbei. und berührt sie mit der R.; zwischen beiden auf säulenartigem Altar ein Bockskopf; (ergänzt von der Bacchantin der l. erhobene Arm, der größte Theil des Kopfes und das l. Knie; vom Satyr, soweit zu urtheilen, nur der Kopf und der l. Arm von der Mitte des Oberarmes bis in die Mitte der an die Nebris gelegten Hand, vermuthlich auch die Unterschenkel). Alsdann umfasst, n. r. gewandt, ein dicker flügelloser Knabe (größtentheils modern) den Stamm des Weinstocks, (letzterer ganz modern); am Fuße des Weinstocks die Cista mystica, aus welcher n. l. die Schlange weit hervorkriecht.

R. Hälfte: Dem Dionysos entsprechend sitzt n. l. auf einem Felssitz ein bis auf die über r. Oberarm und r. Oberschenkel geworfene Chlamys nackter Silen, (das Obergesicht ist neu, der Bart jedoch alt), im r. Arm einen großen, oben und unten abgebrochenen Knotenstock: auch er unterstützt den Kopf von hinten durch die l. Hand, (Unterarm neu); wo der Ellbogen aufgestützt war, ist nicht ersichtlich. Rechts von ihm ein Satyr, bis auf eine Nebris um die Körpermitte nackt, n. r.; der l. Arm ging seitwärts nach vorn, im r. ruht das Lagobolon; der Kopf ist n. l. gewandt; rechts von ihm der Stamm eines Baumes, nur bis zur Mitte seines l. Oberschenkels antik; ergänzt vom Satyr die l. Schulter, und zwischen den Beinen die Cista mystica, aus der die Schlange n. l. hervorschlüpft). Am Ende der Vorstellung links, hier anschließend an das r. Ende der linken, vorher beschriebenen Hälfte, woselbst, um dieselbe selbständig machen zu können, der Weinstamm, welcher dem ganzen Relief gemeinsam ist, gedoppelt, weiter n. l. gezogen und in thörichter Weise mit dem Knaben in Verbindung gesetzt wurde, wird der große, n. l. und r. über die ganze Vorstellung sich ausbreitende Weinstock gepflanzt von einer n. l. knieenden Bacchantin; sie kniet auf dem l. Bein, das aufgestellte r. ist bei der Trennung beider Hälften abgeschnitten; der Oberkörper ist nackt. (Die Figur ist ganz antik bis auf das Gesicht, der Weinstamm nur bis zur Höhe ihres aufgestellten Oberschenkels.) Von dem n. r. über die ganze Vorstellung sich hinziehenden Weinast ist nichts antik, als die untersten Spitzen der herabhängenden Trauben, mit denen die übrigen Figuren der Vorstellung sich wesentlich beschäftigen. Zunächst, unmittelbar l. vom sitzenden Silen, Pan, n. l. eilend, der mit der erhobenen R. an eine Traube fasst und sich dabei zum Silen umblickt, (ergänzt: Gesicht, das vorgesetzte

r. Bein, und der r. Arm von der Schulter bis an die Hand). **Es folgt, u. r.**
gewandt, eine Bacchantin, die ruhig dasteht, das l., vom Chiton
unbedeckte Bein vorgesetzt, den Kopf zurückgelegt, mit der erhobenen R. von derselben Traube pflückend; (ihr Kopf ist größtentheils
modern, ebenso der r. Oberarm und einiges vom vorgesetzten l. Bein). Hinter
ihr schleicht von l. ein nackter Satyr herbei und greift mit der R.
an den niederhängenden Zipfel ihres gebauschten Obergewandes,
(neu: beide Beine, r. Arm und Gesicht). Alsdann, kleiner gebildet, ein
nackter Knabe und ein Mädchen in gegürtetem Untergewand und
Mantel um die Beine, einander zugewandt, in der Art, dass der
Knabe fast vom Rücken gesehen ist, und gemeinsam von Trauben
pflückend; (vom Knaben sind neu beide Beine und der r. Unterarm, vom Mädchen der Kopf.
Noch gute Arbeit.]

2312. P. Rospigliosi.

Beschr. von Zoega A. 139.

s.-P. Die erste Figur von l. ist eine Paniskin aus Stucco.
Pan n. l. über die Cista springend, aus der die Schlange ringelt;
er schwingt mit der R. ein Lagobolon. Silen auf einem n. l. schreitenden Esel bequem gelagert, [den l. Arm über den Kopf, in der
niederhängenden R. einen Kranz?]; ein nackter Satyr [im Hgr.],
der beide Arme vorstreckt, scheint denselben zu lenken. Unter
dem Thiere ein Panther [n. r.], mit einem Ziegenkopf spielend.
Ein nackter Satyrjüngling steht ruhig da, u. l. oben blickend, [in
der niedergehenden R. einen Kranz?]. Es folgt die Hauptgruppe:
Dionysos, n. l. gewendet, in der L. den Thyrsos, um den Unterkörper einen Mantel, legt seine r. Hand auf die Schulter eines
nackten Weibes, das sich etwas zusammenschmiegend (Zoega: copia l'attitudine della Venere Medicea), mit der R. den Zipfel eines
Rücken und Hinterkopf bedeckenden Tuches vor den Schoß zieht;
[mit der L. fasst sie den vom Kopfe niederkommenden Zipfel vor
der Brust]; sie blickt sich dabei nach dem Gott um, [zwischen beiden ein kleiner unklarer Rest, vielleicht von einem Eros]. Weiter
rechts eine kleine, n. l. gebückte, am Oberleib bekleidete Figur hält
den Kantharos in der L., [am Boden ein Tympanon]. Ein Satyr,
vom Rücken gesehen, trägt auf seiner Schulter ein Gefäß. Es folgt
eine Bacchantin, zwischen zwei Satyrn tanzend; der erste, n. r.
schreitend, die L., [über welche die Nebris fällt], in die Hüfte gestemmt, gießt mit der R. seinen Kantharos aus, nach dessen herabfließendem Inhalt ein Panther begierig schnappt. [Im Hintergr. ein

Baum.] Die Bacchantin n. l. schlägt begeistert ihr Tympanon. Der zweite Satyr eilt n. r., blickt aber n. l. zurück; beide Arme streckt er seitwärts aus, [der l. (theilweise ergänzt) geht nieder und fasst ein Stück Fell, der r. ist zur Bacchantin ausgestreckt: über den Oberarm fällt die Nebris]. Die beiden folgenden Figuren sind von Stucco hinzugefügt.

Flach gehalten und mittelmäßig.

2313. V. Panfili.

Beschr. von Zoega A. 240.

S.-P. Die Platte ist l. und r. mit zwei großen Löwenköpfen geschmückt. L. von dem ersten eine Bacchantin, die, sich im Tanze drehend, dem Beschauer zum größeren Theile ihren Rücken zuwendet; sie ist unten bekleidet. In der L. hält sie die Handpauke: die R. ist über den Kopf gebogen. Die unter dem ersten Löwenkopfe befindlichen Figürchen waren mir unkenntlich; (Zoega: »un fauno a cui un. panisco cava una spina dal piede«). Folgt eine bekleidete Mänade (n. r.), den Kopf zurückgeworfen, den r. Arm gesenkt. Die nach vorn gestreckte L. hielt wahrscheinlich den auf der gleichnamigen Schulter aufliegenden balancirenden Thyrsos. Ein Satyr, der dem Beschauer den Rücken zuwendet, gießt mit der R. einen Becher aus; in der L. hält er einen Thyrsos: ein Gewandstück zieht sich von einem Arm zum andern quer über den Rücken. Neben ihm ein Panther. Eine Mänade, sich im Tanze drehend, schlägt Becken. Unter dem jetzt folgenden zweiten Löwenkopfe sind die Figürchen eines Pan und eines Ziegenböckchens angebracht, die sich mit ihren Hörnern stoßen.

Flaches spätes Relief.

2314. P. Castellani.

S.-Fr. Oval. Nur der obere Theil der Figuren ist erhalten. Zuerst ein Satyr [vom Rücken gesehen], der n. l. schreitend. sich n. r. umwendet: auf seiner r. Schulter sitzt ein Knäbchen, das er mit der L. fest hält; [an seiner r. Schulter wird das Lagobolon sichtbar]. Hinter ihm kommt eine traubenbekränzte Mänade zum Vorschein.

2315. P. Castellani.

S.-Fr. L. und r., oben und unten gebrochen.

Ein Löwe, auf dem offenbar ein Eros saß, [die Formen des erhaltenen r. Beines scheinen mir mehr für einen Silen zu passen], schreitet n. r. Im Hgr., ihn lenkend, schreitet ein Satyr. Voran eine Mänade, mit der L. ihr Gewand fassend.

[2316. V. Crostarosa.

S.-Fr. Von dem l. Ende eines abgerundeten S's.

Ein Kentaur n. r., wohl den Wagen ziehend; das r. Bein fehlt; vor ihm Fuß und Stück Unterschenkel, wie es scheint, einer Bacchantin.`

2317. P. Colonna.

S.-Fr.? Eine Bacchantin schreitet, Becken schlagend, n. l., indem sie sich n. r. umschaut. Eine zweite, ihr folgend, bläst die Doppelflöte.

Das Relief scheint keinem Sarkophag angehört zu haben. Vielleicht ist es modern; [scheint mir trotz der merkwürdigen Reliefbehandlung antik].

2318. V. Panflli.

S.-Fr.(?) Oval. Ein Satyr schreitet mit gezierten Schritten n. r., der Kopf wie der r. [jetzt gebrochene] Arm n. l. erhoben: über der l. Schulter hängt ein Ziegenfell, in der Hand hält er einen Stab. Pan mit aufgerichtetem Glied schreitet über eine bacchische Cista, aus der sich die Schlange ringelt, hinweg. Dem Munde nähert er mit der R. ein Instrument (nach den erhaltenen Spuren kann es nicht die Syrinx sein), [eher eine Flöte].

Roh und flach.

[2319. Catacombe di S. Callisto.

S.-Frr. An den Ecken rund. I) Stück von der Rundung l. Gr. H. 0,205.

L. der Abschluss des Ganzen durch einen Compositpfeiler; r. davon ein sich n. l. umblickender Kopf mit r. Schulter eines sich n. r. bewegenden bärtigen Pan mit Hörnern und großen Schweinsohren, mit der R. die Syrinx zum Munde führend, in der L. ein Lagobolon, dessen oberes Ende noch erhalten. Vor ihm ein Satyr, jugendlich n. r., bis unter die Brust erhalten; auch er hielt mit der R. eine Syrinx vor der Brust.

II) Stück von der Rundung r., aber mehr der Mitte zu, daher in höherem Relief. Gr. H. 0,53.

Bacchantin, n. r. tanzend, vom Rücken gesehen, den Kopf n. l., nackt bis auf ein Gewandstück, das von der r. Schulter an der Seite niederfallend, an den Oberschenkeln vorkommt und n. l. zurückweht: sie spielt eine große Lyra, deren Band ihr von der

r. Schulter zur l. Hüfte läuft; links hinter ihr ein mehr säulen-
artiger kleiner Altar, auf dem ein Feuer brennt; über demselben.
dicht neben dem l. Horn der Lyra, wird noch die erhobene l. Hand
einer folgenden Figur sichtbar. Vor der Bacchantin bewegt sich
ein Satyr n. r., von dem jedoch nur der sehr verstümmelte Torso
und der untere Theil des Kopfes erhalten. Der r. Unterarm ging
vor, über der l. Schulter ein Gewandstück. Rechts in flacher Zeichnung noch ein mir unklar gebliebener Gegenstand, der, größtentheils weggebrochen, sich ergänzen ließe als eine mit einer viereckigen Basis durch einen kleinen runden Fuß verbundene, aufrecht
stehende runde Scheibe.]

2320. Palatin.

S.-Fr. An den Ecken rund.

Von einer n. r. schreitenden Bacchantin ist nur der untere
Theil des Körpers erhalten. Ein gleichfalls n. r. schreitender nackter Satyr, dessen Brust eine Fichtenguirlande umgiebt, während er
auf der l. Schulter ein Böckchen festhält, sucht mit der R. der
zuerst erwähnten Figur den unteren Theil des Gewandes wegzuziehen. Neben ihm und zu ihm aufblickend galoppirt ein Panther.
Eine zweite Bacchantin, fast nackt [nur um die Hüften ein Gewand
gegürtet] n. r., den Kopf zurückwerfend, im r. Arm den Thyrsos,
den l. hoch erhebend, [in der Hand hielt sie wahrscheinlich ein
jetzt weggebrochenes Tympanon]. Die letzte der erhaltenen Figuren ist
ein Satyr, der sich gleichfalls lebhaft n. r. bewegt, [den Kopf zurückwerfend, und den r. Arm (Hand fehlt) zurückstreckend].

[2321. V. Aquari.

S.-Frr. (2). Von r. kommt ein Satyr und setzt einen gefüllten
Fruchtkorb auf den Boden; über ihm wird Weinlaub sichtbar. Von
l. kommt ihm ein Zug entgegen: zunächst Silen, in Chiton und
Mantel gehüllt, nach vorn gebeugt und augenscheinlich mit beiden
weggebrochenen Händen auf einen Stab gestützt, [Kopf und Füße feh-
len auch]. L. hinter ihm eine Bacchantin in ärmellosem, gegürtetem
Chiton, der das l. Bein frei lässt, tanzend, und mit den beiden
Fingern der l. hoch erhobenen Hand den Zipfel ihres schleierarti-
gen Gewandes über der l. Schulter fassend während sie mit der
R. dasselbe vor sich ergreift und es coquett erhebt, [es fehlen ihr Kopf,
das l. Bein größtentheils und der r. Fuß]. L. wird noch der Kopf eines
Panthers sichtbar und in der Höhe ein erhobener l. Arm ohne Hand.

Gewöhnlich.]

2322. Stud. Canova.

S.-D.-Fr. L. gebrochen. **Auf einem ruhig u. r. dastehenden Esel**
sitzt Silen, im Haar einen Kranz. Trunken wie er ist, ist er in
Gefahr nach hinten herabzusinken. Ein von l. herbeigeeilter junger
Satyr sucht ihn, den einen Fuß auf eine kleine Erhöhung stemmend, wieder aufzurichten. Weiter n. r. eine Frau [trunken] im
doppelten Gewand, n. r. gewandt; sie erhebt den Blick nach oben
und legt den r. in der Mitte gebrochenen Arm auf die Schulter
eines jungen ebenso gekleideten [nein! der Oberkörper ist nackt,
und das Gewand erst um die Hüften gegürtet] und nach derselben
Seite gewandten jungen Mädchens, das den Blick gleichfalls erhebend, die Arme nach vorn streckte. Auch ihr ist der Vorderarm
gebrochen, so dass das Motiv [Anbetung?] nicht deutlich ist: [die-
selbe spielte die Doppelflöte]. Folgt eine Mänade in Tanzbewegung
nach vorn, [r. Arm gebrochen, das Gesicht e. f.: [sie hält mit beiden Händen vor sich eine flache tympanonartige Schale hoch über
den Altar, als wolle sie daraus in die Flamme spenden]. Rechts
vor ihr ein Altar mit lodernder Flamme.

[2323. Catacombe di S. Callisto.

S.-Fr. An den Ecken rund. **Erhalten ist am l. Ende: eine Pinie,**
von welcher ein Tympanon herabhängt; sie bildet den Abschluss,
schon fast auf der Rückseite. Davor Silen, nackt bis auf ein über die
l. Schulter hängendes Gewandstück. in Bewegung n. r., jedoch den
Kopf zurückgewandt. Er hat im l. Arm eine große Lyra, welche
er mit dem Plektron in der r. Hand rührt. Rechts nur noch die
sich zugewandten Köpfe eines Satyrs und einer Bacchantin (l.),
von letzterer auch noch etwas vom Körper: über die l. Schulter
hing ihr ein Gewandstück.

Noch gute Arbeit.]

2324. Arch. Institut.

S.-Fr. L. und r. gebrochen. **Auf einem von zwei Panthern n. r.**
gezogenen Karren liegt auf Polstern bequem n. l. gelagert der
epheubekränzte Silen; der l. Ellbogen ist aufgestützt, in der L.
hält er eine Hypothymis, [mir scheint vielmehr der Ellbogen auf
einen Schlauch gestützt, und er den Hals des letzteren mit der Hand
zu umfassen]. Die Panther lenkt ein ihnen zur Seite gehender
junger Satyr. Im Hgr. eine Pinie. [L. vom Kopfe des Silen etwas
wie ein Palmzweig.]

2325. V. Medici.

Beschr. von Zoega A. 378, 20.

[Vgl. Zoega, *Bassir.* I, p. 33, 23.]

S. Nbs. Ein wohlbeleibter n. l. gelagerter Silen, der die r. Hand über den Kopf legt, wird von zwei Satyrn auf einem Fell? wie in einer Hängematte getragen; der erste l. trägt einen gegürteten Chiton, [jedoch als Schurz nach Art der Victimarii], der zweite ist nackt.

Zu vergleichen ist ein im Kloster Scolastica zu Subinco befindlicher S. [beschrieben von Benndorf-Schöne. *Lateran* S. 253. sowie das von Flam. Vacca, *Mem.* 110 bei Fea, *Misc.* I. XCVIII erwähnte, bei S. Gregorio gefundene Stück].

2326. P. Rondinini.

Beschr. von Zoega A. 431.

S.-Fr. Oberkörper eines bärtigen Pan e. f., der den Kopf einer Bacchantin zugewendet hat, die r. von ihm, nackt bis auf ein von der l. Schulter hängendes Gewandstück und vom Rücken gesehen. wie es scheint, saß; sie legt den l. Arm auf seine r. Schulter und blickt ihn an. Zoega: »sembra che ballassero assieme.«]

2327. P. Castellani.

S.-Fr. Herakles mit einer dicken Hypothymis um Hals und Nacken taumelt nach vorn; ein Satyr fasst ihn von hinten mitten um den Leib. Nur letzterer und die beiden Arme des Satyrs sind erhalten.

2328. S. Paolo f. l. m.

S.-Fr. Herakles nackt, einen dicken Kranz um den Hals, taumelt trunken n. r. Ein Satyr umfasst von hinten seinen Leib. Nur der obere Theil der Figuren ist erhalten.

Sehr mittelmäßig.

2329. P. Castellani.

S.-Fr.? Oben und r. gebrochen. Panisk in einer Art von Exomis geht neben einem n. l. springenden Panther her, den ein Eros reitet. Von einer n. l. lagernden Figur (Ge?) sind nur die bekleideten Beine erhalten. Im Hgr. r. die Hinterbeine eines Pferdes oder Kameeles; [desgl. links. Die freie, rund herausgearbeitete Behandlung unterscheidet dies Relief von Sarkophagreliefs, und rechtfertigt den Zweifel, mit denen Matz es letzteren zutheilt].

Ekstase und Ermattung.

2330. Arch. Institut.

S.-D.-Fr. [R. unvollständig]. Die Ecke [links] bildet die Maske eines unbärtigen Satyrs. — R. von dieser steht eine als Statue gedachte Figur des langbekleideten Dionysos; die R. ist an den Thyrsos gelegt, in der gesenkten L. der Becher [?]. Nach r. bückt sich eine stark zerstörte weibliche Figur über ein halbnacktes Weib, das wahrscheinlich, von bacchischem Taumel erschlafft, hingesunken ist; sie unterstützt dieselbe an den Schultern. Ein zweites Weib bückt sich n. l. über sie und bläst die Doppelflöte: die eine ist vorn gebogen. Im Hgr. unter einem Baume eine runde [scheint mir viereckig] bekränzte Ara. Weiter rechts ein Weib im doppelten Gewande n. l., ruhig dasitzend, [Oberkörper und Blick n. r. gewandt. Alsdann ein Baum]. Von einem n. r. gelagerten Esel [?] ist noch der Hinterbacken erhalten. Mit der Hauptgruppe vgl. das von Bachofen in der *Archäologischen Zeitung* veröffentlichte Erzgefäß aus Aventicum: 1864, Taf. 90.

BACCHISCHES GELAGE.

2331. V. Panfili.

[Abgeb.: Gerhard, *Ant. Bildw.* Taf. cviii, 2.]
Beschr. von Zoega A. 222.
[Vgl. Gerhard a. a. O. Text 351.]

S. Alle zehn Figuren sitzen oder liegen auf einem ungleichen, anscheinend mit einem Fell bedeckten Terrain. Im Hgr. ist von einem Ende zum andern ein Tuch ausgespannt. Die erste Figur links ist eine Bacchantin, die n. r. sitzend die Lyra spielt. Ihr gegenüber lagert bequem ein kahlköpfiger, bärtiger, epheubekränzter Mann, um die Lenden ein Tuch, in der L. ein Trinkgefäß. die R. erhebend, [Z. [richtig]: »fa uno scrocchio colle dita«). Neben ihm gleichfalls n. r. eine Mänade, in der L. einen Kranz, [in der erhobenen R. Blumen]. Vor dieser Gruppe am Boden r. ein trinkendes Satyrkind. Von l. kriecht ein zweites herbei und erhebt

die L. zu der zuletzt erwähnten Mänade. Ein drittes wird von
einem jungen Satyr an der Hand zu sich auf's Lager gezogen.
Weiter rechts: ein nackter, bärtiger, auf dem Bauche liegender
Satyr hält in der L. eine Weinschale, wie um sie einer ihm gegen-
übersitzenden Bacchantin anzubieten, die ihm, sich mit der l. Hand
aufstützend, mit der R. in die Haare fährt: Z.: »con espressione
di furberia o petulanza«). Weiter n. r.: ein junger Satyr liegt
n. l. auf dem Rücken und schwingt mit beiden Händen einen kleinen Jungen in die Höhe, der nach einer Traube greift, die ihm
von einer n. r. gelagerten, dem Beschauer den Rücken zuwenden-
den Bacchantin dargereicht wird; [in der andern Hand hält dieselbe einen Kranz]. Im Hgr. ein Satyr mit einem größeren Weingefäß, das er einem ihm gegenüberstehenden Kinde anzubieten
scheint. Dieser Gruppe zuschauend ein bequem n. l. gelagerter,
vom Rücken gesehener, bärtiger Satyr, der mit der L. eine Trinkschale hält. Der ersten Figur des Reliefs entsprechend, sitzt am
r. Ende n. l. wieder eine Bacchantin auf einem viereckigen Kasten, eine gerade und eine krumme Flöte blasend, mit dem l. Fuße
'das Krupezion tretend; [vor ihr sitzt ein Satyrknabe'. In der
Mitte des Reliefs stehen an der Erde vier Gefäße: eine Schöpfkelle, zwei gehenkelte tiefe Schalen und ein halbkugelförmiges, mit
einem Fuße versehenes Trinkgefäß.

Nbss.: Je ein Greif, die eine Tatze auf ein Rad legend.

Die Composition und die Ausführung wird von Zoega mit Recht sehr gelobt.

2332. P. Sacchetti.

s. Eine Mänade in heftiger Bewegung n. r., sich n. l. umschauend; in der L. erhebt sie [hinter sich] ein Tympanon, das
'sie mit der erhobenen R. schlägt. An der Erde ein großer Misch-
krater. Am Boden sitzt Pan n. l., die R. erhebend. In den
Krater gießt [von r.] ein n. r. eilender, mit Schurz gegürteter Satyr, der in der L. ein Lagobolon hat, einen Krug aus. Hinter
dem Krater n. r. ein Satyr, der eine krumme Flöte bläst, [wohl
sicher eine Doppelflöte, 'der r. Arm ist fast ganz weggebrochen)]. Eine
Mänade mit bogenförmig über ihr flatterndem Gewande eilt, sich
umschauend und das Tympanon, [vielmehr Krotala, ihr r. Arm ist
großentheils weggebrochen)] schlagend n. r. Ein Jüngling (Dionysos),
nur mit der Nebris bekleidet, steht n. r. da; der r. gesenkte Arm
ist abgebrochen. Auf der l. Schulter ruht wagerecht ein Thyrsos,
den er mit der L. hält. Eine Mänade ist n. r. in's Knie gesunken;
sie legt den r. Arm um den Nacken eines mit einem Schurz um-

gürteten, sie unterstützenden Satyrs, der n. l. zu dem vermeintlichen Dionysos aufblickt. R. von ihr im Hgr. erscheint Silen,
bekleidet, die L. auf einen Stock gestützt; n. r. schreitet, sich
n. l. umschauend, ein junger Satyr, den r. Arm erhebend: die L.
packt einen Zipfel des herabfallenden Löwenfelles, [er hält dasselbe
überhaupt ganz frei]. Auf einem Felsen sitzt n. l. ein Satyr mit
über einander geschlagenen Beinen und bläst eifrig [eine einfache]
Flöte. Hinter ihm eine Fichte [?]. Von einer am Boden knieenden, n. l. aufblickenden weiblichen Figur ist nicht mehr als Kopf
und Schulter sichtbar. Ein Satyr fast e. f., den Kopf n. l.: der
l. Arm ist abgebrochen: in der R. hält er einen nicht mehr erkennbaren, wie es scheint, geflochtenen Gegenstand, Korb oder
Syrinx? [letzteres mir das Wahrscheinlichste]. Die Nebenseiten
sind vermauert, [waren jedoch vermuthlich glatt].

Der Sarkophag ist leider zu einem Viertel in die Erde eingesunken. Er ist eine ziemlich genaue Replik eines in Dresden
befindlichen: *Augusteum* Taf. CXI = Welcker. *A. D.* II, 90—93.

2333. V. Gentill. ○

S.-D.-Fr. R. gebrochen. L. ist in die Scherbe einer großen Amphora, die mit der Öffnung auf dem Boden steht und vermuthlich
einen improvisirten Kohlenbehälter bilden soll, ein Topf gestellt.
R. von demselben kniet n. l. ein nur mit einem Schurz bekleideter
Mann, der mit der R. entweder in dem Topfe rührt oder daraus
schöpft: [wegen der Zerstörung des Reliefs an dieser Stelle ist das
nicht deutlich]. Weiter r. ist ein Lager an der Erde bereitet: n. r.
gestreckt liegt auf demselben auf dem Bauche ein Mann in einer
Art gegürteter Exomis: er ist kurzbärtig und hält in der L. eine
kleine Schüssel. Weiter n. r., bequem auf dem Rücken gelagert
und sich mit dem l. Ellbogen aufstützend, liegt ein zweiter Mann,
der in der L. gleichfalls eine Schüssel hält und mit der R. einen
Bissen ⌣ zum Munde führt; er ist gekleidet in eine gegürtete
Tunica mit einer Art Chlamys darüber.

2334. Palatin.

S.-Fr. Eine epheubekränzte männliche Figur liegt, den Kopf
neigend, n. l. gestreckt, auf den l. Ellbogen gestützt da: [es ist
Dionysos, der in seinem Wagen liegt: der Wagenrand und Kissen
sind deutlich erkennbar]. Von einer zweiten Figur l. ist nur ein
Arm und die Hand mit gefüllter Schale erhalten. Im Hgr. Andeutung eines Parapetasma [?]. Darüber zwei Satyrköpfe [und der

r. ausgestreckte Arm des einen Satyrs], sowie der obere Theil des
Rückens einer n. r. sitzenden [mit Ärmelchiton und Mantel bekleideten Figur. [In der Mitte eine hohe Stange, aber kein Thyrsos,
oben abgebrochen.]

2335. V. Casali. ○

s.-D.-Fr. R. gebrochen. L. sitzt n. r. Eros mit Syrinx. Ihm
gegenüber lagert eine Mänade, nachdenklich ihm zuhörend, mit
Skyphos in der Hand. Folgt n. r. die Gruppe eines Satyrs und
einer Mänade, die einander gegenüber gelagert sind.

2336. Stud. Altini. ○

s.-D.-Fr. Pan liegt n. r. ausgestreckt: er erhebt die l. Hand.
Vor ihm auf einem viereckigen Untersatze eine traubenbekränzte
Maske.

2337. Stud. Altini.

s.-[D.-]Fr. Der untere Theil sämmtlicher Figuren fehlt.

Ein Satyr, der n. r. in die Höhe greift, ist auch oben nur zur
Hälfte erhalten. Es folgt ein zweiter n. r. schreitend, der auf seiner l. Schulter einen Schlauch trägt und in der R. ein Lagobolon
hält. Ihn zerrt eine Mänade n. r., die den l. Arm über den Kopf
legt. Auf einem Lager sitzen zusammen [?] eine Bacchantin und
ein kahlköpfiger Silen, der den Arm um den Nacken seiner Gefährtin legt.

Schlechte Arbeit.

2338. P. Corsetti.

s.-D.-Fr. Ein Satyr, Pan, und eine Bacchantin, der erste und
die letzte nur theilweise erhalten, liegen auf einem Lager. [Dahin-
ter ein Vorhang.]

[2339. V. Borghese.

s.-D.-Fr. R. und l. unvollständig. Auf Felsboden rechts noch der
Unterkörper einer n. l. gelagerten männlichen nackten Gestalt: auf
deren Bein gestützt liegt weiter l. eine Bacchantin in gegürtetem
kurzem Chiton, mit einem Mantel über den Leib, nackten Beinen und
Jagdstiefeln, im l. Arm einen Becher, den r. erhoben, Kopf fehlt).
Im Hgr. r. noch der Oberkörper einer kleinen Figur in Exomis
n. r. Hinter dem Ganzen ein Parapetasma.]

2340. P. Corsetti.

S.-D.-Fr. Eine Bacchantin [in kurzem geschürztem und gegürtetem Gewand] lagert n. l. gestreckt, im l. Arm den Thyrsos,
[vielmehr einen Pinienzweig]; in der R. erhebt sie ein Rhyton.

2341. P. Corsetti.

S.-D.-Fr. Pan, den l. Ellbogen auf einen Schlauch gestützt und
die R. erhoben, liegt n. l. da. Eine Bacchantin n. l. gestreckt,
die R. auf einen Thyrsos gestützt, hat den Blick rückwärts gewandt zu einer Figur, von der nur noch eine erhobene Hand erhalten ist. [Im Hgr. ein Vorhang.]

2342. V. Wolkonsky.

S.-D.-Fr. (? Satyr ?. n. l. liegend, in Nebris. den l. Arm auf
einen Schlauch gestützt, mit der R. dessen Mündung fassend.

Der Kopf fehlt. ebenso die Beine.

PYRAMIDALER AUFBAU.

2343. V. Panfili.

Zeichnung in der Sammlung dal Pozzo [bei A. W. Franks]: »in casa della Sig¹
Faustina Alberini alla Valle«. Schlechte Federzeichnung des 17. Jahrhunderts.

Beschr. von Zoëga A. 262.

[Vgl. Zoëga, Bassir. II, 155, 2; Zoëga und Welcker, Zeitschr. f. a. K. 487; Jahn,
Sächs. Ber. 1869, 31.]

S.-P. Oval. An den Enden der Platte zwei kolossale stark vorspringende Löwenmasken. Unter der Maske zur L. in halb so
großen Figuren, als die übrigen: ein unten bekleidetes Weib e. f.
sitzend. R. von ihr, etwas erhöht, sitzt (?) ein nackter Satyr; mit
der l. Hand hat er ihre L. ergriffen, sein r. Arm ist über den Kopf
gelegt [»in atto di riposo«], [auch die Bacchantin scheint rück-
gelehnt zu schlafen]. Rechts davon in großer Figur eine bärtige
männliche Gestalt, n. l. auf den l. Ellbogen gelagert, die R. über
den Kopf legend (Blick n. r.), in der L. ruht ein Stab: [Zoëga:
»ramo di vite«]. Sie ist mit einem langärmeligen, anliegenden,

gegürteten Gewand bekleidet, die Beine deckt noch ein Mantel:
der Kopf ist mit einer Tänie umwunden. Weiter hinten steht n. r.
gewandt der bärtige, mit einer Kopfbinde ausgezeichnete nackte
Herakles: über den l. Ellbogen hängt das Löwenfell: der l. Vorderarm
ebenso wie der r. Arm sind gebrochen. L. hinter ihm steht eine unbärtige Satyr(?)gestalt: die L. ist hinter Herakles Nacken n. r. ausgestreckt, wie um auf etwas hinzuweisen, die R. gesenkt. In der
Mitte der Platte, symmetrisch nach l. und r. gelagert, l. Bacchus,
r. Ariadne. Er, in ein weites Gewand geschlagen, das den Kopf
vorn völlig freilassend, nur den Rücken bedeckt, legt die R. bequem über's Haupt, der l. Arm ist abgebrochen. Er blickt n. r. auf
Ariadne, die, ganz bekleidet, sich auf den r. Ellbogen stützt: der
l. Arm ist gebrochen, [ebenso der r. Unterarm ergänzt]. Von Dionysos nach
Zoega's Zeugniss: »il volto e le mani moderne«, von Ariadne: »la
testa è moderna«. Hinter Dionysos erscheint halben Leibes eine
bekleidete Bacchantin in graziöser Tanzbewegung: hinter Ariadne
ein Satyr, mit der L. einen Fruchtkorb aufstützend, in der R. ein
Lagobolon. Von einem zweiten ist nur der Kopf übrig. Zwischen
den Köpfen der Hauptfiguren erscheint noch Pan mit der Syrinx.
Unter dem ruhenden Paare eine [l. und r. mit Löwenköpfen, sowie mit Weinlaub verzierte] Kufe mit Trauben, welche zwei Satyrn, in deren Mitte Silen, austreten. Von r. schüttet ein dritter
Satyr den Inhalt seines Korbes in die Kufe. Neben dem einschüt-
tenden kleinen Satyr, der Gruppe des Herakles mit seinem Gefährten entsprechend, eine Mänade in flatterndem Gewande, zurückgebeugt n. l. eifrig blasend: der l. Arm gebrochen. Unter der hier
den Abschluss bildenden Löwenmaske steht ein gefüllter Fruchtkorb. [Verwandt: Cod. Cob. 485, 147.]

2344. V. Casali.

[Einzelstich von Domenico Cunego nach Zeichnung Stef. Piale's: ». . apud E.
D. Antonium Casalium Cardinalem . . effossa ad viam Appiam intra portam
Capenam ..«, diese Unterschrift wiederholt unter dem Stich in Visconti's *Mus.*
P.-Cl. der röm. Ausgabe.

Abgeb.: Visconti, *Mus. P.-Cl.* V, Tav. c = Millin, *Gal. myth.* LXIV, 242 [= Müller-
Wieseler, *D. a. K.* II, 37, 432 und öfter.]

Beschrieben von Zoega A. 461.

[Vgl. Visconti a. a. O. 51, 256; Zoega, *Bassir.* II, 155, 2; Welcker und Zoega,
Zeitschr. f. a. K. I, 446 ff. 475 ff.; Braun, *Beschr. Roms* III, 3, 680 wonach
gefunden bei Tor di Testa; Gerhard, *Arch. Zeitg.* 1859, 101; E. Petersen,
Ann. dell' Ist. 1863, 394; O. Jahn, *Sächs. Ber.* 1869, 35, woselbst die übrige
Literatur.]

Der S. hatte noch zur Zeit F. A. Visconti's und Guattani's seinen Platz im Pal.
Casali an P⁰ Campo Marzo *Mus. Chiaram.* 238, 2 .

s. [Hellgrauer gr. M.]. An jeder der beiden Ecken steht karya-
tidenartig die Figur des bärtigen Dionysos im Ärmelgewande mit
umgelegter Nebris, in der einen Hand den Thyrsos, in der andern
das Tympanon mit Schellen; auf dem Haupte [zwischen Epheulaub,
das auch den übrigen Kopf umkränzt] ein Polos. von dessen oberem
Rande zwei vorn sich begegnende Flechten ausgehen; [der Bart,
in schlichten leichten Wellen, geht nach unten spitz zu, Augensterne sind angegeben, Blick und ganze Stellung sind etwas nach
innen gerichtet; über der Stirn eine Binde]. In der Mitte auf felsigem Sitz l. Dionysos, r. Ariadne [vgl. für diese Gruppirung außer
Nr. 2343 das Deckengemälde im Cod. Pigh., *Sächs. Ber.* 1869,
Taf. II, 4, und den Sarkophag in Newby-Hall, *Arch. Zeit.* 1874,
25 = 1875, 55, 35]; [rechts sprosst ein mächtiger Weinstock. der
voll Laub und Trauben sich hinter der ganzen Vorstellung hin-
zieht]. Dionysos, dessen Glieder ein leicht umgeworfener Mantel
nur zum Theil verhüllt, bietet, sich n. r. wendend, einem in der
Mitte liegenden Panther eine kleine flache, mit Wein gefüllte Schale,
[mit der L. stützt er sich dabei auf den Thyrsos; über der Stirn
eine Binde, im Haar ein Epheukranz, und an den Schläfen nieder-
fallendes Weinlaub mit Trauben; auf die Schultern hängen Locken
herab; der unsicher in die Höhe gehende Blick scheint auf Ariadne
gerichtet.] Ariadne ist ganz in ein weites Gewand gehüllt, das
auch den Hinterkopf bedeckt, im Haar ein Epheukranz: die l. Hand
legt sie auf ein Tympanon mit Schellen, das sie auf den Schenkel
aufstützt, [die R. hält einen geleerten Kantharos mit der Mündung
nach außen; zu ihren Füßen liegt unter einer Felserhöhung ein
Bock]. Unten in kleineren Figuren wird der ithyphallische Pan
mit [grämlich bittendem Ausdruck und] auf den Rücken gebundenen Händen von zwei Eroten [n. r. ab]geführt; der vordere hält
in der L. die Palme, der hintere holt mit der Strigilis zum Schlagen aus [und hält mit der L. die Hände des Pan auf dem Rücken
fest]. Hinterher schreitet Silen, kahlköpfig und mit Epheu bekränzt; in der L. einen zu einem plumpen Thyrsos umgeschaffenen
Stab, in der R. einen fächerartigen Wedel; [rechts vor der Gruppe
sitzt n. l. ein aufblickender Panther]. Unten die Cista, aus der
die Schlange schlüpft, und ein umgestürzter Sandkorb. An der Seite
des Dionysos sind zu schauen: Hermes mit gekreuzten Beinen sich
anlehnend; er hat Kopfflügel; im l. Arm das Kerykeion, im Nacken
einen kleinen tief ausgehöhlten Hut. Zu seinen Füßen an der Erde

steht eine mystische Wanne, in der unter dem Tuche der Phallos sichtbar wird, daneben die Schlange. Über Hermes' Rücken blickt neugierig eine [epheubekränzte, bekleidete] Bacchantin und ein Satyr, der von l. mit dem Gestus des ἀποσκοπεύειν herbeischreitet. Dieselbe typische Geberde ist auch an dem Satyr zur R. der Ariadne bemerkbar, in dessen l. Arm ein Lagobolon ruht. Hinten auf dem Felsen [am Fuße des Weinstammes] sitzt ein flötenblasendes Satyrkind. Auf einen viereckigen Pfeiler, der vorn im Relief den jugendlichen Dionysos zeigt, stützt sich n. l. eine andere [gleichartige] Bacchantin, im r. Arm den Thyrsos.

Nbss. l. unbearbeitet, r. (sehr roh): Ein weiblicher Panther sitzt, die l. Vordertatze erhebend, n. l.; vor ihm ein erschreckender Eros: [ich erkannte einen weiblichen Greifen, in der angegebenen Weise sitzend, den ein vor ihm stehender Eros am Kopfe gefasst hat und mit der ausgebreiteten r. Hand einzuschüchtern versucht: dahinter auf einem Postament eine Silensmaske].

Deckel (von bläulicherem Marmor): Auf einem von Panthern gezogenen Wagen steht n. r. Dionysos mit dem Thyrsos; [sein auf der l. Schulter aufliegendes Gewand ist an der r. Seite vorgenommen und bedeckt die Körpermitte, das Übrige freilassend, nach Art der Imperatorenpallia]; sich vorbeugend berührt er mit der l. Hand den Flügel eines lyraspielenden Eros, der auf dem vorderen der Panther sitzt, [nach Frauenart, das l. Bein untergeschlagen. Dionysos ist im Begriff abzusteigen, und giebt durch das Ergreifen des Flügels dem Eros das Zeichen, mit dem Lyraspiel aufzuhören, womit er die Thiere lenkend gedacht ist]. — Dionysos und Ariadne einander gegenüber gelagert; er halb entblößt, mit Thyrsos und Kantharos, sie bekleidet, mit Thyrsos. Im Hgr. n. l. ein Satyr mit Rhyton und Lagobolon. Sie ergötzen sich an dem Flötenspiel einer [zur R.] n. l. sitzenden Bacchantin, die zugleich das Krupezion tritt. [Hinter Dionysos steht mit gekreuzten Beinen auf den Fels gelehnt eine Bacchantin, bekleidet wie die andern; sie hat die l. Hand in die Hüfte gesetzt, und scheint ebenfalls mit Aufmerksamkeit zuzuhören.] — Pan ithyphallisch, anscheinend schwer betrunken (Kopf vornickend, Mund geschlossen, Arme schlaff) wird von zwei Nymphen an den Armen sanft unterstützt, [die eine erhebt, wie um noch Hülfe zur Unterstützung des Zurücksinkenden herbeizurufen, die r. Hand, deren Bewegung der nach außen gehende Blick entspricht, während die andere ganz mit dem Niedersinkenden beschäftigt ist]. Eine Bacchantin enthüllt neugierig die mystische Wanne, unter deren Tuch der Phallos zu erkennen ist. Eine

zweite, n. l. knieend, drückt den Deckel der Cista, aus dem die
Schlange schlüpft. nieder, [ihr Blick ruht mit deutlich neckischem
Ausdruck auf dem Thiere]. Schließlich ein Satyr mit Lagobolon.
n. r. abgehend, mit der R. den Gestus des ἀποσκοπεύειν machend.
[Die Hauptscenen sind durch Bäume geschieden.]

Ohne die geringste Restauration, von vortrefflicher Arbeit, zum großen
Theil à jour. [Die Glättung des Marmors und andere Eigenthümlichkeiten stellen den Sarkophag zu Werken der hadrianischen Epoche. Merkwürdig verkehrt
ist Schinkel's Urtheil, die Glättung sei modernen Ursprungs und habe die Fein-
heiten des alten Werkes vernichtet v. Wolzogen, *Aus Schinkel's Nachlass* II. 45.

2345. Piazza di Termini. [Orfanotrofio. [1880 war durch Durchbruch
einer Strasse der ganze Hof verschwunden'.]

Beschr. von Zoega A. 669: »Annona olearia«.

s. Den größten Theil der Vorderseite nimmt die unverhältnissmäßig groß gebildete Figur des Todten ein, der nach Art des
Endymion sich auf den l. Ellbogen stützend und den r. Arm über
den Kopf legend. n. l. gelagert ist. Er ist nackt bis auf eine
Chlamys, die ihm zugleich als Unterlage dient und über den l. Schenkel fällt. In der L. hält er einen Kranz. Das Gesicht ist abbozz-
zirt und sollte die Züge des Todten tragen. Auf ihn zu fliegt von
l. oben ein Eros. mit beiden Händen vor sich einen Feston haltend. L. von dieser Mittelfigur in kleineren Figuren: Dionysos.
der den r. Arm um den Nacken eines Satyrs legt und mit der L.
sich auf einen [in der Mitte mit Bändern versehenen] Thyrsos
stützt; der Gott ist nur mit einer Nebris bekleidet. R. unten der
Panther. Der Satyr, der das r. Bein vorsetzend zu ihm aufblickt.
trägt im r. Arm ein Lagobolon [und um den Leib eine Frucht-
schnur]. R.: Gruppe des Ares und der Aphrodite: letztere steht
l. n. r. im doppelten Gewande, den einen Fuß etwas vorsetzend:
sie legt den l. Arm auf die [l.] Schulter des vor ihr [e. f.] stehenden Ares [Kopf n. l.], der einen Schild und auf dem Kopfe einen
Helm trägt: quer über die Brust läuft der Schwertriemen: die
r. Vorderarme beider Figuren sind abgebrochen. — Nbss.: sich
kreuzende Schilde.

[Weshalb Matz diesen S. gerade den pyramidal angeordneten zugetheilt hat.
weiß ich nicht.]

BACCHISCHES OPFER.

2346. V. Giustiniani. ☽

[Abgeb.: *Gall. Giust.* II, 73.]

Beschr. von Zoega A. 298.

s.-Fr. L. steht eine sicher runde Ara, auf der ein Eros, der eine schwere Guirlande trägt, im Relief gebildet ist. Hinter diesem erscheint halben Leibes eine männliche, mit einem Schurze umgürtete Figur, deren Kopf und zum Theil auch die etwas seitwärts gestreckten Arme neu sind. (nach Zoega sind beide Theile weder zu einander, noch überhaupt zu dem jetzt folgenden Hauptstück gehörig). Die folgende jugendliche Figur (Dionysos), die den l. Fuß auf ein liegendes Böckchen stellt, ist mit Trauben und Weinlaub bekränzt und trägt eine Chlamys, die über den l. Arm fällt: in der l. Hand der Thyrsos, die R. fehlt. Gegen seine r. Seite springt ein Böckchen, über dessen Kopfe man einen Kantharos erblickt. Von l. schwebt ein weibliches Figürchen, von r. ein Eros heran, die den Gott bekränzen. Weiter ein kleiner Silen auf einem durch den Kopf zum Pferd ergänzten Esel. Im Hgr. Pan. n. r. springend, den bärtigen mit Hörnern versehenen Kopf n. l. drehend, (die Vorderarme sind ergänzt). Hier ist das Relief gebrochen. In der Höhe und im Hgr. ein weit verzweigter Weinstock.

2347. V. Medici.

[Alte Zeichnungen: Cod. Cob. 479, 125; Cod. Pigh. 210, 149.]

Abgeb.: *Mon. dell' Ist.* III, Tav. 18, 1.

[Vgl. *Annali* 1840, 127 (E. Braun); O. Jahn, *Arch. Beitr.* 294 J.; *Ann.* 1860, 390 (Petersen).]

Beschr. von Zoega A. [o]

s.-P. L. unten ist an einen Altar, den ein Feigenbaum beschattet, eine brennende Fackel gelehnt; über demselben erhebt sich eine Klippe, auf welcher, die r. Hand aufstützend, ein bärtiger

nackter Mann (Lokalgott?) n. r. sitzt. An der Erde r. vom Baume
steht ein [schalenartiges] Gefäß mit geschweiften Henkeln. Hinter
demselben n. r. ein Knabe [vielmehr ein kleines Mädchen] in gegürtetem [kurzärmeligem] Chiton mit Mäntelchen, in der gesenkten
R. eine Kanne, [deren Inhalt sie in das große Gefäß ausgießt, wobei die L. unterstützt]. Die in dem großen Gefäß enthaltene Flüs-
sigkeit wird umgerührt von einer rechts [n. l.] knieenden Frau in
gegürtetem [langärmeligem] Chiton [der von der Schulter herab-
gleitet], und Mantel; mit der L. stützt sie eine flache Schüssel mit
Früchten auf. Über ihrem r. Arm erscheint [n. r.] ein junger Mann
in aufgeschürztem Gewande [und Beinkleidern], der auf seinem
Haupte eine riesige bacchische Wanne mit bedecktem Phallos trägt.
Ganz im Hgr. erscheint ein Tempelchen mit einer kreisförmigen
Verzierung im Tympanon. R. von der knieenden Frau eine runde
bekränzte Ara, auf der Früchte liegen. Ihr naht von r. gebückt
eine völlig eingehüllte, anscheinend weibliche Figur. Hinter der
Ara eine Figur [Kopf fehlt] mit bloßem Oberleib e. f.; [der die Beine
bedeckende Mantel liegt auf der Schulter auf]; das Geschlecht
bleibt zweifelhaft, [scheint mir sicher weiblich, so auch C.]; die
R. ist wie nachdenklich an's Kinn gelegt; in der gesenkten L. hält
sie einen Stab (Zoega: »torcia« [so auch C.]), und ist nach C. bekränzt. Hinter der eingehüllten Frau erscheint eine Figur in gegürtetem Chiton und Mantel n. l. gewendet, im l. Arm einen Stab,
den Kopf zerstört, [derselbe war modern ergänzt; auf C. ist er erhalten];
nach C. ein Mädchen. [Über diesem Mädchen im Hgr. wird noch
ein männlicher, bärtiger Kopf e. f. sichtbar, nach C. mit Weinlaub bekränzt.] An eine bekränzte Herme, [deren Kopf modern scheint,
vom Phallos jetzt wenigstens keine Spur mehr] gelehnt, die sich auf einem
Felsstück erhebt, steht mit gekreuzten Beinen ein junges Weib;
die unteren Partieen [d. h. von den Oberschenkeln abwärts] ihres
Körpers verhüllt ein um die Hüften geschlungenes Gewand. Hinter
der Altarscene erscheint] eine zweite Tempelfaçade. [Rechts von
der ganzen eben beschriebenen Scene] im Hgr. ist zwischen blätter-
reichen Bäumen (Eichbaum und Platane) ein Parapetasma ausgespannt; davor sitzt auf felsigem Terrain ein ithyphallischer Panisk,
der seinem Munde eine Querflöte [Welcker, *Zeitschr.* 452, 121]
nähert; die letztere berührt den Mund entschieden nicht, doch mag
sie, wie Zoega vermuthet, ein Mundstück haben. [L. liegt auf
demselben Felsterrain ein Bock n. r., unten zeigt C. eine Schlange.]
[Weiter] r. steht unter einem Rebstock, der seine Zweige weit aus-
breitet, Dionysos mit umgegürteter Nebris, die L. um den Stamm

des Weinstocks legend, den r. Arm um den Nacken eines Satyrs,
der zu ihm aufschaut und in der R. ein Lagobolon hält. Der Gott
schaut auf Ariadne herab, die, wie Zoega richtig bemerkt, eben
erwacht ist und sich anscheinend schlaftrunken und vom Licht ge-
blendet aufzurichten im Begriff ist; [ein aus dem Hgr. kommender
Satyrknabe zieht ihr Gewand weg]; r. hinter ihr steht ein zweiter
Satyr, sich über sie beugend; im l. Arm ruht das Lagobolon. Hinter Dionysos erscheint der Panther.*,

2348. V. Medici.

Alte Zeichnungen: Cod. Cob. 479, 127; Cod. Pigh. 211, 151.
Abgeb.: *Mon. dell' Ist.* III, Tav. 18, 2.
Vgl. *Annali* 1840, 136 (E. Braun); 1860, 390 Petersen.]
Beschr. von Zoega A. 370.

s.-p. An beiden Ecken steht ein jugendlicher Mann in gegürtetem kurzem Chiton mit gekreuzten Beinen, e. f., [mit Händen
und Ellbogen nach innen] auf einen Stab gelehnt, [das Gesicht in
die Hand geschmiegt]. Ein nackter Knabe n. r. erhebt sich auf
den Fußspitzen und schaut angestrengt zu einem reichbeblätterten
Ölbaum hinauf, von dessen einem Ast ein Gegenstand wie ein
dicker schwebender Kranz herabhängt. Die Haltung seiner Arme
ist auf dem Orig. nicht deutlich; nach C. hat er mit der L. einen
Blätterbüschel zu sich herabgezogen und ist im Begriff, denselben
mit einer Sichel abzuhacken. Die Sichel scheint richtig, ob aber
der Blätterbüschel, ist mir sehr zweifelhaft. Ein zweiter Knabe
ist von r. herangetreten und haut auf den Baum mit der Axt ein;
beide Knaben schlagen Holz für das Opfer]. Rechts davon steht
ein [Opfer]tisch, dessen Wange mit einer Palmette verziert ist, an
der Ecke eine phantastische Thiercomposition mit Löwentatze als
Fuß: [gew. Combination von Löwe und geflügelter Sphinx]; auf
ihm steht ein Krug. Von r. tritt eine Frau mit zusammengeschürz-
tem Gewande heran; sie blickt nach oben und scheint etwas auf
den Tisch zu legen, (Zoega: »porta uno schifo grande, dentro cui
rimane una massa corrosa [scheinen auf C. kleine Früchte zu sein]:
l'un margine di questo schifo resta appoggiato contro le cosce di
chi lo porta« [ja!]). Hinten ein blätterreicher Baum. R. davon ein

---

* Ähnlich verbunden mit einem bacchischen Opfer findet sich die Ariadne-
scene außer auf den SS. A. B. bei Jahn und einem S. der Eremitage, *Mél. gr.
rom.* III, pl. I auf einem S. aus Mirabella im Besitz des Conte Fiume in Neapel Minervini, *Guida illustr. d. mostra archeol. Campana* (1879) 49, n. 1498bis.

kleines bekleidetes Kind e. f., in der R. die auf die Erde gestützte
ungeheure brennende Fackel, auf dem Kopfe die mystische Wanne,
in der ein bedeckter Phallos nicht Pinienzapfen, wie Zoega, eher
nach C. vielleicht beides]. L. daneben ein großer Topf, auf C.
am Bauche mit einer Epheuranke verziert], dahinter eine Pinie.
Eine Frau in doppelten Gewande, das auch das Hinterhaupt bedeckt, tritt von l. an einen niedrigen Altar heran, in dessen Flamme
ein Haufe von Früchten liegt: in der L. hält sie ein Karchesion.
von der R. hängt etwas wie eine wehende Tänie herab, [ist ein
Schöpflöffel, in dem sie aus einem der beiden Gefäße Wein zur
Spende herbeigebracht und ausgegossen hat]. R. von einem Baume
im Hgr. erscheint ein Mann in [kurzem] gegürtetem Chiton n. l..
in eine Muscheltrompete stoßend, auf C. aus einem großen Horne
trinkend, mit dem l. Bein auf eine Felspartie im Vgr. hoch auf-
tretend]. Wiederum im Vgr. ein Mann n. r., der an den Hinter-
füßen ein geschlachtetes Thier emporhält, dessen Fell über den
abgehauenen Kopf nach unten gezogen ist und wie ein Sack herabhängt. Von r. tritt ein zweiter, nur mit Schurz um die Lenden
bekleideter heran, es auszuweiden, im Munde ein Messer. Ein
Hund kommt von l. und scheint das Blut zu lecken. In einer
Schale an der Erde liegen abgehauene Kochstücke, von denen Kopf
und Füße zu erkennen: gegen den n. l. gerichtet in der Schüssel
liegenden, abgehauenen Kopf eines Bockes duckt sich humoristi-
scher Weise wie zum Angriff der herankommende Hund]. R. von
dem Ausweider ein Baum Eiche], darunter ein sitzender Hund [n. l.'.

Ziemlich grobes, wenig hohes, sehr abgeriebenes und durch Flechten ent-
stelltes Relief.

2349. V. Medici.
Beschr. von Zoega A. 372.

S.-Fr. Eine nackte männliche Figur ist beschäftigt, einen Vorhang an einen Baum zu hängen. Eine zweite, n. r. gewandt, hält
an den Hinterbeinen ein geschlachtetes Rind, das eine dritte, deren
Lenden ein Schurz umgiebt, auszuweiden im Begriff ist. Weiter
r. kniet ein Mann mit Schurz, welcher in einem auf einen einfachen Feuerheerd gestellten Kessel eifrig rührt. N. r. gewendet
sitzt auf einem [auf erhöhtem Terrain stehenden] dreibeinigen Sessel eine kleine, ganz in ein Gewand gehüllte männliche, bärtige
Figur, [wie es scheint, in geschürzter und gegürteter Ärmeltunica
und Hosen], die die R. zum Munde führt, nach Zoega: »suonando
una pifa« [Dudelsack!]. Hier ist das Relief abgebrochen.

[Abguss in der Gallerie.

2350. Via Flaminia 57.

S.-D.-Fr. Erhalten ist von einem n. l. knieenden Satyr ?⟩ mit
Schurz um den Leib nur das l. Bein; hinter ihm steht ein Krater
am Boden, aus dem Flammen emporzuschlagen scheinen: r. davon
ein undeutlicher Rest. wie von dem Knie eines n. r. Knieenden.

WEINERNTE.

2351. V. Carpegna.

Beschr. von Zoega A. 410⁸.

S.-D. Ziemlich hoch. An den Ecken zwei bärtige, mit Weinlaub
bekränzte Heraklesmasken. In der Mitte ein Parapetasma; davor
das Brustbild einer Frau, das aus einem Akanthoskelche hervor-
wächst, zwischen zwei springenden Böckchen. R. und l. davon
Darstellungen einer Weinernte. L. steigt ein Knabe [in Exomis
n. r.] auf eine Leiter, auf dem Rücken einen Korb, um Trauben
in ihm zu sammeln. Unten steht n. l. ein zweiter, [ebenfalls in
Exomis mit durchaus satyrhaften Zügen], im l. Arm einen Korb,
die R. an den Mund legend, wahrscheinlich essend, [vielmehr be-
gehrend¹; unten zwei gefüllte Körbe, auf deren einem ein großer
Vogel sitzt. Rechts zwei Satyrn, Wein austretend; von ihnen ist
einer weiblich[?], [der andere hält ein Lagobolon]; um den Leib
tragen sie [ganz eng anliegende] Schurze. Der untere Theil der
Platte ist stark ergänzt; [mir ist auch die Eckmaske l. verdächtig,
obschon ich keine Ansatzlinie entdecken konnte; sie ist viel ver-
schwommener, als die andere, und zeigt auffälliger Weise keine
Augensterne].

⟨2352. Vigna Guerrieri.

S.-Fr. Ein Satyr, n. l. gewandt, tritt in der Kelter; von r.
kommt ein zweiter und schüttet Trauben in dieselbe aus.⟩

2353. P. Corsetti.

S.-Fr. Zwei Figuren aus einer Gruppe traubenstampfender
Satyrn.

2354. P. Lancelotti.

[Vgl. Welcker, *Zeitschr. f. G. u. A. d. u. K.* 530, 15.]

s.-Fr.　Zwei Satyrn, Trauben austretend.

Roh und flach.

BACCHISCH IN DER MITTE,
UNABHÄNGIGE DARSTELLUNGEN L. UND R.
ANSCHLIESSEND.

2355. V. Carpegna.

Beschr. von Zoega A. 410¹ n. 7.

Inschrift: »Gori ex sched. autogr. Stosch. Cod. Marucell. n. 6«.

s.　An den Ecken rund.　In der Mitte steht Dionysos im umge-
schlagenen Himation, das den Leib frei lässt.　Im l. Arm ruht ein
großer Rebzweig: [er hat vielmehr den Arm um einen vom Boden
aufwachsenden großen Weinstamm gelegt]: in der R. hält er einen
Kantharos so, dass der Wein ausfließt: letzterer wird von einem
kleinen [um die Lenden geschürzten] Satyr aufgefangen, der im
l. Arm ein Lagobolon hat, mit der R. einen Becher hochhält.　Dem
kleinen Satyr entsprechend in ebenso kleiner Figur ist dargestellt
Silen auf einem stürzenden Eselchen, von einem Satyr unterstützt
und aufgefangen, (so Zoega).　L. und r. Knabengestalten als Jahreszeiten, an jeder Seite zwei.　Links: 1) der Winter, nackt bis
auf die vorn auf der Brust zusammengeknotete Chlamys, im r. Arm
einen Schilfstengel, in der L. Gänse.　2) Der Frühling, gleichfalls nackt bis auf die Chlamys, im r. Arm einen Zweig, im l. einen
Korb mit Blumen.　Zwischen den beiden beschriebenen Figuren
n. r. gelagert Tellus mit Ähren bekränzt; [ihre Brust ist ganz männlich gebildet, weshalb Matz sie ursprünglich auch für männlich hielt
und erst nach Zoega änderte]: sie stützt sich auf den r. Ellbogen
und hält in der Hand einen Zweig.　Rechts: 3) der Sommer
mit Chlamys, in der R. eine Sichel, in der L. einen Korb mit
überfallenden Ähren haltend.　4) Der Herbst, mit der R. einen
Hasen erhebend, in der L. einen Thyrsos: r. unten sitzt ein Pan-

ther. Zwischen den beiden Figuren n. l. gelagert Oceanus bekränzt. An den gerundeten Ecken sind Löwen dargestellt. jeder im Begriff. einen Hirsch zu zerreißen. Neben ihnen zwei Jäger, die in ihre Jagdhörner stoßen. Auf dem anscheinend zugehörigen Deckel sieht man l. und r. von der Inschriftplatte [vor Vorhängen] zwei Frauen in Halbfiguren, welche die Hände erheben [orantes]. An den Ecken Masken. In der Mitte die Inschrift:

AVR · AGAPETILLA
ANCILLA DEI QVE
DORMIT IN PACE
VIXIT ANNIS XXI
MENSES III DIES IIII
PATER FECIT

[2356. **P. Camuccini.**

s. In der Mitte steht Dionysos mit über den Kopf gelegtem l. Arm. langem Haar und Trauben darin, einem Mantel über l. Schulter. Rücken und Beine; den l. Arm, dessen Hand ein geleertes Horn hält, hat er um einen kleinen Satyr gelegt. der sich bemüht, ihn noch mit der l. Hand zu unterstützen; unten ein Panther. R. und l. von dieser Mittelgruppe weinumrankte Bäume. von denen nach den Seiten Festons niederhängen. welche an den Ecken durch zwei Eroten getragen werden, die halben Leibes aus Akanthoskelchen hervorkommen. In den Feldern über den Festons je zwei sich zugekehrte Masken. L. zwei Bacchantinnen, r. Pan und Satyr.]

GERIEFELT MIT MITTEL- UND ECK-DARSTELLUNGEN.

– –

2357. V. Haig.

Zeichnung: Cod. Cob. 455, 149.

s. Fünf Felder, durch sechs korinthische Pfeiler mit unten halb ausgefüllten Cannellüren eingeschlossen. In der Mitte steht vor einem Vorhange, welcher nur bis zu seiner Kniehöhe herabreicht, Dionysos c. f., l. Standbein, mit auf der l. Schulter geknüpfter, zur r. Seite niedergehender Nebris, und langem, nach vorn niederhängendem Haar. Der l. Oberarm geht nieder, der weggebrochene Unterarm ging aufwärts. Oben ein Ansatz, wohl von der Spitze eines weggebrochenen Thyrsos, den er mit dieser Hand hielt; der r. Arm (Unterarm fehlt jetzt) ging frei nieder: die Hand hielt nach C. einen Kantharos, nach dessen ausgegossenem Inhalt ein am Boden sitzender Panther schnappt, welcher l. Vorderpfote und Kopf (dieser jetzt fort) aufrichtete; rechts ein kleiner viereckiger, niedriger Altar, auf dem ein Widderkopf. Im l. folgenden Felde Pan, mit auf der l. Schulter geknüpftem Fell, bärtig und mit langen Schweinsohren, n. l. über die Cista, aus der die Schlange kommt, wegspringend, n. r. niederblickend. Der r. Arm war hoch nach vorn erhoben (fehlt jetzt großentheils), der l. ging nieder; nur die Hand am l. Oberschenkel (so nach C.) noch erhalten, welche einen länglichen Rest, vielleicht von einem Lagobolon, umfasst hält; (die Unterbeine fehlen). Im Felde r. von dem mittleren: jugendlicher Satyr, n. r. tänzelnd, sich umblickend n. l. unten zu einem kleinen Satyrknaben, der Hände und Kopf wie bittend zu ihm emporstreckt, (jetzt fast nur noch der Torso erhalten, auf C. noch Beine und l. Arm). Der Satyr trägt nämlich auf der r. Schulter einen Schlauch, dessen Mündung er mit der R. fasst; über die vorgestreckte L. fällt das auch nach hinten niederwehende, über die l. Schulter geworfene Fell, (r. Bein fehlt schon auf C.).

Eckfelder: L. Bacchantin in gegürtetem, geschlitztem Chiton mit Überschlag und nach hinten gebauschtem Obergewand, n. r. schreitend und die Doppelflöte blasend (Kopf und r. Arm großentheils fehlen schon auf C.): vor ihr eine große Amphora.

R. ebenso, n. l. Kymbeln schlagend, den Blick n. r. niedergewandt; vor ihr Amphora.

Alle fünf Figuren stehen auf besonderen Postamenten.

In den Zwickeln über den Bogen l. und r. je ein die Muscheltrompete blasender Seekentaur: weiter der Mitte zu je ein bärtiger Kopf mit kleinen Flügeln über der Stirn und großen l. und r. Boreas); l. und r. vom Mittelschild ebenso, aber bartlos und jugendlich (Zephyros?).

Nbss.: L. glatt; r. (eingeritzt gekreuzte Schilde.]

2357ᵃ. P. Mattei.

Abgeb.: *Mon. Matth.* III, 2, 2.]
Beschr. von Zoega A. 396¹.

S.-Fr. Groß. Drei Nischen zwischen vier dicken geriefelten korinthischen Säulen. In der ersten l. ein Satyr, mit der R. ein Böckchen fassend, in der L. eine Traube haltend: hinter ihm r. ein Weinstock: modern sind Kopf, beide Unterarme, und der vordere Theil vom Kopfe des neben ihm stehenden Bockes). In der Mitte: Eine Bacchantin in lebhafter Bewegung nach vorn; ein schmales Gewandstück füllt über l. Schulter und r. Arm: in der erhobenen L. hält sie einen nicht erkennbaren Gegenstand; [modern: der behelmte Kopf, der r. Unterarm mit dem entsprechenden Gewandstück, der l. Arm ganz (doch scheint die Hand wieder antik, ob freilich zugehörig, wohl fraglich].

Rechts: Ein Satyr im Concetto dem zuerst beschriebenen durchaus gleich; nach Zoega sind die Köpfe der beiden Satyrn modern, [von letzterem der r. Arm mit den Hinterläufen des Hasen, welchen er in der Hand hält; der l. Ellbogen ist wieder auf den großen, r. von ihm befindlichen Weinstock gelehnt; ob die Hand mit der Traube antik ist, konnte ich nicht entscheiden].

[2358. Stud. Jerichau.

S.-Fr., obschon jetzt auf beiden Seiten glatter Abschluss mit Stoßfläche: wohl nur zurecht gesägt, da im Übrigen Dimensionen und Arbeit dem Mittelfelde eines geriefelten S.'s durchaus entsprechen.

Dionysos steht da, auf dem l. Beine ruhend, in langem Gewande und darüber gegürteter Nebris, mit dem l. Arm einen Thyrsos hoch anfassend, in der niedergestreckten R. den geleerten Kantharos, nach dessen Inhalt ein Panther den Kopf aufrichtet; der jugendliche Kopf mit Weinlaub und Binde ist n. r. gewandt. R. vor

ihm läuft ein kleiner Satyrknabe e. f. n. r., im l. Arm ein Lagobolon. die R. wie erstaunt erhoben, denn zu seinen Füßen kommt
die Schlange aus der Cista. L. oben ein jugendlicher Satyr halb
n. r., in der L. ein Lagobolon, mit der R. die Syrinx zum Munde
führend.

Das Ganze in einer von zwei korinthischen Pfeilern eingeschlossenen Nische. deren oberen Abschluss ein flacher Giebel bildet, in dessen Felde ein Kranz mit Binden, und an dessen Ende
bartlose, von steifen Locken umgebene Masken.]

2359. V. Medici.

Beschr. von Zoega A. 377, 13.

Vgl. Zoega, *Bassir.* I, p. 33, 23.

s. Geriefelt. In der von einem Bogen überspannten Mittelnische steht Dionysos, auf einen Silen und einen Satyr gestützt.
Zu seinen Füßen ein Panther.

Eckfiguren: Links ein Satyr. der ein jubelndes Kind auf der
Schulter trägt: rechts eine Mänade n. l., ursprünglich wohl die
Doppelflöte blasend oder Krotala schlagend. wie Zoega für mög-
lich hält.

Nbss.: Gekreuzte Schilde.

2360. V. Altoviti.

s. Geriefelt. In der Mitte in einer Art von flacher Nische:
Dionysos e. f., nackt bis auf einen Mantel, der von hinten leicht
über seinen r. Schenkel fällt, legt den l. Arm um den Nacken
eines Satyrs, der, in der L. einen Thyrsos, spreizbeinig r. neben
ihm steht. In der l. Hand hält der Gott den Kantharos. Nach
dem ausgegossenen Wein schnappt gierig der unten sitzende Panther, [welcher die r. Tatze auf die Hörner eines Bockskopfes legt].
L. im Hintergrunde Pan mit Syrinx und Lagobolon. An der Erde
eine Cista mystica mit der Schlange.

Eckfiguren: Links ein Satyr im Tanzschritt n. r. Im l. Arm
ein Lagobolon. Was er in der R. empor hielt, ist jetzt zerstört.
Rechts: eine Mänade schreitet n. r., in der L. einen Thyrsos: über
ihr wölbt sich im Bogen ihr schmaler Mantel.

Nbss.: Greife.

2361. P. Righetti.

s. Geriefelt. In der von einem Bogen überspannten Mittelnische steht Dionysos e. f.: er legt den l. Arm um den Nacken

eines n. r. schreitenden Satyrs. Der r. gesenkte Arm hielt den
Thyrsos oder Kantharos. L. neben ihm sitzt der Panther.

An den Ecken, links: Satyr schreitet n. r. mit Lagobolon in
der R., über eine Cista mystica weg, aus der eine Schlange führt:
rechts: Pan springt n. l. über eine Cista weg, aus der gleichfalls
eine Schlange emporschießt.

Nbss.: Greife.

Der Sarkophag ist vom Wasser sehr angegriffen.

2362. V. Pacca.

S. Geriefelt, in der Mitte zertrümmert.

An den Ecken: L. Pan: er springt n. r. über eine Cista, aus
der eine Schlange hervorschießt: mit der L. erhebt er an einem
Bändchen ein Tympanon, in der R. hält er das Lagobolon. R. ein
Satyr n. l. tanzend: die R. erhebt er, in der L. hält er das Lagobolon. Aus der sich öffnenden Cista schießt eine Schlange hervor:
es sieht aus, als trete der Satyr auf den Deckel'.

[Nbss.: R. leer, l. Greif.]

2363. V. Carpegna.

Beschr. von Zoega A. 410'.

S. Geriefelt. In der Mitte einer von einem Bogen überspannten Nische Dionysos mit weiblicher Haartracht, halbnackt mit Stiefeln an den Füßen, schreitet trunken n. r.: er legt den r. Arm um
den Nacken eines Satyrs, der zu ihm aufschaut. Die r. Hand hält
einen Becher, die l. den Thyrsos. Der Satyr trägt ein Lagobolon.
Im Hintergrunde Pan. Vorauf eine Mänade n. r., das Tympanon
schlagend.

Eckfiguren: R. und l. Eroten, nackt bis auf einen Schurz,
den sie um den Leib tragen: sie legen die eine Hand an eine auf
einen kleinen Steinhaufen gestellte, hohe brennende Fackel, in der
andern Hand halten sie Kränze. [In den Zwickeln über dem Mittel-
bogen Eroten mit Tänien.]

[2364. P. Lovatti.

S.-Fr. l. und r. unvollständig. Geriefelt.

In der Mitte zwischen zwei glatten, oben ionischen Säulen
Dionysos, r. Standbein, mit der L. auf einen Thyrsos gestützt, die
Nebris umgelegt. Unter der r. Achsel wird er unterstützt durch
einen jugendlichen Satyr, der mit aller Kraft sich gegenstemmt,
ihn zu halten: in des Dionysos r. Hand ein umgekehrter Kantharos.

7*

L. über der Gruppe wird Pan, n. l. schreitend, sichtbar, den Kopf
der Gruppe zuwendend, im l. Arm ein Lagobolon, mit der R. die
Syrinx zum Munde führend.]

2365. V. del Grande.

S.-Fr., l. und r. unvollständig.

Erhalten ist noch ein großer Theil der Riefelung r. und vom
Mittelfeld Dionysos, in bekannter Weise auf den Satyr gestützt.
Vom Pan zur L. ist nichts mehr erhalten.]

2366. P. Mattei.

[Abgeb.: *Mon. Matth.* III, 22, 2.]

Beschr. von Zoega A. 396⁶.

S.-Fr.? Mittelstück, wie es scheint, eines Sarkophags.

Unter einem Bogen, welcher auf zwei korinthischen Pfeilern
ruht, in der Mitte mit gekreuzten Beinen: der traubenbekränzte
Dionysos, der sich mit der l. Schulter an einen l. stehenden Satyr
lehnt, dessen Nacken er mit der L. umfasst; von der l. Hand
hängt eine Art Kranz herab, den r. schlaff herabhängenden Arm
des Gottes unterstützt eine von l. herantretende Bacchantin. Über
der r. Schulter des Gottes erscheint noch der Kopf eines mit Fich-
tenlaub bekränzten Satyrs n. r. blickend; Zoega: »testa che sembra
di Pan« [aber unbärtig!].

[2367. Stud. Jerichau.

S.-Fr. Nur das oblonge Feld zur L. ist erhalten mit der Figur
eines Satyrs, in Bewegung n. r., die Nebris um den Leib, ein anderes Fell über den r. Ellbogen niederhängend; auf der l. Schulter
ein Knäbchen (Beine und Gesicht fehlen), welches er am l. Unterarm
mit der l. Hand hält (vgl. die völlig entsprechende Figur auf dem
S. in V. Medici Nr. 2303), im r. Arm ein Lagobolon. Der Mund
ist grinsend geöffnet, die Augensterne tief angegeben, das Haar
struppig. Seine Unterbeine fehlen; vielleicht war neben letzteren
noch ein Panther.]

BRUCHSTÜCKE.

Satyrn und Bacchantinnen.

— — — —

2368. P. Corsetti.

S.-D.-Fr. Nur der obere Theil der Figuren ist erhalten. Ein
Satyr [im l. Arm ein Lagobolon] enteilt, den r. Arm erhebend,
n. l.; er blickt zurück auf eine Frau im ärmellosen Chiton, in
deren l. Arm ein Scepter ruht [eher etwas wie eine Tropaionstange:
das Haupt ist mit einem Diadem geschmückt. Im Hgr. zwischen
beiden steht eine zweite weibliche Figur, [jugendlich in ärmellosem
Chiton]; den Blick n. l. wendend legt sie die R. auf die Brust.

2368ª. Stud. Altini.

S.-Fr. Eine Nymphe n. l. gestreckt mit entblößtem Oberleib,
die R. über den Kopf gelegt, schlafend. Von l. kommend zieht
Pan ihr das Gewand hinweg. Im Hgr. ein jugendlicher Satyr mit
Syrinx und Lagobolon.

———————

Bacchantinnen.

[2369. P. Merolli.

S.-Fr. Der S. war an den Ecken rund und in Bogennischen getheilt.

N. l. hockt, das l. Bein untergeschlagen, vor einem viereckigen
Altar, auf dem ein Gefäß in Form einer Lampe steht, eine weibliche Figur in geschürztem ärmellosem Chiton und Mantel, den
Kopf gesenkt, mit beiden Händen über ihren Schoß ein Tuch aus-
breitend, wie um den Eros darin aufzunehmen, der von oben auf
sie zufliegt, mit beiden Händen eine Fackel vor sich haltend. L.
[unter dem anstoßenden Bogen] eine Bacchantin, ganz bekleidet,
n. r., in der niedergehenden R. vor sich etwas wie eine umgekehrte

Fackel (keinen Thyrsos) haltend, als wolle sie damit etwas anzünden; den Kopf hat sie, enthusiastisch bewegt, in die Höhe geworfen und hält mit der L. ihr Gewand hoch vor denselben.]

2370. P. Castellani.

S.-D.-Frr. Drei nicht zusammenhängende Bruchstücke, von denen nur das dritte rechts einen Abschluss hat.

1) Bacchantin, n. r. ausweichend, in ärmellosem langem Chiton, in der l. Hand ein Schwert in der Scheide, in der erhobenen r. einen Thyrsos, zum Stoß bereit gegen eine Figur, von der zur L. nur noch ein erhobener l. Arm (Hand fehlt) mit wehender Chlamys erhalten ist.

2) Bacchantin in Chiton und gegürteter Nebris, n. r. eilend, die L. im Gewande, die R. in großer Aufregung erhebend, den Blick zurückgewandt. In ähnlicher Bewegung folgt ein nackter Satyr, die R. ἀποσκοπεύων an die Stirn legend, im l. Arm ein Lagobolon. Dann eine Bacchantin n. l. stürmend, im l. Arm ein Tympanon, die R. erhoben.

3) Bacchantin n. l., den Blick und den in der R. erhobenen Thyrsos zurückgewandt: in der erhobenen L. ein Tympanon; links von ihr noch ein männlicher Arm sichtbar, der einen anscheinend schweren Korb am Henkel hält: Silen?

Das Ganze geht auf Felsboden vor sich.]

2371. V. Giustiniani. ○

[Abgeb.: *Gall. Giust.* II, 111.]

S.-Fr. Eine weibliche Figur, die sich, wie es scheint, auf dem r. Fuße schwebend erhält. Sie trägt einen über dem Überschlag gegürteten ärmellosen Chiton: ein Gewandstück umwallt sie hinten bogenförmig.

Der r. Unterarm wie das kleine Figürchen auf der gleichnamigen Hand sind modern, eben so große Theile des Mantels und der untere Zipfel des Chitons. Der Bruch geht ziemlich direct von oben nach unten. Eben so modern ist der l. Unterarm mit dem Ährenbüschel, den sie in der Hand hält.

2372. Stud. Altini. ○

S.-Fr. L. gebrochen. Von der ersten Figur l. ist nur eine Hand erhalten, die einen zusammengenommenen Riemen schwingt. Die zweite ist eine Mänade mit zurückgeworfenem Haupte. Die Vorderarme gebrochen.

[2373. Stud. Jerichau.

S.-Fr. Oberer Theil der r. Ecke. Auf der Hauptseite ist erhalten der Oberkörper einer so gut wie nackten Bacchantin, ein halb nach vorn, halb nach hinten niederhängendes Stück Tuch über den Hinterkopf gezogen, den Kopf selbst auf die vom Beschauer r. Seite geneigt, das Haar einfach gescheitelt: ihr r. Arm ging nieder: mit der hoch erhobenen L. fasst sie einen augenscheinlich geleerten Kantharos am Fuße, ihn in horizontaler Lage haltend. L. von ihr wird Kopf und l. erhobener Arm mit Fackel eines Eros sichtbar: r. von ihr ein Weinstamm, zu dem Blätter und Früchte links hinter ihr im Grunde gehören.

Auf der Nbs. ist noch der n. l. gewandte Kopf eines jugendlichen Satyrs und dessen r. Unterarm erhalten, mit dem er in die Höhe greift und die noch auf der Seite weiter gezeichnete Mündung des Kantharos erfasst, als wolle er ihn der Bacchantin abnehmen.]

2374. V. Borghese.

S.-Fr. [gr. H. 0,73.] Eine weibliche Figur im Chiton mit Überfall stürmt n. r. vor. Kopf und Arme sind weggebrochen. [Querüber läuft ein Köcherband. Das Motiv entspricht der Artemis Colonna. Vortreffliche Arbeit.]

2375. P. Corsetti.

S.-Fr. Eine Bacchantin, fast ganz von vorn gesehen, eilt n. l., in der l. Hand einen Thyrsos; den r. Arm legt sie über ihren Kopf und lässt ihren Mantel bogenförmig über sich flattern.

2376. P. Corsetti. ○

S.-Fr. Eine Bacchantin eilt, das Tympanon schlagend und sich umblickend, n. r. Flaches Relief.

2377. P. Corsetti.

S.-Fr. Der obere Theil einer Bacchantin e. f., das Gewand bogenförmig über ihr fliegend. Kopf etwas n. r. geneigt.

2378. P. Colonna.

S.-Fr. R. Ende eines abgerundeten S's. Erhalten ist nur der untere Theil einer Bacchantin, vom Rücken gesehen, welche, n. l. gewandt, in der L. eine Lyra hält. Ihr Gewand, das über den l. Ellbogen fällt und die Beine bedeckt, wird n. r. weggezogen von einem n. r. gewandten Satyr, von dem nur noch die ausschreitenden Beine vorhanden sind. Hiermit endigte die Darstellung.]

[2379. **Catacombe di S. Callisto.**

S.-Fr. Gr. M. Bacchantin n. r. (nur Oberkörper erhalten), Kopf n. l.: epheugekränzt, mit gekniffenen, unangenehmen Augen. Das Gewand ist von der r. Schulter niedergerutscht. Mit der L. umfasst sie die Saiten einer großen Lyra, welche wohl die R. schlug, von der nur der Oberarm erhalten: r. noch der große Flügel einer folgenden Figur.]

Dionysos. Satyrn, Silene, Pan.

2380. V. Panfili.

S.-Nbs. Dionysos c. f.: den l. Fuß auf eine Erhöhung setzend, im l. Arm der Thyrsos, die R. gesenkt; das Haar bekränzt. Unten stark verstümmelt. [L. und r. Weinstöcke mit sonderbarer Weise unmittelbar dem Stamme entwachsenden Trauben.]

Macht einen entschieden modernen Eindruck.

[2381. V. del Pinto (Via Appia 36).

S.-Fr. Par. M. L., r. und oben unvollständig.

L. noch ein Rest der inschriftlosen viereckigen Mitteltafel. R. davon ein Satyr n. l.: im l. Arm hatte er ein (großentheils fortgebrochenes) Lagobolon, die R. war vor der Brust erhoben mit der geöffneten Innenseite nach außen: über dem l. Arm ein Gewandstück. Kopf und Füße fehlen. R. Untertheil einer n. l. tanzenden, bekleideten Bacchantin.

Gute Arbeit.]

2382. P. Castellani.

S.-Fr. Oval. Ein Satyr schreitet, sich umblickend, n. l.: der r. Arm ist weggebrochen; in der l. Hand hält er eine große bärtige [epheubekränzte] Maske.

2383. Arch. Institut.

S.-Fr. Groß. Von der Ecke (?).

Ein fichtenbekränzter Satyr schreitet, sich umschauend, auf den Zehen n. r. Ein Panther springt von r. an ihm hinauf, (von letzterem nur die Beine erhalten).

2384. P. Lancelotti.

S.-Fr. Der obere Theil der Figur eines mit der Nebris umgürteten Satyrs, der den r. Arm erhebt.

2385. Vigna del Grande.

S.-Fr. [R. unvollständig, l. durch einen Pfeiler abgeschlossen.]

Ein Satyr, von vorn gesehen, schreitet, den l. Fuß vorsetzend. vor. Über die Arme ist das Löwenfell geworfen. In der r. Hand hält er eine [Silens-]Maske, in der l. ein Kindchen, [das die R. zu ihm emporstreckt].

2386. P. Rondinini.

S.-Fr. Ein [leichtbärtiger] Satyr n. l. eilend: über den r. Arm [in dem ein Lagobolon ruht] hat er ein Gewandstück geworfen: in der l. gesenkten Hand hält er eine Traube.

[2387. V. Wolkonsky.

S.-Fr. L. und unten unvollständig. Satyr: nur der Oberkörper ist erhalten; auf der l. Schulter liegt die Chlamys, die über den l. Unterarm niederfällt; in der Hand ein Stab (oben abgebrochen, wohl ein Lagobolon); mit der L. scheint er die Brust mit einem Schwamme abzureiben.]

[2388. V. Wolkonsky.

S.-Fr. Stück vom Oberkörper eines Satyr(?)knaben in Chlamys, der im l. Arm ein Lagobolon hält. Nbs.: nur noch ein Kopf. flacher gearbeitet und sehr schlecht.]

[2389. Passeggiata di Ripetta 19.

S.-D.-Fr.; gr. L. 0,19; gr. H. 0,17. Gr. M. Gefunden zwischen Pⁱ di Spagna und Via Margutta, im Giardino Calori, jetzt im Besitz von Prof. G. Lumbroso.

In der Mitte ein viereckiges Inschriftfeld, von dem zu wenig mehr erhalten, um zu constatiren, ob es eine Inschrift enthielt.

R. der Oberkörper eines nackten, n. r. gelagerten Satyrknaben, mit dem r. Ellbogen aufgestützt, den l. an der Schulter abgebrochenen Arm erhoben: im r. Arm hält er einen merkwürdigen, oben gerundeten und in eine Spitze verlaufenden länglichen Gegenstand von der ungefähren Form eines Lagobolon, aber flach und am Stiel mit zwei Querstreifen verziert: blieb mir gänzlich unklar.]

[2390. P. Albani.

Abgeb.: Zoega, Bassiril. I, Tav. IV.

S.-Fr. L. und r. unvollständig. Links ein Altar, worauf die Masken einer Bacchantin und eines Satyrs: darüber wird das Ende eines Thyrsos (mit Tänie) und Tympanon sichtbar, ein anderes Thyrsosende vorn vor'm Altar. Von r. heran tritt Silen, trunken, den Oberkörper ganz zurückgebeugt, die l. Hand über den Kopf gelegt: über die r. Schulter fällt eine Chlamys. Gestützt ist er auf einen n. r. im Abschreiten begriffenen Satyr.

Die Füße der Figuren schienen mir neu; neu ebenfalls eine dann folgende weibliche Figur.

Das Bruchstück ist zusammengesetzt mit Nr. 2250.]

2391. P. Lancelotti.

S.-Fr. Silen, mit einem Schurz umgürtet, steht n. l.; im l. Arm ruht ein (wahrscheinlich ergänzter) Gegenstand [scheint mir alt], der wie ein Füllhorn aussieht. [Die r. erhobene Hand stützt sich auf einen Stab auf, der theilweise erhalten ist. Auf der l. Schulter liegt noch ein Stück Obergewand auf, das an derselben Seite wieder vorgenommen, über den l. Unterarm zurückfällt.]

2392. Stud. Canova.

S.-Fr. Unten ist ein Stückchen des Randes erhalten.

Auf einem Felsstück sitzt, dem Beschauer zugekehrt, ein Silen; die erhaltenen Stumpfe der Arme gehen nach unten: über den r. Schenkel (Beine gebrochen) ist ein Gewandstück geworfen.

[2393. V. del Grande.

S.-Fr. Epheubekränzter Kopf eines liknostragenden Silen.]

[2394. V. Wolkonsky.

S.-Fr. Langbärtiger Silen n. l. liegend, mit der L. auf einen Schlauch aufgestützt, in der Hand die nach unten geöffnete Mündung; die R. ruht auf dem Knie. Über den Hinterkopf, l. Schulter und Beine ist Gewand gezogen.

Kopf und Unterhälfte fehlen großentheils.]

[2395. V. del Grande.

S.-Fr. Silen (Kopf fehlt) reitet auf einem bärtigen Seekentaur n. l.; mit der r. Hand hält er sich am Kopfe des Kentauren, die l. ruht machtlos am Schweife; er scheint sich nur mit Mühe aufrecht zu erhalten.]

2396. V. Borghese.

[K.-S.-Fr. oder] S.-D.-Fr. L. und r. gebrochen. Ein Panisk mit Lagobolon im Arm zieht einen Löwen n. r. Im Hgr. [ein Baum, r.] ein Vorhang.

2397. V. del Grande.

K.-S.-Fr.? Ringsum unvollständig. Gr. L. etwa 0,20. Gr. M.

Hinten eine Hauswand, aus deren Fenster ein nur flach angelegter weiblicher Kopf herausblickt. Vorn eilt n. r. Pan (Kopf und Beine fehlen), ithyphallisch, im l. Arm ein oben abgebrochenes Lagobolon, den r. Arm zurückstreckend (aber dieser fast ganz zerstört).

Sehr gute Arbeit.]

2398. Stud. Jerichau.

S.-Fr. Gr. M. Oberer Theil des Oberkörpers eines langgehörnten und langbärtigen zottigen Pan. Der r. Arm ist wagrecht n. l. gestreckt: der l. lag am Körper an und ging auch wohl n. l. Der Kopf (Haar und Bart zottig) n. r.

Mund und Nase sehr zerstört. Unter der Brust gebrochen; eben so fehlen die Arme fast ganz.]

2399. P. Castellani.

S.-Fr. Unten, l. und r. unvollständig. Halb n. l. gewandt, den Kopf abgekehrt n. r., sitzt eine bärtige männliche Figur mit mürrischem Ausdruck, starker Muskelbildung, überhaupt in allem zur Charakteristik Wesentlichen dem Polyphem auf einem bekannten Relief der V. Albani (Winckelmann, *Mon. ined.* 36) vergleichbar, nur fehlt das Stirnauge, wogegen große Hörner, welche sich gleich oberhalb der Stirn erheben, wohl nur an Pan denken lassen. Ein links hinter ihm flatternder Eros fasst ihn mit der L. in's Haar, als wolle er den Widerstrebenden n. l. ziehen. Dort gewahrt man vor einer Art Muschel einen etwas größer gebildeten weiblichen Kopf, sehr zerstört, jedoch anscheinend Porträt: Augensterne sind nicht angegeben. Der r. Arm des Pan verschwindet hinter jener Muschel(?), den l. (nur im Ansatz erhalten) hatte er nach der Mitte zu erhoben, wie um den Eros am Zausen zu hindern.

Frische gute Arbeit.]

2400. Vigna del Grande.

S.-Fr. Erhalten ist nur der Leib eines mit einer Tunica, an der Glöckchen hängen, bekleideten Mannes [n. r.]. Vgl. Visconti, *Mus. P.-Cl.* IV, 20.

DECORATIV.

FESTONS.

[2401. **Giardino Caffarelli.**

Großer S. It. M. Die Vorder- und Rückseite sind gleichmäßig geschmückt durch einmal aufgenommene Fruchtschnüre, welche von Bukranien herabhängen; in den Feldern Patera und Urceus, von einem Nagel zusammen mit Tänien herabhängend.

Nbss.: Hohe, auf Löwenfüßen, hohem dreiseitigem Untersatze und reichem Blattkelchstamme componirte Kandelaber zwischen zwei Lorbeerbäumen.

Die vier Felder sind rings eingefasst durch ein feines Kymation; an den Ecken sind gewundene Stäbe.

Deckel fehlt jetzt.

Die Arbeit, sehr fein und scharf, bei ganz flachem Relief, weist noch in die beste Kaiserzeit.

Mir ist kein S. in Rom bekannt (natürlich außer den Peperin-SS. der ersten Bestattungsperiode), den ich so früh setzen möchte.]

[2402. **Pa. Pollarola** 43.

s. An drei Bukranien hängen Lorbeerfestons, deren Tänien sich über die eingeschlossenen Felder ausbreiten. Unten Gesims. l. und r. korinthische Pfeiler. welche einen Decksims tragen.

Ganz flaches Relief, und sicher einer der ältesten Sarkophage. Der Deckel fehlt.

Merkwürdig schien mir, dass auf der Kopferhöhung im Innern wieder ein Platz für den Kopf leicht vertieft ist. Das Innere ist oval ausgeschnitten, und in den so entstehenden Zwickelfeldern sind Löcher zur Aufnahme der Dübel, welche den Deckel befestigten.]

2403. Via del Pozzetto di Claudio 117. ○ [Jetzt fort.]

Inschrift: Sched. Ptol. 2, 397: »Romae in aedd. d'Este«; Gori Inscr. Etr. 3, 239:
»ex schedis Puteanis«; Donati 2, p. 310, 3; Fabretti p. 219, n. 576; Orelli
2971.

s. Auf der Steinkiste (von 2.5 L., 0,52 H., 0,66 T. ist vorn eine
sehr wenig vertiefte oblonge Fläche hergestellt, aus der das Relief
sehr flach hervortritt. In der Mitte eine Tafel mit der Inschrift:

T · FLAVIVS
AVG · LIB
EGLECTVS
ABVNGENTIS
FECIT · SIBI

An jeder Seite ein Bukranion, von dem n. l. und r. Guirlanden
herabhängen, die an der Stelle, wo sie am tiefsten niederfallen, abgeschnitten und nicht befestigt sind.

Einer der ältesten mir bekannten Sarkophage.

2404. V. Pacca.

s. Zu den Seiten der Inschrifttafel befinden sich jene geschweiften Pfeiler, die Gerhard Balaustren nennt. An den Ecken
Bukranien. Beide sind durch Festons verbunden, innerhalb welcher Gorgoneia. Die Inschrift lautet:

DIS · MANIBVS
M · AEMILI · M · F · POSIDO
NIANI · VIX · ANN · VIII
MENS · VIII · DIEB. XI · PAREN
TES NEPTVNALIS ET VENE
RIA FILIO PIISSIMO

2405. V. Borghese.

s.-p. In der Mitte zwischen zwei aufgepflanzten brennenden
Fackeln ein Clipeus mit dem Brustbilde eines Kindes. Unter dem
Clipeus zwei Masken [l. eines Satyrs, r. einer Bacchantin]. Von
den Fackeln hängen herab und sind an den Ecken des Sarkophags
befestigt zwei Guirlanden, in denen bacchische Masken ruhen, [von
l. n. r. Satyr, Bacchantin, bärtiger Dionysos, Pan].

2406. V. Panfili.

S.-Frr. Zwei getrennte, ursprünglich zu demselben S. gehörige Stücke.

Rechts [o war 1577 verschwunden]: von einem links angebrachten Widderkopfe hängt ein breiter Feston von Eichenlaub; in dem Kreisausschnitt ein Gorgoneion mit Flügeln. In der r. Ecke ein Füllhorn mit Früchten: besonders kenntlich der Pinienapfel.

Links: ein ganz ähnliches Relief: dieselben Gegenstände sind jenem ersten symmetrisch und deshalb an den entgegengesetzten Stellen angebracht.

Ziemlich roh und flach.

2407. V. Medici.

s. Vorn vier korinthische Pilaster, zwischen denen Festons herabhängen. Innerhalb der beiden äußeren sind Medusenhäupter angebracht, innerhalb der mittleren eine leer gebliebene Inschrifttafel. Nbss.: gleichfalls Festons; innerhalb derselben ein Rund in Relief. l. zu einer förmlichen Patera ausgearbeitet.

2408. P. Corsetti.

S.-P. [L.] Hälfte. An den Ecken ist eine Lorbeerguirlande befestigt, in der r. eine Silens-, l. eine Pansmaske ruhen. Zwischen beiden erhebt sich ein Thyrsos; [r. unterhalb der Guirlande liegt n. r. ein Bock].

[2409. P. Rusticucci.

S.-Fr. R. Hälfte der Vorderseite. Schwarz-weiß gesprenkelter Granit.

Ein Lorbeerfeston ist an der r. Ecke an einen Pfeiler, weiter n. l. an ein Bukranion befestigt; von dem Feston hängt in der Mitte eine Traube nieder. Im eingeschlossenen Felde eine weibliche Maske e. f., welche nichts Gorgoneionartiges hat.

Vgl. den antiken S. Papst Hadrians IV. in den vatikanischen Grotten.]

2410. P. Colonna.

S.-Frr. Zwei herabhängende reiche Fruchtschnüre, in denen je zwei Masken ruhen, und zwar: I. Maske einer Bacchantin und eines [bärtigen] Satyrs: zwischen beiden der Thyrsos. II. Maske eines Satyrs mit Fichtenkranz und einer Bacchantin mit Wein bekränzt; zwischen beiden das Lagobolon.

2411. V. Altieri. C

Beschr. von Zoega A. 339, n. 5.

Innerhalb einer Lorbeerguirlande liegt n. r. gestreckt mit nacktem Oberkörper Dionysos, in der L. den Thyrsos. Ihm gegenüber lagert Pan mit Syrinx und Lagobolon. Darunter (dies nach Z.) eine Amphora und eine nach Blumen pickende Taube.

2412. V. Altieri. ○

Beschr. von Zoega A. 339, n. 9.

s.-Fr. Innerhalb einer Guirlande ein von l. herbeifliegender Eros mit einer Fackel in der L., der im Begriff ist, eine n. r. gelagerte halbnackte Bacchantin (Zoega: vielleicht Ariadne) zu entblößen.

[2413. Stud. Carimini.

s.-Fr. Erhalten ist ein Stück aus der l. Seite der Hauptplatte. In der Mitte des Ganzen stand eine Amphora, von der nur noch die l. Seite erhalten ist. An ihrem Fuße liegen einige Blumen Granatblüten?), und davor ein Vogel n. r. Die Amphora dient dazu, Lorbeer-Festons zu unterstützen, von denen derjenige zur L. erhalten ist. Innerhalb desselben ruht n. r. Dionysos, mit dem r. Arm auf den allein sichtbaren Rand seines Wagens gestützt. oberwärts nackt, im l. vorgestreckten Arm den aufgestützten Thyrsos. Ihm gegenüber liegt n. l. Pan mit Syrinx und Lagobolon.

2414. P. Fiano.

s. Ein großer Lorbeerfeston wird an jeder Ecke durch einen Eros, in der Mitte durch einen unten sehr breit ausgehenden dreifüßigen Kandelaber getragen. In den Segmenten vier tragische Masken, je zwei, eine weibliche und eine männliche, jedesmal einander zugekehrt: nur von einer (weiblichen) Maske ganz links ist das Gesicht erhalten.

Nbss.: Schilde.]

2415. Quirinal.

s. In der Mitte steht ein großes mit Blumen gefülltes Gefäß, von dem beiderseits Festons von Lorbeer herabhängen, die an den Ecken von Eroten getragen werden. [Darin je ein sperberartiger Vogel, der mit den Krallen die Tänien der Festons erfasst.] Unten zwei Häschen, die Trauben naschen, und zwei Hähne, die an Blumen picken. — Nbss.: leer.

2416. P. Camuccini.

s. An den Enden rund. In der Mitte ein Eros, der zwei große Festons unterstützt, die sich n. l. und r. hinziehen. In dem Halbkreise zur L.: Maske eines Silen und einer Bacchantin; zwischen beiden ein Thyrsos. Auf der r. Seite die Maske eines Satyrs und einer Bacchantin, [zwischen ihnen ein Lagobolon]. L. liegt n. r. Tellus, oben nackt mit Schlangenhalsband, sich auf den r. Ellbogen aufstützend: in der Hand hält sie Ähren. — R. Oceanus, sich mit dem l. Ellbogen [auf eine ausfließende Urne] aufstützend: in der andern Hand halten beide eine riesige aufrecht stehende brennende Fackel.

[Nbss.: Lorbeerfestons mit Tänien.]

2417. V. Codini.

K.-s. An den Ecken je ein Adler, in der Mitte ein Eros. Diese Figuren bilden die Stützpunkte für zwei herabhängende Guirlanden. — Nbss.: sitzende Adler.

2418. P. del Monte Citorio.

s. Drei Eroten, jeder den einen Fuß weit vorsetzend, tragen zwei reiche Festons: oben flatternde Tänien. Innerhalb der halbkreisförmigen Ausschnitte je eine Patera.

2419. P. Aldobrandini. ○

s. Drei Eroten tragen zwei reiche Fruchtschnüre; in dem halbkreisförmigen Abschnitt oben zwei riesige Gorgoneia. Ähnlich die Nebenseiten.

2420. V. Panfili.

s.-P. Drei Eroten zwei Festons tragend, innerhalb deren zwei jedesmal einander zugewandte Masken liegen, und zwar l. zwei tragische und r. zwei komische.

Gutes Relief.

2421. Via di San Luigi dei Francesi 5.

s. Drei Eroten tragen zwei gewaltige Festons. In denselben ruhen [auf Terrainunterlage] bacchische Masken: l. die eines Satyrs und einer Mänade, r. die eines Silens und eines Pans; zwischen ihnen ist ein Lagobolon.

Nbss.: Greifen.

[2422. P. Strozzi.

s. Drei Eroten tragen einen Feston, der mittlere ganz n. l. gebeugt, und ihn mit der Hand unterstützend. In den Segmenten links zwei tragische Masken, r. zwei komische.

Nbss.: Greifen.]

2423. V. Madama.

s. Drei kräftige Eroten tragen zwei Festons, zwischen denen
bacchische Masken, eben so an den Seiten. Das Einzelne ist durch
das überwuchernde Moos völlig unkenntlich.] [Die Masken sind
von l. n. r. die eines Satyr, einer Bacchantin, wieder einer Bacchantin und eines Silen.]

2424. P. Rondinini.

s.-Fr. Zwei Eroten halten eine Guirlande, in der eine Satyrmaske ruht. [Dazu gehörig ein darüber eingemauerter Eros, der
mit beiden ausgestreckten Armen eine Tänie fasst, und ein ebensolcher an derselben Wand.]

2425. P. Rusticucci.

s.-Fr. L. und r. unvollständig. Fruchtfeston; darin zwei bacchische Masken, l. weiblich mit Spitzohren und Pinienkranz, r. Silen
mit Epheukranz.]

2426. V. Crostarosa.

s.-Fr. Erhalten ist nur das Stück eines n. l. gewandten vor-
trefflichen Silenkopfes mit Epheukranz in Lgr.]

2427. Stud. Jerichau.

s.-Fr. Erhalten ist nur eine Maske des jugendlichen Herakles
mit Löwenfell über den Kopf, ziemlich flach gearbeitet, n. r. Vor
ihr ein Stück täniengeschmückter Thyrsos.]

2428. Via di S. Stefano del Cacco 1.

K.-s. Drei Eroten halten zwei reiche Festons. In den Ausschnitten [l.] ein Seegreif und [r.] ein Seelöwe, die von Eroten
geritten werden. Die Richtung beider ist nach der Mitte hin.
[Nbss.: Lorbeerfestons mit Tänien, welche auf der nach hinten gewandten Seite an den Schweif eines aufgerichteten Delphins
befestigt sind.]
Gewöhnliche Arbeit.

2429. Vic. Scavolino.

s.-Fr. L. Ende der Vorderseite. Ein Knabe n. l. gewandt trägt
einen schweren Fruchtfeston auf den Schultern. Innerhalb des letzteren reitet ein Eros auf einem Delphin von r. oben n. l. unten,
denselben mit den Händen antreibend.
Vgl. einen K.-S. im Vatican, Stanza del Meleagro.]

2430. P. Aldobrandini.

K.-s. Vorn halten drei Eroten zwei reiche Festons. Innerhalb der Kreisabschnitte l. ein Seegreif, r. ein Seepanther.

[Nbss.: jedesmal ein Greif.]

[2431. V. Patrizi.

s.-p. Drei Eroten tragen eine Guirlande; in den zwei Feldern über derselben halten je zwei gelagerte Eroten, mit Zweigen in den äußeren Armen, einen Fruchtkorb, der links die Form eines geriefelten Kantharos hat. Neben dem Eros rechts liegt ein Bock, der sich nach einem Eros umblickt, welcher, um ihn vor jenem zu schützen, einen Fruchtkorb wegsetzt. L. umarmt ein Eros ein liegendes Rind; von r. springt ein Hund auf die Gruppe ein. Zwischen den Beinen des mittleren Eros ein umgestürzter Fruchtkorb.

[2432. V. del Grande.

s.-Fr. Groß. l. unvollständig. Eros, n. r. schreitend, trägt einen reichen Fruchtfeston.

Schöne Arbeit.]

[2433. Stud. Jerichau.

s.-Fr. L. unvollständig. Eros n. l. ausschreitend, Feston tragend.]

2434. Via del Corso 173.

Beschr. von Zoega A. 529, 2. »P. Raggi«.

s. An den Enden rund. In der Mitte ein n. l. ausschreitender Eros, l. und r. zwei schwebende, [alle drei] mit großen Flügeln, die zwei Festons tragen, an denen unten l. und r. Trauben hängen; ferner zwei andere Festons: das eine Ende derselben wird von einem der Eroten gehalten, das andere ist an eine umgekehrte Fackel befestigt; [jenseits derselben setzen sich die Festons noch weiter nach hinten fort, wo bei der jetzigen Einmauerung des S's. nichts weiter festzustellen ist]. Innerhalb der Ausschnitte r. das Brustbild einer Frau mit einer starken [nur abbozzirten] Perrücke [aus der Zeit des Commodus]; l. ein Mann in Toga mit dem breiten Brustbande.

2435. V. Panfili.

Beschr. von Zoega A. 285, 24.

s.-p. Zwei Eroten tragen einen Lorbeerfeston. In den halbrunden Ausschnitten zur L. eine Satyrmaske mit Fichtenkranz, zur R. eine weibliche bacchische Maske in Dreiviertelwendung des

Gesichts, bekränzt mit Epheu und Trauben. R. unten ein pickendes Huhn, links eine Tänie.

2435ᵃ. V. Panfili.

Beschr. von Zoega A. 285, 23.

s.-P. Zwei Eroten tragen einen Lorbeerfeston. In dem dadurch gebildeten Ausschnitt zur L. die Maske einer Bacchantin,
zur R. die eines bärtigen Silens mit Epheukranz. L. und r. neben
den Eroten je ein Vogel.

[2436. Vigna Guidi.

s.-D. Niedrig. An den Ecken Satyrmasken. Dazwischen fünf
Knaben in schwebender Stellung, welche Guirlanden mit langen
Tänien tragen.]

2437. S. Paolo f. l. m.

Beschr. von Zoega A. 30ᵃ.

s. In der Mitte der Vorderseite zwischen zwei aufgerichteten
Fackeln das Brustbild einer Frau. Rechts und links Eroten, die
Lorbeerfestons tragen, welche von den Fackeln herabhängen. Über
jedem Feston eine bacchische Maske. Darunter l. und r. je zwei
Tauben, an den Blumen eines umgestürzten Korbes pickend.

Nbss.: [mit Früchten] gefüllte Körbe.

2438. Kl. P. Mattei.

K.-S.-P. An den Enden rund. In der Mitte eine kleine Figur in
umgeworfenem Pallium mit abbozzirtem Gesicht. L. und r. davon
je ein Knabenpaar in gegürteter Tunica und Chlamys, trotz alle-
dem noch geflügelt; dieselben tragen je einen dicken unförmlichen
Feston, in welchem bacchische Masken ruhen [und zwar Satyr,
Silen, Bacchantin, Satyr; zwischen den Paaren jedesmal ein Lago-
bolon]. Unter den Festons l. ein Hahnenkampf, r. lagert eine Ziege
neben einem Blumenkorbe: [ein anderer gestürzt vor der Mittelfigur. Die Knaben in der Mitte haben Stiefel, die an den Ecken
außerdem noch Gamaschen bis zum Knie].

2439. P. Mattei.

[Abgeb.: *Mon. Matth.* III, 50.]
Beschr. von Zoega A. 347, 16.

s.-P. In der Mitte: Zwei Eroten tragen mit Anstrengung eine
üppige Fruchtschnur; in dem Ausschnitt ein Clipeus mit dem Brust-

bilde einer jüngeren Frau: [Frisur aus der Zeit des Didius Iulianus und Septimius Severus]. Zwei andere Schilder werden von
zwei Eroten nach der Mitte zu emporgehalten und von unten noch
durch zwei schlangenfüßige Giganten unterstützt. Der Schild zur
L. enthält das Brustbild einer jüngeren Frau. das in dem zur R.
befindliche gehört einer Frau in vorgerückterem Alter an.

[Die Köpfe der Giganten und das Medaillon zur R. sind theilweise ergänzt,
ebenso die Beine in der l. Hälfte, sowie der ganze Eros zur L.]

2440. Stud. Altini.

s.-Fr.　Fichtenbekränzte Satyrn tragen eine Guirlande von Lor-
beern.　In dem halbkreisförmigen Abschnitt befindet sich folgende
Darstellung: Ein [ebenfalls fichtenbekränzter Satyr-]Knabe eilt zurückblickend n. l.; in der R. hält er das Lagobolon, in der L.
eine Traube, nach der ein Panther springt; [unter letzterem ein
umgestürzter Blumenkorb].

2441. V. Wolkonsky.

s.-P.　Drei Satyrn mit Nebris in hüpfender Bewegung [zwei
an den Ecken, einer in der Mitte] halten zwei Festons. in denen
einander zugewandt je zwei Masken liegen, und zwar der Reihe
nach von l. n. r.: eine weibliche mit Epheu und Weinlaub bekränzt,
eine männliche mit Schnurrbart und Fichtenkranz, eine männliche
ohne Kranz, eine weibliche mit Epheu bekränzt. Unter den Festons
in den sich bildenden vier Ecken vier Darstellungen mit kleineren
Figuren [die dritte ist verloren gegangen]: 1] ein Kind mit einem
Böckchen schäkernd; 2] ein Kind springt erschreckt vor der Schlange
zurück, die aus der halbgeöffneten Cista mystica fährt; 4) ein Kind,
an der Erde hockend, in der R. eine Traube.

Mittelmäßige Arbeit.

2442. S. Maria di Ara Coeli.

[Abgeb.: *L' Album* VI, 57 mit dem Grabmal der Savelli aus dem 14. Jahrh.,
dessen Basis der S. bildet.]

Beschr. von Zoega A. 511, n. 1.

s.　An den Enden rund.　Drei Satyrn, mit der Nebris umgürtet,
in einer Hand das Lagobolon haltend, [mit der andern die Tänien
der Festons unterstützend], tragen zwei reiche Festons, [bestehend
aus Wein und in ganz vorwiegendem Maße aus Granaten]. Oberhalb des ersten zur L. die Büste einer Frau im Doppelgewande
(Frisur der Soemias: Mongez pl. 51), in der L. [am Gelenk ein
Armband] einen Apfel [hoch haltend]. Zur R., der vorigen Figur

entsprechend, das Brustbild eines jüngeren unbärtigen Mannes, der
zwei Finger der R. erhebt und in der L. eine Rolle hält. (Zoega hält
auch diese Figur für eine Frau); [sicher, und zwar ein junges Mädchen: Psychefrisur, gegürteter Chiton mit Ärmeln, Gewand über
der l. Schulter und unter dem Gürtel durchgezogen]. Der ungleich
hohe Raum unter den Festons wird von l. n. r. auf folgende Weise
ausgefüllt. Erste Hälfte: auf einem Felsstück steht ein Blumenkorb, auf dem ein Vogel [Zoega: colomba]: vor ihm kniet n. l.
ein Eros: [unter dem Fels hervor auf den Eros zu ringelt sich eine
Schlange]; weiter ein am Boden [n. l.] lagernder Panther, [sich
umblickend]; neben ihm sitzt [in halbliegender Stellung] ein Eros,
die Syrinx blasend, den l. Arm auf ein Lagobolon gestützt. Zweite
Hälfte: auf einem Blumenkorbe, den ein Eros zurechtzurücken
scheint, [der Gestus ist genau wie bei dem ersten Eros] sitzt ein
Pfau. Dann eine mystische Cista [mit völlig zurückgeschlagenem
Deckel], aus der die Schlange schlüpft. Ein Panther will von den
Trauben naschen, die ein Eros n. l. vor ihm ausschüttet.

Die Nebenseiten sind halb vermauert: die Festons setzen sich
hinter den Satyrn als Lorbeerguirlanden fort. Auf ihnen ruhen
groteske bacchische Masken.

[Vgl. für das Arrangement der Hauptseite z. B. den völlig gleichartigen
farnesischen S. Neapel 609.]

2443. V. Giustiniani. ○

S.-P. Drei in einer Reihe geordnete Jünglingsgestalten stützen
mit gebogenen Armen eine Guirlande auf. Sie sind nackt, nur
über die Schenkel des mittleren fällt ein Gewandstück; er ist ganz
e. f. gebildet. Die beiden andern sind ein wenig nach außen gewendet.

2444. V. Casali.

S. Drei Victorien halten zwei Festons: innerhalb derselben
je zwei einander zugekehrte bacchische Masken. Ebenso sind die
Nebenseiten verziert. Rohe Arbeit.

2445. V. Panfili.

S.-Fr. L. Nike, die ein großes Feston n. r. trägt, innerhalb
dessen die Masken eines kahlköpfigen Silens und einer Bacchantin
ruhen.

FRIESARTIG.

[**2446. P. Circi.**

Abgeb.: *Mon. dell' Ist.* VIII, 15, 3.

Vgl. *Ann.* 1865, 229 (Benndorf).

s. Zwei geflügelte Greife mit Pantherköpfen, von einander abgewandt sitzend, werden getränkt durch zwei Eroten, welche aus Ranken hervorwachsen, die den Abschluss r. und l. bilden. Etwas Gefäßartiges ist zwischen dem Eros l. und dem Greifen sichtbar, ebenso zwischen den Greifen eine jetzt nicht mehr definirbare Masse, unklar ob Steinhaufen oder ein sitzender Eros oder dergl.

Nbss.: Zwei sich zugewandt sitzende Greife mit Raubvogel-kopf, getrennt durch einen brennenden Kandelaber in Balaustra-form; am hinteren Abschluss je noch ein solcher. Vgl. den ähn-lich ornamentirten S. Gall. lapid. 155. Auf dem Sims der Vorder-seite folgende Inschrift in noch ziemlich guten Schriftformen:

D·M·VLPIA·ANTIOCHIS·ANTIOCHIANO·FILIO·
PIENTISSIMO·QVI·VIXIT·ANNIS·XVII·DIEBVS·XXIIII·
FECIT·ET·SIBI &

Ein Deckel fehlt.]

2447. V. Giustiniani. ○

K.-s. In der Mitte der Vorders. erhebt sich ein brennender Kandelaber. Zu den Seiten sind symmetrisch geordnete Gruppen: Greife mit Löwenköpfen, denen Eroten in eine Trinkschale ein-gießen.

Nbss.: Greife, die einen Fuß auf einen Widderkopf stellen.

An der Vorders. des Deckels Festons, die von Bukranien herabhängen.

2448. P. Corsetti.

S.-D. Zu den Seiten zweier Kandelaber eben so viele Gruppen stierschlachtender Eroten. [Nur l. steht ein Kandelaber zwischen zwei Stieren; bei der gleichen Gruppe r. liegen die Stiere unvermittelt gegen einander. Links schloss sich eine weitere eben solche Gruppe an, von der noch ein Hinterbein eines Stieres erhalten; die Schweife sind jedesmal in einander verschlungen.]

SCHWEBENDE EROTEN, CLIPEUS UND ÄHNL. HALTEND.

2449. P. Mattei.

Inschrift: Gruter 1045, 9 apud Mattheios.

S. (alt). Zwei in sehr flachem Relief gearbeitete schwebende Eroten halten eine Inschrifttafel von der in der älteren Zeit allgemein üblichen Form. Sonstige Verzierungen sind nicht vorhanden. Wahrscheinlich gehört dieser Sarkophag zu den ältesten uns erhaltenen Exemplaren. Inschrift:

M · VARENO · MACARIANO
PATRONO BENE MERENTI
M · M · M · VARENI
PASIPHILVS · ET HERMADIO
ET ONESIMVS · LIBERTI
POSVERVNT

2450. V. Pacca.

S. Schwebende Eroten halten eine Tafel mit der Inschrift:

D · M ·
D · IVNI · D · F ·
D · N · D · PRON ·
ATTIANI AGRIPPINI
VIX · MENS · IIII D · XV
PROBVS · ET ·
AGRIPPINA · FILIO

2451. Arch. Institut.

S. Von älterer Art. Zwei von l. und r. heranschwebende Eroten im flachsten Relief halten eine viereckige Inschrifttafel:

D M
AVFIDIAE FELICISSI
MAE · QVAE VIXIT · ANN
XVIIII · DIEBVS XXVIII
P · APPAEDIVS///ILENA
NVS · CONIVGI · DVLCI///
P · APPAEDIVS · PHOEBE///
MATRI · PIENTISS///
FECERVNT

[2452. Lateran. (Hospital.)

Inschrift: P. Sabinus, Chis. S. 568 fol. 121ᵛ; Boissard IV, 144; Gruter 504, 3.

S. Groß. (L. 2,12; H. 1,04; T. 1,04.) Auf der glatten Vorderseite nur zwei schreitende Eroten in nicht sehr starkem Relief, welche eine große Inschrifttafel halten.

Nbss.: Auf einem ganz leicht erhobenen Rund (Durchm. 0,42, dieses fast ganz einnehmend, je ein Gorgoneion von nicht wildem Ausdruck; im Haar zwei unten geknüpfte, an den Schläfen hervorzüngelnde Schlangen, das Haar oben zu einem Zopfe aufgebunden, zu dessen Seiten Flügel. Inschrift:

D · M
· T · MANLIVS · PRVNICVS ·
CLAVDIAE IANVARIAE
COIVGI DVLCISSIMAE
ET MANLIO CYRIACO
FRATRI AMANTISSI
MO

Die drei letzten Zeilen sind von späterer Hand viel roher zugefügt.]

2453. V. Borghese.

Vgl. de Rossi, Inscr. chr. I, 5 (p. 9), [woselbst die übrige Literatur, und die schwer leserliche christliche Inschrift der Nebenseite.]

S. [Gr. M. L. 2,70; H. (ohne [den Deckel) 1,60.] Zwei Eroten halten ausschreitend eine [l. und r. mit je zwei einander zugekehrten Delphinen verzierte] viereckige Tafel mit Inschrift; unter dieser

zwei sich kreuzende Füllhörner. An der Erde liegt r. und l. ein
Bogen [sowie unter den Eroten eine Fackel]. An den Ecken Pfeiler
mit Grabvasen darauf. — Nbss.: Greife. — Auf dem Deckel, so
weit man von unten sehen kann, liegt n. l. gestreckt der Todte.
Am Kopfe und Fußende sitzen schlafende Eroten mit umgestürzter
Fackel: [sie sind nach außen gewandt und haben den einen Fuß
auf ein Schriftbündel gesetzt. Die Inschrift lautet:

> M · AVRELIO AVGG · LIB PROSENETI
> A CVBICVLO AVG ·
> PROC · THESAVRORVM
> PROC PATRIMONI · PROC
> MVNERVM PROC VINORVM
> ORDINATO A DIVO COMMODO
> IN KASTRENSE PATRONO PIISSIMO
> LIBERTI · BENE MERENTI
> SARCOPHAGVM · DE SVO
> ADORNAVERVNT

2454. V. Carpegna.

S.-P. Nur die l. Hälfte mit dem größeren Theil der Inschrifttafel ist antik.

Hier sieht man das Brustbild einer Frau im doppelten Gewande mit Frisur des Anfangs des dritten Jahrhunderts vor einem
Parapetasma, in der L. einen Apfel haltend. Die Tafel, die von
einem Eros gehalten wird [zwischen diesem und der Frau im Hgr.
ein Ölbaum], hat die Inschrift:

> AVRELIAE · Magnae
> SORORI · RARIssimae
> VIXIT · ANN · Xxxxvi
> MENS · II DIeb vii
> ET
> AVRELIAE · PRIScae
> MATRI · PIISSIMae
> VIX · A · LIII · M · VIII · Dxiii
> AVR · PRISCVS

Auf der entsprechenden Seite befindet sich, wie gesagt in Ergänzung, das Brustbild des Mannes; [ich halte die r. Seite (der Mann
ist ganz entsprechend, rasirt und hält in der R. auch einen Apfel)

für ebenfalls antik und also auch die Ergänzungen der Inschrift, trotz der verschiedenen, wohl durch irgend welche äußere Umstände herbeigeführten Farbe des Marmors].

2455. Via del Pozzetto di Claudio 117.

Inschrift: Boissard V, 115 = Gruter 712, 6: »apud Marium Delphinium«.

s. Zwei symmetrisch n. r. und l. schwebende Eroten halten eine viereckige Tafel mit einer jetzt so gut wie unleserlichen Inschrift, [Matz nach Boissard, ich nach dem Original, wie folgt]:

SER VALERIVS

SEVERIANVS

FILIO DVLCIS

SIMO+B·M·

FC·VIX·ANN·XII

Unter der Inschrift: Eros und Psyche fliegen auf einander zu und küssen sich. L. und r. Gefäße mit Blumen oder Früchten. Weiter l. und r. (zerstört) an der Erde ein Lagobolon (?). An den Ecken Eroten, die sich auf eine umgekehrte Fackel stützen.

[2456. V. Aquari.

Vgl. *Arch. Zeit.* 1877, 92 (Mommsen); *Bull. della comm. com.* 1877, 148 (Aquari).

K.-S. Gr. M. Gefunden an der Via Latina im Bereich der V. Aquari.

Schwebende Eroten, (deren Haare über der Stirn einen Knoten bilden,) halten einen viereckigen Schild, auf dem die später an Stelle einer früheren cancellirten gesetzte Inschrift:

F·VAL·THEOPON

PO ROMANO·C·P

PATRICIO NATO

QVESTORI KAN

DIDATO DESIGN

ATO·FILIO·DVL

CISSIMO PAREN

TES

Darüber auf der Leiste D · M auf nicht cancellirtem Grunde.

Unter dem Inschriftschild zwischen Felsen rechts eine Schlange, welche sich aufbäumt gegen ein von links sie angreifendes wiesel-

artiges Thier: n. r. bildet der Felsen eine Höhle, zu welcher ein
weiblicher Panther ein Junges im Maule trägt. L. entsprechend
liegt n. r. ein anderer weiblicher Panther, an dem ein Junges
saugt, während ein zweites ihm auf den Rücken klettert und ein
drittes hinter ihm auf dem Felsgrunde kriecht. An den Ecken l.
und r. je ein mit dem äußeren Fuße hochauftretender Eros, der
mit beiden Händen vor sich einen großen Lorbeerfeston mit Tänien hält.

Nbss.: Greife.

Der flache Deckel, von dem nur die r. Hälfte und die Ecke
der l. erhalten, zeigt an den Ecken kleine bacchische Masken, und
vorn an Bukranien befestigte Festons.

Noch zahlreiche Farbenreste sind erhalten: so sind z. B. die Haare blond,
ebenso oben die Flügel, die eigentlichen Fittiche carmin, die Nabel roth, die
Tänien und Festons carmin, die Panther gelbbraun gestreift. Die Deckelfestons
zeigen wieder viel Carminreste; die Bukranien sind theilweise gelb. Die Greife
der Nbss. zeigen meist gelbe Farbentöne, nur in den Flügeln etwas carmin. Andere Farben fehlen, wenigstens jetzt.

Die Arbeit zeigt die Eigenthümlichkeiten der zweiten Hälfte des zweiten
Jahrhunderts; sie ist sorgfältig und glatt; die Kinderformen sind voll und flei-
schig, aber nicht übertrieben.]

2457. V. Carpegna.

S.-D. Die r. Hälfte von der Inschrift an ist restaurirt, [scheint
mir trotz des verschiedenen Marmors antik, vielleicht schon im Alterthum besonders angesetzt]; die Tafel trägt ein schwebender Eros. L. davon ein
anderer gleichfalls schwebender Eros, der eine Guirlande trägt. Die
Inschrift lautet:

CLODIAE · LEPIDE
QVAE · VIXIT · ANNIS · XXIII
MENSIBVS X DIEBVS III
CLODIA CYRILLA · MA ♋
TER · FILIAE DVLCIS
SIMAE ♋

2457ᵃ. Via della morte 92.

S.-D.-Fr. R. Hälfte. R. unbärtige, reichgelockte Eckmaske.
L. ein n. l. schwebender Eros, vermuthlich eine Inschrifttafel haltend, (Kopf und Arme großentheils fort), r. ein n. r. schwebender Eros,
mit beiden Händen eine schräg n. l. oben (d. h. hinter sich) gerichtete Fackel haltend.]

2458. P. Giustiniani.

Beschr. von Zoega A. 362, n. 7.

[Vgl. Collignon, *Essai sur les monum. rel. au mythe de Psyché* 408, 137.]

s.-P. In der Mitte halten zwei schwebende Eroten ein Tuch an zwei Zipfeln, vor dem eine weibliche Figur steht, in der einen Hand eine Rolle, an die sie die Finger der andern legt. Zoega hält sie für einen Togatus, doch: i capelli in una maniera strana ritirati dalla fronte dietro l'orecchio. [Die Figur scheint mir weiblich, und die Haartracht, nur etwas verzeichnet, die bekannte aus dem Anfang des dritten Jahrhunderts zu sein.] Nach l. und r. gestreckt liegen Oceanus und Tellus, von Eroten umspielt. Zu den Füßen der r. befindlichen Tellus (die nach Zoega ganz neu ist), [in der That mit Ausnahme der Füße], steht ein schalenartiges Gefäß; [links vom Oceanus werden Schweifwindungen eines Seewesens sichtbar.] R. und l. die bekannten Gruppen von Eros und Psyche, von denen jedoch nur die zur L. antik ist. Rohe Arbeit.

[2459. Catacombe di S. Pretestato.

s.-Fr. L., r. und oben unvollständig. Schwebende Eroten (nur von dem zur R. die vordere Hälfte (ohne Kopf) erhalten) halten einen Vorhang, vor dem auf einer ausgeschweiften Basis, die auf einem runden Untersatz ruht, die Büste eines Mannes steht (Kopf, r. Schulter und Arm fehlen), der die zwei Vorderfinger der r. Hand auf die Rolle in der L. legt. Rechts und links von dem Postament in flacher Zeichnung ein umgestürzter Fruchtkorb, an dem ein Vogel pickt. Unter dem Eros zur R. n. r. liegend Tellus mit Ähren und Wein im Haar, und am l. Arm einen Kranz, sich n. l. umblickend.]

[2460. Catacombe di S. Pretestato.

Photogr. Parker.

s.-Fr. L. Hälfte: Schwebende Eroten halten einen Vorhang, vor dem das Brustbild einer Frau mit gewellter Haartracht (Anfang des dritten Jahrhunderts) und stark angegebenen Augensternen, welche den Kopf leicht n. l. wendet. Unter dem allein noch erhaltenen Eros zur L. liegt n. l. ein Flussgott, mit dem l. Ellbogen auf eine ausfließende Urne gestützt, die l. Hand am Bart, im r. Arm einen Schilfzweig. Auf denselben zu kriecht von l. auf allen Vieren, wie flehend die l. Hand zu ihm vorgestreckt, ein nackter Knabe (Tiberis und Anio?), weiter hin, zu den Füßen des Flussgottes, ein sich umschauender Meerdrache. An der Ecke sitzt auf Felsgrund n. l. ein trauernder Eros, das r. Bein aufgezogen, unter der l. Schulter auf eine umgestürzte Fackel gestützt, in der nieder-

hängenden L. einen Kranz, die r. Hand auf der l. Schulter, auf
dieser den Kopf. Rechts von ihm eine Pinie.

Schöne Arbeit.

L. Nbs. (flach): Eros, in Chlamys, eilt n. l., wobei er zurückblickt; im l. Arm hat er einen Fruchtkorb, in der vorgestreckten R. eine nach unten gerichtete Fackel.]

2461. Vigna del Pigno.

S.-Fr. L. und r. unvollständig. Vor einem von kleinen in der
Höhe schwebenden Eroten gehaltenen Vorhang das Brustbild einer
Frau, die R. im Mantel, in der L. eine Rolle; Frisur des dritten
Jahrhunderts.]

2462. S. Sebastiano.

S.-D.-Fr. L. Stoßfläche, an den drei anderen Seiten von einem Rande
umgeben. Gr. L. 0,45; H. 0,15.

Diese doch wahrscheinlich r. Hälfte zeigt in sehr schlechter
Weise und Erhaltung zwei schwebende Eroten, die einen Vorhang
halten, vor dem die Büste eines Knaben (?): l. darunter ein Vogel,
r. Bogen und Köcher. Links Eros, auf eine Fackel gestützt, r.
Eros, n. r. laufend.]

2463. Via Labicana 10.

S.-Fr. An den Ecken rund. Geriefelt. In der Mitte halten zwei
stehende Eroten mit beiden Händen ein Parapetasma, vor dem das
Bild eines Mannes mit breitem Togastreifen, das Gesicht abbozzirt.]

2464. Stud. Canova.

S.-D.-Fr. L. gebrochen. Von der eigentlichen Vorstellung ist
nichts mehr übrig als ein Eros, der n. l. ein Parapetasma hält. Als
Eckmaske ist der mit Strahlen versehene Kopf des Sonnengottes
gewählt.

2465. V. Panfili.

S.-P. Oval. Zwei Eroten, symmetrisch der l. den l., der r.
den r. Fuß vorsetzend, halten den [oben noch mit einem dicken
Kranz gezierten] Vorhang, vor dem die Brustbilder einer Frau (der
Haartracht nach aus dem Ende des zweiten Jahrhunderts) und ihres
Ehegatten, eines wohlbeleibten Römers mit rasirtem Gesicht. Letzterer hält in der L. eine Rolle, auf die er die Finger der r. Hand
legt. Der Eros zur R. hält in der L. eine große, aus einzelnen

Holzstreifen bestehende Fackel, deren Ende gebrochen ist. R. von dem zur L. steht ein Blumenkorb und l. von dem zur R. ein Scrinium. Zwischen ihren Beinen je ein Huhn (?) und eine Taube.

Rohe Arbeit.

[2466. P. Cardelli.

K.-S. An den Ecken rund. Vorn in der Mitte halten zwei Eroten in Chlamys einen runden, jetzt durch ein Wappen ausgefüllten Schild; darunter ein Blumenkorb, mit dem durch Kränze verbunden r. ein Bogen, l. ein Köcher aufrecht stehen. Dann l. und r., nach außen schreitend, je ein Eros in Chlamys mit brennender Fackel. Darauf, ebenfalls sich entsprechend, je ein sitzender Eros, im Schlafe auf die umgestürzte Fackel gestützt, den Kopf auf die Hand, diese auf die Schulter gelegt; unten am Sitze je ein Köcher. Schließlich je ein Eros nach hinten eilend, mit den Händen einen großen geöffneten Kranz an langen Tänien fassend.

Arbeit schlecht und spät.]

2467. V. Florelli.

K.-S. In der Mitte halten zwei Eroten einen Clipeus ohne Inschrift oder Brustbild. Unten liegen zweimal ein Köcher und ein Bogen. L. und r. Eroten ausschreitend mit brennender erhobener Fackel.

[2468. Via della Pace 20.

K.-S. Zwei schwebende Eroten halten einen Clipeus in Form eines Lorbeerkranzes, dessen nicht hohl ausgearbeitete Innenfläche ein flaches Gorgoneion schmückt. Unter dem Schilde zwei Füllhörner. Unter den Eroten zunächst zwei der Mitte zu umgestürzte Fruchtkörbe, alsdann r. ein Köcher, l. ein Bogen. An den Enden nach außen sich bewegende Eroten e. f., welche mit beiden Händen eine große Fackel halten.

Nbss.: Greife.]

[2469. Catacombe di S. Callisto.

S.-D.-Fr. L. unvollständig. Eros schwebend und wohl schildhaltend n. l.; r. von ihm ein anderer mit Fackel n. r. schwebend. An der Ecke eine bartlose Maske mit phrygischer Mütze.]

2470. P. Castellani.

S.-D.-Fr. Ein n. l. schwebender Eros hielt die Inschrifttafel; an der Erde liegen Köcher und Bogen. Ein zweiter n. r. schwebend hält die Fackel. An der Erde ein Korb mit Blumen. Zwischen beiden eine Amphora [mit Blumen].

2471. Catacombe di S. Callisto.

Gefunden in einem wahrscheinlich antiken, von den Callixt-Katakomben ganz eingeschlossenen Grabe: de Rossi, *Roma sott.* III, 633.

K.-S. Ein Medaillon mit nur abbozzirter, anscheinend weiblicher Büste wird von zwei schwebenden Eroten gehalten; darunter zwei sich kreuzende Füllhörner, wovon r. und l., der Mitte zugewandt, je ein Panther liegt. R. und l. an den Ecken je ein Eros. in bekannter Weise auf die umgestürzte Fackel gestützt.

Nbss.: Gekreuzte Schilde und Speere.

Noch starke Farbenspuren sind erhalten, namentlich carminroth, besonders an den Gewändern, aber auch an den Füllhörnern, Fackeln u. s. w., überhaupt in allen wesentlichen Linien der Zeichnung; außerdem bemerkt man noch gelbliche und hellbläuliche Töne.]

2472. P. Farnese.

s. Schwebende Eroten tragen einen Clipeus, in dem das Brustbild eines ältlichen Römers erscheint. Unter dem Clipeus zwei umgestürzte Fruchtkörbe, auf die zwei naschhafte Panther zustürzen. An den Ecken Eroten mit umgestürzter Fackel, [die andere Hand an den Kopf gelegt.]

Nbss.: Greife.

2473. P. Merolli.

s. Schwebende Eroten halten einen Clipeus mit Frauenbüste [mit Frisur aus dem Ende des dritten oder dem vierten Jahrhundert: unter dem Clipeus zwei nur angelegte Füllhörner]. An den Ecken Eroten mit umgestürzter Fackel.

2474. Via della Mercede 36. ○ [Das Haus ist inzwischen umgebaut.]

s. Schwebende Eroten halten einen runden Clipeus, dessen Inschrift weggemeißelt ist. Unter den Eroten je ein umgestürzter Blumenkorb, dann links ein Bogen (?), rechts ein Köcher. An den Ecken fackelhaltende Eroten.

2475. P. Altieri [jetzt Via di S. Stefano del Cacco, laut Inschrift im J. 1874 zur Brunnenfassung arrangirt].

s. An den Ecken je ein [nach außen gewandter, hochauftretender,] mit der Chlamys bekleideter Eros mit Fackel. Der Clipeus, [in dem ein Gorgoneion mit unter dem Kinn verschlungenen

Schlangen] wird von zwei symmetrisch schwebenden Eroten gehalten. Unter dem Medaillon zwei umgestürzte Fruchtkörbe, deren ausgeschütteten Inhalt Häschen benaschen, [deren übergroße aufgerichtete Schwänze den Schild gleichsam unterstützen]: daneben Köcher und Bogen.

[Nbss.: je ein Greif, der die Kralle auf einen Widderkopf legt.]

2476. P. Camuccini.

s. Zwei Eroten, symmetrisch auf einander zuschwebend, halten in der Mitte einen Clipeus mit dem Brustbild eines Römers. Unter ihnen zwei Panther vor umgestürzten Fruchtkörben gelagert. An den Ecken sitzen schlafende Eroten, [unter der Achsel auf die Fackel gestützt].

2477. P. Rondinini.

Beschr. von Zoega A. 138.

s.-r. Zwei schwebende Eroten halten in der Mitte einen Clipeus mit dem Brustbild eines bärtigen Mannes. Jener wird von unten noch unterstützt durch einen kleinen schlangenfüßigen Giganten, der die Arme nach oben streckt. L. von diesem liegt n. l. Tellus mit Füllhorn und Ähren, von vorn gesehen. R. zumeist vom Rücken gesehen, gleichfalls gelagert Oceanus. L. und r. in den Ecken schlafende Eroten, sitzend und das eine Bein anziehend. Unter dem erhobenen Fuße an beiden Seiten eine Höhle, aus der ein Häschen hervorkommt. Die Eroten hielten wohl umgekehrte Fackeln, aus denen die Ergänzer Keulen gemacht haben.

2478. Via di S. Lorenzo in Panisperna 204. ◯

s. Zwei schwebende Eroten halten einen Clipeus, in welchem ein männliches Brustbild; unter demselben zwei umgestürzte Körbe mit Trauben (?), denen sich zwei Panther nähern. An den Ecken unter Bäumen zwei schlafende Eroten, die im Sitzen das eine Bein aufstemmen.

2479. P. Sacchetti.

s. Schwebende Eroten halten statt des Clipeus einen Kranz in der Mitte. An den Ecken n. r. und l. sitzen Eroten, das eine Bein hoch aufgestützt, den Kopf auf's Knie gelegt, in Schlaf versunken.

[Nbss.: Greife.]

2480. V. Giustiniani. ○

Beschr. von Zoega A. 296.

s.-p. Schwebende Eroten halten ein Medaillon mit dem Brustbilde eines alten Mannes. Unter demselben ein Korb, neben dem
n. r. und l. zwei Eroten hervorkriechen. R. und l. hocken zwei
schlafende Eroten, die die zusammengelegten Hände auf's Knie
und auf jene den Kopf gelegt halten. Nur der zur L. ist erhalten.

2481. V. Panfili.

s.-Fr. Von l. schwebt ein Eros heran, beide Arme vorstreckend,
offenbar als Schildhalter des Mittelclipeus zu denken. Unter ihm
n. l. gestreckt der Oceanus, unten bekleidet, am Haupte Krebsscheeren. In seinem l. Arm ruht ein [oben abgebrochener] Stab.
L. sitzt e. f. ein kleiner Eros; das l. Bein hat er hoch auf einen
Felsen gestützt, auf das l. Knie legt er die Hände und auf diese
den Kopf. Zu seinen Füßen erhebt sich aus dem Wasser ein (zu
dem Oceanus gehöriger) Drache [n. l.].

2482. P. Lancelotti.

s.-Fr. [Auf hohem Fels] sitzender schlafender Eros n. r. Neben
ihm die Fackel.

2483. Catacombe di S. Callisto.

Gefunden in einem wahrscheinlich antiken, von den Callixt-Katakomben ganz
eingeschlossenen Grabe, zus. mit Nr. 2471 und 2486: de Rossi, *Rom. sott.* III, 633.

k.-s. Zwei schwebende Eroten halten einen runden inschriftlosen Schild (d. h. nicht ausgearbeitetes Medaillon), unter dem je
ein liegender Panther an Früchten umgestürzter Körbe nascht; die
Panther sind einander zugekehrt. An der Ecke je ein Eros, der
mit der äußeren Hand eine glatte Säule umfasst hält, in der niedergehenden inneren der zur L. einen Kranz, der zur R. ein Gefäß (?). Beide haben ein Tuch um die Lenden gegürtet [christlich?
vgl. Lateran 194, und dazu Benndorf-Schöne].

Nbss.: gekreuzte Schilde und Speere.]

2484. P. Guglielmi. ○

Gefunden in der tenuta Tor Marancio.

In der Mitte halten zwei schwebende Eroten einen Clipeus,
unter dem zwei fast liegende Füllhörner angebracht sind. L. und
r. Eroten, die schräg vor sich Guirlanden halten. Die Inschrift
auf dem Clipeus lautet:

```
        D · M
     TI · CLAVDIO
    PVDENTIANO
  QVI · VIXIT · ANNO · WO
 MENSIBVS · X · DIES XXIIII
   CLAVDIA PRISCA
  FILIO DVLCISSIMO
        FECIT
```

2485. Stud. Canova.

Inschrift: Gruter 671, 8 nach Mazochi f. 35.

Von Fra Giocondo gesehen in S. Bibiana; war später vielleicht »in atrio hospitalis Lateranensis«.

S.-P. Zwei Eroten halten schwebend einen runden [auf einen Akanthoskelch gesetzten] Clipeus mit Inschrift, unter ihnen liegend zwei brennende Fackeln. An den Ecken n. l. und r. ausschreitende Eroten, die Kränze mit langen Tänien halten.

Inschrift schwer zu lesen. [Von M. nur theilweise gelesen. Ich las:

```
        D · M
     P · AVFIDIO
   ANTONINO · VI
 XIT · AN · IS · M · III · DIE
  XXIIII · P · AVF · EYTY
   CHES · FIL · DVLCI
       FECIT        ]
```

[2486. Catacombe di S. Callisto.

Gefunden in einem wahrscheinlich antiken, von den Callixt-Katakomben ganz umschlossenen Grabe, zus. mit Nr. 2471 und 2483: de Rossi, *Rom. sott.* III, 633.

K.-S. Zwei Eroten halten einen runden inschriftlosen Schild (d. h. noch nicht ausgearbeitetes Medaillon); n. l. und r. schreitet je ein Eros davon, der mit beiden Händen an Binden einen großen Kranz hält.

Nbss.: je ein Greif.]

2487. Quirinal.

Beschr. von Zoega A. 663, 5.

S. In der Mitte ein Eichenkranz mit langen Tänien, der von

zwei schwebenden Eroten gehalten wird. L. und r. davon gleichfalls Eroten, die einen Feston quer vor sich halten.

Nbss.: Greifen, symmetrisch zu den Seiten eines Kandelabers [in Balaustraform] gruppirt.

2488. P. Astalli.

[Abgeb.: *Bull. munic.* I, Tav. IV, 3.
Vgl. ebenda p. 260, 12; 268 (C. L. Visconti).]

s. Zwei symmetrisch der Mitte zu schwebende Eroten tragen einen Clipeus, innerhalb dessen das Brustbild einer Frau mit einer Rolle in der L. Unterhalb des Clipeus in einem Kahn zwei rudernde Eroten. L. n. l. gelagert Oceanus; vor ihm ein Seedrache. R. n. r. Tellus mit einem Schilf(?)stengel [vielmehr Pinienzweig] im Arm; vor ihr r. liegt eine Kuh. [Oceanus ist mit dem unterstützenden Arme auf einen Delphin, Tellus auf einen Hund(?) gelehnt.] — Eckfiguren: l. Eros n. l. abgehend, in der l. Hand eine Traube; r. Eros n. r. abgehend, in der R. zwei Enten: also Herbst und Winter; letztere beiden Figuren namentlich sind sehr zerstört. [Vgl. für den Kahn die SS. Pisa 44 (wozu Conze, *Z. f. öst. Gymn.* 1875, 433 und Heydemann, *Mitth. aus d. Antikensamml. Ober- und Mittelitaliens* 70) und im Giardino della pigna (= Cod. Cob. 487, 157; Cod. Pigh. 214, 162), sowie die Zusammenstellungen Visconti's a. a. O., auch unten Nr. 2785 — 2795.]

2489. Tre Fontane.

Gefunden 1868 beim Legen des Fußbodens der hinteren Kirche.

Der von zwei geflügelten schwebenden Eroten getragene Mittelschild enthält das Brustbild einer Frau. Das Gesicht ist abbozzirt. Unten liegt links Tellus, auf den l. Ellbogen gestützt, unten bekleidet, in der L. den Zweig, in der R. das Füllhorn; rechts ein Flußgott, auf den r. Ellbogen gestützt, mit dem Anker.

Zwischen beiden Figuren gerade unter dem Clipeus zwei Kampfhähne, auf einander losgehend, vor einem Thürmchen mit spitzem Dach.

R. und l. zwei ungeflügelte Eroten nach außen eilend, in der nach der Mitte zu gekehrten Hand eine Traube erhebend. Im Bausch der Chlamys Früchte.

Nbss.: je ein großer geflochtener Korb mit Früchten angefüllt.

2490. P. Sacchetti.

s. Zwei Eroten halten schwebend einen Clipeus, in welchem ein sehr zerstörtes Brustbild. In der l. Ecke ein Eros, der einen Korb aufstützt; der zur R. scheint einen Hasen emporzuhalten.

Nbss.: vermauert.

2491. V. Panfili.

Beschr. von Zoega A. 242.

S.-P. Zwei geflügelte Genien halten schwebend den Clipeus mit dem Brustbilde des Verstorbenen, der in der L. eine Rolle hält. Der Theil unter dem Medaillon ist völlig zerstört: Zoega: »giaciono sedendo due figure minori, le teste sotto il tondo, i piedi sotto i genj.« R. von diesem der liegende Oceanus mit Ruder, links Tellus mit Füllhorn und Drachen. An den beiden Ecken zwei Knaben im gegürteten Chiton und Chlamys, den Ecken des Reliefs zueilend, in der einen Hand einen Hasen haltend, nach welchem ein Hund gierig schnappt; [zwischen den Füßen umgestürzte Fruchtkörbe].

Stark mit Moos bewachsen.

2492. P. Corsetti.

S. Zwei schwebende Eroten halten einen Clipeus mit weiblichem Brustbild; [das Haar, glatt gescheitelt, bedeckt die Ohren (vgl. die Frisuren aus der Familie des Didius Iulianus)]; darunter die Wölfin, Romulus und Remus säugend. L. davon Oceanus mit Ruder, r. Tellus mit Füllhorn. An den Ecken Eroten, die einen Hasen in die Höhe halten, nach welchem ein Hund springt, [und im andern Arm ein Lagobolon haben].

Nbss.: l. und r. ein springender Pegasus.

[2493. Catacombe di S. Callisto.

S.-Frr. Groß und an den Enden rund.

I) (von der Rundung der l. Seite) Gr. H. 0,45. Ganz links Rest eines Ölbaumes, an dem ein Köcher hängt: dann Eros n. r., mit dem l. Fuß hoch auftretend, mit auf der l. Schulter geknüpfter Chlamys, im r. Arm ein Lagobolon, in der l. Hand jetzt zerstörtes Geflügel, nach dem ein Hund aufspringt. R. wird der r. Fuß und Gewand eines schwebenden Eros sichtbar.

II) Gr. H. 0,39. Größter Theil vom Körper des eben erwähnten Eros, weil Vorderseite in höherem Relief und gut gearbeitet; der Kopf blickt zurück. Es fehlen die Beine, der größte Theil des Kopfes (außer dem Gesicht), l. Schulter und Arm und r. Unterarm. R. unter ihm wird ein Füllhorn sichtbar; von der dasselbe haltend zu denkenden gelagerten Tellus sind jedoch nur unklare Reste der Haare von der Hinterseite des n. r. gewandten Kopfes und Finger an dem auch nur theilweise noch vorhandenen Horne erhalten.

III) Gr. H. 0,25 (von der Rundung der r. Seite., wieder in flacherer Arbeit. Obertheil eines n. l. gewandten Eros mit Chlamys und vorgestrecktem

r. Arm (fehlt größtentheils.; im l. Arm ein Lagobolon; r. noch ein Stück Ast vom Baume erhalten, von welchem an langem Bande der Köcher hängt.]

2494. Stud. Canova.

S.-Fr. Nur der Theil r. ist erhalten.

Ein n. l. schwebender Eros hielt ein jetzt zerstörtes (aber leer gebliebenes rundes] Mittelschild. Unten in kleinen Figuren: ein Hirt melkt im Sitzen ein Schaf, ein zweites ruht r. davon; [ein drittes liegt auf erhöhtem Niveau über ihm; l. dann eine Pinie. und ganz l., schon unter'm Schild, der letzte Rest vom Hintertheil eines n. l. schreitenden Panthers oder Löwen'. R. wieder die ganze Höhe der Platte einnehmend, ein Eros, der mit der R. eine Ente erhebt.

2495. Stud. Canova.

S.-D. Das jetzt fehlende und durch ein Gorgoneion ersetzte Mittelschild halten zwei Eroten. An beiden Seiten lagern einander zugekehrt je zwei andere Eroten; mit der einen Hand erfassen sie den Henkel zweier in der Mitte stehender Amphoren, in dem andern Arme, dessen Ellbogen aufliegt, halten sie einen Blütenzweig. An den Ecken: l. eine weibliche tragische, r. eine männliche komische Maske.

Schlechte Arbeit.

2496. P. Rondinini.

S.-Frr. Ein Eros, sich mit dem Rücken in bequemer Stellung l. anlehnend, spielt die Flöte; l. von ihm ein umgestürzter Korb. Auf einem andern r. sitzt ein Vogel; zu den Füßen eines zweiten, der als Schildhalter gedacht ist, kauert ein Häschen [Trauben naschend].

Dazu das Gegenstück:

L. der entsprechende schildhaltende Eros n. l., zwischen dessen Beinen wiederum das traubennaschende Häschen. Weiter r. lehnt sich der zuerst beschriebenen Figur entsprechend ein syrinxspielender Eros an.

[2497. P. Farnese.

S.-Fr. L. unvollständig. L. noch das r. Bein eines schwebenden Eros, unter dem die Spitze eines Füllhorns; r., mit dem r. Beine auf Fels knieend, Eros mit Chlamys, n. r. blickend, in der l. Hand vor der Brust eine Flöte. Unten traubennaschender Panther.]

2498. S. Paolo f. l. m.

Beschr. von Zoega A. 29.

S.-P. L. unvollständig. Ein von r. mit gespreizten Beinen heranfliegender Eros hielt ursprünglich zweifelsohne mit einem correspondirenden zur l. Hand einen jetzt verlorenen Clipeus. Von derselben Seite fliegt Psyche etwas kleiner gebildet heran: sie fasst ihn mit der L. unter's Kinn und sucht ihn zu küssen. Unter dieser Gruppe liegt ein Palmzweig. Die Eckfigur r. bildet ein Eros, der auf der Querpfeife bläst. [Unter dem flatternden Eros eine von r. herangeeilte knieende kleine weibliche Figur im Doppelgewand, die R. ausgestreckt nach einem jetzt ganz verstümmelten Gegenstande, vielleicht einem Korbe. Das Figürchen erinnert an die blumensammelnde Kora.]

2499. P. Righetti.

[Beschr. von Zoega A. 577.

Vgl. Gerhard, *Prodr.* 265; O. Jahn, *Arch. Beitr.* 168, 267.]

s. Zwei symmetrisch schwebende Eroten halten einen Clipeus [Lorbeerkranz] mit sehr undeutlichem Brustbild. Indem sie sich umblicken, fliegen von l. und r. zwei Psychen zum Kuss auf sie zu. Unter dem Clipeus [alles dies jetzt durch Neupflasterung verdeckt] steht ein mit Früchten oder Blumen gefülltes Gefäß. Zwei Eroten knieen davor, den Blick den Ecken des Sarkophages zugewandt. Auf sie zu springen zwei sehr verstümmelte Thiere, die man für Hunde zu nehmen geneigt sein kann. L. Gruppe: Eros und Psyche sich küssend; dieselbe haben wir selbstverständlich auch r. vorauszusetzen, doch ist der Sarkophag an dieser Seite eingemauert; [es scheint, als habe Zoega ihn frei gesehen].

Nbss. leer.

2500. P. Giustiniani.

[Abgeb.: *Gall. Giust.* II, 97.]

Beschr. von Zoega A. 300, n. 10 (»Villa G.«).

[Vgl. O. Jahn, *Arch. Beitr.* 166, 181; Matz, *Arch. Zeit.* 1873, 17, 40; Collignon, *Essai sur les monum. rel. au mythe de Psyché* 408, 137.]

s. In der Mitte wird von zwei Eroten der gewöhnliche Clipeus mit dem Porträt eines älteren Mannes gehalten; zwischen ihren Füßen ein Köcher. Unter dem Clipeus eine Tafel mit ausgehackter Inschrift. R. und l. davon Eros und Psyche in der bekannten Gruppe, [doch legt sie ihm die Hand an die Wange, und er ihr die seine auf den auffällig starken Leib]. An den Ecken wiederum ist Eros dargestellt, wie er abgewandten Gesichtes den Schmetterling über der Flamme eines Kandelabers verbrennt. Der Schmetterling ist zwar in beiden Fällen nicht erhalten, doch steht die Darstellung durch analoge Reliefs vollkommen sicher.

Nbss.: Greife.

Mittelmäßige Arbeit.

2501. V. Panfili.

Beschr. von Zoega A. 265.

S.-P. Im Clipeus, der von zwei Eroten, die den Kopf nach außen wenden, gehalten wird, das Porträt einer ältlichen Römerin, die Haare gescheitelt und einfach zurückgestrichen. In der l. Hand eine Rolle, auf die sie die Finger der r. legt. Zwischen den auseinandergespreizten Beinen der Schildhalter traubennaschende Häschen. Unter dem Schilde ein Hahnenkampf; der Hahn zur L. ist Sieger. Neben ihm steht ein nackter Eros, in der R. einen Palmzweig haltend; die L. ist seitwärts erhoben; vor ihr hängt ein undeutlicher Gegenstand herab, Zoega meint: ein Beutel, [ich glaube ein Täfelchen, mit Verzeichnung des Sieges zu denken]. R. steht ein weinender Eros, und neben ihm wiederum zur R. ein kleines, in ein Pallium gekleidetes Figürchen, die R. mit lebhaftem Gestus ausstreckend, [dem Kampfe ein Ende machend], in der L. einen Gegenstand haltend, der einer Schriftrolle gleicht, aber wohl der fächerförmige Gegenstand ist, den man häufig in den Händen der Kampfrichter sieht, [Palmzweig]. Zoega: al di là dei galli una mensa, [von M. und mir nicht bemerkt: dagegen wird hinter den Hähnen noch der Obertheil eines anscheinend weiblichen, n. l. gewendeten Figürchens sichtbar, die L. dem oben für ein Täfelchen erklärten Gegenstande zugestreckt]. R. und l. von den Schildhaltern Eros und Psyche, sie unten bekleidet. An den Ecken des Sarkophages rosswürgende Löwen.

Mittelmäßige Arbeit.

2502. V. Fiorelli.

S. R. und hinten zertrümmert. In der Mitte ein von schwebenden Eroten gehaltener Clipeus, [in dem das Brustbild einer Frau mit Chlamys, welche r. Schulter und einen Theil der Brust freilässt]; unter demselben eine dreieckige Wanne; l. und r. davon lagern Panther; aus der Wanne schießt eine Schlange auf den zur L. gelagerten los. L. (und natürlich auch r., wo zerstört) Eros und Psyche sich umarmend. [Psyche ist bekleidet: Eros legt ihr die L. auf den Leib.]

2503. Vigna Codini.

Zwei schwebende Eroten halten einen Clipeus in der Mitte, der das Porträt eines Mannes mit kurzem Bart enthält. An den Ecken Eros und Psyche sich umarmend. Unter dem Clipeus symmetrisch zwei Panther, von denen jeder einen Fruchtkorb umgestoßen hat.

Nbss.: Greife.

2504. V. Borghese.

[Vgl. Collignon, *Essai sur les monum. rel. au mythe de Psyché* 411, 143.]

K.-s. L. und r. die Gruppe des Eros und der Psyche. In der Mitte zwei schwebende Eroten, die einen Clipeus halten, in welchem das Brustbild eines Kindes. Unter demselben an der Erde zwei umgestürzte Körbe, aus denen Blumen fallen. L. und r. davon lagern zwei Greife.

[Nbss.: Greife.]

2505. Vigna Codini.

[Vgl. Collignon, *Essai sur les monum. rel. au mythe de Psyché* 413, 148.]

s. Schwebende Eroten tragen einen runden Clipeus. R. und links die bekannten Gruppen des Eros und der Psyche. Die Inschrift auf dem Clipeus lautet:

```
              M
    CLAVDIAE
    PAVLINAE
   CONIVG·INCOM
  PARABILI·FECIT
    L·ANTONIVS
   PRIMIGENIVS
```

[darunter auf der Front der Basisfläche:

VIXIT ANN·XXIIII]

2506. P. Giustiniani.

[Abgeb.: *Gall. Giust.* II, 99.]

Beschr. von Zoega A. 299 (»Villa G.«).

[Vgl. Collignon, *Essai sur les monum. rel. au mythe de Psyché* 407, 135.]

s. Oval. Schwebende Eroten halten einen Clipeus mit dem Brustbilde eines unbärtigen alten Römers [mit quer laufendem Togastreifen]. Von den kleinen Eroten, die nach dem Stich den Clipeus von unten stützen, sieht man nur noch die Fuß- [und Hand-]

spuren. Links und r. in größeren Figuren: Tellus mit von der
l. Schulter gleitendem Gewande: im Schoße Früchte Zu ihren
Füßen ein liegendes Böckchen und ein umgestürzter Blumenkorb:
r. der Oceanus, den r. Ellbogen auf eine Urne gestützt, im l. Arm
einen Schilfstengel: zu seinen Füßen ein Seethier. Weiter der
Rundung an den Ecken zu: Eros und Psyche in der bekannten
Gruppe, und endlich Eroten, die ein Bein nach außen aufstemm-
mend [mit beiden Händen] einen erlegten Hasen hoch halten, nach
welchem [von der entgegengesetzten Seite] ein Hund springt. [Da-
her ihre Bewegung ähnlich derjenigen des bekannten Mädchens
im Capitol (s. oben Nr. 1168´. Zu ihren Füßen umgestürzte Blumen-
oder Fruchtkörbe.]

2507. P. Corsini.

[Vgl. Collignon, *Essai sur les monum. rel. au mythe de Psyché* 416, 156.]

s. Den Clipeus mit weiblichem Brustbilde [in der L. Rolle,
von der R. der Daumen und die beiden ersten Finger ausgestreckt,
Frisur der Iulia Domna] in der Mitte halten zwei Eroten, in deren
nicht durch das Tragen in Anspruch genommenen Armen brennende
Fackeln ruhen. Unter dem Clipeus liegt n. l. gestreckt ein unten
verhülltes Weib (Thetis?), [vielmehr Ariadne: ein gleichartiger Seedrache schießt z. B. neben derselben hervor auf dem jetzt verschol-
lenen Valle'schen S. Cod. Cob. 483, 142: vgl. Lateran 404. und dazu
Benndorf-Schöne]. Am Kopfende ihres Lagers [d. h. unter ihrem
l. Arm (Unterarm abgebrochen)] ein Seedrache; [ihr r. Arm liegt über
dem Kopfe, Gewand um Beine und r. Arm: wohl Ariadne]. Ein
Eros eilt von l. auf sie zu und berührt ihre Brust mit einer brennenden Fackel. Dann folgen l. und r. Eros und Psyche in der bekannten Umarmung: [Psyche legt die Hand auf des Eros Leib; er
umfasst mit der R. ihr Gesicht sehr kräftig zum Kuss; sie ist gekleidet in Chiton und vorn geknoteten Mantel]. Endlich Eroten [wie im
Tanzschritt der Mitte zu sich bewegend], die beide mit der l. Hand
einen Korb gehäuft mit Früchten aufstützen. Was sie in der andern gehalten, ist bei dem zur L. nicht mehr zu erkennen; zur R.
oben nimmt man noch vollkommen deutlich einen Mohnkopf wahr.
[Unter ihren Beinen liegen Fackeln.] — Nbss.: Greife.

2508. S. Agnese.

Vgl. *Beschr. Roms* III, 2, 450. [Collignon, *Essai sur les monum. rel. au mythe
de Psyché* 438, 194.]

S.-P. Gr. M. Laut mod. Überschrift: »antico paliotto dell'altare maggiore«.
Zwei schwebende Eroten halten einen Clipeus: in demselben

von christlicher Hand nachträglich ausgeführt die Protome der h. Agnes, mit Nimbus; die r. Hand auf ein kleines liegendes Lamm gelegt, in der l. einen Palmzweig: außer von den Eroten wird der Schild noch von unten durch eine e. f. stehende Nymphe mit Kopf und erhobener r. Hand unterstützt; mit der l. hält dieselbe ihr Gewand, welches die untere Körperhälfte bedeckend vor'm Bauche geknotet ist. Unter den Eroten ruhen l. Oceanus, die untere Körperhälfte von einem Gewande bedeckt. den Kopf n. r. umwendend, den l. Arm auf eine Urne gestützt, den Mund geöffnet, im r. Arm einen Schilfzweig, auf dem Kopfe einen Schilfkranz: r. Tellus, ebenfalls zur unteren Hälfte bedeckt, den Kopf n. l. umwendend. mit dem Ellbogen auf eine Felserhöhung gestützt, mit beiden Händen ein Füllhorn mit Granatäpfeln und Pinienzapfen haltend, im Haar einen Ährenkranz. Zwischen beiden die abgekürzte Vorstellung eines Hahnenkampfes: man sieht nämlich zwischen der stehenden Nymphe und Tellus, ganz im Vgr. vor einer — z. Theil weggebrochenen — Pinie, einen n. l. zusammengeduckten Hahn, den Kopf zurückgewandt, als sei er überwunden, welchem l. von der Nymphe ein kleinerer Knabe (ohne Flügel) entspricht, der wie im Kummer auf den besagten Hahn blickend, die R. erhoben und den Blick dorthin gerichtet hat: hinter diesem im Hgr. noch ein Knabe e. f., größer, welcher in der L. etwas Unklares hält; demselben entspricht ein anderer hinter der Tellus hervorkommender Knabe, welcher die L. zurückstreckt, in der R. eine zusammengenommene Binde hält und n. r. zurückblickt: r. von der Nymphe im Hgr. noch eine Pinie. Zu den Füßen des Oceanus zunächst ein (ergänztes) unklares Thier n. r., dann ein Bock, welcher an den Früchten eines n. l. umgefallenen Fruchtkorbes nascht; zu Füßen der Tellus zunächst ein Eros, n. l. fliegend, den Kopf zurückgewandt, die R. vor sich erhoben, in der erhobenen L. eine zusammengebundene Binde; dann ein unter dem Beine des clipeushaltenden Eros zusammengeduckter Knabe, der einen umstürzenden Korb festhält. L. und r. in ganzer Größe die Gruppe von Eros und Psyche, sie mit der bekannten Frisur.

Zahlreiche Farbenspuren in Haaren Flügeln und Gewändern.

Ergänzt ist aus griech. M., allerlei Kleineres, namentlich der l. Arm und das Gesicht der Psyche zur L. Die Ergänzung, völlig im Charakter des Übrigen, vielleicht aus dem vierten Jahrh., während die S. wohl schon aus dem dritten ist, wurde wohl von denselben Christen ausgeführt, welche durch Ausfüllung des Clipeus mit dem Bilde der h. Agnes den S. für den christlichen Gebrauch weihten.

Stark überpolirt.]

[**2509. Vigna Guidi.**

K.-S.-Fr. Oval. An der Ecke Eros und Psyche in bekannter Gruppirung (Oberkörper fehlen), dann ein stehender Köcher, worauf das l. Bein und Gewand eines clipeushaltenden Eros.]

2510. V. Caracciuolo.

S.-Fr. L., r. und unten unvollständig.

Eros und Psyche in der bekannten Gruppirung; nur die Obertheile sind erhalten. Psyche ist ganz wie ein Kind gebildet; sie legt ihre R. an seine Wange, er vermuthlich seine R. auf ihren Leib.]

2511. Via Giulia 48.

Beschr. von Zoega A. 20: »Cortile degli Orfanelli«.

S. [An den Enden rund.] Zwei schwebende Eroten halten einen Clipeus mit Brustbild, nach Zoega des Christus, [richtig; derselbe hält in der L. ein Gefäß und öffnet mit der R. den Deckel]. Unter demselben ein Kranz, in welchem ein Adler; unter dem Eros zur L. ein Meerdrache (und nach Z. ein Fisch): [Delphin n. l.]; r. ein Ährenbündel, ein Widder, ein Olivenzweig, eine Ziege und eine Schlange zur Andeutung von Wasser und Land. An den Ecken in Relief zwei große [der Mitte zugewandte] Hähne, (ich konnte nicht genau sehen, ob bloß angeflickt): [l. erhalten, r. bis auf die Krallen angeflickt]. Weiter sah Zoega hinter dem Hahne zur L.: una ara tonda ardente [vielmehr ein runder, oben spitzer niedriger Pfeiler nach Art der Metae], un uccello grandicello, forse una colomba [dafür zu groß], e finalmente un genio faunesco [Eros] alato, nudo, clamidato con i crotali in mano [vielmehr in der erhobenen L. am Bande ein Tympanon; die nach hinten niedergehende R. ist zu zerstört, um etwas ausmachen zu können]; hinter dem Hahne zur R.: una ara, come quella [s. o.], un uccelletto, forse aquila, ed un genio faunesco, il quale suona due pife.

2512. Via S. Gregorio 78ᵈ.

S. War früher im Giardino Campana Henzen's Scheden zufolge.

Schwebende Eroten halten einen Clipeus mit der Inschrift:

D . M
TREPELENIA
TERTYLLINA
DIONYSIO . Q · V · A ·
IIII · M · IX · ALVM
NO · B · M · F

Unter den Eroten n. l. und r. gewandt zwei Panther. welche mit den Klauen gefüllte Fruchtgefäße erfasst haben und zu sich niederbeugen. um daran zu fressen. L. an der Ecke ein n. l. aufgerichteter Bock, an einem Weinstock fressend; r. ein Widder an einer Eiche.]

2513. Via di S. Lorenzo in Panisperna 204. ○

S. An den Enden rund. aber von nicht gewöhnlicher Form.

Zwei schwebende Eroten halten den Clipeus: unter demselben zwei sich kreuzende Füllhörner und r. und l. davon Bogen und Köcher. Nach der Biegung zu Lorbeerbäume.

[2514. Catacombe di S. Callisto.

s.-Fr. R. Fuß und Unterbein eines n. r. schwebenden Eros mit wehender Chlamys, der wohl ein Medaillon unterstützte; links ein Ölbaum, an dem ein Köcher hängt.

Flaches Relief.]

2515. V. Pacca.

s. Zwei schwebende Eroten tragen einen Clipeus mit dem Brustbilde eines Knaben: an den Ecken sogen. Balaustren. Die Inschrifttafel auf dem Deckel halten zwei kleine Niken. Man liest darauf:

D . M
P · VETTI EVTΥCHIANI Q · V · AN · II
M · XI · D · III · P · VETTIVS · EVTΥ
CHES · ET · ROSCIA · PROCLA · PA
RENTES · FILIO DVLCISSIMO FECE

Nbss.: ein schwebender Eros, vor sich eine Guirlande haltend. [Nbss. des Deckels: Muschel zwischen zwei Delphinen.]

2516. V. Borghese.

Große Steinkiste. Zwei ausschreitende Eroten halten einen Lorbeerkranz, in dem aus Akanthoskelchen die Brustbilder eines Ehepaares hervorschießen. An den Ecken Kandelaber (Balaustren.

Nbss. leer.

Von äußerster Rohheit.

2517. Tivoli. Marktplatz. ○

s. Zwei schwebende Eroten halten einen Clipeus mit Brustbild. Unter ihnen ruht l. Tellus mit einem aufgestützten Beine:

zu ihren Füßen eine Kuh. R. Oceanus vom Rücken gesehen, unten bekleidet; zu seinen Füßen ein Eros auf Delphin.

Nbss.: Greife.

Sehr zerstört.

2518. P. Corsetti.

S.-P. Von zwei schwebenden Eroten wird ein Clipeus, der in der Mitte mit einem Gorgoneion verziert ist, gehalten. Unter dem Eros zur L. liegt ein Köcher; das entsprechende Geräth r. ist weggebrochen.

2519. Arch. Institut.

K.-S. Zwei schwebende Eroten tragen einen von einem Lorbeerkranz umgebenen Clipeus; unter demselben zwei Füllhörner. An der Erde l. Bogen, r. Köcher. Im Clipeus die Inschrift:

$$
\begin{array}{c}
\text{D} \quad \text{M} \\
\text{D OTACILI EV} \\
\text{PHROSSNI} \\
\text{Q} \cdot \text{V} \cdot \text{M} \cdot \text{VIII} \\
\text{D} \cdot \text{XVIII}
\end{array}
$$

2520. P. Lovatti.

K.-S. Zwei schwebende Eroten halten ein Medaillon, worin das Brustbild einer Frau; darunter zwei sitzende, sich zugewandte Vögel, die im Schnabel einen Feston halten. Hinter denselben, gerade unter dem Medaillon, ein Fruchtkorb.]

2521. V. Casali.

S.-D.-Fr. Zwei schwebende Eroten halten einen runden Schild. An der r. Ecke ist eine tragische Maske erhalten.

Schlechte Arbeit.

2522. Catacombe di S. Priscilla.

S.-P. L. und r. unvollständig. Schwebende Eroten halten ein Medaillon, in welchem das Brustbild eines Knaben ist, Kopf halb n. l. gewandt, in Tunica und Mantel, in welchem die r. Hand ruht, während die l. eine Rolle hält. Unter dem Medaillon, durch eine Art Balaustra getrennt, zwei weibliche bacchische Masken. L. und r. davon, der Mitte zugewandt je ein Pfau.]

2523. Stud. Canova.

S.-Fr. R. gebrochen. Ein schwebender Eros hielt n. r. gewandt
ein jetzt verlorenes Mittelschild, [in dem ein Brustbild war]. Unter demselben schießt n. l. eine Schlange hervor, der ein Panther
entgegenspringt: [eine entsprechende Schlange n. r. ist noch theilweise erhalten].

2524. S. Lorenzo f. l. m. ○

S.-Fr. An beiden Seiten gebrochen.

Unter dem von Eroten getragenen Clipeus mit römischem Porträt ein Korb mit Früchten. Zu beiden Seiten zwei Masken. [Zwi-
schen den Füßen des nur zur R. erhaltenen Eros ein umgestürzter
Fruchtkorb.]

[2525. Catacombe di S. Callisto.

S.-Fr. Nur ein Streif aus der unteren Hälfte des l. Theiles
der Vorderseite erhalten: der größte Theil vom Körper eines n. r.
schwebenden Eros. Darunter n. l. gelagert Tellus, unterwärts bekleidet, welche mit beiden Händen ein großes Füllhorn hält und
den l. Fuß gegen den Kopf eines Delphines stemmt: sie blickt
sich um. Hinter ihr ein Adler e. f. mit ausgebreiteten Flügeln.
(Kopf fehlt.)]

2526. V. Rondinini. ○

S.-Fr. Clipeus mit Porträt: zwei Männer unterstützen denselben. [In V. Rondinini war viel Modernes.]

2527. Quirinal. ○

s. Schwebende Victorien halten eine viereckige Tafel, deren Inschrift ausgemerzt ist. An den Ecken stützen sich Eroten auf eine umgekehrte Fackel. Das Relief ist sehr flach gehalten: der Sarkophag scheint mit zu den ältesten zu gehören, die wir haben.

[2528. V. Crostarosa.

s.-Fr. Victorien hielten einen Vorhang, vor dem das Brustbild einer Frau in Stola und Palla, die zwei ersten Finger der R. auf die Rolle in der L. gelegt; Kopf fehlt. Von l. kommt ein Eros (?) heran — nur ein Bein und ein Arm sind erhalten —, einen Fruchtkorb hinsetzend.]

[2529. Via Tor Sanguigna 13.

K.-s. Zwei Victorien halten einen leer gelassenen Clipeus, unter welchem einander abgekehrt zwei Sphinxe liegen; unter den Victorien je ein Palmzweig. An den Ecken je ein Eros, nach innen auf die umgekehrte, auf eine Erderhöhung gesetzte Fackel gestützt.
Nbss.: Greife.]

[2530. P. Farnese.

s.-Fr. R. und l. unvollständig. Victoria, stehend, hält mit der l. Hand einen Clipeus, worin das Brustbild eines bärtigen Kriegers in Panzer und auf der l. Schulter aufliegendem Gewande, an der Seite ein Schwert (Gesicht zerstört). Unter dem Schilde sitzen zu beiden Seiten einer sehr verkümmerten Art Tropaionstange mit Flügeln an den Seiten, welche auch den Schild noch mit zu unterstützen scheint, zwei trauernde Barbaren, Rücken gegen Rücken, der l. bärtig, der r. unbärtig mit langem Haar; der zur L. hält in der L. etwas wie ein Tuch. L. von Victoria steht n. l. gewandt Eros in Chlamys, im l. Arm einen Stab (?), unter der r. Achsel unterstützt, doch zweifelhaft, ob durch eine Fackel.

Späte Arbeit.

2531. P. Rondinini.

Beschr. von Zoega A. 428.

S.-P. Zwei schwebende, bis an den Schoß nackte und von da nach unten mit einem umgeschlungenen Gewandstück bekleidete geflügelte Victorien halten einen Epheukranz, dessen Laub größtentheils modern ist, innerhalb dessen sich eine bärtige Maske mit geöffnetem Munde und Schweinsohren befindet, (scheint bis auf die Spitzen der dem Ansatz nach riesigen Ohren wirklich antik). Darunter liegt n. l. ein schlummerndes nacktes Kind, den r. Arm über den Kopf legend, (Kopf und l. Arm neu). L. und r. davon lagern Tellus n. l. halbnackt mit Füllhorn und Kranz, r. Oceanus mit dem Schilfstengel. Hinter den Victorien kommen Lorbeerbäume zum Vorschein; auf dem zur R. sitzt ein Rabe. In den Ecken zwei Eroten in Gestalt von Jünglingen; der n. l. erhebt in der L. einen Bogen, der r. Arm ist vermauert; der zur R. hält in der L. eine gesenkte Fackel, die r. erhobene Hand ist ergänzt; ebenso an den Victorien die frei gearbeiteten Hände, welche den Kranz nicht unterstützen.

2532. V. Panfili.

Beschr. von Zoega A. 261.

S.-P. L. unvollständig. Das Medaillon in der Mitte, welches ein weibliches Porträt mit Rolle in der L. enthält, wird von zwei geflügelten Victorien gehalten. L. und r. davon Eroten. Der erhaltene Eros zur L. ist satyrhaft gehalten, nackt bis auf die Chlamys: die Attribute sind [mit der übrigen l. Hälfte des Genius z. R.] weggebrochen. Der erste Eros zur R. hält in der erhobenen R. einen unkenntlichen Gegenstand, [schien mir Geflügel], im l. Arm ruht ein länglicher Korb mit Früchten, den oben zwei kleine Eroten von hinten unterstützen: er selbst trägt die Chlamys; ein Panther springt zu ihm hinauf. Zweiter Eros gleichfalls nackt bis auf die Chlamys; in der gesenkten R. ein Paar todte Vögel, die l. Hand ist abgebrochen. Unten neben ihm ein kleiner Eros mit einem Panther beschäftigt. Zwischen seinen Beinen ein Vogelnest. Zu ihm von r. aufblickend ein sehr verstümmeltes Lamm (?). Unter dem Clipeus sind noch die Reste einer Vorstellung in ganz kleinen Figuren vorhanden: wahrscheinlich Selene's Besuch bei Endymion. Die Pferde des Zweigespanns sprengen n. l.:

von der Selene selbst ist ein kleines Stück, von Endymion dagegen nichts erhalten: in der Höhe gaukeln zwei Eroten. So auch Zoega.

2533. V. Borghese.

S.-Fr. Von einer n. l. schwebenden Figur [wohl Eros], die einen Clipeus trug, sind nur noch die Füße [und etwas Gewand] übrig. R. davon steht unter einem Baume [Pinie] eine jugendlich männliche Figur [wohl Eros] mit gekreuzten Beinen, mit dem Ellbogen sich auf einen Baumstamm [vielmehr einen runden ziemlich hohen Altar] stützend, an dem eine Eidechse hinaufkriecht.

2534. P. Lancelotti.

Beschr. von Zoega A. 5: »Urna scavata nel territorio di Velletri e precisamente nel luogo detto prato delle quistioni, podere di Eleuterio Toruzzi, dove fu letta da Bonar. Theali (teatro storico di Velletri p. 103; nel 1644. Passata quindi in proprietà del card. Marzio Ginnetti la vide ne' giardini urbani di lui Rocco Volpi nel 1727 (Volpi VI, t. 5 p. 66) e nel luogo stesso la vide nel 1752 R. Pococke (VI, 73, 1); Ora è nel Pal. Lancellotti«; Inschrift: Muratori 1852, 9; Amaduzzi, Anecd. lit. Rom. II, 484, n. 54; Gud. Ms. 356, 9, oder 366, 9.

S.-P. Zwei [heranschreitende] Victorien halten einen Clipeus mit Inschrift. Unter demselben in kleineren Figuren ein Brabeutentisch mit zwei undeutlichen Gegenständen darauf, von denen der eine einer breiten Schüssel, der andere einem Becher gleicht. Vor dem Tisch zwei Hähne, die die Erde picken. Neben ihnen zwei [in ihrer unteren Hälfte bekleidete] Eroten, von denen der zur L. sich zu seinem Vogel herabbeugt; der zur R. steht n. l. neben seinem Hahne: er senkt den Kopf und hob den r. Arm. Die Inschrift ist christlich und lautet:

CLODIA LVPER
CILLA · IN · PACE ☞
BENE DORMIT QVE ·
VICXIT ANNIS XXVIII
M · VII DIES VIII MECVM
ANN · VIII · M · VIII D · XVIIII
AVR · TIMOTHEVS
COIVG B · M

Zoega sah im Jahre 1787 den Sarkophag zu Velletri noch vollständig, der aber schon zu seiner Zeit zerstört und angeblich nach Neapel gebracht wurde. Von den Victorien berichtet er: .... delle quali quella alla d. porta un vessillo, l'altra un ramo di palma [letzterer jetzt noch ganz, das Vessillo zur unteren Hälfte sichtbar], sostengono unitamente un piano con iscrizione, da cui si rileva esserci sepolta una donna cristiana, usandosi la formola: quiescat in pace. di quà e di là eravi una colonna: ma da una parte sola s' è conservata, supportando in sulla cima una lucerna ardente, ed avendo sul mezzo del fusto un turcasso sospeso assieme coll' arco. dopo l' una e l' altra colonna cvvi un putto nudo alato con un serto nelle mani e un ramo di palma ai piedi.

2535. P. Castellani.

S.-Fr. R. gebrochen. Eine schwebende Victoria [die zur L. allein erhalten: von der zur R. nur noch eine Hand am Schildrande] hält einen Clipeus. in welchem die Brustbilder eines Ehepaares, [der Mann hat den breiten Togastreifen]. Von der Vorstellung unten ist ein [bärtiger] Hirt mit flachem Hut und Lagobolon n. r. gewendet [nur Oberkörper] erhalten: [um ihn felsiges Terrain].

2536. V. Carpegna.

Inschrift: Maffei, *Mus. Veron.* 265, 5.

S.-P. Geflügelte Victorien halten schwebend einen Clipeus, den [dessen erhöhte Mittelfläche als tieferer Rand] ein Lorbeerkranz umgiebt. Auf demselben die Inschrift:

D M
EVTHENIAE BENE
MERENTI QVAE VIXIT
ANNOS XVIIII M X D XXIIII
BASILIDES MARITVS
FECIT

[2537. P. Castellani.

S.-Fr. L. und r. unvollständig. Zwei Victorien nach vorn schreitend. mit gegürtetem langem Chiton bekleidet, der die eine Brust frei lässt, den Kopf abgewandt, halten einen runden einfachen Schild. unter dem zwei Füllhörner. Im Schild die Inschrift:

ΠΑΠΙΡΙΑ
ΠΟΝΤΙΑΝΗ
ΗΚΡ·ΠΟΝΤΙ
ШΕΥΠΡΕΠΙ
ΚΑΙΠΟΝΤΙΑΗΛΙ
ΑΔΙΘΡΕΥΑ
CΙΝΙΔΙΟΙC &
ΓΛΥΚΥΤΑΤΟΙC
ΕΠΙΗCΘ   ]

[**2538. V. del Grande.**

K.-S.-Fr. L. und r. unvollständig. Zwei Victorien halten ein Medaillon, in dem das Brustbild eines Knaben in Tunica und Mantel, der in der l. Hand etwas wie einen Fruchtzweig hält, in der r. ein darnach pickendes Vögelchen.]

2539. Arch. Institut.

S.-Fr. L. und r. gebrochen. Eine von l. herbeieilende Victoria hält ein Parapetasma, vor dem das abbozzirte Brustbild einer Frau mit Haartracht der Mammaea. Mongez pl. 52.

2540. V. Gentili.

S.-Fr. Sehr groß. Eine n. r. eilende Victoria im über den Überschlag gegürteten Chiton. Der Kopf fehlt, die Arme sind ergänzt und man hat ihr in die L. einen Kranz, in die R. einen Zweig gegeben. Möglicherweise hielt sie einen Schild.

GEHALTENE BRUSTBILDER ZU BEIDEN SEITEN DER INSCHRIFTTAFEL.

2541. Via delle tre cannelle 71 [1878 demolirt]. ○

s. Zu den Seiten der leergelassenen Inschrifttafel sind zwei flache oblonge Vertiefungen, innerhalb deren in flachem, ganz abscheulichem Relief die Brustbilder zweier Frauen; Eroten halten schwebend Guirlanden über sie.

Von älterer Form.

2542. V. Panfili.

»In palazzo del Signor Asdrubale Mattei« Stephanon.

s.-D. Derselbe wird eingeschlossen durch zwei bärtige Eckmasken. L. von der Inschriftplatte, welche die Mitte einnimmt, ist ein Frauenbrustbild angebracht vor einem von zwei [flügellosen] Eroten gehaltenen Vorhange.

Auf der andern Seite das Brustbild eines kahlköpfigen Mannes, gleichfalls vor einem von [ebensolchen] Eroten gehaltenen Vorhange.

Die Inschrift lautet:

```
        M · AVRELIO
        SECVNDO
      FILIO DVLCISS
   IMO · QVI · VIXIT · AN
   NIS XXXVIIII · DIEBVS
      XLVIII · REFRICE
      RET · IPSPIRITVS
```

Vgl. Murat. 1140, 11.

2543. P. Corsetti.

Inschrift: sched. Don. cod. Marucell. 221, n. 293 apud Franc. Brachianensem marmorarium prope S. Andreae ad saepes. Donius exempl. Barber. 36 apud Horatium Pacificum statuarium. Fabretti 157, n. 268 e schedis Barberinis, fügt eine Inschrift hinzu, die nicht hingehört. Gud. Ms. 528, 7 in hortis Iustinian. Henzen und de Rossi: in Villa Borghese alla capanna; hier vielleicht eine gleichlautende Columbarieninschrift. 'In Villa Borghese ist in der That eine gleichlautende Columbarieninschrift ohne Sculptur dabei.'

S.-P. Der größte Theil der l. Seite fehlt. Die Inschrift lautet:

```
            D · M
    P · PLOTI · P · L · CISSVS
      ET · EPAPHRA · D · D
```

L. davon hielten zwei nackte Mädchen einen Vorhang, von denen nur die zur R. erhalten. R. halten denselben zwei mit ärmellosem Chiton bekleidete. Vor diesen Vorhängen seltsamer Weise nichts.

2544. Stud. Altini.

S.-Fr. Eine Frau im gegürteten Chiton mit Überschlag hält mit der L. den Zipfel eines Parapetasma, im r. Arm eine Fackel.

2545. Lateran. Hospital.

K.-S. In der Mitte der Vorderseite leergelassenes Inschriftfeld; l. und r. je zwei Eroten, mit beiden Händen zusammen einen großen unten gebundenen Kranz haltend.

[2546. Via dell' Anima 10.

K.-S. Geriefelt. In der Mitte steht vor einem Vorhang eine Frau in doppeltem Gewande, Kopf n. l. (Frisur nicht mehr zu erkennen), welche die Finger der R. an eine Rolle in der L. legt. Am r. Ende ein nackter Knabe als Dionysos, der mit der L. einen Thyrsos hoch anfasst, mit der R. ein Gefäß ausgießt, nach dessen Inhalt ein Panther schnappt; (Bekränzung ist nicht wahrzunehmen). Am l. Ende ein nackter Knabe n. r. laufend, den Kopf zurückgewandt, die L. hoch vor sich erhoben, die R. hinter sich lassend: in der L. hielt er etwas Unklares umklammert; was die R. that, ist nicht mehr ersichtlich. Unten Felsboden.

Nbss. leer.

Äußerst schlechte Arbeit.

2547. P. Giustiniani.

Beschr. von Zoega A. 299, 8 (»Villa G.«).

S. Geriefelt. In der Mitte eine Figur in kurzen Proportionen in Tunica und Toga, in der R. eine Rolle. Kopf abbozzirt. An den Ecken Eroten mit umgekehrten Fackeln [auf eignen Basen].

Nbss. leer. [Zoega notirt hier Greife.]

[2548. Palatin (früher P. del commercio).

S. Geriefelt. In der Mitte ist ein viereckiger Raum frei gelassen. An den Ecken stehen Eroten auf Fackeln gestützt.

Nbss.: Schilde und Speere.]

[2549. Pª del Monte di pietà 30.

S. Geriefelt. In der Mitte das leergebliebene Inschriftfeld unter einem auf Säulen ruhenden Bogen. An jeder Ecke ein auf die umgestürzte Fackel gestützter Eros. (Geschlechtstheile weggemeißelt.)

Nbss.: Schilde.]

[2550. **Palatin** (früher P. del commercio).

S.-Fr. R. Hälfte. Gerade geriefelt. R. Eros auf die Fackel gestützt.
Nbs.: Greif.]

2551. **V. Giustiniani.** ○

Beschr. von Zoega A. 300, 11.

S. In der Mitte eine Tafel mit völlig unleserlicher Inschrift.
An den Ecken schlafende Eroten, im Sitzen ein Bein aufstützend
und den Kopf in die Hand legend.

2552. **V. Mattei.**

S. Geriefelt. Die Inschrifttafel in der Mitte ist nicht beschrieben. An den Ecken steht je ein Eros, quer vor sich einen Feston
haltend.

[2553. **Catacombe di S. Pretestato.**

S.-Frr. Zwei Stücke. R. unvollständig. Geriefelt. In der Mitte steht
vor einem Vorhang eine Frau mit nur abbozzirtem Gesicht. An
der Ecke links, ebenfalls vor einem Vorhang, Euterpe, in ärmellosem gegürtetem Chiton, in der L. eine große Flöte, die R. in
die Hüfte gestellt; den Kopf wendet sie n. l., die Feder auf demselben ist angedeutet.]

2554. **V. Panfili.**

S.-P. Links der gute Hirte in Exomis, auf dem Rücken ein
Schaf. Rechts ein Mann in Exomis n. l. gewandt, in der L. einen
Stab haltend, in der r. gesenkten Hand einen nicht mehr erkenn-
baren Gegenstand; [Fische; der Stab möchte ein Netzhalter sein].
In der Mitte sitzt n. r. gewandt auf einer Kathedra ein [unbärtiger]
Mann in einen Mantel gehüllt. Die Vorderarme und das Gesicht zerstört.

2555. **P. Barberini.** ○

S. Geriefelt. In der Mitte und an den Ecken in ausgesparten
Nischen Figuren; und zwar: in der Mitte eine Frau e. f. wie aus
der Nische herausschreitend mit erhobenen Händen, so dass dem
Beschauer die Flächen zugekehrt sind. L. ein Hirt mit gekreuzten
Beinen stehend; er stützt den einen Ellbogen auf seinen Stab
und legt den Kopf in die Hand. Rechts ein Hirt, der ein Schaf
auf den Schultern trägt. Der Deckel ist mit Eckmasken versehen
und vorn mit auf einander zu schwimmenden Delphinen verziert.
[Christlich.]

2556. V. Panfili. ○

K.-S. mit Deckel. An den Ecken korinthische Pilaster.

In der Mitte in oblongem Raume steht ein Knabe e. f., in der R. eine Rolle; links neben ihm ein Schriftkasten. Der Deckel ohne Inschrift ist nicht ausgearbeitet.

2557. V. Carpegna.

S. Geriefelt. R. und l. an den Ecken korinthische Pfeiler.

In der Mitte vor einem Vorhang ein Mädchen in voller Figur im doppelten Gewande. Der Kopf ist weggebrochen, [vielmehr ist nur das Gesicht sehr zerstört]. L. neben ihr ein Pfau, r. ein Korb mit Früchten gefüllt. [Die Gestalt legt in eigenthümlicher Weise, wie sie faltend, die Hände zusammen.]

2558. S. Maria in Trastevere.

S. Geriefelt. [An den Ecken korinthische Säulen, zu beiden Seiten der Inschrifttafel Pfeiler, beide mit unten halb ausgefüllten Cannelluren; merkwürdig ist noch, dass auch das Stück unter der Inschrifttafel gerade geriefelt ist, jedoch unter Beibehaltung des erhöhten Niveaus der Inschrift. Der S.-Körper l. und r. vom Inschriftfeld, desgl. an den Seiten, oben und unten durch Astragalenschnüre eingefasst.]

In der Mitte die mittelalterliche Inschrift:

$$\cdot \text{D} \cdot \text{O} \cdot \text{M} \cdot$$
$$\text{LAVREN} \cdot \text{ET} \cdot \text{ALEX}$$
$$\text{CAMPEGGIOR}\varphi \cdot \text{BONONIEN}$$
$$\text{S} \cdot \text{R} \cdot \text{E}$$
$$\text{CARDINALIVM}$$
$$\text{OSSA}$$

[Nbss.: Schilde und Speere.]

2559. P. Salviati.

S. Geriefelt. An den Ecken korinthische Säulchen, und Pilaster an den Seiten der unausgefüllten Inschrifttafel.

Unter der Inschrifttafel, wie es scheint, ursprünglich ein Medusenhaupt (?) [scheint mir ein bacchischer Kopf]. Oben in den Ecken sehr klein gebildete Eroten.

2560. V. Medici.

S. Geriefelt. [Links und rechts glatte korinthische Säulen.] Innerhalb des [von cannelirten korinthischen Pfeilern eingeschlossenen]

Mittelfeldes die leergebliebene Inschriftplatte: darunter eine Epheuranke.

[Nbss.: gekreuzte Schilde.]

2561. V. Medici.

s. Geriefelt. An den Ecken korinthische Pilaster, in der Mitte
die Inschrifttafel.

Nbss. leer.

2562. V. Panfili.

Die Inschrift: Cyriacus Cod. Ang. D, 4, 19 f. 43: »Romae in domo archiepī
Beneventani«; Manutius Vatic. 5241, f. 230: »in stabulo Car^{lis} Tridentini«;
Fabretti 248, 18.

L. 1,90. Die Inschrifttafel und die Ecken werden von (im Ganzen vier) korinthischen Pilastern begränzt. Die Inschrift lautet:

D   M
METTIAE MAR
CINAE CONIV
GI KARISS · QVAE
VIXIT · ANN · XXI
DIEB · XLII
VICTORINVS
AVG . LIB · MARITVS

2563. Via Magnanapoli 279—280.

s. Geriefelt. Rosetten in den Ecken der der Inschrift ermangeln-
den Tafel: an den Ecken ionische [?] Pilaster.

2564. V. Gentili. ○

K.-s. An den Ecken korinthische Pilaster; in der Mitte auf
einer Tafel von der gewöhnlichen Form die von unsicherer Hand
eingegrabene Inschrift:

AVREL
LVCIO
SAE
DVLCIS
SIMAE

»In vinea olim Poniatowsky nunc Campana, extra portam Flaminiam.« De
Rossi in Henzen's Scheden.

2565. S. Paolo f. l. m.

Inschrift: Nicolai, *Della Basilica di S. Paolo* 66, 21; Mercklin, *Arch. Ztg.*
1849, 104.

S. L. 2,00; H. 0,60; T. 0,58. Die Inschrifttafel wird von korinthischen Pfeilern flankirt, [die Ecken bilden Säulen]. Der Sarkophagkörper ist geriefelt. Die Inschrift lautet:

D · M
C · PASSENO
RVFO · AM · OPT
VETTI ERACLI
DES · ET · ÇA
LENE

[Nbss.: Schild und zwei gekreuzte Lanzen.]

2566. V. del Fontanone 171.

S. Geriefelt. An den Ecken und neben der Inschrifttafel laufen [glatte] korinthische Pilaster. Die Inschrift selbst lautet:

D   M
ΕΥΨΥΧΕΙ
ΙΟΤΛΙΑ ΕΤΤΥΧΙC
ΓΛΤΚΤΤΑΤΗ
ΟΤΔΕΙC ΑΘΑ
ΝΑΤΟC ·

2567. Piazza S. Chiara 49.

S. Geriefelt. An den Ecken geriefelte Säulchen. Zu den Seiten der Inschrifttafel in der Mitte zwei korinthische Pilaster. Die
Inschrift selbst ist sehr zerstört:

ΕΝΘΑΔΕ
ΚΕΙΤΕΙΟΥ
ΛΙΑΝΟC⫫ΕΤCΑ
Χ
Α   ⴸ
ΟC⫫C⫫⫫ΔΝ⫫Ο
ΥΑ⫫ΧΙCΧ ⴸ
ΑΙⱲ⫫ΟΛC

2568. V. Panfili.

Inschrift: Fabretti 135, n. 110: »Villa Pamphilia«; Donat. 305, 5 ex Spon. Miscell. Sect. IV; Spon. 144; Donat. 324, 5 ex Spon. Diss. XXVII, 425.

S. Geriefelt. An den Ecken korinthische Pilaster. Die Inschrift lautet:

D · M ·
L · VIBIO · RVFO · MEDICO
COH · V · PR · VALERIA
RVFINA · CONIVGI · OPTIMO · FEC ·

[und ist in kleinen Buchstaben zuoberst im Felde angebracht, so dass auffällig viel Platz übrig bleibt].

2569. Piazza della Pilotta 2—3.

S. Geriefelt. Die Inschrifttafel ermangelt der Inschrift; an den Ecken korinthische Pilaster.

2570. Via Stelletta 23.

S. Geriefelt. Die Inschrifttafel ist leer geblieben. An den Ecken befinden sich korinthische Pfeiler.

2571. S. Paolo f. l. m.

S. Gerade geriefelt. [Unter der leer gebliebenen Inschriftfläche in flachem Relief zwei sich zugewandte Greife, zwischen denen ein längliches Gefäß, gegen dessen Bauch sie die r. Vorderpranke ausstrecken.]

2572. V. Astalli. ○

S. Geriefelt. Mit folgender Inschrift:

D · M · S ⚘
P · AELIO · SER
ENO BIBIA PAV
LINA FILIO · BNT ·
ET MEMORIAE
POLYDEYCIS
VIXIT · AN
IX M · VII

2573. P⁴ Borghese.

S. Sehr breit. Geriefelt [auch auf den Nebenseiten]. Vorn die Inschrift:

D · M

AELIA · CALOPODIA · C · DVCENIO
CELSINO · MENSORI · AEDIFICI
ORVM · COIVGI · CON QVO · VIXIT
AN · XIIII · M · V · D · XXI · BENE
MERENTI · FECIT

2574. V. Pacca.

[K.-]S. Geriefelt. Die Inschrift lautet:

D ⚶ M

T · AVRELIVS IVLI
ANVS · AVRELI
E DOMITIANE
FILIE BENE MEREN
TI · FECIT
QVE BIXIT
ME V

2575. S. Clemente.

S. Geriefelt. In der Mitte die einfache Platte mit der Inschrift:

D · M ·

IVLIAE · C · FIL ·
FELICITATI
SPIRITO · DVLCISSIMO
DEFVNCTO · ACERVO
QVAE · VIXIT · ANNO · VNO ·
MENSIBVS · XI · DIEB · TRIBVS
FECERVNT · IVLI · VERNA ·
ET · FELICITAS · PARENTES
SIMILITER · ACERVI · ET ·
INFELICISSIMI

2576. V. Florelli. ○

K.-S. mit Deckel. Geriefelt. In der Mitte eine Tafel mit der
schlecht leserlichen Inschrift:

```
        D   M
    AVR VENERE
   Q · V · A · I · M · VI
    AVR · SATVR
    NINVS · FILIO
```

2577. P. Muti. ○

S. Geriefelt. Unter der leer gebliebenen viereckigen Inschrift-tafel steht ein Gefäß mit Früchten, an das zwei symmetrisch da-neben gestellte Panther gleichmäßig ihre Tatzen legen.

2578. P. Fiano.

. S. Geriefelt. In der Mitte eine Inschriftplatte ohne Inschrift. Nbss.: Greife, die einen Fuß auf Widderköpfe setzen.

2579. P. Massimi alle colonne.

S. Geriefelt. Die Inschrift ist zerstört. Zu den Seiten ovale sich kreuzende Schilde.

2580. V. Panfili.

Ohne weitere Verzierungen, denn die Nebenseiten sind un-bearbeitet: auch ist die Tafel ohne Inschrift geblieben.

[2581. Via Appia 38.

S.-Fr. H. 0,59. L. abgeschlossen durch eine gerade Linie, jenseits deren vielleicht Riefelung begann, oben durch einen vorgebeugten Rand; r. gebrochen.

Die ganze Höhe wird eingenommen durch eine e. f. stehende weibliche Figur, den Oberkörper halb links, den Kopf in derselben Richtung in die Höhe gewandt. Dieselbe trägt einen langen ge-gürteten Chiton mit Halbärmeln und auf der l. Schulter aufliegen-den, an der r. Seite vorgenommenen Mantel, welchen die nieder-gehende L. ergreift, während die R. nach Art der christlichen anbetenden Frauen*) erhoben ist. Die Frisur des porträthaften Kopfes ist die der Didia Clara und Iulia Domna.

Vorzügliche Arbeit.]

---

*) Mit dieser Figur vgl. eine sicher antike Stuckfigur in einem der Arco-solien der später zur Krypta von S. Sebastiano verwandten antiken Anlage.

2582. S. Agnese f. l. m.

s. Geriefelt. In der Mitte befindet sich eine [nach hinten] flach gewölbte, mit fenstersprossenartigen Quadraten verzierte Nische, in der eine unbärtige jugendliche Figur in Tunica steht; der umgeworfene Mantel lässt die r. Schulter frei; [die R. ist lehrend erhoben].

2583. S. S. Quattro Coronati.

S.-Fr. L. und unten gebrochen. Runde Nische, r. Pfeiler; der entsprechende l. weggebrochen. Im Hgr. ein Vorhang. Ein unbärtiger Mann [vielmehr eine Frau in Frisur des vierten Jahrhunderts] e. f. in einen Mantel geschlagen [in Stola und Palla, in welch letzterer der r. Arm so ruht, dass nur die Hand vor der Brust sichtbar wird; in der l. eine halbgeöffnet zusammengeschlagene Rolle], wodurch auch der r. Arm bis auf die Hand bedeckt wird. Über dem Pfeilercapitell zur Ausfüllung des Zwickels des Nischenbogens ein Vogel [n. r.], von dem Schwanz und Flügel erhalten sind.

Sehr späte Arbeit.

GERIEFELT MIT CLIPEUS.

2584. Piazza S. S. Apostoli im Pferdestall des Palastes Torlonia.

[1876 in den Vorhof des Museo Torlonia gebracht.]

s. [An den Enden rund.] Ein Mädchen hält eine Art Guitarre in der linken Hand und spielt mit der r. Das Gewand ist ihr etwas von der r. Schulter gerutscht. Darunter zwei tragische Masken: die zur L. mit einer Art Diadem [und Gewand über den Hinterkopf], die zur R. mit hoher Lockenperrücke.

An den Ecken Eroten, die sich auf eine Fackel stützen.

[An der Seite Schilde und Lanzen.]

2585. V. Panfili.

s. An den Ecken Eroten mit der umgekehrten Fackel. In der Mitte das Brustbild eines lockigen n. r. blickenden Mädchens. Unter dem Clipeus zwei gekreuzte gefüllte Fruchthörner.

2586. V. Panfili.

s. Die Vorderwand ist geriefelt. An den Ecken auf die umgekehrte Fackel sich stützende Eroten: in der Mitte im Clipeus das
Brustbild einer Frau, die Rolle in der L., mit abbozzirtem Gesicht. [Darunter zwei gekreuzte Füllhörner.]

2587. Casa Tranquilli.

s. Gerade geriefelt. Der Clipeus in der Mitte enthält das Brustbild einer Dame [der Frisur nach aus dem Anfang des dritten Jahr-
hunderts]: unter demselben zwei sich kreuzende Füllhörner. An
den Ecken Eroten mit der umgestürzten Fackel.

2588. Via della Minerva 57.

s. Geriefelt. In der Mitte ein runder Clipeus mit dem Brustbilde eines Mannes. An den Ecken Eroten, die sich auf die umgekehrte Fackel stützen. Unter dem Clipeus zwei sich kreuzende
Füllhörner.

[2589. Basil. di S. Petronilla.

Gefunden Juni 1578, in die Ostwand der Kirche vermauert.

s. Geriefelt. Der Clipeus enthält die abbozzirten Brustbilder
eines Mannes mit breitem Togastreifen: in der L. eine Rolle, die
beiden vorderen Finger der R. ausgestreckt dieser entgegen, und
einer Frau in von der r. Schulter niedergleitendem Chiton und
Frisur des vierten Jahrhunderts, welche die R. auf seine Brust legt.
Unter dem Clipeus zwei sich kreuzende Füllhörner. L. und r. an
den Ecken je ein Eros, auf die umgekehrte Fackel gestützt: in der
neben dieser niederhängenden Hand der zur R. ein — theilweise
abgebrochener — Zweig (?, der zur L. Mohn und Ähren.

L. Nbs. (in vertiefter Zeichnung): Linearornamente in Form eines
runden Schildes und sternförmig gestellter, in Voluten endigender
Stäbe. R. Nbs. zerstört.]

2590. V. Medici.

s. Geriefelt. An den Ecken Eroten mit der umgekehrten Fackel.
Das Medaillon in der Mitte enthält das Brustbild eines Knaben
mit abbozzirtem Gesicht: neben demselben ein Korb mit Früchten,
die zu den Seiten herabfallen: Äpfel und Trauben sind erkennbar.

2591. P. Madama. ○

s. Geriefelt. In dem Clipeus in der Mitte das Brustbild eines
Mannes. An den Ecken Eroten, sich auf die umgekehrte Fackel
stützend.

2592. Via de' Lucchesi 26.

s. In dem Clipeus ein Ehepaar. Die Frau [l.] legt ihrem Manne die R. auf die Brust, die L. hinten auf die Schulter. Er ist kahlköpfig [und hat den breiten Togastreifen]. In den Ecken Eroten mit der umgekehrten Fackel.

2593. Via della Vite 3.

Beschr. von Zoega A. 529: »in casa del mercante Garofali (ora di Torlonia)«.

[Vgl. Zoega, *Bassir.* II, 214, 42.]

Im Clipeus befindet sich das Porträt eines jungen Mannes, [vielmehr einer Frau, mit von hinten auf die Kopfhöhe genommener Flechte]. Darunter ein Hirt [n. r.] mit umgebundener Tasche, ein Schaf melkend. An den Ecken fackelhaltende Eroten. [L. und r. von dem Porträt im Schilde:

QVE ·   ANN
BIX ·   · IXXX

Das Übrige wird auf dem verlorenen Deckel gestanden haben.]

2594. P. Farnese.

s. Mit geraden Riefeln. In dem Medaillon in der Mitte ein Ehepaar mit abbozzirten Gesichtern; [die Frisur der Frau ist glatt anliegend und das Ohr verdeckend; über die Brust des Mannes zieht sich der breite Togastreifen]. Unter demselben ein Hirt in Exomis, der ein Schaf auf dem Rücken trägt. Zwei Schafe schauen zu ihm auf. [L. und r. Bäume.]

An den Ecken Eroten mit umgekehrter Fackel und Kränzen.

Nbss.: eingeritzt ein runder Schild, hinter dem sich zwei Speere kreuzen.

Rohe Arbeit.

2595. V. Borghese.

s. In der Mitte ein Clipeus, der das Brustbild eines kahlköpfigen Römers mit Rolle in der L. enthält; unter demselben gekreuzte Füllhörner. L. und r. an den Ecken sitzen schlafende Eroten, das eine Bein hoch angezogen, in der herabhängenden Hand den Kranz. Aus einer Höhle unter ihrem Sitze kommen naschende Häschen hervor.

2596. P. Sacchetti.

s. Geriefelt. Unter dem Clipeus [in welchem das Brustbild eines Mädchens] stehen zwei Masken: die stehenden Erotenfiguren in den Ecken sind zu stark zerstört, als dass sich das Concetto bestimmen ließe. [Der zur R., flügellos, einen Schurz um den Leib, hält im l. Arm einen Pinienzweig umfasst, in der erhobenen R. zwei Gänse. Neben seinem l. Beine sitzt auf einer wie es scheint Felsboden repräsentirenden Erhöhung n. r. ein sich umschauender Vogel; links allerdings zu zerstört. Nbss. leer.]

2597. Via del Seminario 113.

S. Geriefelt. In der Mitte ein Clipeus, unter welchem zwei sich kreuzende Füllhörner; [im Schilde eine weibliche Büste mit Frisur des vierten Jahrhunderts; in der L. eine Rolle]. An der l. Ecke ein Knabe, im l. Arm einen Korb, in der r. Hand eine Traube, [vielmehr im niedergehenden r. Arm geschultert wie es scheint einen Pinienzweig oder Ähnl.]; die entsprechende Figur an der r. Ecke ist sehr zerstört; [sie hielt in der R. eine Traube, doch scheint sie in der L. einen Bogen [Lagobolon] gehalten zu haben. — Nbss.: Schilde.

2598. Basil. di S. Petronilla.

K.-S. Geriefelt. In dem Medaillon das abbozzirte Brustbild eines Knaben, halb n. r. gewandt; in der L. ein Schriftpäckchen. Darunter zwei von einander abgewandte Masken, zwischen denen ein Schriftbündel. L. und r. an der Ecke je ein Knabe, der Mitte zugewandt und nackt; in der erhobenen inneren Hand einen Korb, in der äußeren ein Lagobolon. Nbss. leer.]

2599. Catacombe di S. Priscilla.

S.-Fr. L. unvollständig. In der Mitte vor einem Vorhang das abbozzirte Brustbild einer Frau(?). Rechts am Ende ein Knabe, eine Jahreszeit repräsentirend, sich umblickend n. r., der in seiner Nebris Früchte trägt, im l. Arm ein Lagobolon hält, in der R. erhoben eine Traube, nach der ein Hund springt.]

2600. P. Giustiniani.

Beschr. von Zoega A. 301 »Villa G.«]

S. Geriefelt. In der Mitte vor einem Parapetasma das Brustbild eines älteren Mannes [mit kurzem Haar und Bart], aus einem breitgedrückten akanthosartigen Blüthenkelch, wie er unter der Büste des Antinous in der Sala rotonda des Vatikan ist, hervorgehend. An den Ecken Eroten, einen Blumenkorb erhebend: ein anderer zu ihren Füßen.

2601. V. Carpegna.

s. Geriefelt. In der Mitte ein Clipeus mit dem Brustbilde eines bärtigen Römers mit Rolle in der Linken: unter demselben [zwei unbärtige] tragische Masken. In der l. Ecke Eros mit Chlamys n. r. schreitend; im r. Arm einen Korb, in der L. einen [knotigen] Stab, [war wohl ein Lagobolon]. Die entsprechende Figur rechts ist Restauration.

2602. S. Paolo f. l. m.

s. In der Mitte der Clipeus mit Brustbild. Rechts und links an den Ecken Eroten, welche einen Korb aufstützen. Zur Seite dessen zur Linken ein Schaf. Das entsprechende Thier zur R. ist wegen eines vorgerückten Gegenstandes nicht zu erkennen, scheint mir ebenfalls ein Schaf]. Unter dem Clipeus zwei Kinder [in Mäntelchen], die jedes einen Vogel liebkosen. [Die beiden Vögel sind Hähne; und da der Hahn zur R. den Kopf senkt, der zur L. aber ihn hoch trägt und zu einem Knaben hinter ihm wendet, der einen Palmwedel empor hält, liegt ein eben beendeter Hahnenkampf vor. Der Knabe zur R. fasst traurig sein Kinn.]

2603. P. Farnese.

s. Geriefelt. In der Mitte Clipeus mit dem Brustbilde eines Knaben; unter demselben zwei sich kreuzende Füllhörner. An den Ecken kurze männliche Gestalten, nackt bis auf einen den Leib umgebenden Schurz; die eine Hand an einen Stab [Thyrsos] legend, in der andern eine Hypothymis.

2604. Casa Tranquilli.

s. Geriefelt. Rechts und links in rohester Ausführung die Darstellung vom guten Hirten. In der Mitte das Porträt des Verstorbenen.

2605. V. Medici.

[Vgl. Collignon, *Essai sur les monum. rel. au mythe de Psyché* 437, 191.]

s. Geriefelt. Im Medaillon in der Mitte eine Kinderbüste, [vielmehr einer Frau, nur abbozzirt, mit Frisur aus dem Ende des dritten Jahrhunderts, die zwei Finger der R. an eine Rolle in der L. legt]. Darunter liegend ein nackter Mann, [die L. über den Kopf gelegt, aber die Augen geöffnet]: Ionas; darüber noch Blätter der

Laube. An den Ecken r. und l. Eros und Psyche in der bekannten Gruppirung.

Nbss.: Greife.

Sehr mittelmäßige Arbeit.

2606. V. Carpegna.

Beschr. von Zoega A. 410.

S.-P. Geriefelt. In der Mitte ein Clipeus mit den Brustbildern
eines Ehepaares. Die Köpfe abbozzirt, [der Mann mit dem breiten
Bruststreifen]. Unter demselben drei bacchische Masken in Profil.
[zwei n. l., eine n. r.]. Zuerst eine jugendliche Maske mit Zie-
genohren. Schnurrbärtchen [und Bockshörnern; Zoega richtig: Pan],
dann eine weibliche Maske mit Epheu und Trauben bekränzt; zuletzt eine Satyrmaske mit Fichten bekränzt. An den Ecken: links
Mänade in Tanzbewegung, fast nackt, nur ein schmales Tuch umflattert sie; sie bläst die Doppelflöte. R. Mänade im Tanzschritt
n. r., in der R. den Thyrsos [mit Doppelspitze], auf der l. Schulter das Tympanon tragend. [beide sind mit Weinlaub bekränzt.

Sehr schlechte Arbeit.]

[Noch einen Schritt weiter geht ein S. im Hofe des Palazzo
vescovile zu Città-Castellana, wo in der Mitte nur ein viereckiger
freier Raum ist, und bloß in den oblongen Seitenfeldern links ein
Silen e. f., l. Standbein. Oberkörper n. r. gewandt, nackt bis auf
einen Schurz; die r. Hand vor den Bauch gelegt, die l. [jetzt fort]
wie einschenkend erhoben; r. eine Bacchantin, n. l. stürmend, den
r. Arm über dem Kopfe und vermuthlich ein Tympanon hochhal-
tend; ihr Oberkörper ist fast ganz zerstört.]

2607. Tre Fontane.

S.-Fr. In der Mitte war ein Medaillon. Links an der Ecke
n. r. sitzend Apollon, den Mantel in gewöhnlicher Weise um die
Beine geschlagen: der Oberkörper ist weggebrochen, doch ist die Lyra erhalten.]

2608. P. Righetti. ○

S. Geriefelt. In der l. Ecke vor einem Parapetasma die vollständige Figur einer Frau in Stola und Palla, die R. auf die Brust
legend. L. ein Mann in Pallium, r. hinter ihm eine Sonnenuhr
auf Pfeiler.

[2609. Basilica di S. Petronilla.

S.-Fr. Geriefelt. L. unvollständig. In der Mitte ein Medaillon mit
dem Brustbilde eines kurzbärtigen Mannes in den 50er Jahren:

darunter zwei sich kreuzende Füllhörner. R. am Ende steht eine
Frau im Doppelgewande vor einem Vorhange. l. Standbein, den
Kopf vom Gewande verhüllt. n. l. gewandt; r. am Fuße ein Vo-
gel (Taube?).

Nbs.: Schild mit gekreuzten Speeren.]

2610. V. Rondinini.

Beschr. von Zoega A. 527, n. 9.

S. An den Enden rund. An den Enden Löwen, die Eber zerfleischen: [hinter denen die unbärtigen Diener in langärmligem Chiton und Chlamys, die eine Hand am Thiere, die andere erhoben].
In der Mitte Clipeus mit dem Porträt eines älteren [fast glattrasir-
ten kurzhaarigen] Mannes. Unter demselben vor einem Parapetasma in ganz kleinen Figuren: ein Mann in ein Pallium gehüllt,
n. r. sitzend, entfaltet eine Rolle. Ihm gegenüber sitzt n. l. auf
einem Klappstuhle eine Muse an den Federn am Kopfe kenntlich; sie hält in der L. eine Rolle, die R. erhebt sie wie belehrend.

2611. Via de' Crociferi 20.

S.-P. Geriefelt. An den Enden rund. Am Ende je ein Löwe, der
einen Eber zerfleischt. In der Mitte von viereckigem Felde ein-
geschlossenes Medaillon, in welchem das Brustbild einer Frau mit
Haartracht aus dem Ende des dritten Jahrhunderts, welche die
zwei Finger der r. Hand an eine Rolle in der L. gelegt hat und
leicht n. l. blickt. Darunter zwei bartlose tragische Masken, zwischen denen ein Schriftenbündel.]

2612. V. Carpegna.

S. Geriefelt. An den Enden rund. In dem Clipeus in der Mitte
das Brustbild einer Frau. An den Ecken Löwen, von denen der
zur L. einen Eber, der zur R. einen Esel zerfleischt. [Unter dem
wie es scheint nur abbozzirt gewesenen Brustbilde ein leeres Inschriftfeld.]

2613. S. Clemente.

S. In der Mitte ein Clipeus mit abbozzirtem Porträt. An den
Ecken Löwen, von denen der zur L. einen Eber, der zur R. einen
Steinbock zerfleischt.

[Die Eckvorstellungen waren 1577 fort, die übrige Platte eingemauert.]

2614. Via della Stelletta 5 (Barone del Monte).

S. Geriefelt mit ovalen Abschlüssen; an diesen je ein Löwe, ein
Hirschkalb zerfleischend. In der Mitte ein rundes Medaillon mit

äußerst zerstörtem Brustbilde; darunter Masken, von denen nur die zur L. jetzt theilweise sichtbar ist. In der Riefelung zwei moderne Wappenschilder 'steigender geflügelter Löwe mit Schlangenschwanz .]

[2615. P. Caetani.

S. Geriefelt. An den Enden rund. In der Mitte Clipeus mit der abbozzirten Büste eines Knaben in der Toga; darunter zwei sich kreuzende Füllhörner. R. und l. herankommende Löwen, welche ein Reh- oder Hirschkalb würgen.]

2616. S. Paolo f. l. m.

S. R. fragmentirt. Unter dem Clipeus in der Mitte, der ein römisches Brustbild enthält. in kleinen Figuren: auf einem Stuhle sitzt n. r. ein Mann, eine Rolle entfaltend. Ihm gegenüber n. l. sich an einen Pfeiler anlehnend Polyhymnia in der bekannten Stellung. Federn am Kopfe nicht vorhanden. In der Mitte auf hohem Pfeiler ein Bündel Schriftrollen. An der l. Ecke ein Löwe, der ein Ross zerfleischt. Das Pendant an der rechten fehlt.

2617. P. Giustiniani.

Beschr. von Zoega A. 299 (»Villa G.«.

S. Oval. Gerade geriefelt. Im Clipeus das Brustbild einer weiblichen Figur, darunter tragische Masken nach außen schauend, die zur L. bärtig, die zur R. weiblich. An den Ecken Löwen, die ein Füllen [weniger wahrscheinlich] (Z.: un lupo) zerfleischen.

2618. P. Farnese.

S. Mit geraden Riefeln. In der Mitte Clipeus mit weiblichem Porträt; unter demselben zwei sich kreuzende Füllhörner. An den Ecken Löwen, welche Hirsche zerfleischen.

2619. Via tre cannelle 72. [1878 demolirt.]

S. An den Enden rund. Gerade geriefelt. In dem Clipeus in der Mitte befindet sich das Brustbild eines Kindes; unten zwei sich kreuzende Füllhörner. An den Ecken Löwen [mit der durch einen Ring im Genick laufenden Leine]; sie nähern sich einem vor ihnen stehenden Weingefäß.

2620. Hinter der Sakristei von S. Pietro.

S. An den Enden rund. Geriefelt. Der Clipeus in der Mitte enthält das Brustbild eines Mannes mit abbozzirtem Kopfe. Unter demselben zwei sich kreuzende Füllhörner. An den Ecken stehen Löwen. Vor ihnen je ein Korb mit Früchten, die sie zu belecken scheinen: [im Hgr. wird über den Löwen je eine Pinie sichtbar].

[2621. P. Salviati [Lungara].

Beschr. von Zoega, deutsch abgedruckt: *Sächs. Ber.* 1861, 349, 218, und mir nur daher bekannt.

S. Geriefelt, an den Enden rund. L. 2,08; Br. 0,79; H. 0,77.

In der Mitte ist ein Medaillon mit der Büste eines Knaben [Kopf nur abbozzirt] mit breitem Togastreifen über die Brust: in der l. eine Rolle, auf die er die beiden ersten Finger der r. Hand legt. Darunter eine Verkaufsscene: Hinter einem Ladentisch, der vorn in 10 Felder getheilt ist, deren jedes eine Rosette als Zierrath zeigt, steht der Verkäufer in Chlamys und langärmligem Unter- gewand, bärtig. Von l. heran tritt ein ebenfalls bärtiger Käufer in geschürzter Exomis und Chlamys; der letztere hat die r. Hand erhoben, wie es scheint, mit einem Gegenstande. Der Verkäufer legt seine r. Hand auf die ausgebreiteten kleinen rundlichen Ge- genstände [ähnlich den von Jahn für Brote erklärten: *Handw. u. Handelsverkehr auf ant. Wandgem.* Taf. II, 1, aber auf dem S. sicher keine solchen; dass es Geldstücke seien, wie Zoega meint, ist mir noch unwahrscheinlicher]. die, wie es scheint, einem geöffneten Beutel entströmt sind, als wäre ihm das Angebot zu niedrig; rechts steht auf dem Ladentische noch ein gefüllter, oben zugebundener Beutel. Rechts am Ende des Ladentisches erhebt sich auf dem- selben ein hohes, stuhlartiges, von außen rautenartig verziertes Ge- rüst, wohl als Gitterwerk zu denken, welches ein kleineres, eben- falls stuhlartiges umschließt; in letzterem haben wir vermuthlich eine Wasserfallvorrichtung zu erkennen, wie man sie so häufig auf den Ladentischen Pompei's und des heutigen Neapels gewahrt.

An jeder der ovalen Seiten ein geflügeltes Pferd, das, den einen Vorderfuß eingeknickt, zu trinken im Begriff ist aus einer vor ihm stehenden Amphora, aus welcher springbrunnenartig Was- ser hoch emporsprudelt.]

2622. P. Farnese.

S. Geriefelt. In dem Medaillon in der Mitte ein Ehepaar: der Mann [jugendlich kurzbärtig] ist in einen Mantel geschlagen, der die r. Brust frei lässt; [die Haartracht der Frau weist in die zweite Hälfte des dritten Jahrhunderts]. Unter demselben: Zwei Satyrn stampfen Trauben in einer Kufe. L. davon scheint ein Eros nach

einer oben hangenden Traube zu langen. R. macht ein Satyr den
Gestus des ἀποσκοπεύειν [und hält in der niedergehenden L. ein
Lagobolon: über ihm ein Baum]. An den Ecken korinthische Pi-
laster.

2623. Via de' Pianellari 18.

s. Geriefelt. An den Ecken korinthische Pilaster; in der Mitte
ein Clipeus mit den Brustbildern eines Ehepaares, [der Mann mit
breitem Togastreifen]; darunter in ganz kleinen Figuren [auf der
rechteckigen, oben durch ein Gesims abgeschlossenen Basis des
Schildes]: r. zwei Eroten, welche Trauben in einer Kufe austreten; ein anderer von l. herantretend schüttet nach.

2624. Piazza S. Marcello al Corso 255.

s. Geriefelt. An den Ecken [glatte] korinthische Säulchen. In
der Mitte ein Clipeus von ungewöhnlicher Größe mit den Porträt-
büsten eines Ehepaares, die aus einem Blattornament von drei überfallenden Blättern hervorwachsen. Die Frau hat einfaches gescheiteltes Haar; er ist bärtig gebildet.

2625. Via de' Lucchesi 9.

s. Geriefelt. Das Brustbild scheint herausgenommen; [die Höh-
lung ist jetzt mit strahlenförmigem Ornament ausgefüllt. An den
Ecken korinthische glatte Pfeiler].

2626. P. Sacripante. ○ [S. zu Nr. 972.]

s. Geriefelt. Der runde Clipeus in der Mitte, der von einem
Kranze umgeben gewesen zu sein scheint, ist völlig zerwaschen.
Auch von der Inschrift keine Spur mehr. Darunter Andeutung
einer viereckigen Architektur [??] mit Akroterien (?).

Die tragenden Löwen sind völlig modern.

2627. P. Origo.

S.-Fr. Gr. M. L. und r. unvollständig. Geriefelt.

In der Mitte ein runder Schild mit dem Brustbilde eines ältlichen Togatus, glatt rasirt mit kurzem Haar [erste Hälfte des dritten Jahrhunderts], stark vertieft angegebenen Augen; in der L.
eine Rolle. Darunter drei Figuren, von denen nur der obere Theil
theilweise erhalten ist. In der Mitte sitzt n. r. vor einer auf einem
runden Pfeiler stehenden Sonnenuhr ein anscheinend jugendlicher
Mann in einem Mantel, der r. Brust und Schulter frei lässt. Hinter

ihm steht eine Muse, als solche durch die Kopffedern kenntlich;
vor ihm ein Mädchen in gegürtetem ärmellosem Chiton und auf die
Schultern niederfallenden Locken, den r. Unterarm erhoben: ihre
Attribute sind fortgebrochen, doch sieht sie bacchisch aus.]

2628. V. Tomba.

S.-Fr. Mittelstück. In einem aus reichem Akanthoskelche her-
vorwachsenden Kranze abbozzirte Porträts eines Mannes r. mit
breitem Togastreifen und einer Frau (l.), letztere mit Frisur des
vierten Jahrhunderts.

Gebohrte Arbeit.]

2629. S. Clemente.

S.-P. Geriefelt. In der Mitte ein Clipeus, in demselben ein
Ehepaar. Die Frau (zur L.) legt den l. Arm um den Nacken ihres
Mannes. Die Köpfe sind abbozzirt.

[2630. Catacombe di S. Pretestato.

S.-Fr. In einer Muschel Brustbilder eines Ehepaares. Der
Mann in Tunica und über die l. Schulter gezogenem Mantel hat in
der l. Hand eine Rolle, und legt die Finger der r. Hand daran;
er wendet den kurzbärtigen und kurz geschorenen Kopf (Augensterne
stark angegeben) zu seiner Frau, die l. hinter ihm erscheint, ihren
l. Arm um seinen Nacken auf seine l. Schulter legt, die R. an
seinen r. Oberarm; ihr Blick ist ihm zugewandt; ihr Gewand ist
auf den Oberarm niedergesunken; ihre Haartracht weist in die Zeit
Diokletians, doch ist die Arbeit noch gut.]

2631. P. Aldobrandini.

S. Geriefelt. In der Mitte das Brustbild einer Frau zwischen
zwei Füllhörnern.

2632. P. Mattei.

Abgeb.: *Mon. Matth.* II, 58, 2.

S.-Fr. R. das Brustbild eines bärtigen Mannes in Toga mit
Lorum, in der L. eine Rolle. L. davon eine Frau in Halbärmeln.
Frisur der Iulia Domna.

2633. P. Mattei.

Abgeb.: *Mon. Matth.* II, 59, 1.

S.-Fr. Die vereinigten Brustbilder: r. eines jungen Mannes
mit krausem Haar und l. einer jüngeren Frau mit gescheiteltem

und geflochtenem Haar; antik? [Beide Köpfe sind jedenfalls von fraglicher Zugehörigkeit, der zur L. sieht neu aus].

2634. P. Mattei.

[Abgeb.: *Mon. Matth.* II, 58, 4.]

s.-Fr. Clipeus aus der Mitte der Vorderseite eines großen Sarkophags mit einem Ehepaar: l. die Frau mit Haartracht des dritten Jahrhunderts, r. der Mann.

2635. P. Mattei.

Abgeb.: *Mon. Matth.* II, 59, 2.

s.-Fr. L. das Brustbild eines nackten Kindes, rechts das einer Frau. Der untere Theil ist restaurirt. Die Köpfe sind aufgesetzt und wegen des glatt durchgehenden Schnittes sicher nicht zugehörig.

2636. P. Mattei.

Abgeb.: *Mon. Matth.* II, 58, 1.

s.-Fr. L. das Brustbild eines Mädchens mit gescheiteltem schlichtem, hinten langem Haar, rechts davon das eines Kindes.

Der Kopf ist verletzt.

2637. V. Medici.

s.-P. Geriefelt. In der Mitte ein Clipeus mit dem abbozzirten Brustbilde eines Knaben; darunter ein umgestürzter Korb.

[2637ᵃ. V. Tanlongo.

s.-Fr.? Nur der ausgehöhlte Clipeus eines doch wahrscheinlich geriefelten Sarkophags erhalten. Sehr zerstörtes Brustbild eines kleinen Knaben mit κηρύκειον im l. Arm. Vgl. die Darstellungen des Hermes als Knaben, oder umgekehrt, besonders einen Cippus im Mus. Kircheriano.]

[2638. Catacombe di S. Callisto.

s.-Fr. Aus der Mitte, vielleicht aus einem Medaillon ausgebrochen, ein weiblicher Porträtkopf in Lgr., gut gearbeitet; einer Frau in den 40er Jahren aus der Zeit der Plautilla angehörig.]

2639. P. Merolli.

s.-Fr. Geriefelt. Nur das Mittelstück ist erhalten. In einem Runde die Büste einer Frau in doppeltem Gewande, in der L. eine Rolle, mit der Frisur der Mitte des dritten Jahrhunderts und ältlichen Zügen. Darunter zwei weibliche tragische Masken, Rücken gegen Rücken gestellt.

Gute Arbeit.]

2640. Via della morte 92.

S.-Fr. Erhalten ist nur eine der beiden unter dem Clipeus stehenden Masken, n. r. gewandt, weiblich, tragisch, derjenigen der vorigen Nummer völlig ähnlich mit gedrehten Locken und hohem Onkos. Unklar blieb mir eine halbrunde Erhebung, dem Kopfe eines Lagobolon ähnlich. zwischen Kinn und Locken.]

2641. Basil. di S. Petronilla.

S.-Fr. Geriefelt. L. und r. unvollständig.

In einem viereckigen Raume ein rundes Medaillon, darin die Büste einer Frau zwischen 30 und 40, nur im Untergewande, das von der r. Schulter herabgeglitten ist. Der Kopf ist etwas n. r. gewandt. Augensterne sind stark angegeben, die Haartracht aus der zweiten Hälfte des dritten Jahrhunderts, die Porträtbehandlung noch gut. Oben im allein noch erhaltenen l. Zwickel Psyche, bekleidet, nach oben fliegend, in beiden Händen eine große Tänie. Auch ein Stück der mit der Platte zusammenhängenden Deckelfront ist erhalten, worauf n. r. schwimmend ein Seewidder und noch ein Seethier, theilweise erhalten.]

2642. Stud. Carimini.

S. Geriefelt. L. unvollständig. In der Mitte in rundem Medaillon eine weibliche Büste, deren Haartracht in die zweite Hälfte des dritten Jahrhunderts gehört. Darunter die Inschrift:

D · M
SALONIAE · FELICISSIMAE
ET · FIDELISSIMAE · BENE
MERENTI · QVAE · VIXIT · AN
NIS · LX · ATINIVS · IANVARI
VS · PETITIONI · EIVS · · BENE
FECIT]

2643. P. Rondinini.

S.-Fr. Geriefelt. Erhalten ist der Clipeus. enthaltend das Porträt eines jungen Mädchens. Darunter kreuzweise über einander gelegte Füllhörner.

2644. P. Mattei.

S.-Fr. Clipeus eines Sarkophags in Form einer Muschel: darin
das Brustbild einer Frau [Frisur des ausgehenden dritten oder vierten Jahrhunderts] mit Rolle in der Hand.

2645. V. Rondinini. ○

S.-Fr. Clipeus mit weiblichem Porträt. Darunter zwei sich
kreuzende Füllhörner.

2646. P. Mattei.

S.-Fr. Clipeus in Form einer Muschel; in derselben das Brustbild einer alten Frau. [Verdächtig.]

ZERREISSENDE LÖWEN.

[Vgl. Stephani, *C. R. pour 1867*, 146; Usener, *De Iliadis carmine quodam Phocaico*
Bonn 1875), 19; Heydemann, *Mitth. a. d. Antikens. in Ober- u. Mittelitalien* 107.]

2647. P. Aldobrandini.

Abgeb.: Gerhard, *Ant. Bildw.* LXXIX.
Vgl. Gerhard ebenda Text 317; Stephani a. a. O.; Usener p. 20.]

S. Geriefelt. In dem kleinen citronenförmigen Mittelschildchen
steht Eros mit der umgekehrten Fackel. An den Ecken je ein Löwe
[mit Gurt um Hals und Leib], der einen Eber erwürgt. Hinter
denselben erscheinen zwei die Arme erhebende Figuren, [bärtig.
mit langärmligem Chiton und Chlamys].

2648. P. Colonna.

S. Geriefelt. An den Enden rund. L. ein Löwe. der einen Steinbock, rechts ein zweiter, der einen Eber zerfleischt, [jedem der
Löwen sind Leib und Brust von einer Binde umgeben]. Von hinten nahen sich den Löwen eilig zwei Männer, [bärtig und struppig, in kurzärmliger Tunica und Chlamys]. In dem von den Riefeln umschlossenen Schildchen in der Mitte ein Ehepaar stehend.

2649. V. Gentili.

S. Oval. Geriefelt. In dem winzigen in der Mitte ausgesparten
citronenförmigen Mittelschildchen eine n. r. stehende, in gewöhnlicher Weise auf den Schild schreibende Nike.

R. und l. Löwen, die ein Thier zerfleischen: der Sarkophag ist so tief in den Rasen eingesunken, dass die Bestimmung der Thiergattung nicht mehr möglich ist; [scheint mir ein Reh. Hinter den Löwen r. ein bärtiger, l. ein unbärtiger Mann, die jeder die äußere Hand erhoben haben. Der Löwe hat ein breites Halsband und einen Gurt um den Leib].

2650. P. Fiano.

S. Geriefelt. An den Enden rund. Im Mittelschildchen ein Fass. An den Ecken Löwen mit Binden um Leib und Hals, welche durch einen Ring im Genick laufen, Steinböcke zerfleischend. Hinter den Löwen Pinien.

Noch verhältnissmäßig gute Arbeit.]

2651. P. Merolli.

S.-Fr. Groß. An den Enden rund. Erhalten ist ein Stück von der r. Ecke: Obere Hälfte eines Löwen n. l., dem das nach vorn niederfallende und nach hinten über den Rücken genommene Leitseil im Genick durch einen Ring läuft; hinter ihm steht ein bartloser Jäger in Jagdkittel und Chlamys n. l. gewandt, und hebt mit der R. eine Tuba, die er bläst: in der L. hält er einen Jagdspeer mit Widerhaken.]

[2652. V. del Drago.

S.-Fr. An den Enden rund. Erhalten ist nur das obere Stück der Rundung links: Löwe n. r., ein Füllen zerfleischend. In seinem Genick läuft durch einen großen Ring eine Leine, die vorn um den Leib geht und deren Ende über die Gruppe zurückfällt; in den Ring fasst ein hinter dem Löwen stehender bartloser Mann in Chlamys. Ein ebensolcher links hinter dem Löwen, in flacherer Zeichnung, in gegürteter Tunica und Chlamys, die R. an den Rand der Chlamys gelegt, in der L. einen großen ovalen, mit dem Gorgoncion geschmückten Schild.

Die Beine des Löwen und die entsprechenden unteren Theile der Figuren fehlen. Späteste Arbeit.]

2653. Pª di S. Maria del Pianto 34—35. [P. Cenci.]

S.-Fr. Groß. Ein Löwe n. l. zerfleischt einen Steinbock. R. erscheint hinter dem Löwen ein Mann, der die Hand erhebt.

[2654. V. del Grande.

S.-Fr. Groß. An den Enden rund. Von dem l. Ende ist erhalten: das Hintertheil eines Löwen n. r. Darüber ein fast bartloser Mann in Exomis und Chlamys n. l. gewandt, Kopf und l. Hand erhoben (letztere mit ausgebreiteten Fingern) n. r.; in der R. vor sich zwei Speere.]

[2655. V. Wolkonsky.

S.-Fr. Geriefelt. An dem Ende rund. Dort ein Löwe, über einen Eber hinschreitend; dahinter ein Mann. die l. Hand nieder. die r. hoch erhoben (nur die Hände und ein Theil der Brust erhalten).]

[2656. V. Massimi i. h. S.

S. Gr. M. Gerade geriefelt. An den runden Enden je ein Löwe, einen Eber zerfleischend. Auf dem Deckel ruht in Lgr. ein Ehepaar. Der Mann hält in der L. eine jetzt großentheils weggebrochene Schriftrolle.

Beide Hände der Frau sind ergänzt; bei beiden Figuren trennt ein zwischengeflicktes Halsstück den Kopf, über dessen Zugehörigkeit sich also nichts entscheiden lässt. Die Köpfe gehören beide nach Frisur, Haar- und Barttracht in die Mitte des zweiten Jahrhunderts. Eine moderne Platte liegt zwischen Deckel und S.

2656ᵃ. Via piè di Marmo. ○

S. Gerade geriefelt. An den Enden rund. Am l. Ende ein Löwe, einen Eber zerfleischend: das r. ist eingemauert.

2657. Via Bocca di Leone 32.

K.-S.-Frr. An den Enden rund. L. und r. zwei Löwen, die ein Füllen zerreißen. In der Mitte ein eingesetztes Fragment: l. Eros. mit der L. einen Korb aufstützend. Eros, im r. Arm ein Messer, mit der andern Hand einen Hasen erhebend. Unten rechts eine Maske (bärtig und Pansartig). Ein dritter mit Korb.

[2658. Via Sistina 48.

S. Geriefelt. An den Enden rund. Im Mittelschildchen eine Amphora: l. und r. je ein Löwe, ein Füllen zerfleischend; (diese beiden Seitendarstellungen sind nur noch zum Theil sichtbar).]

[2659. Basilica di S. Petronilla.

S. Geriefelt. An den Enden rund. An den Enden je ein Löwe. ein Füllen zerfleischend, dahinter ein Baum. Im Mittelschildchen eine Frau, die Hände zum Gebet in der bekannten Weise ausgebreitet erhoben.

Nbss.: Schilde und Speere.]

2660. V. Carpegna.

S.-Frr. Der S. war groß und an den Ecken rund. Löwen zerfleischen einen Hirsch; [dahinter Pinien].

2661. V. Rondinini.

S.-Fr. [R. Ende eines rund abgeschlossenen S's.]
Ein Löwe zerfleischt ein Pferd; [vorn und hinten je ein Baum].

[2662. Vigna del Pigno.

S.-Fr. Geriefelt. An den Enden rund. An dem r. Ende erhalten: ein Löwe, ein Füllen zerfleischend.]

[2663. V. Torlonia.

S.-Fr. Groß. An den Enden rund. Erhalten ist nur noch ein Stück von der Rundung zur R.: ein Löwe, einen Eber zerfleischend.]

2664. V. Panfili.

S.-Fr. Ein Löwe n. r., einen Eber zerfleischend.

2665. P. Corsetti.

S.-Frr. Der S. war groß mit runden Abschlüssen; nur diese sind erhalten.

Löwen, die je ein Füllen zerfleischen. In der Mitte ein Springbrunnen in Form der Meta sudans; oben ist ein Stück antik. [Letzteres ist ein Irrthum; ergänzt nach einem bekannten ähnlichen Stück in der Gal. de' candelabri.]

[2666. Vigna Guidi.

S.-Fr. L. und H. etwa 0,27. Nicht oval. Zuunterst ein Löwe, von dem außer dem Kopfe nur wenig vom Körper erhalten, brüllend, mit zornigem Ausdruck; sein Kopf wird niedergehalten durch die allein erhaltene Klaue eines zweiten Löwen.]

2667. S. Paolo (außen an der Ostseite der Klostermauer).

In der Mitte in dem kleinen ausgesparten Mittelschildchen von der Form eines Citronenblattes eine spitze Amphora. An den Seiten n. r. und l. schreitende Löwen.

2668. V. Mellini.

K.-S. Geriefelt. An den Enden rund. An den Ecken erscheinen zwei nach vorn zu schreitende Löwen, unter ihren Köpfen je ein Kantharos, [zu dem sie trinkend den Kopf niederbeugen].

2669. S. Maria in Trastevere.

S. An den Ecken [auf vertieftem Grunde] korinthische Säulchen.

Vorn ein n. r. schreitender Löwe [mit geöffnetem Rachen; unerklärbar ist mir etwas Kugelförmiges, das, in ebenso flachem Relief gebildet wie das Übrige, auswuchsartig von seiner Brust niederzuhängen scheint]. — Nbss. leer.

Flaches und spätes Relief.

[2670. Catacombe di S. Callisto.

S.-Fr. Nur die runde Ecke links zur oberen Hälfte erhalten. Ein Löwe mit Binden um Leib und Brust n. l. frisst aus einer Urne, aus der etwas wie Flammen emporschlagen. Vgl. die Flügelrosse auf dem S. im P. Salviati Nr. 2621.]

[2671. P. Rusticucci.

K.-S.-(S.-D.-?)Fr. L. und r. unvollständig. In der Mitte ein Krater, aus dem Wasser sprudelt; l. ein Löwe, r. eine Löwin, beide den Rachen wie brüllend geöffnet und emporgerichtet, und die eine der Vorderpranken erhebend; vor ihnen je ein nach innen umgestürzter Fruchtkorb. L. und r. werden Pinien sichtbar.

Flaches Relief.]

2672. P. Farnese.

Abgeb.: Bartoli, *Sepoleri* 35, mit der Unterschrift: »cassa sepolcrale di Cecilia
Metella, (dagegen Canina, *Via Appia* I, 87, 25) levata dal suo mausoleo oggi-
detto Capo di bove in tempo di Pavolo III e trasportata nel Palazzo Farnese in Roma, ove oggi si conserva«; Canina. *Edifizj di Roma* Tav. CCLXXII,
CCLXXIII, CCXC.]

Vgl. Inventar von 1697 *Documenti* II, 388; von 1796 *Documenti* I, 206, 412; Visconti, *Mus. P.-Cl.* V, 104, 1.]

S. Groß in Wannenform (L. etwa 3,00; H. ohne Deckel 1,07; Deckelhöhe
0,50. Der ganze Sarkophag ist geriefelt. Nur sind vorn an den beiden
Enden, in der Mitte der Höhe etwa: links ein Panther, r. ein Pferd
[so] angebracht, dass sie beide [nur] mit dem Halse wie aus einer
Öffnung hervorschauen. Die Basis der Wanne ist mit Perlenstab,
Akanthosblättern und einem riemwerkartigen geflochtenen Ornament verziert.

Der Deckel ist von gestreckten Voluten umgeben; in dem
leeren Raume darüber sind zwischen Blätterwerk Thiere gebildet.
die sich verfolgen oder fliehen: Löwen, Stiere, Panther, Hasen,
Hirsche, Hunde und Steinböcke. Den unteren Saum des Deckels
bildet ein Doppelmäander, der von zwei Blattornamentstreifen eingeschlossen ist.

2673. V. Medici.

S. Groß. An den Enden rund; mit Löwenmasken; nach unten wannen-
artig schmäler werdend.

Gute Arbeit.

2674. V. Massimi-Negroni.

S. Sehr groß und an den Enden rund. Geriefelt. An den Ecken befinden sich Löwenköpfe. In dem citronenförmigen ausgesparten
Mittelschildchen eine Victoria n. r.. die den l. Fuß aufstemmend,
auf einen Schild schreibt.

2675. P. Barberini.

s. Geriefelt. An den Enden rund. Rechts und links sind Löwenmasken angebracht. In dem citronenförmigen Mittelschildchen eine auf einen Schild schreibende Victoria.

2676. Piazza Capo di ferro.

s. Geriefelt. An den Enden rund. Die Löwenmasken haben Ringe durch die Schnauzen gezogen. In dem kleinen citronblattförmigen Ausschnitt befindet sich n. r. gewandt ein halber Widder.

[2677. P. Albani.

s. An den Enden rund. L. und r. Löwenmasken mit geöffnetem Rachen, aber ohne Ring. In der Mitte ein citronenförmiges Mittelschildchen, in dem vielleicht ursprünglich die Zeichnung einer Spitzamphora war.]

2678. P. Rospigliosi.

s. Geriefelt. An den Enden rund. An den Ecken Löwenmasken mit durchgezogenen Ringen.

2679. P. Corsini.

S. mit geraden Riefeln; an den Ecken Löwenköpfe.

2680. V. Panfili. ○

S.; von ovaler Form, geriefelt; an den Ecken stark hervorspringende Löwenköpfe.

2681. P. Aldobrandini.

s. Oval. Die Riefeln sind gerade. An den Ecken Löwenmasken [mit Ring im Rachen]; dahinter ovale Schilde.

2682. S. Maria in Aventino.

s. Oval mit geraden Riefeln. An den Seiten Löwenköpfe mit Ringen im Maul. Links von dem zur L. unter einem Baume ein bartloser Hirt mit gekreuzten Beinen, der sich n. l. auf seinen Stab stützt. Er trägt einen gegürteten Chiton und eine Tasche; [der Kopf ist nach vorn gewandt]. Auf dem Baume ein Vogel, neben ihm ein Schaf. Rechts von dem zur R. ein bärtiger Hirt [abgewandt], ebenso gekleidet wie der erste, auf seinen Stab sich aufstützend und das Gesicht in die Hand legend; [auf dem Baume zwei Vögel, unten ein Schaf; dahinter der lange Hals noch eines nicht mehr sichtbaren Thieres].

2683. V. Panfili.

S. Oval. L. 1,90; H. 0,55. Die Oberfläche ist sehr zerfressen.

[2684. Basil. di S. Petronilla.

S. An den Enden rund. Geriefelt, mit zwei großen Löwenköpfen, welche Ringe im Rachen halten. Die Mitte ist ausgebrochen. 2 Exx.]

GERIEFELT MIT LÄNGLICHEM MITTEL-
SCHILDCHEN.

2685. Quirinal.

S. Geriefelt. An den Ecken Eroten mit umgestürzter Fackel und Kränzen in der hängenden Hand]. In dem ausgesparten Mittelschildchen ein hölzernes, mit Reifen beschlagenes Fass.

2686. V. Carpegna.

S.-P. Eigenthümlich ist, dass die Figuren kaum mehr als eingeschnitten sind; vielleicht war der S. in der ersten Anlage begriffen und ist so geblieben.

R. und l. Eroten mit der umgekehrten Fackel; in dem citronenförmigen Mittelschildchen ein Geräth von der Figur eines modernen Fasses, oben und unten mit Reifen gebunden. Auf der Vorderseite des Deckels, die mit der Platte aus einem Stück gearbeitet ist, zwei Paare auf einander zu schwimmender Delphine. Inschrift:

E /(τν)ΧΙ

ΕΠΙΚΤΗ

CΙC

Für den letzteren Namen vgl. Kekulé, *Theseion* Nr. 284, wo ich deutlich las: ΕΠΙΚΤΗCΙC; auch *C. I. Gr.* IV, p. 537 n. 9638: ΕΠΙΚΤΗΣΙΣ [ebenso *C. I. Gr.* 3741 = Lebas V, 1163 = Kaibel, *Epigr. gr.* 346 (in dessen Index der Name jedoch fehlt).]

2687. Quirinal.

S. Geriefelt. Im Mittelschildchen eine spitze Amphora mit Deckel.

L. und r. je ein der Mitte zugewandter sitzender Eros, das innere

Bein hoch aufgestellt, unter der inneren Achsel auf eine umgekehrte Fackel gestützt, in der niederhängenden inneren Hand einen Kranz, schlafend den Kopf auf die äußere Hand, diese auf die innere Schulter gelegt. Unter dem Felssitz kommt je ein Hase hervor, Trauben oder Nüsse naschend.]

[2688. P. Rondinini.

K.-S. Geriefelt. An den Enden rund, doch ist durch Zuspitzung der vorderen Ecken vorn eine gerade Fläche hergestellt; im kleinen Mittelfeld ein Faß.

L. an der Ecke Eros mit Chlamys, im l. Arm einen Pinienzweig, im r. einen Fruchtkorb: rechts ebenso, doch im r. Arm einen Stab mit Knopf oben und unten, im l. Arm Fruchtkorb mit Tänien.]

2689. Via del Corso 173.

Beschr. von Zoega A. 529, 1: »P. Raggi«.

S. An den Enden rund. An den Seiten sehr zerstört. In dem kleinen citronenförmigen Mittelschildchen ein Gefäß mit Früchten.

L. und r., [jedoch noch auf der Vorderseite] aus Blumen hervorgehend nackte (weibliche?) Gestalten. Die nach innen zu gewandten Arme sind aufwärts gebogen, (die äußeren zerstört und die Hände scheinen das Haar zu ordnen (Zoega: »ciascuno colla mano più vicina al centro pone una corona sulla propria testa, nell' altra applicata al petto forse tiene un ramo o pedo«). [Die Gestalten sind bekleidet mit einer vorn bis zur Magengegend niederhängenden Chlamys und allem Anschein nach männlich, außerdem mit großen Schulterflügeln, also Eroten.]

2690. P. Colonna.

S. Geriefelt. Die Riefeln umschließen in der Mitte ein Schildchen von der Form eines Citronenblattes; in demselben ist ein Knabe mit Lagobolon und Fruchtkorb gebildet. An den Ecken der Vorderseite je eine weibliche Gestalt in griechischem ärmellosem Chiton [und gebauschtem Gewande] wie eine Bacchantin gekleidet, die quer vor sich eine Guirlande hält [Horen, vgl. O. Jahn, Arch. Beitr. 64, 40]. An der Erde ein mit Früchten gefüllter Korb, auf dem ein Vogel sitzt. Auf einem Pfeiler zur Seite steht eine Vase von geschweifter Form. — Nbss.: Greife.

2691. V. Borghese.

S. Geriefelt. An den Ecken je ein Hirt in gegürteter Tunica, auf dem Rücken ein Schaf tragend, in der Hand einen Krug:

[neben ihm ein Baumstamm]. In dem ausgesparten Feldchen in der Mitte eine Tonne mit Reifen.

Christlich.

[2692. Lateran. (Hospital-Hof.)

S. Geriefelt mit Mittelschildchen, worin eine Spitzamphora; an den Enden rund; auch an den Seiten geriefelt.

An den Enden der Vorderseite in ausgespartem Felde vor einem Vorhange links ein bartloser Mann mit breitem Togastreifen (Hände weggebrochen, Gesicht sehr zerstört); neben dem r. Bein ein Schriftbündel: r. eine Frau in Frisur des vierten Jahrhunderts, n. r. vorschreitend, (beide Hände weggebrochen); die r. Hand lag vor der Brust, die l., welche den zurückfallenden Mantel trug, ging vor.]

2693. S. Agnese f. l. m.

S.-Fr. Geriefelt. In dem citronenförmig ausgesparten Schilde stehen Eros und Psyche, sich umarmend.

GERIEFELT MIT ZWEI BRUSTBILDERN
IN DER MITTE.

2694. P. Castellani.

S.-Fr. [Oval und groß; der Körper des S. war gerade geriefelt.]

Das Brustbild des Verstorbenen in Toga mit breitem Bruststreifen, in der L. eine Rolle, kommt aus einem breiten Kelche von Akanthosblättern hervor. Der Kopf ist abbozzirt.

[Das Stück ist gerundet und befand sich an der r. Seite eines ovalen Sarkophages; ein entsprechendes Stück von der l. Seite, ebenfalls aus Akanthosblättern hervorwachsende männliche bekleidete Büste, an der l. Hand einen Siegelring, ist weiter oben eingemauert auf dem Absatze des zweiten Geschosses.]

12*

GRABESTHÜR.

2695. P. Barberini.
Beschr. von Zoega A. 404.

S. Sehr groß. Geriefelt. An den Ecken befinden sich geriefelte Säulen mit korinthischen Kapitälen. Zwei ebensolche in der Mitte tragen ein Tempelfastigium.

In dem Giebelfelde liegt l. Tellus mit Füllhorn, r. Oceanus mit dem Ruder. Auf dem Dache r. und l. blasende Tritonen. Die Flügelthüren sind mit Löwenköpfen verziert, die zur L. ist etwas geöffnet. Die Nebenseiten sind unbearbeitet gelassen.

Von ausgezeichneter Erhaltung. Verwandt ist der Sarkophag bei Gori, *Columbarium Liviae* tab. x, a.

[2696. V. Casali.
Vgl. *Bull. dell' Ist.* 1873, 19 (Brizio).
Gefunden in Vigna Casali.

S. Geriefelt. An den Ecken korinthische, ebenfalls geriefelte Säulen. In der Mitte eine Thür; der dreieckige Giebel ruht auf ebensolchen Säulen; im Tympanon Kranz mit Tänien.

In den Zwickeln l. ein aufwärts, r. ein abwärts liegender Eros mit Fackel. Der l. Thürflügel steht etwas auf. Die Thür ist in vier Felder getheilt: in den beiden unteren sind große Ringe in Angeln, in den oberen die Schlossvorrichtung. Der S. hat einen schrägen, als Dach behandelten Deckel.

Nbss.: Schild, von Speeren überkreuzt.]

[2697. Via Margutta 33.

S. Geriefelt. An den Ecken runde glatte korinthische Säulen.

In der Mitte zwischen ebensolchen Säulen, gekrönt von einem Giebel, auf dessen Ecken sich bartlose Masken befinden, eine angelehnte Doppelthür, in deren vier Abtheilungen vier auf die umgekehrte Fackel gestützte Eroten in der bekannten Weise stehen.

Nbss.: je eine nach vorn sitzende Sphinx, hinter der ein Baum.

Angeblich gefunden in Via del Babuino.]

[2698. P. Colonna.

Beschr. von Zoega A. 513.

S. Geriefelt. In der Mitte ruht auf geriefelten korinthischen Säulen ein Giebeldach mit Akroterien, und im Felde eine runde Scheibe. Die Säulen schließen eine Thür ein, deren l. Flügel angelehnt ist. Die Flügel sind in je zwei quadratische Felder getheilt, welche durch vertiefte Kanäle getrennt sind; der Flügel zur L. zeigt im oberen Felde eine Art länglichen Klopfer, im unteren einen Ring, der zur R. im oberen ein Schloss mit zwei Öffnungen, im unteren einen an einem Nagel hängenden Schlüssel. An den Ecken r. und l. ebenfalls geriefelte korinthische Säulen.

Nbss.: Zwischen je zwei mit der Rundung gegen einander gestellten Amazonenschilden eine aufgerichtete Bipennis.]

[2699. V. Massimi-Negroni.

S. Geriefelt. L. und r. an den Ecken korinthische cannellirte Säulen.

In der Mitte auf glatten korinthischen Säulen ruhende Aedicula mit Giebel und Eckakroterien. In der Mitte des durch die Säulen eingefassten Raumes wieder eine nach oben sich leicht verjüngende Thür mit großem, durch Consolen unterstütztem Deckstein. Auf der Thür die Inschrift:

D . M
OFILIAE · C · F ·
MARCIANAE ·
QVAE · VIXIT · ANNIS ·
XXVIII · MENS · X ·
DIEBVS · XXII ·
C · OFILIVS · C · F ·
HERMETIANVS ·
CONIVGI · B · M · CASTAE ·
PVDICAE · FECIT · ET · SIBI ·]

2700. S. Sabina.

S.-Fr. Geriefelt. L., r. und unten gebrochen. In der Mitte von zwei korinthischen Pilastern flankirt ein Thor mit geschlossenen

Flügelthüren, [deren allein erhaltene obere Felder durch je eine,
der Mitte zugewandte Maske in flachster Arbeit geschmückt sind];
über denselben ein Giebelfeld, in dessen Mitte ein Kreis, auf den
zu sich von l. und r. eine Schlange bewegt. Über diesem Theile
der Platte erhebt sich ein schmälerer zweiter, [deckelartiger], gleichfalls geriefelter mit der Inschrifttafel:

D   M

C · NOVIO · C · FiL· IVCVNDIANO

NOVIA · RVFINA · FRATRI · B · M · F

[n. m. A.]

EINFACH, UNGERIEFELT.

2701. V. de' Giubbonarj 74.

S.   Einfach und ungeriefelt.   In der Mitte die Inschrift:

D   M

LVCILIAE · IANVARIAE

L · CASSIDARIVS · INGENVVS

FEC . MATRI · PIENTISSIME

NICHT ZU CLASSIFICIREN, WEIL ZU FRAGMENTIRT.

2702. P. Merolli.

S.-Fr. Mittelstück. Vor einem die obere Hälfte einnehmenden
Parapetasma steht auf niedrigem Postament mit rundem Abschluss
die Büste eines kurzbärtigen ältlichen Togatus. Die Augensterne
sind stark angegeben, die r. Hand kommt aus dem Gewande her-

vor und fasst dasselbe, die l. (Ring am Ringfinger) hält eine Rolle. L. unten ein Vogel n. l., n. r. aufschauend; r. ein umgestürzter Fruchtkorb.]

[2703. V. Wolkonsky.

S.-Fr.? Gr. M. Auf einer Basis, welche die Gestalt einer einfachen Hohlkehle hat, sieht man noch die gekreuzten Beine eines stehenden Eros, der sich auf die r. neben ihm befindliche, nach unten gekehrte, oben mit einem Kranze geschmückte Fackel stützte. Der Eros selbst hat sein Gewand in merkwürdiger Weise um die Hüften genommen. Links scheint das Relief abgeschlossen zu haben, da das Profil der Basis auch an der Seite fortgeführt ist, während r. sich vielleicht eine Sarkophagvorderseite daran schloss.]

[2704. Stud. Jerichau.

S.-Fr. R. Ecke. Eros auf einem Fels n. l. sitzend, rückwärts unter der l. Achsel auf die umgekehrte Fackel gestützt, den Kopf (Augen geöffnet) auf die r. Hand gelehnt, welche auf der l. Schulter ruht; der l. Flügel ist noch auf der Nbs. angedeutet. Unten am Fels eine Schlange n. r.]

[2705. Stud. Jerichau.

S.-Fr. Groß. Erhalten ist die r. Ecke der Vorderseite mit der r. Nbs. Gr. H. der vom Schenkelansatz abwärts weggebrochenen Figur: 0,45.

Eros in Chlamys, den r. Arm seitwärts erhoben; im l. Arm hatte er einen fast gänzlich weggebrochenen Pinienzweig.

Nbs.: Greif.

Gute Arbeit aus dem Ende des zweiten Jahrhunderts.]

[2705ᵃ. Stud. Monteverde.

S.-D.-Fr. Grauer gr. M. Jugendliche dickbackige Eckmaske nur zur unteren Hälfte erhalten. Von der Darstellung ein n. r. fliegender Eros mit großer Fackel, die er mit beiden Händen vor sich hält.]

[2706. Catacombe di S. Priscilla.

S.-Fr. (gr. H. von oben bis zur Mitte der Oberschenkel 0,51). Victoria in ärmellosem Chiton bewegt sich n. l., Kopf n. r., und hält in der erhobenen R. das Ende einer Guirlande, welche die niedergehende, jetzt fehlende L. wohl ebenfalls fasste.

Die Beine fehlen. Oben Abschluss durch eine Leiste. Gute Arbeit.]

2707. V. Gentili.

S.-Nbs. Ein sitzender Greif n. r. gewandt.

DIOSKUREN.

2708. P. Mattei.

[Abgeb.: *Mon. Matth.* III, 19, 2.]
Beschr. von Zoega A. 389, 29.

S.-Fr. Einer der Dioskuren, nackt bis auf die Chlamys, schreitet
n. r. und reißt [sich umwendend] mit der R. sein galoppirendes
Pferd nach dieser Seite, über der Spitze seiner Mütze ein Stern:
an der l. Seite trägt er das Schwert. Zu seinen Füßen liegt ein
Flussgott mit Schilf bekränzt; der l. Ellbogen ruht auf der Urne,
mit der R. packt er den Hals eines hervorschießenden Seedrachen.
Auf sein Haupt tritt mit dem l. Fuß ein nackter Eros, nach r.
blickend. Er hat einen nach unten gerichteten Speer in beiden
Händen (Zoega vermuthet ursprünglich eine Fackel, »le mani sono
ristaurate«). Oben über der r. Schulter des Dioskuren ist eine
Flussnymphe mit Wasserurne gelagert. L. unten steht ein zweiter
Eros, im r. Arm einen Schilfstengel, mit der L. einen gefüllten
Korb unterstützend, den er auf der gleichnamigen Achsel trägt.
Die ganze Composition ist zwischen korinthische von einem Bogen
überspannte Säulen gestellt.

2709. V. Panfili.

S.-Fr. (?) Kolossal. Ein n. l. weit ausschreitender nackter Jüngling reißt ein n. r. galoppirendes Pferd n. l. Der Kopf ist n. r.
gewendet, über den r. Arm ist ein Gewandstück geworfen, doch
ist möglicherweise der ganze obere Theil des Pferdes und seines
Führers von Stuck [sicher].

Vorauf neben dem vorgesetzten r. Beine des Jünglings schwebt
ein schlanker Eros, zu jenem aufblickend. Vor sich hält er schräg
eine Fackel. Hinter dem Rücken eine Chlamys.

Zwischen den Beinen des Jünglings erscheint ein kleiner n. l.
schreitender Eros mit Chlamys. Er blickt gleichfalls n. r. oben,

und scheint einen deutlich erkennbaren Köcher zu zerren (Hände
zerstört). Zwischen seinen Beinen ein Kranz von Rosen (?).
Unter den Beinen des galoppirenden Pferdes schwebt n. l. ein
Eros, die L. gesenkt. Auf dem Kopfe trägt er einen Korb, den
er mit der R. unterstützt. Die ganze Composition ist zwischen in
Schneckenwindungen geriefelten Säulen eingeschlossen, die oben
gleichfalls mit Stuck erhöht scheinen.

R. davon erscheinen noch (unten wohl antik [wenn überhaupt, nur
äußerst wenig ganz unten links]; eine Frau und ein Kind, n. l. schreitend. Das Kind, lang bekleidet, blickt n. r. oben zu seiner Mutter ?) auf. Vor sich trägt es in der L. ein Gefäss, auf das es die
R. legt. Die Frau, im doppelten Gewande, legt die L. vor die
Brust und erhebt die R.

Gute Arbeit.

2710. P. Lancelotti.

s.-Fr. Ein nackter Mann (Dioskur?) schreitet n. r. über einen
n. l. gestreckten Flussgott hinweg [der oben bocksartige Hörner
hat und im l. Arm einen Schilfzweig]. Von jenem ist nur der untere
Theil des Körpers erhalten.

ELEMENTAR.

[2711. V. del Grande.

s.-D.-Fr. R. unvollständig. Gr. L. 0,35; H. 0,17. Gr. M.   Links gewahrt nan den Oberleib des bärtigen Caelus e. f., in bekannter
Weise das Gewand über sich gewölbt, welches er mit beiden Händen fasst. R. von ihm eine n. r. liegende Nymphe (?), auf ihrem
erhobenen l. Knie eine Wasserurne, auf die sie die Hand legt.
Köpfe zerstört, Arbeit gut. Vgl. den Sarkophag: *Mus. Pio-Cl.* IV, 18, sowie
Zoega und Welcker in Welcker's *Zeitschr. f. Gesch. und Anst. d. alt. Kunst*, 375.]

ENDYMION.

I. Selene v. l., Endymion n. l.

2712. V. Panfili.

Zeichnung aus Samml. dal Pozzo bei A. W. Franks 62, Federskizze von einer Künstlerhand aus der ersten Hälfte des 16. Jahrhunderts.

Beschr. von Zoega A. 286.

[Vgl. Zoega, *Bassir.* 206, 14; O. Jahn, *Arch. Beitr.* 52, Y; Gerhard, *Arch. Zeit.* 1862, 270, 12.]

S.-P. Ein kahlköpfiger Hirt in Exomis sitzt n. r. vornüber-gebeugt; vor ihm ein Hund. Oben über ihm auf dem Felsen vier nicht weiter bestimmbare Thiere. Eine weibliche Figur in kurzem gegürtetem Chiton und Stiefeln führt, sich n. r. umsehend, das Zweigespann der Selene n. l. Auf dem vorderen Pferde kniet mit dem l. Beine, sich n. r. umsehend, ein Eros. Selene steigt n. r. vom Wagen: ihr Gewand flattert bogenförmig über ihr. Ein Eros schiebt sie von hinten. Ganz oben fliegen von zwei Seiten Eroten auf sie zu. Endymion schläft unter einem Baume, die R. auf den Kopf gelegt, den l. Ellbogen aufgestützt. Unten umhüllt ihn ein Gewand, das ihm oben ein sich nach Selene umschauender Eros entzieht. Über ihm erscheint [mit dem r. Arme aufgelehnt] in ärmellosem Chiton der Schlafgott mit Schmetterlingsflügeln, in der R. das Horn, dessen Inhalt er auf den Schläfer entleert. An den Ecken je ein Eros mit der umgekehrten Fackel.

Hohes Relief; gute sorgfältige Arbeit; nicht überfüllt.

(Zunächst vor dem Relief ein Stück aus Stuck: ein Pferd wird von zwei Jünglingen n. r. geführt; ein nackter Mann, dem eine weibliche Figur aufzu-helfen scheint, liegt n. l. gestreckt auf der Erde.)

2713. P. Farnese.

S.-P. L. und r. gebrochen. L. hält die Flügelfigur die sich bäu-menden Rosse des Zweigespanns, [auf dem vorderen derselben steht ein Eros]; unter denselben liegt Gaia mit Füllhorn [vom Rücken gesehen; neben ihr hinten ein Eros]. Vom Wagen steigt Selene n. r.; [über ihren Schultern wird die Mondsichel sichtbar; ein Eros lüftet l. oben ihr bauschendes Gewand]. Eros entblößt den nur unten bekleideten, n. l. gestreckten Endymion. [Vor Selene her schreitet auf den Endymion zu ein bis auf die hinter ihm flatternde Chlamys nackter Jüngling.] Über ihm erscheint n. r. gewendet Hypnos, nackt, mit einem reichen Blätterzweig (Eichen: (vgl. Zoega, *Bassir.* II, 209, wogegen O. Jahn, *Arch. Beitr.* 53, 4]) in der L. Am Kopfende von Endymions Lager liegt der Hund. In der Höhe in kleinen Figuren eine Nymphe, in der R. einen Zweig; mit dem l. Ellbogen lehnt sie sich an die Schulter einer nackten bärtigen Lokalgottheit. [Unten am Rade des Wagens liegt eine Ziege.]

[2714. V. Pacca.

S.-P. Wohl aus Ostia. Unten, auch l. und r. unvollständig. Selene steigt n. r. von ihrem Wagen; die Mondsichel wird hinter ihren Schultern sichtbar. Mit beiden Händen hält sie über sich ihr bogenförmiges Gewand. Das [sehr zerstörte] Gesicht scheint als Porträt gebildet gewesen zu sein. Ein kleiner [ebenfalls sehr zerstörter] Eros unterstützt sie, während ein anderer, in der L. die Fackel, den schlafenden Endymion aufzudecken scheint; dieser lag in gewöhnlicher Weise, den r. Arm über den Kopf gelegt: über ihm hält der Schlafgott, wie es scheint mit entblößtem Arm, das Horn [Kopf und Schultern weggebrochen]. Vor Selene, zwischen ihr und dem Hypnos, wird noch ein nackter Jüngling n. r. sichtbar [Kopf weg, überhaupt sehr zerstört]: Hesperos? Die ungeduldigen Rosse der Selene werden von der bekannten amazonenhaft gekleideten Flügelfigur gehalten; ihr r. Arm geht nach vorn nieder, wo man noch Baumreste zu gewahren glaubt. Unter den Rossen noch der Kopf der Gaia, über ihnen Hymenaios in Chlamys, aber mit großen Schulterflügeln e. f., jedoch den Kopf der Selene zugewandt. Auf dem ersten Rosse stand ein jetzt fast ganz weggebrochener Eros (?), der mit der R. in die Mähne des Rosses gefasst zu haben scheint. Links noch geringe Reste des n. r. gebückt sitzenden Hirten, zu dessen Umgebung noch ein vor den Rossen auf Felsgrund n. r. liegender Bock und eine Ziege zwischen Selene und Endymion gehören, von welcher wenigstens der Kopf in ganz flacher Zeichnung angegeben ist.

Sehr zerstört.]

2715. S. Paolo f. l. m.

[Abgeb.: Gerhard, *Ant. Bildw.* 39.]

Beschr. von Zoega A. 30ᶜ.

[Vgl. Winckelmann, *Mon. ined.* 25; Zoega, *Bassir.* II, 206, 14; 208; Gerhard
a. a. O. Text 283; O. Jahn, *Arch. Beitr.* 52 H; 56; Gerhard, *Arch. Zeit.* 1862,
269, 6; *Ann.* 1869, 30 (Dilthey).]

S.-P. R. unten liegt auf einem Felsen ausgestreckt, die lange
Chlamys als Unterlage benutzend, Endymion. Die r. Hand (der
Arm fehlt) war sicher an den Kopf gelegt; der r. Fuß (auch dieser fehlt
jetzt sammt dem Unterbein) ruhte auf dem Hunde; ein zweiter Hund
liegt vor ihm. Über ihn beugt sich von r. der Schlafgott, nackt
und weichlich gebildet mit Tänie im Haar (Zoega nahm noch zwei
Flügelchen wahr); in der R. hält er das (jetzt [fast ganz] zerstörte)
Horn, in der L. einen Zweig mit Blättern, [wie es scheint von
Pinien]. Von einem mit Rindern bespannten Wagen herabgestiegen naht sich [wie schwebend] dem Schläfer Selene, bräutlich verhüllt, [vorn auf dem Kopfe die Mondsichel]. Ihr l. Arm wird
unterstützt von einer jugendlich weiblichen Gestalt im [ärmellosen]
Chiton mit Überfall, die, wie man aus den Falten des Gewandes
sieht, in eiliger Bewegung n. l. begriffen ist [nach Zoega Aphrodite, nach Gerhard und Dilthey die Nacht]. R. zwischen ihr und
dem Schlafgott erscheint n. r. schwebend ein nackter Eros. Über
der ganzen Gruppe, auf einander zu schwebend, zwei nackte Knaben, deren Gewand sich bogenförmig hinter ihren Häuptern wölbt.
(der zur L. ist jetzt völlig zerstört); im leeren Raume zwischen beiden
drei Sterne. Auf dem Wagen sitzt noch [d. h. steht in sitzender
Stellung] n. l. nackt bis auf das bogenförmig über ihr flatterude
Gewand Aphrodite [so auch Gerhard und Jahn], (Zoega: »la notte«,
neben ihr [unter ihrem r. Arm] Eros, [sich nach Selene umschau-
end]. Unter den Rindern Gaia, neben welcher r. ein [See-]Drache
[vgl. Jahn a. a. O. S. 60] und l. Oceanus, der eine gewundene
Muschel aufstützt. Den Wagen leitet die bekannte amazonenartig
gekleidete [geflügelte] Figur mit Stiefeln (Zoega: »Iride«). In der
Höhe ein Berggott und eine Nymphe in traulichem Gespräch:
ersterer erhebt erstaunt die L. Rings um sie [wie auch r. oben]
lagern Ziegen und Schafe, [auch ein Baum ist angegeben]. Links
davon in kleiner Figur fährt auf einem Wagen (nur das Rad, [Wagen-
stuhl], und Hintertheil eines Rosses sind erhalten) der langgewandete Helios
(Zoega: »una donna«) von dannen. [Vor ihm unter den Rossen
schwebt eine kleine, sehr zerstörte, sich umschauende Flügelfigur.]
Darunter (in größeren Verhältnissen) steht mit gekreuzten Beinen

(Obertheil zerstört) eine jugendlich weibliche Figur [von l. n. r. schreitend, in feinem Untergewande, den Unterkörper noch mit einem Mantel bekleidet. Vor ihr Schilf; über ihr noch ein Eros, jetzt kopflos, n. r.]. Neben ihr kniet ein Kalb.

Die Arbeit ist frisch und kräftig, durchaus nicht plump, wie Gerhard sagt.

2716. V. Borghese.

[Abgeb.: Gerhard, *Ant. Bildw.* Taf. XXXVIII.]
Beschr. von Zoega A. 480*.
[Vgl. Winckelmann, *Werke* II, 576; III, 180; *Mon. ined.* 2, 129; Zoega, *Bassir.* II, 206, 14; 208; Gerhard a. a. O. Text 281; O. Jahn, *Arch. Beitr.* 52, F; Gerhard, *Arch. Zeit.* 1862, 269, 9.]

S.-P. [L. unvollständig.] Von ihrem Wagen, der von zwei Rossen [Hengsten] gezogen wird, steigt n. r. Selene herab mit bogenförmig über ihrem Haupte wallendem Mantel. Auf dem vorderen der Rosse steht Eros, eine kleine Fackel in der R. schwingend. Eine von links oben herbeischwebende [zurückblickende] weibliche Flügelfigur lüftet den sich wölbenden Mantel der Selene. Eros mit Fackel, dem Hesperos als Hymenaios in Gestalt eines [geflügelten] Jünglings voran schwebt, weist sie auf den n. l. gelagerten, völlig bekleideten Endymion hin [in Exomis, Mantel und Gamaschen, im l. Arm einen Stab; neben ihm schläft sein Hund]. Zwischen beiden steht [oder hockt vielmehr] in sehr kleiner Figur ein auf die umgekehrte Fackel gestützter Eros: über dem Kopfe des ersten kommt ein dritter zum Vorschein. Über dem Haupte des Endymion entleert Hypnos, nackt bis auf die Chlamys, im l. Arm einen Mohnstengel, mit großen Schmetterlingsflügeln, sein Horn. Im Hgr. erscheint mit Kopf und Brust eine weibliche schilfbekränzte Figur, die die L. an ein Rohr legt: sie ist n. r. gewendet, ebenso wie eine zweite bekleidete Nymphe [Eckfigur], die im Schoße Früchte trägt. Die Rosse hält am Zügel die bekannte hochgeschürzte, n. l. schreitende weibliche Gestalt; unter den Rossen liegt Tellus, [den l. Arm auf einen Fruchtkorb gestützt], ein Füllhorn haltend, das von einem Eros unterstützt wird; über ihrem Ellbogen kommt noch ein anderer kleiner Eros zum Vorschein, der in der R. ein Lagobolon hält und mit der l. Schulter einen Schlauch unterstützt. Weiter links sitzt n. r. auf einer kleinen Erderhöhung ein Hirt in Exomis, den Kopf in die l. Hand legend. An der l. Ecke zwei bekränzte Nymphen mit entblößtem Oberleib. Oben in der Ecke links fährt Helios mit dem Viergespann auf; ihm leuchtet Eros [doch wohl Phosphoros zu nennen] mit der Fackel;

rechts oben verschwindet Selene mit den Rindern, ein Knabe mit Fackel [Hesperos] voran. [Oben links lagert ein jugendlicher Berggott, mit dem r. Ellbogen auf eine Urne gestützt, den Kopf auf die Hand: im l. Arm einen Schilfstengel, über der l. Schulter Gewand. Hinter Endymion wird noch ein n. l. eilender Eros sichtbar, im l. Arme eine Fackel [?], rückwärts aufschauend zu Hypnos: ein anderer Eros spielt im Vgr. beim Rade des Wagens mit einer Ziege. Bei dem Steine, auf dem der Hirt sitzt, gewahrt man — ein verständlicher Scherz (vgl. Nr. 2727) — einen Widder. der eine Ziege von hinten angreift.]

2717. P. Doria [noch zu Braun's Zeit in V. Panfili].

[Abgeb.: Braun, *Ant. Marmorw.* I, Taf. 8.]

Beschr. von Zoega A. 531, 3: »V. Panfili«.

[Vgl. Winckelmann, *Werke* II, 525; *Mon. ined.* 2, 25; Zoega, *Bassir.* II, 206, 14; O. Jahn, *Arch. Beitr.* 52, G; Wieseler, *Phaethon* 25, 4; Gerhard, *Arch. Zeit.* 1862, 269, 7.]

S. Jetzt mit so dicker Farbe übermalt, dass man wegen der Ergänzungen allein auf Zoega angewiesen ist.

L. oben in der Ecke fährt in kleiner Figur über den mit den Zeichen des Thierkreises versehenen Zodiacus Helios mit seinem Viergespann herauf. Mit Ausnahme der Brust der Rosse ist hier alles modern: »del Zodiaco sono antichi soltanto i due capi: il resto coi segni incisi è moderno« [doch ist l. unten das Stück eines Zeichens noch sicher antik]. Darunter steht eine aus zwei weiblichen Figuren bestehende Gruppe. Die erste der beiden, deren Oberkörper völlig entblößt ist, steht mit gekreuzten Beinen da; den Kopf umgiebt ein Kranz, von dem ich Spuren wahrzunehmen glaubte (Zoega: »coronata di piante palustri«); der r. Arm war ausgestreckt, doch ist der Unterarm Ergänzung. Ihre Gefährtin, welche die r. Hand auf die Schulter legt, ist bekleidet; sie hebt mit der L. einen Zipfel ihres Obergewandes [Hand und Zipfel neu, Motiv sicher]; den Hinterkopf bedeckt ein Tuch; die Züge sind die einer alten Frau. R. neben ihnen sitzt [n. l.] ein [alter] Hirt in Exomis mit Tasche und Stiefeln, die R. gestützt, in der L. das Lagobolon. Zu seinen Füßen ein Schaf und eine Ziege. Die gewöhnliche amazonische Flügelfigur bringt die sich hoch aufbäumenden Rosse [Hengste] zum Stehen; ihr r. Unterarm ist neu, nach Zoega fehlt der Kopf, [doch ist der jetzige Kopf alt]; ein auf dem Rücken der Rosse stehender Eros ist mit den breiten und schweren Zügeln beschäftigt, nach Z. neu bis auf die Füße. Unter den Rossen liegt Tellus mit Ähren und Blumen im Haar; in den Händen hält sie ein gefülltes Horn, das ein Eros stützt; [hinter ihr ein Fruchtkorb].

R. neben ihr lagert eine Ziege. Vom Wagen herab steigt Selene
in gegürtetem Chiton mit Überschlag: über den Schultern kommen
die Spitzen des Halbmondes hervor, »come suol avere il dio Luno« [nach
sicheren Spuren ergänzt]; ihr Gewand wallt bogenförmig um Haupt und
Schultern; an dasselbe hängt sich ein weibliches, von l. herbei-
schwebendes Figürchen [ohne Flügel]: »moderna la testa ed il braccio
destro colla spalla e poco del braccio sinistro«; l. davon ein Eros: »tenente
una torcia«; zwischen diesem und dem Gespann des Helios über dem Kopfe der
amazonenartigen Figur scheint etwas weggemeißelt zu sein.   Der Selene, die
übrigens Porträt ist [Haartracht ideal, aber in Anlehnung z. B. an Didia Clara:
Cohen III, pl. VI], fliegt vorauf Hymenaios mit großen Schulterflügeln.
Chlamys und Fackel.   R. am Boden Endymion, der in einer Art
Exomis, [welche r. Brust und Arm freilässt] und Stiefeln n. l. gestreckt liegt: »il braccio sinistro è moderno assieme col pedo di cui non trovo
vestigio antico«, [neu ist auch der über dem Kopfe liegende r. Arm und vieles
an den Beinen].   Über ihn beugt sich der Schlafgott [jugendlich, bloß
mit auf der r. Schulter geknüpfter Chlamys] mit weiblicher Haartracht.   Von der r. Hand sind mindestens einige Theile neu: »le braccia perite«.
Außer ihm sind noch zwei Eroten gegenwärtig; [der vordere hat
eine Fackel, der zweite beruhigte vielleicht den zu Füßen des Endymion liegenden Hund, welcher den Kopf aufmerksam erhoben
hat]: von demjenigen neben Endymions r. Schenkel ist nur antik: »una parte
delle ali aderenti al fondo del marmo ed un piede che pianta sulla gamba sin.
d' Endimione; an dem andern mit der Fackel in der l. nahm Zoega keine Restauration wahr.   Die Scene schließt eine weibliche aufrecht stehende
Figur, die im Schoße Früchte trägt; Zoega: »Carpo«.   Darüber in
weit kleinerer Figur ruht ein Berggott mit einem Zweige im Arme:
»testa moderna«.   Endlich erscheint dem Helios entsprechend Selene,
die auf einem Rindergespann n. r. davon fährt: »tutto moderno fuori
dei torsi dei due bovi«.

L. Nbs.: L. liegt ein Flussgott (»Oceano«), den r. Ellbogen
auf eine Urne stützend, mit den Händen ein Füllhorn fassend; auf
dem Kopfe trug er eine eigenthümliche Bekrönung, die jetzt zerstört
ist: »a guisa di corona turrita«.   Vor ihm steht gleichfalls n. r. gewendet eine blasende Windgottheit; der Kopf ist [zur oberen Hälfte] restaurirt
mit dem ganzen oberen Theil dieser Seite; [von der Tuba ist das Mundstück
sowie der in der l. Hand ruhende Theil wieder alt].

R. Nbs.: Nachdenklich steht in Exomis ein Hirt, mit der r.
Hand den Kopf unterstützend: [hinter ihm ein Baum]; vor ihm
sein zu ihm aufblickender Hund, über ihm auf einem Felsen ein
liegendes Schaf, [den Kopf aufmerksam n. l. oben gewendet].

Das Relief der Vorderseite ist sehr stark ausgearbeitet.   Die Figuren sind
plump und hölzern.   Nbss. flach.

2718. P. Giustiniani.

[Abgeb.: *Gall. Giust.* II, 110; Gronov, *Thes. graec. antiq.* I, zu fol. o (verkehrt herum).]

Beschr. von Zoega A. 362, n. 8.

[Vgl. Winckelmann, *Mon. ined.* 148; Visconti, *Mus. P.-Cl.* IV, 112, 2; Cardinali, *Atti dell' accad. pontif.* VIII, 122, 1 und 2; O. Jahn, *Arch. Beitr.* 52, E und P; Gerhard, *Arch. Zeit.* 1862, 268, 4.]

s.-p. L. sitzt n. r. ein alter Hirt in Exomis mit umgebundener Tasche. Von dem Stabe, auf den er die Arme stützte, ist ein Theil erhalten. Vor ihm sitzt, zu ihm aufblickend, sein Hund. In der Höhe weiden Schafe, Ziegen und Rinder. Zwei Schafe bemerkt man auch vor ihm. Eigenthümlich ist eine kleine, im Hgr. mit gekreuzten Beinen stehende männliche Figur im gegürteten Chiton; die Arme sind von der Mitte des Oberarmes an restaurirt; der Kopf fehlt jetzt ganz; [mit der L. lehnt er sich an einen Baum] (Zoega: »un ragazzo vestito alla frigia, forse Ganimede) [weder Kleidungsangabe noch Deutung scheinen mir zutreffend]. Das Gespann der Selene führt die bekannte amazonenartig gekleidete Flügelfigur; fast der ganze r. Arm ist ergänzt. Die Rosse des Wagens bäumen sich über der an der Erde liegenden halbnackten Tellus, die erstaunt die R. erhebt; ihr Haar ist bekränzt. Neben ihr zwei Eroten, ein Füllhorn und ein liegendes Schaf. Auf dem Rücken des Rosses steht ein Eros als Lenker (und hält nach Z. eine Fackel); ein vierter fliegt über den Rossen von l. mit der Fackel herbei. Von einem fünften geführt steigt die Göttin (Kopf und Hals ergänzt. Zoega erschien der Kopf alt und Porträt [ich halte den Kopf, der ein eigenthümlich spitzes, mit Reliefpalmetten ausgefülltes Diadem trägt, für antik, aber nicht Porträt]) vom Wagen herab; ein sechster trägt, sich umschauend [Kopf fehlt jetzt] n. r., eine brennende Fackel. Über Endymion, der den r. Arm über den Kopf legend n. l. gelagert ist, erscheint Hypnos in langärmligem doppeltem Gewande, sein Horn über den Schläfer entleerend: in der R. ruhte ein Zweig, von dem noch Spuren erhalten. (Zoega bemerkt noch über ihn: »dall' indizio del ginocchio che sul fondo dietro la testa di Endimione si vede piegato in atto di che monta, sembra che fusse succinta la tunica e unita a delle braghe alla frigia) [mir scheint das eine allein sichtbare hoch auftretende Bein nackt bis eben über's Knie, wo die Tunica beginnt; unterhalb der l. Hand des Endymion auf dem Boden gewahrt man ein längliches mausartiges Thier (Kopf fehlt) n. r., mit dessen langem Schwanze der Rest eines Vogels (nur Hintertheil erhalten) in Verbindung steht.] Eigenthümlich sind zwei Figuren zwischen Selene und Hypnos im Hgr. in der Höhe; sie sind kleiner als die übrigen; die zur L. ist weiblich, bekleidet, [das Gewand über den Hinterkopf gezogen]; den l. Ellbogen stützt sie hinten auf den Felsen auf und schaut, den Kopf an die gleichnamige Hand lehnend, behaglich in die Weite; ebenso eine nackte knabenhaft gebildete Lokalgottheit, welche die L. auf den Felssitz stemmt, und den r. sicher richtig ergänzten Arm [nur ein kleines Stück Oberarm ist ergänzt] über den Kopf legt. Unten r. am Kopfende von Endymion's Lager ein Eros, der gleichfalls zu ruhen scheint. Ganz r. die Eckfigur des Sarkophages: eine Hore mit Früchten im Schoße.

Sehr mittelmäßige Arbeit. Die Ergänzungen der stark verstümmelten Extremitäten sind zum Theil wieder abgefallen.

[2719. Vigna del Pigno.

S.-Frr. 1) Die amazonenartige Flügelfigur, stark n. r. ausschreitend, hält am Zügel das Gespann der Selene, von dem noch der Kopf eines der Rosse erhalten; zwischen ihren Füßen etwas Unklares, wie ein Vogel. L. ruht, auf hohem Felsgrund n. l. gelagert, ein Berggott; darunter Rinder.

2) Selene vornüber gebeugt, vom Wagen n. r. steigend, beide Arme vorgestreckt, in gegürtetem Gewande, das von der r. Schulter niedergeglitten ist.

3) Über Felsgrund wird der Obertheil des halb n. r. gewandten, bekleideten, bärtigen Schlafgottes mit Schmetterlingsflügeln sichtbar, der in der jetzt weggebrochenen L. wohl das Horn hielt, das er über Endymion ausleert; r. oben vielleicht ein Rest der wegfahrenden Selene.

4) Bruchstück des schlafenden Endymion, die Arme über den Kopf geschlagen, auf untergebreitetem Gewande ruhend.]

2720. S. Paolo f. l. m.

S.-Frr. (Zusammengehörig.) 1) Die n. l. sprengenden Rosse eines Zweigespanns [nur der Vorderhuf eines der Rosse erhalten] werden von einer weiblichen Figur im kurzen Chiton mit Stiefeln, die das l. Bein vorsetzt, aufgehalten. [Oberkörper und Hände fehlen.]

2) Selene steigt n. r. vom Wagen, Kopf und Extremitäten fehlen; [über und vor ihr Baumreste]; von den Rossen ist nur der hintere Theil erhalten.

2721. P. Corsetti.

S.-Fr. Ringsum gebrochen. Der Schlafgott [n. r.] mit weiblicher Haartracht [und jugendlich] entleert sein Horn über Endymion;

dieser ist nur zur Hälfte erhalten, und sein Gesicht abbozzirt. [In der Höhe zwei kleine Eroten, die einen Gewandsaum fassen.]

[2722. V. Gentili.

S.-Fr. Gr. M. Unter einer Pinie liegt n. l. Endymion, dessen Gewand von einem (ganz weggebrochenen) Eros so aufgehoben wird, dass nur die Beine bedeckt bleiben; sein l. Bein ist unter das r. geschlagen; der l. Arm, auf den er gestützt zu denken ist, l. Schulter und Kopf sind ergänzt; der r. Arm war erhoben, also wohl über den Kopf gelegt; auch in der Ergänzung weggebrochen.

Gute Arbeit.]

[2723. Vigna Guidi.

S.-Fr. Gr. L. 0,53; gr. H. 0,20. Endymion liegt n. l. in gew. Weise (Kopf und r. Arm fort), den Oberkörper entblößt, das l. Bein unter'm r. L. neben seinem r. Fuße noch der r. Fuß der niederschreitenden Selene erhalten.]

2724. P. Corsetti.

S.-Fr. Ein bärtiger Hirt in Exomis mit umgebundener Hirtentasche sitzt mit gekreuzten Beinen n. r.

Nicht üble Arbeit, ob von einem Endymion-Sarkophag?

II. Selene v. l., Endymion n. l., Abfahrt der Selene.

2725. V. Panfili.

Beschr. von Zoega A. 285.

[Vgl. Zoega, Bassir. II, 206, 14; 208, 23; Jahn, Arch. Beitr. 52, XY; Gerhard, Arch. Zeit. 1862, 269, 11.]

S.-P. Jugendliche Nymphe e. f.; um die Schenkel ist ein Gewandstück geschlungen. Die r. Hand stemmt sie in die Seite (Kopf und Hände sind ergänzt), mit dem l. Ellbogen (Arm ergänzt) stützt sie sich, die Hand dem Kinn nähernd, auf einen r. stehenden Pfeiler. Ein alter Hirt in Exomis und Stiefeln sitzt n. r. auf einer Erhöhung, die L. auf einen Stab aufstützend. L. unten neben ihm ein Schaf und ein Rind; vor ihm sein Hund und ein Widder [und noch ein Rind]. Oben ein Schaf, an dem ein Junges saugt; über diesem [hoch auf einem Felsen sitzend] ein Ortsdämon (klein), die r. Hand über den Kopf gelegt, die l. aufstützend. Jugendliche

Flügelfigur n. r. in doppelt gegürtetem Chiton und Stiefeln, einem muthigen Zweigespann in die Zügel fallend (?), Vorderarme fehlen, Kopf modern, [ebenso die Köpfe der Rosse theilweis]. Unten liegt Tellus [über sich das bogenförmige Gewand; l. Unterarm und r. Hand ergänzt]. Selene (das Gewand wölbt sich bogenförmig über ihr), n. r. vom Wagen steigend, [wobei sie ein Eros unterstützt; ein anderer] vorausfliegend, entblößt den Schläfer Endymion, der die R. über den Kopf gelegt hat. Eine weibliche und eine männliche Ortsgottheit in der Höhe in kleiner Figur. Oberhalb des Kopfes Endymion's steht der bekleidete, bärtige, mit Adlerflügeln versehene Schlafgott e. f. mit geneigtem Horn, in der L. einen Mohnstengel. Weiter n. r. im Vgr. [liegender] Lokalgott, bärtig, die R. erhebend. Über ihn weg fährt Selene auf ihrem Zweigespann, ihrem Geliebten noch einen Blick zuwerfend. Voran fliegt Eros.

2726. Vicolo della fontana secca 16. ○ [Blieb mir verschlossen.]

s. In der l. Ecke sitzt n. r. die sehr verstümmelte Figur eines Hirten, der die L. an einen Stab legt; vor ihm sitzt sein Hund. R. oben auf Bergabhängen lagern drei Thiere. Die bekannte Flügelgestalt hält ein sich bäumendes Zweigespann am Zügel. Unter den Rossen liegt n. r. gestreckt Tellus, im r. Arm das Füllhorn. Vom Wagen steigt n. r. Selene herab. Voran schweben zwei Eroten, von denen der eine den n. l. gestreckten Endymion aufdeckt. Über diesem erscheint Hypnos: Gesicht und Extremitäten sind stark zerstört; an den Schultern Flügel (?). Es folgt Selene zum zweiten Mal, die sich auf ihrem Wagen n. r. entfernt. Über den Rossen wiederum ein Eros; unter denselben liegt n. l. gestreckt eine Ortsgottheit mit entblößtem Oberleib.

Die Nebenseiten sind vermauert; die Extremitäten sehr stark verstümmelt. Von Dilthey nachgewiesen.

2727. P. Rospigliosi.

[Alte Zeichnungen: Cod. Cob. 487, 166: »S. Ioann. in Laterano«; Cod. Pigh. 217, 178.]

Beschr. von Zoega A. 138ᵈ.

Zeichnung beim Institut.

[Vgl. Zoega, *Bassir.* II, 206, 14; 209, 25; Jahn, *Arch. Beitr.* 52, TU?; Gerhard, *Arch. Zeit.* 1862, 269, 9. 10.]

s.-P. Ein kleiner Knabe (Kopf modern nach Z.) mit flatternder Chlamys hält mit der L. das n. l. hochaufspringende, vor den Wagen der Selene gespannte Rossepaar (Zoega: »nella d. una cosa logora che puote essere una torcia o flagro«). Auf dem Wagen

13*

steht ein Eros, sehr klein, mit einer riesigen brennenden Fackel
n. l.; über ihm fliegt n. r. ein zweiter. Selene ist bereits n. r.
vom Wagen gestiegen; hinter ihr bauscht sich das Obergewand,
das sie vorn mit der R. gefasst hält. Endymion halb sitzend n. l.
gelagert: die R. ist über den Kopf gelegt, die L. auf den Felsen
gestützt. Ein Eros zieht n. l. das Tuch weg, das hinter seinem
Rücken sich wölbend auch noch über die Schenkel fällt. Auf demselben Felsstück sitzt n. r. eine nackte jugendliche Figur, über
deren l. Schulter ein Gewandstück fällt; dieselbe wendet sich mit
Kopf und Oberkörper n. l., so dass sie hauptsächlich vom Rücken
sichtbar ist. Mit der R. hält sie deutlich ein aufgestütztes Füllhorn, [mit der L. fasst sie in einen Baum]: Zoega: »senza dubbio
il genio del Latmo«. [Vorn vor dem Fels in Relief ein Stier, im
Begriff, auf eine liegende Kuh zu springen; vgl. den ähnlichen
Scherz auf Nr. 2716, auf dem S. in Woburn Abbey 56, pl. IX;
Cod. Cob. 457, 167; Cod. Pigh. 216, 176 u. ö.] Selene [kleiner ge-
bildet] führt weiter rechts mit ihrem Zweigespann aufwärts: unten
liegt ein Flussgott n. l., unten bekleidet, die L. aufgestützt, die
R. erhebend. Die Urne ist nicht erkennbar, deshalb nach Zoega:
Tellus [volto logoro]. An den beiden Ecken Eroten mit umgekehr-
ter Fackel.

Ziemlich flach gehalten.

III. Endymion n. r., Selene v. r.

2728. P. Rospigliosi.

Beschr. von Zoega A. 139.
[Vgl. Zoega, *Bassir.* II, 206, 14; 208, 24; Jahn, *Arch. Beitr.* 52, TU?; Gerhard,
Arch. Zeit. 1862, 269, 9. 10.]

s.-p. An den Ecken Eroten, sich auf die umgekehrte Fackel
stützend. Von l. nach r. [auf einem Felsen] halb sitzend halb liegend der Schlafgott, bärtig, das Haar auf weibliche Weise in einen
Schopf genommen, in langem gegürtetem Chiton [mit Ärmeln], mit
großen Rückenflügeln [»ale aquiline« Zoega], den r. Arm aufstemmend. In seinem Schoße ruht, den l. Arm über den Kopf legend,
Endymion, den unteren Theil des Körpers bedeckt. [Unten am
Fels liegt ein Rind n. r.] Oben auf dem Felsen lagert [n. l.] eine
Quellnymphe mit Urne. Von r. fliegt ein Eros [mit Fackel] heran;
ein anderer schwebt n. r. und scheint Selene zu unterstützen, die

mit über dem Haupte halbmondförmig flatterndem Gewande, die
Mondsichel über der Stirn, von einem dritten Eros geführt, vom
Wagen herabsteigt. Auf dem ersten Rosse steht ebenfalls ein Eros,
[ein anderer kauert vor der Göttin im Wagen]. Die Rosse hält
vorn die bekannte kurz bekleidete und gestiefelte Flügelfigur mit
der Geißel in der L. Im gegürteten Chiton n. l. gewandt sitzt ein
schlafender Hirt, das r. Bein hoch aufstemmend und den Kopf auf
das Knie senkend. [Hinter dem Ganzen drei Bäume.]

2729. V. Pacca.

[Zeichnung beim Institut.]

s. Aus Ostia. An den Ecken Eroten, die sich auf die umgekehrte Fackel stützen [wobei die betreffende Hand zugleich einen
Kranz hält]. L. liegt n. r. auf einem Fels, den unteren Theil des
Körpers verhüllt, Endymion, die L. über den Kopf legend. in der
R. das Lagobolon. Über ihm erscheint der Schlafgott [bärtig und
in langärmeligem gegürtetem Gewand]: in dem l. Arme einen Zweig
haltend, entleert er über des Schlafenden Haupte das Horn. Von
einem Eros geleitet, über dem ein zweiter mit der Fackel fliegt,
steigt Selene [mit der Sichel über der Stirn] vom Wagen des
Zweigespanns n. l. herab. Auf dem vorderen der beiden Rosse
steht Eros mit Peitsche: [dasselbe Ross scharrt ungeduldig mit
gesenktem Kopfe]. Vor ihnen die bekannte hoch aufgeschürzte,
doppelt gegürtete Flügelgestalt, im l. Arm einen stabartigen Gegenstand. [Hinter den Rossen ein Baum.] Nach r. sitzt auf einem
Felsen ein junger Hirt, der mit dem vor ihm sitzenden Hunde
spielt. Oben auf dem Felsen lagern zwei Ziegen [und ein Widder].
Die viereckige Tafel auf dem Deckel wird von zwei schwebenden
Victorien gehalten. An den Ecken unbärtige Masken. Die Inschrift lautet:

D · M
AVRELIO · LVCANO
CRATVS · CAES · ET
SVLPICIA · LASCIBA
PARENTES · FILIO
DVLCISSIMO

Nbss.: l. ein unklarer Gegenstand [vielleicht Diptychon mit
stilus], r. leer.

[**2730. Stud. Jerichau.**

s.-Fr. Endymion liegt n. r. ausgestreckt im Schoße des bärtigen Schlafgottes, das l. Bein aufgezogen, den Unterkörper von
einem Mantel bedeckt, den Mund in tiefem Schlafe geöffnet, den
l. Arm unter'm Kopfe, den r. über das Knie des Schlafgottes niederhängend. Dieser ist ganz gebildet wie auf dem S. der Gal. de'
candelabri bei Visconti, *Mus. Pio-Cl.* IV, 16, welchem das Bruchstück auch sonst sehr ähnlich ist.]

2731. P. Merolli.

s.-D.-Fr. Erhalten ist nur eine weibliche Figur im gegürteten
Chiton mit Überschlag, die bewegt n. l. schreitet (Selene?), [den
r. Arm vorstreckt und in der Hand etwas hielt; der l. Arm ist weg-
gebrochen].

- - - -

IV. Geriefelt.

[**2732. Stud. Jerichau.**

s.-Fr. Geriefelt. An den Enden rund. Von der Darstellung am
l. Ende ist Endymion erhalten, n. l. gelagert; die R. lag im Schlafe
über dem Kopfe, die L. ruht neben ihm auf dem Felsen und in
derselben das Lagobolon; die Beine bedeckt ein Mantel.

Die Füße und der r. Arm fehlen.]

EROTEN.

[Vgl. Nr. 2821—26.]

2733. V. Panfili.

Beschr. von Zoega A. 360.

[Vgl. O. Jahn, *Sächs. Ber.* 1861 *), 320; *Bilderchron.* 19, 135ᵏ.]

K.-S. An den Enden rund. I. Ein Eros [flügellos, wie die übrigen sämmtlich], n. r. sitzend, hält einen Gegenstand vermittelst einer Zange [Arme und Zange neu] auf einen Ambos. Von r. zwei Eroten, die ihn mit Hämmern bearbeiten [Köpfe und beide Arme, vom r. auch das l. Bein neu]. — II. Ein Eros, n. l. sich umschauend, hält einen großen Helm [neu der r. (allein sichtbare) Arm, Kopf und Helm]. — III. Auf einem Untersatze steht ein Schild mit undeutlichem Relief; ein Eros von r. unterstützt ihn, ein anderer, n. l. sitzend, ist noch mit der Ausarbeitung beschäftigt [von diesem der r. Arm neu, doch Hand mit Hammer wieder alt]; Zoega sagt von dem Relief des Schildes: »egli è sottile e logoro, onde non arrivo a distinguerne il rappresentato: sembra che ci sia una donna vestita d'abiti lunghi svolazzanti in atto di chi spaventato fugge; pare ancora che ci sia una figura inginocchiata che presenta alla fuggente una maschera. ma tutto questo è incerto« [vgl. Jahn a. a. O. 322]. Im Hgr. ein Tempelchen mit Giebel; »ove di basso rilievo vedesi scolpita la lupa Romana«. — IV. (Sehr stark ergänzt.) Ein Eros bringt von r. auf der r. Schulter einen runden Gegenstand geschleppt; ein zweiter geht ihm von l. entgegen und scheint ihm helfen zu wollen. — V. Ein Eros sitzt n. r. und arbeitet an einem großen Panzer, den ein zweiter von r. unterstützt. R. noch eine aus Stuck ergänzte Figur.

---

*) [Ergänzungen zu Jahn's Aufsatz geben Wieseler, *Gött. Nachr.* 1877, 635 und Heydemann, *Sächs. Ber.* 1878, 133.]

Als Athleten.
[Vgl. Nr. 2208. 2209.]

2734. V. Carpegna.

Beschr. von Zoega A. 410ᶜ.

K.-s. mit Deckel. Ein Eros mit dem üblichen Wedel n. l. eilend. Gruppe zweier [mit nach Ringerart erhobenen Händen] gegen einander anstürmenden Eroten, von welchen der zur L. mit der R. den Gegner am Kinn packt. In der Mitte ohne Bekleidung e. f. der Sieger mit riesigem Palmzweig im l. Arm, die R. an den Kopf legend. Links von ihm eine Figur in gegürtetem kurzärmeligem Chiton mit flachem Hute [ist mehr eine runde eng anliegende Kappe], der n. r. eine Art Alphorn bläst. R. ein Brabeut im Himation [bekränzt]: in der L. den Wedel, mit der R. scheint er [dem Sieger einen 'sehr undeutlich ausgedrückten'] Kranz aufzusetzen. Der ersten [Ringer-]Gruppe entsprechend eine zweite: beide Ringer, die im Moment des Fassens sind, haben Binden im Haar. Auf dem Pfeiler r. ein Gefäß mit Doppelhenkel [Ölamphora?]. — Nbss.: Greife. — Auf der Vorderseite des Deckels: zuerst links ein Schemel, auf dem ein runder breitgedrückter Gegenstand liegt, [scheint mir ein Gefäß mit Deckel]. Zwei Eroten n. r. hinter einander herfliegend: sie scheinen mit vorgestreckten Händen den Kranz erreichen zu wollen, der sich r. vor ihnen befindet. Ein Schemel mit darauf gelegtem Gegenstand dem ersten gleich. Ein zweiter Kranz. Breites Gefäß mit Henkeln [dem unten auf dem Pfeiler stehenden gleich]. Ein dritter n. r. fliegender Eros.

2735. Arch. Institut.

K.-s.-Fr. I. Zwei geflügelte, einander zugewendet [sitzende] Eroten suchen einander einen kleinen rundlichen Gegenstand zu entreißen: der zur R. stößt mit dem r. Fuße seinen Gegner unter's Kinn. — II. Ein zweites Ringerpaar: der eine ist n. l. vornüber in's Knie geworfen. Sein Gegner, der ihn am l. Arme gepackt hat, bedroht ihn von hinten. — III. Ein Eros, der trotz der kurzen gegürteten Tunica noch geflügelt ist, stößt n. r. in eine Trompete. — IV. Ein anderer Eros, nackt e. f., berührt mit der R. sein Haupt, um sich den Kranz festzudrücken: Kopf abbozzirt: offenbar die Hauptfigur des Reliefs: [scheinbar in der l. Hand einen zerstörten stabartigen Gegenstand: vielleicht nur der Rest von der Einfassung eines viereckigen Raumes].

2736. Arch. Institut.

K.-S.-Fr. R. gebrochen. L. Herme mit Kinderkopf. Dann ein Eros [mit gekreuzten Beinen] n. r. stehend, erhob den l. Arm [und legt die r. Hand an die Brust]. Ein Eros ist n. r. auf den Rücken gefallen. Im Hgr. läuft ein anderer als Kampfrichter [?], in ein Himation geschlagen, n. r. vor: in der L. ein Alabastron [?], [vielmehr ein rundes olpeartiges Gefäß mit Querhenkel], in der R. das Ende eines [großen] Sackes [?] [mit Sand gefüllt zu denken], der auf der l. Schulter ruht: [ein dritter Eros sitzt n. r. am Boden, wie ausruhend].

2737. P. Merolli.

S.-Fr. Ein Eros ist rücklings auf den Boden gefallen: die R. legt er erschreckt an die Stirn.

2738. P. Merolli.

S.-Fr. Ein Eros legt sich die Binde um den Kopf; ein zweiter schreitet Flöten blasend n. r. Ein dritter, mit der R. eine Fruchtschüssel aufstützend, in der L. einen Thyrsos haltend: [zwischen den beiden ersten steht am Boden ein Gefäß mit Früchten, zwischen den beiden letzten ein Rabe n. l.: von Matz zu den »Bacchischen Eroten« gelegt].

Bacchische Eroten.
[Vgl. Nr. 2205—2210; 2769—83.]

2739. P. Fiano.

[Wohl nicht identisch mit einem *Bull. dell' Ist.* 1831, 39 erwähnten S. als gefunden in der Nähe des ponte Lamentano, und »tolto per servire ad una fontana del sig. duca di Fiano; eher möchte ich bei dem großen S. con due fascie di bassirilievi, welchen, so viel ich sehe, allein Visconti (*Mus. P.-Cl.* VII, 65, 2) in V. Ludovisi erwähnt, und der mir nicht identisch scheint mit Schreiber Nr. 154, an unsern S. denken.]

S. von ungewöhnlich breiten Verhältnissen mit umlaufendem Bildwerk. Unter der Hauptdarstellung noch eine Art Predella. L. 2,40; H. 0,85; T. 1,5. Mir ist kein ähnliches Exemplar bekannt [vgl. den S. im P. Camuccini Nr. 3480]. Leider sind die [ganz auffällig frei heraus gearbeiteten] Reliefs sehr stark zerstört.

Deutlich ist eine Mittelgruppe von ursprünglich fünf Figuren, eingeschlossen von einem nach der Mitte gerichteten (l.) Zwei-, (r.) Viergespann. Die Rosse des Zweigespanns bäumen sich hoch

auf. Vom Wagen ist nur ein Rad erhalten, von den Figuren, die auf ihm stan-
den, nichts. In der Höhe undeutliche Reste einer fliegenden Figur.
Das Viergespann r. greift weit aus; eine kleine halbnackte Figur
sucht es zurück zu halten. Auf dem Wagen sitzt n. l. ein nackter
bärtiger (?) Mann, der mit dem l. Arm den Leib eines Weibes [in
Chiton und Mantel] umfasst, die neben ihm sitzend den Leib weit
n. r. vorbeugt und den l. Arm vorstreckt. Der Kopf fehlt. Von den
Figuren in der Mitte ist die erste zur L. weiblich; sie trägt einen
Chiton mit langem Überfall, über den unter der Brust der Gürtel
läuft. Der r. Arm ist seitwärts erhoben [wie um das Zweigespann
festzuhalten, doch sind die Finger ausgestreckt]; der Kopf fehlt wie auch
der l. Arm. Sie macht den Eindruck einer Athena, doch konnte ich
eine Ägis nicht wahrnehmen. — 2) Ein nackter Mann mit gespreizten Beinen, e. f. dastehend und mit der R. die Keule schwingend.
Hinter dem Rücken flattert eine Chlamys, kein Löwenfell. Der
Kopf ist kraushaarig, das Gesicht zerstört (Herakles?), [er steht auf
abgesondertem niedrigem Postament]. — 3) [Ein bärtiger Mann],
wieder e. f., Kopf und r. Arm weggebrochen; in ein Himation eingeschlagen, das den Oberleib bloß lässt (Zeus?). — 4) Hermes n. r.
schreitend (Kopf, r. Bein [und r. Arm] fehlen); er schultert ein langes Kerykeion. — Von 5 sind nur Spuren der Füße erhalten; [unmittelbar hinter 5
wieder ein Absatz im Grunde; das Folgende auf anscheinend etwas
vertieftem Niveau]. Die Neben- und Rückseite sind derartig vom Wasser zerfressen, dass man nur ganz reducirte und zerfressene Umrisse wahrnimmt. Die
hintere Seite ist noch dazu so dicht an die Wand gerückt, dass nähere Angaben
unmöglich sind. — Nbs. r.: Man sieht links die Umrisse eines n. r.
stehenden Pferdes [eines ganzen aufsteigenden Gespannes; der Wagen ist deutlich, und in demselben eine anscheinend liegende Gestalt. Dann, auf getrenntem Felsniveau], ein Weib, [unten beklei-
det], das n. l. flieht; es wird von einem Manne verfolgt, [nackt
mit Chlamys und vielleicht Flügeln]. [Ganz r. an der Ecke Nike.] —
Nbs. l.: R. lagert eine unten bekleidete weibliche Figur. Ein
Viergespann setzt sich n. l. in Bewegung und wird von einer kleinen Figur zurückgehalten. [An der Ecke Nike.] Von den Figuren
der Rückseite ist deutlich nur ein n. r. stehendes Zweigespann.
Gegen die l. Ecke zu eine n. r. fliehende Frau. — Auf der schmalen
Predella: Vorn [alle Figuren, namentlich links, nur sehr theilweise erhalten.
L. zuerst] eine n. r. stehende Kuh, dann ein Eros n. l. [unten zer-
stört], legt den r. Arm über den Kopf und hält in der Hand einen
kleinen Becher, [vielmehr einen Korb mit Henkel. Dann Eros n. r.
stehend, l. Arm erhoben]. Ein n. l. zurücksinkender Eros wird

von einem hinter ihm stehenden aufgefangen. Eine n. r. gewendete Kuh. Wiederholung der Gruppe des zurücksinkenden und des ihn auffangenden Eros. An der Ecke Reste eines sitzenden Eros, [Kopf n. l.], der über die l. Schulter ein Löwenfell geworfen hat. Wiederholung der schon zweimal erwähnten Gruppe [der Eros sinkt gegen einen Felsen]. Ein n. r. gewendeter Eros; endlich wieder eine Kuh. Die Reste auf den Neben- und der Rückseite sind zu unbedeutend, als dass sie sich beschreiben ließen. Die Sujets sind denen der Vorderseite verwandt. [Auf der l. Nbs. erkennt man ganz r. wieder die Gruppe des zusammensinkenden Eros.] Der Sarkophag wird getragen von Delphinen, über deren Alter ich mir kein Urtheil zutraue.

[2740. P. Rondinini.

K.-S. Die Vorderseite wird durch sechs Compositsäulen in fünf Abtheilungen zerlegt: die mittlere größere ist oben spitz, die anderen rund abgeschlossen. Oben in den Eckzwickeln sind tragische Masken, über der zweiten und fünften Säule ein Adler, über der dritten und vierten Pflanzenornamente und Seedrachen.

Im Mittelfeld: Eros, im Begriff, n. r. niederzusinken, wobei er mit der l. Hand die auf den Boden gestützte umgekehrte Fackel fasst und die R. über den Kopf legt, wird durch einen mit der Chlamys bekleideten Knaben von der Seite gefasst und so gehalten; unten ein Vogel (Rabe?) n. r., den Kopf umwendend. R. zunächst Eros, die Doppelflöte spielend; zwischen seinen Füßen liegt eine Syrinx. L. zunächst Eros mit einer Lyra, die an einem Bande um die Brust gehängt ist und von der l. Hand unterstützt wird, in der r. Hand das Plektron. Ganz r. Eros, im Bausche der Chlamys, die er mit der L. unterstützt, Früchte haltend, die R. wie klagend über den Kopf gelegt. Ganz l. Eros, n. l. niederblickend, in der R. eine umgestürzte Fackel, in der L. eine Schale.

Nbss. leer.]

2741. V. Medici.

Notirt von Zoega A. 377.

S.-P. Stark verstümmelt, namentlich an den Extremitäten. In der Mitte ein Eros, der in der L. einen Kranz hält, wird zurücksinkend von einem Genossen, der l. hinter ihm steht, aufgefangen. L. und r. je drei andere in lebhaften Bewegungen; der erste l. eilt n. r., [wobei er den Kopf bacchantisch zurückwirft]; der zweite biegt sich zurück, die l. erhobene Hand hält ein Tympanon an einem Bändchen, [die r. senkt er]; der dritte, den Kopf [n. l.] in die Höhe richtend, war wahrscheinlich blasend vorgestellt [nein! er hält im

l. Arm ein Lagobolon'. An der r. Seite der Mittelfigur ein Eros.
n. r. schreitend und sich umblickend. Eros n. l. blasend. Eros
ruhig stehend, n. r. den Kopf umdrehend. Mit Ausnahme der
Mittelfigur sind die Eroten geflügelt [und tragen sämmtlich die
Chlamys]. Der Hgr. ist oben neu.

[2742. P. Rondinini.

K.-S. An den Enden rund. In der Mitte ein Eros in Chlamys,
n. r. eilend, im l. Arm die Lyra, im r. Plektron; zwischen seinen
Füßen liegen zwei niedergefallene Kymbala. R. ein Knabe in
Chlamys (Flügel nicht angegeben', trunken zusammensinkend, wird
unterstützt von zwei Genossen; neben seinem r. Bein liegt ein zur
Erde gefallener Kantharos. Dann ein Knabe, trunken n. r. taumelnd und die Doppelflöte spielend; darauf ein anderer, ebenfalls
n. r., im l. Arm ein Lagobolon, in der r. niedergehenden Hand
einen Korb mit spitzem Deckel von der Form der Cista mystica
am Bande haltend; dann einer, der in der erhobenen R. etwas mir
Unklares hält, worauf ein Baum (das Letzte ist wegen der Aufstellung
kaum mehr zu erkennen). L. von dem lyraspielenden Eros tanzen von
jeder Seite ein Eros auf einen Altar zu, auf dem eine weibliche
bacchische Maske liegt. Der zur R., vom Rücken gesehen, hält
in der R. einen Kantharos, der zur L. fasst damit seine Chlamys:
dem zur R. fehlt der Kopf, der zur L. hat ihn hoch erhoben; der zur
R. trägt horizontal geschultert eine lange Stange mit Knopf oben,
der zur L. in der hoch erhobenen L. ein Tympanon. Beide berühren sich mit den l. Händen. Schließlich l. eine Pinie, an welcher Bogen und Köcher lehnen.]

[2743. Stud. Monterverde.

S.-Fr. R. und l. gebrochen. Gr. H. 0,56; gr. Br. 0,47. It. M. Nur abbozzirt.

Ein n. r. gewendet stehender Knabe hält auf den vorgesetzten
l. Schenkel ihn stützend und mit beiden Armen ihn umfassend
einen zurücksinkenden Genossen, der in der niedergleitenden R.
eine Keule hält, die L. über den (blumenbekränzten) Kopf gelegt
hat, welcher matt auf die Schulter zurückfällt. R. ein Knabe e. f.,
der mit beiden Händen eine große Schüssel mit unklaren Gegenständen unterstützt, die er auf dem Kopfe trägt.

Man sieht an dem Stück sehr gut die Mache. L. oben ist noch ein Stück
der glatt geschliffenen Oberfläche stehen geblieben; da hinein sind die Figuren
vertieft und die Distanzen von der Vorlage mit dem Cirkel übertragen, dessen
dunkle Spitzen man noch in vielen Vertiefungen erkennt. Der ungleiche Grund
ist nur mit der Spitzhacke bearbeitet.

2744. V. Pacca.

S.-Fr. Ein Eros, dessen Leib quer eine Guirlande umgiebt, sinkt n. l. zurück; in der gesenkten R. einen Kranz. Von links fängt ihn ein Begleiter auf. An der Erde liegt ein Kantharos. [Den l. Arm unterstützt ein n. r. mit dem r. Beine hoch auftretender Pan 'Kopf und l. Schulter mit Brust fehlt .]

2745. P. Merolli.

S.-Fr. R. und l. gebrochen. Ein Eros mit über den Kopf gezogenem Löwenfell n. l. sinkend wird von einem zweiten mit Chlamys aufgefangen: [hinter letzterem sinkt die Keule nieder].

2746. V. Panfili. ○

S.-Fr. Ein Knabe in Chlamys, in der einen Hand eine Traube, zu der ein Panther begehrlich aufblickt, in der andern Hand eine Hypothymis, ist im Begriff n. l. zurückzusinken. Ein zweiter, von dem übrigens nur die Hand erhalten, fängt ihn von dort auf.

2747. Stud. Canova.

S.-Fr. Ringsum gebrochen. Ein Eros [Flügel nicht zu erkennen] e. f. [Kopf und Unterbeine fehlen], nackt bis auf die Chlamys. Der r. Arm ist gesenkt, im l. ruht ein Stab, [welchen die R. mit hielt]. Auf der Brust liegt noch die Hand eines zweiten Eros, der von l. [hinten] herantrat [und den erstbeschriebenen unterstützend umfasste]. R. [oben] in der Ecke die erhobene [r.] Hand eines dritten.

2748. P. Corsetti.

S.-Fr. Ein Eros (von dem übrigens nur mehr ein Arm erhalten) wird n. r. zurücksinkend von seinem Genossen aufgefangen: ein dritter geht eine große Lyra spielend n. r.

2749. P. Mattei.

Abgeb.: *Mon. Matth.* III, 14, 2.
Beschr. von Zoega A. 396e.

S. Ruht auf mit Sphinxen versehenen Consolen. An den Ecken der Vorderseite sind gewundene korinthische Säulchen angebracht; die Vorderseite selbst ist durch vier korinthische Pilaster in fünf Felder getheilt; in jedem von diesen erscheint ein geflügelter Eros [in Chlamys], der sich tanzend n. r. bewegt. Der erste hüpft im Tanzschritt n. r.: von der erhobenen l. Hand hängt an einem

Bändchen ein Tamburin herab. Der zweite, im Profil gesehen, hält in der R. einen dünnen Stab (?, Zoega: »tirso« [ja! und zwar ist er mit Tänien umwunden] wie eine Kerze, dessen oberes Ende er mit der R. berührt (Kottabos[artig]). Der dritte hält im l. Arm die Lyra, in der gesenkten R. ein Plektron. Der vierte wendet den Kopf zurück; der r. erhoben gewesene Arm ist abgebrochen, in der L., welche gesenkt ist, hält er einen runden länglichen Gegenstand, vielleicht eine Fackel, [der auch über seiner l. Schulter wieder zum Vorschein kommt; wahrscheinlich wieder ein Thyrsos]. Ob der letzte, der die L. erhebt, die R. senkt, etwas gehalten, habe ich bei der großen Entfernung von dem Gegenstande selbst nicht entscheiden können; Zoega: »nell' abbassata d. una torcia inversa« [ja!].

2750. V. Pacca.

S.-Frr. I. Ein Eros e. f., im l. Arm die Lyra, in der r. Hand das Plektron. Ein zweiter n. r. blasend. — II. Ein Eros n. r. schreitend; der r. Arm geht abwärts, mit der L. erhebt er das Tympanon an einem Bändchen. Ein zweiter schreitet n. r., doch dreht er sich so stark n. l., dass er dem Beschauer fast ganz den Rücken zuwendet; in der L. hält er den Kantharos, in der R. [geschultert] den Thyrsos.

[2751. V. Caracciuolo.

S.-Fr. L., r. und unten unvollständig. Erhalten nur der Oberkörper eines Eros e. f., den Kopf etwas n. l., im l. Arm eine große, an einem Bande hängende Lyra; der r. Arm geht nieder. R. ein Baum. L. mir unklar gebliebene Zeichnung im Grunde.]

[2752. V. Wolkonsky.

K.-S.-Fr. An den Enden rund. An der Ecke stark vorspringender Löwenkopf; von l. heran kommt ein Eros (Unterbeine fehlen) in Chlamys, in der R. an drei Bändern eine Kapsel haltend; er blickt sich um nach einem folgenden, von dem nur noch das l. Bein zum Theil und einiges vom l. Arm erhalten.]

2753. P. Corsetti.

S.-Fr. R. gebrochen. Ein Eros e. f., im l. Arm eine Lyra, mit der r. Hand ein Plektron erhebend. L. ein Panther, r. eine Ziege. Eine nackte weibliche Figur mit Mamillare [wohl eher ein ·um die Brust geschlagenes Tuch, dessen Zipfel weit niederflattern], fast ganz vom Rücken sichtbar, schreitet n. l., sich n. r. umsehend.

Hinter ihrem Rücken hält sie mit beiden Händen einen Thyrsos. Ein Eros schreitet beckenschlagend n. r. Von dem letzten, der flöten- blasend n. l. gewandt war, ist nur ein unbedeutendes Stück erhalten.

Scheint nur abbozzirt.

2754. P. Barberini.

Zeichnung beim Institut.

Beschr. von Zoega A. 54.

S. An den Enden rund. An den Ecken zwei [mächtig vorspring- ende] Löwenköpfe. Von l. n. r.: eine kleine als Mänade geklei- dete Psyche, die n. r. schreitend Becken schlägt [l. hinter ihr ein Fruchtkorb]. Fast e. f. [der Psyche zugewandt] ein Eros, der mit beiden Händen ein oben abgebrochenes Lagobolon, wenn nicht eine Flöte [s. Welcker, *Zeitschr. f. G. u. A. d. a. K.* 452, 121] hält. (Kopf und oberes Ende der muthmaßlichen Flöte modern.) [R. ein Fruchtkorb; dann ein Baumstamm.] Ein zweiter, der n. r. schreitet, hält ein kleines Füllhorn umgedreht, so dass die Früchte auf den Kopf des darunter sitzenden Panthers fallen. Der dritte, in derselben Bewe- gung wie der zweite, hält im r. Arm einen Thyrsos, in der [erho- benen] L. ein Bändchen, von dem ein Tympanon herabhängt. Neben ihm steht die geschlossene Cista mystica. Auf einem kleinen Altar vor ihm liegt ein abgerissener Bockskopf. Eine Bacchantin n. r. schreitend und sich n. l. umwendend bläst die [Doppel-]Flöte. Ein vierter Eros n. l. schreitend (Kopf n. r.) erhebt erstaunt die R.; im l. Arm ruht das Tympanon. Zwischen seinen Beinen eine bär- tige Satyrmaske und ein krummes Horn(?) [Lagobolon, angebracht wie in den Segmenten der Festonsarkophage, was die Kleinheit desselben erklärt]. Der fünfte schreitet wieder n. r., im l. Arm das Lagobolon, in der r. Hand die Syrinx; [zwischen seinen Füßen liegen zwei Kymbeln]. Der Kopf der Mittelfigur (des Thyrsosträgers) ist nur abbozzirt. Unter den Löwenköpfen blumenkelchartige [Akanthos-] Ornamente. L. davon: ein Eros mit flatternder Chlamys; in der R. das Lagobolon, die L. hoch erhebend, Trauben in einer Kufe austretend. R.: ein Eros tritt von l. an einen Baum heran, dessen Blätter und Früchte er mit einem krummen Messer abschneidet; [unter demselben ein Fruchtkorb].

2755. P. Mattei.

[Abgeb.: *Mon. Matth.* III, 47, 1.]

Beschr. von Zoega A. 396, 61.

[Vgl. Zoega, *Bassir.* II, 190 ff.]

[K.-]S.-P. Am l. Ende (I) die Herme eines Priapos (? Glied

nicht sichtbar), der die L. erhebt, [mit welcher er einen Stab
schultert] und in der R. einen Krug hält; [Kopf, r. Arm und Krug nach
Zoega modern; [mir scheint der Krug wieder alt]. R. davon II; im Hgr.
ein großes Mischgefäß, aus dem ein Eros mit einem Kruge zu
schöpfen im Begriff ist. Auf dem entgegengesetzten Rande liegt
ein zweiter mit dem Bauche auf, der den Oberkörper tief hinein-
taucht [Kopf und Flügel u. Z. neu]. Davor, halb sitzend, ein zweites
Paar: der eine l. beugt, sich mit der l. Hand aufstützend, den
Oberkörper stark vor und berührt mit der R. das Ohr; er ist beschäftigt mit einem vor ihm liegenden Gegenstande, den auch Zoega
nicht zu erkennen vermochte; der zweite hebt seine Chlamys in
die Höhe, als wenn er harnen wolle. — III. Ein Eros hat eine riesige bärtige [Silens-]Maske über sich gezogen und erschreckt seinen vor ihm stehenden Kameraden dadurch, dass er durch die
Mundöffnung eine Schlange steckt. — IV. Zwei Eroten, die zum
Faust- oder Ringkampf auf einander losgehen; ein Eros zur L.
scheint sie zu ermuntern, ein anderer zur R. sitzend schaut zu.
Daneben ein umgestürztes Gefäß, dessen Inhalt ausfließt, und ein
zweiter zuschauender Eros. Im Hgr., der zuletzt beschriebenen
Gruppe entsprechend, wiederum ein [auf erhöhtem Boden] stehendes großes Mischgefäß, in das zwei Eroten einen Weinkrug aus-
leeren. Zwischen beiden Gefäßen kommen zum Vorschein [auf
erhöhtem Postament stehend]: ein riesiger Thyrsos, ein Tympanon,
ein Korb mit Früchten, und eine Vase, gleichfalls mit Früchten
gefüllt. Zwischen der Öffnung dieser Vase und dem einen der auf
dem Kraterrande sitzenden Eroten ist ein Feston gespannt, ein
zweiter findet sich über dem Kopfe des Eros in der r. Ecke.

2756. P. Mattei.

[Abgeb.: *Mon. Matth.* III, 46.]
Beschr. von Zoega A. 389, 33.
Vgl. Zoega, *Bassir.* I, 129, 1.]

[K.-]s. Unter einem Baum[artigen Weinstock] steht n. r. auf
einem runden Untersatze die [Herme eines ithyphallischen bärtigen
Priapos, dessen Hinterkopf ein Tuch bedeckt; oben ist er bekleidet; im Schoße hat er Früchte [Trauben und Granatäpfel]. Auf
dem Altar vor ihm liegen Holzstückchen. Hinter diesem steht ein
Eros e. f. [für die Haartracht sämmtlicher Eroten ist durchweg
charakteristisch die von hinten nach vorn über den Kopf geführte
Flechte], in der L. eine [geöffnete] Acerra, [an welche er die R.
legt, den Kopf dem Priapos zugewandt]. Vor dem Altar n. l. ein

Eros, in der R. einen großen Krug, in der L. eine geflochtene runde Scheibe mit Früchten darauf, [unter denen mit Sicherheit nur ein Pinienzapfen zu erkennen ist]. Ein Eros, mit der R. ein undeutliches Instrument (Zoega: »pedo«) schulternd, zerrt einen sich sträubenden Bock zum Altar. Die zweite Scene stellt eine Weinernte dar: zunächst zwei traubenpflückende Eroten; darauf zwei Eroten mit verschränkten Armen neben einander stehend, welche Trauben in einer Kufe ausstampfen; sie stützen sich dabei auf oben gabelförmig zugehende Stäbe. Von links bringt ein Eros Trauben in einem Korbe herangeschleppt. Es folgen drei Eroten auf Leitern, gleichfalls beim Traubenlesen beschäftigt; ein vierter legt sie in einen Korb; [ein anderer bereits gefüllter steht am Boden. Die Kufe zeigt vorn einen Löwenkopf und darunter eine rechteckige leere Tafel]. Auf dem Deckel sind an den Ecken [Satyr-]Masken, in der Mitte ein Gorgoneion angebracht. Außerdem noch [in vier giebelartigen Feldern in den beiden der Mitte] schwebende kranzhaltende Eroten, [in denen r. und l. je zwei sich zugewandte Greife, zwischen denen ein Kandelaber in Balaustraform. Je zwei Felder sind getrennt durch ein niedrigeres, rund abgeschlossenes, in dem] Adler mit halbausgebreiteten Flügeln und Greife zwischen Kandelabern.

[Nbss.: Greife, am Deckel Weinranken.]

Das Relief ist wenig stark erhoben, die Ausführung sehr sicher und bestimmt. Ich will nicht unterdrücken, dass mir der Verdacht, das Werk möge modern sein, aufgetaucht ist, doch sind Einzelheiten da, die denselben nicht aufkommen lassen. Zoega äußert keinen Verdacht [und ich würde auch keinen hegen].

2757. Vicolo Margana 12.

K.-S.-P. Die Figuren sind mit Ausnahme einer einzigen Kindergestalten.

Auf einem Triumphwagen, den n. r. zwei Kentauren ziehen, steht eine jugendliche Figur [scheint mir als Dionysos gefasst; Matz scheint am Geschlecht gezweifelt zu haben] im langen Gewande, worüber eine Nebris, fast e. f., den Kopf n. l. wendend; die r. Hand [Arm fehlt] setzte sie, wie es scheint, in die Hüfte, mit der l. hält sie die Zügel. [Der Wagenkasten ist vorn mit bacchischen Masken geschmückt.] Von den Kentauren hält der erste [deutlich weibliche] Lyra und Plektron, der zweite bläst. Über dem Rücken derselben erscheint halben Leibes e. f. ein Eros, Syrinx blasend. Zwischen den Beinen ein Panther, der in einen undeutlich gebildeten Gegenstand hineinbeißt. Die Kentauren führt am Zügel ein Knabe mit Pansbeinen, der über eine mystische Wanne [Inhalt undeutlich' wegzusteigen im Begriff ist. Eine Mänade, sich umschauend, schlägt das Tympanon. Weiter n. r. ein Baum, von dem jedoch nur der [weinumrankte] Stamm erhalten; unter demselben r. eine [bekränzte] Ara, in deren lodernde Flammen eine wie Artemis in ein kurzes doppelt gegürtetes Gewand [mit Halbärmeln, einen auf der l. Schulter aufliegenden Mantel, und Stiefel] gekleidete Figur [Kopf fehlt] libirt, indem sie die L. an den Thyrsos legt. Hinten e. f. ein Flötenbläser. Vor der Ara an der Erde ein abgerissener Ziegenkopf. Hinter der libirenden Figur kommt r. hervor ein Camillus, vor sich eine Schale mit Früchten haltend. Vor einem n. l. zu ziehenden flachen vierrädrigen [an der Seite mit Ranken verzierten] Wagen sind ein Esel(?) und ein Pan zusammengespannt: letzterer muss sich übermäßig anstrengen und macht ein klägliches Gesicht: er ist bärtig. Ein Eros haut [vom Wagen aus] auf beide ein. Im Hgr. eine blasende Mänade n. l. Auf dem Wagen liegt eine nackte [nur die Beine bedeckt theilweise ein Gewand] männliche jugendliche Figur, in der R. ein Rhyton erhebend, in der l. Hand einen Becher [mit Seitenhenkeln].

2758. Via Borgognona 72.

[Abgeb.: *Arch. Zeit.* 1848, Taf. 23, 1.]

Beschr. von Zoega A. 628: »nel cortiletto di una casa dietro il P. Nuñez«. [Vgl. *Arch. Intell.-Blatt* 1833, 39 (Gerhard); Jahn, *Arch. Beitr.* 189 und Gerhard ebda. Anm. 273; *Arch. Zeit.* a. a. O. 353 (Gerhard); *Ann. dell' Ist.* 1860, 406 (Petersen); Collignon, *Essai sur les monum. rel. au mythe de Psyché* 431, 182.]

K.-S. R. unvollständig. Übertragung einer bekannten bacchischen Composition auf Erotenfiguren.

N. r. sitzt auf einem von Kentauren n. r. gezogenen Wagen ein Eros, der die L. an den Thyrsos legend in der R. einen Kantharos hält. Der Blick ist n. l. gesenkt: »con espressione di mollezza«. Der vordere der beiden Kentauren hält im l. Arm einen Fichtenzweig, in der r. Hand einen kleinen Kantharos, von dem nur der Henkel erhalten ist. Der hintere trägt auf der r. Schulter einen Weinkrug, den er mit der R. unterstützt, in der L. ein Lagobolon. Im Hgr. ein Baum ohne Blätter mit zwei Blumen, wie Rosen. An der Erde ein umgestürzter Korb mit Früchten. Vor den Kentauren n. r. ein Eros, der Flöten blies (Zoega: »una cosa che si può credere una siringa«) (ich glaube, er trinkt aus einem Napfe). Psyche mit Schmetterlingsflügeln, sich n. l. umblickend, schlägt das Tympanon. Auf einem Wagen, den zwei Pferde (?) ziehen, von denen aber nur der hintere Theil erhalten, steht ein Eros, die L. an den Thyrsos legend, in der R. einen Kranz haltend [jetzt fort]. Ein zweiter, der auf der Deichsel zu stehen scheint, hält in der R. die Peitsche, im Begriff, auf die Pferde einzuschlagen [nur noch zum hinteren Theil erhalten].

[2759. **Catacombe di S. Priscilla.**

K.-S. An den Enden rund. In lauter einzelne und nicht mehr zusammenhängend zu beschreibende Stücke zerbrochen; der unterste Theil ist noch an Ort und Stelle. War von den Christen überkalkt; darunter noch mehrfache Reste von rother und blauer Farbe.

1) Von der Rundung l.: Ein Eros n. r., mit Chlamys über der l. Schulter; darauf ein Schlauch, den er mit der erhobenen L. hielt, während er in der R. etwas Gewundenes, oben Weggebrochenes hat, das fast wie eine Muscheltrompete aussieht. Rechts von ihm eine Bacchantin, n. r. gewandt, Kopf zurück, die Lyra spielend: das dünne Gewand ist ihr am r. Arme niedergeglitten.

2) Ein Eros n. r. eilend (Oberkörper fehlt): l. von ihm ein runder kleiner Altar, worauf ein von Tänien umwundener Bockskopf. Links Reste eines zweiten Eros n. l.

3) Bacchantin n. r., Kymbala schlagend.

4) Ein Eros n. l., den Kopf zurückgewandt; die L. hielt etwas jetzt Weggebrochenes vor der Brust (Syrinx?): r. von ihm der Kopf einer Bacchantin n. r.

5) Ein Vogel auf einem Korbe.

6) Ein Eros n. l., Lyra spielend; (Kopf und Beine fehlen).

7) Köpfchen eines die Doppelflöte spielenden Eros.

8) Von der Rundung rechts: Ein Eros, n. r. taumelnd, den Oberkörper zurückgewandt; in der erhobenen L. ein Tympanon. Rechts von ihm ein zweiter n. l. (Beine fehlen), der im l. Arm ein Tympanon hält, die R. wie erstaunt erhoben hat, n. r. zurückblickend.

Auf dem noch an Ort und Stelle befindlichen untersten Theile der Vorderseite gewahrt man noch l. einen n. l. sitzenden Hund vor einem Korbe, dann am Boden eine Maske n. r. zwischen Erotenfüßen; es folgen r. die Füße von anderen Eroten und Bacchantinnen.

Arbeit noch gut.]

[2760. **P. Merolli.**

S.-Fr. Ein Eros in Chlamys eilt n. r., die Doppelflöte blasend; hinter ihm die Cista mystica, aus der die Schlange hervorkommt. Dahinter noch Reste von den Beinen eines zweiten Eros

im Tanzschritt n. r., auch in Chlamys, der einen knotigen Stock
(Lagobolon?) muss in die Höhe gehalten haben.]

[2761. Via Margana 18.

S.-D.-Fr. L. und r. unvollständig. In der Mitte eine breite in-
schriftlose Platte. L. von derselben noch ein Eros n. r., im l. Arm
ein Lagobolon, in der r. Hand einen Korb mit drei Bändern, sich
umblickend. R. von dem Schilde Psyche, in geschürztem Doppelgewande, mit der bekannten Haartracht, welche die Krotala schlägt
und den Kopf dabei n. l. wendet; auf sie zu läuft von r. ein Eros
mit wehender Chlamys, der die Doppelflöte bläst.]

2762. Arch. Institut.

K.-S.-Fr. L. und r. unvollständig. Ein mit Panthern bespannter
Wagen wird n. r. gezogen [erhalten sind nur die Panther, sowie eine lenkende Hand am Zügel]. Vorn ist ein Eros auf's Gesicht gefallen. Ein
zweiter (r.), der noch auf seinem Wagen steht, schaut sich n. l.
um. Im Hgr. hinter den Panthern erhebt sich ein Pfeiler mit
Eiern.

[2763. P. Merolli.

S.-Fr. Ein Eros e. f., in Bewegung n. r., die Syrinx spielend:
l. ein anderer n. l., der den Kopf n. r. neigt und in der Hand
etwas hält, nach dem ein Hündchen springt. Auf der Leiste darüber Reste einer griechischen Inschrift:

OY   IIITIΔ   ]

2764. V. Altieri. ○

S. Geriefelt. An den Ecken Eroten mit Pansflöte.

2765. S. Lorenzo f. l. m.

S.-Fr. An der Ecke die kolossale traubenbekränzte und mit
Widderhörnern versehene Maske einer Bacchantin. Durch Augen-
löcher und Mund blickt ein menschliches Gesicht. [Die Augensterne, aufblickend, sind stark angegeben.] Von der auf dem
Deckel vorhanden gewesenen Darstellung ist nur ein Eros mit
Chlamys erhalten, der einen Zweig in der R. hält; [zu seinen Füßen
ein umgestürzter Fruchtkorb].

Ärnten.
(Getreide, Obst, Wein, Oliven.)

2766. P. Corsetti.

S.-D.-Fr. [L. unvollständig.] Zwei Eroten, im Begriff Ähren auszuraufen. Ein dritter trägt n. r. auf dem Rücken eine Garbe fort.

[2767. V. Caracciuolo.

S.-Fr. Ringsum unvollständig. Ein Eros, n. r. knieend, bindet eine Garbe, wobei er mit beiden Händen das lange Band fasst. Über ihm schwebten noch zwei andere Eroten.]

2768. P. Castellani. ○

S.-Fr. Ein geflügelter Eros n. l. schneidet sich bückend mit der L. zwei Stauden ab.

Plump und schlecht.

[2769. Palatin (aus dem P. del commercio).

Vgl. *Sulle scoperte archeologiche* etc. *negli anni 1871—72*, 141, 26.

S. L. steigt ein Eros n. l. auf einen Baum: unter der Leiter steht ein Fruchtkorb: ein folgender schleppt n. r. einen gefüllten Korb auf den Schultern: wieder ein Eros auf der Leiter n. r.: ein folgender stellt einen gefüllten Korb hin: dann wieder einer auf der Leiter n. r., pflückend; ein anderer hat eben, n. r. gebückt, einen Korb hingesetzt, den ein Genosse ergreift, wobei er n. r. ausschreitet; derselbe hat in der L. eine Traube. Alsdann ein Eros n. r. mit einem gefüllten Korbe auf den Schultern; ein anderer steigt n. l. auf eine Leiter; ein letzter steht e. f. mit einer Weinrebe im l. Arme.

Nbss.: Greife.

Ob der Deckel zugehört, bleibt fraglich. An den Ecken desselben sind unbärtige Masken mit phrygischer Mütze und gedrehten Locken. Die Fläche ist geschmückt mit fünf Eroten, die in verschiedener Richtung auf Delphinen schwimmen; zwei derselben halten ein Ruder im Arme.]

2770. S. Lorenzo f. l. m.

[Abgeb.: Bottari, *Roma sott.* III, 19. Photogr. Parker.
Vgl. Zoega, *Bassir.* I, 129.]

S. Sehr groß. Die vollkommen flachen und sehr verwirrten Reliefs überziehen ihn auf allen Seiten.

Vorn sieht man in einer Reihe neben einander sechs Weinstöcke, die sich nach oben in Zweigen und Blättern ausbreiten.

Zwischen 1 und 2: zwei Eroten neben einem mit Obst gefüllten
Korbe. Unten ein Hahn, den erwischten Abfall gegen ein Wiesel
vertheidigend. Zwischen 2 und 3: ein Panther mit umgestürztem
Korbe. Zwischen 3 und 4: ein Eros, mit zwei vollen Körben beschäftigt. Zwischen 4 und 5: ein Eros fängt auf einer Leimruthe
einen Vogel; ein zweiter reitet auf einer Gans, um deren Hals er
einen Kranz geschlungen hat. Zwischen 5 und 6: ein Eros hat
einen Ziegenbock beladen. Zwischen den Zweigen klettern noch
drei andere, mit der Ärnte beschäftigt; auch verschiedene Vögel,
namentlich Pfauen.

Hinterseite: gleichfalls sechs Eroten. Der eine [auf einer Gans
reitend] holt mit der Keule gegen einen Panther aus, der seinen
mit der Ärnte beschäftigten Gefährten rücklings zu Boden geworfen hat. Zwischen 3 und 4: ein mit Früchten gefüllter Korb, an
dem Vögel naschen. Ein Hahn will eine wegeilende Schlange
packen. Ein naschendes Häschen. Ein Eros hat einen [beladenen]
Bock an den Hörnern gepackt, den ein zweiter von hinten mit
dem Prügel bearbeitet. Zwischen den Zweigen etwa fünf Eroten,
mit der Ärnte beschäftigt; einer fängt einen Vogel mit einer Leimruthe.

Nbss.: 1. drei Weinstöcke; ein Eros, auf einem Panther reitend; ein naschendes Häschen. Ein Eros, auf dem Rücken einer
Gans stehend und diese zügelnd. Andere zwischen den Zweigen.
An den oberen Ecken: ein Adler mit einer Schlange und ein sitzender Panther. R. nur eben angelegt: ein Eros, auf einem Hahne
reitend; ein Fuchs, eine Gans erwürgend. Sechs Eroten sind mit
der Ärnte beschäftigt.

2771. V. Rondinini. ○

Beschr. von Zoega A. 528, n. 11.

[Vgl. Welcker, Zeitschr. f. G. u. A. d. a. K. 529, 13.]

S. An den Enden rund. An den Ecken Löwenmasken. Dazwischen Eroten, mit der Weinärnte beschäftigt. 1 und 2: Trauben
pflückend; 3 steigt auf eine Leiter; 4 schüttet n. l. Trauben in
einen Korb; 5 klettert auf einen Baum; 6 nimmt (n. r.) die Trauben in Empfang, die 7 abschneidet; 8 schüttet die Trauben in eine
Kufe, in der sie von 9, 10 und 11, welche sich an den Händen
fassen, ausgetreten werden. Unter der Maske zur R. liegt ein
nackter schlafender Eros, unter der zur L. ein Eros in Tunica, der
ein kniecendes Schaf melkt. Zu Füßen des sechsten Eros ein Ka-
ninchen und eine Schildkröte.

2772. P. Corsini.

[Abgeb.: Bottari, *Roma sott.* I, 125.

Vgl. Zoega, *Bassir.* I, 129, 1.]

s.-D. An den Ecken: 1. der Kopf des Helios mit der Strahlenkrone, r. Selene mit Halbmond. In der Mitte eine viereckige, ohne Inschrift gebliebene Tafel. Unter derselben in kleinen und undeutlichen Figuren: drei (?) Zweigespanne, die n. 1. fahren; das mittlere scheint gestürzt. L. und r. von der Tafel: Darstellungen der Weinärnte. L.: Vier Eroten sind mit dem Pflücken der Trauben beschäftigt; drei andere schleppen sie zu einer Kufe, wo sie wiederum von dreien zerstampft werden. R.: Mit dem Lesen sind sechs Eroten beschäftigt. Zwei andere laden die Früchte auf einen mit Ochsen bespannten Karren. Ein zweites Paar macht sich r. mit den gefüllten Körben zu schaffen.

2773. P. Merolli.

s. In der Mitte der gute Hirte. L. eine Kufe, in der drei Eroten Trauben stampfen. Ein Eros, auf einem Esel reitend; andere Reben schneidend. R. zwei Eroten, Körbe auf dem Rücken schleppend; zwischen diesen eine Gruppe zweier Eroten, sich gegenüber beschäftigt, einen Pfahl einzurammen.

Die Reliefs sind nur eben angelegt.

2774. P. Rondinini.

[Vgl. Welcker, *Zeitschr. f. G. u. A. d. a.* K. 529, 13.]

s.-D.-Fr. L. steht auf einem Postament n. r. eine bärtige ithyphallische Herme. R. davon schleppt ein Eros auf seinem Nacken einen gefüllten Korb n. r., den er mit der L. unterstützt; in der gesenkten R. hält er eine Traube. Ein zweiter Eros mit Schurz um den Leib, gleichfalls n. r., pflückt Trauben ab; vor ihm auf der Erde ein Korb. Ein Eros n. 1. [ebenfalls mit Schurz] steht hinter demselben; er legt die L. an den Korb und erhebt die R. Das Motiv ist mir unklar; [ich glaube er knieet und streckt die Hand empor, um von dem die Trauben vom Baume nehmenden sich dieselben geben zu lassen zum Einpacken in den Korb; 1. und r. am Ende Ulmstämme, welche den Wein tragen.]

2775. P. Mattei.

[Abgeb.: *Mon. Matth.* III, 45, 2.]

Beschr. von Zoega A. 392, 44.

[Vgl. Zoega, *Bassir.* I, 129, 1]

s.-Fr. [R. unvollständig.] Von 1. führt ein mit Ochsen bespannter

Korbwagen heran: ein Eros steht in demselben; ein zweiter macht den Kutscher. Im Hgr. ein Weinstock, auf dessen Zweigen zwei andere Eroten sitzen, die Früchte abzuschneiden; [der zur R. hat einen Korb auf dem Rücken]. R. eine große Kufe mit Löwenrachen als Speiern, [unter jedem von denen ein rundes Gefäß steht]. Drei Eroten [in so aufgeschürztem Gewande, dass nur der Oberleib dadurch bedeckt wird] stampfen die in ihr enthaltenen Trauben aus. [Im Hgr. erheben sich über einer hohen Gartenmauer Baumkronen. Alle »Eroten« sind ohne Flügel.]

[2776. V. Wolkonsky.

S.-D.-Fr. Nach l. schreitend ein Eros mit Chlamys, den Kopf zurückgewandt, der mit nach vorn gestrecktem l. Arme (Hand fehlt) etwas gehalten zu haben scheint; dahinter ein Baum, von dem Trauben herabhängen; ein Eros steigt auf einer Leiter zu ihm empor, sich dabei umblickend n. r., wo die nach dem Baume greifende Hand eines andern sichtbar wird. Am Boden steht ein hoher bereits gefüllter Korb.]

[2777. P. Aldobrandini.

S.-Fr. Ein Eros steht auf einer an einen Baum gelehnten Leiter, unter welcher ein voller Fruchtkorb: er legt Trauben in einen von einem andern ihm hingehaltenen Korb; ein dritter schleppt einen Korb auf dem Kopfe.]

[2778. Catacombe di S. Pretestato.

S.-Fr. L., r. und oben abgebrochen. Fast nur die Beine der Figuren sind erhalten.

L. der Stamm eines Baumes, an den eine Leiter angelegt ist, auf die gerade ein Eros steigt; unter der Leiter ein gefüllter Korb. Rechts packt ein anderer Früchte in einen Korb; weiter r. kommen zwei zusammen, um einen Korb zum Forttragen aufzuheben. Weiter r. noch zwei Beine von sich n. r. bewegenden Eroten.

Nur an einem der den Korb aufhebenden Eroten auch Kopf und Flügel erhalten. Späte Arbeit.]

2779. P. Farnese.

[Vgl. Heydemann, *Mitth. a. d. Antikens. in Ober- u. Mittelitalien* 117, 321.]

S.-Fr. Ein Eros steigt n. r. eine Leiter hinauf. R. davon sind zwei andere mit Abpflücken und Einsammeln beschäftigt. [Hinter dem ersten ein Baum, und l. von diesem ein Eros n. l., wohl clipeushaltend.]

2780. Stud. Viti.

S.-Fr. Gr. M. L., r. und unten unvollständig. In der Mitte leergelassenes viereckiges Inschriftfeld; links davon treten zwei nackte
Eroten Wein in einer Kufe; jeder hat im äußeren Arm ein Lagobolon, den inneren hat der zur R. hoch erhoben, der zur L. gesenkt und in der Hand einen Zweig(?). Von l. kommend schüttet
ein Mann in Exomis noch in die Kufe zu; zwischen seinen Füßen
ein umgestürzter Fruchtkorb. Links davon ist ein anderer, n. r.
gewandt, beschäftigt, Trauben von einem über ihm befindlichen
Weinstock zu pflücken. Ein dritter steigt n. l. eine an einen Baum
gelehnte Leiter hinauf, auf den Rücken gebunden einen Fruchtkorb; zwischen Leiter und Baum noch ein Korb. R. vom Mittelfelde nur noch ein Eros in Chlamys theilweis erhalten, den Kopf n. l.,
mit der R. das Gewand fassend; von einem folgenden noch der
Kopf und ebenfalls die das Gewand fassende r. Hand.]

2781. P. Rondinini.

[Vgl. Welcker, *Zeitschr. f. G. u. A. d. a. K.* 529, 13.]

S.-Fr. Ein Eros mit Chlamys eilt n. l. [beide Hände nach Art
der Schildhalter an einen geraden Rand legend, mit dem das Stück
l. abbricht]. Ein zweiter schüttet, n. r. gewendet, Trauben in eine
Kufe, die zwei andere, das Lagobolon schwingend, mit den Füßen
stampfen. Ein fünfter eilt n. r. [ebenso wie der zuerst beschriebene die Hände anlegend. Die beiden halten gemeinsam eine
Traube, um ihre Bewegung gleichmäßig zu machen]. Alles ist von
Ranken durchflochten.

Ganz flaches spätes Relief, wohl Rückseite eines S's.

[2782. Stud. Jerichau.

K.-S.-Fr. L. und r. gebrochen. Zwei Eroten treten Wein aus in
einer länglichen Kufe, die vorn zwei Löwenköpfe mit Ringen im
Rachen als Speier zeigt; beide fassen sich an, der zur R. legt die
L. auf seinen Oberschenkel, der zur L. hebt die R. hoch und fasst
etwas Unklares, Zweigartiges (keine Traube). Von r. schleppt ein
Eros auf der Schulter einen gefüllten Korb herbei, um ihn in die
Kufe zu schütten. Dann eine Pinie; darauf ein n. r. gebückter
Eros, zum großen Theil weggebrochen, wohl mit dem Füllen eines Kor-
bes beschäftigt.]

2783. Vigna Codini.

S.-Fr. Kümmerlicher Rest einer Weinernte in schlechter Arbeit.

2784. P. Rondinini.

[Abgeb.: *Arch. Zeit.* XXXV (1877), Taf. 7, 1.]

Vgl. *Bull. dell' Ist.* 1863, 7 (Brunn); [*Arch. Z. a. a. O.* 53 (Blümner).]

S.-D.-Fr.   Von l. kommt ein Eros herbei, der auf der Schulter
einen Korb Oliven herbeischleppt, [sie unterstützend durch ein lago-
bolonartiges Geräth, vgl. Blümner a. a. O.], um sie in eine Kufe
zu schütten, in welcher sie von einem zweiten [der eine Nebris
trägt] zerstampft werden; [dieser stützt sich dabei mit der L. auf
einen Stab hoch auf]: der Saft fließt seitwärts in vier Gefäße. Im
Hgr. erscheint ein mit einem Strick umwundener Hebebaum, dessen unteres Ende auf die in der Kufe aufgeschütteten Oliven drückte;
[es folgt unmittelbar neben der Kelter noch ein größeres Gefäß und
ein viereckiger würfelartiger Stein, an dessen Seiten die Enden des
oben über den Hebebaum geschlagenen, in der Mitte weggebrochenen Strickes sichtbar werden: dies die »Ölbaumreste«, wie sie
Blümner in dem über den Balken geschlagenen Strick erkennen
will]. R. ein Olivenbaum, dessen abgefallene Früchte ein Eros in
ein Körbchen sammelt: ferner eine einfache Maschine zum Zer-
malmen der Oliven: eine Stange ist durch einen Zapfen in der
Mitte einer großen steinernen Schale wagrecht befestigt; ein Eros,
der sie dreht, setzt dadurch einen großen, an ihr als Axe befestigten Mühlstein in Bewegung, der die Oliven zerquetscht; [ich muss
gegen Blümner entschieden in Abrede stellen, dass r. ein ebensolcher, jetzt weggebrochener, Stein war: die scheinbaren Bruchreste,
die man dort sieht, möchte ich für die vor dem sich drehenden
Querbalken sich aufhäufenden Oliven halten].

Ein ganz ähnliches Relief sah Zoega A. 184ᵈ im Museo Kircheriano; ganz
ähnlich eine Federzeichnung mit Ocker aus der Sammlung dal Pozzo (A. W.
Franks), in großer und guter Ausführung: dort drehen zwei Eroten.

[Vgl. Nr. 2865. 66.]

Auf dem Meere.

2785. P. Vaccari.

[Abgeb.: *Bull. munic.* I, Tav. IV, 1.]

Beschr. von Zoega A. 71: »Pal. dei P. P. della Missione all' Angelo Custode
ora Groia già Borazzi o Buratiano«.

[Vgl. *Ann. dell' Ist.* 1868, 158 (Lanciani); *Ann.* 1872, 22 (Jordan); *Bull. munic.* I,
263 (C. L. Visconti); Collignon, *Essai sur les monum. rel. au mythe de Psyché*
434, 187.]

Inschrift: Fabretti 382, 206: »in aedib. nob. de Burattis«.

S.-P. In der l. Ecke eine Palme; r. von dieser fahren in einem Kahne Eros und Psyche; er (n. r.) rudert, sie im ärmellosen Chiton mit Schmetterlingsflügeln legt die R. an ihr Haupt, während sie in der L. einen Pokal hält. Im Hgr. ein Haus, bestehend unten aus einem dreibogigen Portal [vorn ein Bogen, an der Langseite zwei], auf dem ein oberes Stockwerk mit Giebel und je zwei Fenstern an den beiden sichtbaren Seiten. Vor dem Boote schwimmt ein Eros im Wasser. Im zweiten Boote: ein Eros, eine Handpauke schlagend, Kopf n. l. gewendet; ein zweiter Eros holt mit einem Dreizack nach hinten aus, um einen Fisch im Wasser zu harpuniren. Hinter diesem Boote eine Arkadenreihe von drei Bogen; auf diesen zwei n. r. gewendete Tritonen, auf Muscheltrompeten blasend, während sie die R. an's Hinterhaupt legen. Daneben im Hgr. eine Säule, auf der eine Sonnenuhr. Drittes Boot: in demselben ein Eros (n. r.), der mit beiden Händen ein Netz aus dem Wasser zieht, ferner Psyche (n. l.), eine gerade und eine krumme Flöte blasend. Dieses Schiff (das einzige von den dreien) ist aufgetakelt, die Segel halb eingerefft [über dem Schiff ein Vogel, n. r. fliegend, mit geöffnetem Schnabel]. Hieran schließt sich das Medaillon mit dem Brustbilde eines römischen Knaben; darunter eine Inschrifttafel. Rechts von dieser kommt ein Boot zum Vorschein, in dem ein angelnder Eros sitzt [dem gerade ein Fisch anbeißt]: dann ein Leuchtthurm von vier Stockwerken; oben auf demselben ein hell brennendes Feuer.

Spät und unbeholfen, doch mit einer gewissen Sorgfalt ausgeführt.

Inschrift:

D · M
IVLIO FILOCYRIO
FILIO BENE MERENTI
DVLCISSIMO Q · B · ANN
VII · D · V · IVLIVS · FILOCY
RIVS · PATER · FECIT

[Verwandt ist außer den folgenden Nummern, sowie dem S.-Fr. im Mus. Chiaramonti 978, abgeb.: *Bull. munic.* a. a. O. Tav. IV, 2; Lateran Nr. 465 u. a. noch ein S. der Abtei Ferentillo, den ich bei dieser Gelegenheit beschreiben will nach einer Photographie, deren Mittheilung ich de Rossi verdanke: L. unvollständig. R. abgeschlossen durch einen hohen Pfeiler, auf welchem n. l. gewandt eine ganz kleine nackte männliche Gestalt sitzt, die Füße auf einen Schemel, die allein erhaltene r. Hand auf einen hohen Stock gestützt. Hieran schließt

sich im Hgr. folgende Uferscenerie: zunächst eine Palme, dann eine Quader-
wand, darauf ein in halber Perspective stehender Tempel (der Isis?), dessen Dach
vorn auf zwei Säulen ruht; aus ihm hervor tritt eine Gestalt wie ein Priester mit
nacktem Oberkörper, um die Hüften ein langes Gewand gegürtet. Im Giebelfelde eine jetzt ganz zerstörte, anscheinend weibliche Gestalt, welche im Arme
etwas wie ein Kind trägt. Weiter l. erhebt sich eine Art Porticus: der auf viereckige Pfeiler unvermittelt aufsetzende niedrige Bogen lässt auf jedem der Pfeiler noch Platz für je eine männliche, anscheinend bärtige nackte Gestalt, welche
ruhig dasteht, die innere Hand an die Hüfte, die äußere um einen hohen Stamm
oder dgl. gelegt. Auf der Plattform des Bogens liegt n. l. ausgestreckt eine
männliche bärtige Figur, über die Beine einen Mantel, im l. Arme ein Füllhorn:
Flussgott? Nach einem kleinen Zwischenraume folgt schließlich im Hgr. noch
eine Palme. Im Vgr. drei kleine Barken: die zur L. (links von der eben erwähnten Palme) in Bewegung n. l. und mit flatterndem Segel, die beiden anderen
ohne Mast und Segel in Bewegung n. r. In jeder Barke ein rudernder Eros (nur
an dem in der Barke rechts sind Flügel bemerkbar) und eine stehende bekleidete Psyche, welche musicirt. In der Barke zur L. spielt letztere eine Mandoline; in der mittleren hat sie beide Arme erhoben, den l. mehr seitwärts, den
r. nach oben; was sie mit denselben that, ist bei der Zerstörung des r. Armes
nicht mehr festzustellen: Haltung und Stellung entspricht völlig der des Ca-
stagnettenschlagens zum Tanz (vgl. O. Jahn, *Sächs. Ber.* 1851, 168); in der R.
schlägt sie das Tympanon. Zwischen der mittleren und rechten Barke schwimmt
ein Eros, n. l. gewandt, sich an die mittlere Barke vorn anklammernd. In den
Wellen Delphine.

Späte aber ausdrucksvolle Arbeit.|

2786. P. Corsetti.

S.-Fr. Ein Eros n. l. zieht eine Reuse aus dem Wasser. Im
Hgr. ein [unten auf einem großen Bogen ruhendes] Haus, aus des-
sen Fenstern ein (weiblicher?) Kopf hervorsieht. Rechts in einem
Schiffchen: ein Eros, Becken schlagend: ein zweiter, mit Lyra und
Plektron im Schiff stehend. Ist ihre Absicht ein Ständchen dar-
zubringen? Vgl. Philostr. imagg. [12].

2787. Stud. Canova.

S.-D.-Fr. R. unvollständig. In der l. Ecke ein Leuchtthurm,
dann ein Boot, in dem zwei Eroten; der eine l. zieht eine Reuse
aus dem Wasser, der zweite rudert. Auf einer Klippe im Meere
steht ein Eros angelnd. Von dem folgenden Boote ist nur ein
Theil erhalten: in demselben ein rudernder Eros.

Schlechte Arbeit.

|2788. V. Aquari.

S.-P.-Frr. Sieben Stücke sind erhalten, von denen sechs so zusammenpas-
sen, dass sie nur oben und an den Seiten unvollständig sind. Gr. L. der sechs
Stücke zur R. 1,25; gr. H. 0,35.

In der Mitte eine am Bauche mit Delphinen und einem blasenden Triton gezierte Barke, in welcher ein sitzender Knabe (vielleicht ursprünglich ein Eros, aber ohne Flügel; Kopf weggebrochen) rudert; ihm gegenüber sitzt ein in langen anliegenden Chiton gekleidetes Mädchen (ursprünglich Psyche? Oberkörper fehlt). L. vor dem Schiffchen im Wasser ein Eros mit einem Delphin; weiter r. eine Ente; daneben, von hinten gesehen, Kopf und etwas vom Rücken eines kopfüber in's Wasser stürzenden Menschen; links daneben, mehr im Hgr., ein u. l. auf eine Felserhöhung gestellter Fuß, wohl zu einem angelnden Knaben oder Eros gehörig, da vor ihm eine Angelschnur und ein anbeißender Fisch zu erkennen sind. Im Wasser Fische. Links davon Rest eines anderen Schiffes, welches dem ersten entgegenfährt, ebenfalls mit einem Delphin geschmückt; dazu gehörig das Fragment eines sitzenden, wohl rudernden, Eros (? Oberkörper fehlt). Von den vorigen getrennt: Fragment einer andern Barke, gerudert von einem stehenden nackten Manne; am Vordertheil kommt ein Eros aus dem Wasser hervor mit emporgestreckten Händen; neben ihm der Kopf eines Secungethüms. Delphine schmücken dies Schiffchen im oberen Streifen: im unteren eine Oceanusmaske zwischen zwei Delphinen.]

[2789. V. del Grande.

S.-Frr. I. Nackter Knabe, in einer Barke u. r. rudernd. Die Barke ist vorn oben mit der Büste des Sol, unten mit zwei Delphinen geschmückt.

II. (Höchstwahrscheinlich zum gleichen S. gehörig. Zu hoch eingemauert, um Sicherheit darüber gewinnen zu können.) An der Ecke rund.

Psyche, lang bekleidet, Tympanon schlagend, sitzt auf dem Hintertheile eines Schiffchens, das von einem Eros, von dem noch l. von Psyche die Hand erhalten, gerudert wird; ein anderer Eros schiebt das Schiffchen von r. Oben ein dritter Eros u. r. Die äußere Schiffswand ist verziert in einem oberen Streifen mit der Figur eines in antiker Weise u. l. schwimmenden Knaben; darunter ein Seedrache.]

[2790. V. Caracciuolo.

K.-S.-Fr. Ein Knabe (oder Eros), u. r. gebeugt in einer Segelbarke zieht ein Netz aus dem Wasser.

Nur Kopf, Arme und l. Bein sind erhalten.]

2791. Stud. Canova.

S.-D.-Fr. R., l. und oben (?) gebrochen. L. zwei Ruderer [Eroten]

in einem Boote. R. davon Romulus und Remus, von der Wölfin
gesäugt.

Sehr schlechte und flache Arbeit.

[2792. V. Caracciuolo.

S.-Fr. R. und l. glatt abgeschnitten; r. oben unvollständig. H. 0,27;
Br. 0,25.

Zwei Knaben mit Erotenhaartracht in Ärmelhemd und Hosen
sitzen sich rudernd gegenüber in einer Segelbarke: der zur L. hat
im Rufen die Hand erhoben.]

2793. P. Castellani.

S.-Fr. In der Mitte erscheint Skylla (Oberleib fehlt). L. und r.
auf bewegter See Eroten im Kahne sitzend und rudernd.

2794. Vigna Sassi.

S.-D.-Fr. Inschriftplatte ohne Inschrift. Zwei Eroten, im Nachen
fahrend; sehr flaches Relief.

2795. S. Lorenzo f. l. m.

S.-D.-Fr. An beiden Seiten gebrochen. Ein Eros n. r. gewandt.
den l. Fuß auf eine kleine Klippe vorsetzend, wirft eine Angel aus:
[in der auf den l. Oberschenkel gelegten L. hält er einen Beutel];
ein zweiter zieht eine Reuse aus dem Wasser.

Als Götter.

2796. P. Mattei.

[Abgeb.: *Mon. Matth.* III, 14, 1.]

Beschr. von Zoega A. 396ᵉ.

Vgl. [Winckelmann, *Werke* II, 510] Stephani, *Ausruh. Herakles* 197 (449).

K.-S. [An den Enden rund.] Acht Eroten mit Götterattributen.
Der erste lehnt sich mit gekreuzten Beinen an einen Pfeiler, über
den er seinen r. Arm ausstreckt; der Gegenstand, den er in der
Hand hielt, und in dem Venuti einen Schmetterling erkennt, blieb
mir undeutlich. Zoega sagt von der Figur: »tenendo una patera.
di cui si ciba un' aquila, che resta dalla parte opposta della base
dietro la schiena del secondo putto« [richtig!]. Die Zange, welche
im l. Arme des zweiten ruht. ist sicher. ebenso der Hammer.

Der dritte stützt sich mit der L. auf einen Spieß; der Gegenstand, den er in der gesenkten R. hält, gleicht zwei auf einander gelegten Stäbchen; Zoega: »due dardi«; [ein Schwertband läuft ihm über die Brust]. Der vierte trägt einen überall gleich dicken Stab auf der Schulter (Zoega: »tirso«); über den l. Arm des fünften ist ein Löwenfell geworfen; in der l. Hand hält er eine kleine flache Schale; die r. Hand, in der er vermuthlich die Keule hielt, fehlt; der Blick ist allerdings n. r. oben gerichtet. Der Blitz in der [mit dem Ellbogen auf einen runden Pfeiler gestützten] R. des folgenden scheint sicher, ebenso Kithara und Plektron des nächsten. Der Gegenstand in der gesenkten R. des letzten ist wiederum undeutlich: er ist büschelförmig und etwas geschweift; Zoega: »un ramo o altra cosa« [vielleicht Wasser]; derselbe hat eine fellartige Chlamys um, die einen von seiner R. unterstützten Bausch bildet; was er in demselben hielt, ist nicht mehr zu erkennen.

An jeder Seite sind noch zwei Eroten, in Stuck gebildet, zur Verlängerung der Platte angebracht, jedoch schon im Stich weggelassen: dies zur Berichtigung von Stephani.

Hahnenkampf.

2797. P. Castellani.

s.-Fr. Ein Eros n. r. gewendet; er trägt auf der Schulter einen todten Hahn (?), den er mit beiden Armen umfasst.

2798. P. Corsetti.

s.-Fr. L. steht ein Eros hinter seinem Hahne, den von r. ein anderer angreift. [Dahinter ein Postament mit einem Lorbeerkranze als Gesims.]

[2799. Basilica di S. Petronilla.

s.-Fr. R. und unten unvollständig. Ein Eros n. l. (Füße fehlen), in der vorgestreckten R. einen Kranz, in der L. eine Palme, den Kopf zurückgewandt und in die Höhe blickend; r. von seinem l. Beine wird das Ende eines Hahnenschweifes sichtbar. Ein zweiter Eros links (Beine fehlen) eilt n. l. (auf erhöhtem Niveau), den Blick n. r. gewandt, und beide Hände wie bedauernd weit von sich gebreitet. Zwischen beiden in der Höhe ebenfalls ein Eros, n. r. blickend. Ganz am Ende links ein größerer, n. l. forteilender Eros, n. r.

umblickend und die Hände so hinter sich gestreckt, als zöge er damit etwas nach sich; überhaupt zeigt der ganze Körper Anstrengung, deren Motivirung mir unklar blieb.

Schlechte Arbeit. War verkalkt, also antik, aber von den Christen gebraucht.]

Als Jäger.

2800. Stud. Altini.

S.-Fr. L. gebrochen. Ein Löwe springt n. l. Ein Eros e. f., [über die l. Schulter und Arm eine Chlamys], im l. Arm einen Korb [mit überhängenden Ähren] haltend, [fasst mit der hoch erhobenen R. die lange Leine, welche dem Löwen um Hals und Leib gelegt ist].

2801. V. Panfili.

Beschr. von Zoega A. 240.

S.-P. Auf einen Eros aus Stuck folgen sechs nackte Eroten (nur der zweite hat die Chlamys), mit einem (»todten« Zoega) Löwen beschäftigt. Der erste drückt mit beiden Händen den Kopf nieder. Die Handlung des zweiten, der n. r. eilt, ist nicht deutlich. Der dritte hat einen Strick um die Hintertatzen des Löwen gebunden, den der vierte. der fünfte und der sechste anziehen.

2802. V. Medici.

S.-Fr. Ein Eros, das r. gebogene Bein weit nach hinten zurückgesetzt, bemüht sich einen Hund zurückzuziehen, der [n. r.] auf einen großen [auf ihn zustürzenden] Eber los will. Letzterer wird auch von oben noch von einem anderen Hunde angegriffen. Ein zweiter Eros scheint von r. Steine zu schleudern. R. unten ein zweiter sich n. r. zum Sprunge duckender Hund.

Flach und sehr von Flechten überzogen.

2803. V. Panfili.

S.-P. Ein Eros mit Chlamys [Flügel sah ich nicht] e. f., mit der L. einen undeutlichen Gegenstand erhebend, [die R. an einen Baum legend]. Zwei Knaben galoppiren n. r., sich an die Hälse ihrer Pferde anklammernd. Drei Hirsche, von Hunden verfolgt, fliehen in ein Netz, neben dem ein kleiner Knabe hockt. [Wald ist durch mehrere Bäume angedeutet.].

(2804. **Tre Fontane.**

K.-S.-Fr. R. unvollständig. Ein Eros, die l. Hand vorgestreckt, verfolgt langsamen Schrittes einen Hirsch; ein Hund hilft. R. unten liegt ein Stier; hinten noch ein Thier. Im Hgr. ein Baum.

Nbs.: ein Hirsch n. r. Darunter ein Hund, dahinter ein Baum.]

2605. V. Gentili.

S.-Fr. L., r. und unten gebrochen. R.: Ein Knabe [in Chlamys] auf einem Pferde, im l. Arme eine Lanze, sprengt n. l. Neben ihm springt ein Hirsch, den ein Hund verfolgt. L. wird der vordere Theil eines zweiten n. r. sprengenden Pferdes sichtbar.

––– –––––

Opfernd.

2806. V. Panfili.

[Vielleicht identisch, jedenfalls äußerst ähnlich mit Cod. Cob. 490, 194.]

S.-P. Zwei Niken halten einen Clipeus mit halb zerstörter Inschrift [fehlt auf C.]. Die Scene unter demselben ist völlig unkenntlich [C.: Reste zweier Eroten in lebhafter Bewegung]. L. und r. symmetrisch angeordnete, nahezu identische Opferscenen. L.: das Geräth, auf dem die Opferflamme loderte, ist bis auf die Tatzen des dreieckigen Untersatzes auf beiden Seiten weggebrochen. Der Eros zur L. blies wahrscheinlich die Flöte, der zur R. libirte in die Flamme; [er hält auf C. im l. Arme einen Stab]. Im Hgr. eine dritte Figur, die eine Schüssel mit Früchten vor sich hält. [Links auf C., vielleicht unter dem Stuck verborgen, wie es der entsprechende Knabe rechts war, ein Knabe, nackt, in Bewegung n. r., in der r. Hand einen Stab, die L. vorgestreckt.] In der Scene r. befindet sich außer den beschriebenen Figuren noch eine vierte Figur im Hgr. links [dem Beschauer den Rücken zukehrend, den Kopf n. r. der Erotengruppe zugewandt, in einem bis zum Knie reichenden Mantel], die jedoch nicht in die Handlung eingreift. Diese Seite ist stark ergänzt. [Durch Abfall des Stucks ist r. noch eine vermauert gewesene Figur theilweis wieder zum Vorschein gekommen, die, bloß in Chlamys, von r. herankommt und in der erhobenen R. etwas wie ein Brot hält; auf C. fasst sie an den Epistylbalken eines Tempelchens, welches, auf hohem Stufen-

bau sich erhebend, hier, wie hinter der entsprechenden Scene links
sichtbar wird: im Giebel beidemal ein Kranz mit Tänien.]

Inschrift:

[illegible]
AQV*[illegible]*
PAVL*[illegible]*
C · IVLIVS
RVFINVS
CONIVGI · SVAE
B · M

2807. Via Ara Coeli 51.

Vgl. Benndorf-Schöne, *Lateran* S. 275.

Früher »in domo Cinciorum pone Minervam«: *C. I. G.* III, 6509.

s. In der Mitte: Zwei Niken halten einen Clipeus, auf dem
die fast unleserliche, sehr zerstörte [christliche] Inschrift [nach Bormann's Lesung von Benndorf und Schöne a. a. O. mitgetheilt; ebendort die vollständige Copie, welche von Bormann aus dem Cod.
Marucell. A. 79, 1 fol. 22ᵛ gezogen ist und so lautet:

ΛΟΝΓΙΝѠ
ΚΟΠΙΑϹΑΝ
ΤΙ ΙϹ ΤΑΥΤΑ
ΤΑΧѠΡΙΑ ΕΠΕ
ΓΡΑΥΕΝ ΧΡΥϹΗϹ
ΗϹΥΝΒΙΟϹ ΑΥ
ΤΟΥ

Dieselbe Inschrift ist nach de Rossi's Mittheilung noch in verschiedenen anderen Handschriften erhalten. Darunter die Reste zweier
nach l. und r. auseinander laufenden Eroten. L. und r. von den
Niken zwei symmetrisch geordnete, im Übrigen völlig gleiche Opferscenen. Ich beschreibe nur die besser erhaltene zur L.:

Ein Eros n. r. stehend mit Chlamys, die R. auf die Brust
legend [mit Erhebung der vorderen Finger], mit der L. einen Speer
aufstützend; er bildet den Zuschauer einer Opferhandlung: in der
Mitte eine bekränzte Ara mit lodernder Flamme, in die ein r. stehender Eros mit Chlamys libirt. L. ein Flötenbläser. Hinten ein
Camillus mit Locken in gegürteter Tunica, vor sich eine Schüssel
haltend. Die Einzelheiten sind sehr zerstört.

[Auf der r. Seite steht der libirende Eros links und hat die L.
auf einen Speer hoch aufgestützt; der Flötenbläser r. bewegt sich
im Tanzschritt; der zur R. am Ende stehende hat auch um den
Bauch ein Gewandende geschlagen.]

[2808. Stud. dell' Aquila.

S.-Fr. L. unvollständig. Hinter einem bekränzten Altar, auf dem
ein Feuer brennt, steht fast e. f. ein Eros in Toga, die L. vor der
Brust, mit der weggebrochenen R. wohl libirend gedacht. Hinter ihm
kommt ein anderer heran, in vorn geknüpfter Chlamys, die hinten
weht und von seiner niedergehenden L. gehalten wird, während er
mit der erhobenen R. den Libirenden wie am Ohr zu fassen scheint.
Vor dem Libirenden steht n. r. ein dritter, von dem nur die untere
Hälfte und der auf eine Lanze hoch aufgestützte l. Arm erhalten.]

2809. P. Camuccini.

[S.-D.-Fr.] Ein Eros n. r. schreitend stützt mit der L. eine
Schüssel mit Früchten auf. R. durchaus undeutliche Gegenstände.
[Baumstamm.]

2810. V. Borghese.

S.-Fr. Ein Eros, in Chlamys n. r. stehend, die L. an einen
Speer gelegt, libirt in die Flamme eines brennenden Altares: [hin-
ter letzterem ein Baum].

Eros und Psyche.

[2811. Stud. Canova.

Abgeb.: *Arch. Zeit.* 1869, Taf. 16, 4.
Vgl. ebenda 21 (Heydemann); Collignon, *Essai sur les monum. rel. au mythe de
Psyché* 420, 166; Overbeck, *K.-M.* II, 1, 172; II, 2, 131.
S.-D.-Fr. L. und r. unvollständig. H. 0,33; gr. Br. 0,30.

L. sitzt auf einem Stuhle Zeus e. f., etwas n. l. gewandt, das
l. Bein aufgesetzt, den Mantel um l. Seite und Beine, mit der L.
ein Scepter hoch aufstützend (R. weg). An sein l. Bein gelehnt steht
mit gekreuzten Beinen, ein Gewandstück über den in die Seite
gelegten l. Unterarm, ein Knabe (Kopf weg), als Eros gedeutet, jedoch ohne Flügel. — R. steht eine Göttin (Hera?) mit l. Standbein, in langem Chiton mit Halbärmeln, einem Mantel um Hinter-

kopf, l. Seite und Leib; der l. Oberarm geht seitwärts, und die
Hand war auf ein Scepter gestützt: der r. Arm geht seitwärts nieder (Unterarm fehlt); das Gesicht ist zerstört.]

2812. P. Mattei.

[Abgeb.: *Mon. Matth.* III, 15, 1.]
Beschr. von Zoega A. 352, 2.
[Vgl. Jahn, *Arch. Beitr.* 195, 307.]

S.-P. Zwei Gruppen: L. Eros e. f. erhebt das r. Bein, als
wolle er mit dem Fuße auf die Erde stampfen; die beiden Arme
sind erhoben; beide Hände und der l. Arm fehlen. An seine Brust wirft
sich von l. Psyche: ihre Kniee sind gebogen, ohne jedoch die Erde
zu berühren. Hinter ihr steht eine zweite Psyche, die vor sich mit
beiden Händen eine Art Korb [?] trägt ›moderna la testa, l'ala d. e parte
del petto‹ Zoega); durch die Beine des Eros und der vor ihm knieenden Psyche
geht ein regelmäßiger Bruch; doch ist auch Zoega's Ansicht, dass dieser Theil
antik sei. — Zweite Gruppe: Neben einander stehen zwei geflügelte,
mit der Chlamys bekleidete Eroten, die gemeinschaftlich einen
Teller tragen: Zoega: »con non so che cosa«. Neben ihnen ein
Baum: Zoega: »che sembra di quercia« [gewiss nicht; die Blätter
sind lanzettförmig, die Früchte feigenartig].

2813. P. Corsetti.

S.-Fr. Oberkörper eines Eros: es sieht aus als sei er schräg
an einen Felsen gelehnt und die Hände ihm auf den Rücken gebunden gewesen. Ein Eros mit Fackel (oben gebrochen) eilt n. r.
Im Hgr. auf dem Felsen Bäume.

2814. P. Corsetti.

S.-Fr. Ein Eros ist in's l. Knie gestürzt, hält in der L. ein
Lagobolon und schwingt mit der R. eine Fackel; er sieht sich um
nach Psyche, die von l. herbeieilt und ihn mit der vorgehaltenen
Fackel brennt. Im Hgr. ein Altar mit lodernder Flamme.

Sehr schlecht.

2815. S. Agnese f. l. m.

Beschr. von Zoega A. 555.
[Vgl. Collignon, *Essai sur les monum. rel. au mythe de Psyché* 418, 162.]

K.-S.-D. In der Mitte lagern Eros und Psyche in zärtlicher Ver-
einigung. Eros hält in der l. Hand ein Trinkgefäß; [Psyche fasst
ihn an's Kinn und will ihn küssen]. L. von dieser Gruppe ein

schlafender Eros: ein zweiter, sich n. r. umschauend. R. ein
dritter auf dem Rücken liegend, in der erhobenen R. ein Salbgefäß, in der L. einen Kranz. Diese drei Figuren sind alle unten
bekleidet und man könnte sie deshalb für weiblich halten, doch
sprechen die Flügel dagegen. In der r. Ecke gewahrt man einen
nackten Eros, der das unter einem Kessel angelegte Feuer unterhält. An den Ecken bacchische Masken. Zoega erkennt in der
einen Bacchos, in der anderen Ampelos [die eine ist weich, die andere satyrhaft. — Vgl. *Ancient Marbles* V, 9, 3; Jahn, *Sächs. Ber.*
1851, 174].

2816. P. Lancelotti.

S.-Fr. [nur etwa 0,25 hoch]. Psyche nackt bis auf ein Tuch, was
ihre Hüften umgiebt, in der R. einen Kranz, um den Hals eine
Perlenschnur. Eros tritt von r. heran, sie zu küssen.

Nicht unverdächtiger Abbozzo.

2817. Vicolo delle Carozze 75.

S. Geriefelt. In der Mitte in einer Nische Eros und Psyche,
sich umarmend. L. und r. ein Eros, auf die umgekehrte Fackel
gestützt.

[Zu dieser Nummer und den beiden folgenden vgl. Jahn, *Arch. Beitr.* 165.]

2818. V. Panfili.

S.-P. Zu den beiden Seiten nackte Eroten mit Schurz um die
Hüften, e. f. stehend, die R. resp. L. auf einen Stab aufstützend.
In der Mitte in einer von einem Bogen überspannten Nische Eros
und Psyche in der bekannten Stellung, letztere bekleidet.

Nbss.: zwei sich kreuzende Schilde.

2819. P. Corsetti.

S.-Fr. Mittelstück. Zwischen zwei von einem Bogen überspannten Pfeilern Eros und Psyche, beide mit gekreuzten Beinen [auf
einer Art Postament] einander gegenüber stehend, umarmen sich.

2820. Vigna Codini.

[Vgl. Collignon, *Essai sur les monum. rel. au mythe de Psyché* 113, 147.

S.-Fr.? Der obere Theil zweier nackter Figuren (wohl Eros
und Psyche), die sich umarmen und küssen. Der l. Kopf hat ein
weibliches Anschen und weibliche Frisur, der zur R. lange Ringel-
locken.

[Collignon führt unter Nr. 146 noch ein ebendort befindliches,

Matz und mir entgangenes Bruchstück auf: »il ne reste que la main de Psyché qui tient le menton d'Eros et une très faible partie du corps d'Eros«.]

Mit Waffen.
[Vgl. Nr. 2733.]

2821. V. Massimi-Negroni.

[Vgl. Stephani, C. R. pour 1867, 42, 1.]

S.-P. In der Mitte halten geflügelte ausschreitende Eroten einen Clipeus mit moderner Inschrift: ‚aqua a qua horti inrigantur non est aqua a qua orti aluntur'. Darunter zwei Eroten [im Mantel], die ihre Hähne kämpfen lassen; der zur R., dessen Hahn unterlegen, ist weinend dargestellt. R.: zwei Eroten stellen einen riesigen Helm auf eine bekränzte viereckige Ara. L.: ein Eros eilt mit einer Lanze, die er in beiden Händen faßt, in gewaltsamer Bewegung n. l.; ein zweiter unterstützt sie von unten mit den Händen, [d. h. er sucht sie ihm zu entreißen]; an der Ecke läuft einer mit einer Beinschiene in beiden Händen n. r.

2822. P. Aldobrandini.

Inschrift: Kellermann, Fig. 218 not. (»spuria«, ebenso Henzen).

S. In der Mitte wird ein Clipeus mit falscher Inschrift von zwei Eroten gehalten. L. und r. davon Erotengruppen. L.: ein Eros sucht, wie es scheint, einem zweiten eine Lanze zu entreißen. R.: auf einer bekränzten viereckigen Ara steht ein großer Helm, den zwei Eroten von r. und l. unterstützen. Unter dem Clipeus sind zwei sich kreuzende Füllhörner.

2823. V. Altieri.

S.-Fr. L. und r. gebrochen. Ein n. r. ausschreitender Eros mit flatternder Chlamys sucht mit beiden Händen einen Speer n. r. zu reißen, den ein anderer hinter ihm, der die L. in den Nacken legt, kaum mehr zu halten scheint. [Das von Matz erkannte Motiv ist mir nicht sicher: der Eros zur L. scheint unglücklich, und legt die R. (beide vorderen Finger und Daumen ausgestreckt) vor die Brust. Zwischen beiden ein Baum. Rechts noch der Flügel eines weiteren vielleicht schwebenden Eros.]

2824. V. Giustiniani. ○

[Abgeb.: *Gall. Giust.* II, 101.]

S.-Fr. In der Mitte halten zwei geflügelte und mit der Chlamys versehene Eroten einen runden Schild mit der Darstellung der säugenden Wölfin; unter demselben liegen gekreuzt eine Beinschiene und ein Schild. Von l. bringt ein Eros ein Lictorenbündel, von r. ein anderer ein nacktes Schwert herbei.

2825. V. Panfili.

S.-Fr. (? vielleicht von einer Marmorvase). Oval. Ein n. l. abgehender Eros (ohne Flügel) schleppt auf seinem Rücken eine kolossale Beinschiene.

2826. P. Camuccini.

S. Nach r. und l. symmetrisch schwebende Eroten halten ein viereckiges Tuch, vor dem sich das Brustbild einer Frau im doppelten Gewande mit Rolle in der L. befindet. [Die Frisur ist die des vierten Jahrhunderts.] Unter den Eroten sitzen Pfauen. In den Ecken l. und r. andere Eroten mit einem Kranze um den Hals, die jeder in einer erhobenen Hand einen jetzt durchaus zerstörten Gegenstand (Schmetterling? [der zur R. keinenfalls einen Schmetterling] hielten. Neben dem zur R. ist noch eine Keule (?), jedenfalls keine Fackel sichtbar, [wohl Köcher; dagegen l. wohl eine Keule].

Nbss.: l. und r. aufgescheuchte Hirsche und Hunde, die sie verfolgen, [dahinter Bäume].

Wettfahrt.

2827. P. Barberini.

S. Unter dem Zweigespann des ersten Wagens von l. n. r. liegt auf dem Rücken halb sitzend [n. l.] ein Eros, die l. Hand auf einen Krug stemmend, die R. erhebend. Der Beireiter im Hgr. erhebt den r. Arm und scheint den Lenker des Gespannes zur Eile aufzufordern. Zweites Gespann: Der Lenker wirft sich, die Kniee gebogen, ein wenig zurück und zieht die Zügel straff an. Im Hgr. wieder ein Beireiter. Drittes Gespann: Das vordere der Pferde ist in's Knie gestürzt [und ein Rad vom Wagen hat sich gelöst;

die Peitsche liegt am Boden]; der Beireiter blickt betrübt auf dies Ereignis. Viertes Gespann: Der Wagenlenker wendet sich n. l. um und scheint das gefallene Pferd seines Nachfolgers emporreißen zu wollen, indem er in die Zügel greift. Von dem gewöhnlichen Apparat des Circus sieht man im Hgr. mehrere Spitzsäulen und sechs auf einem wagrechten Querbalken aufgestellte Eier, [sowie unter dem ganzen Hgr. längs die niedrige Circusbrüstung, und rechts einen runden Altar, über dem sich wieder die Spitzsäulen erheben].

Nbss.: L. ein reitender Eros mit Palmzweig in der Hand [auf Spitzsäulen zueilend; hinter ihm ein gemauerter Bogen]. R. steht auf seinem ruhig n. r. stehenden Wagen ein Eros n. l. gewandt: in beiden Händen hält er vor sich einen länglichen rauhen Gegenstand, der einer Guirlande gleicht, [sicher], als wolle er die in der l. Ecke stehende Spitzsäule bekränzen. [Hinter den Pferden steht noch ein Eros c. f.]

2828. V. Wolkonsky.

K.-S. L. 1,16; H. 0,33; T. 0,35. Von l. n. r.: Ein geflügelter Eros auf seinem Zweigespann n. r.; unter den Pferden ein zweihenkliger Krug. Im Hgr. sind drei durch Bogen verbundene Säulen gebildet. Ein zweites Zweigespann: Der Lenker der Pferde blickt zurück. Auf einem auf zwei Säulen ruhenden Balken sind die bekannten Eier aufgereiht. Das dritte Gespann ist verunglückt, die Pferde sind vornübergestürzt, ebenso [nach hinten] der lenkende Eros. Im Hgr. auf dem von Säulen getragenen Balken eine Reihe von Delphinen, daneben eine Säule und ein nicht weiter charakterisirtes Haus. Das vierte Gespann ist wieder in voller Fahrt, der Eros schwenkt die Geißel und blickt zurück. An der Erde liegt eine Art Haken. [Davor im Hgr. noch ein fünfter Eros, geißelschwingend, auf seinem Gespann.]

R. Nbs.: Ein geflügelter Eros, auf einem gezäumten Pferde n. r. sprengend; auf der l. dieselbe Vorstellung.

2829. Tre Fontane.

K.-S.-Fr. R. Hälfte. Das äußerste Pferdepaar r. ist erhalten. Auf dem hinteren Thiere sitzt ein Eros. Unter dem Pferde liegt ein Gefallener. An der Ecke auf einem Unterbau zwei Spitzsäulen mit Kugeln.

Nbss.: Ein sitzender Greif.

Gefunden 1868 beim Legen des Fußbodens der hinteren Kirche.

2830. V. Crostarosa.

S.-Frr. I. R. unvollständig. Ein Eros, auf einem Stier n. r. reitend; der Stier hat den Schweif schlagend hoch erhoben, ebenso der Eros die eine Hand.

II. R. und l. unvollständig. Ein Eros, in Quadriga n. r., sich umblickend; im Hgr. zwei Metae; vor der Quadriga Reste eines anderen Eros auf seinem Wagen, und der von ihm geschwungenen Peitsche.]

2831. V. Gentili. ○

K.-S.-Fr. Erhalten ist die r. Ecke und ein Stückchen der r. Nbs.

Vorn zwei Rosse (nur halb mehr vorhanden) sprengen auf zwei, auf eine runde Erhöhung gesetzte Metae zu.

Nbs.: L. eine Meta und wieder der vordere Theil eines Pferdes n. l.

[2832. V. Tomba.

S.-Fr. Ein Eros steht im Zweigespann, sich umblickend und die Peitsche schwingend; es folgt ein anderer, von dem nur der vordere Theil des Pferdes mit Zügel und leitender Hand erhalten ist.

Sehr flaches Relief.]

2833. P. Mattei.

'Abgeb.: *Mon. Matth.* III, 47, 2.]
Beschr. von Zoega A. 396⁵, 67.

S.-Fr. R. unvollständig. Die Eroten fahren nicht, wie gewöhnlich, in einer Reihe, sondern man sieht zwei mit ihren Zweigespannen n. r. jagen. Zwei andere haben schon die zur R. anzunehmende Meta hinter sich und jagen im Hgr. n. l. zum Anfang der Bahn zurück. L. oben bemerkt man auf ein Bret gereihte Delphine.

2834. P. Lancelotti.

S.-Fr. Ein Zweigespann n. r. [nur Pferde, Zügel und eine leitende Hand sind erhalten]. Voran ein sogenannter Morator mit Krug, dann ein Beireiter, [sitzt vielmehr merkwürdigerweise auf der langen, vorn mit einem Widderkopfe verzierten Deichsel].

2835. V. Natalotti.

S.-Fr. L. zwei Spitzsäulen. Ein Eros n. r. lockert mit einer Hacke den Boden. Ein Vorreiter n. r. Ein Eros auf einem Zweigespann mit Peitsche n. r., sich n. l. umsehend. Ein zweiter Vorreiter.

[2836. **Vigna Guidi.**

S.-Fr. L. und r. unvollständig. Rechts die Meta; ein Gespann theilweise erhalten; im Hgr. ein reitender Eros, der sich n. l. umblickt.]

2837. **Via S. Gregorio** 78ᵈ.

S.-D.-Fr. L. und r. unvollständig. Erhalten ist ein Eros in Untergewand und Chlamys, in einem Wagen aus Korbgeflecht stehend, n. l., mit beiden Händen die Zügel führend. R. wird ein folgendes galoppirendes Pferd sichtbar.

Auffällig gute Arbeit.]

2838. **Stud. Altini.**

S.-Fr. Ein Eros steht auf einem Wagen, den zwei Renner im gestreckten Galopp n. r. ziehen.

[2839. **V. Wolkonsky.**

S.-Fr. Ein Eros, geduckt, knieend, die Hand über'm Kopfe, die Flügel ganz angelegt. Links von ihm mehrere Hinterhufe über ihm weggaloppirender Pferde.]

[2840. **Vigna Guidi.**

S.-Fr. Stück der Vorderseite zur L. und der l. Nebenseite. Vornübergebeugt steht auf einem von zwei Pferden n. r. gezogenen Wagen der Lenker, klein, aber ungeflügelt, in langärmeligem kurzem, mit einer Binde gegürtetem Gewande, auf dem Kopfe einen runden, durch ein Band festgehaltenen Hut; in der L. hält er die Zügel, in der R. die Peitsche. Unter den Pferden n. r. hingestürzt ein gleicher Knabe; über den Pferden ist noch eine ausgebreitete r. Hand von einer der Figuren auf der Tribüne erhalten. Hinter dem Pferdelenker das Postament mit den drei Spitzsäulen.

L. Nbs. (in ganz flacher Zeichnung): Die Pferde eines Zweigespannes n. r.; unter denselben liegt ein länglicher Gegenstand.]

2841. **Stud. Altini.** ○

S.-D.-Fr. An der l. Ecke ein unbärtiger Kopf mit phrygischer Mütze. Von der sich r. daran schließenden Vorstellung ist nur ein Eros erhalten; um den Leib einen schmalen Gürtel, in der R. eine Peitsche.

2842. **S. Lorenzo** f. l. m.

Vgl. *Sächs. Ber.* 1878, 140 (Heydemann).

S.-Fr. R. gebrochen. L. in der Ecke drei Spitzsäulen. Nach r.

eilt ein Eros mit der Palme, um sie dem ersten von drei mit dem Trochos spielenden Eroten zu überreichen; dieser erste dreht sich in dem Moment zu den anderen und hält die Hand ausgebreitet in die Höhe.[1]

2843. P. Lancelotti.

K.-S.-Nbss. zwei. Auf jeder ein [n. r.] galoppirender Eros; 'der eine hebt die Hand auf, der andere blickt sich um'.

[2844. V. Caracciuolo.

S.-Frr. I. Ein Eros auf einem Panthergespann n. r. jagend. Durch das leergelassene Inschriftfeld von ihm getrennt:

II. Ein Hirschgespann n. l., von dem nur noch die Köpfe der Hirsche erhalten sind.]

[2845. Catacombe di S. Saturnino e Trasone.

S.-Fr. Ein Eros mit Peitsche auf einem von Löwen gezogenen Wagen n. r.]

2846. V. Altieri. ○

S.-Fr. [oder S.-D.-Fr.] Ein Eros fährt auf einem mit Widdern bespannten Wagen n. r. (kleine Figuren).

FLUSSGÖTTER.

2847. Stud. Altini. ○

S.-D.-Fr. R. Ecke. Von einer n. l. gewandten Figur ist der obere Theil erhalten. Der Kopf ist kurzbärtig; das Haar von einer Binde umgeben. N. r. gewandt lagert ein Flussgott; im l. Arm einen Schilfstengel, mit dem r. Ellbogen lehnt er sich auf eine Urne, aus der Wasser strömt.

[2848. V. Wolkonsky.

S.-Fr. Ein Flussgott, n. l. gelagert, die l. Hand auf einer Urne, aus der Wasser strömt, im r. Arme einen Schilfzweig. Kopf fehlt. Unten Wasser. Roh.]

[**2849. V. Borghese.**

S.-Fr. L. und r. unvollständig. Erhalten ist nur eine am Boden aufrecht sitzende Nymphe, mit einem Mantel um l. Seite und Beine, auf dem Schoße eine ausfließende Urne, im l. Arme einen Schilfstengel; ein anderer wird l. von ihr sichtbar.]

G E N R E.

2850. P. Castellani.

S.-Fr. Ringsum gebrochen. Ein [bärtiger] Kahlkopf in Tunica trinkt aus einem Fläschchen von kugeliger Form mit dünnem Halse [Kürbisflasche, wie sie noch heutzutage in Italien üblich].

2851. P. Castellani.

S.-D.-Frr. An der Ecke der Kopf eines Dioskuren mit konischer Mütze [und über derselben flach gravirtem Stern]. Auf dem Deckel selbst: Auf einem Felsstück steht n. r. ein Knabe [in Exomis, in der L. einen Krug, in der R. einen Becher haltend. Vor ihm ein unbärtiger Mann, gleichfalls [in Exomis, auch] einen Becher haltend. An der Erde sitzt ein Hund, [im Hgr. eine Pinie].

Zweites offenbar dazu gehöriges Fragment, [l. und unten gebrochen] Dem Dioskurenkopfe entsprechend Kopf eines Jünglings mit phrygischer Mütze [und um dieselbe gelegt ein Ährenkranz]. Von der n. l. gebrochenen Darstellung ist erhalten: Vorn ein Gewässer, auf dem ein Schwan; [ganz im Vordergrunde Terrain, auf dem] eine Pinie und eine Pappel, [vom Gewässer getrennt durch ein Geländer. Im Wasser Flussgewächse; jenseit desselben] Häuser, [von zweien die Façaden erhalten, fensterartig und vergittert, mit nach außen geöffneten Läden].

GRAZIEN.

2852. P. Mattei.

[Abgeb.: Bartoli, *Admiranda*, Tab. 68; *Mon. Matth.* III, 15, 2.]

Beschr. von Zoega A. 348, 19.

[Vgl. Jahn, *Entführ. d. Europa* 35, 16; Collignon, *Essai sur les monum. rel. au mythe de Psyché* 427, 177.]

S.-P. In der Mitte vor einem [nur die obere Hälfte der Platte einnehmenden] Vorhange die Gruppe der drei Chariten. Von l. eilt ein Eros herbei [r. Bein neu], ein Kästchen hebend, aus dem die zunächst stehende einen Schmuck zu nehmen scheint; an der Erde ein Gefäß, [über das ein Gewand liegt; was der entsprechende Eros zur R. that, ist nicht festzustellen, denn] nach Zoega: »le teste sono moderne e le due braccia, tese infuori«; [auch beide Beine sind neu]. L. von der Mittelgruppe ein Eros, im Begriff, sich den Umarmungen der Psyche zu entziehen; Zoega: »di Psiche è moderno il braccio s. und die Flügel]; d' Amore è tutto moderno fuori i piedi«; [ich glaube, Zoega irrt: die Füße und Theile der Unterbeine sind neu, das Übrige alt; am letztbeschriebenen Eros sind neu der r. Arm und der l. Unterarm mit dem emporgehaltenen Gegenstande]. Ein Eros hält ihm einen nicht deutlich erkennbaren Gegenstand entgegen, wie um ihn von Psyche abzuziehen; doch auch von diesem sagt Zoega: »non v' è d' antico altro che i piedi«. An der Erde ein Gefäß mit Früchten [und Ähren; scheint mir sicher alt trotz Zoega's Widerspruch]. Dieser Gruppe entsprechend rechts eine zweite, Eros und Psyche in zärtlicher Umarmung; Zoega: »le teste sono moderne« (habe ich nicht bemerken können). Ein zweiter Eros entfernt sich; Zoega: »testa e braccia moderne« [und l. Bein]. An der Erde ein Gefäß mit Früchten.

2853. V. Codini.

S.-Fr. Geriefelt. In der Mitte die drei Chariten; nur die letzte zur L. ist erhalten; sie hält eine außerordentlich deutlich ausgedrückte Kornähre. Unten ein Salbgefäß. Ein daneben eingemauertes Fragment mit zwei weiblichen Köpfen ist zweifelsohne zugehörig.

2854. P. Castellani.

S.-Fr. L. [r. und oben] gebrochen. Völlig erhalten die Chariten-
gruppe; zu den Seiten derselben je ein Salbgefäß. N. r. gestreckt
liegt Gaia da mit Füllhorn; l. neben ihr die Kuh, über der ein
Eros kauert [mit der Gaia beschäftigt, die ihm ihr Gesicht zukehrt.
Die Charis zur R. legt ihre l. Hand an ihn: l. noch ein Stückchen eines n. l. gewandten Eros sichtbar].

2855. Arch. Institut.

[Abgeb.: Jahn, *Entführ. d. Europa*, Taf. IX c.

Vgl. *Annali dell' Ist.* 1837, 32 (Braun); Jahn a. a. O. 31.]

S.-Fr. Ringsum gebrochen. Von der Gruppe, die von der gewöhnlichen Bildung nicht abweicht, ist die mittlere und die zur L.,
vom Beschauer aus gerechnet, erhalten: letztere hält einen Büschel
Kornähren in der R.: über dieser Hand erscheint der Kopf eines
Stieres, den eine links stehende Figur (Nike?) am l. Horn packt;
nur Arm, Hand und ein Stückchen des Flügels sind erhalten.

2856. V. Carpegna.

Beschr. von Zoega A. 410 f.

S. Geriefelt. In der Mittelnische die bekannte Gruppe der drei
Chariten; in der herabhängenden Hand derjenigen, die zur L. des
Beschauers steht, ist noch ein Kranz zu erkennen. An den Ecken
in schmalen Ausschnitten Eroten mit Chlamys, der Mitte zu eilend,
auf den Schultern gefüllte Körbe tragend.

[2857. P. Merolli.

S.-Fr. Geriefelt. In dem allein erhaltenen Mittelfelde die drei
Chariten in der bekannten Gruppirung.

Sehr zerstört.]

HANDWERKER.

Ärnten.

2858. P. Corsetti. ○

S.-Fr. Ein Mann in gegürteter Tunica n. l. gehend rafft mit der R. Früchte von einem Baume, die er in den Schoß seines Rockes sammelt.

Sehr roh.

2859. V. Carpegna.

S.-Frr. An den Enden rund. Groß. I. [von der Rundung]: Ein Jüngling mit reichem lockigem Haar [und Chlamys] steht n. l. auf der Leiter, die an eine Weinlaube gelehnt ist. Er blickt n. r. zurück; mit der R. hält er sich fest; in der l. Hand (Arm gesenkt) ein schon gefülltes Körbchen [am Bande]; ein zweiter Korb steht an der Erde.·

II. [die Zugehörigkeit zu I. von M. nicht bemerkt]. Ein Knabe in gegürteter Exomis scheint mit einem Stabe (Apfelbrecher) Früchte von einem Baume abzuschlagen, von dem wenigstens einige Blätter antik sind. [L. noch ein Baum, beide, wie es scheint, Pinien.]

Flaches schlechtes Relief.

[2860. Stud. Donatucci.

K.-S.-P. L. und r. unvollständig. In der Mitte eine Inschrifttafel. L. davon liegt n. r. unter einem Baume ein Jüngling (?) in Exomis, den l. Arm über den Kopf (Kopf und größter Theil des Armes weg, wohl schlafend) nach Art des Dionysos oder Jonas; r. von ihm steht n. l. vor dem Baume ein bärtiger Mann in Exomis, in der erhobenen R. eine Sichel, im Begriff, damit vom Baume zu schneiden; in der vor die Brust gelegten L., wie es scheint, Früchte. R. noch

ein n. r. eilender Knabe in Exomis, die R. vorgestreckt (Hand weg),
l. einen Stab (?) geschultert.   Spät.

Inschrift:

```
          D   M
       MEMMIAE
     M · F · AQVILIN
     AE C · F · BENE
      MERENTI · F  ]
```

[2861. Catacombe di S. Callisto.

S.-P.-Fr. Br. 0,23; H. 0,31. L. und r. unvollständig, aber merkwürdigerweise nicht abgebrochen, sondern mit Stoßflächen abschließend; unten auch glatt.

Auf einer an einen Baum zur R. gelegten Leiter steigt ein
kleiner Mensch empor in Hosen, langärmeliger gegürteter Tunica
und dicker Kapuze über Kopf und Nacken, in der R. einen Korb,
mit der L. einen Zweig niederbeugend: hinter ihm steht am Boden
ein Knabe, der einen bereits gefüllten Korb in die Höhe, dem vorigen unter hält. Dahinter wieder ein Baum. Unter der Leiter ein
umgestürzter gefüllter Korb.

Flache schlechte Arbeit.]

2862. V. Panfili.

S.-D.-Fr. L. unvollständig. Ein n. l. gebückter nackter Knabe
macht sich an der Erde etwas zu schaffen; die Arme gebrochen, daher
ist die Handlung nicht mehr klar. Ein zweiter, den Blick n. l. oben gerichtet, fasst mit der R. eine Traube; ebenso ein dritter, mit einem
Schurz bekleideter, der sich n. r. wendet; an der Erde und etwas
darüber — [letzterer an zwei Stricken hängend] — zwei gefüllte
Körbe zwischen Weinranken.

Eckmaske: Jugendlicher weiblicher (?) Kopf mit Stirnbinde und
Rebenkranz.

Späte, ziemlich rohe Arbeit.

Bäckerei.

2863. Vigna Sassi.

[Abgeb.: *Arch. Zeit.* XXXV (1877), Taf. 7, 2, wozu Blümner 54.]

S.-Fr.? L. 0,70; H. 0,25. L., r. und unten gebrochen. Von l. schreitet mit einem Sack, der ihm auf der Schulter liegt, schwer beladen

ein unbärtiger Mann [in Exomis] heran. Er scheint den Strick.
der den Sack verschloss, gelöst zu haben und im Begriff zu sein.
das Mehl (?) in den darunterstehenden Scheffel laufen zu lassen.
Weiter r. steht ein zweiter solcher Scheffel; ein bis auf einen Schurz
nackter Mann kommt von r. und erhebt mit beiden Händen ein
dickes Bret (?), was über der Öffnung des Scheffels lag; [vielmehr
eine Art dicker Stange, die er mit beiden Händen umfasst. ohne
dass das Aufheben als solches charakterisirt wäre: er streicht damit
ab (rutellum); ebenso Blümner]. Schließlich eine Kornmühle, die
von einem Esel (?) gedreht wird mit verbundenen Augen [und Maul,
letzteres so, dass ein Strick Maul und Hals verbindet, und so dem
Kopfe die Bewegung unmöglich macht; eine ähnliche Vorrichtung,
um die Thiere am Fressen zu hindern, noch heute in Süditalien]
Im Hgr. der beaufsichtigende Sklave.

Sehr flaches und schlechtes Relief.

2864. V. Medici.

Notirt von Zoega A. 384, 40.

[Abgeb.: *Ber. d. Sächs. Ges. d. Wissensch.* 1861, Taf. XII, 1.

Vgl. O. Jahn, ebenda 342, 348; H. Blümner, *Technologie und Terminologie der Gewerbe und Künste* I, 43, 63.]

S. Geriefelt. Im Medaillon der Mitte [in Halbfiguren ein Ehepaar; [er hat in der L. einen Stab, sie legt ihre L. auf seine r.
Schulter, ihre r. Hand an sein Gewand; ihre Haartracht weist
frühestens in die zweite Hälfte des dritten Jahrhunderts]. Unter
demselben zwei Männer um ein auf drei Füßchen ruhendes Korn-
maß beschäftigt, wie es scheint, um es zu füllen; [dasselbe hat an
der r. Seite einen Griff, über dessen Erklärung Jahn und Blümner
in Differenz sind]. R. und l. erscheint vor Vorhängen das Ehepaar noch einmal in ganzer Figur: die Frau in Stola und Palla;
was sie in der L. hielt, ist nicht mehr zu erkennen; [Jahn dachte
an eine Spindel; es wird wohl die gewöhnliche Rolle gewesen sein];
der Mann in Toga, ein Schriftbündel zu seinen Füßen.

L. Nbs.: Ein Pferd dreht die Kornmühle; in dem oberen Be-
hälter ist noch das ungemahlene Korn zu erkennen.

R. Nbs.: Ein bis auf einen kleinen Schurz nackter bärtiger
Mann, im Begriff, mittelst eines Schiebers den geformten Teig in
den gemauerten überwölbten Backofen zu bringen.

Rohe Arbeit.

Ölbereitung.
[Vgl. Nr. 2794.]

2865. Stud. Altini.

S.-Fr. Es ist eine Ölpresse dargestellt. R. ist der Rest der Mauer eines Gebäudes und eine flache Kufe mit Ausflussöffnungen, vor der niedrige bauchige Gefäße stehen. Von der Kufe ausgehend ragt n. l. ein langer Hebel hervor, den l. eine an der Erde stehende nackte Figur niederzuziehen sucht; eine zweite [satyrartig, mit einer Art Schwimmhose bekleidet] sitzt rittlings auf dem Hebel. Eine dritte am Ende rechts neben dem Hause scheint jenen mit erhobener Hand etwas zuzurufen, [und legt die L. an den Hebel, wie um ihn zu dirigiren. Auf dem Rande der Ölpresse erhebt sich eine Art Säule. Im Hgr. hinter der auf dem Hebel reitenden Figur ein Ölbaum].

[2866. V. Caracciuolo.

S.-Fr. L., r. und unten unvollständig. Ein Knabe in Tunica sucht mit einer langen Stange Ölfrüchte von einem Ölbaume herunter zu schlagen: ein anderer kleinerer, von dem nur der oberste Theil des Kopfes sichtbar, scheint ihm dabei zu helfen. L. noch ein Ölbaum. R. war ein Feld, wohl für ein Medaillon abgetheilt.]

Schiffahrt.

2867. P. Colonna.

[Abgeb.: (Gerhard, *Ant. Bildw.* Probedrucke Taf. XCIX); Braun, *Ant. Marmore.* I, Taf. X = Müller-Wieseler, *D. a. K.* II, LXXIII, 931.]

Beschr. von Zoega A. 513: »nel cortile del palazzo Colonna«.

[Vgl. *Bull. municip.* I, 259, 9 (C. L. Visconti).]

S. An den Enden rund. Ein Schiff, vorn beladen mit großen zugeschnürten Säcken [und einem Schlauche], das lateinische Segel am Mastbaume oben eingerefft. Ein Mann in Exomis n. r. gewendet steht rudernd fast auf dem Rande [Zoega »siede«, ist nicht deutlich, ob], [er sitzt auf dem Ansatze des hohen Hintertheiles, die Füße stehen auf dem Schiffsrande]. Zoega bemerkt, das Gesicht sei für ein Porträt bestimmt gewesen. Am Schiffshintertheile ist [im Hgr. eine Hütte. im Vgr.] n. r. gelagert eine weibliche Gestalt mit bloßem Oberleib; dass der Gegenstand, den sie in der

L. hält, ein Füllhorn gewesen, ist wenigstens nicht deutlich [Zoega: »timone«], [was richtig ist]. Unten sind Wellen angedeutet. Unten an der Erde [rechts], gleichfalls mit entblößtem Oberleibe n. l. gelagert, eine weibliche Figur. Der l. Ellbogen ruht auf einem Fruchtkorbe; der Gegenstand in ihrer L. ist gleichfalls zu zerstört, um mit Sicherheit darüber urtheilen zu können (Zoega: »cornucopia«). Die r. Hand ist vorgestreckt und hielt nach Zoega vielleicht Ähren[?]. Hinten fährt auf dem Lande [n. r.] ein einsitziger von zwei Pferden gezogener Wagen mit Rückenlehne [und Blockrädern]; der Kopf des in ihm sitzenden Mannes [in Ärmeltunica und Mantel] ist Porträt. An der r. Ecke eine Meilensäule, auf der oben eine Kugel ruht. [Auf der] l. [Seite entsprechend] ein Leuchtthurm mit vier sich verkleinernden Stockwerken.

Schlechte Arbeit.

2868. P. Corsetti.

s.-fr. In einem Schiff mit aufgespanntem Segel befindet sich ein bärtiger Mann, n. r. rudernd.

Schlechte Arbeit.

Verschiedenartiges.
[Vgl. Nr. 2916—2947.]

2869. P. Merolli.

s.-fr. Im Hgr. eine Mauer [mit Dach]. Vor derselben ein Mann in gegürteter Tunica n. r. schreitend; auf der l. Schulter trägt er ein Bret, auf dem drei Körbe stehen; in der anderen Hand hält er eine Hypothymis.

2870. P. Corsetti.

s.-fr.? Ein mächtiger Stier — auf dem Rücken ist noch der Rest eines Joches zu erkennen — wandelt n. l. Hinter ihm [neben seinem Kopfe] geht ein Mann (nur zur unteren Hälfte erhalten), wahrscheinlich der Treiber. Ihm entgegen tritt eine kleinere Figur in gegürteter Exomis, den Oberkörper vorbeugend und die Arme senkend; da diese unten gebrochen sind, so bleibt die Handlung unklar, [ich glaube, er zieht eine Leine, welche dazu dient, dem vorher erwähnten Treiber bei der Einjochung des Stieres dadurch behülflich zu sein, dass sie den Kopf niederhält]. Von einer dritten

16*

größeren n. r. schreitenden Figur ist nur ein geringes Fragment übrig: [bei derselben ein Hund n. l.].

[2871. Vigna Codini.

Abgeb.: O. Jahn, *Darst. des Handw. und Handelsverkehrs auf ant. Wandgem.* *Abh. d. K. Sächs. Ges. d. Wiss.* XII), Taf. v, 4.

Vgl. ebenda 252, 69 und *Arch. Zeit.* 1861, 151, 23.

S.-Fr. L., r. und oben unvollständig. Gr. M. Rechts noch ein Stück des Inschriftfeldes erhalten mit dem Inschriftrest:

CABEIN

Links wird ein roher Blockkarren von Ochsen (nur von einem noch Hinterbein und Schweif erhalten, n. l. gezogen; er ruht auf solidem Holzrade, und ist beladen mit einem großen Fass.]

[2872. Stud. Canova.

S.-Fr. Im Hgr. eine r. rund umbiegende Mauer mit drei Zinnen. Im Vgr. ein nur zum vorderen Theile erhaltener Wagen, von zwei Pferden gezogen, welche ein vorn auf dem Wagen sitzender bärtiger und kahlköpfiger, stark vorgebeugter Fuhrmann mit der Peitsche antreibt. Hinter ihm werden von auf dem Wagen sitzenden Gestalten noch sichtbar die Beine eines Mannes in langem Gewande, der in der L. auf dem Schoße eine Rolle hält, und l. noch das l. Unterbein einer zweiten Figur; rechts über den Köpfen der Pferde der Rest eines Stabes, vielleicht geschultert von einer jetzt weggebrochenen Figur, die vor dem Wagen herschritt.]

[2873. V. Aquari.

S.-Fr. An Ort und Stelle gefunden. Erhalten ist die l. Hälfte der Vorderseite; am r. Ende beginnt eine Inschrifttafel.

L. wird n. r. ein vierrädriger Wagen von zwei Pferden gezogen; auf dem Wagen sitzt in einer Kathedra eine bekleidete Figur, deren ganze obere Hälfte weggebrochen ist, soweit, dass nicht mehr zu entscheiden, ob sie männlich oder weiblich war; in der r. Hand hielt sie etwas jetzt ganz Unklares. Ein unbärtiger Wagenlenker, in der R. die Peitsche, wird hinter der Kruppe des vorderen Pferdes sichtbar und scheint auf der Deichsel zu stehen oder zu sitzen. Zwischen ihm und der sitzenden Figur wird im Hgr. eine n. r. schreitende sichtbar (Kopf fehlt); vor den Pferden her geht e. f. gewandt ein unbärtiger Mann in Exomis, mit der L. eine Stange geschultert; weiter voran ein bärtiger Reiter in langärmeliger Tunica, der sich umblickt.

Äußerst roh.]

[2874. Catacombe di S. Callisto.

S.-P. R. unvollständig. An der Ecke l. in Relief ein Jünglings-
kopf n. l. Dann n. r. ein zweirädriger Wagen, auf welchem auf
einer Kathedra eine mit ganz dünnem anliegendem Gewande bekleidete, anscheinend männliche Figur sitzt, die auf den vorgestreckten Armen etwas Längliches trug (Kopf fehlt), das man für ein Kind
oder ein Götterbild halten möchte. Hinter dem Wagen her schreitet ein bartloser junger Mann in kurzer gegürteter Tunica, in der
R. einen Krug: die L. hinter den Wagen gestreckt.]

— — — —

HERAKLES.

[2875. Via Belsiana 7.

K.-S.-Fr. L., r. und unten unvollständig. Rechts steht Hesione e. f.,
mit beiden erhobenen Händen an einen Fels geschmiedet, den Kopf,
von dem die Haare lang niederhängen, leicht n. l. geneigt, gekleidet in einen doppelt gegürteten ärmellosen Chiton, der aber die
r. Brust und das vorgesetzte r. Bein frei lässt. Von l. kommt Herakles, bärtig, das vorn geknüpfte und hinten herabhängende Löwenfell über den Kopf gezogen; in der L. den nach unten gerichteten
Bogen, welchen die R. spannt, um den Meerdrachen zu tödten,
dessen ihm entgegen züngelnder Kopf r. unten sichtbar wird. Zwischen Herakles und Hesione sitzt in kleinerer Figur auf höherem
Felsniveau ein jugendlicher nackter Berggott, den Kopf auf die
r. Hand gestützt, im l. Arme einen Pinienzweig. L. von Herakles
wird noch Helmbusch und l. Unterarm mit Schild und Speer in
der Hand eines, wie es scheint, n. r. gehenden, aber n. l. sich
umblickenden Kriegers sichtbar. Es fehlen die Füße und Unterbeine theilweise, sonst ist die Erhaltung gut.

Arbeit gewöhnlich.]

2876. P. Mattei.

[Abgeb.: *Mon. Matth.* III, 4, 2.]

Beschr. von Zoega A. 396[b].

S.-Fr. Drei Nischen zwischen plumpen geriefelten Säulen. In allen

dreien steht Ilerakles, die ersten beiden Male mit den über den
Kopf gezogenen Exuvien des Löwen: 1) er legt die r. Hand (Zoega:
»la d. moderna«) auf den Rücken, [dieselbe geht vielmehr seitwärts
nieder]; in der L. hält er die Keule; 2) in der Stellung des farnesischen Herakles; 3) in der gesenkten R. die Keule, in der L.
die Äpfel (?), [l. Unterarm mit den Äpfeln und der obere Theil des über sie herabhängenden Felles sind modern]; diesmal ist er unbärtig: »la testa è moderna«
[ja !].

2877. V. Borghese.

s. [Gr. M.] 1) Ilerakles n. r. würgt den Löwen; [am Fuße liegt
die Keule]; 2) H. kämpft n. l. mit der Hydra, die sich um sein
vorgesetztes r. Bein wickelt; 3) H. wirft n. r. den Eber auf den
aus dem Fasse hervorkommenden Eurystheus, [am Boden die Keule];
4) H. kniet auf der Hirschkuh n. r.), deren Geweih er mit beiden Händen packt; 5) H. schießt die Stymphaliden, von denen
eine herabfällt; 6) H. beraubt Hippolyte, die todt an der Erde
liegt, ihres Gürtels, indem er n. l. gewendet den r. Fuß auf ihre
Brust setzt; 7) H. schreitet mit einem Löwenfell umgürtet n. r.,
indem er mit der R. ein spitziges Instrument packt, das auf seiner l. Schulter ruht. Vor ihm erhebt sich ein gerade aufsteigender
Fels, [unter dem aus einer Art umgestürztem Eimer ein Bach her-
vorkommt]: der Kopf (zerstört) ist n. l. zurückgewendet (Leerung
des Augiasstalles); 8) H. bändigt den Stier; 9) H. erschlägt die
Rosse des Diomedes.

Nbss.: R. Ilerakles von r. heranschreitend packt mit der R.
den l. Arm eines auf der Erde sitzenden Kentauren, der mit der
R. eine lodernde Fackel schwingt; [H. holt mit der Keule in der
R. gegen ihn aus]. L. derselbe mit der Keule bewaffnet, n. r. ausschreitend, packt einen n. r. sitzenden Kentauren vom Rücken bei
den Haaren, [wobei er seinen l. Fuß in dessen Weichen setzt].

2878. P. Corsini.

s. 1) Rechts von einem Baumstamme steht e. f. Ilerakles.
(beide Arme abgebrochen); die l. Hand fasste eine Hintertatze des Löwen, der verendet am Boden liegt. 2) Herakles (n. l.) schlägt mit
der R. (um die L. [l. Arm mit Hand jetzt ganz weggebrochen] Löwenfell
gewickelt) auf die Hydra los, von deren Kopfe nach allen Seiten
hin kleinere Schlangen ringeln. 3) Ilerakles (n. r.) trägt vorschreitend auf seiner Schulter den Eber; Eurystheus [in kleiner Figur
aus dem Fasse hervorkommend und mehr als zur Hälfte sichtbar]

umfasst sein Knie, [das l. Bein des H. fehlt jetzt von der Mitte des Oberschenkels bis zum Knöchel, ebenso des Eurystheus l. Arm; der r. Arm ist
nur flehend in die Höhe gerichtet und berührt zufällig das Maul
des Ebers]. 4) Herakles (n. r.) kniet mit dem l. Beine auf der
Hirschkuh, der r. Arm ist abgebrochen, doch hielt die am Leibe erhaltene Hand wahrscheinlich den Bogen, die L. fasst das Ende des
langen Geweihes. 5) Herakles (n. r.) schießend. [Die Beine sind weggebrochen; zwischen denselben wird die Keule sichtbar; die Arme sind
auch fast ganz fort; r. oben ist noch der Rest eines der Vögel sicht-
bar]. 6) Herakles bückt sich (n. r.) zu der mit ihrem Pferde gestürzten Amazone [den l. Fuß auf sie setzend], im Begriff ihr den Gürtel zu entreißen. 7) Herakles (n. r.) vorschreitend hält mit beiden
Händen den Zipfel seines über die l. Schulter und Arm geschlagenen Löwenfelles wie einen Schurz vor sich, [die r. Hand (jetzt
mit dem Arme ganz weggebrochen) muss das Fell von der anderen Seite
unterstützt haben; das l. Bein fehlt fast ganz]; r. von ihm am Boden
ein aufrecht stehender Eimer. 8) Herakles, den Stier bändigend,
den er vorn an der Schnauze gefasst hält (n. r.), [alles Untere fast ganz
fort]. 9) Herakles e. f. hat den gleichfalls e. f. knieenden Diomedes [richtiger Busiris, s. Lateran 505, und dazu Benndorf-Schöne]
gepackt, der vor ihm kniet; die R. des Thrakerkönigs ist erhoben,
im l. Arme ruht noch das Scepter; er ist bärtig gebildet und trägt
eine phrygische Mütze, [Chiton und Mantel, aber keine Hosen].

L. Nbs.: Herakles bärtig, das Löwenfell über dem Kopfe e. f.:
im r. Arme ruht die Keule, in der L. hält er den Bogen; r. von
ihm ein Baum mit Äpfeln, von dem sich eine Schlange herab-
ringelt; n. l. flieht eine kleiner gebildete Hesperide, mit der L.
fasst sie das Gewand, welches ihren unteren Theil bedeckt, die R.
ist erhoben; sie wendet den Kopf nach Herakles um.

R. Nbs.: Ein Baum. Herakles, bärtig, über den l. Arm das
Löwenfell geworfen, in der [erhobenen] L. die Keule haltend, zerrt
mit der R. vermittelst eines Strickes den Kerberos n. r.

[Äußerst zerstört; die Gesichter so sehr, dass kaum noch die Bartunter-
schiede zu bemerken sind; nur ganz l., beim Löwen, ist die Jugendlichkeit der
ganzen Bildung noch offenbar.]

[2879. P. Albani.

Vgl. Winckelmann, *Mon. ined.* 80; Zoega, *Bassir.* I, 75; cf. II, 53, 38.

S.-Fr. L. und r. unvollständig. L. beginnt die Reihe mit dem ery-
manthischen Eber; erhalten ist jedoch nichts mehr, als die kleine
Gestalt des Eurystheus, in das lange breitgegürtete Tyrannengewand

gekleidet, mit zurückgebogenem Oberkörper, und fast ganz aus dem
Fasse letzteres modern hervorkommend. Dann Herakles n. r., ziemlich jugendlich, mit dem l. Knie auf dem Rücken der Hindin
kniecnd, die er an den Hörnern fasst: sein hoch erhobener r. Arm ist
ganz fortgebrochen, der l. mit dem Horne ist erhalten; dagegen ist von der Hindin der übrige Kopf neu (mit einem Stück des zusammenhängenden Ellbogens
der folgenden Figur), ebenso die Hinterbeine und der Grund; die Vorderbeine
sind weggebrochen.   Es folgt H., schon vollbärtig, die stymphalischen
Vögel schießend, welche oben am Rande flach angegeben sind (neu:
Unterbeine größtentheils mit dem Grunde, sowie der Kopf des Löwenfelles). Dann
H. mit dem l. Beine hoch auftretend, in dem auf dasselbe aufge-
legten l. Arme die Keule, (der r. niedergehende Unterarm ist fort; neu sind
das r. Unterbein und Knie und das l. von über dem Knie mit Felsblock und
Grund); Zoega meinte zuerst, er führe den Kerberos zurück, später
verbesserte er seine Ansicht, und erkannte die Hippolytescene.
Dann H. e. f., l. Standbein, mit der L. eine Hacke geschultert,
hinter ihm in der Höhe Fels und ein Bach, den Augiasstall rei-
nigend: (neu: Unterbeine, l. Oberarm auch wohl großentheils, r. Arm fast ganz
fort). H. den Stier bändigend, n. r., ihn an den Hörnern fassend,
das l. Bein weit vorgesetzt (ohne Köcherband). Von einer hier
n. l. am Boden liegenden weiblichen Gestalt (Zoega: Kreta?) noch
der, wie es scheint, weinbekränzte Kopf und der erhobene r. Arm alt.   Die
Tracht des Herakles ist durchweg ein Löwenfell über der l. Schulter und ein Köcher an der Seite.

L. sind einige Figuren ergänzt nach einem damals in V. Borghese befindlichen S. (Zoega).

Gewöhnliche Arbeit.]

2880. Stud. Altini.

[Vgl. *Ann. dell' Ist.* 1864, 320 (Klügmann).]

S.-Fr. Es ist die Darstellung der Ecke rechts vom Beschauer.
Nur der obere Theil der Figuren ist erhalten: Herakles, bärtig,
n. r. gewandt, schwingt die Keule gegen die Rosse des Diomedes,
von denen zwei Köpfe erhalten sind. Von der Nbs. ist ein so
schmales Stück erhalten, dass die darauf dargestellte Handlung
nicht erkennbar ist: [l. Hälfte einer männlichen nackten Gestalt,
welche die R., die etwas umklammert, wie ausholend, erhoben hat].

[2881. V. Wolkonsky.

S.-Fr. Heraklesthaten, dicht an einander gedrängt. Herakles,
über die Schulter das Löwenfell, bärtig, n. l. weit ausschreitend,
fasst mit der L. ein aufbäumendes Ross im Maule; zwischen seinen

Füßen wird der Kopf eines zweiten der Diomedesrosse sichtbar.
Links noch das r. Bein, von hinten gesehen, einer folgenden Figur:
rechts wieder ein stark erhobener Arm.

Arbeit für dies Genre auffällig gut.]

2882. Stud. Altini. ○

[Vgl. *Ann. dell' Ist.* 1864, 320 (Klügmann.)]

S.-Fr. Herakles, n. r. gewandt, hat den Stier bei den Hörnern
gepackt.

2883. P. Giustiniani.

[Abgeb.: *Gall. Giust.* II, 108.]
Beschr. von Zoega A. 363, 11.

S.-Frr. Das Antike besteht, so weit die Untersuchung, die in diesem Falle
mit einer Leiter ausgeführt werden konnte, möglich war, aus vier nicht zusammengehörigen Stücken. Zunächst das Bruchstück eines dem Stile nach griechischen Reliefs aus guter Zeit: eine jugendlich männliche Figur im kurzen
gegürteten Chiton und flatternder Chlamys, die, den l. Fuß weit
vorsetzend, n. r. voreilt. Die Füße und der ganze vorgestreckte l. Arm
sind modern, und so auch das Motiv, durch welches dies Stück mit dem folgenden verbunden ist. Der Jüngling nämlich erfasst mit der L. die Hand
eines Weibes, das auf dem Rücken eines n. r. galoppirenden Kentauren sitzt; die Position des ersteren ist so sonderbar, dass vielleicht anzunehmen sein wird, dieser ganze Theil sei modern. (Der Pferdeleib des Kentauren (ohne die Beine) mit einem bedeutenden Theile der auf ihm sitzenden Figur
scheint mir trotzdem antik und nur mit dem Heraklestorso unorganisch zusammengefügt.) Der Oberleib des Kentauren stellt sich bei genauerer Untersuchung
als der eines Herakles heraus, wie auch der der folgenden Figur, welche demselben, einem Sarkophag mit Heraklesthaten zugehörigen Fragment angehört.
Jene Figur stellt den Herakles dar, wie er auf seinem Rücken den ery-
manthischen Eber trägt, von dem Kopf und Füße erhalten sind. Im folgenden erschießt er die stymphalischen Vögel. — Die Figur eines
das Schwert ziehenden [bärtigen] Mannes [e. f. n. l. gewandt] mit
flatternder Chlamys 'scheint einer Darstellung der kalydonischen
Jagd angehört zu haben.

2884. S. Lorenzo f. l. m.

S.-Fr.? An allen Seiten gebrochen. H. 0,36; Br. 0,20. [Gr. M.]. Ein
nackter, kräftiger Mann n. r. gewandt: der r. Arm war ausgestreckt, der l. vielleicht eingestemmt. Über die l. Schulter fällt
ein Gewandstück. Er ist bärtig, die Beine sind an den Schenkeln abgebrochen. Man wird zunächst an Herakles denken, jedenfalls ist
der kleine Ansatz auf dem Rücken kein Satyrschwänzchen.

2885. V. Panfili.

Beschr. von Zoega A. 287.

S.-P. Geflügelte Victorien in vom Schenkel ab geschlitzten Gewändern halten symmetrisch schwebend lang herabhängende Tänien: unter denselben ein Schild und Panzer. Zwischen den Tänien ruht Herakles n. l.; in der Hand des im Ellbogen aufgestützten l. Armes hält er den Skyphos, in der R. die Keule, die ihm ein Eros zu erleichtern sucht. Ein zweiter Eros erscheint hinter ihm und legt die Hand auf seine Schultern: unter ihm wie in einer Grotte ruhen Bogen und Köcher. In den Ecken Eroten, sich auf die umgekehrte Fackel stützend.

2886. P. Mattei.

Beschr. von Zoega A. 275.

S.-D.-Fr. L. steht eine kleine weibliche Figur im doppelten Gewande, die R. auf die Brust legend, n. r. aufblickend [Kopf neu]. Auf einer [felsigen, theilweise mit Gewand bedeckten] Erhöhung n. l. gestreckt lagert eine nackte Figur (Zoega: »Bacco«), mit der R. ein Rhyton erhebend; [der ganze Arm bis auf die Hand ist neu]. Weiter n. r. hinter zwei kleinen mit Speisen besetzten Tischen mit Löwenbeinen gelagert, nur von der Brust an sichtbar, Athena mit Helm und Ägis, Zeus und eine nicht mehr erkennbare Figur [Zoega: »Giunone«] [allerdings sicher weiblich, in griechischem ärmellosem Chiton; hier r. weggebrochen]. Am Fußboden ausgestreckt, sich auf den l. Ellbogen stützend, dem Beschauer den Rücken zuwendend, Herakles mit der Keule. Das Relief ist r. gebrochen, [l. wahrscheinlich auch].

Schlechte Arbeit.

SELTENERE HEROENMYTHEN.
(Alphabetisch geordnet.)

Adrastos?

2887. Via Appia.

(Abgeb.: Canina, *Via Appia* I, Tav. XIX, 1.

Vgl. Canina ebenda, Text 99; *Ann. dell' Ist.* 1869, 152 Matz).)

S.-D. An den Ecken bärtige Satyrmasken. Ein Bursche (Kopf fehlt jetzt) in gegürtetem Chiton sucht mit beiden Händen einen n. l. vorstürzenden großen Hund, dessen Hals ein Halsband umgiebt, zurückzuhalten. Im Hgr. steht e. f. ein anderer Knabe mit einer auch den vorderen Theil des Körpers bedeckenden Chlamys, in der r. Hand den Rest einer Lanze. R. von dem Knaben steht eine Figur von zweifelhaftem Geschlecht, den Kopf n. r. zurückwendend. Die r. Hand war offenbar an eine Lanze gelegt, mit der l. berührt sie den oberen Rand eines runden Schildes. Der Kopf ist mit einem eng anschließenden runden Helm bedeckt. Außer einer Tunica mit Halbärmeln trägt sie noch einen Mantel. Vor dem Schilde sitzt ein großer Hund (e. f.).

Gruppe der drei Parzen: Alle haben das Haar in einen Knoten zusammengenommen; die vordere stützt sich nach Weise der Polyhymnia n. r. auf einen Pfeiler auf; in der L. hält sie eine Tafel, (die R. ist weggebrochen; l. und r. von ihr im Hgr. die beiden anderen, ebenfalls n. r. blickend). — Ein bärtiger, lang bekleideter Mann wankt mit einknickenden Knieen n. r. Ihm umfasst (?) den Leib ein ruhig n. r. (hinter ihm) stehender nackter Mann (vom Rücken gesehen), von dessen l. Schulter ein Gewandstück herabhängt. In der Mitte der Composition ist ein Jüngling, der auf einem niedrigen Felsstück n. r. saß, zurückgesunken; ein Mann in Tunica unterstützt ihn unter den Achseln; ein zweiter hebt den (l.) Arm (der r. ist theilweise zerstört) und bedeckt mit der R. das (jetzt weggebrochene) Gesicht; denselben Gestus macht ein dritter. R. davon

in halb knieender Stellung ein Jüngling in Tunica und Stiefeln,
an der Seite ein Schwert: er hält ein großes halbkugeliges Becken.
Der Blick ist rückwärts n. r. gewendet. Hier sitzt in der r. Ecke
n. l. gewendet auf einem Stuhle mit gekreuzten Beinen ein bärtiger Mann im Himation, das den Oberleib bloß lässt. Der r. Arm
ist vorgestreckt und die Hand scheint das Becken eines seitwärts
vor ihm aufgestellten Dreifußes zu berühren. Vor ihm kniet, den
in den Mantel gewickelten l. Arm erhebend, ein Jüngling, wie um
Gnade flehend [Kopf zerstört [ebenso r. Arm]]. Hinter ihm ein Mann in
gegürtetem Chiton, bedeckt n. r. gewendet das Gesicht, [Gesicht und
Hand jetzt zerstört]. Ist auf den Mythos von Atys und Adrastos bezogen. [Da Matz auch *Ann. a. a. O.* diese Deutung Canina's nicht abweist, hielt
ich mich nicht für berufen, den S. unter die noch unerklärten zu legen, sondern
beließ ihn in der von M. gewählten Rubrik.] Unter diesem Deckel sind noch
rohe Fragmente der Nbs. eines S.'s mit Jagddarstellung eingemauert, die jedoch
schwerlich zugehören werden.

Alope.

2888. V. Panfili.

[Zeichnungen (ohne die beiden Scenen zur L.]: Cod. Cob. 493, 209 = Pigh. 223,
207 abgeb.: Beger, *Spicil.* 143,; vollständiger einer Notiz von Matz auf dem
Lucido der Cob.-Z. 210 zufolge in der Pozzo'schen Sammlung bei A. W. Franks.]

Abgeb. [äußerst schlecht]: Winckelmann, *Mon. ined.* 92 = *Nouv. Ann. de l'Institut*
1836 pl. C. = Welcker, *A. D.* II, Taf. x, 17 = *Wiener Vorlegeblätter* Ser. B,
11 (mit den Cob.-Zeichnungen, und nach meinen Angaben gemachter Be-
zeichnung der Ergänzungen.

Beschr. von Zoega A. 353 [mitgetheilt von Welcker, *A. D.* II, 205].

[Vgl., außer den angeführten Publikationen, Welcker, *Gr. Trag.* II, 711; Stephani, *C. R. pour 1864*, 159; *Ann.* 1867, 377, 2 (Heydemann); 1869, 15 Dilthey; Stephani, *C. R. pour 1874*, 30.]

S.-P.[*]) I. Aus dem rund gewölbten Fenster eines thurmar-
tigen Gebäudes, an dem unten eine Thür angegeben ist, blickt
eine bekleidete, anscheinend weibliche Gestalt: die r. Hand ging
nach oben, doch ist sie bis auf einen kleinen Stumpf völlig zerstört [ist völlig
da, ganz wie auf der Abbildung]; von der l. ist nichts sichtbar [liegt vorn
auf der Brüstung]. Vor dem Hause steht ein Pferd, zum Fenster
hinauf schauend [l. Vorderbein und l. Hinterbein zur unteren Hälfte neu],
hinter demselben zwei Figuren: die erste n. l. lang bekleidet, bei
der zweiten ist der Oberleib nackt; ein von der l. Schulter über
den Rücken fallendes Gewand wird vorn von der l. Hand aufgenommen; die r. ist erhoben. Das Haar ist nach Weiberart in

---

[*] [Die Revision wurde von mir mit Hülfe einer Leiter ausgeführt.]

einen Knoten geschlungen, die Brust durchaus männlich gebildet,
[Apollon? ich bemerke ausdrücklich gegen Raoul-Rochette's Behauptung *Nouv.
annal. de l'Instit.* I, 155], dass die Köpfe beider Figuren alt sind und nie getrennt
waren, ferner gegen Stephani, dass beide männlich sind]. Im Hgr. ein Baum,
[der seine Zweige bis über die erste Figur der zweiten Gruppe aus-
dehnt].

II. Von zwei mit der Chlamys bekleideten jungen Männern wird
ein dritter, den sie zwischen sich genommen haben, n. l. geführt.
Die ganze obere Hälfte des letzteren [mit Ausschluss der r. Schulter], die daran
schließende r. Hälfte des Mannes zur L., [nur ein Stück des r. Oberschenkels, sowie der Hals, Kinn und Mund sind von dieser Hälfte alt] und der l. Arm des
Mannes zur R. sind Restauration. Nach dieser legt der Jüngling zur L.
dem Gefangenen seinen r. Arm auf die r. Schulter; der Blick des
letzteren ist nach oben gerichtet; nicht anders Zoega, [alt ist am Gefangenen noch die l. oberhalb des Kniees auf dem Schenkel liegende Hand zum
Theil; dieselbe war gefesselt]. Dieser Gruppe gegenüber sitzt auf einem
erhöhten Stuhle mit Löwenfüßen n. l. ein gerüsteter Herrscher mit
Panzer [der Panzer fehlt merkwürdigerweise auf C. und P.], Stiefeln [und
Mantel]; das Gesicht ist [so] zerstört, [dass über Zoega's Vermuthung, es sei
Porträt gewesen, kein Urtheil mehr möglich ist]; der r. Unterarm ist neu, der
l. abgebrochen [schon auf C.; er war modern ergänzt, doch ist die Ergänzung
größtentheils wieder weggebrochen; ergänzt ist sonst nur das l. Knie]. Vom
Hgr. kommt ein junges Weib heran; im Arme ein Kind, das beide
Arme ausstreckt; [das Kind fehlt auf C. und P. gänzlich, doch sieht man,
dass die Frau etwas gehalten hat; dieselbe hat übrigens durchaus nichts
für eine Amme Charakteristisches: sie hebt das Kind höher als die
Publikation es zeigt, und unterstützt es stärker mit der R.; ihr
Kopf [alt und nie gelöst gewesen] ist ganz e. pr. n. r. erhoben, ebenso
der des Kindes; sie ist tief gegürtet, und es scheint fast, als habe
sie einen ärmellosen Chiton getragen, und falle nur ein von hinten
kommendes Obergewand über den r. Ellbogen nieder]. Hinter dem
Throne des Fürsten steht ein Krieger mit Helm und Mantel, die
R. ist auf die Lanze gestützt, die L. fasst den oberen Rand des
auf den Boden gesetzten Schildes.

III. Auf einem breiten Sessel mit gedrehten Füßen [nur zwei
sind sichtbar: der vordere ist ergänzt, der hintere hat die bekannte
geradlinig zur Mitte anschwellende und dort beiderseits eingezogene
Form] sitzen eine Frau und ein junger Mann e. f.; erstere ganz in
ihr Obergewand eingehüllt, schmiegt sich an die Seite des Jünglings, der seinen r. Arm auf ihren Nacken gelegt hat. Im Hgr.
erheben sich im Abstande der Breite des Sessels zwei dorische
[C. verkehrterweise ionische], von einem Architrav überdeckte Säulen,

von denen eine Guirlande herabhängt. [deren eines neben der Frau niederhängendes Ende von deren dem Jüngling sich zuneigenden Kopfe mitgenommen. r. von diesem erscheint, wodurch der Moment der Bewegung glücklich ausgedrückt wird]: (Zoega: »il vuoto della porta sembra occupato da una porta bivalve«). Das Gesicht des Jünglings ist modern.

IV. Nach r. gewandt steht ein mit einer Chlamys, die auch den vorderen Theil des Körpers bedeckt, bekleideter bärtiger Mann. Im r. Arme ruht der oben ergänzte Jagdspeer [zwei Speere]: mit der L. hält er ein Pferd am Zügel. Neben ihm der aufmerksam nach oben blickende und zum Sprunge bereite Hund. Im gegürteten Chiton, Chlamys und Jagdstiefeln steht ein Mann n. r.; im l. Arme ruht der Speer: die R. ist bedächtig an's Kinn gelegt. Der Blick [Zoega: »il volto moderno«] [dies ist ein Irrthum Zoega's, das Gesicht ist antik und das eines schon in recht guten Jahren stehenden bärtigen Mannes, welcher dem Kerkyon nicht unähnlich ist; ebenso C. und P.; der Augenschein spricht für eine Deutung, welche in ihm einen Mann auf der Reise oder Jagd, im anderen den dienenden Begleiter erkennt; zu Grunde lag bei dieser Composition wohl der Typus des Oedipus vor der Sphinx; vgl. z. B. Bellori, *Vet. pict. sep. Nason.* tab. XIX] ist auf ein vor ihm n. l. sitzendes Weib gerichtet. das die L. auf den Fels aufstützt, die R. zu ihm erhebt: sie ist völlig bekleidet, das Hinterhaupt deckt ein über den Rücken fallender Mantel, [von ihr ist das Untergesicht und der l. Arm neu]. Oben auf dem Felsen ruht eine unten bekleidete Nymphe n. r., im Schoße eine Urne, der Wasser entströmt. [R. oben ist unter dem Stück noch deutlich der Abschluss der Platte zu erkennen. Den unteren Abschluss bildet eine auffällig breite Leiste.]

[Als Nbs. dieses S.'s wird durch die dal Pozzo'sche Zeichnung erwiesen die von Jahn zur Zeichnung im Cod. Pigh. 207: »Werbung bei Kerkyon um Alope« genannte jetzt verschollene Scene, welche im Cod. Pigh. auf demselben fol. 207, aber getrennt, im Cod. Cob. auf einem anderen Blatte (210 bei Matz) erhalten ist. Es ist, wie Pighius bereits richtig erkannte (vgl. Beger zu der Publikation dieses Stückes, *Spicil.* 151) ein Bündnissschluss dargestellt, wie wir zusetzen können, in Folge einer Erkennungsscene: links wird die Scene durch einen blätterlosen Baum abgegränzt, rechts durch ein im Hgr. auf hohem Unterbau stehendes pfeilerartiges Grabmonument, natürlich das der Alope. Zwei Männer geben sich die r. Hände, der l., vom Rücken gesehen, nur in einen langen, über die l. Schulter zurückgeschlagenen Mantel, der r. Arm und Schulter frei lässt, gekleidet, den bärtigen ältlichen Kopf n. r. gewandt dem jugendlichen Krieger zu [auf C. und P. bartlos, auf der Z. dal

P. bärtig, welcher in Panzer, hinten niederhängenden Mantel und
Stiefel gekleidet ist, und mit dem l. Arme eine Lanze hoch anfasst.
Zwischen beiden im Hgr. steht eine Frau in gegürtetem Chiton
und Mantel, mit dem l. Fuße auf eine Erhöhung tretend, welche,
zum Krieger gewandt, die l. Hand auf dessen r. Schulter legt, und
auf C. und P. die R. erstaunt erhebt, während sie auf Z. dal P.
eine lang herabfallende gerade Locke mit derselben erfasst. Man
möchte trotz des Bartes im Manne links den gealterten Theseus,
in dem rechts Hippothoon erblicken und an einen Schluss ähnlich
dem der durch Hygin überlieferten Tragödie denken.

Alkestis.

2889. V. Panfili.

[Vgl. *Arch. Zeit.* 1863, 106, 4 (Petersen).]

S.-Fr. Nach l. liegt Alkestis auf einer Kline mit geschweiften
Lehnen; das Gesicht ist n. r. unten gewendet; der l. Arm hängt
schlaff herab, die Richtung des r. lässt sich nicht mehr bestimmen.
Vorn knien, nach oben blickend und die Hände emporstreckend,
l. ein Mädchen, r. ein Knabe. Am Fußende des Bettes steht ein
bärtiger (?) Mann n. r.; mindestens die unteren Theile des Körpers
sind in ein Gewand eingehüllt; [nur r. Brust und Schulter sind
frei]. Beide Arme streckte er nach vorn; den l. Fuß stellt er auf
eine erhöhte Bühne, auf der auch das Lager zu stehen scheint.
L. von ihm das nackte vorgesetzte Bein einer n. r. stehenden Figur.
Über der Kline im Hgr. undeutliche Reste dreier Figuren. Am
Kopfende gleichfalls Reste einer n. l. gewandten Figur, welche die
R. erhebt; [ganz oben kommt noch ein männlicher Kopf zum Vor-
schein].

Das Relief ist sehr zerwaschen und zerfressen und völlig vom Epheu überwuchert.

2890. P. Merolli.

S.-Fr. Ringsum unvollständig. Theilweise erhalten ist die Kline, auf
welcher die jetzt fast weggebrochene Alkestis lag. L. noch das Bein
[nackt bis auf etwas über den Oberschenkel fallendes Gewand] des
heranschreitenden Admetos. Im Vordergrunde die Kinder, r. am
Fuße der Kline sitzt der Knabe, in tiefer Trauer den Kopf in die
r. Hand geschmiegt; links das Mädchen (Haartracht der »Psyche«)
n. r. gesunken, Kopf und beide Hände leidenschaftlich erhebend.
Nur über der l. Schulter hängt ihr etwas Gewand nieder.

Vgl. z. B. die Mittelscene auf dem S. aus Ostia im Mus. Chiaramonti: Gerhard, *A. B.* Taf. XXVIII.]

[2891. Stud. Jerichau.

s.-Fr. Admetos, vom Rücken gesehen, n. r. gewandt, den r. Arm erhoben; über den l. fällt die sich von beiden Schultern dort vereinende Chlamys nieder. Kopf, r. Arm und Beine fehlen.

Vgl. z. B. den S. Albani: Zoega, *Bassir.* I, 43, oder den S. Cod. Cob. 492, 206 = Pigh. 223, 205.

2892. P. Camuccini.

S.-Fr. Von der Vrdrs. haben sich die oberen Theile dreier n. r. gewandter Figuren erhalten. Zuerst l. ein bärtiger Mann im gegürteten und geschürzten Chiton mit Halbärmeln, darüber einem auf der r. Schulter befestigten Mantel. Ein unbärtiger Mann in lang herabhängender Chlamys, die auf der r. Schulter befestigt ist; der r. Arm (Unterarm fehlt) war vorgestreckt (Admetos, der dem Herakles entgegengeht?). Von der dritten Figur neben der l. Schulter der eben beschriebenen ist wenig mehr als der bärtige Kopf erhalten.

Von der l. Nbs. ist noch ein winziges Stück übrig, das den Rest eines Kerykeions und einer Chlamys enthält. Dargestellt war hier also Hermes n. l. gewandt.

Andromeda.

2893. P. Mattei.

[Abgeb.: Bartoli, *Admiranda* Tab. 30; Spence, *Polymetis* XXX (das Mittelstück); *Mon. Matth.* III, 2, 1 (das Mittelstück) und 25, 1. 2 (die Perseusscenen; Braun, *Zwölf Basrel.* Taf. 10, Vign. 2; R.-Rochette, *Choix de peint. de Pompéi.* Texte p. 301.]

Beschr. von Zoega A. 357, 23.

[Vgl. *Sächs. Ber.* 1853, 17 (Jahn); *Mon. Ann. e Bull.* 1856, 101, 1 (Urlichs); Bernoulli, *Aphrodite* 403; Stephani, *C. R. pour 1870—71,* 129, 1.]

S.-P. Aphrodite, nackt, auf einer Muschel sitzend und mit beiden Händen ihr gescheiteltes Haar aus einander ziehend, wird von zwei Tritonen (der zur R. ist unbärtig) emporgehoben. Auf den emporgeschwungenen Enden der Schweife stehen zwei Eroten; der zur L. streckt seinen Arm vor, doch ist nicht klar, was und ob er überhaupt etwas gehalten habe. Zoega hält die Aphrodite sowohl wie die Eroten für völlig modern, die Muschel zum Theil; [hierin hat Z. gewiss Unrecht: das Mittelstück ist von den sicher antiken zur Seite durch keine Commissur getrennt und macht gerade in manchen Einzelheiten einen durchaus antiken Eindruck]; der Eros zur R. [l. Bein fast ganz modern] erhebt einen Spiegel. — R. und l. von dieser Mittelgruppe erscheinen zwei Scenen aus dem Perseusmythos.

Links: Perseus, bekleidet mit vorn und hinten herabhängender Chlamys, auf dem Haupte einen noch mit Flügelstumpfen versehenen Petasos, eilt n. r.: in der gesenkten L. das Haupt der

Medusa, in der R. die falsch als gerades Schwert restaurirte Harpe;
[die eine gerade Spitze derselben vor der Brust ist sicher antik, neu der r. Arm
mit Hand bis zur Mitte der Harpe]; Zoega: »la gamba d. è moderna, ma il piede
antico; il volto ancora è stato rifatto«. Er blickt sich um nach Athena,
welche, die R. an ihren Schildrand legend, n. l. [vor]eilt. An den
Füßen Flügelschuhe.

Rechts: Perseus, ebenso gekleidet, führt mit der R. Andromeda vom Felsen, während er mit der L. das Medusenhaupt hinter seinem Rücken verbirgt; zwischen beiden wird der Schwanz
des Ungeheuers sichtbar; [neu sind der Kopf und ein großer Theil aus der
Mitte von Perseus' l. Bein].

Sehr stark erhobenes Relief und ziemlich kleine Figuren; schon die durchaus gleichmäßige Arbeit macht es unwahrscheinlich, dass wir es mit einem Pasticcio zu thun haben; von Fugen ist gleichfalls nichts sichtbar.

2894. Arch. Institut.

S.-Fr. L. und r. gebrochen. Eine Frau [Andromeda] im langen
ungegürteten Chiton schreitet, das r. Bein weit vorsetzend und den
l. Arm erhebend, n. r. [sie ist am l. Handgelenk an den Fels ge-
fesselt]; von dort schnappt ein Seeungeheuer zu ihr hinauf. Neben
demselben stand eine Figur, von der nur die vorgestreckte r. Hand mit
einem Stück des Armes erhalten ist; sie scheint zum Vorschreiten aufzufordern: der l. Arm hat am Handgelenk einen Ring [s. o.]. Ist
an Andromeda zu denken?

Apollon.

2895. Via della Mercede 36. ○

[Das Haus ist inzwischen umgebaut.]

S.-Fr. Geriefelt. In der Mitte unter einem Bogen sitzt n. l.
gewandt Apollon: eine Chlamys hängt über seinen Rücken herab;
um die Lenden legt sich ein Gewandstück. R. von ihm sitzt der
Greif, auf dessen Kopf er seine Lyra zu stützen scheint; in der
gesenkten R. scheint er den Bogen (nicht das Plektron) zu halten.
L. hinter ihm erscheint Artemis mit dem Köcher auf dem Rücken,
die R. auf die Brust gelegt.

Das Relief ist durchweg sehr stark angegriffen, so dass man mitunter kaum
die allgemeinen Umrisse der Gegenstände erkennt.

2896. P. Castellani.

S.-Fr. Ringsum gebrochen. Erhalten von der ersten Figur links nur [der
Oberkörper theilweise], genug, um zu sehen, dass sie männlich war. Auf der
Schulter ist die flatternde Chlamys befestigt; das Haar ist hinten
in einen Knoten zusammengenommen. Mit der vorgestreckten R.

fasst sie das shawlartige Tuch, das ein n. r. eilendes, mit einem ärmellosen Chiton bekleidetes Mädchen umflattert; [das r. Bein des letzteren tritt aus dem Gewande hervor]. Es liegt nahe an Apoll und Daphne zu denken.

Bellerophon.
2897. V. Panfili.

Zeichnung: Cod. Cob. 495, 229.

Beschr. von Zoega A. 539.

[Vgl. Matz, *Monatsber. d. Berl. Ak.* 1871, 445.]

S.-P. Die Beschreibung geht von r. n. l. I. R. sitzt, das verhüllte Haupt gesenkt, eine reich bekleidete Frau. L. von ihr ein kleiner Eros n. l. eilend [doch auf die Frau zurückblickend], anscheinend um den n. l. abgehenden Jüngling zurückzuhalten. Dasselbe scheint mit eindringender Rede eine über den Knieen der Frau zum Vorschein kommende kleine, sich vorbeugende weibliche alte Figur, die Amme, zu thun. Neben ihr ein bärtiger reichgelockter Mann in langärmeligem asiatischem Gewande, in der L. das Scepter, [die R. zur Rede erhoben], und ein behelmter Krieger. [Hinter dem Kopfe der Frau wird noch der einer zurückblickenden Figur mit erhobenem Arme sichtbar, und hinter ihr noch die Reste einer stehenden.] Im Hgr. eine Baulichkeit in Tempelform [Cob.: das Giebelfeld mit Kranz und Tänie verziert]. Der Jüngling ist e. f. gebildet; er blickt n. r. zurück. Der r. Arm (gebrochen) war zu einem pathetischen Gestus vorgestreckt. Voraus eilt, sich nach ihm umsehend, Virtus. Hinter dem Jüngling kommt ein Ross mit auf der Zeichnung sehr deutlichen großen Flügeln [auch auf dem Original von mir erkannt] zum Vorschein.

II. Über einen n. r. auf den Rücken gestürzten nackten Jüngling setzt n. l. ein Löwe, der den Kopf nach oben gegen ein über ihm in der Luft schwebendes Ross mit kurzen stumpfen Flügeln erhebt, auf dem Bellerophon sitzt und den Löwen, unter dem sich eine Schlange ringelt, von oben bedroht. Ein nackter Jüngling ist im Begriff, eine Lanze auf ihn zu schleudern. Zwischen beiden [dem Bellerophon voran] flattert ein Eros [Kopf weggebrochen].

[Das Motiv hat erst auf Grund der Cob.-Z. erkannt werden können. Nach ihr Matz' Beschreibung.] Zoega: »scultura nitida«

Ganymedes.
2898. P. Colonna.

[Vgl. O. Jahn, *Arch. Beitr.* 22, 26.]

S.-Fr. Ganymedes mit phrygischer Mütze kniet n. r. und

schaut zu einem über ihm schwebenden Adler auf. Modern, doch wie der stierbändigende Jason nach der Antike componirt.

Hylas.

2899. P. Mattei.

[Abgeb.: *Mon. Matth.* III, 31.]
Beschr. von Zoega A. 391, 37.
[Vgl. *Ann. dell' Ist.* 1860, 367 (Petersen,.]

s. In der Mitte eilt Hylas, nackt bis auf die Chlamys. kurzbärtig mit [ältlichen] Porträtzügen n. r.; in der R. hält er einen geriefelten Krug, in der L. einen Schilfstengel; ihn sucht eine Nymphe, die ein großer Mantel so umgiebt, dass der größte Theil des Oberkörpers frei bleibt, mit der R. zurückzuhalten (Zoega: »non v' è d' antico che la testa e la mano d. che afferra il suo braccio d.«); sie hat die Züge einer alten Frau [und Frisur des dritten Jahrhunderts]. Der zwischen beiden [im Hgr.] erscheinende Kopf eines jungen Mädchens [n. r.] mit Haartour des dritten Jahrhunderts ist gleichfalls Porträt. Jene Alte umfasst ein Eros, der n. r. vorschreitet. um den Hals eine bulla (n. Zoega modern [ja! als Eros jedoch sicher durch einen erhaltenen Flügelrest]); er wendet sich dabei zu einem nackten Jüngling von hässlichen groben Zügen mit ganz kurz geschorenem Haar, der in der R. einen dicken Kranz erhebt (Zoega: »soltanto la testa e la mano colla corona sono antiche« [ja!]). Hinter ihm kommt ein Eros mit bulla, im r. Arm eine Fackel, zum Vorschein, [n. Zoega ist auch dieser neu [ja!]). Rechts von Hylas sitzt auf einem Fels ein halbnacktes Mädchen mit ganz kurz geschorenem Haar, die R. [im Begriff] auf die Schulter des Hylas [zu legen].

Rechts von dieser Mittelscene eilt ein nackter Mann mit Chlamys und bulla, sehr alten Porträtzügen, und ganz kurz geschorenem Haar herbei; mit der R. umfasst er den Leib eines [vor ihm n. l. eilenden und ihn so mit sich ziehenden] Eros mit Fackel in der R.; die l. Hand ist geöffnet und seitwärts ausgestreckt. R. hinter ihm kommt ein zweiter Eros zum Vorschein, [die Fackel in der L.]. Beide haben ungewöhnlich große Schulterflügel. An der Erde ein Trauben pickender Hahn.

Eine ganze römische Familie scheint sich in diesem Relief mit großem Aufwande von Geschmacklosigkeit haben verewigen zu lassen. Späte, doch noch nicht nachlässige Arbeit.

Kentauren.

2900. P. Salviati.

Abgeb.: *Ann. Mon. e Bull.* 1855, Tav. XIX.
Vgl. ebenda 66 f. (Braun); [Stephani, *C. R. pour 1873*, 103, 15.]

S.-Frr. Ein großes Stück in der Mitte der Platte ist ausgebrochen; dieselbe zerfällt danach in eine l. und eine r. Hälfte.

17*

L.: Zwei bärtige Kentauren sind, der eine n. l., der andere n. r., auf die Erde gestürzt; der erste hält in der r. Hand noch einen Gegenstand, der wie eine Scherbe (nicht wie ein Stein) aussieht, [und hat den l. Arm mit einem Fell umwickelt]. Nach l. sprengt ein dritter davon; er scheint in der l. Seite, auf die er die Hand legt, verwundet: [die l. Hand streckt er geöffnet wie wehklagend weit zurück]. Ein vierter n. r., [um den l. Arm ein Fell gewickelt], holt weit aus gegen den Rücken einer nackten bärtigen Figur (Herakles), die, über den gefallenen Kentauren hinwegschreitend, mit der R. eine Keule schwang, von der auf dem Kopfe noch ein Rest haftet; über die Brust läuft das Köcherband, in dem der Gorytos. Das Löwenfell über der l. Schulter ist allerdings als solches nicht sicher.

Auch auf der anderen Hälfte bemerkt man zunächst wieder zwei gefallene Kentauren; der eine lang n. r. gestreckt, der zweite in Verkürzung vornüber gefallen. Über den ersten sprengt n. r. ein Kentaur, den l. Arm, um den ein Thierfell gewickelt, vorgestreckt; auf dem Rücken Bein und Gewandstück einer n. r. hin sitzenden Frau, [welche er mit dem (jetzt weggebrochenen) stark zurückgebogen gewesenen r. Arme hielt]; gegen ihn schreitet ein Jüngling [in Chlamys und zumeist vom Rücken gesehen] mit kurzem krausem Haar; mit der L. packt er ihn am Barte; von der Waffe in der R. (ein Stück neben der r. Hüfte sichtbar) erkennt man nur einen glatten Schaft, jedenfalls keine Keule. Oben in der r. Ecke ist eine Felshöhle angedeutet.

2901. V. Pitocchi. ○

S.-D.-Frr. Oben und unten zerstört. I. Ein bärtiger Kentaur sprengt n. r., offenbar, um einem nackten kurzlockigen Heros (Herakles?) zu entgehen, der ihn von l. kommend bei der Kehle gepackt hat.

II. Ein Kentaurenweib steht ruhig da und nimmt ein Junges in Empfang, das ihr von einem von r. kommenden Kentauren überreicht wird. Ein zweiter kommt hinter diesem letzteren zum Vorschein und bringt ein Gefäß mit Wein.

Mittelmäßige Arbeit.

Leda.

2902. P. Corsetti.

S.-Fr. Leda liegt nackt n. r. gestreckt da, das r. Bein angezogen; mit der L. umfasst sie den Schwan, der sich in ihren Schoß gesenkt hat [und mit dem Schnabel ihre l. Brust liebkost:

ihre Haare sind zu der sogenannten Psychefrisur geordnet; die vertikalen Flechten laufen auf dem Scheitel zu einem runden Knauf
zusammen.] R. ein Baum.

Ähnliche Vorstellung: Gori, *Columbarium* [*Lic.* 10 = Ghezzi, *De cameris
sepulcr.* IX, 6; vgl. Jahn, *Arch. Beitr.* 8, 20; ferner den S. *Sächs. Ber.* 1852, Taf. 1
'Overbeck, *Atl. z. Kunstmyth.* Taf. VIII, 24] = Cod. Pigh. 212, 156 = Cod. Cob. 456,
150; sowie den durch eine Zeichnung dal Pozzo bekannten S. *Arch. Zeit.* 1875,
67, VIII, 34, und einen Cippus in Vienne, *Arch. Zeit.* 1853, 336* (Stark'; s. Benndorf, *Arch. Zeit.* 1865, 80*; Conze, ebenda 1867, 78*].

[2903. Vigna del Grande.

S.-Fr. Ringsum unvollständig. Gr. M. Ein Satyrknabe n. l. (Unterbeine fehlen), sich umblickend und aufmerksam die Finger der r. Hand
vor die Brust erhebend, als passte er auf etwas; im l. Arme Lagobolon und Fell. Ein Pfeiler mit unten ausgefüllten Riefeln trennt
die eben beschriebene Figur von einer anderen Scene rechts, wo
man noch den Rest eines großen Vogels, wie es scheint, eines
Schwanes, n. r. gewahrt.]

Niobiden.

[2904. P. Rondinini.

Abgeb.: Guattani, *Mon. ant. ined.* 1787. Dicembre, Tav. III.
Vgl. Winckelmann, *Mon. ined.* p. 120; Visconti, *Mus. P.-Cl.* IV, 129, 1; Zoega,
Bassiril. I, 194, 5; Welcker, *Zeitschr.* 593; *A. D.* I, 307, 3; Stark, *Niobe* 16, 192.
Merkwürdigerweise bereits von Abeken, *Bull. dell' Ist.* 1839, 39 als »già esistente
nel P. R.« bezeichnet; ebenso Benndorf-Schöne, *Lateran* S. 332.

S.-Fr. R. unvollständig. Amphion, auf Felsgrund n. l. schreitend, blickt rückwärts in die Höhe, sich mit dem in der L. erhobenen Schilde schützend; auf dem r. Knie hängt ihm n. l. außen,
durch die r. Hand gehalten, der entseelte Kindeskörper eines seiner Söhne, dieser nur mit einer um den Hals geknüpften, nach
hinten niederfallenden Chlamys bekleidet. Amphion trägt einen
kurzen Chiton mit kurzen Ärmeln, darüber einen Panzer mit nach
römischer Art umgegürteter Binde, darüber eine auf der r. Schulter
geknüpfte, nach hinten niederfallende Chlamys; ferner Stiefeln, die
bis zur Wade hinaufgehen, vorn geschnürt, und oben mit Fell ge-
füttert sind; er ist vollbärtig und hat langes, in den Rücken nie-
derfallendes Haar. Rechts von ihm erblickt man ein auf gleichartigem Felsgrunde n. r. sprengendes gezäumtes lediges Pferd mit
wilder Mähne; doch ist es zweifelhaft, ob dasselbe ursprünglich in
so naher Verbindung mit der eben beschriebenen Gruppe stand,
da zwischen beiden ein Stück ergänzt ist, welches das Hintertheil des Pferdes
und das l. zurückgesetzte Bein des Amphion bis etwas über's Knie umfasst, so-

wie den entsprechenden Theil des Grundes. Die Richtung der Bruchlinie am
Amphion erklärt sich am natürlichsten durch einstmaliges Vorhandensein der
Gruppe des in die Knice gesunkenen Pädagogen mit dem zusammenbrechenden
Sohne, wie wir sie an dieser Stelle z. B. auf dem S. im Lateran Nr. 427 (Benndorf-Schöne) gewahren. Ergänzt scheint mir außerdem nur vom Knaben die
Hand und das unterste Ende vom niederhängenden l. Arme, sowie der r. Fuß;
vom Amphion vielleicht der r. Arm vom Ellbogen bis zur Hand. Rings um das
Pferd ist in einer für ein S.-Fr. (denn ich halte das Pferd überhaupt für sicher
zugehörig) sehr auffälligen Weise freier Raum; die Höhe der Aufstellung macht
es unmöglich, zu constatiren, ob derselbe erst durch Wegarbeiten von Figuren-
resten entstanden ist.

Schöne Arbeit, derjenigen des mit Wahrscheinlichkeit in die letzte Zeit des
Hadrian gesetzten lateranischen Sarkophages nicht nachstehend.]

2905. V. Medici.

S.-Fr. Ringsum gebrochen. Nackte Mädchenfigur in gewaltsamer
Stellung, Kopf nach oben. Vielleicht von einem Niobidensarkophag.

Orpheus.

2906. Via delle Muratte 70.

[Vgl. *Ann. dell' Ist.* 1867, 180, 1 (Dilthey, der den S. für christlich hält).]

S. Geriefelt. Im ausgesparten Mittelfelde sitzt Orpheus e. f.,
den Kopf n. l.; in der L. ruht die Lyra, der r. Arm ist abgebrochen,
[die Hand hielt wohl das Plektron]. Das langärmelige Untergewand ist
mit einem breiten Gürtel gegürtet; über seine Schenkel ist ein anderes Obergewand geworfen; eine Chlamys fällt über seinen Rücken;
er trägt einen Pileus, Hosen und Schuhe, der l. Fuß ist auf ein
Felsstück [hoch auf]gestellt. Gerade unter diesem liegt ein Löwe,
etwas weiter oben ein Schaf. Links sind zwei Felsblöcke über
einander gebildet; die Thiere, die auf ihnen lagerten, sind fast bis auf den
letzten Rest zerstört. [L. unten sitzt noch ein Thier. L. erhebt sich
ein Lorbeerbaum.

L. und r. an den Enden je ein Löwe, ein Pferd zerfleischend;
eine Vorstellung, welche die Nbss. mit ausfüllt, obwohl der S.
kaum abgerundet ist. Die Löwen haben doppelte Binde und Nacken-
ring. Von hinten kommt je ein Diener in Tunica und wehender
Chlamys, die r. Hand erhoben; (dies nur auf der allein sichtbaren r. Nbs.
zu constatiren).

Matz identificirt den S. mit Unrecht mit einem ähnlichen, welchen Zoega
(A. 509) auf dem Forum sah: »incontro il tempio di Antonino giaceva il dì
16 Sett. 1795 un Sarcofago«. Die Mitteldarstellung auf letzterem war die gleiche,
doch an den Ecken statt der Löwen je ein nackter Eros mit Lagobolon und Hasen, zu welchem ein Hund aufspringt, und an den Nebenseiten Greife).

[2907. **Catacombe di S. Priscilla.**

S.-Fr. Der sich umblickende Kopf mit Hals, etwas Brust und
Flügel des Greifen; auf ihm stehend Fuß und Unterbein einer
männlichen Gestalt, mit Hosen bekleidet; l. und unten wird noch
Gewand sichtbar. Da die Figur der Hosen wegen nicht wohl Apollon (aus der Marsyascomposition) sein kann, bleibt nur Orpheus
übrig, deutlich jenen Apollofiguren nachgebildet.

Zu vergleichen ist namentlich ein S.-Fr. von Roma vecchia im Hofe des
Museo Torlonia; Orpheus setzt hier den Fuß in völlig gleichartiger Weise auf
ein Lamm oder Widder. Beide Fragmente sind möglicherweise schon christlich.]

Pelops.

[2908. **P. Massimi alle colonne.**

S. Stammt vermuthlich, wie einiges im ersten und die vielen im zweiten
Hofe eingemauerten Inschriften, s. z. B. Nr. 3850, aus den Fortunati'schen Aus-
grabungen an der Via Latina. Erst zwischen 1576—78 eingemauert, wahrscheinlich 1577 bei einer Renovirung, von der eine Inschrift an der Rückseite des P.
erzählt. Oben, unten und l. unvollständig.

L. sitzt, etwas n. l. gewandt, auf einem Stuhle mit gerader
Lehne Oinomaos in langärmeligem Gewande und Mantel, der auf
der r. Schulter befestigt und über die l. zurückgeschlagen ist, dann
an der r. Seite vorgenommen, auf den Schenkeln aufliegt; an der
l. Seite ein Schwert; beide Arme gehen, soweit sie erhalten sind,
frei seitwärts nieder, (nur die Stümpfe der Oberarme sind erhalten; Kopf und
Hals fehlen, ebenso die Unterbeine größtentheils mit den Füßen). R. von
ihm steht, ihm zugewandt, ein bärtiger Mann mit Stiefeln, kurzem
geschürztem Chiton und hinten niederhängendem Mantel, sich n. r.
umblickend; sein r. Unterarm war erhoben, wie im Reden, (unter
dem Ellbogen weggebrochen, ebenso der l.). (Zur Erklärung dieser Berathungs-
scene, die links durch die hier weggebrochene Figur des Pelops ergänzt ward,
vgl. die Repliken). Rechts das Wettrennen n. r. Man gewahrt zwei
Gespanne hinter einander; aus dem hinteren ist Oinomaos heraus-
gestürzt und liegt verendend unter den scheu gewordenen Pferden,
deren Zügel niederhängen; außerdem ist im Hgr. das gelöste Rad
des Wagens sichtbar. Auf dem Wagen steht Myrtilos in gegürtetem kurzem Chiton, welcher die r. Brust und Schulter entblößt
lässt, auf der l. Schulter aufliegendem, über den l. Arm geworfenem Mantel und Stiefeln; im l. Arm ein Schwert in der Scheide,
(Hand und Griff fehlen); im Hgr., scheinbar auf dem zweiten der vier
Pferde des Wagens sitzend, ein Reiter in langärmeligem Chiton
und wehender Chlamys, der bestürzt sich dem Ereignis zuwendet,
(Kopf und r. Unterarm fehlen). Auf dem vorderen Gespann steht der

sich wie bestürzt umwendende Pelops in kurzem gegürtetem Ärmelchiton und Chlamys, (das r. Bein fehlt). Während vorn zwei Pferde
ganz richtig angegeben sind, sieht man im Hgr., scheinbar auf
höherem Niveau und in falscher Perspective, aber augenscheinlich,
theilweise wenigstens, noch zum Wagen des Oinomaos gehörig, vier
n. r. galoppirende Pferde; auf einem derselben sitzt ein dem vorigen entsprechender Reiter in Chiton und Chlamys, den r. Arm
hoch erhoben, (r. Unterarm und Kopf fehlen, ebenso die Köpfe der drei hinteren Pferde). Vorn unter den Pferden des Pelops liegt n. l. gelagert
Gaia, in gegürtetem ärmellosem Chiton und untergebreitetem, die
Beine bedeckendem Mantel; ihr r. Arm (jetzt fort) war etwas erhoben und muss, einem Ansatze am vorderen Pferde zufolge, etwas
gehalten haben; der l. Arm ist bequem auf den mit dem Mantel
bedeckten Felsgrund gelegt und die Hand (mit Unterarm weggebrochen)
stützte augenscheinlich den (jetzt fehlenden) Kopf. — Die letzte Scene
zur R. (die Heimführung der Hippodameia) ist kaum mehr angedeutet, indem nur eine ursprünglich als Hippodameia zu erklärende
weibliche Gestalt, als Eckfigur verwandt, erscheint; sie ist nach
halbrechts gewandt, und trägt einen langen gegürteten und geschürzten Chiton mit Halbärmeln, (Füße, Kopf und Unterarme fehlen).

Die Arbeit ist nicht so gar spät; die Pferdeleiber sind z. B. noch recht gut.
Zur Erklärung vgl. die ähnlichen Sarkophage im Louvre aus V. Borghese
(Clarac 210, 783), in Neapel aus Cumae (*Bull. Nap.* n. s. I, 156 (Minervini); II,
Tav. 1 = *Arch. Zeit.* 1855, Taf. LXXIX, 1), im Boschetto der V. Albani (*Ann.
dell' Ist.* 1846, 186 (Brunn)), und den von Roulez publicirten aus Mons: *Mém.
de l'Acad. roy. de Belgique* XXX (1655) pl. I = *Arch. Zeit.* 1855, Taf. LXXX, wozu
ebenda 61—87 (Friederichs); 97—99 (Gerhard); 1856, 223 (Friederichs); 1857, 27
(Roulez).]

Theseus.

2909. P. Castellani.

[Abgeb.: *Sächs. Ber.* 1878, Taf. V, 3.

Vgl. *Bull. dell' Ist.* 1852, 65 (Braun); Heydemann, *Sächs. Ber.* a. a. O. 146.]

s.-Fr. Minotauros liegt halb verendet n. l. Der r. Arm (fehlt)
war abwehrend in die Höhe gestreckt. Theseus schritt wahrschein-
über ihn fort, wie der vor dem Leibe des Ungethümes erhaltene
[r.] Fuß und das hinter dem Kopfe erhaltene Bein zu beweisen
scheinen; [es erscheint vielmehr das l. Schienbein des Theseus hinter, die l. Fußspitze unter dem Leibe des Minotauros, so dass dieser
zwischen den Beinen des Theseus liegt].

Das Fragment bildet die rechte Ecke eines Sarkophages.

HIPPOLYTOS.

2910. V. Medici.

Beschr. von Zoega A. 378, 18.

[Vgl. *Arch. Zeit.* 1847, 6S. 71 (L. Schmidt); *Ann. dell' Ist.* 1867, 110, 2 MN (H. Hinck).].

S.-Fr. Die Figuren dieses schönen Reliefs von bedeutendem Umfange sind stark und zum großen Theil ungeschickt ergänzt; die beträchtliche Höhe, in der es eingemauert ist, lässt kein sicheres Urtheil über die Einzelheiten zu. Es stimmt weder mit den bezüglichen Seiten des Agrigentiner noch des Campana'schen Sarkophages überein; am meisten verwandt scheint, wie auch schon Zoega bemerkte, das Relief aus Villa Aldobrandini, jetzt in Woburn Abbey (*Woburn Abb. marbles*, Pl. XIII [*Arch. Zeit.* N. F. VII (1875), 6S, 58]).

Die erste Scene hat in der ersten Reihe zwei nackte Jünglingsfiguren; die erste, fast e. f. gebildet, ist im Abgehen n. l. begriffen; den Kopf wendet sie n. r. zurück; beide Arme sind gesenkt, der l. etwas nach hinten gebogen; von ihm scheint nur das am Grunde haftende Stück des Ellbogens antik zu sein [und der obere Theil des Leibes mit Ausnahme von l. Seite, Schulter und Oberarm; der Kopf scheint mir auch alt, ebenso ist es der l. Fuß mit ein klein wenig Unterbein]. Der zweite steht gleichfalls e. f. mit gekreuzten Beinen da; er ist größer als der vorige; der l. Arm ist gesenkt, die Hand fasst das obere Ende eines dort stehenden Baumstammes; mit der r. Hand macht er den Gestus des ἀποσκοπεύειν, doch ist dieser ganze Arm ergänzt; ob das Motiv gerechtfertigt war, lässt sich nicht entscheiden; [doch! die r. Hand, welche direct an den antiken Kopf gelegt ist, ist alt; modern ist dagegen der ganze übrige r. Arm, sowie der ganze l. Arm mit Schulter und einem Theile der Seite, und beide Unterbeine; ursprünglich stand er wohl unter der l. Achsel aufgestützt]. Zwischen beiden steht ein Jagdhund [n. r.; Kopf und Hals neu]. Im Hgr. befinden sich gleichfalls zwei Figuren; links von der ersten Figur erscheinen Kopf und Brust eines mit der Chlamys bekleideten Jünglings, der traurig gesenkten Hauptes sich n. l. wendend, die eine Hand dem Gesicht nähert, doch scheint diese wie der Arm Ergänzung zu sein; [l. davon wird noch der Arm einer folgenden

Figur sichtbar]. Die zweite [r. von der erstbeschriebenen Figur] ist ein Jüngling in Chiton und Chlamys, der sich mit der R. auf seinen Speer aufstützt.

Die zweite Scene wird von jener durch einen unbedeutenden Zwischenraum getrennt; ein Jüngling (Hippolytos?) e. f.; der Kopf ist etwas n. r. erhoben, der l. Arm an der Schulter abgebrochen; in der gesenkten r. Hand (alt) hält er einen Gegenstand, der einem Schreibtäfelchen gleicht. Die lange den Rücken bedeckende Chlamys ist vorn wieder über Hüften und Unterleib gezogen; den Zipfel fasst er offenbar mit der [jetzt mit einem Stück Schwertscheide (?) ergänzten] L.; außerdem ist sicher nur das vorgesetzte l. Bein neu; l. neben ihm ein Hund n. l.; im Hgr. noch die Spuren eines n. r. liegenden Hundes, und Pferdebeine; [auch der unterste Stamm des zwischen beiden Scenen ergänzten Baumes ist alt, doch ist die Verbindung zwischen den Scenen keine unmittelbare]. R. davon ein zweiter Jüngling e. f. dastehend, nackt bis auf die Chlamys, mit gekreuzten Beinen; die r. Hand, die gleichfalls ein Buch (?) hielt [Zoega: a cui il ristauratore non so per che motivo ha dato una cetra in mano [ja!]], nähert er der l. Schulter; den Kopf wendet er dem vorigen zu [modern das l. Bein ganz, das r. Unterbein, die r. Hand mit der Lyra]. Rechts davon auf einem Stuhle [die Füße auf einem Schemel] Phaidra; sie ist mit einem Chiton bekleidet; den unteren Theil des Körpers deckt das Obergewand; ihr Haupt sinkt ohnmächtig zurück; [neu l. Arm (ohne die Hand) und r. Hand]; die R. legt sie auf die Schulter einer vor ihr stehenden, n. r. gewendeten Dienerin, (Kopf und r. Arm neu). Im Hgr. erscheinen zwei andere, der Kopf der zur L. ist neu; der zur R. hat die den jungen Mädchen eigenthümliche griechische Frisur, die Zoega »alla Psiche« bezeichnet. Neben dem Stuhle steht ein Eros e. f., die R. erhebend. [Im Hgr. l. von der letztbeschriebenen Gruppe noch in flacher Zeichnung die Beine eines Jägers in kurzer Tunica n. r.]

Das Relief ist oben durch Baumwipfel und dgl. von moderner Hand bedeutend erhöht.

2911. V. Panfili.

Zeichnung: S. dal Pozzo [bei A. W. Franks]. Federzeichnung mit Sepiaausführung, pittoresk, aus dem 17. Jahrhundert.

Beschr. von Zoega A. 355.

[Vgl. Winckelmann, *Werke* VI, 1, 245; *Beschr. Roms* III, 3, 631; O. Jahn, *Arch. Beitr.* 311, 35 B; Stephani, *C. R. pour 1863*, 277; *Ann. dell' Ist.* 1867, 110, 2 B (Hinck).]

s. An der l. Ecke steht mit gekreuzten Beinen eine sich n. r. anlehnende bekleidete Frau, n. r. gewandt: die Hände sind abgebrochen,

[die l. Hand am Kopfe]. Zu ihr wendet sich die auf einem Stuhle
n. r. sitzende Phaidra, bekleidet mit einem doppelten Gewande,
das obere über den Hinterkopf gezogen; sie hält in der R. einen
Gürtel oder eine Tänie, [auf ihr r. Knie stützt sich ein Eros, (Kopf
und r. Bein weggebrochen); unten an ihrem Stuhle ein umgestürztes
Gefäß, aus dem es herausschlägt wie Flammen: nicht der gew.
Kalathos, wie z. B. auf dem S. von Girgenti]. L. unten neben
dem Stuhle Eros und Psyche, sich küssend, [wie auf dem lat. S. 394].
Über der l. Schulter Phaidra's der Kopf und die Brust eines n. l.
blickenden Weibes; Zoega: »allunga il collo stendendo la testa
verso la cervice di Fedra, ed è senza dubbio Venere, che le ispira
l'amore del privigno«. Über den Knieen Phaidra's erscheint die
Amme vorgebeugt, dem vor ihr stehenden Hippolytos zuredend,
[r. Arm abgebrochen]. — Hippolytos, nackt, die R. betheuernd auf die
Brust legend, in der L. den Speer haltend. Im Hgr. Kopf und
Brust eines bärtigen Mannes n. r. — Ein Pferd, von der Virtus,
die mit Stiefeln, Helm, Schild und Schwert erscheint, n. r. geführt.
Ein Jäger in der Exomis und dem flachen Hute schreitet n. r. und
hielt offenbar drei Hunde an der jetzt zerstörten Leine. Im Hgr. erscheint noch der Kopf eines jugendlichen Jägers. — Überreste eines
à jour gearbeiteten Thorweges, aus dem Virtus in gewöhnlicher
Tracht hervorgetreten ist; sie erscheint fast c. f., die R. ist gebrochen, in der Linken ruht der Speer; neben ihr ein Hund. Hippolytos zu Pferde stürmt auf den von r. hervorbrechenden Eber ein;
unten liegt ein auf den Rücken gestürzter Mann in barbarischer
Tracht, sich n. r. aufrichtend; mit dem r. Vorderbeine tritt der
Eber einen Hund nieder; weiter links liegt ein gestürztes Pferd;
rechts unter ihm ein niedergetretener Hirsch. An der l. Seite des
Hippolytos ein Jüngling zu Ross [mit langen Ärmeln und fliegender Chlamys], sich nach Hippolytos umsehend. Über dem Eber
erscheint halben Leibes ein bärtiger Jäger, der mit der r. Hand,
in der er einen stabartigen Gegenstand hält, zum Schlage ausholt.

Nbss.: Je ein schlangenwürgender Greif.

2912. V. Giustiniani. ○

[Abgeb.: *Gall. Giust.* II, 60.]

Beschr. von Zoega A. 297.

[Vgl. O. Jahn, *Arch. Beitr.* 311, 35 K; *Ann. dell' Ist.* 1867, 110, 2 K (Hinck).]

S.-Fr. Groß. Auf einem Stuhle, dessen Beine mit Sphinxen
verziert sind, und dessen Armlehne in einen Löwenkopf ausläuft,
sitzt Phaidra; Kopf und Vorderarme neu. An sie lehnt sich ein Eros,

der nach der neuen Restauration zu ihr aufschaut; die Beine waren gekreuzt, der r. Unterarm ist neu. Links hinter Phaidra eine Dienerin, die mit der R. ihren Arm berührt, (Kopf neu). Von der weiblichen Figur r. im Hgr. sind Kopf und Vorderarme und natürlich auch das Legionszeichen, das sie hält, neu. Die Figur über dem Kopfe des Eros, die im nachlässigen, von der r. Schulter sinkenden Gewande offenbar die Amme war, ist zu einer Art Victoria umgestaltet worden, indem man ihr die Zügel eines Flügelpferdes in die Hände gab, das, wie der ganze r. Theil, modern ist; (dasselbe ist größtentheils antik, aber selbstverständlich ursprünglich zu einem anderen Relief gehörig.] Der Bruch geht durch den Ellbogen und streift den l. Flügel des Eros. Der Kopf ist allerdings bekränzt, muss aber doch auch wohl — was von unten nicht deutlich ist — aufgesetzt sein. Im Hgr. ein Parapetasma, welches l. ein Eros hält.

Mittelmäßige Arbeit.

2913. S. Maria sopra Minerva. ○ (Garten der frati; [zur Zeit von Matz' letzter Revision in den obersten Stock gebracht, was mir einstimmig bestritten; jedenfalls jetzt verschollen).)

K.-S. In der Mitte wird von zwei als Jünglinge gebildeten geflügelten Eroten, hinter deren Rücken eine Chlamys flattert, ein Clipeus gehalten, in welchem ein jugendlich männliches Brustbild. R. und l. Darstellungen aus der Hippolytossage: L. steht n. r. gewandt ein geflügelter Eros in Jünglingsgestalt, r. Unterarm gesenkt und abgebrochen, die l. Hand an eine Lanze gelegt. Ihm gegenüber steht n. l. Hippolytos mit Chlamys, in die lodernde Flamme eines auf einem dreieckigen Untersatze ruhenden Feuerbeckens libirend. Im Hgr. wird eine Statue der Artemis sichtbar, mit der R. einen Pfeil aus dem Köcher nehmend, in der L. den Bogen. Ein Jäger in gegürtetem Chiton und Chlamys ist im Begriff, ein gezäumtes Pferd n. r. abzuführen. R. erscheint wieder der erst beschriebene Eros; n. l. zurückweichend und mit der r. Hand die Geberde des Entsetzens machend, blickt er auf den berittenen Hippolytos, der in gewöhnlicher Weise einen Speer gegen den hervorbrechenden Eber zückt. Oben über der Höhle erscheint ein Mann, der einen Stein auf den Eber zu schleudern scheint.

Nbss.: Sich kreuzende Schilde.

Der S. hat vom Wasser sehr gelitten.

2914. V. Wolkonsky.

S.-Fr.? L. 0,35; H. 0,22. Eine jüngere Frau (Phaidra?) in gegürtetem einfachem Chiton, das Hinterhaupt verschleiert, über der

Stirn ein Diadem, sitzt auf einem Stuhle mit reich verzierter Rückenlehne; eine Dienerin, von der jedoch nur ein kleines Stück erhalten ist,
unterstützt den etwas zurückgeschobenen l. Arm, der r. war vorgestreckt. Von anderen weiblichen Figuren haben sich im Hgr. noch
Spuren erhalten.

Das Relief ist ringsum gebrochen. Von der Figur der Phaidra fehlt der
ganze untere Theil.

Recht gute Arbeit.

HIPPOLYTOS — MELEAGER.

2915. P. Lepri-Gallo.

Beschr. von Zoega A. 543.

[Vgl. Zoega, *Bassir.* 1, 230. 238; *Rh. Mus.* VII, 560 (L. Schmidt); *Ann. dell' Ist.*
1863, 92 (Helbig); 1867, 111, S. T. (Hinck); 1869, 87 (Matz).]

s. Zwei Scenen. I. L. stehen unter einer Pinie neben einander eine Jägerin und ein Auriga. Sie trägt einen doppelt gegürteten kurzen Chiton, um die Hüften ein shawlartiges Gewand, an
den Füßen Stiefel, auf dem Rücken einen Köcher. Die L. legt sie
an einen Speer, die R. dagegen auf die Brust ihres Begleiters,
[d. h. sie streckt sie wohl vor, diesem entgegen]. Dieser trägt eine
kurzärmelige Tunica und eine fünffache Binde um den Leib; auch
die Unterbeine sind mit Binden geschützt; die L. legt er an einen
aufgestützten Speer, in der herabhängenden R. hält er einen dem
Anscheine nach aus mehreren neben einander hängenden Riemen
bestehenden Gegenstand, in dem Helbig ein Tuch, [scheint mir
nach wiederholter Prüfung das Richtige], Zoega einen Zügel mit
fehlendem (abgebrochenem) Gebiss erkennt. Beider Köpfe sind Porträt.
Ihr ist das Haar nach Mädchenart zurückgestrichen, [aber hinten
bretartig umgelegt nach Art der Scantilla und Didia Clara]; keine
Spur einer Stephane. Zwischen ihren Füßen liegt roh abbozzirt der
Kopf eines Ebers, hinter ihr sitzt nach Z. noch ein Hund. Rechts
von dieser Scene steht c. f. mit gekreuzten Beinen, sich mit beiden
Händen auf eine Lanze stützend, ein bärtiger Jäger; er trägt einen
runden Hut, eine gegürtete Exomis mit Mantel und Stiefeln [und

blickt sich n. l. um]. R. neben ihm kommt sein Pferd zum Vorschein, dessen Brust mit einem Pardelfell geschmückt ist. An der
Erde sitzt ein Hund. Diese Scene wird von der zweiten durch ein
Thor getrennt, das oben in schwachem Reliefe mit dem Kopfe eines
Thieres [Z.: »testa d'ariete«) geschmückt ist. — II. Die Scene unterscheidet sich wenig von den Jagden auf Hippolytossarkophagen.
Hauptfigur ist der jugendliche Reiter [ganz kurzbärtig (Anfang des
dritten Jahrhunderts) und Porträt], der mit dem in der R. geschwungenen Speere gegen den von links hervorbrechenden Eber
ausholt. Neben ihm schreitet Virtus; die vorgestreckte R. berührt
die Brust des Jägers. Der Eber wird von nicht weniger als fünf
Hunden angegriffen. Hinter ihm sieht man den Kopf einer schon
verendeten Bestie, anscheinend eines Löwen. Über dem Eber erscheinen noch zwei berittene Jäger. An der Ecke ein Eichbaum.

R. Nbs.: Ein großer Hirsch, verfolgt von einem Hunde; neben
ihm ein Eichbaum. Die l. Nbs. ist jetzt vermauert. Hier sah Zoega Folgendes: Ein wüthender Stier n. r. gewendet führt mit dem Kopfe
einen Stoß aus gegen eine Strohhütte von konischer Form, die.
dem Stoße nachgebend, ihre Spitze umbiegt. Diese Hütte ist wie
aus vertikalen Streifen geflochten mit verschiedenen Horizontalbän-
dern. In der Mitte hat sie ein Thürchen oder ein Fenster. Hinter dem Stiere ist noch eine Pinie. [Zoega nimmt an, der Stier
sei der in der Hippolytossage vorkommende.)

HIRTENLEBEN.
[Vgl. Nr. 2869—2874.]

2916. V. Panfili.

s.-P. In der Mitte der »gute Hirte« im gegürteten Chiton mit
Stiefeln, auf dem Rücken ein Schaf tragend. Links und rechts
davon drei durch Felspartieen und Bäume geschiedene Reihen.
Links unten, von l. anfangend, eine Art Hürde, daneben eine von
einem überhängenden Baume fressende Ziege n. l. Ein Mann in
Exomis [n. r.), der eine andere melkt. Ein zweiter ebenso gekleideter Mann, der in der gesenkten R. einen nicht mehr erkennbaren

Gegenstand hält. Der Kopf wie der andere Arm sind n. r. oben gerichtet. In der zweiten Reihe vier Ziegen resp. Schafe; in der dritten ein gemauerter, auf einer Platte ruhender und mit einer zweiten bedeckter Altar, daneben zwei Ziegen. Diese drei Reihen schließt n. r. ein Baum ab, auf dem ein Vogel sitzt; auf einem der unteren Zweige ein Bienenkorb (?). Rechts vom guten Hirten, unten von l. anfangend, ein sehr verstümmeltes Thier: Esel (?). Ein Mann schleppt auf seinem Rücken Reisig (?). Ein bedeckter, von zwei Ochsen gezogener Wagen; der Fuhrmann scheint mit zu ziehen. In der zweiten Reihe weidende kleinere und größere Thiere; ein Schaf zu unterscheiden. In der dritten Reihe gleichfalls weidendes Vieh; ein Hirt ist dazwischen gelagert.

Späte schlechte Arbeit.

2917. S. Maria in Trastevere. ○

[War nach Matz r. vom Altar in die Wand eingelassen, und ist bei einer vor einigen Jahren stattgehabten Restauration verschwunden.]

Abgeb.: Bottari I, Vignette zu p. v der Vorrede.

S.-P., wenn nicht S.-Nbs. H. 0,70. Ein bärtiger Mann steht, sich auf einen in die l. Achselhöhlung gesetzten Stab aufstemmend, mit gekreuzten Beinen da. Er trägt einen gegürteten Chiton, in der gesenkten L. einen Henkelkorb. Ein zweiter sitzt da n. r. gewendet, auf einem umgestürzten Korbe: er stemmt den l. Fuß auf einen Felsen und legt den Kopf, den er umdreht, auf die l. Hand. Ringsum weiden Schafe und Ziegen.

Sehr flaches Relief; höchst gemeine Arbeit.

2918. Stud. Altini. ○

S.-Fr. An beiden Seiten und unten gebrochen. Nach r. gewandt sitzt auf einem Felsstück eine männliche Figur in einer Art Exomis, das l. Bein etwas einziehend. Hinter ihm steht eine Kuh und ein bellender (?) Hund. Vor ihm ist der Nacken eines Pferdes erkennbar.

2919. P. Rondinini.

Beschr. von Zoega A. 428.

S.-D.-Fr. [oder K.-S.] An den Enden rund. An den beiden Ecken Masken, [unbärtig, komisch, mit geöffnetem Munde]. Vor einer Hürde n. r. gewendet ein [jugendlicher] Hirt in Exomis, der eine Ziege melkt; [im Hgr.] ein Schaf, das von einem Baume frisst. Ein Mädchen ist beschäftigt mit einer [einstmals roth bemalt gewesenen]

Guirlande, die mit einem Ende an einen Baum befestigt ist; vor ihm ein Blumenkorb, nach dessen Inhalt ein nackter Eros greift; er scheint durch eine Schlange (?) erschreckt zu werden; [die Schlange ist Missverständnis der oben bereits erwähnten Guirlande].

2920. V. Giustiniani. ○

[Abgeb.: *Gall. Giust.* II, 73.]

Beschr. von Zoega A. 296.

S.-Fr.? L. sitzt unter einem Baume ein bärtiger Landmann in gegürteter Exomis, mit beiden Händen eine der zwei vor ihm stehenden Ziegen melkend; vor ihm steht r. ein junges Weib im Chiton mit Überschlag.

Ganz sicher sind der Kopf und der r. Arm des Hirten ergänzt, doch scheint sogar der ganze obere Theil der Figur hinzugefügt worden zu sein; der leere Hintergrund macht einen sehr verdächtigen Eindruck. Ob von einem Sarkophag?

[2921. V. Wolkonsky.

S.-Fr. Auf einem umgekehrten Korbe sitzt n. l. eine weibliche Figur, (Oberkörper fehlt größtentheils), unten bekleidet, doch scheint der Oberkörper nackt gewesen zu sein; auf dem Schoße ein Kind. Vor ihr steht, das r. Bein vorgesetzt, ein Mann in gegürteter Exomis, die r. Seite und Schenkel größtentheils freilässt; Kopf, r. Arm und r. Bein fehlen; mit der L. stützt er sich auf einen oben breit ausgehenden, mehr baum- als stabähnlichen Stock.]

[2922. P. Corsini.

S.-Fr. R. unvollständig. L. sitzt vor seiner Hürde ein alter Hirt in Exomis, eine Ziege melkend; dahinter n. l. eine Kuh oder Stier; dann eine Pinie, von der ein von r. kommendes Schaf frisst; über diesem liegt ein anderes auf erhöhtem Niveau. Alsdann ein jugendlicher Hirt in Exomis, eine Tasche umgebunden und auf einen langen Stab gestützt, sich n. r. umsehend. Dort wird noch ein Rest von Flügel und Gewand wohl von einem clipeustragenden Eros sichtbar.]

2923. P. Corsetti.

S.-D. An den Ecken Köpfe des jugendlichen Herakles mit übergezogenem Löwenfell. Darauf [links] ein Eros mit der umgekehrten Fackel. Dann zwei Eroten, nach auswärts schreitend, halten im einen Arme einen gefüllten Korb, in der anderen Hand die Zipfel eines Tuches, vor dem ein Brustbild. Folgen zwei andere nackte Eroten, die die in der Mitte der Platte befindliche

Inschrift halten. Auf der r. Hälfte der Platte sitzt in der Mitte ein Hirt e. f.; r. ein Hund; l. von ihm ein Schaf und ein Stier. R. wird ein Schaf von einem Hirten, der in Exomis auf einem Korbe n. l. sitzt, gemolken. [Daneben wird der Kopf eines Esels sichtbar.] Fehlerhafte Inschrift:

AVRIEIMENIAE   (so!)
VIXT ANN LXXXI
AMENSES CII
DEPOSITA PRIIDVS M
AT PARENTES FECE
RVNT

[2924. Basil. di S. Petronilla.

S.-P. R. unvollständig. In der Mitte steht vor einem Vorhange, der l. und r. an Bäume geknotet ist, welche auf Felsen höheren Niveaus stehen, eine Frau in langem Chiton, Mantel und Schuhen, zwei Finger der aus dem Mantel hervorkommenden r. Hand auf die Rolle in der L. gelegt, den abbozzirten Kopf halblinks gewandt. Am Ende links sitzt n. r. auf einem Fels unter einem Baume ein Hirt, auf einen Stab gestützt, indem er auf denselben die R. legt, darauf den l. Arm setzt, und mit der Hand den Kopf unterstützt; neben ihm bellt sein Hund hervor. Vor ihm ist die Scenerie in ein doppeltes Niveau getheilt: unten sind zwei Schafe, dem Hirten zugewandt, dann zwei Stiere und drei Schafe n. r., von denen die beiden vorderen aus einem Bache trinken, der von oben unter dem Baume im höheren Niveau hervorkommt: oben zwei Schafe n. r., dann, durch eine Pinie getrennt, zwei Ziegen n. l., von denen die vordere liegt. Rechts zunächst unten ein Widder und ein Schaf, n. l. zur Frau aufblickend, dann noch ein Hirt, der n. r. auf einem Korbe sitzt und melkt. In der Höhe nur noch ein Schaf n. r.

Ziemlich flaches, aber nicht so schlechtes Relief.]

2925. V. Rondinini. ○

Beschr. von Zoega A. 527.

S.-P. In der Mitte: Eine Frau mit verhülltem Hinterhaupte tritt mit erhobenen, die Handflächen nach außen gekehrten Händen auf den Beschauer zu; Zoega: »Pietà; volto destinato per ritratto«. Sie steht vor einem Parapetasma. R. und l. an den Ecken zwei Hirten, sich auf ihre Stäbe stützend. Die beiden übrig bleibenden

Räume sind in zwei Stockwerke getheilt: L. oben weidende Lämmer und ein n. r. gelagerter Hirt: unten fressende Ziegen. R. oben grasende Ziegen; unten ein Ochsengespann, das einen mit Holz beladenen Wagen n. r. zieht. Ein gelagerter Hirt.

Äußerst schlechte und rohe Arbeit.

2926. P. Mattei.

[Abgeb.: *Mon. Matth.* III, 45, 1.]

Beschr. von Zoega A. 391, 42.

S.-Fr. [Sehr groß.] Ein kahlköpfiger bärtiger alter Bauer in gegürtetem Chiton, Chlamys und Stiefeln hält den vorderen zweier zusammen vor einen Leiterwagen gespannten Ochsen am Horne zurück. Der Wagen enthält erlegtes Wild. Eber und Rehe sind namentlich kenntlich.

Flaches, äußerst roh gearbeitetes Relief.

2927. V. Rössler. ○

S.-Fr. Erhalten sind nur zwei zusammengejochte Stiere n. r. gewandt, wahrscheinlich einen Wagen ziehend.

2928. Stud. Altini.

S.-Fr. R. Ecke. Eine weibliche bekleidete Figur, im l. Arme ein Füllhorn, eilt n. l.; wahrscheinlich hielt sie ein Parapetasma. R. davon Darstellung mit Hirtenleben: Ein [jugendlicher] Hirt melkt ein Schaf vor einer Hürde.

[2929. V. Massimi-Negroni.

S.-Fr. Ein Hirtenknabe, auf einem umgekehrten Korbe n. l. sitzend, melkt eine Ziege. L. und r. Bäume.]

[2930. V. Wolkonsky.

S.-Fr. Ein unbärtiger Hirt in Exomis und Stiefeln sitzt n. l. auf einem Fels, eine Ziege melkend; ein runder Kübel steht zwischen dem Fels und seinem Beine.

Sehr flach, wie von einer Nbs.]

2931. P. Corsetti.

S.-Fr. Ein Hirt in Exomis sitzt vor einer Hürde nach l. und melkt ein vor ihm stehendes Schaf; ein zweiter ruht auf einem Hügel im Hgr.

[2932. **Catacombe di S. Callisto.**

S.-Fr. L. und r. unvollständig. Ein bärtiger Hirt n. r., eine Ziege melkend; l. und r. je ein Lorbeerbaum.]

[2933. **Catacombe di S. Callisto.**

S.-Fr. R. unvollständig. Vor einer Mauer, von der noch ein Pfeiler und zwei Bogen erhalten sind, ein Alter, bartlos nach vorn gebeugt, in kurzärmeligem Gewande, beide Arme nach vorn (wohl melkend. Oben über dem Mauerwerk unter einem Baume liegen einige Schafe.]

[2934. **V. Wolkonsky.**

S.-Fr. Das flache Relief erhebt sich in kleinen Dimensionen aus einer Fläche, die in den Sarkophagkörper leicht vertieft ist.

Am Fuße eines Baumes sitzt n. r. ein bärtiger Mann in gegürteter Exomis, mit der L. einen krummen Stab umfassend, die (größtentheils weggebrochene) R. nach vorn gestreckt.]

[2935. **Vigna del Pigno.**

K.-S. Ziemlich flach. L. vor einer Hürde steht n. r. auf seinen Stock gelehnt ein jugendlicher Hirt; vor ihm liegen auf erhöhtem Felsniveau n. l. zunächst Silvanus, bartlos, in gegürteter, die linke Schulter und Brust freilassender Exomis, mit dem l. Ellbogen aufgestützt, den Kopf n. r. gewandt, im r. Arme ein Pinienzweig; dahinter ein Widder. Unten ebenfalls Widder. L. und r. Pinien.]

2936. **V. Altieri.** ○

S.-Fr. Ein Hirt steht n. r. gewendet vor seiner Hürde: oben lagert ein Berggott, bekleidet mit Exomis, im l. Arme einen Zweig: den Berg hinauf drei Widder.

[2937. **Coemeterium Ostrianum.**

S.-Fr. R. unvollständig. Gerade, unten ausgefüllte Riefeln. Am linken Ende, in einem 0,41 breiten Felde, folgende Darstellung: L. steht mit gekreuzten Beinen ein bärtiger Hirt in gegürteter Exomis, welche die r. Schulter frei lässt, an den Füßen Stiefel; die l. Hand auf einen knotigen Stock gestützt, an den er auch die R. legt. Ein Hund zu seinen Füßen sieht zu ihm empor und hebt die r. Klaue auf. R. eine Pinie; zwischen dieser und dem Hirten auf doppeltem Niveau unten ein von der Pinie fressender Stier, oben ein n. r. liegender Widder.

18*

Die Arbeit ist verhältnissmäßig gut.

Das Bruchstück wurde gefunden in einer Arenaria der Katakomben, und ist sicher von oben hereingekommen.]

2938. V. Rössler. ○

K.-S.-Nbs. Links zwei Schafe: eins auf einem überragenden Felsen ruhend, ein anderes n. l. an einen Baum hinaufspringend. R. ein Schäfer in gegürteter Tunica, auf seinen Stock gestützt.

Schlechteste Arbeit.

[2939. V. Wolkonsky.

S.-Fr. Ein Hirt e. f. (Oberkörper fehlt), mit dem r. Arme aufgelehnt, das r. Bein über das l. geschlagen; zu seinen Füßen ein Widder und ein Bock, dieser in ganz flachem Relief.]

[2940. P. Camuccini.

S.-D.-Fr. L., r. und unten unvollständig. Ein aufsteigender Bock nagt an einem Weinstock. Hinter ihm ein jugendlicher Hirt in Exomis, auf einen Stab gestützt.]

2941. V. Pacca.

S.-Nbs. Ein Hirt, einen Stab unter der l. Achsel aufstützend, steht n. r. da. [L. und r. eine Pinie.]

Rohe Arbeit.

2942. V. Rondinini. ○

S.-Frr. a) Ein Hirt, ein Schaf auf dem Rücken tragend. — b) Ein Hirt mit Syrinx und Lagobolon.

2943. V. Panfili.

S.-P. Ist so hoch eingemauert und so stark übertüncht, dass es unmöglich ist, auf die Frage, ob antik oder nicht, eine bestimmte Antwort zu geben.

Eroten tragen einen Feston. In dem halbmondförmigen Abschnitt sitzt ein Mann in Exomis (Hirt), und scheint mit einem Thiere vor ihm an der Erde zu spielen. R. ein Altar mit lodernder Flamme (?) [und ein Baum].

2944. V. Panfili.

S.-P. Wenn antik, zu demselben Sarkophag wie die vorige Nr. gehörend.

Eroten tragen ein reiches Feston in dem Ausschnitt. Ein Mann steht gebückt n. r. und ist im Begriff, ein geschlachtetes aufgehängtes Thier auszuweiden.

2915. P. Corsetti.

S.-D. Zur Hälfte erhalten. Vier Schafe, von denen zwei an einen Baum hinaufspringen, eins ruht, ein anderes säuft. R. ein Eros, der einen Clipeus gehalten haben wird; [er legt vielmehr die Hände an eine Leiste, welche ein viereckiges Feld wird eingeschlossen haben].

[**2946. P. Braschi.**

S.-Frr.? Gr. M. Gr. L. 0,46. Alle Figuren sind ausgeschnitten und auf modernen Reliefgrund gesetzt.

Vier Kühe, eine liegend, eine knieend, zwei stehend, alle auf gleichem Niveau. Im Hgr. eine Eiche und zwei Ölbäume.

Gewöhnliche Arbeit.]

2947. V. Rondinini. ○

S.-Fr. L. ein Eichbaum; dann vier theils stehende, theils gelagerte Ziegen.

Flach und modern.

JAGD.

[Allerlei verzeichnet bei Stephani, *C. R. pour 1867*, 127—134.]

[**2948. V. Casali.**

Gefunden in Vigna Casali. Vgl. *Bull. dell' Ist.* 1873, 21 (Brizio).

S. Weißer gr. M. Die Mitte der Vorstellung nimmt der n. r. sprengende Reiter ein, dessen Porträtkopf mit kurz geschorenem Haar und Barte in die Zeit des Alexander Severus weist; ein Löwenfell bedeckt das Pferd, er selbst trägt eine langärmelige geschürzte und gegürtete Tunica, Beinkleider, Schuhe und fliegenden Kriegsmantel, sowie ein Schwert, dessen als Adlerkopf gebildeter Griff an seiner l. Seite weit vorsteht; die r. Hand hat er hinter sich hoch erhoben und geöffnet; dieselbe hat eben den Jagdspeer abgeschleudert, der dem wüthend ansprengenden Löwen durch die Brust gefahren ist und an der Seite wieder zum Vorschein kommt. Hinter dem Reiter schreitet Virtus in gewohnter Tracht, die L.

am Schwerte, in der R. den erhobenen Speer, den Kopf zurückgelegt, als schaue sie zu dem glücklichen Erleger auf. Hinter ihr
zwei Jäger in Exomis, von denen der erste, der Mitte zuschreitend,
ein Beil geschultert hält, und mit der R. einen wüthend nach vorn
stürzenden Hund an der Leine fasst, den Kopf aber dabei mit ver-
zweifeltem Ausdruck nach oben wendet; der zweite ist im Abgehen n. l., hält seinen Speer im l. Arme und berührt denselben
mit der anderen Hand: auch sein aufwärts gerichteter Blick zeigt
Verzweiflung und Furcht. Der Kopf eines anderen Jägers, auch
mit ängstlichem Ausdruck. wird c. f. hinter dem Römer sichtbar;
hinter dem Löwen aber jagt einer zu Pferde n. r. in langärmeligem
Chiton und wehendem Mantel, den Blick aufgeregt nach oben zurückgewandt; vor ihm, ebenfalls n. r. stürmend, ein Eber und ein
Hirsch. Ein letzter Jäger schreitet rechts ab, in langärmeliger
Tunica, um Nacken und Leib geschlungenem Mantel, Schuhen,
Schild und Speer, ebenfalls den Blick verzweifelt aufwärts gewandt.
An der r. Ecke Fels und ein Eichbaum. Alle Jäger außer dem
Reiter haben langes wirres Haar. Im Vordergrunde unten gewahrt
man zwei auf den Löwen einstürmende Hunde, einen erlegten
Auerochsen, einen Eber und zwei Rehe. Hoch oben links sitzt
auf dem Felsen n. l. Silvanus, ganz nackt, im l. Arme einen Eichen-
ast, den Kopf ebenfalls der Scene zugewandt, und die l. Hand, als
wäre auch er in Furcht, an den Kopf gelegt. Unter ihm am Fels
ein Adler, einen Hasen zerfleischend; ganz unten ein Häschen,
Trauben naschend.

Nbss. (sehr flach und roh,: R. zwei sich zugewandte geflügelte
Greife, zwischen ihnen eine Art runder Pfeiler, mehrfach geglie-
dert, unten spitz, am breitesten in der Mitte. L. ein geflügelter
Greif n. r.; hinter ihm ein Baum. Erhaltung tadellos.]

2949. P. Massimi alle colonne.

Beschr. (ganz kurz) von Zoega A. 386, 4.

S.-P. Ein unbärtiger Mann in gegürtetem Ärmelchiton und
Hosen sitzt n. r. gewendet auf einem Sessel, auf den der r. Arm
gestemmt ist, während die l. Hand auf das l. Knie einen unbe-
stimmbaren Gegenstand (wie einer Rolle gleichend) stützt; [wohl
ein hinter dem Knie nach unten fortgesetzt zu denkender Stab].
Ein Hund vorn vor seinem Sessel blickt zu ihm auf; ihm zugewendet (n. l.) steht ein bärtiger bekleideter Mann, in dessen
l. Hand ein Stab ruht, während die R. wie betheuernd auf die
Brust gelegt ist: [zwischen beiden wird noch c. f. der auf die

l. Seite geneigte Kopf eines bärtigen Mannes sichtbar; ein anderer ähnlicher r. von dem Betheuernden`. Ein bärtiger Mann zu Pferde, bekleidet mit Chiton und flatternder Chlamys [aus dem IIgr. n. l. vorkommend] holt aus gegen einen schon durchstochenen verendenden Eber. Ein zweiter Eber (n. r.) steht noch kampfbereit da: gegen ihn wendet sich ein unbärtiger Reiter in Chiton und Chlamys [n. r. gewandt und das Thier von oben angreifend]. Weiter unten liegt auf dem Rücken ein verwundeter Mann, den Oberkörper aufrichtend; [von seiner Lanze ist nur das unterste Ende unterhalb der l. Hand antik; Hosen, welche M. sah, konnte ich nicht constatiren, nur Stiefel. Hinter ihm wird ein verendeter Hirsch sichtbar]. Über ihm ein bärtiger Mann [in langärmeligem Chiton und Stiefeln], dessen Pferd scheut: er stößt auf einen Eber, der von r. (n. l.) herankommt; zwei Hunde springen gleichfalls auf ihn ein; ein dritter ist ihm auf den Nacken gesprungen. Ein bärtiger Mann in Chiton, Chlamys und flachem Jägerhute drückt durch die erhobene R. seine Verwunderung aus; [er blickt vielmehr wie Hülfe suchend zum Reiter auf]; ein zweiter, [welcher über einem Felsrande sichtbar wird], gekleidet wie der vorige, legt nachdenklich die Hand an's Kinn.

Die Ausführung dieser in ziemlich flachem Reliefe gearbeiteten Platte ist so eigenthümlich, dass der Verdacht, sie möge modern sein, nicht ausgeschlossen ist; [ich theile den Verdacht nicht].

2950. P. Mattei.

[Abgeb.: *Mon. Matth.* III, 40, 1.]
Beschr. von Zoega A. 390, 35.
[Vgl. Zoega, *Bassir.* I, 148, 34; *Ann. dell' Ist.* 1863, 93, 1 (Helbig).]

s.-P. Die Hauptfigur ist ein bärtiger Jäger (Zoega: »il ritratto ha il costume dei tempi di Commodo«) im gegürteten Ärmelchiton und flatternder Chlamys, der mit dem Speere gegen einen von r. heransprengenden Löwen ausholt, welcher einen Jäger zu Boden geworfen hat; derselbe sucht sich mit dem Schilde gegen die anstürmende [bereits von einem Speere erfolglos durchbohrte] Bestie noch zu schützen [und hält in der R. das bis auf den Griff ergänzte Schwert]. Über dem Löwen erscheint ein zweiter Jäger zu Ross, der erschreckt die r. Hand erhebt, [ebenfalls im Ärmelchiton, was jedoch bei der Restauration des Oberarmes von unter der Schulter an bis unter den Ellbogen nicht beachtet ist]. Ein dritter, Jüngling, nackt bis auf die Chlamys, an der Seite das Schwert, in der L. die Lanze, entfernt sich n. r. [neu: l. Arm, l. Hand mit Speer, Schwertgriff, r. Unterarm]. L. von der Hauptfigur, ihr zur Seite gehend, Virtus in Amazonentracht mit Helm und Stiefeln, die L. am Schwertgriff; der r. vorgestreckte Unterarm ist ergänzt. Weiter n. l. noch zwei junge Männer, gleichfalls nur mit der über den Rücken fallenden Chlamys und mit Stiefeln bekleidet; zwischen ihren Füßen ein Hund; ein zweiter springt vor der Virtus her. An gefallenen Thieren bemerkt man von l. n. r. zunächst einen etwas groß gebildeten Hasen, [ist ein Raubthier, wahrscheinlich ein Luchs], vor dessen Schnauze ein Apfel liegt; dann ein Hirsch mit großem Geweih, endlich unter dem Löwen eine verendende Löwin.

Tief heraus geholtes, zwar etwas hölzernes, doch sorgfältig ausgeführtes Relief. Die Augen ohne Sterne; [unrichtig: dieselben sind durch ziemlich leichte Gravirung angegeben]. (Arbeit ähnlich dem Achilleussarkophag des Capitol.)

2951. P. Mattei.

[Abgeb.: Bartoli, *Admiranda*, Tab. 24; *Mon. Matth.* III, 40, 2.

Vgl. Winckelmann, *Werke* III, IX; VI, 1, 336; Zoega, *Bassir.* I, 148, 34; *Ann. dell' Ist.* 1863, 93, 1 (Helbig).]

S.-P. Die Hauptfigur ist ein Reiter in gegürteter Tunica. Chlamys und Lederhosen, [kurzem Haar und fast ganz rasirtem Barte; die Augensterne sind etwas tiefer als bei der vorigen Nr. eingravirt: Zeit des Alexander Severus], der, auf n. r. sprengendem Rosse sitzend, gegen einen [n. r. vor ihm wegspringenden. sich umblickenden] Löwen ausholt. Vorn ist ein älterer Mann in Exomis und Chlamys auf den Rücken gestürzt; erschreckt emporblickend und den Schild erhebend, sucht er sich vor dem Löwen zu schützen; [r. Arm mit Schwert neu; der zugehörige Kopf zeigt nur einen leichten Schnurrbart, ist im Übrigen völlig dem sog. Seneca gleich; von unterhalb des Gürtels ab scheint alles völlig ergänzt.]. R. davon erscheinen zwei Männer, erschreckt die R. erhebend. Der erste, der über dem Kopfe des Löwen zum Vorschein kommt, ist jugendlich mit lockigem Haare [und zu Pferde], der zweite ein älterer Mann, der den Mund zum Schreien weit öffnet; er trägt die gegürtete Tunica, die Chlamys und aus Riemenwerk gebildete Hosen [über den Unterschenkel; der l. Unterarm ist ergänzt, ebenso der l. Fuß und Knöchel; neben seinem Beine springt vor'm Löwen weg ein sich umschauender Hund, von dem nur der Kopf antik ist]. L. von der Mittelgruppe: Virtus in Amazonentracht wie gewöhnlich. Sie erscheint e. f. [und ruhig stehend] und wendet den Kopf etwas n. r.; im r. Arme ruht die Palme (restaurirt), die L. legt sie an den Schwertgriff, (auch dieser ist Restauration); [neu sind auch beide Füße, sowie der r. Unterschenkel]. Neben ihr e. f. ein gerüsteter Krieger, das Haupt n. l. wendend [mit älteren Porträtzügen. denen des Reiters ähnlich]; die R. (Unterarm ergänzt) legt er an den

Schwertgriff; [ergänzt: beide Füße und r. Unterbein]. Über seiner r. Schulter kommt noch der Kopf eines Kriegers mit einem Schuppenhelme von der Form einer phrygischen Mütze zum Vorschein; [er hat einen kurzen Schnurr- und Kinnbart]. Zwischen den Füßen der Virtus und der danach beschriebenen Figur sieht man eine ganz klein gebildete [weibliche] Gestalt in einer Art gegürteten Exomis an der Erde hocken; der Kopf und der r. Arm ist ergänzt; sie hielt mit der r. Hand einen Gegenstand, der einem abgebrochenen Widderhorn gleicht; die untere Partie ist wie die Unterbeine der sie einschließenden Figuren modern. [Am Boden liegen todt ein Auerochse und ein Eber.]

2952. P. Giustiniani.

[Abgeb.: *Gall. Giust.* II, 136.]
Beschr. von Zoega A. 414, 19 (sehr kurz).
[Vgl. *Ann. dell' Ist.* 1863, 93, 1 (Helbig).]

S.-P. Die Hauptfigur, ein bärtiger, lorbeerbekränzter Reiter, der n. r. mit der Lanze ausholt, ist mit seinem Pferde und dem darunter liegenden niedergefallenen Jäger, welcher in der L. einen Schild hält, eine moderne, wenn auch im Ganzen und Großen gerechtfertigte und nach ähnlichen Reliefs ausgeführte Ergänzung. Hinter ihm schreitet, die L. an den Schwertgriff legend, Virtus in Amazonentracht; in der R. trug sie eine Lanze. Auch von ihr ist der obere Theil von der Brust an modern, ebenso der Kopf, der über ihrer r. Schulter (n. l. gewendet) zum Vorschein kommt. Zwischen ihren Füßen ein verendender Hirsch mit sehr großem Geweih, den ein Hund zerfleischt. L. neben ihrem r. Fuße springt ein Hase aus einer kleinen Erdhöhle n. l. Vor ihm an der Erde liegt eine Traube, [an der er frisst]. Weiter l. schreitet aus dem Hgr. nach vorn ein bis auf die Chlamys nackter Jüngling; er trägt Stiefeln; in der L. hält er eine Lanze, die r. Hand ist ergänzt. Die l. Eckfigur ist ein ebenso gekleideter Jüngling, der ein galoppirendes Pferd n. l. reißt. Zwischen seinen Beinen ein hingestürzter jüngerer Mann, der in der R. ein kurzes Schwert hält.

Wenden wir uns zu dem, was sich r. von der Hauptfigur befindet, so ist zuerst der ungeheure Löwe zu bemerken, der auf den Reiter anspringt. Ein berittener Jäger in gegürtetem Chiton und Chlamys, der in der L. zwei Jagdspeere hält, erhebt erschrocken den zum größeren Theil modernen r. Arm. Über dem Löwen erscheint, n. r. abgehend und die r. Hand ausstreckend, ein ebenso gekleideter Jäger. Über der r. Schulter des letzteren sitzt in kleiner Figur ein bärtiger Lokalgott; mit der L. stützt er sich auf seinen Felssitz auf, in der R. hält er einen Zweig. Unter dem Löwen liegt, den Kopf n. r. zurückgewendet, ein riesiger Eber; ein Hund bellt diesen, ein zweiter den Löwen an. Ein Stück des Schildes, den der unter der Hauptfigur befindliche hingestürzte Jäger hält, gehört noch zum antiken Stück.

2953. P. Rospigliosi.

[Zeichnung: Cod. Cob. 496, 231.

Vgl. *Ann. dell' Ist.* 1863, 93, 1 (Helbig).]

s.-P. Links ein Thor. Das aus demselben hervorschreitende Pferd hält ein kahlköpfiger, vollständig gerüsteter [kahl rasirter] Römer am Zügel; hinter letzterem kommen die Köpfe zweier Figuren zum Vorschein, der eine behelmt und unbärtig, der zweite unbehelmt und bärtig. Virtus mit Helm und Schwert n. l., die R. erhebend, als wolle sie einen Speer schleudern. Zwischen ihren Füßen schießt n. r. ein Hund [schien mir ein Panther, Cob. giebt einen Hirsch] hervor. Derselbe oder ein ähnlicher Kahlkopf, wie vorher, [scheint mir derselbe], sprengt zu Pferde auf einen Löwen ein, und hat ihn soeben mit dem Speere durchbohrt. Ein todter Hund und ein Verwundeter unter dem sprengenden Pferde; [l. von demselben ein todtes Pferd; hinter ihm der Kopf eines jungen Löwen n. r.]. Hinten ein Reiter mit flatternder Chlamys. Endlich zwei Jäger mit Hüten, [der vordere mit Hosen]; unter dem Löwen noch ein Hund.

[Fleißige und stark erhobene, doch ungelenke Arbeit.]

[2954. V. Caracciuolo.

s.-Fr. Erhalten ist nur noch der mit dem Speere angreifende Reiter n. r. (Kopf und r. Unterarm fehlen) in gegürteter Tunica und Mantel. R. unten wird noch der Oberkörper eines vor dem Löwen niedergesunkenen kurzbärtigen ältlichen Jägers in Tunica und Mantel sichtbar; ebenso hinter dem Reiter in flacher Zeichnung: l. Unterarm mit Schild eines folgenden Jägers.

Späte Arbeit.]

2955. Via de' Condotti 42.

s. I. Ein Löwe springt n. r.; zwei Hunde fallen ihn an. L. hinter der Bestie ein [bärtiger] Mann in gegürteter Tunica mit ovalem Schild. Ein anderer scheint einen zweiten [n. l. hingestürzten] Löwen zu werfen, über den ein Jäger, der sich wie erschreckt an den Hals seines n. l. dem ersten Löwen entgegensprengenden

Pferdes anklammert, hinwegsetzt. Im Hgr. ein Baum. — II. Virtus in Amazonentracht mit Schild begleitet einen geharnischten Mann, der, n. r. sprengend, eben sein Geschoss abgeschleudert hat. Im Vgr. ist ein Pferd zu Boden gestürzt und hat seinen winzig gebildeten Reiter abgeworfen. Ein Löwe, der n. l. springt [und dem der Speerwurf des Reiters gilt], wird von zwei Hunden angefallen. Im Hgr. n. r. zwei Leute, ungeschickt gestellt; der eine, der sein Schwert schwingt, sieht aus, als ob er gegen den Reiter ankämpfe, der zweite, der einen Schild hält, nicht minder. Der Ecke zu ein junger Mann, nackt bis auf die Chlamys, reißt sein Pferd, [das über den Löwen wegsetzen will] n. r. Die Extremitäten sind sehr zerstört. [Unter'm letztbeschriebenen Löwen ein erlegter Hirsch, unter der Virtus ein Eber; im Hgr. ein Lorbeerbaum, in der Mitte eine Eiche.]

2956. V. Medici.

[Vgl. *Ann. dell' Ist.* 1863, 93, 1 (Helbig).]

s.-P. Ein n. r. aufspringender Eber wird von einem Jäger in gegürtetem Chiton durchbohrt; [neben letzterem ein ebenfalls angreifender Hund]. Hinter dem Eber sprengt ein Reiter, sich n. r. umsehend, n. l.; vor ihm ein Gefährte, [der entsetzt die Hand erhebt]. Ein anderer Jäger, in gegürtetem Chiton [n. l.] aus dem Hgr. tretend, legt die R. auf seine Brust, [erhebt sie wohl mehr erstaunt]; in der L. hält er die Lanze. Virtus n. r. schreitend mit Helm, die R. vorstreckend, in der L. ein Schwert. An der Erde ein todtes Reh und ein Eber, endlich ein verendender Hund. Ein Jäger [Gesicht abbozzirt] im Chiton zu Pferde, mit eingelegter Lanze auf einen gegen ihn anspringenden Löwen einstürmend. Hinter letzterem ein zweiter Reiter [n. r. in Tunica und flatternder Chlamys], mit der R. den Zügel haltend, sich n. l. umsehend. Ein Jäger [in Exomis], mit seinem Schwerte weit ausholend, in der L. die Lanze, n. l. Ein Mann in Chiton, n. r. wegschreitend, die eine Hand nach dem Schauplatze der Jagd ausstreckend, n. l. blickend, [an der Seite ein Schwert, im l. Arme einen langen Stab, (keine Lanze)].

2957. V. Panfili.

[Vgl. *Ann. dell' Ist.* 1863, 93, 1 (Helbig; Stephani, *C. R. pour 1867*, 71, 1 c; 116, 1 f; 133, 6.]

s.-P. L. unvollständig. Von einem n. r. hervorbrechenden Eber erhalten die Schnauze; von unten ein Hund gegen ihn anspringend.

Ein Jäger, ihn auffangend. Virtus, n. r. vorschreitend, neben einem Jäger im Chiton zu Pferde, der auf einen Löwen mit der Lanze einstürmt. Vor dem Löwen liegt auf dem Boden ein Gefallener, der sich aufraffend, mit der R. noch das Schwert zieht. Auf den Löwen hauen oder werfen (nicht deutlich) zwei Leute: r. vom Löwen ein Mann in Chlamys, n. r. eilend, die r. Hand vor die Brust gelegt. [Unter dem Löwen noch Köpfe von allerlei Gethier sichtbar; vor dem Eber der Kopf eines Gefallenen.]

Sehr späte rohe Arbeit.

2958. Via delle Fondamenta (Einfahrt in den Vatican).

s. Ein Jäger hält ein Pferd am Zügel. Ein zweiter, n. r. gewandt, fängt einen Eber auf, den auch ein Hund angreift, (Gesicht abbozzirt). Auf einem sich bäumenden Pferde sitzt ein dritter und sucht dem Eber von oben einen Stoß beizubringen. Ein vierter schreitet, sich umsehend, n. r. und erhebt die R. Die Figur der Virtus zur Seite eines berittenen Jägers. Unter dem Pferde ein niedergestürzter kleiner Mann in Exomis mit Schild. Der Reiter hat einem von r. anspringenden Löwen eben einen Speer in die Brust geschleudert. An der Erde ein verendender Hirsch. Ein Jüngling zu Pferde verfolgt einen Hirsch und einen Steinbock. Ein Mann in einer Art Exomis, n. r. gehend, hält einen Hund, der n. l. stürzen will, an der Leine zurück. Ein zweiter erhebt erregt die R. An der Ecke ein traubennaschendes Häschen.

Nbss.: Jäger mit Schild und Speer. — Diejenigen Figuren, bei denen nichts ausdrücklich bemerkt ist, tragen eine gegürtete Tunica und eine Art Mantel.

2959. V. Medici.

[Vgl. Ann. dell' Int. 1863, 93, 1 (Helbig.)]

s.-P. L. ein Jäger in gegürteter Exomis, einen Hund n. r. führend, [ist vielmehr ein Hirt, der einen Widder in Sicherheit bringen will]. Ein nackter Jüngling mit Chlamys, aus dem Hgr. sein Ross n. r. reißend. Virtus in Helm, Stiefeln und kurzem gegürteten Chiton schreitet zur Seite eines jugendlichen Reiters [dessen Gesicht ergänzt oder nur abbozzirt] in gegürteter Tunica n. r., der mit der R. gegen einen nach derselben Seite springenden, den Kopf nach oben wendenden Löwen einen Speer zückt. Unten ist ein Jäger hingestürzt, der den Blick nach oben richtet; [im Hgr. e. f. ein sehr zerstörter Jüngling in Chlamys, der wohl auch den Löwen angriff]. Rechts von dem Löwen ein Jüngling in Chlamys, ein

Pferd aus dem Hgr. n. r. reißend, dem oben beschriebenen entsprechend. [Im Vgr. mehrere Hunde; hinten Bäume.

Dies Reliefstück ist vermuthlich das in der *Beschr. Roms* III, 2, 602 verkehrt erklärte und so in die Hippolytossarkophag-Verzeichnisse (Jahn, *Arch. Beitr.* 311 H; Stephani, *C. R. pour 1863*, 177; *1867*, 104; Hinck, *Annali* 1867, 110, 2 O) übergegangene]. Stark erhoben.

2960. V. Panfili.

S.-Fr. Auf ein n. l. gestürztes Rind, das den Kopf in den Nacken wirft, hat sich von r. ein Panther gestürzt. Hinten wird die sehr verstümmelte Figur eines Jägers sichtbar, der auf den Panther einen Stein (?) oder Speer schleuderte. Im Vgr. ein Jäger, seinen Gaul n. l. herumreißend. Eine weibliche Figur im kurzen Jagdkleide n. r. eilend; Arme und Kopf zerstört, doch ist noch erkennbar, dass sie keinen Helm wie die Virtus trägt; über den Rücken hängt ein Köcher. Ein Jäger zu Ross in Chiton und Chlamys n. r. sprengend und seinen Speer gegen einen auf ihn losspringenden Löwen schleudernd. Unten ein sitzender und ein vorspringender Hund. Ferner gerade unter dem Löwen ein Mann in Exomis niedergeworfen, nach oben. Im Hgr. ein Jäger n. r. sprengend, (sehr zerstört). Ein Ross wird von einem zumeist e. f. gebildeten Jäger, in dessen l. Arme ein Stab ruhte, am Zügel gehalten. Ein zweiter Panther stürzt sich, dem l. ungefähr symmetrisch, auf ein liegendes Rind. Im Hgr. ein bärtiger Jäger, der auf einem n. r. galoppirenden Rosse unmöglich sitzen kann; zur Seite des Pferdes springt n. r. ein Hund.

(Daran schließen sich die Fragmente eines anderen Sarkophages von ähnlicher Arbeit: Ein Jäger im gegürteten Chiton mit flatternder Chlamys zu Ross, n. r. sprengend und sich n. l. umsehend, endlich ganz unbenutzbare Fragmente von gestürzten Pferden, gefallenen Kriegern oder Jägern und dgl.)

2961. V. Borghese.

S.-Fr. Virtus schreitet zur Seite eines Reiters in gegürteter Tunica mit flatterndem Mantel, [Hosen und kurzem Barte]. An der Erde n. r. in halbknieender Stellung ein Mann mit langem Haar in Exomis, in der L. ein Schild, in der R. ein Schwert; voran springt ein Hund. Von dem von r. anspringenden Löwen ist nur der Kopf [und die Vorderbeine] sichtbar. Oben erscheint ein zweiter [bärtiger] Reiter. [Vorn springt auf den Löwen ein Hund ein. Im Hgr. eine Eiche und eine Pinie. Zu beiden Seiten der Virtus noch zwei Hunde und der Kopf eines bereits erlegten Ebers.]

[2962. P. Merolli.

S.-Fr. Groß. Erhalten ist noch der erhobene r. Arm des Reiters mit dem Speer, den er abzuschleudern im Begriff ist, und hinter ihm n. r. die obere Hälfte der Virtus mit Helm, Chlamys, welche die r. Brust frei lässt, Schwertband, und über die l. Schulter geworfenem Mantel. Der Mund ist etwas geöffnet und die Augensterne stark angegeben.]

[2963. V. Wolkonsky.

S.-Fr. Nach r. sprengt auf einem mit Pantherfell bedeckten Pferde ein, soweit erhalten, nackter Reiter, (von diesem fehlen der ganze Oberkörper und der r. Fuß, vom Pferde die vordere Hälfte). Hinter ihm Virtus, eilenden Schrittes n. r., in gegürtetem Chiton mit Überfall, der die r. Brust freilässt, an den Füßen Jagdstiefel: die L. liegt am Schwerte, die R. war horizontal vorgestreckt; zwischen ihren Füßen ein Hund. Von diesem fehlen Kopf und Beine, von ihr Kopf, Füße und der r. Arm von der Mitte des Oberarmes ab.]

2964. V. Pacca. ○

S.-Frr. I. Ringsum gebrochen. Von einem nackten Jüngling, in dessen l. Arme ein geriefelter Stab ruht, wird ein springendes Pferd, von dem nur ein Bein erhalten, n. r. geführt.

II. R. gebrochen und den linken Theil der Vorderseite des Sarkophages ausmachend: Ein hoch aufspringendes Pferd wird von einem Jüngling, in dessen l. Arme ein geriefelter Stab, am Zügel n. l. geführt [resp. gebändigt]. R. unten das Unterbein eines n. r. schreitenden Mannes, [und ein r. nach l. aufgestemmter Fuß].

[2965. Catacombe di S. Callisto (Casino des Capo-custode).

S.-Fr. L. und r. unvollständig. Ein Jüngling e. f. mit Jagdstiefeln und Chlamys, in der L. einen Speer, Kopf n. l., fasst mit der R. den Zaum eines Pferdes, das n. l. springt. Zu seinen Füßen ein Hund n. l. Rechts steht ein anderer gleichartiger Jüngling, die Chlamys auf der l. Schulter und um den l. Arm, im l. Arme einen Speer, den r. in die Seite gesetzt, das l. Unterbein über das r. geschlagen, den Kopf n. r. gesenkt, in ausruhender Stellung.

2966. Vigna Sassi.

S.-Fr. H. 0,47; Br. 0,40. Ein junger Mann e. f., nackt bis auf die Chlamys, wendet den Kopf n. r., mit der L. hält er ein Pferd am Zügel. Der Nachbar schulterte zwei Speere.

2967. V. Medici.

s.-P. L. ein nackter junger Mann [in Chlamys und Jagdstiefeln] e. f., sich nach hinten bequem anlehnend und die Beine kreuzend, legt er den l. Arm über seinen Kopf. Ein Mann in Exomis und Stiefeln n. r..schreitend, den r. Arm vorstreckend, schultert links einen Speer (?). Ein nackter Diener mit Stiefeln kniet n. r. und scheint einem Hunde das Halsband zu lösen. Auf einem n. r. sprengenden Rosse sitzt ein junger Mann in gegürteter Tunica und nach hinten flatternder Chlamys; er holt gegen einen von r. hervorbrechenden Eber aus. Auf diesen stürzt auch ein Hund los, über einen gefallenen Steinbock hinweg. Unter dem Eber wieder ein Hund. Über dem Felsen, aus dem der Eber hervorkommt, steht n. l. ein nackter Mann, zum Schlage ausholend. Gegen einen Mann in gegürteter Tunica, der mit einem ovalen Schilde bewaffnet ist, springt von r. ein Panther los. Ein ebenso bekleideter und gerüsteter Mann l. schaut auffallender Weise ruhig zu; [er hat die R. hoch erhoben und in derselben noch den Rest eines Speeres, mit dem er von oben den Panther zu durchbohren im Begriff stand].

2968. V. Pacca.

s.-Fr. R. der Kopf eines Jünglings, mit schmerzlichem Ausdruck n. r. auf die Brust geneigt, [vor ihm wird die Spitze einer Lanze sichtbar]. Hinter ihm links zwei bärtige Männer (außer dem Kopfe nur noch die Brust erhalten); der erste mit zwei Jagdspießen, der zweite das Pferd am Zügel führend, dessen Kopf über seiner r. Schulter sichtbar wird. [M. dachte an Hippolytos' oder Adonis' Abschied.]

2969. V. Pitocchi. ○

s.-Fr. R. gebrochen. Auf einer Säule mit flachem Capitäl ruht eine Kugel. R. davon führt ein Mann in gegürteter Tunica, an die oben ein den Nacken bedeckender Kragen befestigt ist (Kopf fehlt), einen Hund n. r.; von letzterem ist wenig mehr als die Pfoten erhalten.

Ziemlich rohe Arbeit.

2970. V. Borghese.

s.-Fr. L. ein Haus mit zwei Stockwerken. Zwei Jäger, die ein Jagdnetz tragen, schreiten n. r.: vorauf springt ein Hund. Ihnen entgegen n. l. springen zwei Hirsche (?), [hinter denen Reste eines Jägers n. r. Zwischen den Hirschen und Netzträgern ein Baum].

[2971.. V. del Grande.

S.-Fr. Ringsum unvollständig. L. steht auf erhöhtem Niveau in kleiner Figur ein Idol der Artemis in kurzem geschürztem und shawlartig gegürtetem Chiton, in der L. den Bogen, (Kopf und r. Hand fehlen); neben ihr ein Hund, der zu ihr aufblickt. R. erhebt sich eine Eiche. Weiter rechts wird in größerer Figur n. l. gewandt der Oberkörper eines bartlosen Jägers sichtbar in langärmeligem Chiton, großem Kragen und darüber noch eine Art Riemen oder Schärpe; beide sehr verstümmelte Hände gehen n. l. vorn nieder, ohne dass eine Handlung noch zu erkennen wäre. Dann wieder der Rest eines Baumes und der Kopf einer kleineren bartlosen Figur, welche die r. Hand an den Mund legt.

Späte Arbeit.]

2972. V. Panfili.

S.-Nbs. Zwei Leute in gegürteter Exomis tragen ein Jagdnetz n. r., [in der Mitte ein Baum. Nbs. eines Meleager-Sarkophages?].

2973. V. Panfili.

Zeichnung: Cod. Cob. 497, 232.

S. I. Ein Bär zerfleischt ein Rind, dessen hingestreckter Körper die l. Nebenseite füllt; [ein Baum bildet die Ecke]. Ein Eber stürzt über einem gefallenen Thiere n. r. vor. Über demselben sprengt ein Berittener im gegürteten Chiton, sich n. r. umsehend, n. l.; r. von ihm scheint ein zweiter Berittener, ebenso gekleidet wie der erste, von oben auf den Eber einen Stoß auszuführen. Unten Fragmente eines gefallenen Thieres.

II. Oben ein Berittener, n. r. einen Speer schleudernd, unten ein n. r. hingestürzter Jäger in Exomis, mit der R. sich aufrichtend. Neben ihm ein Hirt, ein Schaf (?) im Arme haltend, scheinbar um es vor dem Getümmel zu retten. Nach l. stürzt ein großer Eber; über ihm erscheint ein junger Mann mit flatternder Chlamys n. r., mit der R. an seinen Hut greifend. Von hinten führt ein Mann in Chiton und Chlamys einen Stoß auf den Eber n. l. Die Scenerie wird durch mehrfache Bäume angedeutet.

Nbss.: L. s. oben. R.: Ein Bär n. l., im Begriff einen Baum zu erklettern.

2974. P. Camuccini.

S.-D.-Fr. R. gebrochen. L. eine Eckmaske: Herakles mit übergezogenem Löwenfell. — R. [am l. Ende des Relieffeldes]: Ein Bär
n. r. greift einen Büffel an, von dem übrigens nur Kopf und Vorderfuß erhalten. Oben über einem überhängenden Felsen erscheint ein zweiter Bär.

2975. P. Lancelotti.

S.-P. Drei Reiter sprengen n. r. Der erste [links] ist in eine
gegürtete Tunica und eine Art Chlamys [und Hosen] gekleidet;
mit der R. holt er zum Stoße aus. Die Waden schützen eigenthümliche Strümpfe, wie von gedrehten Stricken gemacht, [an den
Füßen Schuhe]. Der zweite ist bärtig; er trägt einen gegürteten
Chiton und Mantelkragen [und gleiche Fuß- und Beinbekleidung,
wie der erste]. An seine Schulter legt, von hinten herantretend,
eine jugendliche, dem Kopfe nach zu urtheilen weibliche Figur ihre
R.: sie trägt eine gegürtete [langärmelige] Tunica und einen Pelz-
kragen. Ein dritter Reiter in Hosen, gegürtetem Ärmelchiton mit
Mantelkragen, holt [mit einem kurzen Speere, den er mit beiden
Händen fasst] zum Stoße gegen einen Bären aus. Ein zweiter Bär
flieht, von einem Hunde verfolgt; ein dritter wird von oben von
einem Reiter [in Hosen, Ärmelchiton und Kragen] angegriffen. [L.
unten noch ein Hund; hinter dem Ganzen Pinien und Eichen.]

2976. V. Panfili.

S.-P. Zwei Berittene in gegürteter Tunica mit breitem Kragen und Beinkleidern treiben n. r. drei Bären (?) [wohl vom Bild-
hauer unverstandene Löwen] in ein Netz, das an einem Baume
befestigt ist; [ein Hund hilft; am Boden der Kopf eines erlegten
Ebers und noch eines anderen Thieres]. Ein Berittener, gleichfalls
mit breitem Kragen, holt n. r. gegen einen Hirsch und ein Reh aus,
die in ein Netz fliehen, neben welchem ein kleiner Mann mit Kapuze n. l. hockt. R. folgt ein kleiner Jagddiener. Im Hgr. noch
drei Berittene mit Kapuzen; unter dem Pferde des ersten ein niedergestürzter Hirsch, der von einem Hunde angefallen wird.

[2977. P. Merolli.

S.-P. L. Bäume. Ein bartloser Reiter in Tunica und großem
Kragen sticht einen auf ihn zuspringenden Eber mit dem Speere
in den Rachen; ein Hund greift denselben von vorn, ein anderer
Reiter in Tunica und Chlamys von hinten oben an. Weiter rechts,

durch Bäume getrennt, ein dritter Reiter in gegürteter Tunica und Kragen — natürlich auch, wie die anderen alle, in Stiefeln —, der auf in's Netz jagende Hirsche seinen Speer gerade abgeschleudert hat; ein Hund greift dieselben ebenfalls an. Hinter dem Netze kniet ein Jäger in Hosen, gegürteter Tunica, und großer Kapuze.]

2978. V. Panfili.

s.-P. [?] Ein mit einer Tunica mit sehr breitem Kragen bekleideter unbärtiger Mann sitzt n. r. ruhig auf einem schreitenden Pferde. Voran ein anderer zu Fuß, sich umblickend; in der R. einen Krug: [l. ein Baum, r. ein Pfeiler]. Ein Jäger mit Kragen n. r. durchsticht einen Eber, gegen den zwei Hunde losstürzen. Von r. im Hgr. ein Mann mit rundem Schilde bewehrt, der die R. verwundert erhebt: [ebenfalls l. und r. ein Baum. Das Ganze ist in der Mitte getheilt und wahrscheinlich aus zwei zusammengesetzten Nebenseiten gebildet..

Flache, schlechte Arbeit.

2979. V. Massimi-Negroni.

s.-P. An beiden Ecken ist ein quadratischer Raum für eine nicht ausgeführte Inschrift. In der Mitte befindet sich eine Jagd. Ein Hirsch und ein wilder Esel (?) [scheint mir auch ein Hirsch, dessen Geweih erst neuerdings abgebrochen ist] werden von einem Hunde in ein links ausgespanntes Netz getrieben: ein Jäger in Tunica und Mantel galoppirt, einen Speer schwingend, hinterdrein. Auf einen Baum in der Mitte folgt r. die zweite Scene. Ein reitender Jäger holt gegen einen Hirsch aus, der n. r. davon eilt: unter seinem Pferde ein verendender Hirsch: [hinter letzterer Scene noch ein Baum (Pinie)].

[2980. P. Albani.

Vgl. Zoega, Bassir. I, 78, xv.

s.-Fr. Auf einen n. l. stürmenden Löwen (Hinterbeine neu) dringt von oben r. auf verkrüppelt kleinem Pferde (Kopf neu) ein nackter Reiter ein (Kopf neu); ebenfalls hinter dem Löwen noch ein speerbewaffneter Jäger in Chlamys n. r. (Kopf und Unterbeine neu).

Sehr gewöhnliche Arbeit.]

[2981. V. Caracciolo.

s.-Fr. L., r. und unten unvollständig. Ein Jäger zu Pferde n. r. in kurzer gegürteter Ärmeltunica, Helm und Schild wird von einer

Löwin verfolgt, die von hinten zu ihm aufspringt: er dreht sich um und sucht ihr mit dem Schwerte von oben einen Stich zu versetzen. Von l. kommt ein zweiter ähnlicher Reiter, der eine Lanze zum Stoße gegen das Thier bereit hält. Im Hgr. noch ein Diener n. r. Alle sind unbärtig.

Späte Arbeit.]

[2982. V. Fiorelli.

S.-Fr. Groß. Ein Reiter in kurzer Tunica und Chlamys, auf Ross mit Felldecke n. r., mit dem r. Arme ausholend.

Vom Reiter fehlen Kopf, r. Arm großentheils, und die Unterbeine; vom Pferde alles außer der Brust.

Gute Arbeit.]

[2983. Stud. Jerichau.

S.-Fr. L., r. und unten unvollständig. Ein Reiter in Tunica, mit völligem Pansgesicht, verfolgt einen großen Hirsch n. r.; die L. am Zügel beim Maule des Pferdes, die R. mit dem Speere weggebrochen. Im Vgr. wird noch der Kopf eines verendenden Ebers sichtbar.]

2984. P. Lancelotti.

Beschr. von Zoega A. 423, 12.

S.-Frr. Groß. An den Enden rund. I. Ein Reiter in gegürtetem Ärmelchiton und Chlamys sieht sich, n. l. sprengend, n. r. um. An der Seite das Schwert. [Unten ein kleines Stück eines wohl zusammengebrochen sich umblickenden Thieres (Steinbock?).]

II. Ein n. l. sprengender Reiter im gegürteten Ärmelchiton und Chlamys, bartlos. Vor ihm n. l. Reste der Hinterfüße eines gleichfalls n. l. sprengenden Pferdes; darunter ein Hund, der an der Erde schnüffelt.

[Der zuletzt beschriebene Theil von II. gehört nicht mit dem Übrigen zusammen, und ist durch eine breite Stuckschicht getrennt.]

[2985. Stud. Jerichau.

S.-Fr. L., r. und unten unvollständig. Groß. Ein Reiter in Hosen, gegürtetem bis etwas über die Kniee reichendem Rock, und auf der r. Schulter geknüpftem zurückfallendem Mantel, an der l. Seite ein Schwert, n. r. sprengend; der r. ausholende Arm ist weggebrochen, mit der L. fasst er die Zügel nahe am Maule; ein Löwenfell dient zur Sitzdecke. Das Gesicht zeigt ältliche Porträtzüge und den schlecht rasirten Bart des dritten Jahrhunderts.]

2986. V. Giustiniani. ☊

S.-Fr. Die Hauptfigur ist ein Reiter, der in gegürtetem Chiton und Chlamys auf seinem Rosse n. r. sprengt: mit der R. holt er zum Schleudern der Lanze aus. Unter seinem Pferde erscheinen ein Eber und ein Hund; sonderbarerweise auch der erstere n. r. hinstürzend. Vorn und hinten ein Jäger, gekleidet wie die Hauptfigur.

2987. P. Castellani.

S.-Fr. Ein Jäger zu Pferde n. r. sprengend holt mit der Lanze aus, [bärtig und bekleidet. Im Hgr. eine Pinie: unten vorn wird der Kopf eines Ebers sichtbar mit einem Speere im Rachen.

Sehr rohe Arbeit.]

[2988. Via del Tempio della Pace 10.

S.-Fr. R., l. und unten unvollständig. Ein Reiter (Gesicht verstoßen) in Chiton und übergeworfenem Mantel, der r. Schulter und Arm nicht weiter bedeckt, sprengt n. r.; er holt nicht aus, sondern fasst mit der R. die Zügel; unter ihm l. der n. l. gewandte Kopf eines Löwen. Im Hgr. e. f., Kopf halb n. l., steht ein ältlicher kurzbärtiger bekleideter Mann; weiter r. eine Eiche, deren Krone den oberen Theil ausfüllt; hinter ihrem Stamme durch geht der l. Arm des vorhin erwähnten Mannes, welcher in der Hand einen langen Stab oder Speer oder dgl. hält. Weiter r. ein halb n. r. gewendeter Mann, Kopf etwas nach oben, bekleidet, z. Th. zerstört; unten noch unklare Reste, vielleicht von einem Löwen n. l.]

2989. Stud. Canova.

S.-Fr. Unten und an den Seiten gebrochen. Ein Reiter, n. r. gewandt, hält mit der R. den Zügel und erhebt die L. Links ein Pferdekopf [n. l.]; r. der obere Theil eines bärtigen Jägers.

[Schlechte Arbeit.]

[Vielleicht zu demselben S. gehört ein Bruchstück ebenda, auf dem ein bärtiger Jäger in langärmeliger Tunica und Mantel n. r. gestürzt ist und von l. angegriffen wird von einem auf ihn springenden Panther oder Löwen, (Kopf des letzteren fort); der Jäger hält mit der R. einen Speer umklammert.]

[2990. Catacombe di S. Callisto.

S.-P. L. und r. unvollständig. Ein Reiter in Beinkleidern, Tunica mit Ärmeln und Mantel sprengt n. r., mit dem r. Arme weit aus-

holend; der Kopf ist nur abbozzirt. Hinter dem Pferde im Hgr. ein
Baum. Auf den Reiter zu setzt ein Löwe, unter dem n. r. ein
kleiner Löwe, dann ein Hund: links, unter dem Reiter, ein nieder-
geworfenes Pferd, hinter dem ein Jäger, auch in der Hosen- und
Ärmeltracht, gekauert vorschleicht, in der L. den Schild vorhal-
tend, in der R. ein Schwert. Im Hgr., hinter dem Löwen, ist ein
Jäger (in Chlamys) vom Pferde gesprungen, das er mit der L. am
Zaume hält, und holt mit der schwertbewehrten R. zum Hiebe
gegen den Löwen aus. Zwei andere eilen von r. hinter dem Löwen
her: der vordere, in Tunica, erhebt in der R. einen Stein zum
Schleudern und hält in der L. ein Lagobolon; der hintere ist durch
die Stoßfläche r. durchschnitten: er streckt die R. wie erschrocken
vor: zwischen seinen Füßen wird ein hingestürzter Eber sichtbar.

Am S. noch viele Spuren von zinnoberrother Farbe.

Vielleicht zugehörig noch andere in der Nähe befindliche Bruchstücke, wo
Bäume, Köpfe, wie es scheint von Jägern, Bruchstücke von Pferden und Be-
waffneten sichtbar werden, aber zu zerstört, um sich beschreiben oder placiren
zu lassen.

2991. V. Pacca.

S.-Fr. Groß. Ringsum gebrochen. Erhalten die Mittelfigur: ein
Reiter in gegürteter [langärmeliger] Tunica, Chlamys und Halb-
hosen; an der l. Seite hängt ein mit einem Greifenkopfe verziertes Messer; mit der R. holt er zum Schleudern aus. Von einer Figur
links hinter seinem Rücken ist nur ein mit einem Schilde bewehrter Arm erhalten. [Zur Pferdedecke dient ein Pantherfell].

2992. P. Castellani.

S.-Fr. [An den Enden rund.] Kopf eines n. r. an die Erde gestürzten Steinbockes. Über ihn schreitet ein Mann hinweg [nackt
bis auf die Chlamys]. Ein zweiter [in Jagdstiefeln] bemüht sich,
einen Hund, der auf die Beute zustürzen will, an der Leine zurück zu halten.

[Vom ersten Manne ist nur das l. vorgesetzte Bein und die l. Hand theilweise erhalten, in welcher ein Speerrest sichtbar ist, von dem zweiten noch weniger.]

2993. V. Pitocchi. ○

S.-D.-Fr. Erhalten ist nur der r. Theil. Kleine Figuren: Ein Mann
in Tunica hält n. l. gewendet eine Lanze (?) vor sich, als wolle er

einen Eber abfangen; ein zweiter, ebenso gekleidet, legt die eine
Hand an den Kopf; ein dritter trägt auf seiner r. Schulter eine
spitz zulaufende Amphora, die er mit der R. unterstützt; die L.
hängt herab.

Die Maske an der Ecke ist jugendlich.

2994. V. Pacca.

S.-D.-Fr. Christlich. Ein Jäger fällt einen Eber an, auf den von
oben herab ein Hund losstürzt, [ebenso einer von vorn]. L. ein
zweiter und dritter Jäger, letzterer mit Hund an der Leine. Die
rechts befindliche Inschrift lautet:

> FILI FECERVNT
> MATRI BENMERN
> CIPIAE AVCETI
> QVAE · VIXIT · AN ·
> LXIII · M · V · D · XIIII
> HIC · S · IN · PACE

[R. davon ein auf die umgestürzte Fackel gestützter Eros].

2995. P. Castellani.

S.-Fr. Ringsum gebrochen. Die erste Figur links ist ein bärtiger
Mann in Exomis, der, sich n. r. vornüberbeugend, mit beiden Händen einen Stock hält. Handlung nicht deutlich. Ein zweiter in
gegürteter kurzärmeliger Tunica und Mantel eilt zurückblickend
n. l.; die R. legt er an's Kinn, in der L. hält er den Speer. Das
Concetto entspricht dem Oineus auf Meleager-Sarkophagen.

2996. V. Strozzi. ○

Kleines Fragment eines Sarkophages. Jagd mit Hunden von
nicht übler Arbeit.

[2997. Palatin (früher im P. del commercio).

Vgl. *Sulle scoperte archeologiche* etc. *negli anni 1871—72,* 142, 27.

s. Die Darstellung der Vorderseite theilt sich in drei Gruppen:
I. Von l. kommt in Exomis ein Jäger und ersticht eine auf den
Rücken gefallene Löwin; ein anderer, vom Rücken gesehen, kommt
von rechts hinten und schwingt ein Messer, um zu helfen; des-
gleichen ein Hund von r. — II. Ein Löwe von l. hat einen von
hinten gesehenen Jäger hingeworfen und packt ihn an der l. Schulter; ein anderer kommt von l. hinten und holt mit einem Speere
gegen denselben aus. — III. Ein junger Löwe ist auf den Rücken

gefallen; von l. kommt ein nackter Jäger heran, um einen mit beiden Händen erhobenen mächtigen Stein auf ihn zu werfen, von r.,
von einem Hunde begleitet, ein anderer, in Exomis, der dem Thiere
gerade mit dem Speere einen Stich versetzt. — Im Hgr. Eichen,
Pinien und Palmen.

Nbss.: Je ein geflügelter Stier, den einen Vorderhuf auf einen
Widderkopf legend.

Besser, als gewöhnlich.]

[2998. Catacombe di S. Pretestato.

S.-Fr. Sehr groß; l., r. und oben unvollständig. Erhalten ist nur die
n. l. gerichtete Klaue eines großen ansprengend zu denkenden Löwen, dann der auf den Rücken geworfene Körper eines Vierfüßlers
(Beine abgebrochen), wahrscheinlich eines Pferdes; l. über demselben
ein n. l. setzender Hund (Kopf fehlt); l. der l. Fuß eines auch liegend zu denkenden Jägers mit eigenthümlichem ganz breitem Schuh,
dessen Oberseite aus lauter Riemenwerk besteht.]

[2999. Catacombe di S. Callisto.

S.-Fr. Unten und l. unvollständig. Rechts neben einem Baume ein
Netz, in welchem sich zwei Hunde gefangen haben; von l. kommen zwei Jäger mit gegürteter Tunica und großen niederhängenden Kragen, und treiben nach. Links wird ein erlegter Hirsch an
einer auf den Schultern von Jägern ruhenden Stange fortgetragen;
nur der zur R. ist erhalten, ebenso gekleidet, wie die vorherigen. Unter
dem so getragenen Hirsche zwei Hunde n. l., von denen der vordere an der Leine gehalten wird.]

[3000. P. Rusticucci.

Von Amati (sched. Vatic. 9737 f. 31) noch vollständiger gesehen in der V. Poniatowsky, dessen die Darstellung beschreibende Worte: »due bassirilievi — geni cir-
censi, con colombe« freilich in keiner Weise passen.

S.-Fr. Auf einen Esel geschnürt liegt mit den Beinen nach
oben ein erlegtes Reh; der Esel schleppt sich n. r. Das Reh fasst
am l. Hinterlaufe ein Mann in gegürteter kurzer langärmeliger Tunica und Chlamys, welcher führend voran geht, in der L. einen
Stab, (Kopf fehlt). Hinter dem Esel ein jugendlicher Mann in Gamaschen, kurzer langärmeliger Tunica, einen Stab (?) geschultert,
mit der R. einen vorspringenden Hund an der Leine haltend. Auf
der Leiste darunter:

```
ANDRO · CLAVDIO · EPAPHRO · DITO ·
CCIVGI · EIVS · VIX · ANN (so!)        ]
```

[3001. V. Borghese.

s.-Fr. Bruchstück eines jungen Mannes in Exomis e. f., den petasosbedeckten Kopf n. r. gewandt; über die l. Schulter hängt ein langes Jagdnetz. das die l. Hand vorn festhält. während die R. (Unterarm fehlt) frei niederging. Die Beine fehlen.]

3002. V. Medici.

s.-D. In zwei Hülften getrennt, jede mit bärtiger Eckmaske. a) Rechts ein Schiff noch am Ufer, die Segel sind eingezogen: ein bekleideter Mann greift nach dem Landungsbrete, um dasselbe weg-zuziehen; noch sprengt ein Berittener über dasselbe und blickt sich n. l. um, von wo zwei Löwen [das eine deutlich eine Löwin] heran-sprengen. Über einem der Felsen im Hgr. wird ein dritter sichtbar. b) Dasselbe Schiff in den Wellen; [hinten sitzt ein Mann am Steuerruder, vorn ein anderer; beide nackt]. Ein Matrose ist be-schäftigt, das eingezogene Segel aufzuspannen; auf dem Schiffe drei Käfige in einer Reihe, durch die die gefangenen Löwen ihre Köpfe stecken. In der Ecke [vor'm Schiffe] ein Leuchtthurm, [unten ein Delphin. Zur Darstellung dieser und der beiden folgenden Num-mern vgl. das Wandgemälde bei Bellori, *Vet. pict. sep. Nason.* tab. xv.]

Schlechtes, flaches Relief.

Einen Gipsabguß sah ich Ostern 1865 in der École des beaux arts zu Paris.

3003. P. Rondinini.

s.-Fr. Ringsum gebrochen. Ein Mann in gegürtetem [langärme-ligem] Chiton hat zwei Löwenjunge geraubt, von denen er eins in dem Bausche seines Mantels verbirgt, ein zweites mit der R. gepackt hält. Nach r. davon eilend, wird er von einer Löwin ver-folgt. Über dem Felsen in der Höhe [n. l. herunterkommend] er-scheinen noch zwei andere Bestien, [ein Löwe und eine Löwin oder Panther].

Rohe Arbeit.

[3004. V. del Grande.

s.-Fr. Ringsum unvollständig. Auf zwei Grundflächen über einan-der oben ein Löwe n. l., unten eine Löwin n. l. und der nach oben blickende Kopf einer zweiten. Links ist vom Inschriftfeld noch erhalten:

CONPA
IBI ET·CON
OANTONI
IANO·B·M

DARSTELLUNG DER JAHRESZEITEN.

Stehende Eroten.

3005. P. Corsini.

Zeichnungen: Cod. Cob. 489, 164; Cod. Pigh. 220, 193.

[Vgl. *Ann. dell' Ist.* 1861, 220 (Petersen).]

S. Der Sarkophag ist von der alten Art und das Relief ganz flach gehalten. An den Ecken aufgerichtete Fackeln. In der Mitte [auf einem viereckigen Postamente] ein Lorbeerkranz, unten mit n. l. und r. flatternden Bändern zusammengebunden; zu beiden Seiten davon je zwei geriefelte Kratere mit verschiedener Füllung. Der erste zur L., den Winter repräsentirend, mit Nüssen (?); obenauf sitzen zwei Raben (?), l. an der Erde ein Häschen, [das zuspringt auf ein Stück vom Gefäße herabgefallener Ranke]. Der zweite (Frühling), gefüllt mit Blumen, obenauf Pfauen; unten ein Kranich (?), eine Schlange bekämpfend, die aus einer Cista mystica hervorgeschlüpft ist. Der dritte, gefüllt mit Ähren (Sommer), obenauf Fasanen; an der Erde ein Schweinskopf, [auf C. und P. ein n. r. aufgerichtet sitzender Eber]. Der vierte stellt den Herbst dar: die Füllung besteht in Trauben. An der Erde ein Panther und ein Bock.

[Nbss.: Lorbeerfestons und an beiden Ecken ebenfalls je eine aufgerichtete Fackel.

Als Zwischenstufe zu der gewöhnlichen Vorstellung vgl. den S. von Signia bei Gori, *Inscr. ant.* III, Tab. XL.]

3006. P. Mattei.

[Abgeb.: *Mon. Matth.* III, 23, 6.]

Beschr. von Zoega A. 346, 12.

[Vgl. *Ann. dell' Ist.* 1852, 226 (Wieseler); 1861, 215, 1 (Petersen).]

S.-P. In der Mitte ein Knabe in Tunica und Toga. L. und r.

je drei Eroten, nackt bis auf die Chlamys; im l. Arm hält jeder
einen gefüllten Korb, in der R. dagegen 1 ein Schilfrohr, 2 das
Lagobolon. Zwischen 1 und 2 an der Erde ein Hündchen. 3 erhebt mit der R. einen Kranz; zwischen 2 und 3 ein Böckchen.
R. von der Mittelfigur: 4 in der erhobenen R. eine Traube; 5 in
der erhobenen R. einen Hasen an den Läufen. Zwischen 4 und 5
an der Erde lagert ein Rind. 6 scheint in der R. einen Bogen
so auch Zoega` zu haben; der l. Arm ist abgebrochen.

2 repräsentirt den Frühling, 3 den Sommer, 4 den Herbst,
und 5 den Winter.

[3007. Istituto tecnico.

S.-Fr. In der Mitte stehen, sich einander zugewandt, r. ein
Togatus, l. eine Frau, welche sich die (jetzt weggebrochenen) r. Hände
reichen; ihre L. scheint die Frau auf seine Schulter gelegt zu haben, (Hand und halber Unterarm fort); des Mannes L. liegt an der Toga
vor der Brust. Rechts steht ein geflügelter Knabe mit Früchten
im Bausche der Chlamys, (der r. niedergehende Unterarm fortgebrochen):
Herbst. Es folgt ein gleicher Knabe in gegürteter Ärmeltunica,
auf dem Nacken ein Lamm, (der l. niedergehende Unterarm fortgebrochen):
Winter. L. von der Mittelgruppe noch Kopf und Schulter: Ver-
treter des Sommers.

R., l. und unten so gebrochen, dass von den Beinen nur sehr weniges erhalten ist.]

3008. V. Rondinini. ○
[Vgl. Zoega, *Bassir.* II, 222, 19.]

S.-Fr. Groß. L. der Winter als Jüngling in gegürteter Tunica,
Hosen und Chlamys, in der R. einen Zweig (gebrochen), in der L.
zwei Gänse. Hinten liegen zwei erlegte Eber. Der Herbst: nackt
mit umgegürteter Nebris, in der R. einen Stab oder Zweig (gebrochen), in der L. einen Korb, der völlig zerstört ist. R. steht ein Bäum-
chen. Von der Mittelgruppe ist noch eine n. r. gewandte Frau
erhalten: Frisur [der Etruscilla (Cohen IV, pl. XII)].

3009. V. Ludovisi.
Beschr. von Zoega A. 326.
[Vgl. *Ann. dell' Ist.* 1861, 219 (Petersen); Schreiber, *Die antiken Bildw.*
der V. Ludovisi 143.]

S. In fünf Felder getheilt durch sechs korinthische Pilaster, von denen vier
durch flache Bogen, die mittleren durch ein Tympanon verbunden werden.

Im mittleren Felde steht n. r. in langem Chiton und um die

Hüften geschlungenem Obergewande in der Stellung der Victoria
von Brescia eine Frau, der r. Arm ist gebrochen, der Kopf fehlt; die L.
legt sie auf die Schulter eines jungen nackten e. f. sitzenden Mannes, über dessen Kniee ein Gewandstück fällt, das r. Bein ist gebrochen; unter dem l. Fuße ein n. r. hingestrecktes Meerungeheuer
mit dem Schwanze eines Delphins, vorn sphinxartig mit Löwentatzen; Kopf fehlt. [M. notirt am Rande: »christlich«?] Der r. Arm des Mannes ist im Ellbogen gebrochen, mit der L. stützte er sich auf; sein Haupt
ist von Locken umgeben. In den Nischen auf runde Basen e. f.
gestellte Knabengestalten, welche die Jahreszeiten repräsentiren:
in der ersten Nische links der Winter, im gegürteten Chiton; ein
über denselben geworfenes Gewandstück ist auch über das Hinterhaupt gezogen; [Z.: »la sua corona sembra di pino«]; am l. Ellbogen bildet sich ein mit nicht unterscheidbarer Masse gefüllter
Bausch; die r. Hand hält zwei Enten; die Waden sind mit Leder-
riemen umwunden, an den Füßen trägt er Schuhe. L. ein Baum
mit wenigen Blättern, [rechts drei Schilfhalme]. In der zweiten
Nische der Frühling, bekränzt, in gegürteter Exomis, [welche die
r. Schulter frei lässt]; in der L. ein Böckchen an Maul und l. Vorderpfote haltend; [über den r. Arm, in dem ein Korb mit Blumen,
fällt ein Löwenfell]; links Blumen, zur R. ein Baum. In der
dritten Nische der Sommer, [ährenbekränzt], in einer vom r. Ellbogen aufgenommenen und von dort herabfallenden Chlamys; in
der L. ein gefüllter Korb, [Z.: »pieno di grano«], unten drei oben
gebrochene Halme; von l. n. r. schreitet ein Stier. In der vierten
Nische der Herbst mit umgegürteter Nebris; links liegt an der Erde
ein umgestürzter Korb mit Früchten; mit der L. fasste er in einen
mit Trauben beladenen Weinstock, im r. Arme ruht ein gefüllter
Korb; [er selbst ist mit Wein bekränzt]. Oben in den von den
Bogenstellungen gebildeten Zwickeln befinden sich noch folgende
Figürchen: im äußersten l. und r. ein reh- oder hasenvertilgender
Löwe, in den vorletzten: je eine Nike, auf einen Schild schrei-
bend; in der Mitte zu Seiten des Tympanon: blasende Windgötter.

Nbss.: Je zwei Eroten, die große mit vielen sich schlängeln-
den Bändern geschmückte Festons halten.

Sehr verwittert und zerstört.

3010. V. Pacca.

S. Die Vorderseite ist durch sechs geriefelte Säulen in fünf Abtheilungen
zerlegt, von denen die mittlere einen runden, die anderen einen spitzen Abschluss haben.

In der Mitte steht Aphrodite e. f. mit nacktem Oberkörper,

das die Beine bedeckende Gewand mit der R. über die r. Schulter emporziehend, in der seitwärts gestreckten L. einen Apfel. In den übrigen Nischen geflügelte Knaben, welche die Jahreszeiten repräsentiren. 1) Nackt, hält im l. Arme einen Blumenkorb, in der niedergehenden R. einen Kranz [Frühling]; 2) nackt, im l. Arme geschultert eine große Sichel, im niedergehenden r. Ähren [Sommer]; 3) in der niedergehenden R. eine kleine Sichel, in der niedergehenden L. eine Traube, um die Brust eine Chlamys [Herbst; 4] in langärmeligem Untergewande mit Beinkleidern und gegürtetem Rocke, die Kapuze über den Kopf, in der r. Hand einen Schilfzweig, in der l. eine Gans [Winter].

In den Zwickeln sind Füllhörner und an den Ecken der Bogen Akroterien.

Der Deckel zeigt in der Mitte ein leeres Inschriftfeld; l. und r. tragen zwei fast liegende Eroten Festons; an den Ecken weibliche Masken. Nbss. leer.]

3011. Vigna Sassi.

s. In der Mitte wird ein Tuch von zwei Knaben in gegürteter Tunica, im äußeren Arme einen Blumenkorb, gehalten. Vor demselben steht eine weibliche Figur im doppelten Gewande. Die R. ruht im Mantel vor der Brust, in der L. hält sie die Rolle. Neben ihr steht eine geschlossene Capsa. Zwischen den Beinen der beiden weit ausschreitenden Knaben l. ein umgestürzter Korb, rechts ein Kind mit Traube.

R. und l. davon je zwei Figuren, Jahreszeiten vorstellend, doch nicht deutlich charakterisirt: 1) der Winter mit Chlamys, in der R. einen Schilfstengel, in der L. Hasen erhebend, [zwischen den Beinen ein umgestürzter Blumenkorb]; 2) ebenso gekleidet: im r. Arme ein Blumenkorb: mit der L. erhebt er die Chlamys, [wohl eher ein Fell]. Zwischen den Beinen ein traubennaschendes Häschen; 3) Herbst, in der L. ein Lagobolon, mit der R. eine Traube hebend: zwischen den Beinen ein naschendes Häschen; 4) mit der R. ein Paar Gänse erhebend, in der L. ein Zweig, zwischen den Beinen ein umgestürzter Blumenkorb. Auf dem Deckel liegt ein Mädchen n. l. gestreckt: Kopf abbozzirt. Am Knöchel des l. Armes ein Reif. Die R. legt sie auf ein vor ihr liegendes Hündchen.
Schlechte Arbeit.

3012. P. Corsetti.

s.-P. In der Mitte vor einem von zwei Eroten gehaltenen Parapetasma steht in ganzer Figur eine Frau, [zwei Finger der R. auf

eine Rolle in der L. gelegt]. Links neben ihr ein Schriftbündel,
r. ein Pfau. L. und r. Genien der Jahreszeiten: der erste mit
Korb und zwei Gänsen: der zweite trägt auf dem Nacken ein Schaf:
der dritte, einen Kranz um den Hals, hält beide Hände in eigenthümlicher Weise vor der Brust zusammen: der vierte hält in der
R. einen Hasen, [zu dem, wie es scheint, ein Hund aufsprang].
in der L. ein Lagobolon; [neben diesem steht ein gefüllter Korb]:
über seiner Schulter blickt ein fünfter hervor, [der wohl ursprünglich dazu diente, den vierten, der trunken concipirt war, zu halten.]

3013. V. Panfili.

s.-Fr. R. ein Eros, der mit der L. einen gefüllten Korb aufstützt und mit der R. den Zipfel eines Parapetasma hält. Vor demselben die ganze Gestalt einer Frau, in der L. eine Rolle, an die
sie die Finger der R. legt: [unten neben ihr stand ein Vogel, vielleicht eine Taube].

3014. V. Panfili.

s.-Fr. Ein Eros hält in der L. einen kleinen Eber(?) in die
Höhe. Ein zweiter, mit der R. einen gefüllten Korb aufstützend,
fasst mit der L. den Zipfel eines Parapetasma. Hier gebrochen.

3015. V. Giustiniani. ○

Beschr. von Zoega A. 296 (kurz).
[Vgl. Zoega, Bassir. II, 222, 19.]

s.-Fr. R. unvollständig. In der Mitte halten zwei geflügelte bekleidete Victorien an den beiden Zipfeln ein Tuch, vor welchem
ein römisches männliches Porträt mit Rolle in der Hand. L. davon zwei Eroten. Der erste trägt im r. Arme ein sichelartiges Instrument, der zweite, der n. r. eilend dargestellt ist, stützt mit der
R. einen Korb auf, in der L. hält er ein Lagobolon.

R. von dem Porträt in der Mitte der den Winter repräsentirende Eros, in der r. erhobenen Hand einen Hasen, in der linken
Zweige: unten ein Hund(?).

Alle Eroten sind mit der gegürteten Tunica und der Chlamys
bekleidet.

3016. P. Barberini.

[Abgeb.: Bartoli, Admir. 78; Inventar von 1735: Documenti IV, 37, 6.]
Beschr. von Zoega A. 55.
Vgl. Zoega, Bassir. II, 222, 19; Ann. dell' Ist. 1552, 227 (Wieseler); 1561,
218, 1 (Petersen).]

s. von ungewöhnlich großen Dimensionen. Die vier Jahreszeiten unter der Gestalt von vier geflügelten Jünglingen. Die zwei mittleren
halten einen Clipeus mit den Brustbildern eines Ehepaares mit abbozzirten Gesichtern, [deren Frisur und Tracht in die zweite Hälfte
des dritten Jahrhunderts gehört]. Um den Rand des Clipeus läuft
der Zodiacus.*) Die Jünglinge sind alle geflügelt und bis auf den
Winter nackt und nur mit einer über den Rücken fallenden Chlamys versehen. Dieser letztere ist die erste Figur zur L. Er trägt
außer der vor der Brust durch eine Agraffe, [die mit zwei sich zugekehrten bacchischen Masken geschmückt ist] zusammengehaltenen
Chlamys, die Kleidung der Priester der Kybele, die den Rumpf
bis unter die Scham bloß lässt, und unten in genestelte Hosen
übergeht. Die Arme sind ergänzt, die Locken sind wie auch bei den
zwei nächsten zierlich gedreht, den Kopf umgiebt ein Lilien-
kranz, [wohl eher Schilf]. L. zu seinen Füßen ist ein Eber. Der
Frühling trägt einen gedrehten Kranz, an welchem in gleichmäßigen
Zwischenräumen Blumen befestigt sind; der r. Unterarm ist ergänzt.
L. neben ihm in kleiner Figur ein Landmann, der eine Ziege
melkt. Der Sommer trägt einen Ährenkranz; der l. Arm ist am Ellbogen abgebrochen. Neben ihm in kleiner Figur ein Landmann, der
Korn zusammenbindet. Der Herbst, bekränzt mit Trauben und
Ranken im Haar; der l. Arm (in der Hand eine Traube) ist ergänzt. Zu ihm
springt von l. ein zwar ergänzter, doch durch die am r. Beine des Herbstes
haftenden Überreste an dieser Stelle gesicherter Panther auf. Auch von der
l. Ecke springt ein Panther herbei, [Kopf und Oberkörper neu], der die
Vorderfüße auf ein Weingefäß stellt. — Unter dem Medaillon sechs
mit der Weinärnte beschäftigte Eroten. In der Mitte unter dem
Medaillon ruht eine Ziege, die man mit zwei traubengefüllten Körben belastet hat. Ein Eros ist im Begriff, dieselben zurecht zu
rücken, während ein anderer das Thier kraut. Die übrigen drei
(einer auf dem Nacken seines Genossen sitzend) sind im Begriff
Trauben abzuschneiden.

3017. P. Giustiniani.

Zeichnung: Cod. Cob. 489, 180.

Abgeb.: *Gall. Giust.* II, 100; die Mittelscene auch bei Spon, *Misc.* 308, IX.

Beschr. von Zoega A. 361.

Vgl. Zoega, *Bassir.* II, 222, 19; *Ann. dell' Ist.* 1861, 218, 1 (Petersen); Benndorf-Schöne, *Lateran* 227.]

s.-P. Zwei Jünglingsgestalten mit Chlamys und großen Flügeln,

---

* Vgl. Welcker, *Zeitschr. f. G. u. A. d. a. K.* 63, 79*.]

die im einen Arme einen gefüllten Korb (in dem zur R. auf C.
Trauben) halten, unterstützen mit der anderen Hand eine Art Clipeus, dessen Rand von einem mit Tänien umwundenen Kranze gebildet wird. In demselben erscheinen [vor einem Parapetasma auf
C.] die Brustbilder eines Mannes [mit quer über die Brust laufendem Streifen] und einer Frau. Die Gesichter waren der Coburger
Zeichnung zufolge immer ausgearbeitet, nicht abbozzirt und erst später ausgeführt, wie der Stich an die Hand geben würde, [doch sieht
der Kopf der Frau wie aufgesetzt aus]. Unter dem Schilde ein Joch n. r.
wandelnder Stiere; hinter ihnen ein Pflüger. Die kleine Figur im
Hgr., die, im l. Arme einen Korb haltend, die R. ausstreckt, [auf
C. scheint es, als fasse sie ein gegen den Kopf der Stiere gerich-
tetes Kentron; s. die folg. Nr.], ist fast ganz zerstört. Zoega glaubt
in ihr einen Säemann erkennen zu dürfen; die Motive sind auf C.
die auf dem Stich erhaltenen; [vgl. auch die folg. Nr., Pisa 58
mit der Berichtigung Heydemann's, *Mitth. aus d. Antikensamml.
Ober- u. Mittelitaliens* 70, und einen S. in Lissabon, beschr. *Arch.
Zeit.* 1866, 243*]. Zwischen den Beinen der schildhaltenden Figuren l. ein kleiner Eros, [im l. Arme auf C. ein Lagobolon], der
eine Traube zu pflücken scheint; an der Erde ein Häschen; anders Zoega: »gettando come pare un mucchio di noci a un ghiro«;
[Zoega wird wohl Recht haben: die fressende Haselmaus und der
unwahrscheinliche Platz für Trauben spricht gegen M.'s Auffassung:
ebenso C.]. Rechts ein Panther (Vordertheil fehlt), neben einem umgestürzten Korbe liegend; rechts wie links springen an das äußere
Bein der tragenden Figuren kleine Ziegen in die Höhe. Die beiden nächsten Figuren, die ebenso gekleidet in einem Arme gefüllte
Körbe halten, stehen ruhig da; der zur L. [Gesicht neu] ist auf C.
mit Ähren bekränzt; auch im Korbe sind Ähren sichtbar; der zur
R. trug in der L. einen Blüthenstengel, über der Stirn eine Stern-
blume, [und im Korbe Blumen]. Zwischen ihren Beinen umgestürzte Körbe, [auf C. nur l. und hier mit Ähren]. In der Ecke
r. steht ein anderer ebenso gekleideter Jüngling, in der R. einen
Hasen haltend, zu dem ein Hund hinaufspringt; [in der L. scheint
er auf C. einen Pinienast gehalten zu haben]. Ein Eros zu seinen
Füßen packt Früchte in einen Korb, (Kopf, l. Arm und l. Bein neu). Bis
auf Reste des Hundes ist die entsprechende Jünglingsfigur auf der
anderen Seite verloren gegangen; sie wird nach Maßgabe dieser zu
ergänzen sein, [noch das l. Unterbein ist antik vorhanden, an dem
ein kleines Rind liegt, (auf C. Ziege auf einer Ährengarbe), wie
bei dem zur R. entsprechend ein Häschen, mit einer herabgefallenen

Blume spielend auf C.]. Jetzt ist das Relief hier mit Stuck erweitert. Die beiden clipeushaltenden Eroten scheinen Genien des Herbstes zu sein. L. anschließend folgt dann der Sommer, r. der Frühling. An den Ecken Repräsentanten des Winters.

[3018. V. del Drago.

S.-Fr. R. unvollständig. In der Mitte halten zwei Eroten in Chlamys einen runden Schild, in dem das n. l. gewandte Brustbild einer Frau mit Frisur der Iulia Domna. Darunter treiben zwei klein gebildete bartlose Männer oder Knaben in Exomis einen Stier n. r.: der eine im Hgr., hinter'm Halse des Thieres, hat im l. Arme einen Korb ,mit Samen', im r., wie es scheint, eine Art Geißel; der zweite, hinter'm Stier, eine erhobene Peitsche ,vgl. die vor. Nr.'. Unter dem Stiere ein umgestürzter Korb. Rechts und links von den schildtragenden Eroten folgt je ein der Mitte zuschreitender, dabei jedoch nach außen gewandter Eros, in der inneren Hand einen Pinienzweig, in der äußeren einen Fruchtkorb; ,von dem zur lt. ist nur noch etwas vom Pinienzweig erhalten'. Von den Eckfiguren ist nur noch zur L. ein schlafender Eros erhalten, in gewohnter Weise auf einem Fels sitzend, unter dem ein Früchte naschendes Häschen hervorkommt.

L. Nbs.: Ein nackter Knabe. n. r. gebückt und Ähren schneidend; links ein Baum.

Vgl. im Übrigen die vor. Nr.]

3019. Via della Valle 45.

S. An den Enden rund. Der Clipeus in der Mitte enthält das Brustbild eines unbärtigen alten Mannes, [kann auch jugendlich sein; die Toga ist vorn im breiten Bruststreifen geordnet.]. Er wird unterstützt von zwei ausschreitenden, mit der Chlamys bekleideten Knaben. Im r. Arme des zur L. ruht ein Korb mit Blumen. Das Attribut des anderen zur R. ist zerstört. R. und l. zwei andere Eroten, im Einzelnen sehr zerstört; der zur L. hebt in der R. zwei Enten, der zur R. fasst mit der r. Hand einen hinter seinem Rücken hervorgezogenen Zipfel seiner Chlamys. Unter dem Clipeus, sehr zerstört, doch in den Motiven noch erkennbar Ganymedes und der Adler. Ganymedes, durch die phrygische Mütze gekennzeichnet, ist in die Kniee gesunken und sucht dem links stehenden Adler n. r. auszuweichen; der Kopf ist n. l. gewandt; er erhebt den r. Arm erschreckt, der l. ist abgebrochen. [Außerdem links ein liegendes Rind, r. ein liegender Seedrache, und ganz l. und r. umgestürzte und aufrecht stehende Fruchtkörbe.

Vgl. die Sarkophage bei Jahn, *Arch. Beitr.* 16, 11.]

3020. P. Altemps.

Beschr. von Zoega A. 569.

[Vgl. Zoega, Bassir. II, 222, 19.]

Inschrift: P. Sabinus, *Cod. Marc.* f. 134: »in domo nobilissimi civis, qui habitat ante forum piscarium«; Bembus, *Cod. Monac.* f. 47: »prope pontem Fabritium«; Gruter (von Knibbe): »ap. Fr. Lischram in Parione«; *Anon. Hispal. Cod. Chis.* f. 149: »in domo M. Hieronymi Garimberti episcopi Galessi«.

s. In der Mitte halten zwei schreitende, mit Chlamys bekleidete Eroten einen Clipeus, unter dem symmetrisch zwei Sphinxe angebracht sind. L. und r. davon vier die Jahreszeiten repräsentirende Eroten. L.: 1) im Bausche der nach vorn gezogenen Chlamys Blumen; Kopf n. r. (Frühling); 2) mit Chlamys, deren Zipfel er mit der R. fasst; Kopf n. l.; in der L. ein herabhängender, nicht mehr erkennbarer Gegenstand, wahrscheinlich Ähren (Sommer). R.: 3) in der gesenkten r. Hand eine Traube, mit der l. jedoch den Schoß seiner nach vorn gezogenen Chlamys haltend (Herbst); 4) bekleidet, mit gegürtetem Chiton und Hosen; im Bausche der Chlamys hält er einen nicht mehr erkennbaren Gegenstand (Winter).

Nbss.: Sitzende Greifen, [jetzt verdeckt].

Inschrift:

D · M

C · FYRMIVS

METRAS · ET

AELIA · CHRYSO

TYCHE · C · FYRMI

METRAE · FILIO

DVLCISSIMO · FEC

(3021. V. Caracciuolo.

S.-Fr. Nur die l. Hälfte ist ganz erhalten; von der r. nur der unterste Streifen mit den Füßen der Figuren.

In der Mitte unterstützen zwei e. f. stehende Knaben mit der inneren Hand einen (ganz weggebrochenen) Clipeus. Der allein erhaltene zur L. hält im r. Arme einen großen Lorbeerzweig. Unter dem Clipeus war ein Hahnenkampf dargestellt; der Hahn zur R. besiegt den links, worüber der kleine Eros zur L. (der allein erhaltene) weinend die R. zum Kopfe führt. L. alsdann drei Knaben in der Größe des clipeustragenden, alle e. f., die beiden zur L. den Kopf der Mitte zu, der dritte zurückgewandt. Der l., mit

Wein bekränzt (Herbst). legt die R. an einen langen Stab (wohl ursprünglich ein Weinstock), und erhebt in der L. eine Weintraube. Der folgende, mit Blumen bekränzt (Sommer), hält im l. Arme eine Garbe, der r. (jetzt fast ganz weggebrochen) ging nieder und hielt vermuthlich ein Lagobolon, von dem unten ein kleiner Rest erhalten scheint. Der folgende (Frühling?) hat im Haar eine Art Corona tortilis, vorn durch eine Blume geschlossen, im l. Arme einen Blumenkorb, und erhebt in der R. zwei lang niederhängende Kränze, nach denen ein kleiner Knabe unten greift. R. waren drei ähnliche Figuren, deren Benennung freilich zweifelhaft wird. Alle tragen Chlamydes. — Nbss. leer.

Späte Arbeit.]

3022. P. Mattei.

'Abgeb.: *Mon. Matth.* III, 23, 1.]

Beschr. von Zoega A. 392, 43.

[Vgl. Winckelmann, *Werke* II, 537; 570; Zoega, *Bassir.* II, 222, 19; *Ann. dell' Ist.* 1852, 226 (Wieseler); 1861, 218, 1 (Petersen).]

S.-P. Groß. In der Mitte ein Clipeus mit den Brustbildern eines Ehepaares, [der Mann mit kurzem Haar, bartlos, und großen Augensternen, die Frau mit Frisur des dritten Jahrhunderts]: darunter vier Eroten, mit den Füßen Trauben stampfend, die sie von einem über sie hinübergebogenen Weinstock abpflücken; [genau genommen stampfen bloß zwei: einer zur R. tritt mit dem einen Fuße hoch auf die Kufe, einer zur L. ganz nebenbei]. Der Clipeus wird von zwei Genien mit Chlamys gehalten: l. der Sommer mit Ährenkranz und Ährenbündel im r. Arme; l. von ihm ein liegendes Rind; r. der Herbst mit Traubenkranz, in der gesenkten l. Hand eine Traube, um den Leib eine Fruchtschnur. Zu seinen Füßen ein Panther. R. neben ihm der Winter in jenem eigenthümlichen, dem Attis eigenen Costüm, das den Unterleib frei lässt, und, auf den Beinen zusammengenestelt, eine Art Hosen bildet; auf dem Kopfe eine phrygische Mütze. Im l. Arme ruht ein geriefeltes Füllhorn, mit der R. erhebt er ein Paar Enten [oder Gänse]. Zu seinen Füßen ein [in die Kniee gestürzter] Eber. Von der Figur des Frühlings ist der größte Theil ausgebrochen. Alt sind nur das Schäfchen [im Arme; jedoch nur Kniee und Kopf; ferner ein links stehender, nur zur vorderen Hälfte sichtbarer Widder (neu die Beine und der obere Theil des Kopfes)], die Unterbeine und ein Theil der vom l. Arme herabhängenden Nebris.

Sehr mittelmäßige Arbeit.

3023. V. Wolkonsky.

K.-S.-P. L. 1,00; H. 0,33. In der Mitte wird ein Medaillon mit abbozzirtem Porträt von zwei Eroten gehalten: der zur L. [mit Ähren bekränzt] hält in der R. drei Ähren, der zur R. [mit einem Blumenkranze] in der L. einen Korb mit Blumen (Sommer und Frühling). L. von der Hauptdarstellung der Genius des Winters, mit Schilf bekränzt, in der R. ein volles Füllhorn, in der L. zwei Gänse; [zu seinen Füßen war ein jetzt größtentheils weggebrochener Bock]. R. der Herbst, in der L. das Füllhorn, in der R. eine Traube; zu seinen Füßen ein [mit Früchten, so scheint es, beschäftigtes] Böckchen.

Unter dem Medaillon ein gefüllter Korb, zu dessen Seiten symmetrisch zwei Pfauen.

Späte schlechte Arbeit.

3024. Stud. Canova.

S.-Fr. Unten und an den Seiten gebrochen. Ein halberwachsener Knabe, nackt bis auf die Chlamys, e. f., hält in der erhobenen R. eine Blättergirlande, an deren Seiten Wollfäden herabhängen: im l. Arme ruhte vermuthlich das Füllhorn, zu dem der Blumenflor gehört, der sich r. neben seinem Kopfe erhalten hat. Am l. Schenkel Ansatz einer kleinen Hand, [wenn nicht Fuß eines schwebenden clipeushaltenden Eros].

[3025. Basil. di S. Petronilla.

S.-Fr. L. und r. unvollständig. Ein Knabe, den Winter repräsentirend, in Hosen, gegürtetem Ärmelrock und Chlamys n. r., in der R. zwei zusammengebundene Gänse, zu denen ein Hund aufspringt. Dann einer, ebenso bekleidet, nur ohne Hosen und ohne Ärmel: in der erhobenen L. einen Hasen, im r. Arme das Lagobolon, den Kopf n. l. zurückgewandt; l. am Boden ein Fruchtkorb. L. noch der Rest eines n. l. ausschreitenden, mit Stiefeln, wie der vorige, aber auch ohne Hosen und Ärmel; in der erhobenen L. einen Korb.]

[3026. V. del Grande.

S.-Fr. An den Enden rund. L. unvollständig. Von der Darstellung der Vorderseite sind noch die Beine einer n. l. schwebenden, langbekleideten, wohl clipeushaltenden Victoria erhalten, worunter l. Fuß und etwas Gewand einer n. r. liegenden Tellus.

R., schon an der Rundung, ein Eros n. r. eilend, in der l. Hand

20*

Geflügel hoch haltend; r. Arm fehlt; zwischen seinen Beinen ein umgestürzter Fruchtkorb. Ein Panther springt von r. an ihm in die Höhe. Es folgt ein anderer Eros n. r., in der R. einen Korb aufstützend; neben ihm ein Panther n. r.; Kopf, l. Schulter, und l. Arm fehlen.]

3027. V. Panfili.

[Beschr. von Zoega A. 242, 4.
Vgl. Zoega, *Bassir.* II, 222, 19.]

S.-P. Der Clipeus in der Mitte zeigt ein weibliches Porträt; [er wird von zwei Eroten in Chlamys gehalten]; unter demselben zwei sich kreuzende Füllhörner. R. und l. je zwei einen gefüllten Korb mit gebogenem Arme aufstützende Eroten, [von denen einer einen Stab, der zweite einen Kranz, der dritte eine Sichel, der vierte einen Thyrsos — so Zoega, vielleicht nur einen bloßen Stab — trägt]. Zwischen denselben je ein auf einem Korbe sitzender Pfau, der begehrlich nach den Körben aufschaut.

3028. V. Pitocchi. ○

S.-Fr. Von den vier mit der Chlamys bekleideten Eroten sind nur zwei erhalten (von der l. Seite der Platte); der erste erhebt mit der R. einen Korb, der zweite fasst mit der R. ein Böckchen an den Vorderpfoten.

Von der liegenden Tellus ist noch ein Stückchen mit dem Füllhorn erhalten.

3029. P. Rondinini.

S.-Fr. Zwei an einander gerückte Bruchstücke. Jedes enthält einen Eros, der mit der einen Hand einen Korb aufstützt, in der anderen einen Zweig hält, [wohl Eckfiguren eines S's.].

[3030. Via nazionale 25.

S.-Fr. R. Ende eines runden S's. Ein Knabe in Chlamys, e. f., Kopf n. l., im r. Arme einen Fruchtkorb, im l. eine Ährengarbe geschultert. L. davon steht n. l. ein Eros, unter der l. Achsel aufgestützt, auf die Schulter die r. Hand, darauf den Kopf; neben seinem r. Beine ein Fruchtkorb.]

3031. P. Merolli.

S.-Fr. L. auf einem Pfeiler eine Urne mit Deckel. R. daneben ein geflügelter [schief] bekränzter Eros, der mit der R. ein paar todte Vögel in die Höhe hebt. [Links noch der aufgestützte Fruchtkorb eines anderen Eros.]

[**3032. Stud. Jerichau.**

S.-Fr. R. Ecke. Ein Knabe in Chlamys, der n. l. gewandt in der R. eine Traube hoch hält; Unterbeine fehlen.]

3033. P. Corsetti.

S.-Fr. Ein geflügelter Knabe [n. r., Kopf zurück] mit Chlamys, im r. Arme einen Korb mit Früchten, im l. einen mit Tänien geschmückten Thyrsos haltend. [Die Füße fehlen.]

3034. Vigna Codini.

S.-Fr. [Grauer Marmor.] Von beträchtlicher Größe. Der Winter als Knabe in ein Gewand gehüllt, das den Kopf bedeckt, vorn auf der Brust zusammengeknotet ist, den Leib frei lässt und wiederum die Beine in Form von genestelten Hosen umgiebt. In der R. hält er Gänse; [unten ein zu ihm aufblickendes Schaf(?).] Der Körper des S's. war geriefelt; ein Stück davon ist links erhalten.

[Wohl zum selben S. gehörte ein eben dort eingemauertes Fragment: der Herbst als Knabe, halb n. r. gewandt, bekleidet mit auf der r. Schulter geknüpfter Chlamys, mit krausem Haar, von dem zwei aufstrebende Locken über der Stirn durch einen Ring zusammengehalten sind; er hält mit der L. einen Hasen hoch an den Hinterläufen, nach dem ein Hund mit Halsband schnappt. Die Füße und der r. Arm fehlen.]

3035. P. Mattei.

S.-Frr. Von den beiden Enden eines runden S's. I. Ein Eros n. r. stehend, das l. Bein auf eine Erhöhung aufstemmend, im r. Arme ein Lagobolon, in der l. Hand einen Hasen haltend, [der Hase richtet sich vielmehr zu ihm auf; der erhoben gewesene l. Unterarm ist weggebrochen. Hinter dem Eros ein Baum]. II. Ein Eros n. l. in der entsprechenden Stellung. Unter der Erhöhung eine Höhle, aus der ein Häschen [Panther!] hervorkommt. Der Eros hält in der L. eine Traube; im (nicht unterstützten) Bausche der Chlamys Früchte. An einem Baume zur R. hängt der Köcher.

Horen oder Eroten liegend.

[S. *Ann. dell' Ist.* 1861, 215, 2 (Petersen).]

3036. Vigna del Pinto.

S.-D. R. gebrochen. An der Ecke ein Attiskopf mit steifen Locken und phrygischer Mütze. N. r. gestreckt liegt eine Frau im gegürteten Chiton da; die Beine bedeckt außerdem noch ein Mantel, [der sich über ihrem Kopfe bauscht]. Auf dem l. Knie steht ein Korb [mit Früchten und Ähren], den sie mit der L. berührt. Es folgt ein Knabe in gegürteter Tunica, auf dem Rücken einen Hasen tragend. Ein geflügelter Eros schreitet, beide Hände erhebend, n. r.; [was er mit den Händen erfasst, ist nicht mehr deutlich]. Von einer n. l. gestreckten Figur ist nur das bedeckte r. Unterbein erhalten.

3037. V. Carpegna.

S.-D.-Fr. In einen christlichen Sarkophag eingelassen: Zwei Jahreszeiten (weiblich) einander gegenüber gelagert. L. der Sommer, oben nackt, auf dem Knie ein Gefäß, auf dem die l. Hand ruht. Ein Eros schleppt Garben herbei. R. der Herbst n. l., ein gleiches mit Trauben gefülltes Gefäß auf den Knieen. Der herantretende Eros mit dem Gestus des ἀποσκοπεύειν. [Beide Gestalten stützen sich mit dem Ellbogen auf ein gleiches stehendes Gefäß.]

3038. P. Mattei.

[Abgeb.: *Mon. Matth.* II, 50, 3.]

S.-D.-Fr. Ein Weib [Frühling] im doppelten Gewande mit verhülltem Hinterhaupte liegt n. r. ausgestreckt da; es erhebt die R. [Von dem Blumenkorbe auf dem l. Knie ist die untere Hälfte modern.]

[3039. Stud. Jerichau.

S.-D.-Fr. 'Hälfte.] Ringsum von einem auch außen glatten Rande umschlossen, so dass nicht festzustellen, nach welcher Seite das Relief sich fortsetzte. Zwei weibliche Personificationen der Jahreszeiten lagern sich gegenüber, völlig bekleidet und bekränzt, mit beiden Händen ein großes Füllhorn unterstützend. In der Mitte ein mit Früchten gefüllter, unten geriefelter Krater.

Späte und schlechte Arbeit.]

3040. P. Mattei.

[Abgeb.: *Mon. Matth.* II, 50, 1.]

S.-D.-Fr. Ein Weib von einem doppelten Gewande leicht umhüllt liegt u. l. gestreckt da. Auf dem r. Knie steht ein Gefäß mit Blumen, das sie mit der R. berührt: Frühling.

3041. P. Mattei.

[Abgeb.: *Mon. Matth.* II, 50, 2.]

S.-D.-Fr. Ein Weib n. r. ausgestreckt, mit bloßem Oberkörper, in den Händen ein Füllhorn: Sommer?

3042. V. del Grande.

S.-D.-Fr. R. Ecke. Von der Darstellung der Vorderseite ist nur noch eine auf einem Fels sitzende, mit dem l. Ellbogen aufgestützte Frau erhalten, in gegürtetem ärmellosem Wollchiton und Mantel um die Beine, den sie noch mit der R. zu lüften scheint. Auf sie zu schreitet ein Eros und bietet ihr, sich vorbeugend, einen großen Korb mit Früchten dar. R. an der Ecke ein vollbärtiger Kopf mit fließendem Haar, flussgottartig. An der Nbs. eine liegende brennende Fackel.]

3043. P. Corsetti.

S.-Fr. Eine Frau, n. r. sitzend, streckt die Hände vor, um einen Blumenkorb in Empfang zu nehmen, den ihr ein Jüngling in Exomis von l. reicht. [Zwischen beiden am Boden steht bereits ein anderer Blumenkorb und wächst ein Strauch: von der Frau sind nur Untertheil und Hände erhalten.]

[3043ᵃ. Stud. Monteverde.

S.-D.-Fr. Gr. M. Am r. Ende ein satyrartiger männlicher Kopf (mit vertieften Augen). L. davon eine n. l. liegende, mit dem l. Ellbogen aufgestützte weibliche Figur in langärmeligem gegürtetem Chiton und über den Hinterkopf gezogenem Obergewande, den Kopf zurückwendend, mit der r. Hand einen gefüllten Fruchtkorb auf dem (weggebrochenen) Knie aufstützend, an dessen anderer Seite die kleine Hand wohl eines Eros erhalten ist.]

[3044. Via nazionale 25.

S.-D.-Fr. L. unvollständig. Rechts liegt n. l. gestreckt, auf dem l. Ellbogen ruhend, eine weibliche Gestalt, ein Gewand um die untere Körperhälfte und hinten gebauscht; mit der r. Hand auf dem r. Knie einen Korb aufstützend, den ein von l. herbeilaufender Eros von der anderen Seite noch mit beiden Händen festhält. L. noch der Rest einer gleichen Gruppe nach umgekehrter Richtung.

Sehr durch Wasser zerstört.]

[3045. Via Margana 18.

S.-D.-Fr. R. unvollständig. Eine weibliche Gestalt ist n. r. gelagert mit über sich gebauschtem Obergewande, auf dem l. Knie einen Fruchtkorb fassend, den ein Eros von r. unterstützt. An der l. Ecke die Maske einer Bacchantin.]

[3045ª. Stud. Monteverde.

S.-D.-Fr. Gr. M. L. oben ist die jugendliche satyrhafte Eckmaske (vertiefte Augen) erhalten, von der Vorstellung der nackte Oberkörper einer wohl n. r. liegenden Hore, den Kopf zurückwendend, über dem ein tuchartiges Gewand sich wölbt.]

3046. Vigna Sassi.

S.-D. Die Inschriftplatte ist leer geblieben; r. und l. liegen je zwei völlig gleich gekleidete gegürtete Tunica, Mantel und Stiefeln) [geflügelte] Knaben, jeder auf seinem Knie einen Korb haltend, [auf den er die eine Hand legt, in der anderen hält] der erste l. einen Pinienzweig, der zweite einen Schilfstengel (Winter), der dritte ein Lagobolon (Frühling), der vierte eine Sichel (Sommer). [Zwischen ihnen große Amphoren voller Früchte.]

[3047. Istituto de' mendicanti. (Via del Coliseo 61.)

Vgl. Benndorf-Schöne, *Lateran* S. 257.

S.-D. L. unvollständig. In der Mitte ein leergebliebenes Inschriftfeld: l. und r. liegen sich gegenüber, getrennt durch einen Krater, aus dem Wasser rieselt, je zwei Eroten in gegürtetem kurzem Chiton, aber trotzdem geflügelt; jeder hält auf dem Knie einen Korb, von denen einer (der zur L.) mit Ähren, die anderen drei mit Früchten gefüllt scheinen. 1 ist sehr zerstört; 2 hält im Arme ein Lagobolon, 3 einen Pinienzweig, 4 einen Pinienzweig oder Schilfhalm. — R. ist eine satyrhafte Eckmaske erhalten.]

3048. P. Castellani.

S.-D.-Fr. L. gebrochen. Frühling und Sommer, als Jünglinge gebildet, lagern einander gegenüber. Auf ihren Knieen halten sie Körbe; der des Frühlings ist mit Blumen, der des Sommers mit Ähren gefüllt. In dem Arme des letzteren eine Sichel. [Zwischen beiden steht eine Garbe.]

3049. V. Panfili.

S.-D.-Fr. Nach l. gestreckt liegt eine männliche, eine Jahreszeit repräsentirende Figur mit Korb und Zweig.

3050. Stud. Altini. ○

s.-Nbs. Ein Eros n. l. gewandt, im l. Arme einen Korb, pflückt mit der R. Kräuter ab.

3051. P. Rondinini.

s.-Fr. Ein Eros [im r. Arme einen Stock], bekleidet mit einer Art von Exomis, ist n. r. hingestreckt. Auf seinen Knieen ein Blumenkörbchen, das ein Eros [von r. her] unterstützt.

[3052. Catacombe di S. Callisto.

s.-D.-Fr. In der Mitte ein großes Gefäß, oben breit geöffnet, mit Früchten angefüllt. Rechts liegt n. l. am Boden ein bis auf die zurückgeschlagene Chlamys ganz nackter Eros, das l. Bein untergeschlagen; im l. Arme ein Füllhorn, in der vorgestreckten R. einen Bogen. Links lag ein eben solcher, von dem noch der r. Fuß erhalten. Ein eben solcher Deckel ist auf der Via Appia etwas weiter hin l. Hand eingemauert.)

Flache und schlechte Arbeit.]

KINDERSPIELE.

3053. Via di S. Lorenzo in Panisperna 204. ○

K.-S. An den Ecken stehen zwei bartlose Hermen. Vier Eroten treiben n. r. den Trochos; 1, 2 und 4 erheben die L., 2 und 4 sehen sich außerdem n. l. um. Das Rad des dritten scheint in's Stocken geraten zu sein, denn er bückt sich und berührt es mit der l. Hand.

[3054. Catacombe di S. Callisto.

K.-S.-Frr. (oder S.-D.-Frr.). 1) In der Mitte ein leeres viereckiges Feld. L. ein Eros, vornüber gebeugt, und, wie es scheint, mit Kugelspiel beschäftigt (ruzzole, vgl. de Rossi, *Roma Sott.* III, 165, 360, 444); in der l. Hand hat er eine runde Scheibe oder Kugel, die r., welche am Boden war, ist weggebrochen; zwischen seinen Beinen liegt noch eine Kugel. R. vom Schilde ist noch der Schaft

einer Pflanze erhalten, und r. davon der abstoßende r. Fuß eines
Eros. 2) Zum selben S. gehörig: Drei Eroten in ähnlichem Spiel;
zwei laufen auf einander zu, so dass ihre l. Hände sich berühren;
während der zur R., den Blick hinter sich gewandt, die R. wie
über etwas verwundert, zum Kopfe erhebt, hat der zur L. die R.
hoch erhoben, vielleicht auch mit einem solchen Stäbchen (Hand
fehlt) in derselben, wie ein dritter zur R. es in der R. schwingt,
der n. r. läuft und die (weggebrochene) l. Hand vor sich erhoben
hat; links von dem ganz zur L. ist noch ein abstoßendes l. Bein
sichtbar. Am Boden liegen fünf Kugeln. Es lässt sich nicht ausmachen, auf welcher Seite des Feldes dies zweite Bruchstück seinen
Platz hatte. — Vgl. Heydemann, *Mitth. a. d. Antikens. in Ober- u. Mittelitalien* 21.

Späte Arbeit.]

3055. V. Borghese.

K.-S.-Fr. L. gebrochen. An der Erde sitzt n. l. ein Knabe mit
bloßem Oberleibe; mit der L. stützt er sich auf den Boden auf,
die r. Hand streckt er vor. Hinter ihm kommt ein zweiter in kurzer Tunica zum Vorschein, der n. l. gewendet die R. erhebt. Im
Hgr. ein gemauerter Thorweg.

3056. P. Castellani.

[Vgl. *Bull. dell' Ist.* 1858, 53 (Castellani, Brunn, de Rossi.]

S.-Fr. L. und r. gebrochen. Zwei Knaben [in kurzer Tunica]
stehen sich gegenüber; beide halten mit der L. den Schoß ihres
Rockes, der mit Steinen gefüllt ist. Der zur L. hält drei, der zur
R. vier Finger der Hand hoch [digitis micantes; auf den bis jetzt
auf das Morraspiel bezogenen Kunstwerken findet sich das hier ge-
wählte Mittel, die müßige Hand unter Controle zu halten, nicht
angewandt; so erklärt auch Castellani; de Rossi dagegen: »par et
impar«]. Weiter rechts sitzen zwei Kinder sich gegenüber; das
zur L. ist sicher ein Mädchen. Auf den Knieen haben sie ein
Spielbret mit drei Steinen. [Im Hgr. stand eine jetzt fast ganz zerstörte Figur.]

3057. Stud. Canova.

S.-D.-Fr. Oben und links ist ein Stück des Randes erhalten,
[l. in Form einer sog. Balaustra gebildet, also wohl nur Trennung
von einer folgenden Scene]. L. sitzt n. r. gewandt [auf einem
Sessel] ein Knabe, die Beine mit einem Gewandstück bedeckt;

mit der R. stemmt er sich auf seinen Sitz auf, in der L. hält er
eine Schriftrolle. R. davon ein Knabe in [langärmeliger] kurzer
Tunica n. r.; er erhebt erstaunt die l. Hand. Ihm zugekehrt n. l.
kniet [oder kriecht vielmehr] an der Erde ein dritter, [ebenso ge-
kleideter]; er beugt sich stark nach vorn über und stützt sich mit
der l. Hand auf den Boden auf. Den Blick richtet er in die Höhe
zu seinem Gefährten und hält in der R. eine runde mit Parallel-
kreisen versehene Scheibe; [dahinter ein hinfallender Stab]. Im
Hgr. eilt ein vierter n. r. [mit vor das Gesicht erhobener R., zwischen deren Fingern er etwas zu halten scheint].

KORARAUB.

Richtung von r. n. l.

3058. V. Medici.

In der Sammlung dal Pozzo (A. W. Franks) befindet sich eine ziemlich rohe
mit Sepia ausgeführte Federzeichnung (17. Jahrh.).

Beschr. von Zoega A. 373.

[Vgl. Zoega-Welcker, *Zeitschr.* 52; Förster, *R. d. P.* 204, 2; Overbeck,
KM. III, 638, 35.]

s.-p. I. Auf einem von vier feurigen Rossen n. l. gezogenen
Wagen steht Pluton und hält vor sich die halbnackte [schien mir
so gut wie nackt], sich heftig sträubende Persephone. Die Rosse
führt Hermes n. l. schreitend mit deutlich erkennbarem Kerykeion
»modern sind der Kopf, der untere Theil des r. Armes und das r. Bein«; [jetzt
sind beide Beine weggebrochen]. Dem Wagen stürzt von r. entgegen
Athena, den r. Arm vorstreckend »von dem jedoch der untere Theil fehlt«;
mit dem l. trägt sie den Schild, auf dem Haupte den Helm, »die
Ägis ist nicht erkennbar«. Voran eilt n. l., im kurzen um die
Hüften mit einem shawlartigen Gewandstück umwundenen Chiton
Kopfwendung n. r.) eine weibliche Figur, vermuthlich Artemis;
»der r. Arm und die l. Hand [jetzt der ganze l. Unterarm, ebenso die Beine fast
ganz] sind weggebrochen«. Hinter den Rossen kommt halben Leibes
Aphrodite (?) zum Vorschein; »ihr fehlt der Kopf, [der vorhandene Kopf
sieht durchaus nicht modern aus] und die l. Schulter«. Die l. Hand legt

sie gegen die Brust; umspielt wird sie von zwei Eroten. Unter
den Rossen liegt n. r. gelagert Gaia: »hinter ihr scheint sich aus
der Erde ein kleiner Gigant zu erheben«. — II. Neben einem
Kalathos kniet n. l. Persephone [Oberkörper nackt], den Kopf n. r..
»den l. Arm, dessen unterer Theil modern ist, zum Himmel erhebend«.
R. und l. von ihr stehen zwei deutlich erkennbare Eroten: zwei
andere schweben über ihr in der Höhe. — III. Auf einem Schlangenwagen, der von einem Figürchen »ohne Kopf und Arme« geführt wird.
folgt Demeter dem Räuber ihrer Tochter; [sowohl der Demeter wie
dem Pluton bauscht sich das Gewand über dem Kopfe].

Das Relief ist ziemlich flach gehalten und wegen der Flechten, die es stark
überwuchert haben, schwer im Einzelnen erkennbar.

3059. V. Gentili.

S.-Fr. [Gr. M.] R. und l. gebrochen. Voran fliegt n. l. ein Eros.
mit brennender Fackel rückwärts leuchtend. Pluton nackt, mit sich
bogenförmig über seinem Haupte wölbenden Gewande, steht n. l.
auf einem Wagen; mit der R. lenkte er die Rosse — diese sind wie
der Wagen selbst von Stuck ergänzt — mit der L. umfasst er Persephone.
deren Kopf Porträt ist: die Frisur weist auf das dritte Jahrhundert.
Sie biegt, sich zurückwerfend, den r. Arm über den Kopf und
streckt den l. nach unten, [l. Unterarm und Hand fort]. — Von der
Scene des Raubes selbst ist erhalten: Persephone, n. l. knieend
[mit über die Brust niedergeglittenem Gewande]: erschreckt streckt
sie, n. r. in die Höhe blickend, ihren l. Arm aus. Über ihr flattert ein Eros.

[3060. Stud. Jerichau.

S.-Fr. Kora, blumenpflückend n. r., mit dem r. Beine knieend:
l. von ihr ein Korb mit Blumen. Kopf und Arme fehlen größtentheils.
R. noch Reste eines stehenden Geführten.]

[3061. V. Wolkonsky.

S.-Fr. Tellus, r. Brust und Schulter nackt, n. r. gelagert.
im r. Arme das Horn, mit der vorgestreckten L. das über ihr
gebauschte Gewand haltend. Über ihr wird noch ein Pferdehuf
sichtbar.]

Richtung von l. n. r.

3062. P. Barberini.

[Abgeb.: *Ann. dell' Ist.* 1873, Tav. E F, 1; Overbeck, *KM.* Atlas Taf. XVII, 1.

Inventar von 1738: *Documenti* IV, 63, 7.]

Beschr. von Zoega A. 400.

Vgl. Winckelmann, *Werke* IV, 114; Visconti, *Mus. P.-Cl.* V, 35, 1; Zoega-Welcker, *Zeitschr.* 42; Förster, *Ann. a. a. O.* 73—80; *R. d. P.* 137, 1; Overbeck, *KM.* III, 608, 1.]

S.-P. I. Auf einem von zwei riesigen Schlangen gezogenen Wagen, [dessen Radnabe ein Löwenkopf bildet] steht n. r., das Hinterhaupt verschleiert, Demeter, in der L. eine Fackel: »der l. Arm ist neu von der Mitte des Oberarmes, und von der Fackel ist nur die Flamme antik«. Im Hgr. schwebt n. r. eine weibliche Flügelgestalt, in den vorgestreckten Händen ein bogenförmig vom Winde geblähtes, schmales Gewandstück. Vor dem Wagen liegt ein umgestürzter Blumenkorb. — II. Zunächst eine Gruppe zweier erschreckter weiblicher Figuren. Die eine (Aphrodite?), im Haar ein Diadem, biegt den Oberleib stark vor und fasst mit der L. den Zipfel ihres Mantels, der ihr zu entgleiten droht; mit der vorgestreckten R. berührt sie den Schildrand der vor ihr n. r. [vorgebeugt] stehenden Athena. »Der r. Arm und die Hand mitsammt dem Rande des Schildes sind modern«, doch ist die Ergänzung durchaus richtig. Ihre Gefährtin (Artemis?), im Haar eine schmale Binde, schmiegt sich, scheu zurückblickend, an sie an; mit der l. Hand berührt sie den r. Arm der muthmaßlichen Aphrodite von unten am Ellbogen. »Die l. Hand ist modern«. Zwischen den beiden Göttinnen steht ein runder leerer Altar, nur theilweise sichtbar. Athena mit Helm, Ägis und Schild sucht wie gewöhnlich den Räuber, der die sich sträubende und die Arme zum Himmel erhebende Persephone vor sich geworfen hat, zurückzuhalten. »Ihr [d. h. der Athene] Gesicht ist überarbeitet, der l. Arm [der Kora] zur Hälfte neu«; Pluton's Gesicht ist ergänzt, [ebenso sein r. Unterarm]. Das Viergespann leitet Hermes, [dessen l. Unterarm mit dem Kerykeion neu]; über ersterem fliegt ein Eros mit der Fackel [in jeder Hand, wie es scheint]. Unten liegt Gaia n. l. mit Früchten im Schoße.

Nbss. fehlen.

3063. P. Rospigliosi.

Abgeb.: Bartoli, *Admiranda* (ed. 1693), Tab. 53 und 54: »In aedibus Mazarinis«; [*Ann. dell' Ist.* 1873, Tav. E F, 2; Overbeck, *KM.* Atlas Taf. XVII, 3 [vgl. 615ᵈ].]

Beschr. von Zoega A. 108.

[Vgl. Visconti, *Mus. P.-Cl.* V, 35, 1; Zoega-Welcker, *Zeitschr.* 33; (zu den Publikationen besonders Welcker ebenda Anm. 47); Förster, *Ann.* a. a. O. 80—87;
R. d. P. 143, 5; Overbeck, *KM.* III, 608, 3; der von Welcker a. a. O. 62
aus Alcander angeführte S. ist trotz des wohl missverstandenen Rosse-
gespannes gewiss identisch; der Garten Altemps ist eben ◼ Rospigliosi.
Zur Nebenseite (Millin, *Gal. myth.* 87, 341) vergleicht Brunn (*Rh. Mus.* IV,
473) *Mus. di Mantova* I, 3 (Conze, *Arch. Zeit.* 1867, 103*); Dütschcke IV, 646.]

S. Die Nbss. sind zu beiden Seiten der Vds. eingemauert.   Vds.: An
den Ecken der letzteren befinden sich Figuren der Horen im leichten ärmellosen Gewande, im Schoße Früchte, ein Bein entblößt.
I. Auf dem von Drachen gezogenen Wagen steht Demeter im wallenden Obergewande, mit der L. eine große Fackel aufstützend.
Über den Schlangenwindungen sieht man im Hgr. eine geflügelte.
n. r. schwebende Figur, die mit beiden Händen ein Tuch, das
sie an den Enden packt, bogenförmig vor sich fliegen lässt. —
II. R. von einem umgestürzten Blumenkorbe folgt die Gruppe der
beiden erschreckten Göttinnen. Athena mit Helm, Schild und
Ägis sucht Pluton zurück zu halten, der im Begriff ist, den mit
vier Rossen bespannten Wagen zu besteigen. Die Jungfrau, die
sich verzweiflungsvoll hinten über wirft, umfasst er mit beiden
Händen. Über den Pferden fliegt ein Eros mit der Fackel; unter
ihnen liegt Gaia im doppelten Gewande mit Füllhorn. Das hin-
terste der Rosse hat Hermes am Zügel gefasst. — Nbss. links: L.
sitzt ein bärtiger Flussgott, nackt bis auf ein über die Weichen
fallendes schmales Gewandstück, der l. Arm ist erhoben, [liegt vielmehr schlaff auf dem l. Beine], der r. Ellbogen auf eine fließende
Urne gestemmt. Das Gesicht »mit schmerzlichem Ausdruck« abgewendet. Im Hgr. zwei leicht bekleidete Nymphen mit einer
Urne, die auf einer Erhöhung ruht. — R. sitzt n. l. der halbnackte Pluton auf seinem Throne, die R. wie zum Sprechen erhoben; neben ihm Kerberos; er scheint mit [dem rückfordernden]
Hermes zu sprechen, der, nackt bis auf die über den Rücken fallende Chlamys, in der R. das Kerykeion, vor ihm steht und den
l. Arm auf die Schulter der neben ihrem Gemahl thronenden (?),
tief verschleierten Persephone gelegt hat.

Vortreffliche Arbeit.

3064. V. Paufill.

Beschr. von Zoega A. 259.

[Vgl. Zoega-Welcker, *Zeitschr.* 48; Förster, *R. d. P.* 143, 4; Overbeck,
KM. III, 608, 2.]

S.-P. I. Demeter auf einem von zwei Schlangen gezogenen

Wagen stehend, in der vorgestreckten l. Hand die Fackel haltend.
Der Mantel flattert im Bogen hinter ihrem Haupte. Über den
Köpfen der Schlangen erscheint eine lang bekleidete, n. r. eilende
weibliche Gestalt, die ein an zwei Zipfeln gefasstes Gewandstück
vor sich flattern lässt. — II. Die bekannte Gruppe der beiden
erschreckten Göttinnen: die erste l. im eng anliegenden Chiton,
den Oberleib vorbeugend, die unteren Theile von dem sich im
Rücken bedeutend bauschenden Obergewande umhüllt; Arme gebrochen. Die zweite eilt, die R. vorstreckend, die L. vor die Brust
legend, n. l. Athena mit Ägis, Helm und Schild eilt n. r.; der
vorgestreckte r. Arm ist gebrochen. Pluton hat Persephone vor sich geworfen, den Kopf, von dem das Haar wild herabfällt, n. r. Ihr
r. Arm ist nach rückwärts ausgestreckt, [der l. weggebrochen]. Der
Gott steht, sich n. l. umsehend, mit dem l. Fuße schon im Wagen; um ihn flattert im Bogen das Gewand. Die vier feurigen
vorgespannten Rosse werden von Hermes geleitet. Die Figur des letzteren ist sehr verstümmelt und, wie es scheint, theilweise mit Stuck ergänzt.
Unter den Rossen liegt Gaia n. l., die R. erhebend, in der L. ruht
das Füllhorn.

3065. Kl. P. Mattei.

Beschr. von Zoega A. 161: »Pal. Paganica«.

[Vgl. Förster, R. d. P. 200, 6; Overbeck, KM. III, 634, 33.]

S.-Fr. Pluton vom Rücken gesehen, [im Begriff n. r. abzu-
gehen], nackt bis auf eine quer über den Rücken gezogene Chlamys (?), [sie muss vor der Brust zusammengeheftet sein, und fällt
über den l. Arm herunter], hält mit beiden Händen vor sich die
sich sträubende Kora, von welcher Kopf, [Brust, beide ausgestreckte
Arme] und Beine sichtbar sind. Von l. schreitet Pallas heran, an
Schild und Helm [und Ägis] erkennbar; sie berührt mit ihrer R.
den l. Arm Pluton's. Nur der obere Theil der Figuren bis gegen
die Kniee ist antik, [von der Pallas noch weniger, bis etwas über
den Hüften; neu auch ihr r. Arm mit Ausnahme des Ansatzes an der
Schulter und der Hand]. Nicht zugehörig, doch vielleicht einen antiken
Kern enthaltend, ist die nackte männliche Figur, die, gleichfalls vom
Rücken gesehen, von r. herbeieilt; auch sie trägt eine zur Seite
über den r. Arm gestreifte Chlamys; der l. Arm ist hoch erhoben,
in der r. Hand befindet sich ein Schwert, die Spitze nach oben
gerichtet, [doch ist letzteres mit dem ganzen Arme sicher neu; neu auch sein
l. Unterbein]. Neben seinem r. Fuße erhebt sich ein bekränzter Altar
[neu]. Jedenfalls modern sind die an der Erde aufgehäuften Leichname. Zoega

hat den Gegenstand sonderbarer Weise nicht erkannt; auch sind in seinen Be-
schreibungen die modernen von den antiken Theilen nicht abgesondert.

3066. V. Giustiniani.

Abgeb.: *Gall. Giust.* II, tav. 79.

Beschr. von Zoega A. 289.

Vgl. Visconti, *Mus. P.-Cl.* V, 41, 2; Zoega-Welcker, *Zeitschr.* 30; Förster,
R. d. P. 153, 12; Overbeck, *KM.* III, 609, 9.]

S.-P. L. Hälfte. An der l. Ecke befindet sich eine geflügelte
Nike, die ein Feston quer vor sich mit beiden Händen hält. —
I. Demeter n. r. auf einem mit geflügelten Drachen bespannten
Wagen stehend. Ein Schleier umwallt Hinterhaupt und Rücken;
mit der L. stützt sie eine riesige Fackel »mit kleiner Flamme« auf.
Hinter ihrem Rücken bemerkt man einen Baumstamm. Über den
Drachen kommt theilweise zum Vorschein eine geflügelte Figur,
die ein Tuch vor sich flattern lässt. — II. Gruppe der erschreck-
ten Göttinnen 'Aphrodite und Artemis?); zwischen beiden an der
Erde ein umgestürzter Blumenkorb. Athena n. r., im Begriff Pluton zurück zu halten; hier ist das Relief gebrochen. Über dem Schilde
der Göttin ragt eine Cypresse hervor.

3067. P. Giustiniani.

Abgeb.: *Gall. Giust.* II, tav. 118; die erste Gruppe rechts bei Barbault,
Recueil (1770) pl. 94, n. 1.

Beschr. von Zoega A. 333.

[Vgl. Zoega-Welcker, *Zeitschr.* 29; Förster, *R. d. P.* 167, 5; Overbeck,
KM. III, 620, 18.]

S.-P. I. N. r. gewandt steht auf einem mit [geflügelten] Drachen
bespannten Wagen Demeter; mit der L. reckt sie eine brennende
Fackel wagrecht vor; die Fackel, die nach dem Stich in ihrem
r. Arme ruhte, ist jetzt mit dem Unterarme zerstört, [der r. Unterarm mit Hand, und einem Theile des Fackelschaftes deutlich da].
Auf dem Wagen steht noch eine kleine Nike. Vor dem Wagen
ist vom Rücken sichtbar Gaia gelagert, halbnackt mit Füllhorn, die
R. erhebend. — II. Aphrodite im ärmellosen, von der r. Schulter
gesunkenen Chiton [und Mantel, der von der l. Schulter den
Rücken herunter über die Schenkel wieder vorgezogen ist], über
der Stirn ein Diadem, eilt, die R. vorstreckend, n. r.; im l. Arme
ein Scepter, dessen oberes Ende ein Eros packt. An der Erde Kora
knieend, neben ihr ein umgestürzter Blumenkorb. Pluton tritt von
r. hinten an sie heran; »sein Kopf ist Porträt, das Haar und der
Bart kurz geschoren«. Im l. Arme ein Scepter. Neben seiner

l. Schulter schwebt ein Eros; die Fackel [so auch W.-Z.] wird im Originale fehlen; weder Z. noch ich haben darüber eine Notiz; [sie wird entstanden sein aus der r. neben dem l. Arme des Eros befindlichen Spitze von Pluton's Scepter]. Mit Wendung n. l. zu der beschriebenen Gruppe erscheint eine andere Göttin in gegürtetem Chiton und das Hinterhaupt verschleierndem Mantel, im l. Arme das Scepter (Hera?). — III. Athena, von l. herantretend, fasst die die Arme erhebende [den l. Arm; denn der r. geht herunter, und fasst den Peplos in der Gegend der Hüfte] »und ihren flatternden Peplos haltende« Kora, welche der auf dem Wagen stehende Pluton mit der R. umschlingt, mitten um den Leib. Über den Rossen schwebt ein Eros. Eine weibliche lang bekleidete Gestalt im gegürteten Ärmelchiton — Z. will noch auf der Schulter den Köcher, in der L. den Bogen wahrgenommen haben, [beides deutlich sichtbar] (also Artemis) — schreitet neben dem Viergespann daher und hält es am Zügel. Unter den Hufen der Rosse ruht n. l. gestreckt ein halbnackter Flussgott mit dem Reste eines Ruders [Schilfzweig im l., Füllhorn im r. Arme: W.-Z.]. »Hinter seinen Füßen der Rest einer kleinen nackten Figur ohne Kopf mit über den Kopf erhobenen Armen«. Vor dem Wagen Pluton's ist der Marmor gebrochen.

3068. Via del Babuino 155. [Haus Cavaceppi's.]

Abgeb.: Cavaceppi, *Raccolta* III, 38, 2; [Overbeck, *KM.* Atlas Taf. XVII, 8.]

Beschr. von Zoega A. 251.

[Vgl. Zoega-Welcker, *Zeitschr.* 35; Förster, *Raub der Persephone* 179, 2; Overbeck, *KM.* III, 627, 22.]

S.-P. I. Auf einem von zwei galoppirenden Rossen gezogenen Wagen steht Demeter rückwärts blickend; sie erhebt den r. Arm und legt die l. Hand an eine große brennende Fackel. Vor ihr, wie es scheint noch auf dem Wagen, steht eine kleine, geflügelte weibliche Figur, welche die Zügel der Rosse hält; sie blickt gleichfalls zurück. Über den Rossen in der Höhe erscheint eine größere weibliche Gestalt, die, sich gleichfalls n. l. umblickend, über ihrem Haupte ein Tuch bogenförmig flattern lässt. Unter den Rossen liegt n. r. vom Rücken gesehen halbnackt Gaia, die R. erhebend, im l. Arme das Füllhorn. — II. Symmetrisch gebildete Gruppe zweier halb knieenden blumenpflückenden Mädchen. In dem zur L., das die R. auf den gefüllten Blumenkorb legt, die L. so wie den Kopf [rückwärts] erhebt, ist Kora zu erkennen. Auf sie zu schreitet von hinten r. Pluton, im l. Arme das Scepter. Zu dieser Gruppe gehört auch vermuthlich Hermes, der mit Petasos, flatternder

Chlamys und Kerykeion von l. herantritt, nach dem Wagen Demeter's zurückblickt und die L. vor die Brust Kora's legt, [d. h. er
zeigt der Demeter den Weg]. Über der l. Schulter des Hades erscheint in der Höhe in ganz kleinen Dimensionen eine bärtige
Figur mit wagerecht zur Seite gestrecktem r. Arme, von dem etwas
wie ein faltenreiches Gewand herabhängt; vom l. Arme sagt Z.,
er habe ihn nicht wohl unterscheiden können, er scheine jedoch
gegen die Hüfte gesetzt und vom Pallium bedeckt; die Hand halte
ein Scepter; [ich fürchte, dass hier das Scepter des Hades mit
hereinspielt: der l. Arm scheint mir genau so erhoben wie der r.].
Er vergleicht die ganze Erscheinung passend mit dem Iuppiter Plu-
vius an der Antoninssäule. — III. Nach r. schreitend, doch zurückblickend. Artemis gestiefelt im kurzen Jagdgewande, die Arme
gebrochen. Z. vermuthet, wie mir scheint mit Recht, dass die R.
den Bogen, die L. Pfeile hielt. Athena [im gegürteten ärmellosen
Chiton und gebauschtem Obergewande] stürzt n. r. vor, anscheinend Kora zurück zu halten, die, mit dem l. Fuße auf dem Wagen Pluton's stehend, das r. Bein, die Arme und den Kopf zurückwerfend, von diesem um den Leib gefasst wird. Zwischen Athena
und Artemis erscheint ein kleiner Eros, der sich an das Gewand
der ersteren anklammert; [vor Athena ein umgestürzter Blumen-
korb]. Über der l. Schulter Pluton's erscheinen Kopf und Brust
einer anscheinend weiblichen Figur [Z.: Aphrodite]. Über den vier
Rossen ein Eros mit der Fackel, unter diesen n. l. eine bärtige
Lokalgottheit in ein Gewand gehüllt, das den Oberleib bloß lässt;
in der R. hielt sie ein Attribut, vielleicht »Schilf«, [von dem jedoch
jetzt nichts mehr erhalten ist]. Die Rosse lenkt Hermes, mit Chlamys,
Flügelpetasos und Kerykeion; unter den Vorderfüßen der Rosse
Kerberos.

Schlechte Arbeit; gut erhalten [bis auf die vielfach gebrochenen Arme.]

3069. P. Barberini.

[Abgeb.: *Ann. dell' Ist.* 1873, Tav. G H; Overbeck, *KM.* Atlas Taf. XVII, 19.
Inventar von 1738: *Documenti* IV, 43, 9.]
Beschr. von Zoega A. 397.
[Vgl. Winckelmann, *Werke* IV, 114; Visconti, *Mus. P.- Cl.* V, 35, 1; Zoega-
Welcker, *Zeitschr.* 38; Förster, *Ann.* a. a. O. 67—92; *R. d. P.* 194, 2; Over-
beck, *KM.* III, 633, 28.]

s. Vds. I. Demeter auf einem von zwei raschen Rossen gezogenen Wagen stehend mit entblößter r. Brust und bogenförmig
über dem Haupte wallendem Mantel: in jeder Hand eine Fackel.

Diejenige in der L. ist durch die am oberen Rande der Platte erhaltenen Reste der Flamme gesichert. Über den Rossen schweben stark zerstört Nike als Rosselenkerin und n. l. ein Eros, der gleichfalls eine Fackel gehalten zu haben scheint. Unter den Rossen liegt vom Rücken gesehen halb nackt Gaia; hinter ihr schießt eine Schlange empor. Voran schreitet oder schwebt vielmehr, mit gleichfalls entblößter Brust nach oben zurückblickend, eine weibliche Figur, die mit beiden Händen ein bogenförmig über ihrem Haupte wallendes Gewand hielt. — II. Kora, neben dem umgestürzten Blumenkorbe kniend, erhebt erschreckt die Hände und blickt (Kopf zerstört) empor zu Pluton, der, im l. Arme das Scepter, von r. rasch heranschreitet. Ihm folgt auf dem Fuße, nur theilweise sichtbar, Hermes, an den Kopfflügeln und der Chlamys kenntlich. Vor den Füßen Pluton's liegt ein zweiter umgestürzter Blumenkorb. — III. Eine weibliche Figur (Z.: Aphrodite) im Doppelgewande, den Kopf von einer Stephane gekrönt, berührte mit der r. Hand (fehlt mit dem Unterarme) die Schulter Athena's, welche wie gewöhnlich Pluton, der, auf den Wagen steigend, die sich sträubende Persephone mit beiden Händen umfasst hält, zurück zu halten sucht. Pluton ist vom Rücken sichtbar; er trägt eine über den l. Arm geworfene Chlamys. Das Viergespann wird von Hermes geführt. Über den Rossen schwebt ein Eros mit der Fackel; unter den Rossen liegt n. l. ein bärtiger Lokalgott. Die Eckfigur r. bildet ein e. f. stehender Jüngling [Satyr?] mit langem, »auf die Schulter fallendem« Haar; er ist nackt bis auf die Chlamys, die Beine waren gekreuzt, der l. Arm ist in die Hüfte gesetzt, die r. Hand berührt das Haupt; er lehnt sich an einen Baum mit Blättern von der Form des Lorbeers.

Nbss. links: Ein Mädchen (Kora?) kniet vor einem Blumenkorbe. Zwei ihrer Gespielinnen fliehen n. r. und l. auseinander. — R.: Dem n. l. thronenden, ein Scepter haltenden und die r. Hand vorstreckenden Pluton wird von Hermes die tief verschleierte Kora zugeführt.

3070. P. Mattei.

Abgeb.: *Mon. Matth.* III, 5.
Beschr. von Zoega A. 273.
[Vgl. Visconti, *Mus. P.-Cl.* V, 35, 1; Zoega-Welcker, *Zeitschr.* 31; Förster. *R. d. P.* 185, 5; Overbeck, *KM.* III, 627, 25.]

S.-P. I. Auf einem von zwei Rossen n. r. gezogenen Wagen steht Demeter, mit der L. eine Fackel erhebend, »die r. Hand ist neu«.

Vor ihr im Wagen eine kleine Flügelgestalt »ohne Arme«; eine größere,
dem Wagen vorauffliegend, erhebt mit der L. ein großes Tuch,
dessen Ende ebenso wie der r. Arm ergänzt sind. Unter den Rossen lagert
Gaia, ein Kind an der Brust; »Gaia's r. Arm, sowie diejenigen des Kindes
sind neu«. — II. Persephone, in halb knieender Stellung Blumen
lesend, blickt n. r. in die Höhe. Pluton ist weggelassen. An
ihrem bogenförmig über dem Haupte sich wölbenden Mantel hält
sich ein Eros: »er scheint sie aufdecken zu wollen«; ein zweiter
ist mit den Blumen in dem an der Erde stehenden Korbe beschäftigt. Oben auf dem Felsen sitzt ein Berggott; [modern scheint der
erhobene l. Arm mit Schulter]; der Blitz und der Adler sind Zuthaten
des Zeichners: nach Z.: der Genius des Ätna. — III. Die Ent-
führungsscene: Pluton bärtig, finster e. f. auf seinem Wagen stehend, hat die sich sträubende, die Arme ausbreitende Kora über
seinen r. Schenkel geworfen; sein l. Arm ist modern vom Ellbogen an,
ebenso sind die Arme Persephone's neu. Athena mit Schild und Helm
scheint sie zurückhalten zu wollen; »die r. Hand ist neu«. Hinter ihr
wird noch eine weibliche langbekleidete Figur sichtbar, [dieselbe
trägt vielmehr einen kurzen gegürteten Chiton, aufgeschürzt bis
über das Knie, und Jagdstiefel], von Z. Artemis genannt; er glaubt
auf dem Rücken noch Spuren des Köchers zu erkennen; ihr r. Arm
ist vom Ellbogen an neu. Über ihrem Kopfe noch ein zweiter weiblicher, mit dem Diadem geschmückter: Aphrodite (?). Vorn neben
Pluton im Wagen steht eine kleine Nike, »deren Arme fehlen«. Unter
dem Viergespann lagert ein Flussgott mit Ruder. Oben schwebt
ein Eros, ganz in der ungeschickten Bewegung, wie ihn der Stich
giebt; »die Arme sind neu«. Die Rosse leitet wie gewöhnlich Hermes,
nackt bis auf die Chlamys; was er in der L. hält, sieht einem
Beutel ähnlich, doch ist es wohl das untere Ende des abgebrochenen Kerykeion. Zwischen seinen Füßen Kerberos. Sämmtliche Köpfe
sind modern.

3071. P. Mattei.

Abgeb.: *Mon. Matth.* II, 6; [Overbeck, *K.M.* Atlas Taf. XVII, 4.]

Beschr. von Zoega A. 273.

[Vgl. Visconti, *Mus. P.-Cl.* V, 35, 1; Zoega-Welcker, *Zeitschr.* 32; Welcker
ebenda 61, 62; Förster, *R. d. P.* 196, 3; Overbeck, *K.M.* III, 633, 29.]

S.-P. I. Auf dem von zwei Rossen gezogenen Wagen steht
Demeter mit aufgelöstem Haar, mit der L. die Fackel aufstützend;
hinter ihrem Rücken bemerkt man einen Baum. Unter den Rossen ein umgestürzter Blumenkorb, über denselben eine geflügelte

weibliche Figur, die mit beiden Händen über sich ein flatterndes
Tuch hält. — II. Persephone, halb knieend neben dem umgestürzten Blumenkorbe. Zu ihr tritt von r. heran Pluton, in einen Mantel gehüllt, [der Brust und r. Schulter frei lässt], in der L. das
Scepter. Über dem Kopfe Kora's eine Eiche. — III. Pluton, vom
Rücken sichtbar, hat Persephone über seinen l. Arm geworfen, um
den auch die Chlamys gewickelt ist. Hinter dem Viergespann erscheint Hermes mit Petasos und Kerykeion; er macht mit der R.
den Gestus des ἀποσκοπεύειν. R. oben über den Pferdeköpfen
will Z. die Andeutungen einer Felshöhle wahrnehmen, [Felsen sind
wenigstens deutlich erkennbar].

Grobe eckige Arbeit.

3072. V. Giustiniani. ○

Abgeb.: *Gall. Giust.* II, 106; die letzte Gruppe rechts bei Barbault,
Recueil (1770) 94, 3.

Beschr. von Zoega A. 290.

[Vgl. Zoega-Welcker, *Zeitschr.* 28; Förster, *R. d. P.* 152, 11; Overbeck,
KM. III, 608, 6.]

S.-P. I. L. steht auf dem Drachenwagen Demeter; Kopf, r. Arm
und die Fackel in der L. sind neu. — II. und III. sind zusammengezo-
gen. Die halb knieende, sonst Kora darstellende weibliche Figur
ist hier wahrscheinlich als eine der Gespielinnen der Göttin aufzufassen; Kopf und Arme, die sie wie verwundert erhebt, sind neu. Von der
erschreckt n. l. eilenden, die Arme ausbreitenden Jungfrau ist sicher
der r. Unterarm, nach Z. auch die l. Hand modern. Mir schien es vor dem Originale nicht unwahrscheinlich, dass der Hintergrund mit den vier Pinien und der
mit Früchten beladenen Ara, die wie von Flechtwerk gemacht aussieht, modern
sei. Zoega hegt jedoch keinen Zweifel an ihrem Alterthume. Von links eilt
Athena mit Helm, Schild und Speer heran; der r. Arm ist nach
der jetzigen Restauration wagerecht vorgestreckt gegen Pluton, der,
mit dem einen Fuße schon auf dem Wagen stehend, Persephone
vor sich geworfen hat, welche die Arme gen Himmel streckt; der
l. Arm ist neu. Unter dem Viergespann erscheint, halben Leibes aus
der Erde hervorragend, eine weibliche, vom Mantel umwallte Figur,
die R. erhebend. Über dem Viergespann ein Eros, »dessen Arme
fehlen«. Als Lenker der Rosse erscheint wie gewöhnlich Hermes
(die L. mit dem Kerykeion fehlt).

Mittelmäßige Arbeit.

3073. P. Castellani.

S.-Fr. Erkennbar ist Pluton, n. r. gewendet [im Wagen]; in der
L. das Scepter, mit der R. die sich zurückwerfende Kora umfassend.

3074. S. Lorenzo f. l. m.

S.-Fr. Dieselbe Darstellung in der ungefähr gleichen Erhaltung, nur fehlt der Kopf und der obere Theil der Brust des Pluton.

3075. P. Castellani.

[Vgl. Förster, *R. d. P.* 200, 2; Overbeck, *KM.* III, 634.]

S.-Fr. Gruppe der erschreckten Göttinnen (Aphrodite und Artemis) und der n. r. gewendeten Athena, genau so wie auf dem Rf. Rospigliosi [Nr. 3063. Von Athena ist nur die hintere Hälfte erhalten.]

3076. Stud. Canova.

[Vgl. Förster a. a. O. S. 200, 1; Overbeck, *KM.* III, 633.]

S.-Fr. Kora n. l. in halb knieender Stellung; Kopf und Extremitäten sind zerstört. Von dem von r. heranschreitenden Pluton sind nur die beiden Oberschenkel und ein Theil des Unterleibes erhalten. [L. über Kora wird noch eine der stehenden Genossinnen c. f. sichtbar.]

3077. P. Corsetti. ○

S.-Fr. Ringsum gebrochen. L. ein aufgerichteter Kopf und Hals einer bärtigen Schlange. Im Hgr. r. zwei Hände einer kleinen Figur, die ein Tuch vor sich im Winde fliegen lässt. Davor in normaler Größe Kopf und Brust eines Mädchens, den Blick n. r. oben gerichtet. Das Gewand gleitet von der l. Schulter.

[**3078. Via Salaria** (links in einer Mauer, zwischen der Villa del re und der Brücke).

S.-Fr. Erhalten ist nur die Figur der Demeter auf dem Schlangenwagen, in der R. noch ein Rest der Fackel; der Kopf fehlt; darüber weht das gebauschte Gewand.]

3079. P. Castellani. ○

S.-Fr. Zwei angejochte geflügelte Drachen, n. l. gewendet. Von der Figur, die sie zügelt, sind nur Hand und Vorderarme erhalten.

3080. Palatin.

Zwei kleine Fragmente, möglicherweise einem S. mit Raub der Kora angehörig.

I. Oberleib der ährenbekränzten, n. r. aufblickenden Gaia [von hinten gesehen]. Ringsum gebrochen.

3081. II. Kopf des Hermes mit Flügelhut, [Figur n. r., Kopf n. l.], der die R. wie staunend erhob; oben ist ein Stück des Randes erhalten.

3082. P. Rondinini.

Beschr. von Zoega A. 427 [= Welcker's *Zeitschr.* 69, 111].
[Vgl. Förster, *Ann. dell' Ist.* 1873, 83, 1; *R. d. P.* 200, 3; Overbeck, *KM.* III, 634.]

Zwei Nbss. eines S.'s, der Größe nach zusammengehörig. I. Hermes mit Chlamys, Petasos und Kerykeion steht n. r. vor Pluton, der halbnackt n. l. gewandt da sitzt. Die L. ruht auf dem Kissen, welches den Thron bedeckt, [neben dem er in wunderlicher Verzeichnung sitzt]; die R. legt er an das aufgestemmte Scepter, »oben mit drei Kugeln, eine über der anderen, geschmückt«. — II. Eine der erschreckten Begleiterinnen der Persephone eilt mit ausgebreiteten Armen, den Kopf zurückwendend, n. l. Eine zweite kniet neben ihr [n. r.] vor einem gefüllten Blumenkorbe [und erhebt erstaunt die l. Hand.]

3083. P. Castellani.

S.-Nbs. Zwei erschreckte Begleiterinnen Kora's, knieend. Die eine, n. r. gewandt und gebückt, rückt anscheinend einen Blumenkorb zurecht und blickt dabei rückwärts. Die zweite ist n. l. gewandt und blickt n. r. Zwischen beiden steht ein kleiner Eros, im l. Arme einen Blumenkorb haltend; mit der R. zeigt er nach oben. [Im Hgr. eine Pinie. Der obere Abschluss zeigt zwei sich zugewandte Greife, zwischen denen ein Kandelaber.]

[3084. Vigna Guerrieri.

S.-Fr. Oben ist der Rand erhalten. Obertheil einer der erschreckten Nymphen, in gegürteter ärmelloser Chlamys und über den Kopf gewölbtem Obergewande, die r. Hand erschreckt erhoben, den Kopf n. r. gewandt. Obwohl derselbe im Übrigen nichts Porträthaftes zeigt, ist doch die Frisur den wirklichen Verhältnissen des dritten Jahrhunderts angenähert, indem die große Flechte von hinten über den Kopf aufgenommen ist. H. vom Nabel der Fig. bis oben zur Leiste 0,47.

Gute Arbeit.]

[3085. P. Spada.

S.-Fr. Erhalten ist nur der untere Theil vom einen der Pferde des Hades, und vom zweiten nur noch der Rest eines Beines. Von der Gaia unter denselben ist nur noch der n. r. geneigte blumen- und ährenbekränzte Kopf vorhanden, über dem sich Gewand bauscht.]

Nicht sicher zu erklären.

3086. V. Wolkonsky.

R. Ecke eines ungewöhnlich großen S's. Die ursprüngliche H. war etwa 1,10.

R. steht fast e. f. eine hohe weibliche Gestalt in gegürtetem Chiton mit Halbärmeln (der Kopf fehlt); der r. Unterarm war aufwärts gebogen (die Hand fehlt). Vor ihr zu ihren Füßen befindet sich ein klein gebildeter Schlangenfüßler (Arme fehlen), den Kopf n. l. In der Höhe des Unterleibes der weiblichen Figur erscheinen, links hinter ihr zum Vorschein kommend und n. l. gewandt, die Überreste eines Wagens: Rad, Deichsel und das Schwanzende einer vor den Wagen gespannten Schlange sind sehr deutlich. Auf dem Wagenrande sieht man die Hand einer sich aufstützenden kleinen Figur (Triptolemos?). — Von der r. Nbs. des S.'s ist noch ein schmaler Streifen vorhanden; man sieht die Hufe eines n. l. sprengenden Viergespannes. War hier der Raub der Kora dargestellt?

LEBENSLAUF.

Geburt, Erziehung, Hochzeit.

3087. V. Panfili.

Zeichnungen: Cod. Cob. 497, 237 = Cod. Pigh. 226, 222 (abgeb.: Beger, *Spicil.* 136, 139, woraus die l. Hälfte auch bei Inghirami, *Mon. Etr.* Ser. VI, Tav. 6); (Cod. Franks (276)]. — Beschr. von Zoega A. 221.

[Vgl. Welcker, *Zeitschr. f. G. u. A. d. a. K.* 212; O. Jahn, *Arch. Beitr.* 170, 196 ς; *Ann. dell' Ist.* 1847, 313, 3 a (Jahn).]

S.-P. [Zu Pighius' Zeit in Tivoli.] I. Auf einem einfachen Stuhle sitzt (n. r.) im gegürteten ärmellosen Chiton, den unteren Theil des Körpers noch mit einem Obergewande bedeckt, eine junge Frau, das Haar in einen Knoten gebunden. Zu ihr wird von einer alten Amme mit Kopftuch ein Kind geführt, das den l. Arm zu ihr ausstreckt (der r. ist zerstört, [auf C. und P. ebenfalls emporgestreckt]); das Kind steht, wie es scheint, in einem Waschbecken; [mir schien, dass die Amme es über das — bereits benutzte — Waschbecken weg der Mutter reicht]. Eine Frau im gegürteten Doppelchiton (n. l.), in der l. Hand eine Rolle haltend (Zoega: calamaio), nähert

mit der R. einen Stift einer Kugel, welche, von einer Sonnenuhr
(Zoega: ristauro? [ja, denn auf C. und P. fehlen Kugel und Sonnenuhr]) über-
wölbt, auf einem Pfeiler ruht. Ihr Blick wendet sich n. r. zur
zweiten (C. und P.: Blick n. l.), die ebenso gekleidet ist, doch
der Attribute jetzt ermangelt. Die dritte hält in der R. eine breite
Rolle, [auf C. und P. in der L. ein Täfelchen]; die vierte in der
L. einen Stab (Zoega: misurn), während sie die r. Hand der l. Schulter nähert; sie trägt eine Stephane, neben ihr ein' Rad. Auf C. und
P. ist die zweite Figur seltsamer Weise weggelassen. — II. Auf einem Stuhle
mit sich kreuzenden Beinen sitzt (n. r.) im doppelten Gewande
eine junge Frau, ein Kind säugend. R. davon etwas nach hinten
steht eine völlig bekleidete weibliche Figur (Blick n. r.); mit der
R. erhebt sie eine tragische [bärtige] Maske mit lang herab fallenden Locken. Hier endigt der Vorhang, der von der l. Ecke an
den Hintergrund gebildet hat. Weiter steht im Vgr. Hermes mit
gekreuzten Beinen, über der l. Schulter die Chlamys; in der gleichnamigen Hand ruht das Kerykeion; der Kopf ist zerstoßen. Ein Knabe
im Chiton mit kurzen Ärmeln und Mäntelchen, das die r. Schulter
bloß lässt, steht, eine Rolle entfaltend, vor seinem Pädagogen,
einem sitzenden lang bekleideten bärtigen Alten. Im Hgr. eine
bekleidete weibliche Figur, n. l. gewendet, den r. Arm unter dem
Gewande, mit der L. eine komische Maske mit großem Munde erhebend. — III. Auf einem von zwei aufstrebenden Rossen n. r.
gezogenen Triumphwagen, auf einen Adler gelehnt, sitzt ein junger (?) Mann (n. l.), mit der R. den Zipfel seines segelförmig sich
wölbenden Gewandes haltend. Unten erscheint n. r. ausgestreckt
eine weibliche bekleidete Figur mit flatterndem Gewande. Die
Rosse führt ein nur mit der Chlamys bekleideter, vom Rücken
sichtbarer Jüngling.

[Besonders in der oberen Hälfte sämmtlicher Figuren scheint mir sehr vieles
nur auf, wie C. und P. lehren würden, freilich schon alter Stuckergänzung zu
beruhen; Constatirung im Einzelnen ist bei der jetzigen Aufstellung ohne Leiter
nicht möglich.]

[**3088. Catacombe di S. Pretestato.**

S.-Fr. R. unvollständig, l. glatt abgeschnitten. Links zunächst ein
nackter Knabe, denjenigen gleich, welche eine der Jahreszeiten zu
repräsentiren pflegen; er bewegt sich im Tanzschritt n. r. und
blickt sich um nach einem Hunde, der an ihm in die Höhe nach
einem Hasen springt, den er in der erhobenen R. hält, während
im l. Arme das Lagobolon ruht. Rechts ein niedriger Altar, worauf ein Widderkopf. Dann weiter r. drei weibliche Gestalten: die

erste, fast e. f. stehend, Kopf n. r. mit etwas niedergeglittenem Gewande, hält mit beiden Händen etwas wie ein großes Füllhorn, das oben aber keinen Kelch, sondern einen thyrsosartigen Abschluss hat. Die zweite, ebenfalls Kopf n. r., schreibt mit dem Stifte in der R. auf eine Tafel, die sie in der L. hält. Schließlich, den Blick der zweiten zugewandt, eine dritte (ihr Gewand ist auch auf den Oberarm niedergeglitten), die in der R. eine Art Stab hält (kein Plektron); was die L. that, und was sie mit dem Stabe wollte, ist, da derselbe zerbrochen, nicht mehr zu constatiren. Zwischen den beiden letztbeschriebenen Figuren im Felde oben ein liegendes Kreuz in flachem Relief.]

3089. P. Guglielmi. ○

Abgeb.: *Mus. Chiaram.* (= Biondi, *Mon. Amaranz.*) Tav. XLIX.

S.-Fr. (alte palm. Rom. 1º. Auf einem Stuhle mit hoher Rückenlehne sitzt n. l. eine Frau, das Hinterhaupt verhüllt, in den Händen vor sich ein Wickelkind haltend.

3090. S. Lorenzo f. l. m.

[Wichtige Stiche Marcantons: s. Thode, *Die Antiken in den Stichen Marcantons u. a.* (1881), Taf. IV.

Zeichnungen: Cod. Cob. 497, 234, 235; Cod. Pigh. 226, 221 (abgeb.: Beger, *Contemplatio gemmarum quarundam Dactyliothecae Gorlei* (1697) p. 25); Cod. Vatic. 3439, fol. 90; Windsor V, 27. 28 (ohne den Deckel; Ende des Cinquecento); Cod. Franks (von Andrea del Sarto; der Deckel allein noch einmal aus dem Anfange des folgenden Jahrhunderts (65)) u. ö.

Abgeb.: Bottari, *Roma Sott.* II, 117, 118; Ficoroni, *Vestigia e rarità* zu p. 115; die Vorderseite allein: Bartoli, *Admiranda*, 58; der Deckel: Raoul-Rochette, *Mon. inéd.* pl. 72, A, 2.]

Beschr. von Zooga A. [○].

[Vgl. *Ann. dell' Ist.* 1844, 186 (Brunn); ebenda 196, 1; 1849, 407; Jahn, *Arch. Beitr.* 79, 84; *Rhein. Mus.* N. F. IV, 471 (Brunn); Rossbach, *Röm. Hochzeits- und Ehedenkm.* 40; *Ann. dell' Ist.* 1869, 22, 4 (Dilthey); Overbeck, *KM.* II, 2, 132 y.

Zum Deckel vgl. *Sächs. Ber.* 1849, 62 (Jahn).]

S. L. 2,35; H. 1,00; T. 1,20; Deckelhöhe 0,32. [Gr. M.]*). N. r. gewandt, das Gesicht etwas erhebend, erscheint eine weibliche Figur im ärmellosen Chiton; auf der l. Schulter ruht ein Mantel, der vorn vorgezogen und über den l. Ellbogen geworfen ist. Das Haar ist in einen Knoten zusammengenommen, auf dem Kopfe trägt sie eine hohe Thurmkrone mit Thoren und Zinnen. Im l. Arme ruht ein gefülltes Füllhorn, [an welchem auch die r. Hand lag]; der r. Unterarm fehlt. Es folgt, gleichfalls n. r. gewandt, ein

---

[*) Matz' Conceptblatt trägt die Notiz: »Am 28. October 1869 habe ich den S. noch einmal mit Rossbach auf alle Einzelheiten hin untersucht«.]

junger Mann in Toga und Schuhen; vom Hinterkopfe fallen gedrehte Locken, das Haupt umgiebt ein Lorbeerkranz; in der l. Hand
hält er eine Rolle. Gleichfalls n. r. gewandt eine Frau im gegürteten Chiton [mit bis auf den Unterarm gehenden genestelten Halb-
ärmeln] und darüber geworfenem Mantel; sie hält mit beiden Händen vor sich eine Lorbeerguirlande mit Tänien an den Enden. Eine
Frau, gleichfalls im doppelten Gewande, das etwas von der r. Schulter herabsinkt, [der r. Unterarm in der Mitte abgebrochen], hält in der L.
eine Taube (so auch Rossbach S. 60; mir ist das jetzt wieder zweifelhaft, weil sie den Vogel in so eigenthümlicher Weise am Bauche
fassen würde; Zoega denkt gewiss mit Unrecht an eine Lampe:
dafür sind die allerdings durch die Zeit etwas geglätteten Formen
zu rundlich, auch müsste sie dieselbe am Henkel fassen; man
könnte an einen kleinen Delphin denken, den die weibliche Meergottheit so auf Phaethonsarkophagen hält); [die Form der Taube ist
sicher; nach Marcanton, wohl richtig, Lampe in Form einer Taube].
Dieser Frau gegenüber steht ein älterer Römer (Porträt), kurz rasirt,
in der Toga, die auch über den Hinterkopf gezogen ist, in der
L. eine Rolle, die R. gesenkt; Hand und Vordertheil des Armes fehlen.
Zwischen beiden [oben] eine Inschrifttafel, durch vier Säulen mit
ionischem [Compositcapitäl n. d. Zeichnungen] Capitäl unterstützt. Davor,
zunächst dem Hgr. zwei Opferknaben; an dem ersten l. fehlen Kopf und
Hände, ob er die Doppelflöte spielte, ist daher zweifelhaft. Der zweite ist mit
Rosen bekränzt; vor sich hält er ein rechteckiges Täfelchen, auf
dem Kügelchen gereiht sind, welches Rossbach wohl mit Recht für
das Libum erklärt; er erinnert dabei an die römischen Pagnotelli.
Vor diesen Knaben erhebt sich vom Boden ein Flechtwerk, mit
Früchten angefüllt; dass der vorhin beschriebene Togatus r. hiernach die
(weggebrochene) R. ausstrecke, ist in der Restauration Bartoli's falsch. L. von
dem Korbe [treibt] ein Knabe in einem die r. Schulter frei lassenden Gewande [einen Widder n. r., indem er die R. auf dessen
Rücken legt]; die R. hält [zugleich] ein vorn gekrümmtes Opfer-
messer (zwar zerstört, doch in den Spuren deutlich erkennbar, [auf den Zeichnungen noch ganz erhalten]). Weiter rechts geht vor einem Vorhange
die Dextrarum iunctio vor sich: der Mann in Tunica und Toga,
die Frau in Stola und über den Kopf gezogenem Obergewande;
beide sind Porträts, er ältlich mit den Resten des geschorenen
Bartes. Zwischen beiden Iuno, gleichfalls das Hinterhaupt verhüllt, das Haar gescheitelt, die Hände auf beider Schulter legend.
Vorn Hymenäus von jugendlich schlanker Form ohne Flügel, mit
beiden Händen schräg vor sich die Fackel haltend, deren Flamme zer-

stört ist. L. vom Manne zwei Togati, ein älterer und ein jüngerer, [beide bartlos]. R. von der Frau eine jugendliche Figur im gegürteten Chiton, im Haar eine Binde.

R. Nbs.: Eine n. l. gewendete Jungfrau in langem Chiton, das Haar in einen Knauf gebunden; im l. Arme ruht ein Kasten, dessen Deckel sie mit der R. öffnet. Eine zweite Jungfrau im doppelten Chiton schreitet n. l., während sie sich n. r. umsieht; das Haar ist in einen Wirbel gebunden [Psychefrisur]; die r. Hand ist gesenkt, im l. Arme ein Schminkgefäß mit Deckel. Die dritte, gekleidet wie die erste, hält mit beiden Händen einen großen Spiegel vor sich; r. ein Thor [Chariten].

L. Nbs.: Ein Knabe in kurzer gegürteter, kurzärmeliger Tunica, n. r. schreitend, während er sich n. l. umsieht; er trägt eine Platte mit Früchten. Eine Frau im Chiton mit genestelten Ärmeln trägt vor sich mit beiden Händen eine Guirlande. Ein Opferpriester mit langem um die Lenden gegürteten Schurz, in der L. ein Schwert in der Scheide, führt mit der R. ein Opferschwein.

Deckel: An den Ecken bärtige Masken. Links Helios mit dem Viergespann auffahrend; hinter den Rossen Eos, unter denselben ein bärtiger Erdgott. Rechts Selene herabfahrend; ein geflügeltes Wesen (die Nacht?) fliegt ihr, sie zu verhüllen, mit einem Tuche entgegen, das sie an den Zipfeln hält. R. und l. davon symmetrisch die Dioskuren, Rosse am Zügel haltend. In der Mitte der ganzen Composition ein nackter bärtiger Mann e. f. [Hades]; der r. Arm war mit einer Lanze (Spitze erhalten) aufgestützt, doch ist er abgebrochen; der l. Vorderarm fehlt. R. von ihm sitzt ein Hund, den er sicher an dem noch erhaltenen Halsbande hielt, neben einem kurzen Baume. Rechts von ihm eine Frau [Demeter] in Chiton und Überwurf, die in der R. eine Sichel erhob, von der deutliche Spuren, mit der L. eine Fruchtschnur hält, die unten in einem gefüllten Korbe verschwindet. Links von der Mittelfigur eine jüngere Frau [Persephone], die in der L. ein jetzt weggebrochenes Scepter aufstützte, von dem sich oben Spuren erhalten haben; die R. fehlt; jedenfalls reichte sie dieselbe nicht der Mittelfigur. L. von ihr an der Erde eine deutliche Taube, an einer Pflanze pickend. [Hinter den drei Mittelfiguren ein in die Höhe gezogener Vorhang.] Ausgezeichnete Arbeit.

Die christlichen Aufschriften lauten: »Hic requiescit corpus domini Guilelmi sancti Eustathii diaconi cardinalis nepotis quondam felicis recordationis domini Innocentii.

Papae quarti ex progenie comitum Lavaniae orti, cuius anima requiescat in pace«.

3091. V. Wolkonsky.

S.-Frr.? Vier Stücke von guter römischer Arbeit. Urspr. H. etwa 0,95.

I. Das erste Fragment zeigt zwei mit dem Rücken gegeneinander gekehrte Figuren in vollkommen ruhiger Stellung; die erste, n. l. gewandt, trägt einen Schuppenpanzer und an der Seite ein Schwert mit reich verzierter Scheide. Die zweite n. r. gekehrte trägt eine gegürtete Ärmeltunica; darüber einen Mantel, der auf der r. Schulter durch eine Agraffe befestigt ist. Der untere Theil, Köpfe und Hände fehlen.

II. Das zweite Fragment enthält zwei oben und unten verstümmelte, in Tunica und Toga gekleidete, n. r. gewandte Figuren. L. davon erscheint ein bis auf einen umgegürteten Schurz nackter bärtiger Page in viel kleineren Dimensionen, der zur Tödtung eines Stieres (von dem ein Stückchen erhalten) auszuholen scheint. Die Arme fehlen zum großen Theil. Der Kopf ist mit einem Kranze umgeben.

III. Sehr verstümmeltes Fragment eines n. r. schreitenden Kriegers in kurzer Tunica, Panzer, Sagum und Stiefeln, der die L. an den Schwertgriff legt. Dahinter dürftiger Rest einer Togafigur, in deren l. Arme ein Schwert ruht.

IV. Dem II. sehr ähnlich, doch nicht etwa symmetrisch, sondern gleichfalls alles n. r. gewandt; von dem Pagen ist hier noch weniger erhalten, doch ist die Handlung noch vollkommen deutlich.

3092. Kl. P. Mattei.

S.-Fr. Nach einer von Stuck gemachten leicht kenntlichen Ergänzung folgt n. l. gewandt eine Matrone mit verhülltem Hinterhaupte, in der L. ein Kästchen, die R. ging nach vorn nieder: wahrscheinlich streute sie Weihrauch in eine Opferflamme. Es folgt ein junges Mädchen, das Haar hinten in einen Schopf genommen, mit beiden Händen vor sich eine Guirlande haltend.

Sicher ergänzt sind die folgenden Figuren: ein Satyr mit Lagobolon, der eilig n. l. springt, und der Panther an der Erde. [Der Panther ist neu, der Satyr ist nicht ergänzt, sondern von dem r. Ende eines elliptischen bacchischen S.'s; derselbe hat in der R. ein Tympanon, im l. Arme ein Lagobolon, und auf der l. Schulter die Nebris geknüpft.]

3093. V. Rössler.

S.-Fr. Sehr groß. Mittelstück. L. eine Römerin in genestelter Ärmeltunica und darüber geworfenem Mantel, die l. Hand gesenkt, der r. Unterarm gebrochen, [Haartracht der jüngeren Faustina, nur ist statt des Knaufes das Haar in einen niederhängenden Schopf nach Iulierart geordnet]. R. ein Römer (mit Barttracht der Antonine,

[Kopf und Hals fehlen jetzt; der Bruch ist glatt]' in Tunica und Toga. Mit der l. Hand berührt er seine Toga, mit der r. (zerstörten) libirt er zweifelsohne in die Flamme eines jetzt weggemeißelten Altares. Zwischen beiden erscheint ein Opferknabe mit Lorbeer bekränzt, die Doppelflöte blasend. Vor der Frau steht ein Knabe in Tunica und Toga.

Mittelmäßige Arbeit.

3094. P. Corsetti.

S.-Fr. Die Braut wird von einer hinter ihr stehenden Frau sanft n. l. geschoben. Nur die Motive sind erkennbar. Köpfe [und Füße] fehlen.

[3095. V. Aquari.

Abgeb.: *Bull. della comm. comun.* 1877, Tav. XVIII.

Vgl. Aquari, ebenda 150—56; *Bull. dell' Ist.* 1878, 66, 67 (Lumbroso; Henzen).

S. Gefunden an der Via Latina im Bereiche der V. Aquari 1877.' Grauer gr. M. In der Mitte der Vrds. steht ein Ehepaar, sich die R. reichend; der Mann, im Begriff n. r. abzugehen, im Reiseanzuge: Gamaschenschuhe, bis zur Mitte der Unterschenkel reichende Tunica mit Ärmeln und ebenfalls nicht tief reichende Toga, die vorn über der Brust den breiten Streifen bildet, und, nachdem sie ihn einmal ganz umgeben hat, in einem Zipfel von der l. Hand an der l. Seite aufgenommen wird. Er hat einen kurzen Bart und ziemlich kurzes, glatt anliegendes Haar; die Augen sind schmerzlich aufgeschlagen und der Mund geöffnet; es ist deutlich, dass er Abschied nimmt von der Frau, welche ihre L. auf seine r. Schulter legt und ihn ebenfalls mit deutlich schmerzlichem Blick ansieht. Sie trägt einen am r. Arme niedergleitenden Chiton mit geknöpften Halbärmeln und Mantel, der r. Brust und Schulter frei lässt, sowie Schuhe; ihr Haar ist in bekannter Weise in breiter Flechte von hinten über den Kopf nach vorn genommen. Zwischen den Eheleuten im Vrdgr. steht ein Kandelaber mit roth brennender Flamme. Im Hgr. steht Iuno im einfachen ungegürteten Gewande, und legt auffälligerweise nur ihre r. Hand auf die r. Schulter der Frau und wendet auch zu dieser den Kopf, welchen ein vorn mit einem Edelsteine geschmücktes, oben gezacktes Diadem krönt. Hinter dem l. Fuße des Mannes liegt ein Schriftbündel am Boden. R. hinter ihm steht ein Togatus mit wirrem reichem Haar und starkem Barte, der auf die Gruppe hinblickt und in der L. eine Rolle hält. Neben dieser Gruppe stehen noch l. und r. je zwei

symbolische weibliche Figuren, und zwar von l. n. r.: 1) L. Standbein, Kopf n. r., in ärmellosem, mit einem Strick gegürteten Chiton und einem Mantel, der von der l. Schulter aus hinten herum-
geführt, an der r. Hüfte vorgenommen und an der l. Seite von der
l. Hand aufgehoben wird und dann im Zipfel niederfällt; auf der
erhobenen R. hält sie einen Leuchtthurm in drei Stockwerken mit
oben brennender Flamme; unten sowohl l. wie r. von ihr ist Wasser, und auf demselben links das andeutende Vordertheil eines
Schiffes. Die Figur ist Portus zu benennen nach dem Inschriftreste auf der Leiste Ϝ . ꓤ ⁻ . ., wohl als Nomen proprium für den
Portus Traiani zu fassen, wodurch auch ihre Bildung als weibliche
Gestalt erklärt würde. — 2) Ebenso gekleidet, nur fällt der Mantel über den l. Vorderarm zurück, ebenfalls l. Standbein, der vorigen zugewandt; im l. Arme ein Ruder, in der R. hält sie ein mit
einem Knopfe abgeschlossenes längliches Täfelchen hoch (am Oberarme ein Armband); auf dem Kopfe eine Thurmkrone (Puteoli?). —
3) Ebenso gekleidet wie die anderen; nur ist der Mantel über den
Hinterkopf gezogen und ein Diadem schmückt den Kopf; r. Standbein, Kopf n. l., im l. Arme ein großes Füllhorn, in dem man
Trauben, Ähren, einen Pinienzapfen, und andere Früchte gewahrt;
im Gewandbausche vor ihrem Schoße, den sie mit beiden Händen
unterstützt, hält sie ferner Ähren und Früchte und jederseits von
ihr am Boden steht ein großer Modius voller Ähren; den r. Ellbogen stützt sie auf ein hohes, hinter dem Modius verschwinden-
des Ruder (Sicilia? die bisherige Erklärung, Annona, würde die Concinnität
stören, und ist mir aus verschiedenen Gründen unwahrscheinlich; ebenso wie ich
auf dem Monumente der Gall. d. candelabri, *Arch. Zeit.* 1847, Taf. 4 lieber Sicilia
und Alexandria, als mit Brunn, *Annali* 1849, 136 Sicilia und Annona erkennen
würde). — 4) Ebenso gekleidet; sie fasst mit der L. noch den Zipfel
des bereits über den l. Unterarm zurückgefallenen Gewandes, und
hält in der frei niedergehenden R. Ähren, als wolle sie dieselben
auf den zwischen ihr und der vorigen Figur befindlichen Modius
legen. Die Elephantenexuvien auf dem Kopfe charakterisiren die
Figur als Africa, was bestätigt wird durch die über ihr sich befindlichen Inschriftreste: . F . . . A ▾
  (Sicilia und Africa vereinigt in ähnlicher Weise z. B. Helbig, *Wandgemälde* 1115.)
Hinter dem Ganzen ein Parapetasma.
Von den Inschriften auf der Leiste sind nur die angegebenen
roth ausgefüllten Reste geblieben; alles Andere ist cancellirt (hier-
über s. *Bull. com.* a. a. O.).
Noch einige Farbenspuren sind erhalten, namentlich roth, z. B.

an der Flamme von Altar und Leuchtthurm und den Gewandsäumen; in den Haaren einiges gelb.

Vom Deckel mit einfachem Sims sind nur Bruchstücke da. — Nbss. leer.

Die Arbeit weist in die erste Hälfte des dritten Jahrhunderts; sie ist noch äußerlich sorgfältig — so sind z. B. an den Porträts die Augenbrauen angegeben und verschiedene kleine Natürlichkeiten, die bei den symbolischen Figuren fehlen — geht aber im Einzelnen schon in das spätere Schema über.]

3096. V. Ludovisi.

Beschr. von Zoega A. 327.

[Vgl. Schreiber, *Die antiken Bildw. der V. Ludovisi* 212. 213; p. VI.]

S. L. 2,25; H. 1,20; Br. 1,00. Christlich. Der Sarkophag ist durch vier spiralisch geriefelte Säulen mit Compositcapitäl in drei Nischen getheilt, von denen die mittlere oben dreieckig, die zwei zur Seite im Bogen geschlossen sind. In jeder der Nischen sind zwei stehende Figuren: in der mittleren erscheint n. r. gewandt eine Frau in Stola mit auch das Hinterhaupt bedeckendem weitem Obergewande, das sie mit der L. oben zu lüften scheint; ihre R. reicht sie einem kurzbärtigen und kurzgeschorenen Römer (Constantinischer Typus), der in der gesenkten L. eine Rolle hält; zwischen beiden ein Eros mit erhobener Fackel; [hinter ihnen ein Vorhang]. In der Nische links eine Frau in doppeltem Gewande (Kopf fehlt), die vor sich in beiden Händen ein hohes Kästchen trägt; ihr zugewandt eine gleichgekleidete Frau (Kopf fehlt ebenfalls), die mit der r. Hand ursprünglich das Kinn berührte. In der Nische rechts ein bärtiger Togatus, der sich, den [größtentheils weggebrochenen] r. Arm erhebend, zu einem gegenüber e. f. stehenden kurzbärtigen Römer wendet, der in der L. eine Rolle hält.

Nbss. (wenig ausgeführt): Gorgoneion zwischen Festons.

Oben auf dem Deckel ein Ehepaar gelagert nach Weise des angeblichen Sarkophages des Alexander Severus im Capitol: der Mann hat in der L. eine geöffnete Rolle, die Frau in der R. eine dünne cylindrische Binde, die mit großen Knoten und langen Tänien geschmückt ist (so Zoega). An den vorderen Ecken des Pfühles zwei schlafende Eroten; unter ihnen zeigt die Vorderseite des Pfühles in flacher Zeichnung je einen Delphin.

Inschrift im Tympanon [auf dem Relieffelde selbst]:

<pre>
                    D M Ð I
                    A V R E L I
  VARIA   THEODORI EMI   SVO
OCTABIANA   NENTISSIMAE   INNOCEN
C · F · CONIVGI MEMORIAE VIRI   TISSIMO FECIT
                 DEPOSSIO DIE
                 III · NON · IVNIAS
</pre>

[n. m. A.].

[3097. Vigna Guidi.

S.-Fr. L., r. und unten unvollständig; gr. L. 0,93; gr. H. 0,65. Soll aus Porto stammen.

L. und r. von einem Altare stehen l. ein Mann, r. eine verhüllte Frau und geben sich die Hände. Im Hgr. e. f. Iuno mit hohem Diadem und stark angegebenen Augensternen. Hinter der Scene ein Vorhang. Links noch fast unkenntliche Reste von zwei Figuren.]

3098. P. Giustiniani.

Abgeb. theilweise: *Gall. Giust.* II, 68.

Beschr. von Zoega A. 414.

S.-Fr. (mit cannelirten Säulen). In der Mitte ist eine Dextrarum iunctio dargestellt. Links der Bräutigam (bärtig) in Toga, r. die Braut, tief verschleiert (die Hände, die sie sich reichen, sind modern); zwischen beiden Iuno mit dem Diadem, welche die Hände auf ihre beiden Schultern legt; die Füße der letzteren sind modern. Oben schweben symmetrisch zwei Eroten, deren oberer Theil, so wie der Kranz, den sie im Stich halten, völlig zerstört ist. Die ganze Gruppe ist in eine von geriefelten korinthischen Säulen eingeschlossene Nische gestellt. R. und l. davon waren ähnliche schmälere mit Musen(?)figuren, doch sind von diesen die r. ganz verloren und von Stuck ergänzt, von denen zur L. ist die erste im Wesentlichen und auch ein Stück der zweiten erhalten. Die Figur in der an die Mittelnische anstoßenden trägt ein langes Untergewand mit langen Ärmeln, darüber ein kurzes Obergewand, das die r. Brust nicht bedeckt; das reiche Haar ist hinten zusammengenommen. Sie erhebt den Blick. Die Arme sind gesenkt; in den Händen hält sie nicht mehr erkennbare längliche Gegenstände (Flöten?). Von der Figur in der zweiten Nische ist nur das obere Stück erhalten. Der Blick war n. r. gerichtet, [der Mund wie singend geöffnet]. Sie hielt eine große Lyra; in der L. das Plektron.

3099. San Saba.

Notirt von Zoega A. 510.

Vgl. Montfaucon, *Diar.* 105: »quae aliquot iam aecculis sepulcrum Vospasiani et Titi putatur esse«; (Rossbach, *Röm. Hochzeits- und Ehedenkm.* 171; Overbeck, *KM.* II, 2, 132 cc).

S. Groß und geriefelt. In dem Mittelfelde ist eine Dextrarum iunctio dargestellt. L. steht die verschleierte Frau, r. der Mann, der eine Toga mit breitem Querstreifen trägt und in der gesenkten l. Hand eine Rolle hält. In der Mitte erscheint Iuno mit Diadem in Profil, n. l. der Frau zugewendet, auf deren Schulter sie auch die R. legt. Die L. ist nicht sichtbar. Die Gesichter sind abbozzirt. Zu den Füßen des Mannes steht ein Schriftkasten mit Rollenbündeln.

In der l. Ecke vor einem Vorhange eine Frau e. f., den Kopf etwas n. r. gewandt; das Obergewand geht von der l. Schulter über den Hinterkopf und vorn über die Brust zurück, wo es von der l. Hand aufgenommen wird. Das Haar ist gewellt.

An der correspondirenden Stelle gleichfalls vor einem Parapetasma ein Mann, bärtig, bekleidet mit Toga und Tunica, in der Hand eine Rolle; neben ihm Schriftbündel.

Nbss.: Greife.

3100. P. Verospi.

Beschr. von Zoega A. 529.

[Vgl. Rossbach, *Röm. Hochzeits- u. Ehedenkm.* 169; Overbeck, *KM.* II, 2, 131 v.]

s. Innerhalb einer überwölbten Nische ist eine Dextrarum iunctio auf die gewöhnliche Weise dargestellt. Zwischen Bräutigam, [der in der L. eine Rolle hält] und Braut steht Iuno iuga, [welche die Hände auf beider Schultern legt]. Unten ein Eros, die Fackel erhebend. [Unter dieser Scene eine Art von Postament, geschmückt mit Festons, die von Vögeln getragen werden.] Links und r. in schmalen Nischen am Ende der geriefelten Platte folgende Darstellungen »su due basamenti ornati d'un festone sostenuti da due aquile« Z.. L.: Ein junger Mann mit angehendem Barte, gekleidet in eine kurzärmelige Tunica, über den Rücken fallendem Paludamentum, und bis etwas über's Knie reichenden Hosen und Schnürstiefeln, steht n. r. Er stützt sich mit der L. auf einen Speer auf, mit der R. scheint er (die Hand fehlt) in die Flamme eines flachen Beckens zu libiren, das ein kleiner Eros [ohne Flügel!] mit beiden Händen in die Höhe hält. In der Mitte des Feuers gewahrt man einen Pinienzapfen. R.: Eine Frau im gegürteten Untergewande [mit Ärmeln] und über das Hinterhaupt gezogenem Mantel hält in

der l. Hand ein Weihrauchkästchen; der r. Arm ist in die Höhe
gebogen. L. vor ihr ein Dreifuß mit lodernder Flamme, [in welcher Pinienzapfen. Hinter diesen Figuren ein Vorhang].

Nbss.: sich kreuzende Schilde und Speere.

3101. V. Rondinini.

S.-P. In der Mitte der geriefelten Platte befindet sich unter
einem von [geriefelten] Säulen getragenen Bogen ein Ehepaar. L.:
Die Frau [in langärmeligem Chiton] mit verhülltem Hinterhaupte
erhebt mit der L. einen Zipfel ihres Gewandes; ihre R. legt sie
in die R. ihres Mannes [ältlich, kurzhaarig und fast glatt rasirt],
der in der L. eine Rolle hält. Auf den Säulen als Verzierung
n. l. und r. blasende Tritonen.

Rohe Arbeit.

3102. Lateran.

S.-P. Geriefelt. In der Mitte unter einem Bogen eine Dextrarum iunctio der gewöhnlichsten Art. R. der Mann, l. die Frau.
Hinten Iuno iuga, die Hände auf die Schultern beider legend.
Zwischen ihnen ein Eros mit der schräg gehaltenen Fackel [nach
vorn l. gewandt]. An der r. Ecke eine Frau im gegürteten [ärmel-
losen] Chiton und darüber geworfenen Mantel. Der r. Unterarm
(abgebrochen) ist aufwärts gebogen; Kopf und r. Arm fehlen; [hinter ihrem
Kopfe ein Vorhang]. L. die Reste eines Dreifußes. Die entsprechende
Figur an der anderen Seite ist weggebrochen.

3103. V. Giustiniani.

S.-Fr. L. und r. unvollständig. Der l. stehende Mann, der in der
L. die Rolle hält, ist unbärtig, die Frau verschleiert. Der untere
Theil ist restaurirt.

3104. P. Mattei.

[Abgeb.: *Mon. Matth.* II, 81, 3.]

S.-Fr. Mittelstück. Unter einem von zwei Säulen [mit nicht aus-
gearbeiteten Capitälen] getragenen Bogen sitzt e. f. ein unbärtiger
Römer, die R. auf die Brust legend. Neben ihm ein Schriftbündel. Auf den Säulen n. l. und r. blasende Tritonen.

3105. P. Camuccini.

S.-Fr. Frau und Mann, letzterer in Toga, neben einander.
Beide in der L. eine Rolle. Kopf und Füße abgebrochen. [Zwischen
ihnen an der Erde ein Scrinium.]

3106. V. Panfili.

S.-Fr. Zwischen zwei von einem Bogen überwölbten Säulen eine Dextrarum iunctio, ohne Iuno iuga.

3107. V. Panfili.

Beschr. von Zoega A. 285, 25.

Zwischen einem Römer und einer Römerin, [welche sich die R. reichen], Hymenaeus als Kind mit der Fackel. Im Hgr. zwischen beiden Iuno iuga mit Diadem und verhülltem Hinterhaupte, [in der vorgestreckten Hand eine Rolle]. Die Köpfe der beiden ersten Figuren sind nur abbozzirt.

[3108. Via S. Lorenzo 5.

S.-Fr. Ein Togatus und eine Frau in Stola und Palla reichen sich die R.; der Mann hält außerdem in der vorgestreckten L. eine Rolle. Zwischen beiden unten ein sehr verstümmelter Eros, der, während er zum Manne eilt, sich zur Frau umblickt. Oben wird die Iuno sichtbar, in gewohnter Weise die Hände auf die Schultern der Eheleute legend. (Gesicht weggeschlagen).]

3109. V. Pitocchi.

S.-P. L. und r. unvollständig. Geriefelt. In der Mitte ist eine Nische [in Form eines viereckigen Raumes], in der ein Ehepaar in der gewöhnlichen Weise gebildet erscheint. Zwischen beiden steht die Iuno iuga mit Diadem, [die Hände auf die Schultern legend]. An den beiden Seiten [am Ende] sind die fragmentirten Gestalten eines Hirten, der auf der r. Schulter einen Widder, auf der linken ein Schaf trägt; in der Hand die Syrinx.

3110. V. Panfili.

S.-Fr. Ein Togatus (Kopf ergänzt) reicht einer Frau [Kopf ebenfalls neu] die R. Zwischen beiden ein Eros mit erhobener Fackel.

3111. V. Wolkonsky.

S.-Nbss. L. 0,84; H. 0,77. Von den Vorderseiten sind nur die äußersten Figuren erhalten. An der (ursprünglich) r. Seite vom Beschauer eine Togafigur e. f. [mit dem breiten Streifen über die Brust], auf der l. eine weibliche, ganz in das Gewand geschlagene Gestalt, beide ohne Kopf; [hinter'm Ganzen war ein Vorhang]. Die Nbss. selbst enthalten in flachem Relief Greife.

3112. P. Colonna.

[Abgeb.: Braun, *Antike Marmorw*. II, Taf. 3.]

S.-Fr. Oben und an beiden Seiten gebrochen. R. steht, halb n. l. gewendet, ein Mann in Tunica und Toga; die R. berührt den größeren der Umbones. Folgt n. r. eine Frau im doppelten Gewande, in der L. eine Ähre. [Von diesen beiden Figuren fehlen nur Kopf und Hals.] Von einer dritten n. r. gewendeten weiblichen Figur ist nur ein schmaler Streifen erhalten. Vor letzterem steht ein kleines Kind in langem Kleide, das in eine aufgeschlagene Tafel schreibt.

Studien, Musik u. s. w.

3113. P. Corsini.

Abgeb.: Bottari, *Roma Sott*. I, 122, vgl. p. 126: »inventus in coemeterio Sancti Urbani, in hortos Corsinios translatus teste Lupi della Comp. di Gesù«.

S. Groß. Geriefelt. In der Mitte ein Schildchen von der Form eines Citronenblattes; darin eine Darstellung des guten Hirten. L. und r. an der Ecke folgende Darstellungen. L.: Eine Frau in doppeltem Gewande, [das Untergewand gleitet von der r. Schulter nieder] sitzt n. r. auf einem Stuhle, [der an der hinteren Ecke mit einem jugendlichen Kopfe verziert ist]; auf dem Schoße eine Kithara, in der R. ein Plektron. Hinter, vor und neben ihr drei Musen, durch die Kopffedern gekennzeichnet. Die vor der Frau stehende scheint Unterweisung im Spiel zu geben; sie erhebt belehrend zwei Finger der r. Hand und berührt die Kithara mit der L.: die hinter dem Stuhle stehende trägt ein langes [und langärmeliges] Gewand mit breitem Gürtel [Melpomene]. Vor dem Stuhle zwei ungeflügelte Eroten; der eine hat den anderen, der eine Rolle(?) [scheint mir ein Palmzweig] hoch hält, wie als ringe er mit ihm, um den Leib gefasst. R.: n. l. sitzt ein unbärtiger Mann in Toga mit breitem Querstreifen über der Brust, die R. erhebend, [in der L. eine aufgeschlagen zusammengefasste Rolle]. Hinter ihm drei Männer, gleichfalls in Toga; zwei von ihnen sind sicher bärtig. — Nbss. leer.

[3114. P. Camuccini.

S.-Fr. L. und r. unvollständig. Der Sarkophagkörper war eingetheilt in abwechselnd spitz und rund abgeschlossene Felder. Im spitzgiebeligen Mittelfelde war eine weibliche Büste vor einem Vor-

hange, von der noch der erhobene l. Unterarm mit Hand und Gewandzipfel erhalten. In dem rund abgeschlossenen Felde rechts sitzt n. r. unter
einem Lorbeerbaume eine Muse mit großer, auf den r. Oberschenkel aufgestützten Lyra, welche die R. spielte (diese mit dem Plektron
ist noch an der Lyra erhalten, der Arm von der Mitte des Oberarmes abwärts
und das Gesicht sind weggebrochen). Vor ihr steht ein kleineres Mädchen
in ärmellosem Chiton und Mantel; die R. ruht im Mantel vor der
Brust, die L. geht nieder; Kopf und Unterbeine fehlen.]

3115. Via Mario de' Fiori 81. ○

[Jetzt in den Brunnen vermauert, und daher unsichtbar.]

S. An den Enden rund. An den Enden in einem ausgesparten
Raume je eine Darstellung. L.: Eine Frau im doppelten Gewande
sitzt n. r., die r. Hand an den Gürtel legend, in der L. eine halb
entfaltete Rolle haltend. Vor ihr steht n. l. ein Mädchen im Chiton mit Überschlag und Knauf im Haar. Die Haltung der Arme
ist nicht mehr erkennbar. — R.: Nach l. gewandt sitzt auf einem
Sessel mit Löwenfüßen ein jüngerer Mann; in der L. eine Rolle,
zwei Finger der r. Hand erhebend. Vor ihm steht ein junger Mann
ähnlich gekleidet. Handlung nicht deutlich.

3116. Piazza Borghese.

Beschr. von Zoega A. 96ᵉ.

S. Groß. An den Enden rund. Geriefelt bis auf zwei mit Figuren
gefüllte Theile an den Ecken [und die Theilung in der Mitte
durch einen belaubten Baum]. L.: Auf einem Stuhle mit hoher
Lehne sitzt n. r. eine Frau [Porträt mit Frisur aus dem vierten
Jahrhundert] im doppelten Gewande; auf ihrem Schoße undeutliche
Reste einer Lyra (?). Vor und hinter ihr stehen zwei deutlich durch
die Federn über der Stirn als solche gekennzeichnete Musen. —
R.: Eine vollständig zerstörte Gestalt n. l. sitzend, wie mir scheint
weiblich, auf dem Schoße ein Volumen; der Zeigefinger der r. Hand
ist ausgestreckt. Vor ihr steht ein Mann, bärtig mit kahlem Kopfe,
in ein Himation geschlagen, das den größten Theil der Brust frei
lässt. R. ein Mann in Toga mit einer Rolle (?) in der Hand.

3117. Via di p. Sebastiana (bei S. Sisto).

Inschrift: de Rossi, *Inscr. Christ.* I, p. 11: »In sarcophago via Appia prope Villam
Quintiliorum an. 1849 effossa«; C. L. Visconti, *Giorn. Arcad.* 1856, 144, 46, 64:
»apud Io. Bapt. Guidi«.

S.-D. An den Ecken unbärtige [weibliche] Masken. L. sitzt
n. r. im Himation auf einem Sessel ein unbärtiger Mann, der mit

der R. sich auf's Kissen seines Schemels stützt, während er mit
der L. eine Rolle berührt(?), die auf einem vor ihm stehenden
Pfeiler liegt. An diesen lehnt sich n. l. eine Figur, die R. an den
Kopf legend, im Motiv der Polyhymnia, doch scheint sie männlich,
[ich halte sie für weiblich]. Folgt ein unbärtiger Mann [etwas vor-
gerückt im Alter, so scheint es, gegen den vorigen] im Himation,
e. f., das l. Bein auf eine Art Schemel hoch aufstützend, in der
[erhobenen] L. eine Rolle; die R. legt er vor die Brust (ob decla-
mirend gedacht?). Dann ein junger Mann im Himation; in der
Hand eine Rolle, wendet er, n. l. abgehend, seinen Kopf n. r. zurück auf einen sitzenden unbärtigen jungen Mann im Himation,
der gleichfalls in der L. eine Rolle hält und die R. belehrend erhebt. Die Mitte des Ganzen nimmt die Inschrifttafel ein:

D M S
P · PVPIENO MA
XIMO PATRI
(sol) PVPEN · RVFINAE

Ein kahlköpfiger bärtiger Mann sitzt n. r. auf einem Schemel, in
einer Rolle lesend. Ihm gegenüber ein Jüngling im Himation mit
gekreuzten Beinen, sich anlehnend und die L. an den Hinterkopf
legend; er scheint genau zuzuhören. — Brustbild einer Frau mit
abbozzirtem Kopfe, [es scheint mir nicht zwingend, eine Frau zu erkennen: von einer Brustausbildung keine Andeutung, während
Tunica und Mantel ebenso gut auf einen Mann passen]. — Auf
einem Pfeiler n. r. steht eine bärtige tragische Maske. Ihr gegenüber sitzt in Tunica und Mantel ein bärtiger Mann; in der L. ruht
ein Stab, die R. erhebt er [gegen die Maske und spricht; vgl. z. B.
Lateran 245].

[3118. P. Corsini.

S.-Frr. Gr. M. An den Enden rund. Breitere, mit einem Spitzdache abgeschlossene Nischen wechseln ab mit schmalen rundgewölbten.

1) (Beim Halbrondel.) Von der l. Hälfte der Vorderseite. Erhalten sind
zwei Spitz- und zwei Rundnischen. In ersteren zur L.: ein bärtiger Mann, im Mantel, der den größten Theil der Brust frei lässt,
sitzt n. r. auf einem mit einer Decke belegten Sessel mit Löwenfüßen. In der vor den Leib gelegten am Sessel sichtbar werden-
den l. Hand hält er eine etwas aufgerollte Rolle, die r. liegt darüber auf dem Schoße. Er blickt eine weibliche tragische Maske
an, die vor ihm auf einem runden Postamente steht. In der ent-

sprechenden Nische zur R. sitzen sich gegenüber auf gleichartigem Stuhle, in gleicher Haltung und Tracht l. der Alte, bequem zuückgelehnt, zuhörend, wie ein Jüngling declamirt; des letzteren r. Hand ruht im Schoße, die l. ist weggebrochen. In den schmalen Nischen stehen je ein nackter Knabe; der eine, n. r. zurückblickend, fasst sich mit der R. an den Kopf, und hält im l. Arme ein Lagobolon: der zweite, dessen r. Arm niedergeht, hält im l. einen Pinienzweig.

2) (Oben im Garten unter der mod. M. Aurel'sbüste) von der r. Hälfte: Zwei Spitz- und eine Rundnische. Die Vorstellungen sind ähnlich. In der größeren Nische zur L. sitzen sich die Beiden ebenso gegenüber, wie vorhin, nur mit dem Unterschiede, dass der Alte in der R. eine geschlossene Rolle hält, und der Jüngling eine entrollte, und, dieselbe mit beiden Händen zusammenfassend, den Alten anblickt, als würde er von ihm im Lesen unterbrochen. In der entsprechenden Nische r. sitzt der Alte n. l. vor einer auf eckigem Postamente stehenden weiblichen, diesmal komischen Maske; er hat seine Hand mit der Rolle an das Postament gelegt und hält die l. am Gewande auf dem Schoße. Zwischen beiden Nischen in der allein erhaltenen runden ein Knabe, wie vorher n. l., der die r. Hand auf den Kopf gelegt hat und im l. Arme ein Lagobolon hält. Die entsprechende Nische l. fehlt mit dem Kopfe des Alten zur R.

Zwischen beiden Hälften fehlt im Übrigen wohl nur das Inschriftfeld, welches, wie aus einem Ansatz zu schließen, leer geblieben war.]

3119. V. Altieri.

S.-D.-Fr. L. und r. gebrochen. Zwei Männer mit nacktem Oberleibe sitzen einander gegenüber, der eine mit einer Rolle, der andere ohne eine solche, doch neben einem runden Pfeiler, auf dem eine Maske steht. Weiter r. erhebt sich auf einer Säule eine Sonnenuhr, auf welche das Fragment eines gleichfalls sitzenden, ebenso wie die anderen gekleideten Mannes folgt. [Hiervon sah ich nur noch ein kleineres Stück, und zwar den neben der Maske sitzenden bärtigen Mann, sowie l. das l. Bein und die Hand mit der Rolle des ihm gegenüber sitzenden. Vgl. Nr. 3367.]

[3120. V. Fiorelli.

K.-S.-Fr. L. steht ein bärtiger Mann, den Mantel um l. Schulter und Leib (r. Brust und Arm frei); er hat die r. Hand erhoben. Vor ihm auf einem Pfeiler eine Sonnenuhr. R. davon sitzt ein eben solcher bärtiger Alter n. r., die r. Hand erhoben (die Hand fehlt; ebenso der untere Theil beider Figuren).]

[3121. Albergo Costanzi.

S.-D.-Fr. L. und r. unvollständig. In der Mitte steht auf einem Sockel links ein Schriftbündel, r. eine Lyra. Links sitzt am Boden ein bärtiger Mann n. r., in einen Mantel gehüllt, der r. Schulter, Brust und Arm frei lässt; in der L. eine halb geöffnete Rolle, in der R. einen Griffel. Rechts sitzt ebenso n. l. ein ähnlicher Mann, ebenso gekleidet, jedoch mit ganz freiem Oberkörper: mit der weggebrochenen L. aufgestützt, in der auf dem r. Knie ruhenden R. einen langen Stab; er blickt sich um.

Sehr oberflächliche Arbeit.]

3122. V. Rondinini. ○

S.-Fr. in kleinen Figuren vielleicht von einem Deckel herrührend.

R. sitzt n. l. ein Mann und entfaltet eine Rolle; l. von ihm steht ein anderer, gleichfalls mit Rolle.

3123. P. Corsetti.

S.-Fr. L. steht n. r. auf einem runden Postamente eine Statue [der Athena], völlig zerstört bis auf den Schild in der L. Rechts neben dem Postamente steht eine Frau im gegürteten Chiton mit Überschlag und legt die R. auf die Schulter eines jungen Mannes [in Tunica und hinten lang niederfallender Toga], der eine Rolle entfaltet. [Die Scene geht auf Felsterrain vor sich innerhalb eines halbrunden Feldes, welches durch eine (wohl von Eroten getragen zu denkende) Fruchtguirlande gebildet wird.]

3124. P. Castellani.

S.-Fr. Ein Mann in gegürteter Tunica hält in der R. einen Stab, mit der L., [welche ebenfalls einen kurzen Stab oder Stift hält], berührt er das Capitäl einer Säule, [auf der eine kleine Ansatzspur über die Fortsetzung nach oben keinen Aufschluss giebt]. Von der Darstellung rechts von dieser ist nur noch erhalten: eine männliche Figur n. r., gleichfalls in Tunica, in der R. eine Kanne, in der L. eine Schale, [rechts davon der Rest einer dritten männlichen Figur].

Sehr schlechte Arbeit. Vielleicht christlich, und dann anders aufzufassen.

[3125. Vigna Guidi.

S.-Fr. R. und l. unvollständig. Durch geriefelte Säulen in Felder zerlegt, von denen nur das mittlere, oben spitze, und eins zur L., oben rund, erhalten. Im mittleren steht, halb n. l. gewandt, ein junger bartloser Mann vor einem Vorhange, in kurzärmeliger Tunica und Toga, deren tief niederfallenden Zipfel er mit der R. fasst, während die L. ein Schriftbündel (?) hält. Genau entspricht die männliche Figur im Nebenfelde, nur dass sie den r. Arm vor die Brust legt; neben letzterem eine Frau, halb n. r. gewandt, mit Haartracht des ausgehenden dritten Jahrhunderts; die r. Hand ruht im Gewande, die l. hält ebenso wie der zuerst beschriebene Mann ein Schriftbündel (?).

Sehr rohe Arbeit.]

3126. P. Corsetti.

S.-D.-Fr. Ein nach griechischer Weise, nur mit dem Himation bekleideter [bärtiger] Mann ist n. r. gelagert; in der R. hält er eine Rolle. Vor ihm auf zwei Consolen stehen eine tragische und eine komische Maske. [L. noch der Rest einer eben solchen n. l. gelagerten Figur; hinter dem Ganzen ein Vorhang.]

3127. V. Casali.

S. Geriefelt. In der Mitte sitzt eine bekleidete Gestalt auf einem mit Löwentatzen verzierten Stuhle n. l. gewendet, in den Händen ein Volumen.

In den Ecken: L. ein Putto mit Chlamys, in der R. Gänse erhebend; im Schoße Blumen. Zwischen seinen Füßen ein Korb. R. ein Putto, ebenfalls mit Chlamys, in der R. Früchte, mit der L. einen Hasen erhebend.

Der Deckel ist als Dach mit sechs Stirnziegeln gebildet; zwischen dem dritten und vierten die leer gebliebene Inschrifttafel.

Nbss.: Aufrecht stehende Körbe, mit Früchten gefüllt.

Schlechte Arbeit.

[3127ᵃ. V. Haig.

Inschrift: Visconti, *Iscr. Triopee* 82 (n. Marini); *C. I. G.* III, 6307 = Kaibel, *Epigr. gr.* 712.

S. Geriefelt. Im Mittelfelde sitzt, das r. Bein vorgesetzt, auf einem Stuhle mit Kreuzbeinen und hoher Rücklehne n. r. ein unbärtiger alter Mann in Tunica und Pallium, mit beiden Händen eine Rolle entfaltend; vor ihm ein hoher Schrank, ganz unten geschlossen, weiter oben mit geöffneten Flügelthüren, in dessen Innerem man drei Fächer über einander gewahrt; das untere ist leer, im mittleren steht eine ziemlich flache Schüssel, im oberen runde Gegenstände (Brote oder Früchte); oben auf dem durch ein Gesims

abgeschlosseneu Schranke steht ein nach Diptychonart aufgeschla-
genes Buch. — Nbss. glatt.

Oben auf dem Gesims des S.'s steht die merkwürdigerweise
dort nur in einer langen Zeile bis etwa zur Mitte des S.'s reichende
Inschrift, alsdann setzt sie sich fort auf den beiden das Mittelfeld
einfassenden Leisten:

ΕΙΔΕΙΗΤΟΛΜΗCΕΙΤΙCΤΟΥΤωCΥΝΘΑΠΤΕΜΕΝΑΛΛΟΝΘΗ
   CΕΙΤωΤωΦΙCΚωΤΡΙCΔΥΟΧΕΙΛΙΑΔΑC

TOCCA	TEI
KAI	COI
ΠOP	ATAC
Tω	ΘAΛ
KATA	HC
ΘHC	BΛA
ETAI	ΥITA
AΛΛA	ΦOY
KAI	KON (so!)
AYTHC	CIN

n. m. und Marucchi's Abschrift.]

[**3128. Tre Fontane.**

   S.-Fr. Gefunden bei der hinteren Kirche am 2. Nov. 1877.

   L. 1,00. In dem viereckigen Felde vor einem Vorhange die
Beine und mit Sandalen versehenen Füße einer in langem Gewande
n. l. sitzenden männlichen Gestalt. Links vor derselben steht ein
Alter (der Mantel lässt r. Brust, Arm und Schulter frei) n. r. mit
ziemlich kahlem Kopfe, aber krausem Barte; vor seiner Brust die
r. Hand, nicht sicher, ob von der sitzenden oder einer dritten
Gestalt.]

[**3129. Basil. di S. Petronilla.**

   K.-S. An den Enden rund. Geriefelt. Das Mittelschildchen ist nur
durch einen vertikalen Streifen ausgefüllt. Rechts sitzt n. l. auf
einem Stuhle mit gekreuzten Beinen ein Knabe in lehrender Stellung, einen Mantel um l. Schulter, Arm und Beine; in der L. auf
dem Schoße eine geöffnete und zusammengeschlagene Rolle, die R.
erhoben, die beiden vorderen Finger und Daumen geöffnet; vor
ihm ein Pfeiler, auf dem etwas jetzt völlig Weggebrochenes stand.
L. scheint am entsprechenden Platze eine weibliche Figur gesessen

zu haben, wenigstens deutet ein bischen unten erhaltenes Gewand
darauf hin.]

3130. P. Corsetti.

S.-Fr. [H. mit der unteren Einfassung nur 0,27; also K.-S. oder S.-D.

R. sitzt n. l. unter einer Pinie ein bärtiger älterer Mann, der
eine Rolle öffnet. Auf ihn zu eilt, in lebhafter Bewegung die Hand
erhebend, ein Knabe in gegürteter Tunica. Hinter einer Pinie
steht ein erwachsener unbärtiger Mann n. r. gewandt, [die Pinie
umfassend und durch die Zweige sehend.]

[Sehr spät, vielleicht christlich.]

Tafel [und Tod].

[3131. Vigna Codini.

S.-Fr. In einer Kathedra (mit hoher, oben vornüber gebeugter
Lehne) sitzt n. r. eine bekleidete Gestalt (der Kopf, die Arme größten-
theils, und der ganze Unterkörper fehlen). Von hinten kommt ein Sklave
(Kopf fehlt), und trägt drei Schüsseln mit Speisen heran.

Flache späte Arbeit.]

3132. V. Borghese.

S.-Fr. Zwei Eroten (von dem zur L. nur Reste), n. l. ausschreitend, halten eine Tafel mit der Inschrift:

A S I N I O

C T A R O C I (sic!)

[ich las: C I A R O · C · I ·]

R. davon, hemicyklisch gelagert, drei bärtige Männer [in Tunica]
mit Bechern. Vorn liegt zwischen zwei Broten(?) ein Schweinskopf. [R. ein Aufwärter in kurzer gegürteter Tunica n. r.]

[Hier besonders deutlich, wie die Scene ursprünglich für den Meleagerkreis
componirt war, vgl. Caylus, *Recueil* II, pl. cxv, 3 und die im Cod. Cob. 494, 221
und Pigh. 225, 216 (abgeb.: Beger, *Meleagr.* 22) erhaltene r. Hälfte von Nr. 3257.
S. auch Matz, *Ann. dell' Ist.* 1869, 90.]

[3133. V. Borghese.

S.-D.-Fr. Rechts liegt n. l., mit dem l. Ellbogen aufgestützt,
ein nackter bärtiger heraklesartiger Mann, mit der r. Hand die R.
einer zu seinen Füßen, mit dem Rücken dem Beschauer zugekehrt

lagernden Frau erfassend, welcher nur die Beine von einem Gewande bedeckt sind. Über letzterer erscheint ein Eros im Hgr.,
und erfasst mit der R. den erhobenen r. Arm der weiter l. lagernden, mit dem gewöhnlichen leichten Gewande bekleideten Psyche.
Weiter links unklare Reste. Ob nicht mythisch zu erklären?]

[3134. Vigna Guidi.

S.-Fr. L. unvollständig. Gr. L. 0,55; gr. H. 0,45. Auf einer Kline
mit hoher Seitenlehne liegen n. l. ein Mann und eine Frau; er
zu hinterst rechts in kurzärmeligem Chiton, den r. Arm über den
Kopf gelegt, das ganz zerstoßene Gesicht jugendlich unbärtig; sie
in doppeltem Gewande, in der L. einen Becher (Kopf weggebrochen);
von dem Tische vor der Kline nur noch die Füße und die Platte
erhalten, auf letzterer ein Fisch und zwei Brote; unter der Kline
noch ein Pfau n. l. Von r. tritt an die Kline heran ein Mädchen
in gegürtetem kurzärmeligem Chiton, in der vorgestreckten R. bietet
sie einen Becher; die L. hält einen Krug. Am Ende r. ein merk-
würdiges Postament, wie ein T geformt; vorn am Stamme hängen
zwei cylindrische Kapseln mit Deckelverschluss, durch ein Tragband verbunden; oben auf dem Querbrete drei becherartige Gegenstände, an die sog. Eier auf den Metae der Wettbahn erinnernd.

Rohe Arbeit.]

[3135. Catacombe di S. Callisto.

S.-Fr.? L., r. und oben unvollständig. Gr. H. 0,36; gr. L. 0,59. Der untere Ablauf ist ganz wie bei Sarkophagen gebildet, ebenso der Grundriss, da mit
der Platte hinten noch ein Stück Grundfläche des zu präsumirenden Sarkophags
zusammenhängt.

Die Darstellung eines sog. Todtenmahles ist das im Wesentlichen allein erhaltene: die Köpfe sind sämmtlich absichtlich weggeschlagen, also schon dadurch der vorchristliche Ursprung des Mo-
numentes sicher gestellt.

Auf einer Kline mit hohen, vorn als Delphine gebildeten Seitenlehnen liegen n. l. Mann und Frau, beide ganz bekleidet. Sie
ist äußerst zerstört, er hält in der L. einen zweihenkeligen Becher
am Fuße; zu ihren Füßen scheint eine jetzt freilich ganz zerstörte Figur,
vielleicht ein Eros, n. r. gewandt, beschäftigt; vor der Kline das
dreibeinige Tischchen (nur die Platte erhalten), auf dem ein Fisch.
R. von demselben unter der Kline lag, nach einem Ansatze zu urtheilen, wohl ein Hund. R. entfernt sich von der Kline halb n. r.
gewandt ein Diener in Tunica und Mantel, der, um die Hüften
gegürtet, in einem Streifen auch über den Kopf gezogen erscheint;

derselbe hält in der R. einen Krug, in der L., wie es scheint, eine Schöpfkelle. R. wird alsdann in ganz großer Gestalt noch der r. Fuß (wie es scheint, beschuht) und das Unterbein einer weiblichen n. l. schreitenden Gestalt mit hinter sich wallendem Gewande sichtbar; das von ihr erhaltene Stück vom Fuße bis zum Knie hat die gleiche Höhe, wie die ganze vorher beschriebene Gruppe.

Demnach müsste der Sarkophag sehr hoch und die Hauptfortsetzung n. l. gewesen sein, freilich ganz räthselhaft, in welcher Weise.]

3136. P. Farnese.

S.-Fr. [L. und r. unvollständig.] Auf einer Kline der Rest einer n. l. gestreckten Figur, und an der l. Ecke derselben ein sitzender, mit einem Thiere (?) spielender nackter Knabe. Über der Kline schweben Eroten, die einen Feston halten. Unten Theile zweier nackter männlicher [kleiner] Figuren. [L. von der Kline wird noch eine l. Hand sichtbar, die einen unklaren, oben halbmondförmigen Gegenstand gefasst hält.]

[3137. Catacombe di S. Callisto.

S.-Fr. Ringsum unvollständig. Von einem n. l. auf einer Kline liegenden bekleideten Manne ist nur noch die einen runden Becher haltende L. und etwas Gewand vom l. Arme und Brust übrig. Vor der Kline steht der dreibeinige Tisch, auf dem ein Fisch; links davon noch der Kopf eines Hundes n. r. Rechts steht ein bloß mit der zurückgeschlagenen Chlamys bekleideter Knabe, den r. Arm hoch erhoben, ebenso den l. Unterarm, n. l. gewandt (H. vom Knie bis zum Kinn 0,21); l. Hand, r. Arm, Kopf großentheils und Unterbeine fehlen. Rechts Reste noch einer Figur.]

3138. Vigna Sampieri.

S.-D.-Fr. Oberes Stück der rechten Ecke. An der Ecke ein Adler n. r.; noch das r. Ende der Kline ist erhalten mit dem Kissen, worauf der l. Ellbogen des Mannes ruht. Von r. heran kommt ein Knabe in Exomis, in der L. die Kanne, in der erhobenen R. den Becher.]

[3139. Vigna Sampieri.

S.-D.-Fr. R. unvollständig. (Gr. H. 0,23.) L. eine Eckmaske, rechts von derselben werden noch die Füße eines auf der Kline n. l. liegenden Mannes sichtbar. Ein kleiner Sklave, in einen Mantel gekleidet, bringt, mit der R. sie hoch erhebend, eine Trinkschale herbei. Am Boden stand, wie es scheint, ein großes Gefäß.

Sehr flache schlechte Arbeit.]

[3140. **Vigna Samplerl.**

S.-Fr. Ein Eros n. r. hält einen runden Schild, in welchem einst ein jetzt weggebrochenes Brustbild war. Darüber ein Streifen nach Art der Vorderseite eines Deckels, aber mit dem Sarkophagkörper zusammenhängend. In der Ecke l. eine Attis(?)-Maske mit phrygischer Mütze; dann die Darstellung eines Mannes, der mit entblößtem Oberkörper n. l. auf einer Kline mit hohen Seitenlehnen liegt und in der erhobenen R. eine Hypothymis hält, in der l. Hand ein Trinkgefäß. Rechts noch der Rest des runden Tischchens mit Speiseresten; von l. trägt ein Sklave in Exomis mit beiden Händen hoch erhoben ein mächtiges einhenkeliges Gefäß herbei. Rechts ist die Fortsetzung weggebrochen.]

[3141. **Lateran.** (Hospital-Hof.)

Zeichnungen s. B. Cod. Cob. 497, 239 = Cod. Pigh. 227, 223 (auf beiden Zeichnungen fehlt die Inschrift); Cod. Vat. 3439, fol. 99 und fol. 111 (feiner; links unten von Panvinio's Hand: »xenodochio Lateranensi«, L. 0,36; H. 0,106); wohl nicht mehr nach dem Orig. für Card. Al. Albani gemachte Zeichnung bei Franks.

Abgeb.: Boissard, *Ant. Rom.* IV, 145 = Gruter, *Inscr.* 843, 5 u. ö.; Sandrart, *Teutsche Akad.* II, Taf. CC, 1 (verkehrt herum; die fehlende Inschrift im Text gegeben).

Vgl. Orsino bei Ciaccon., *De tricl.* (ed. 1590) 139; O. Jahn, *Sächs. Ber.* 1851, 175; 1869, 227 (s. hier die übrige, namentlich auf die Inschrift bezügliche Literatur); E. Petersen, *Ann. dell' Ist.* 1860, 379.

S. An den Seiten und hinten glatt. Der Deckel fehlt. Pentel. M. Es ist allerdings derselbe so viel besprochene S., jedoch durch die Zeit derartig zerstört — wahrscheinlich durch den Einfluss auf ihm stehenden oder ihn überrieselnden Wassers —, dass sich die völlig zerfressene Oberfläche schichtenweise abgelöst hat, und nur noch die allgemeinsten Umrisse der Figuren zu erkennen sind, von der Inschrift selbst aber nicht einmal mehr ihre einstige Existenz zu constatiren.

Vgl. die verwandten, von Jahn, *S. B.* 1851 a. a. O. angeführten SS., sowie den bei Ciaccon., *De tricl.* 138 abgeb. S. (von dem Zeichnung s. B. Cod. Vat. 3439, L. 0,455, H. 0,109, mit der Notiz von Panvinio's Hand: »novis septis Iudaeorum«), Lateran Nr. 491, und die folgenden Nummern.]

3141ᵃ. V. Wolkonsky.

S.-Fr. H. 0,23. Bruchstück einer Figur, die auf einer Schüssel einen gebratenen Vogel hält. (Vgl. den bei Garrucci, *Mon. Lat.* XXX, 2 und 3 abgebildeten Sarkophag) (und die vor. Nr.).

3142. P. Rondinini.

S.-Fr. Ein Knabe im gegürteten Rocke und Stiefeln trägt vor sich eine, wie es scheint, verdeckte Schüssel. Ein zweiter, der ebenso gekleidet ist, schreitet eilig n. r., in der R. einen Krug, in der L. eine Schale haltend. [L. von dem zur L. ein Pfau n. l.] Sehr schlechte Arbeit.

3143. P. Mattei.

[Abgeb.: *Mon. Matth.* II, 61, 1.]

Beschr. von Zoega A. 396 d.

S.-Fr. Die erste n. r. gewandte Figur ist sicher modern. Folgen zwei Figuren in aufgeschürzten Gewändern und Stiefeln, welche vor sich Platten mit Speisen tragen, »hanno i capelli lunghi e ricej«. [Von der ersten Figur l., die e. p. n. r. steht, ist einiges antik und zugehörig, und zwar der vordere Theil des bartlosen, wie es scheint, männlichen Gesichtes, der vorgestreckte r. Arm mit der Amphora, welche die Hand am Fuße gefasst hoch hält, die l. Hand, welche den Gewandzipfel hebt, und die vordere r. Hälfte der bekleideten Figur bis zu den Knieen.]

[3144. Palatin.

S.-Fr. L. noch der Rest des viereckigen inschriftlosen Mittelschildes; rechts davon sitzt zunächst n. r. auf einem runden, mit flechtenartigen Horizontalstreifen geschmückten Untersatze eine Frau, die Füße auf einem Schemel (l. vor, r. zurück) in langem Chiton mit Halbärmeln und Mantel, der ihre l. Seite und Beine bedeckt, und scheint eine Mandoline zu spielen (Kopf und Arme fehlen großentheils). Rechts davon gewahrt man den Rest einer Kline mit gewundenen Füßen und Seitenlehnen, worauf noch die in einen Mantel gehüllten Unterbeine, das r. über das l. gelegt, einer liegenden Gestalt, und am Fußende das Bein eines auf derselben Kline stehenden Knaben (Eros?); ein zweiter Knabe tanzt vor der Kline, dabei Krotala schlagend; ein anderer, n. r. gewandt, scheint die Flöte zu spielen.]

3145. V. Medici.

S.-Fr. Auf einem Korbstuhle sitzt n. r. eine weibliche Figur im doppelten Gewande; der obere Theil der Gestalt ist zerstört.

3146. P. Mattei.

[Abgeb.: *Mon. Matth.* II, 64, 1.]

Beschr. von Zoega A. 359, 31.

S.-Fr. [Groß und abgerundet.] Auf einem von vier Sphinxen getragenen Stuhle sitzt n. r. eine Frau im Chiton mit kurzen genestelten Ärmeln und umgeschlagenem Mantel, eine größere Lyra spielend. Von Restaurationen habe ich von unten nur die des l. Armes wahrnehmen

können; [ferner sind neu: der obere Theil der Lyra und die Vorderbeine der
Sphinxe, sowie die l. Ecke des Reliefs mit etwas Gewand, und wahrscheinlich
der Kopf mit Hals [ebenso Zoega.]. Mir scheint sogar das Ganze nicht unver-
dächtig, [ich theile den Verdacht nicht. Vgl. ein S.-Fr. in V. Albani bei Zoega,
Bassiril. II, 112, 2; *Mus. Chiaram.* 248; O. Jahn, *Hermes* II, 433, 7; und oben
Nr. 3141 mit der dort angegebenen Literatur].

3147. Sapienza [Mus. ital.].

　　　　Abgeb.: *Ann. dell' Ist.* 1868, Tav. Q, R.

　　　　[Vgl. ebenda 428 (Bachofen].

　　K.-S. An den Enden rund. Gefunden in Fortunati's Grabungen au der
Via Latina. Ging aus P. E. Visconti's Besitz in die Sapienza über, von dort in's
Mus. ital.]

　　Nach den Ecken zu zwei Löwenköpfe [mit Ringen im Rachen].
Zwischen beiden in der Mitte liegt n. l. gestreckt eine Frau auf
einem Lager [mit hohen Seitenlehnen]. Sie stützt den l. Ellbogen
auf's Kissen, der r. Arm hängt schlaff herab. Unter dem Bett
steht ein Becken; l. davon liegt auf dem Rücken, die Arme von
sich streckend, ein anscheinend todter Knabe. Am Fuß- und Kopfende des Bettes sitzt ein Weib; hinter beiden kommen je zwei andere zum Vorschein, und ein letztes Paar zeigt sich über der Kline;
alle drücken lebhaft ihre Bestürzung aus. Unter den Löwenköpfen
sieht man l. die Wölfin mit Romulus und Remus, r. den Kerberos.
L. und r. davon wieder sich entsprechende Gruppen von drei Personen: links sitzt n. r. ein kahlköpfiger Mann, in der L. eine Rolle,
die R. erhebend: er scheint einen vor ihm n. r. stehenden Knaben zu unterrichten, der eine Rolle entfaltet. Hinten erscheint
noch eine unbärtige Figur. Rechts eine weibliche Gestalt in gegürtetem ärmellosem Chiton, das r. Bein hoch aufstützend, im
l. Arme einen Speer. Sie blickt n. r., wo eine Frau gleichfalls
im gegürteten ärmellosen Chiton bequem auf einem Stuhle sitzt.
Im Hgr. eine dritte.

　　Rückseite: Den Löwenköpfen entsprechen auf der Rückseite
zwei Medusenhäupter, unter denen Bogen und Köcher liegen. Sieben Eroten, sämmtlich mit Fackeln versehen, in mehr oder minder
lebhafter Tanzbewegung: den dritten von l. packt eine Schlange an
der Chlamys. Der Deckel ist mit sechs tragischen Masken und
zwei schlafenden Eroten verziert. [In der Mitte ein freies Feld.]

[3148. Stud. Jerichau.

　　S.-Fr. Ringsum unvollständig. Gr. L. unten 0,50; gr. H. 0,29. Auf
einer gepolsterten Kline liegt n. l. ein todter Jüngling, wie schlafend; unter dem Kopfe liegt außer dem Keilkissen noch ein beson-

deres Tuch; er hat das r. Unterbein über das l. gelegt und die
r. Hand über die l.; der Kopf ruht auf der l. Seite. Bekleidet ist
er mit einem kurzärmeligen Hemde oder Chiton, und über der unteren Körperhälfte mit einer Art Mantel oder Decke. R. ist die
Kline unvollständig; l. sieht man den Abschluss; unter ihr in der
Mitte der Kopf eines Hundes n. l.: hinter der Kline drei klagende
Frauen mit aufgelösten Haaren: eine, deren gealterte Brüste über
die Lehne der Kline hängen (wohl die Amme), steht am Kopfende,
den Kopf auf die r. Hand gestützt, den r. Ellbogen auf die hintere Lehne, die l. Hand am Kopfkissen. Die zweite steht hinter
der Rücklehne n. r., legt die r. Hand an die Brust des Jünglings
und erhebt die l., e. f. geöffnet. Von der dritten Frau, ebenfalls
hinter der Rücklehne, und n. r. gewandt, ist nur die am r. Unterbeine des Todten liegende r. Hand erhalten, und der l. Arm (ohne
Hand), welcher augenscheinlich zu ihrem Kopfe geführt war.]

[3148ᵃ. Via Margutta 53 B.

S.-Fr. R. und l. unvollständig. Links gewahrt man das r. Ende
der Kline, auf welcher der Todte n. l. lag; r. davon zunächst ein
klagender bartloser Mann, das Gewand nach Art der Victimarii
geschürzt, die r. Hand zum Kopfe führend, die l. an die Seitenlehne der Kline legend; weiter r. ein Jüngling in Exomis, etwas
n. r. gewandt, stehend, beide Hände vor'm Schoße zusammengelegt,
den Kopf neigend zu einer r. n. l. auf einem Stuhle sitzenden Gestalt in Tunica und über den Kopf gezogenem Obergewande, welche
in tiefer Trauer den Kopf auf die r. Hand gestützt hat und den
Mund klagend öffnet; dahinter wird der erhobene r. Arm und ein
bischen vom bekleideten Oberkörper und Kopfe einer folgenden
Figur sichtbar.]

3149. Vigna Codini.

K.-S.-P. Geriefelt. In der Mitte ruht auf einem Lager ein Mädchen, in der l. Hand einen Apfel, in der r. einen Kranz. Hinten
eine Amme mit Kopftuch, die vor Schmerz beide Hände erhebt.
Eine nicht deutlich erkennbare Figur bedeckt, n. r. gewandt, das
Gesicht mit der r. Hand.

Um den Sarkophag gruppirte Familie.

3150. P. Colonna.

S. Ringsum sculpirt. Vorn und hinten je fünf durch [geriefelte] Säulen getrennte Nischen; von diesen ist die mittlere geradlinig wie von einem flachen Giebel überspannt, diejenigen an den Ecken im Bogen geschlossen, [über 1, 3 und 5 wölbt sich die Nische in Muschelform]. L. (1) sitzt n. r. ein Mann, in ein Himation geschlagen, das den Oberleib bloß lässt; in der L. hält er eine Rolle. In der entsprechenden Ecke (5) r., ihm gegenüber, sitzt n. l. eine verschleierte Frau, [mit der R. ihren Schleier lüftend]. In der Mittelnische (3) steht ein Knabe in kurzer Tunica, eine Traube in der gesenkten l. Hand. L. und r. davon in den sich gleichfalls entsprechenden Nischen (2 und 4) eine Frau in doppeltes Gewand gehüllt, in der gesenkten l. Hand einen nicht mehr erkennbaren Gegenstand fassend, und ein Mann, in ein Pallium geschlagen.

Rückseite: In der ersten Nische l. (1) ein bärtiger Togatus, in der L. eine Rolle. Ihm gegenüber an der r. Ecke (5) ein Jüngling in kurzer gegürteter Tunica [Camillus]; der Kopf fehlt und die Extremitäten sind sehr verstümmelt. — In der Mittelnische, so weit man erkennen kann: Eine nackte männliche e. f. gestellte Figur, über deren Rücken und l. Arm ein Mantel fällt. [L. und r. (2 und 4) je eine Frau mit über den Hinterkopf gezogenem Obergewande].

Nbss.: Je drei Nischen, von denen die mittlere Muschelwölbung und spitzen Giebel hat. Rechts in der Mitte: Ein Knäbchen, im Schoße Früchte tragend; l. und r. davon zwei ganz in ihren Mantel gehüllte Mädchen. L. in der Mitte: Ein Thor mit verschlossenen Flügelthüren; vor demselben brennt auf einem Thymiaterion ein lebhaftes Feuer. L. davon ein Knabe mit Früchten im Bausche; r. eine ganz eingehüllte weibliche Figur.

Die Arbeit ist für die späte Zeit, der der Sarkophag zuzuweisen sein wird, nicht schlecht. Die Einzelheiten sind stark zerstört.

[Zur Architektur des S.'s s. *Ann. dell' Ist.* 1867, 404, 1 (Bergau)].

RAUB DER LEUKIPPIDEN.

3151. V. Giustiniani. ○

[Abgeb.: *Gall. Giust.* II, 136.]

Beschr. von Zoega A. 296 [= Welcker, *Zeitschr. f. G. u. A. d. a. K.* 406, 76].

[Vgl. *Arch. Zeit.* 1852, 440 (Bursian)].

S.-P. Die Gruppe der Dioskuren, von denen jeder die von ihm geraubte Jungfrau quer vor sich hält und scheinbar der Mitte zu trägt, bietet keine Abweichungen von den gewöhnlichen Darstellungen. Zwischen beiden erscheinen zwei von den Gespielinnen im ärmellosen ungegürteten Chiton mit Überschlag und bogenförmig wallendem Schleier; beide eilen, während sie sich umblicken, n. r.; die eine berührt mit der L. das Haupt und streckt die R. vor; die zweite legt die R. auf die Brust und streckt die L. aus; von ihr ist außer Kopf und Brust nur ein schmaler Streifen des unteren Körpers sichtbar. Ein drittes, gleichfalls n. r. eilendes Mädchen erscheint r. von der Hauptgruppe. Ebenso schreitet n. r. ein nackter behelmter Krieger mit Schwert an der l. Seite, den r. Arm gesenkt, der l. war erhoben (Hände fehlen).

3152. V. Borghese.

S.-Fr. Nach allen Seiten gebrochen. Erhalten ist die Mittelfigur: das erschreckt mit erhobenen Armen n. r. eilende Mädchen und l. davon ein Bruchstück der Figur eines der Dioskuren, der eine der Leukippiden vor sich trägt. Vgl. *Mus. P.-Cl.* IV, 44.

3153. V. Medici.

S.-Fr. Eine der Jungfrauen n. r. eilend und sich n. l. umsehend, zumeist e. f.; die R. streckt sie seitwärts in die Höhe, die [in die Höhe] gebogene L. hält einen Zipfel des Mantels. Von der Leukippide, die von dem zumeist zur L. des Beschauers erschei-

· nenden Dioskuren getragen wird, ist noch ein Fuß übrig. auf dem r. Schenkel der zuerst beschriebenen Figur haftend.

3154. V. Wolkonsky.

S.-Frr. Zwei große Stücke. In der Mitte unvollständig. H. 0,95. Die Composition war durchaus symmetrisch. Zwei Kriegswagen mit sprengenden Rossen — von diesen nur geringe Reste erhalten — rollen der Mitte zu. Die beiden Dioskuren, von denen wenig mehr als die [äußeren] Beine erhalten, haben erst einen Fuß in den Wagen gesetzt und sind im Begriff, den anderen nachzuziehen. Mit der einen Hand umfassen sie die Hüfte der Jungfrauen, die sie vor sich geworfen haben. Letztere, deren Oberkörper nackt ist, greifen mit der Gebärde der Verzweiflung an den Hinterkopf.

An beiden Seiten ist fast gleichviel erhalten. Auf dem Stück r. vom Beschauer sind an der Erde noch die Reste eines umgestürzten Blumenkorbes erhalten. Die Darstellung ist verwandt mit dem bei Braun, *Ann. Mon. e Bull. dell' Ist.* 1854, 117 abgebildeten Relief des Giardino Colonna [Nr. 3492]. Die Arbeit ist sorgfältig, doch hart.

M A R S Y A S.

[S. auch Nr. 3276.]

[3155. Stud. Altobelli-Zinsler.

Zeichnungen: Cod. Cob. 486, 154; Cod. Pigh. 213, 161.

Vgl. Benndorf-Schöne, *Lateran* S. 334.

s. In der Mitte Apollon n. r., mit dem l. Fuße auf eine Felserhöhung hoch auftretend; mit der L. fasst er die Lyra, mit der heftig zurückgeworfenen R., wie es scheint, das Plektron; nur l. Schulter und Unterkörper sind mit dem Mantel bedeckt; den Kopf (Gesicht zerstört) wendet er n. l. zurück zum Marsyas, der, n. l. weit austretend, den Oberkörper n. r. gewandt, Flöten spielt (die Flöten, die l. Hand und der r. Arm sind großentheils zerstört); über die l. Schulter fällt das Löwenfell. Er schreitet scheinbar über einen n. r. liegenden Flussgott weg, der mit dem r. Unterarme auf einer ausfließenden Urne ruht und im l. Arme einen Schilfstengel hält; der Unterkörper ist mit einem Gewande bedeckt, der Kopf n. l.

abgewandt. Von hinten links kommt Athena und nähert ihre (sehr zerstörte) l. Hand der r. Schulter des Marsyas, als wäre sie im Begriff, ihn zu warnen (der Zeichner von C. giebt durch unrichtige Interpretation einiger Linien der Hand eine falsche Richtung). L. und r. wird die Scene abgeschlossen durch zwei sitzende Gestalten: links unter einem Baume Kybele auf ihrem Throne, das Hinterhaupt verhüllt, den r. Unterarm auf dem Tympanon; unter'm Stuhle liegt ihr Löwe n. l.; rechts sitzt n. l. die sogenannte Hera (vgl. *Ann. dell' Ist.* 1856, 331; *Arch. Zeit.* 1859, 95) in gegürtetem Chiton, einen Mantel über l. Arm und Beine, den r. Fuß hoch aufgesetzt, so dass das Knie dem r. Ellbogen zur Unterstützung dient; in die r. Hand ist das Kinn geschmiegt, der Kopf lauschend aufgerichtet; der letztere ist so zerstört, dass ein Diadem nicht mehr zu erkennen ist; nach C. scheint dasselbe nie dagewesen zu sein: man wird die Gestalt in diesem Falle, ebenso wie auf einem S. Torlonia (*Museo Torl.* 331), schon der ganzen Haltung wegen nicht als Hera, sondern als Mnemosyne fassen müssen, hervorgegangen aus der Schiedsrichterin, wie sie z. B. auf dem durch die Cob. Zeichnung 486, 156 erhaltenen S. e. f. sitzt. Im Hgr. werden in flachem Relief und sehr zerstört sechs Musen mehr oder weniger sichtbar: das Gesicht der Muse l. neben Apollon, auf C. noch erhalten, ist jetzt durch einen Sprung zerstört. L. steht, zunächst der eben beschriebenen Mittelscene, halb n. r. blickend, Dionysos, den r. Arm um den Nacken eines ihn unterstützenden Satyrs gelegt; im Haar Weinlaub; der l. Unterarm ist aufwärts gerichtet, scheint jedoch keinen Thyrsos gehalten zu haben, vielmehr liegt die Hand scheinbar auf dem Kopfe der Kybele; ebenso C. Ein Gewandstück hängt ihm über den l. Oberarm, und ist über die Beine geworfen. Rechts von ihm wird in flachem Relief der Kopf des Silen sichtbar (nicht Pan, wie fälschlich C. angiebt).

Diese Gruppe steht in keinem sichtbaren Zusammenhange mit der Schlussscene links, wo auf einem Sessel n. r. Apollon sitzt, die Füße auf einem Schemel, nur eine Chlamys über Schultern, Rücken und r. Oberschenkel, die L. an der Lyra (Kopf weggebrochen, ebenso der vorgestreckt gewesene r. Arm). Neben seinem Sessel sitzt der Greif n. r., dessen Kopf jetzt weggebrochen ist. Vor ihm kniet mit dem linken Beine Olympos, jugendlich, bloß in Chlamys; der Kopf, wie es scheint, mit phrygischer Mütze bedeckt, ist flehend aufwärts gerichtet, das Haar hinten fällt lang nieder; auch der r. Arm ist bittend erhoben, der l. dagegen ganz weggebrochen; auch das Gesicht ist völlig zerstört; neben ihm am Boden liegen Flöten. Im Hgr. dieser Scene drei Musen. Hinter Apollon, Eckfigur, mit dem einen Flügel schon auf der Nebenseite, Nike, ganz bekleidet, den r. Arm an der Hüfte (C. greift hier schon auf die Nbs. über), den l. mit einem Palm-

zweige gegen Apollon erhoben. — Rechts von der Mittelscene am
Ende r. hängt Marsyas am Baume; vor ihm kniet der Skythe, auf
dem Felsblocke beschäftigt; sein r. Arm ist weggebrochen, mit der aufwärts gekehrten l. Hand will er bereits das Bein des Marsyas berühren. Hinter letzterem zwei bekleidete Gestalten: die dem Marsyas nächste, von r. hervorkommend, den Kopf, (welchen nach C.
eine Art Spitzhut bedeckt zu haben scheint), ihm zugewandt, die
Arme (Vorderarme fehlen) n. l., und kurz geschürzt, wie es scheint,
weiblich, also Artemis; die zweite weiter links, männlich und e. f.
Alle Gesichter sind zerstört.

Nbss. r.: Apollon sitzt n. l. auf geradbeinigem Stuhle, Chlamys um Schultern und Rücken, den l. Unterarm auf die auf den
Stuhl aufgestellte Lyra gestützt, die R. vorgestreckt, im Gespräche
mit einer Muse, die an einen Pfeiler gelehnt dasteht, das l. Bein
über das r. geschlagen (Füße unbekleidet); in der l. Hand einen
kleinen Stab, die r. demonstrirend erhoben; Kopf und Hals in
merkwürdiger Weise maskirt (vgl. *Mon. dell' Ist.* VI, 18 und *Ann.*
1858, 336). L.: Ein kahlköpfiger Alter im Philosophenmantel, n. r.
sitzend und in einer Rolle lesend.

Die Zerstörungen stimmen so gut wie völlig mit C. und sind nur graduell
vorgeschritten.]

3156. P. Mattei.

[Abgeb.: *Mon. Mutth.* III, 13 (höchst ungenau).]

Beschr. von Zoega A. 346, Anm. (ganz kurz).

[Vgl. *Sächs. Ber.* 1869, 16, 50 (Jahn).]

S.-P. L. unten eine n. l. gelagerte nackte weibliche Figur
[scheint mir männlich], die sich mit dem l. Ellbogen aufstützt. Von
Stuck hinzugefügt ist der darüber befindliche Flussgott mit Urne
und Füllhorn. R. von der Nymphe n. r. gewandt sitzt Kybele;
von der Thurmkrone auf dem Kopfe ist noch ein Stück zu erkennen.
Über ihr kommt r. ein jugendlich männlicher Kopf zum Vorschein,
der antik zu sein scheint. Weiter r. Athena; der Kopf ist zwar ergänzt,
doch scheint die Ägis sicher. Der Kopf im Hgr. zwischen den beiden letztgenannten Figuren ist sicher modern. Es folgt Marsyas, dessen Kopf, Arme
und Unterbeine neu sind (die Ergänzungen sind zum Theil wieder abgefallen);
Apollon, sitzend, von vorn gesehen; er stützt sich mit der L. auf,
mit der R. rührt er die Lyra; der Kopf ist ergänzt. Über die drei
Köpfe zwischen Marsyas und Apollon im Hgr. ist mit Bestimmtheit nichts auszumachen, [mir schienen sie zweifellos modern]. Über der
Lyra kommt eine bekleidete Frau (Kopf neu) zum Vorschein. Vor

Apollon kniet n. r. ein Barbar [Olympos], 'der untere Theil modern'.
Ganz räthselhaft und unkenntlich ist die Figur r. neben ihm, [wie
knicend e. f., wohl modern]. Von Stuck ist die große und breite Figur darüber. Mit etwas nach vorn gesenkten Armen schreitet eine langbekleidete [weibliche] Figur (Kopf fehlt) n. l. An der Erde liegt
n. l. gestreckt ein Flußgott: neben ihm sind noch die Windungen
eines Seedrachen sichtbar. Oben im Hgr., kleiner gebildet, eine
männliche Figur von vorn gesehen, die, das l. Bein aufstemmend
und den r. Arm auf's Knie legend, n. l. blickt; den l. Arm legt
sie um den Nacken einer von vorn gesehenen, ganz nackten weiblichen Figur, die übrigens ganz von Stuck zu sein scheint, [dieselbe hat neben
sich eine, wie es scheint, antike Urne]. Zoega hat wegen der Höhe und des
trostlos zerstörten und geflickten Zustandes es aufgegeben, eine eingehende Beschreibung des Reliefs zu liefern.

3157. P. Doria.

[Abgeb.: *Memorie Romane* 1 (1824), tav. 3; Gerhard. *Ant. Bildw.*, Taf. LXXXV, 1;
ein Theilstück auch: Overbeck, *KM.* Atlas, Taf. IX, 30.

Vgl. Gerhard ebda. Text 324 (wo frühere Lit.); *Ann. dell' Ist.* 1858, 326, B 'Michaelis); *Arch. Zeit.* 1859, 13 (Gerhard); Overbeck, *KM.* II, 2, 203.

Gefunden 1824: »presso la Bottaccia, casale situato a 11 miglia di porta S. Pan-
crazio sulla via Aurelia a poca distanza dal sito dell' antico Lorio«: Cardinali, *Mem. Rom.* I, 49; s. Gerhard, *Kunstblatt* 1824, 149.(= *Hyperb.-röm.
Stud.* I, 110; *Amalthea* III, 369; 375.]

S. An den Enden rund. Den oberen Rand bildet ein Eierstab. I. Athena
im gegürteten Chiton, den Helm auf dem Kopfe, in jeder Hand
eine Flöte, [mit dem l. Beine hoch auftretend], sieht rechts hinab
in das aus einer Urne strömende Wasser einer Quellnymphe (so!),
welche, in der R. einen Schilfstengel, n. l. gelagert liegt. Über
ihr erscheint eine nackte Jünglingsgestalt, von deren l. Schulter
eine lange Chlamys hängt. — II. Den Mittelpunkt der Composition nimmt Apollon ein; er sitzt lyraspielend auf einer nicht weiter
ausgedrückten Fels(?)erhöhung. Über die Schenkel ist ein Gewand
geschlagen; er setzt den l. Fuß auf den Greif, [nicht auf den Greif
selbst, sondern auf einen Vorsprung desselben Felsens, welcher
seinen Sitz bildet]. Etwas weiter links ist ein Rabe, mehr tauben-
artig gebildet, der an einem Täfelchen mit Loch zum Aufhängen
pickt. Zwischen den Beinen des Marsyas gewahrt man ein über
einen Baumstamm gehängtes Ziegenfell. Rechts und links, symmetrisch geordnet, zwei sitzende Figuren. L. Kybele im gegürteten
langärmeligen Chiton; das Hinterhaupt wird von dem Obergewande
unter welchem auch der r. Arm verborgen ist, bedeckt; über der
Stirn erhebt sich ein Diadem. Im r. Arme ruht ein Zweig mit

Blättern, in der l. Hand hält sie ein Tympanon, [worauf der r. Ellbogen ruht]. Neben dem Stuhle sitzt ein Löwe. An ihr 'l.) Knie lehnt sich der kleine Attis [mit gekreuzten Beinen], im gegürteten Chiton und phrygischer Mütze: in der R. die Syrinx, in der L. das Lagobolon. Die dieser entsprechende Figur ist Hera [n. Gerhard, *Arch. Zeit.* 1859, 13—16: Bona Dea, wogegen Michaelis ebenda 95; s. zuletzt Wieseler, *Gött. Anz.* 1876, 1479] im gegürteten Chiton mit Mantel; über der Stirn ein Diadem. In der l. Hand ruht das Scepter, in der r. hält sie den Apfel. L. von Kybele steht Melpomene im gegürteten langärmeligen Gewande; im l. Arme ruht die Keule, in der R. erhebt sie eine tragische Maske, den Herakles darstellend; sie trägt Schuhe, doch keine Kothurne. Zwischen Kybele und Apollon im Hgr. 1) ein jugendlicher Kopf, n. l. gewandt, [noch hinter Kybele: es scheint ein Satyr]. 2) Dionysos, n. r. gewandt, die R. mit dem ausströmenden Rhyton über den Kopf gelegt. 3) Athena, sich auf die Lanze aufstützend, [den Kopf n. l. gewandt, mit dem l. Beine hoch auftretend]. Zwischen Marsyas und Apollon ein Musenkopf. Zwischen Apollon und Hera im Hgr. Artemis, n. r. vorschreitend, [in der L. den Bogen, mit der R. Pfeile aus dem Köcher nehmend]. Euterpe mit zwei Flöten. Über ihren Schultern kommen die Köpfe zweier anderen Musen n. l. zum Vorschein. Hermes, das l. Bein aufstemmend, legt die L. an seinen Flügelhut. — III. Eine jugendliche Lokalgottheit mit phrygischer Mütze liegt n. r. hingestreckt und erhebt die r. Hand. Marsyas wird eben von einem Schergen in phrygischer Tracht an der Pinie hinaufgezogen. Der phrygische Schleifer [kniet r. von dem Baume und] blickt zu ihm auf. Die Scene schließt eine weibliche Lokalgottheit [Oberkörper nackt], die, sich mit der R. auf einen Schilfstengel aufstützend, mit gekreuzten Beinen dasteht.

[Als Deckelleiste ist jetzt ein Streif mit Meerwesen verwendet, der schwerlich zugehört. Je ein Seepferd und ein Seepanther schwimmen der Mitte zu, welche durch eine Oceanusmaske eingenommen wird. An den Ecken Satyrköpfe.]

[3158. P. Barberini.

Zeichnung: Cod. Cob. 486, 155; Windsor VIII, 21: *Arch. Zeit.* 1875, 67, 21, VIII; (Cinque cento); Windsor XVIII, 95: »dal Sigʳ. Ottavio Capranica« (Cinque cento Ende). Scene II: Cod. Franks, auf demselben Blatte und aus gleicher Zeit mit puteal Jenkins. — Fehlt im Inventar von 1738.

Abgeb.: Gerhard, *Ant. Bildw.* LXXXV, 2 (unvollständig).

Vgl. Gerhard ebenda Text 325; *Annali* 1858, 326 C (Michaelis).

Merkwürdigerweise liegt keine Notiz von Matz vor.

s. Vier Eroten, den einen Fuß abwechselnd auf einen Hasen, Früchte und einen Vogel (?) setzend, tragen einen reichen Feston von Blumen, Früchten und Ähren. In den drei Segmenten: I. (links; auch abgeb.: Müller-Wieseler, *D. a. K.* II, 41, 492): Athena, eiligen Schrittes n. r., in langem Chiton und darüber gegürtetem, bis zur Körpermitte reichendem Überwurfe und Ägis, die Flöte spielend (ihr l. Unterarm ist erhoben — die Hand fehlt —, der r. nach vorn gestreckt; an ihrem Munde ein deutlich fühlbarer Ansatz). Über dem am Felsen vor ihr sichtbaren Ende der einen Flöte sitzt eine Eule n. l.; darunter kommt aus einer Höhle ein Bach hervor, deutlich in Gestalt eines langbärtigen zottigen menschlichen Gesichtes. Darüber sitzt r. auf dem Fels Kybele n. l. in gegürtetem Chiton und um die Beine geschlagenem Mantel; die r. Hand erhebt sie an der r. Kopfseite wie lauschend, die l. ruht auf dem Tympanon. Hinter ihr ein Feigenbaum, ebenso hinter Athena.

II. Links steht e. f., mit den Händen auf dem Rücken an einen Feigenbaum gebunden, Marsyas; von dem Baume hängt links das Löwenfell nieder, rechts die Flöten. Rechts unten kommt aus einer Felshöhle ein Bach; auf dem niedrigen Fels darüber liegt der rechteckige Schleifstein. Auf der anderen Seite des Felsens steht, ebenfalls e. f., der Skythe in Hosen, kurzem gegürtetem langärmeligem Rocke und Mütze, den Kopf, im Aufblicken n. l., n. r. zurückgelegt; im l. vor sich niedergestreckten Arme etwas jetzt Unklares, einem Messer nicht Ähnliches; der r. Arm geht frei nach vorn nieder in der Richtung des Schleifsteines (über'm Ellbogen abgebrochen). R. ein Baum, auf dessen Zweigen ein großer Rabe n. r. sitzt, den Kopf zurückgewandt; ferner hängt von demselben an einem Riemen Apollon's Köcher.

III. (Durch einen Bruch ist die r. Hälfte dieses Stückes vom Ganzen getrennt, und fehlt auf der Abbildung bei Gerhard, richtig dagegen die Zeichnungen.) Auf einem Fels sitzt ruhig, gleichsam der Ausführung des Urtheils im vorigen Felde zuschauend, Apollon n. l., unter sich, sowie über dem r. Oberschenkel und dem vorgehenden l. Unterarme, Gewand; die r. Hand ruht auf dem l. Oberschenkel; das Haar ist hinten in einen Knoten gesammelt; hinter ihm ein Lorbeerbaum, unten neben ihm ein Schwan. Vor ihm sitzt sein Greif; über diesem, in der Höhe auf Felsen gelagert, n. l. ein zur oberen Hälfte nackter jugendlicher Berggott, den Kopf (Gesicht zerstört) dem Apollon zugewandt; in der niederhängenden L. einen Palmzweig, die (weggebrochene) R. vor sich gestreckt. Vor ihm ein (Feigen-?) Baum, der seine Zweige noch über ihn ausstreckt (Gerhard: Nymphe. Zu zerstört, auch auf C., um mit Sicherheit zu entscheiden'.

Nbss. (an beiden Seiten nur theilweise erhalten): Festons, in denen je ein Gorgoneion.

Composition und Ausführung gleich vortrefflich.)

MEDEA UND ARGONAUTENSAGEN.

[3159. Palatin (früher im P. del commercio).

Vgl. *Bull. dell' Ist.* 1873, 36 (Flasch); *Sulle scoperte archeologiche* etc. *negli anni 1871—72*, 141, 24; *Sächs. Ber.* 1878, 121, 3 (Heydemann).

S.-P. R. und l. oben unvollständig. Rechts Iason, im Begriff, das Vließ vom Baume zu holen; vom Baume ist nichts mehr vorhanden. Iason erscheint in der bei dieser Darstellung gewöhnlichen Weise, zumeist vom Rücken gesehen, mit dem r. Beine auf dem Fels knieend, an der Seite das Schwert, auf dem Kopfe den Helm, am l. Arme einen großen Schild, und überdiess ein umgeschlungenes und lang niederhängendes Gewandstück; der r. Arm fehlt bereits. In der Mitte Phrixos e. f., in Chlamys, die weit n. l. hinter ihm weht, auf dem n. r. schwimmenden Widder sitzend; er hält sich mit beiden Händen an letzterem fest, der Kopf (Gesicht fort) war n. l. geneigt. Dort sieht man Helle, in's Meer gesunken, noch zur Hälfte aus dem Wasser n. r. hervorkommend, den Kopf flehend aufwärts gewandt (Gesicht zerstört), mit hinten in langem Schopfe niederhängendem Haar, den r. Arm auch erhoben (jetzt weggebrochen); ein Gewand umgiebt ihre untere Körperhälfte. Im Meere Delphine und ein Seedrache. L. eine Frau (Flasch: Ino', mit dem r. Fuße noch ganz auf einer Uferklippe stehend, der l. ist auf's Äußerste vorgeschoben; die ganze Gestalt ist n. r. vorgebeugt, den Flüchtigen nach, aber e. f.; sie trägt einen ärmellosen, doppelt gegürteten Chiton, der das r. Bein ganz frei lässt, und ein schleierartiges Obergewand, das sie mit der erhobenen L. fasst; dasselbe weht weit über das Meer hin, so dass es sich äußerlich mit der Chlamys des Phrixos trifft; der r. Arm, welcher auch erhoben war, und der Kopf sind zerstört, doch erkennt man noch wild aufgelöstes Haar. Ich erkenne in der Figur Nephele (bei Ino vermisst man das Kind), wofür nicht nur die Analogie der Assteasvase, Neapel 3412 spricht, sondern auch das Wandgemälde bei Helbig 1258. wo die von H. Thalatta genannte Figur gewiss richtiger mit Stephani, *C. R. pour 1869*, 111 \Nephele zu nennen ist. Hinter Nephele, jedoch nicht mehr auf erhöhtem Niveau, schreitet eine männliche Figur weit n. r. aus; noch erkennbar sind Stiefel und ein kurzer gegürteter Chiton; der ganze Oberkörper ist weggebrochen; (Athamas?). Weiter links noch die Füße einer n. r. gewandten Gestalt, die den l. Fuß auf eine runde Erhöhung gesetzt hatte.

Auf der hier anstoßenden Nbs. ist noch der Rest eines Baumes erhalten.

Die Arbeit scheint gut gewesen zu sein; leider sehr zerstört.]

3160. P. Colonna.

Inventar von 1714: *Docum.* IV, 391, 5.

Vgl. Winckelmann, *Mon. ined.* 122; *Arch. Zeit.* 1866, 234 E (O. Jahn); *Sächs. Ber.* 1878, 122, 2 (Heydemann'.]

S.-Fr. Iason c. f. bändigt die beiden Stiere, die er an den Hörnern packt. An der Erde die Pflugschaar.

Unzweifelhaft modern. Die Composition ist nach der auf Medeasarkophagen vorkommenden Scene gemacht.

3161. [Palatin.] Früher P. del commercio.

[Zeichnung: Windsor XVIII, 97 (um 1600; flüchtig).
Abgeb.: *Ann. dell' Ist.* 1869, Tav A B 1.]
Beschr. von Zoega A. 624: »P. Caucci, ora Belloni«. [Von Matz nach Zoega beschrieben.]
[Vgl. Winckelmann, *Mon. ined.* 121; Zoega, *Bassir.* I, 215, 15; II, 215, 44; Dilthey, *Ann.* a. a. O. 12, K; *Sulle scoperte archeologiche* etc. *negli ann.* 1871—72, p. 142, 28; *Sächs. Ber.* 1878, 122, 4 (Heydemann).]
[Bei dem Transport auf den Palatin (s. *Sulle scop. arch.* etc. a. a. O.) wurden die früher verdeckten Nebenseiten frei.]

S., dem in der Stamperia befindlichen [Nr. 3162] nahe verwandt. I. In der ersten Scene fehlt nur das im Hgr. der ganzen Scene gespannte Parapetasma. Es ist dasselbe nur hinter der ersten Figur l. angedeutet und dort, einerseits an der l. Ecke, theils an dem Capitäl einer dorischen Säule befestigt, die sich zwischen dieser Figur und dem darauf folgenden Hymenaios erhebt. An diesem ist die Bekränzung deutlich; die L. hält einen sehr zerstörten Büschel Mohn, [auf dem Orig. deutlicher, als auf der Publikation], die R. eine kleine brennende Fackel. Von den Kindern trägt das erste das zusammengelegte Gewand, das zweite auf einem geflochtenen, [an dem Orig.

nicht mehr zu erkennenden] Teller einen Kranz. [Die Amme ist auf der Publikation viel zu jugendlich]. — II. R. neben dem Doryphoros steht, den r. Fuß vorsetzend, ein Jüngling im Profil [n. r.], in auf der r. Schulter befestigter, auch einen Theil des Vorderleibes bedeckender Chlamys; [in der R. ein Schwert in der Scheide; das r. Bein ist größtentheils weggebrochen]. Die Lade, auf welche Kreon den l. Fuß setzt, ist breit, doch vorn schmucklos. Die r. Hand drückt er an die Schläfen, der l. Arm ist wagerecht vorgestreckt. Das Haar ist mit einer breiten Tänie gebunden, deren breite Bänder nach hinten flattern. Hinter dem vorgestreckten l. Arme Kreon's schlägt über Glauke eine breite Flamme empor. R. von ihr bemerkt man das Kopfende des Lagers [eine Kline mit hohen Seitenlehnen und Kissen], hinter dem ein Parapetasma gespannt ist. — III. Von den spielenden Kindern ist das zweite sehr zerstört, ebenso der walzenförmige Gegenstand, über den sie stürzen, [letzterer auf dem Orig. lange nicht so zerstört, wie auf der Publikation]. Medea erscheint nicht seitwärts, sondern hinter den Kindern: Hände gebrochen, Kopf gut erhalten. [Die Figur zwischen Glauke und Medea findet sich nur auf Nr. 3162.] — IV. Medea auf dem Drachenwagen, der des folgenden S.'s durchaus gleich. Unter den Drachen liegt n. l. Gaia, halbnackt auf den l. Ellbogen gestützt, den r. Arm erhebend.

[Nbss.: Ein gerüsteter Krieger n. l., in dessen l. Arme, über den ein kurzer Mantel zurückfällt, das Schwert ruht, spendet mit der R. aus einer Schale auf einen Altar, auf dem eine Flamme brennt; dahinter ein Opferdiener n. r. in geschürzter Exomis, in der L. eine Liknos mit Früchten bereit haltend. Die Gesichter sind zerstört. — R. Auf einem mit einem Löwenfell bedeckten Fels, an den man zwei Schilde gelehnt sieht, auf deren zweiten er seine Hand stützt, sitzt n. l. ein junger Mann, nackt bis auf ein auf der l. Schulter unnatürlich lose aufliegendes Gewand, das hernach um den l. Arm geschlagen ist; die R. streckt er einem ebenfalls bartlosen jungen Manne entgegen, der, fast vom Rücken gesehen, in der gesenkten R. eine Schwertscheide hält, und auf der r. Schulter die Chlamys befestigt hat, die den, wie es scheint, in die Hüfte gestellten l. Arm bedeckt.]

3162. Stamperia Camerale [jetzt reale].

[Zeichnungen: Cod. Cob. 493, 216; Cod. Pigh. 224, 212 (abgeb.: Beger, *Spicil.* p. 125, 126, 130; *Arch. Zeit.* 1867, 216, 2); Cod. Bas. U, 4 [Matz, *Gött. Nachr.* 1872, S. 56 nach R. Schöne).

Abgeb.: *Ann. dell' Ist.* 1869, Tav. d'agg. A B 2.]

Beschr. von Zoega A. 611: »nel cortile del palazzo Lateranense«, [hiernach von
Matz beschrieben].

[Vgl. Dilthey, *Ann.* a. a. O. p. 11 A.]

S. Vier Scenen. Von links beginnend: I. Die Überbringung der
Geschenke an Glauke. Dieselbe sitzt, bräutlich verschleiert, mit
über die l. Schulter gleitendem Chiton n. l. da. Von den Kindern
trägt eines einen geflochtenen Korb mit einem dicken Blumen-
kranze darauf; der Gegenstand, den das andere hielt, ist zerstört; [man gewahrt noch deutlich eine Querfalte des von ihm dargebotenen Ge-
wandes]. Glauke zugewandt die Amme, [die l. Hand ausgestreckt
und] scheinbar ihr zuredend; Kopf zerstört. Über den Kindern Hymenaios als Todesgott mit gekreuzten Händen; Kopf und Hände stark
zerstört; [in der r. Hand hielt er deutlich einen halbrunden Gegen-
stand], (nach C. trägt er eine Corona tortilis [noch zu erkennen]).
Die Eckfigur bildet eine Jünglingsgestalt, die sich mit dem l. Ellbogen auf einen [nur noch zum obersten Theil erhaltenen] Pfeiler lehnend,
den r. Arm in die Seite stemmte (auf C. ist die r. Hand noch erhalten,
[auch auf dem Orig. noch erkennbar]); das umgeworfene Gewandstück
bedeckt nur die Beine [und fällt über den l. Unterarm zurück]; der
Kopf, auf C. noch erhalten, ist jetzt zerstört. Hinter dem Stuhle der Glauke
kommen noch Kopf und Brust eines in's Profil gestellten Mädchens
zum Vorschein, [welches die r. Hand an's Kinn legt. Hinter den
drei ersten Figuren bis zur Amme incl. ist ein Parapetasma auf-
gehängt]. Diese erste Scene wird von der zweiten (II.) getrennt
durch die Figur eines jugendlichen Doryphoros, mit auch die Hälfte
des Oberleibes bedeckender Chlamys, der die R. an den oberen
Rand des Schildes legt; neben seinem l. Fuße ein Helm. Kreon
in königlicher Tracht umfasst mit der L. das auf die Erde gestellte
Scepter, mit der R. berührt er (die Hand auf C. noch vorhanden, [auch
auf dem Orig. noch theilweise]) seine Wange, den l. Fuß hat er auf ein
viereckiges Postament gesetzt, das vorn im flachsten Relief mit
einer Darstellung Iasons als Stierbändiger geschmückt ist; [nach
Dilthey ein Altar (was mir unmöglich scheint), nach Benndorf (*Gött.
Anz.* 1871, 83) eine Lade]. Zwischen seiner r. Schulter und der
linken des Doryphoros ein n. l. in's Profil gestellter jugendlicher
Kopf [mit den r. Oberarm bedeckender und auf der Schulter geknüpften Chlamys]. Glauke mit aufgelöstem Haar und zurückgeworfenem Kopfe eilt n. r., [sie ist vielmehr im Begriff, von ihrem
erhöhten Platze (dem »Postament«) herunter hinzustürzen]; Arme gebrochen. Ob ein undeutliches Fragment, das sich am oberen Rande
des S.'s in eine doppelte Flamme theilt, unten die Hand der Medea

oder vielleicht gar das obere Ende einer von der nächsten Figur
gehaltenen Fackel ist, kann ich nicht entscheiden; [ist sicher die
Fackel in der Hand der hinter den Kindern stehenden »zweiten«
Figur; vgl. Matz zu der Cob. Zeichnung S. 493; er nennt dort die
Figur »Furie«; Dilthey (*Arch. Zeit.* 1874, 88, 4) ist geneigt, zuzu-
stimmen]. — III. Diese zweite Figur trägt einen ärmellosen Chiton
mit Überschlag, der unter der Brust gegürtet ist. Das Haupt mit
aufgelöstem Haar ist n. r. gewendet; in der L. hält sie vor den
Leib einen Gegenstand, der wie ein kurzes breites Messer mit runder, etwas aufwärts gebogener Spitze aussieht; Z.: »serto ossia
corolla«, doch zu flach dafür; [gewiss nicht, wohl eher ein Holz-
scheit, um Feuer auf dem Altar zu entzünden], der r. Arm ist abgebrochen, [in der Hand stützte sie jene Fackel auf (s. o.)]. Vor ihr
eilen die Kinder, von denen das vordere einen Ball trägt, n. r.
über einen walzenförmigen Gegenstand weg. Unter dem Knie der
brennenden Glauke liegt eine Tafel mit oben gewölbter Oberfläche
an der Erde: [Hochzeitstäfelchen; vgl. *Dracont.* X, 478; anders
Dilthey, *Ann.* a. a. O. p. 19; *Arch. Zeit.* N. F. VIII (1875), S. 67].
Auf die Kinder tritt von r. zu Medea (Kopf zerstört) im [un]gegür-
teten Chiton mit umgeworfenem Mantel; Hände und Unterarme fehlen. —
IV. Medea auf dem Wagen, der von zwei prachtvollen geflügelten
Drachen gezogen wird. Eines der Kinder hat sie über die l. Schul-
ter geworfen, von dem zweiten, das im Wagen liegt, wird das eine
Bein sichtbar. — [Nbss.: Greife.]

[3163. V. Casali.

S.-Fr. Nach 1. sitzt auf einem Stuhle mit hoher Lehne Glauke
in gegürtetem Chiton mit Halbärmeln, der von der l. Schulter
niedergeglitten ist; ein hinten niederfallender Mantel bedeckt die
Beine; die Füße in Sandalen; die l. Hand hat sie auf den Sitz
gestützt, die r. ruht auf dem l. Oberschenkel; Kopf weggebrochen.
Hinter'm Stuhle wird neben einem Schilde ein männlicher Unterschenkel sichtbar, unter'm Stuhle steht ein Helm. Vor ihr, durch
einen Baumstamm(?) im Hgr. getrennt, steht Hymenaios im Mantel, der r. Brust und Schulter frei lässt; die Arme über einander
geschlagen; in der r. Hand zwei Mohnstengel. Der Kopf ist weggebrochen. L. ein Pfeiler, auf dem der aufgelehnte l. Arm mit etwas
darüber geworfenem Gewande einer männlichen Figur sichtbar wird.
Von l. kommen auf Glauke zu die beiden Kinder; das erste trägt
ein Gewand, das zweite in einer flachen Schale die Krone.]

MEERWESEN.

[Vgl. *Ann. dell' Ist.* 1860, 396.]

— — —

Mit Tafel oder Clipeus.

3164. P. Corsini.

[Abgeb.: Foggini, *Mus. Cap.* 333; *Mon. dell' Ist.* VI, 26.]

Beschr. von Zoega A. 151.

[Vgl. Burckhardt, *Cicerone* 2, 547; 3, 581; *Ann.* 1859, 27 (Jahn); *Bull.* 1860, 206 (Cavedoni); 1860, 402, 412, 1 (Petersen); Stephani, *C. R. pour 1860*, 11, 2; Gaedechens, *Glaukos Pontios* 197.]

s. Von l. und r. bewegen sich je zwei Tritonen der Mitte zu. Auf dem Rücken eines jeden sitzt eine Nereide. Von den Tritonen ist der erste bärtig; Bart, Haar und Gesichtsausdruck Zeusartig. Mit der L. schultert er einen leicht geschweiften Stab, [ist der Schaft einer Wasserpflanze, deren breites schaufelartiges Blatt über seiner r. Schulter zum Vorschein kommt], in der R. hält er einen Blitz. Die auf seinem Rücken sitzende Nereide, die den Kopf wie in bacchischer Ekstase zurückgeworfen hat, ist völlig nackt, [über ihre l. Schulter herab weht ein Gewand]; sie ist hauptsächlich vom Rücken sichtbar und legt die r. Hand auf seine l. Schulter; [er blickt sie an]. Von l. oben fliegt ein Eros herbei, der auf der Schulter eine geflochtene, mit einem Deckel versehene Cista trägt; der ein wenig geöffnete Deckel lässt den Inhalt als Blumen [oder Früchte] erkennen. Zeus und nach Z. Semele. Der zweite Triton hat die Attribute des Ares: Helm, Schwertriemen und Schild, [aber hinten ein kleines Schwänzchen]. Mit der R., die ein kurzes Schwert hält, holt er weit aus gegen einen Meerdrachen, der sich aus den Wellen erhebt. Die Nereide auf seinem Rücken ist fast nackt und lässt ein Gewandstück, das ihren Schoß bedeckt, segelartig flattern; mit der L. hält sie an einem Riemen einen ovalen Spiegel; das Haar umgiebt eine Stephane. Ares und Aphrodite.

Über dem Kopfe des Drachen in der Mitte fliegt ein Eros [n. r. sich umblickend] mit einem großen Metallgefäß [auf der l. Schulter]. Der folgende Triton ist unbärtig und trägt eine schmale Binde um's Haupt; in der R. hält er ein Ruder, mit der L. zieht er sich umwendend an dem Gewandstück, das Hinterkopf, Rücken und Schoß der auf ihm sitzenden Nereide verhüllt. Letztere legt die R. auf eine fließende Urne, die auf dem Rücken des Triton ruht. Z.: Peleus und Thetis. Der neben der l. Schulter der Nereide flatternde Eros, [welcher sich n. r. umblickt], trägt ein großes Salbgefäß [auf dem Nacken]. Der vierte Triton trägt im r. Arme eine Fackel (?) (das obere Ende ist verdeckt), im linken einen gefüllten Köcher. Die auf ihm sitzende Nereide ist oben nackt und berührt mit der R. ihre Brust, [während sie die L. auf das Schweifende des Triton legt]; [Z.: Apollon und Nemesis]. Am Schweifende hält sich ein Eros fest, der eine große Muschel wie eine Kappe über den Kopf gezogen hat.

Auf den Nbss. r. und l. zwei muschelblasende Tritonen, von denen der zur L. einen Anker, der zur R. ein Ruder schultert; hinter letzterem springt ein großer Delphin auf. Der niedrige Deckel hat vorn eine für eine Inschrift freigelassene Tafel. Von l. schwimmen ein Seelöwe und ein Seetiger, von r. ein Seewidder und ein Seebock nach der Mitte. An den Ecken je ein anscheinend weiblicher, mit der Stephane (?) versehener Kopf.

Der S. ist stark polirt und ganz ohne Restaurationen; [Motive und Ausführung gut].

3165. P. Giustiniani.

[Abgeb.: *Gall. Giust.* II, 144.]

Beschr. von Zoega A. 361.

S.-P. Fünf fischleibige Tritonen, auf denen ebenso viele nackte oder fast nackte Nereiden sitzen. Der erste (bärtig) spielt die Lyra, die er mit der L. erhebt; der zweite (unbärtig) bläst die Flöte; der dritte, der die auf ihm sitzende Nereide mit der R. umfasst hält, trägt in der L. einen undeutlichen stabartigen Gegenstand, [war wohl ein Ruder, oder ein Schilfstengel]. Das Motiv, das der Stich beim vierten Paare erkennen lässt, ist vom Zeichner erfunden: die Hände greifen nicht in einander, sondern die l. Hand der Nereide ruht auf der r. Schulter des Triton, [wo seine R. die ihre fasst; sein r. Arm ist größtentheils weggebrochen]; ebenso ist die Liebkosung der fünften Nereide (die ein Mammillare trägt) Erfindung des Zeichners; der Unterarm der Nereide ist zwar abgebrochen, doch war er

weniger gebogen, und reichte sicher nicht an's Kinn des Triton:
[das Gesicht desselben ist völlig zerstört, und im Stich wohl willkürlich bärtig
ergänzt; im r. Arme hielt er etwas wie ein Ruder]. Im Wasser
tummeln sich Eroten auf zusammengejochten Delphinen, andere
gaukeln in der Luft. Der Eros in der r. Ecke oben ist zu zerstört,
um zu erkennen, ob er wirklich den Bogen in der erhobenen R.
gehalten.

[Es liegt ein auch auf anderen Sarkophagen dieser Gattung bemerkbarer
natürlicher Humor darin, dass die Nereiden mit den drei jugendlichen Tritonen
offenbar sehr einverstanden sind, während sie sich von den beiden bärtigen ab-
wenden und nur widerwillig sich von ihnen liebkosen oder grämlich betrachten
lassen. Der Ergänzer hat bei dem Zusatze eines jugendlichen Triton zur L. dies
richtig herausgefühlt.]

3166. V. Cesi.

s. Je zwei Gruppen auf jeder Hälfte bewegen sich der Mitte
zu. I. Ein bärtiger Triton n. r. führt mit der L. n. r. einen Stier.
Auf dem Rücken sitzt n. l. eine unten bekleidete Nereide. —
II. Ein unbärtiger Triton, vom Rücken gesehen n. r., umarmt mit
der L. die auf ihm sitzende, unten bekleidete Nereide; mit der R.
führt er ein Seepferd am Zügel. — III. Triton n. l. schwimmend;
auf seinem Rücken sitzt eine völlig nackte Nereide n. r., die ihn
umhalst und in der erhobenen l. Hand ein Kästchen (?) hält. —
IV. Triton n. l.; auf seinem Rücken sitzt eine sehr zerstörte Nereide.
Sie reicht ihm mit der L. einen Apfel. Mit der R. lenkt er ein
Seeross wie auch II. und III. Wo sein l. und ihr r. Arm ver-
bleibt, vermag ich nicht anzugeben. Zwischen den Gruppen gaukeln Eroten.

L. Nbs: Ein Eros, der einen Seegreif reitet; die R. ist glatt
gemeißelt.

3167. V. Medici.

Beschr. von Zoega A. 379, 25.

S.-P. Grauer M. Auf einem Seelöwen, der n. r. schwimmt,
sitzt, dem Beschauer den Rücken zuwendend, auf einem untergebreiteten Peplos eine Nereide; sie stützt den r. Ellbogen auf den
Rücken des Thieres, mit der L. hält sie den Zipfel ihres Gewandes; den Kopf wendet sie n. r. Entgegen schwimmt n. l. ein See-
stier; auf ihm ruht bequem, n. l. blickend, die R. aufstützend,
eine Nereide; mit der L. fasst sie den Schweif des Stieres; der
Peplos umflattert sie. Auf einem n. l. schwimmenden, n. r. sich
umsehenden Seegreife ruht, n. r. gewandt, eine Nereide, die L.

aufstützend: beide Hände fassen die Zipfel des [unter ihr sich hinziehenden, über ihr] sich bauschenden Gewandes.

Mäßig erhobenes Relief; nicht üble Arbeit. — Folgt nach einem zwischen-
gesetzten Baume von Gips eine nur mit einer Chlamys bekleidete unbärtige, n. l.
eilende, n. r. zurückblickende Figur, in der L. einen Stab haltend. Antik, aber
rohe und plumpe Arbeit, und nicht zugehörig.

[3168. P. Strozzi.

S. Früher in der Osteria del Falcone vor P. Angelica; 1874 an seinen
jetzigen Platz gebracht.

Links und r. am Ende je eine Nereide; die zur L., zumeist
vom Rücken gesehen und mit Brustband, hängt am Halse eines
Seestieres, dessen ihr zugewandten Kopf sie zu küssen im Begriff
ist; die zur R. am Halse eines Seerosses. L. folgt alsdann eine
nackte Nereide auf einem Seekentaur; sie hält in der L. eine Lyra
und blickt sich um zu einem blasenden Eros, der auf dem emporgerichteten Schweifende ihres Kentauren sitzt; letzterer ist bärtig,
hat um den Hals eine Chlamys und hielt im r. Arme, wie es scheint,
ein Lagobolon, auf der l. Hand eine flache Schale mit Früchten
oder Broten resp. Kuchen; er blickt sich n. l. um. Weiter der
Mitte zu, vom Rücken gesehen, eine Nereide auf einem jugendlichen Seekentauren, ebenfalls mit Chlamys; ihr weht das Gewand
bogenförmig über den Kopf, und sie blickt sich um n. l.; er hatte
beide Hände vorgestreckt (die Arme sind größtentheils weggebrochen), doch
bleibt die Handlung unklar: eine Trompete blies er nicht. Alsdann auf jugendlichem Triton n. l., welcher auf der r. Schulter
einen Eros, im l. Arme ein Ruder trägt, und den Kopf sentimen-
tal n. r. neigt, eine ebenfalls n. r. blickende Nereide, die aus-
nahmsweise bekleidet ist mit einem die r. Brust freilassenden
Untergewande und einem Mantel um die Beine und den erhobenen
l. Arm, in dem eine Lyra ruht.

Nbss.: Seegreife.]

3169. P. Mattei.

[Abgeb.: *Mon. Matth.* III, 12, 1.]
Beschr. von Zoega A. 389, 28.

S.-P. [R. unvollständig.] Vier Tritonen, die auf ihrem Rücken
nackte Nereiden tragen, welche ihr Gewand bogenförmig über sich
flattern lassen. Zwischen ihnen schweben Eroten, von denen der
erste und dritte sich an das flatternde Gewand hängen. Der zweite
trägt mit beiden Händen eine Guirlande, ein vierter versucht es,
auf den Rücken des letzten der Tritonen zu klettern, der zum größten

Theil aus Stuck ergänzt ist. Von den Tritonen selbst trägt der erste eine gewundene Muschel, der zweite Lyra und Plektron, der dritte ein Ruder. Eigenthümlich ist, dass erst die Schenkel, gerade wie diejenigen der Giganten, in Drachenschwänze auslaufen.

3170. P. Gentili [jetzt del Drago].

Beschr. von Zoega A. 318.

S.-P. In der Mitte der Composition ein von einem Delphin umwundener aufgerichteter Dreizack. Auf denselben zu bewegen sich von links und r. zwei Tritonen. Auf dem ersten [bärtigen] von links, welcher Lyra spielt, sitzt eine unten bekleidete Nereide n. r., die sich mit der R. auf den Rücken des Kentauren aufstützt und mit der L. [Unterarm ergänzt] seinen Nacken berührt. Der zweite unbärtige Triton bläst die Flöte; auf seinem Rücken eine gleichgekleidete Nereide n. l. sitzend.

R. von der Mitte: Nach l. schwimmend ein bärtiger Triton, in der gesenkten R. eine Muscheltrompete, [im l. Arme ein Ruder]. Auf seinem Rücken n. l. hin sitzend eine Nereide, die, sich mit der L. aufstützend, in der R. den Zipfel ihres sich über ihr wölbenden Gewandes hält. Der vierte Triton ist gleichfalls bärtig, [schien mir unbärtig]; in dem l. Arme hält er eine lange, oben abgebrochene Muscheltrompete [Zoega: »come pare, una lancia; sulla s. un parazonio« [richtig]]. Auf seinem Rücken eine gleichfalls n. l. sitzende Nereide. Rings umher flattern Eroten. [Sehr zerstört.]

3171. V. Medici.

S.-Fr. Auf einem n. r. schwimmenden Seekentauren sitzt n. r. gewandt eine unten bekleidete Nereide, welche die R. auf den Rücken des Thieres stützt und die L. über seine Schulter legt; ein Eros scheint ihr hinten das Haar zu ordnen. Ein bärtiger Seekentaur, n. r. schwimmend, in der L. die Lyra, in der R. das Plektron; auf seinem Rücken eine unten bekleidete Nereide. Das Motiv der vorigen gleich. Nach l. schwimmend ein Seekentaur, sich n. r. umschauend; der l. Arm war gesenkt. Auf seinem Rücken saß ein Weib. Zwischen ihm und ihr ein Eros, n. r. gewandt, [den der Kentaur zu sich heranzieht, indem er seine r. Hand an den Kopf des Eros legt].

Mittelmäßiges, nicht sehr stark erhobenes Relief.

3172. V. Medici.

Beschr. von Zoega A. 379, 26.

S.-Frr. Auf einem n. l. schwimmenden Seekentauren mit langem geringeltem Schweife sitzt, n. r. gewendet, eine Nereide;

das l. Bein angezogen, das r. ausgestreckt, mit einer Lyra in der
L. [Rechts] dann symmetrische Wiederholung derselben Gruppe,
nur ist die Nereide ohne Lyra. In der Mitte Eroten. [Kleine, auf
Muscheltrompeten blasende Eroten kommen aus den Windungen
der Tritonen unten hervor: von dem zur R. ist nur noch der Kopf und die
die Trompete unterstützende Hand, von dem zur L. auch noch die an den Hinterkopf greifende r. Hand erhalten. L. im Wasser ein Delphin.]

3173. S. Sabina.

S.-Fr. L., r. und oben gebrochen. Ein Seekentaur schwimmt n. l.:
im r. Arme ruht ein [weder von Matz noch von mir zu erklären-
des Instrument (ein Stab, an den sich oben ankerartig ein gewun-
dener Arm n. r. ansetzt; da l. gebrochen, nicht zu constatiren, ob an beiden Seiten)]; mit der L. führt er einen Seegreif(?) an der Leine.
Auf seinem Rücken sitzt n. r., unten bekleidet, eine lyraspielende
Nereide, [deren Füße fehlen].

3174. V. Medici.

Beschr. von Zoega A. 379, 27.

S.-Fr. Ein Seekentaur, n. r. gewandt, trägt auf der l. Schulter ein Knäbchen, das er mit der L. festhält; auf seinem Rücken
der Rest einer Nereide. Auf einem zweiten, gleichfalls n. r. gewendeten, sitzt eine nackte Nereide; beiden Figuren fehlen die Köpfe.

Stark erhobene Arbeit in gelblichem Marmor.

3175. P. Rondinini.

S.-Fr. Ein bärtiger Seekentaur schwimmt n. r.; auf seinem
Rücken eine Nereide, die ihr Gewand im Bogen flattern lässt; [die
Nereide hält in der L., die sie über seine l. Schulter legt, eine
Hypothymis; er blickt sich nach ihr um und hält mit beiden Hän-
den vor sich eine Muschel. Das Wasser mit einem Theile von seinem
Schwanze, seinem r. Vorderhuf und ihrem r. Fuße sind neu. Sehr rohe Arbeit].

3176. V. Altieri.

S.-Fr. L., r. und unten gebrochen. Muschelhaltender bärtiger Triton n. r., auf dessen Rücken eine Nereide mit Lyra. [In der
Muschel ist noch der Rest einer Büste, mit einem Gewande so bekleidet, dass r. Schulter und Arm frei blieb.]

3177. V. Panfili.

S.-Fr. Von rechts ist dem mit Nr. 3201 bezeichneten Stück genähert ein
zweites Bruchstück eines Tritonensarkophages mit kleineren Figuren:

Vier Paare unbärtiger Tritonen und unten bekleideter Nereiden; diese, auf jenen sitzend, sich herzend und umarmend. Von
dem ersten Paare nur die Nereide und der Schweif ihres Liebhabers erhalten.
Schlechte und rohe Arbeit.

[3178. P. Aldobrandini.

S.-Fr. Auf Wellen, in denen man Delphine und andere Fische
gewahrt, zwei bärtige Tritonen n. l., auf jedem eine Nereide. Der
erste dreht sich zu der seinigen um, fasst sie mit der R. um den
Leib und will sie küssen, indem er mit der L. ihren Kopf von
hinten zu fassen strebt; über beide wölbt sich ihr Gewand, das
sie mit der r. Hand auf seiner r. Schulter, mit der l. hinter sich
gefasst hält. Der zweite Triton hat im l. Arme einen theilweise ergänzten Schilfzweig, in der erhobenen R. (der ganze Arm mit Trompete
ist ergänzt) eine Muscheltrompete und blickt sich um zu der n. r.
auf seinem Rücken sitzenden Nereide, die ebenfalls ihren Kopf
(dieser antik, der Hals zwischengesetzt) ihm zuwendet, die R. auf seinen
Rücken stützend, mit der L. seinen Schweif fassend.]

3179. V. Medici.

S.-Fr. L. und r. unvollständig. Links Bruchstück einer Nereide
n. l., die wahrscheinlich an dem Halse eines Tritonen hängend
schwebte. Oberer Theil eines [jugendlichen] Triton n. l., im r.
Arme die lange gewundene Muschel, auf dem Kopfe Krebsscheeren.
Ihn umarmt von l. eine nackte Nereide. Auch von ihr nur der Oberkörper erhalten.

3180. P. Castellani.

S.-Fr. [Vollbärtiger] Triton n. l. schwimmend, auf dessen
Rücken eine völlig bekleidete Nereide. Von einem zweiten Paare ist nur
der Schweif des Triton und die Nereide erhalten; [auf letztere flattert ein
Eros zu; ein zweiter vor dem ersten Triton].

3181. Palatin.

S.-Fr. Auf dem Rücken eines n. l. schwimmenden Triton [mit
einem Ruder im l. Arme] saß eine Nereide, von der nur noch der mit
einem Diadem geschmückte Kopf und der r. Arm erhalten sind. In der Hand
hält sie einen Kranz.

3182. Stud. Canova.

S.-Fr. An allen Seiten gebrochen. Unvollständige Gruppe eines
n. l. schwimmenden Triton mit geschupptem Fischleibe, auf dessen

Rücken eine nackte Nereide sitzt. Über die Beine ist ein Gewandstück geworfen.

3183. Vigna Codini.

S.-Fr. Erhalten ist nur der untere Theil einer bekleideten, n. l.
auf dem gerollten Schweife eines Meerwesens, zwischen dem ein
Eros [aber ungeflügelt] durchklettert, sitzenden Nereide: [das l. Bein
zurück-, das r. vorgesetzt; die Füße fehlen]. Der guten Arbeit wegen hervorzuheben.

3184. V. del Grande.

S.-Fr. Ringsum gebrochen. Durch die Windungen eines Triton
sucht ein Eros zu schlüpfen, [so, dass man nur sein Hintertheil
sicht]. Von der auf dem Rücken sitzenden Nereide ist nur ein bekleidetes Bein erhalten.

3185. P. Merolli.

S.-Fr. Dürftiges, l. und r. gebrochenes Bruchstück. [Von zwei reitenden Nereidenpaaren sind Reste erhalten]. Auf dem Schwanze des einen
Meerwesens sitzt ein Eros, die Doppelflöte blasend.

3186. Via Bocca di Leone 32.

S.-Fr. Eine Nereide n. l. sitzend, fast nackt, von Eroten um-
schwärmt.

3187. V. Panfili.

Beschr. von Zoega A. 358, 8.

S.-Fr., jetzige H. 0,45; Br. 0,42. Auf einem Seepferde sitzt, n. l.
gewandt, eine halbnackte Nereide, die mit beiden Händen einen
bogenförmig hinter und über ihr flatternden Schleier hält. Ein
von r. heranfliegender Eros ist ihr dabei behülflich. Zoega sah
das Relief noch vollständiger: »poi sta in piedi un altro genio nudo
alato più grande, testa e mano perite. Incontro Venere sta una
figura simile a questo, ma di sesso muliebre, un serto a brodiero,
un panno sulla spalla s., voltata a Venere, le mani perite, accom-
pagnata da una pantera ossia un cane molosso.«

Mittelmäßige Arbeit.

3188. V. Rondinini. ○

S.-Fr. Ein Seedrache, n. l. schwimmend. Auf seinem Rücken,
bequem n. l. ausgestreckt, eine Nereide. Ringsum Eroten, einer
mit der Syrinx.

3189. P. Rondinini.

s.-Fr. Ein nacktes Weib mit flatterndem Gewande, das sie mit der L. hält, während sie in der aufgestützten R. eine Hypothymis umfasst, sitzt ausgestreckt auf einem Delphine [n. r.].

3190. P. Lancelotti.

s.-Fr. Eine Nereide reitet n. r. auf einem Delphine, den sie an einer Kopfflosse packt. Den Grund bilden Meereswellen. Sicher modern.

3191. P. Colonna.

Inschrift: Fabretti p. 166, 307 und p. 353, 211: »Villa Bevilaqua apud Marinum«. Malvas. 226: »apud bivium viae Latinae et Asinariae in quibusdam ruderibus«. Amati, *Sched. Vat.* 117: »in aedib. Columnensium a D). Vincentio de Columna allata«.

s.-P. Eine quadratische Inschrifttafel wird von beiden Seiten von zwei bärtigen Tritonen mit Schlangenfüßen, auf deren Rücken je eine unten bekleidete Nereide sitzt, gehalten. Unter der Tafel zwei Delphine. Die Composition ist weit einfacher als auf den meisten dieses Genres. Gehört auch der Inschrift nach in eine ältere Zeit; diese lautet:

D M

T FLAVIVS PROCLVS

ET FLAVIA CLEMENTILLA

ET FLAVIE PROCLEN · P · T

Q V · A IIII M X

D XXV

F · C · R

[3192. P. Torlonia (1878 in den Vorhof des Museo Torlonia gebracht).

(Matz' Aufzeichnung ist durch meine ersetzt.)

s. Zwei jugendliche Seekentauren halten mit der einen Hand eine Inschrifttafel, im anderen Arme einen Anker; unter ihnen Wellen. — Nbss.: eingemauert, doch in der zur R. noch der Vordertheil eines Greifes erkennbar. Inschrift:

D · M

C · MODESTI · THESEI

P · CL · TRIVM · GALLIAR ·

LIB · ABASCANTVS

ALVMNO · DVLCISSIMO

QVI · VIXIT · AN · VIII

MENS · V · DIEB · XVIIII

Auf der Leiste oben noch folgende Reste:

ʌ   ,   ɔ   ᴗ

und auf der Oberseite der Leiste:

| N | ̍

3193. V. Panfili.

s.-p. In der Mitte halten Tritonen, sich umsehend, eine Inschrifttafel; an ihrem Nacken hangen nackte Nereiden. L.: Eine nackte Nereide umfasst halb schwebend den Rücken eines n. l. schwimmenden Seepferdes; sie scheint ihm eine Schale, die sie in der L. hält, anzubieten. Ihr Gewand flattert bogenförmig über ihr. R. ist nur ein kleines Bruchstück erhalten. Die Gruppe war sicher der vorigen entsprechend.

Das Relief ist sehr flach und schlecht. Die Inschrift lautet:

D . M .
IVBENTIAE · TYCHE
P · CARVILIVS · FELIX
CONIVGI · SVAE · FECIT
B . M .

3194. P. Altieri.

s.-p. Zwei bärtige Seekentauren halten eine Muschel, in der die Brustbilder eines römischen Ehepaares, dem Äußeren nach nicht vor Ende des dritten Jahrhunderts zu setzen. Auf ihrem Rücken sitzen zwei nackte Nereiden, die den Schleier bogenförmig über sich wallen lassen. L. und r. davon ein zweites Paar von unbärtigen Seekentauren; auf ihrem Rücken je eine Nereide. Von diesen hält die zur L. eine Lyra, die zur R. scheint ihren Träger mit beiden Armen zu umschlingen. Wasser und Luft sind von vielen Eroten belebt: [so fahren z. B. in der Mitte, gerade unter der Muschel, zwei in einem Kahne, rechts am Ende einer; durch die Schwanzwindungen der beiden Seekentauren kriechen zwei, von hinten gesehen (vgl. Nr. 3164); andere unterstützen Gewandbogen und Muschel; links am Ende reitet einer auf einem Delphine].

[3194ᵃ. Lateran. (Hospital-Hof.)

s. Von zwei bärtigen, sich umblickenden Seekentauren, auf deren Rücken fast nackte Nereiden sitzen, wird eine Muschel gehalten, in welcher der obere Theil einer Frau c. f. mit gegürtetem

ärmellosem Chiton und über ihr sich bauschendem tuchartigem
Obergewande, in den Händen (die l. mit dem oberen Theile des Instru-
mentes weggebrochen) eine Kithara haltend; das völlig zerstörte Gesicht
ist leicht n. l. gewandt. Ein zweites Paar, jugendliche Seekentauren, ist den Ecken zugewandt; sie tragen Nereiden, und wenden
sich zu denselben um; diese sind, meist vom Rücken gesehen,
unterwärts bekleidet, oben nur mit Mammillare; sie halten im inneren Arme eine Kithara, und legen die äußere Hand zärtlich auf die
äußere Schulter der Seekentauren, welche ihrerseits die Nereiden
mit der anderen Hand umschlingen. Unter den Mittelgruppen je
ein Eros auf einem Seelöwen der Mitte zu, und gerade in der Mitte
Reste von vier sich nach einem Centrum bewegenden Delphinen
(sehr zerstört durch hier angebracht gewesenen Wasserausfluss). Über der inneren Schulter der mittleren Seekentauren werden der Mitte zu
blasende Eroten sichtbar (die Muscheltrompeten und die diese haltenden
Hände sind weggebrochen); unter den äußeren Gruppen je ein Eros auf
einem Delphine n. r. Auf den Schweifen der Seekentauren treiben
sich jederseits drei Eroten herum, zwei oben, einer unten.

Nbss.: je ein Seepanther.]

3195. Via Bocca di Leone 17.

s. In der Mitte ein Clipeus mit weiblichem Brustbilde [Frisur
der Mammaea ähnlich], der von zwei bärtigen Tritonen gehalten
wird. Auf ihrem Rücken sitzen n. l. und r. zwei Nereiden, die
ihr Gewand über sich flattern lassen. L. und r. davon zwei andere Tritonen; der zur L. [unbärtig] bläst in eine Muscheltrompete; auf seinem Rücken steht ein Eros mit der Fackel. Auf dem
Rücken des [bärtigen] zur R. steht ein Eros mit dem Bogen.

Nbss.: Tritonen, die, sich umsehend, in eine Muscheltrompete
stoßen; in der anderen Hand halten sie ein Ruder.

Vom Wasser sehr zerstört.

3196. Via in Lucina 16 B.

K.-s. Zwei jugendliche Seekentauren halten in der Mitte den
Clipeus, der das Brustbild eines alten kahlköpfigen Römers [kann
auch ein missglückter Knabe sein] mit Rolle in der L. enthält.
Auf ihrem Rücken sitzen zwei unten bekleidete Nereiden, die das
Gewand bogenförmig über sich flattern lassen; der Blick aller vier
Figuren ist vom Schilde ab gerichtet. Über ihnen schwebende kleine
Eroten unterstützen sie beim Halten des Schildes. Nach r. und l.
folgen wiederum zwei unbärtige Seekentauren, auf deren Rücken je

eine unten mit einem übergeworfenen Gewande bekleidete Nymphe
sitzt: die zur L. hält Lyra und Plektron, diejenige zur R. ein Kindchen. Die Blicke aller vier Figuren sind dem Schilde zugekehrt.
Die Kentauren halten mit beiden Händen eine lange Muscheltrompete. In der Luft und im Wasser scherzen Eroten, zum Theil auf
Delphinen.

Späte und unbeholfene Arbeit.

3197. P. Giustiniani.

[Abgeb.: *Gall. Giust.* II, 96.]

Beschr. von Zoega A. 299 («Villa G.»).

s. Zwei bärtige Seekentauren halten eine Muschel, die, die
Stelle des Clipeus vertretend, das Brustbild einer Frau mit Haartracht der Iulia Domna enthält. Auf dem Rücken derselben sitzen
zwei nackte Nereiden, die das Gewand hinter sich flattern lassen.
Die Schlussfiguren n. l. und r. bilden wieder zwei Nereiden, von
denen die zur L. sich an den Nacken eines Seerosses, [richtiger,
als] (Zoega: cervo marino), diejenige zur R. an den eines Seestieres
gehängt hat. Das bogenförmig flatternde Gewand der Nereide zur
L. ist aus Mangel an Raum im Stich nicht ausgedrückt. In der
Luft gaukeln Eroten, ebensolche tummeln sich im Wasser. Diejenigen l. und r. an den Ecken unten suchen phantastische Wasser-
thiere, wie es scheint, Seedrachen, jedenfalls keine Delphine, zu
bändigen; [drei in der Mitte scheinen ebenso beschäftigt].

Nbss.: Ein Seepanther und ein Seepferd, von darüber flatternden Eroten gepeitscht und gezügelt.

Die Körperformen sind anmuthiger und schlanker als man nach dem Stich
annehmen muss. Viele Einzelheiten sind zerstört.

3198. P. Mattei.

[Abgeb.: *Mon. Matth.* III, 12, 2.]

Beschr. von Zoega A. 389, 27.

s.-P. In der Mitte halten ein Paar Seekentauren einen Clipeus
in Form einer Muschel; in ihm die Büste einer Frau [mit Frisur
des ausgehenden dritten Jahrhunderts]; ein kleiner Triton unterstützt die Muschel von unten. Über der Muschel Reste von Ru-
dern, die von den Kentauren in der oberen Hand gehalten werden.
Auf dem Rücken der Kentauren sitzen n. l. und r. zwei nackte
Nereiden, die ihr Gewand bogenförmig über sich flattern lassen.
Ein anderes Paar galoppirt den Ecken des Reliefs zu; in beiden
Fällen halten die Kentauren eine Muscheltrompete, die r. sicher antik

ist [und in der anderen Hand ein Ruder]. Auf ihrem Rücken sitzen
halbnackte, mit dem Mammillare ungürtete Nereiden, die vom Rücken
sichtbar sind; die zur R. schien mir eine gewundene Muschel zu
halten, [nein! richtig vielmehr] Zoega: »tengono ciascuna una lira«.
Zwischen den Paaren spielen Eroten [vgl. Jahn, *Arch. Beitr.* 250,
13]. Im Wasser ergötzen sich andere mit Delphinen. [Viel ist ergänzt, namentlich Köpfe.]

3199. P. Lancelotti.

Abgeb.: Monaldini, *V. L.* II, 2, Tab. v, 1.

Beschr. von Zoega A. 2; damals in Velletri, im Garten des Pal. Ginetti (1787).

s. In der Mitte an Stelle des Clipeus eine Muschel, in welcher das oben sehr zerstörte Brustbild einer Frau. Sie wird von zwei
Seekentauren, auf deren Rücken halbbekleidete Nereiden sitzen,
unterstützt. Von letzteren hält die zur R. eine Kithara (Zoega:
di questa coppia sono perite le teste assieme colle braccia: l'altra
Nereide è mancante delle mani e del volto; ihr r. Arm ging in
die Höhe]. Zwei andere Paare sprengen den Ecken des Sarkophages zu. Die Kentauren sind beide bärtig. Von den Nereiden
ist die zur L. so gut wie unbekleidet: [ihr l. Unterarm ging in
die Höhe, ihr bauschendes Gewand anzufassen, der r. nieder, als
ergreife sie an den Schenkeln das sinkende Gewand]. Der Kentaur
blickt sie zärtlich an und legt den l. Arm um ihren Nacken; in
der R. hält er ein Ruder (Zoega: porta una pelle a uso di clamide
annodata sulla spalla s.). Die Nereide zur R. legt umgekehrt ihren
l. Arm um seinen Nacken [und fasste ihr gebauschtes Gewand mit
der R.]. Er hält auf der r. Hand ein Kind [Knabe]. In der Luft
gaukelnde Eroten; [erhalten nur zwei: einer beim Kopfe des jugendlichen Kentauren l. von der Muschel, ein anderer über dem l. Oberschenkel der Nereide ganz zur L.]. Im Wasser vier Kähne mit
rudernden und fischenden Eroten, [andere schwimmen im Wasser
oder reiten auf Delphinen]. Unter dem Clipeus in kleiner Figur
Skylla mit hoch erhobenen, doch abgebrochenen Armen.

Nbss.: L. eine Nereide auf einem Seekentauren; [r. unten ein
großer Delphin]. R. eine ähnliche Darstellung. Auch die Rückseite
ist mit Reliefs verziert, doch so nahe an die Wand gerückt, dass
nichts erkennbar ist. Zoega: Sulla facciata deretana è abbozzato un
riquadro per una iscrizione, sostenuto da due genj. alla d. di questi
evvi una matrona velata, alla s. un uomo togato in piedi, poi sulle
estremità due Vittorie. tutte figure abbozzate.

3200. S. Agnese f. l. m.

S.-Fr. R. und l. gebrochen. Ein Seekentaur unterstützt von links mit beiden Händen einen großen als Muschel gebildeten Clipeus, in dem die Büsten eines Ehepaares angebracht sind. Die Frau mit abbozzirtem Gesicht ist noch erhalten. Auf dem Rücken des Kentauren, an dessen Stirn Krebsscheeren hervorsprießen, saß ein Weib und umschlang seinen Nacken mit dem l. Arme; die Hand, die über der l. Schulter des Kentauren zum Vorschein kommt, ist erhalten [und hält deutliche Ähren]. Oben ein kleiner blasender Windgott [n. r. Unter dem Clipeus wird noch ein n. l. gewendeter bärtiger Kopf eines Seewesens mit panartigem Ausdruck sichtbar, sowie der n. r. gewandte Kopf eines Seepanthers].

Gute Arbeit.

3201. V. Pamfili.

Beschr. von Zoega A. 261, 12.

S.-Fr. Das Brustbild einer Frau in einer als Clipeus dienenden Muschel [in der R. ein Diptychon] wird l. gehalten von einem bärtigen Triton, auf dessen Rücken eine bis auf ein über die linke Lende geworfenes Gewandstück nackte Nereide sitzt. Ein Seekentaur (Kopf fehlt) n. l. sprengend; zu seiner Seite ein Drache n. l. Eine Nereide, nackt bis auf ein über den l. Schenkel fallendes Gewandstück, saß auf einem jetzt zerstörten Triton.

Die ganze r. Seite des Reliefs fehlt. Schlechte und grobe Arbeit.

[3202. V. Altieri.

S.-Fr. L. und r. unvollständig. Von der r. Hälfte der Vorderseite ist erhalten: l. ein clipeushaltender jugendlicher Triton n. l., sich umblickend zu einer auf seinem Rücken sitzenden Nereide mit über sich gebauschtem Gewande; ihr r. Knie berührt ein zweiter jugendlicher Triton von r., der im l. Arme ein Ruder hält.]

3203. V. Medici.

S.-Fr. Ein Seekentaur n. r. schwimmend, der wahrscheinlich mit beiden Händen einen in der Mitte angebrachten Clipeus unterstützte. Auf seinem Rücken eine nackte Nereide. Das Gewand flattert hinter ihr.

[3204. Catacombe di S. Pretestato.

S.-Fr., ganz verkalkt, also von den Christen wieder verwandt; r., l. und unten unvollständig. In einem Medaillon eine weibliche Büste (Gesicht

weggeschlagen) mit einer Binde und Blättern im Haar, den Kopf
n. l. gewandt: mit der R. hebt sie ihr nur über die r. Schulter
hängendes Gewand, in dem Früchte sind; die l. Brust bleibt ganz
frei (Ariadne? vgl. die ähnliche Büste im Medaillon auf dem S. in Cortona.
Arch. Zeit. 1845, Taf. xxx). L. wird der fast allein erhaltene schilfbekränzte Kopf eines Jünglings n. r. sichtbar, der mit der l. Hand
das Medaillon von unten unterstützt; der Körper war c. f. Dass
der satyrhafte Eindruck, den der Kopf macht, auf einen Triton
rathen lasse, wird außer durch den Schilfkranz noch durch einen
Eros wahrscheinlich gemacht, der eine Urne mit Wasser, in den
Raum zwischen den eben beschriebenen Jüngling und das Medaillon ausschüttet; r. von letzterem, unmittelbar neben dem Medaillon, ist noch ein Eros, von dem nur der Oberkörper sichtbar
ist, der im l. Arme einen Schilfzweig hält. die R. über den Kopf
gelegt hat.

Die Arbeit war gut.]

Mit Oceanusmaske.
[Vgl. *Lateran* 501.]

3205. V. Altieri.
Beschr. von Zoega A. 340, 10.

s.-P. Zwei jugendliche Tritonen, auf deren Rücken zwei nackte
Nereiden sitzen, halten eine große Oceanusmaske in der Mitte. L.
und r. noch je ein anderes Paar. Der Triton zur L. hält einen
Anker, der zur R. ein Ruder. Die Nereiden sind unten bekleidet.
[Von mir nur noch theilweise gesehen.]

3206. Arch. Institut.
[Von Cardoni 1835 dem Institute geschenkt: *Bull.* 1835, 219.]

s. In der Mitte der Vorderseite das bärtige Haupt des Oceanus mit Krebsscheeren. Links davon zwei Nereiden einander zugewendet; die zur L. auf einen Seetiger, die zur R. auf einen
Widder anmuthig hingestreckt. Sie sind nackt bis auf ein Tuch,
das sie segelartig im Winde flattern lassen. Das Paar auf der
r. Seite ist dem auf der l. entsprechend.

Nbss.: Delphine mit in einander geflochtenen Schwänzen; [zwi-
schen ihnen eine Muschel].

3207. P. Aldobrandini.

[Abgeb.: Gerhard, *Ant. Bildw.* C.

Vgl. Gerhard ebenda Text 345; *Ann. dell' Ist.* 1860, 403 (Petersen).'

s. In der Mitte eine riesige Oceanusmaske mit geöffnetem Munde und fließendem Haar und Barte, die zwei bärtige Tritonen oben und unten unterstützen. Auf ihrem Rücken sitzen unten bekleidete Nereiden; diejenige zur L. hält in der R. eine Hypothymis. L. ist außerdem noch ein die Kithara schlagender, r. ein flötenblasender Triton, auf deren Rücken gleichfalls unten bekleidete Nereiden sitzen, die, mit ihren Trägern sprechend, dem Beschauer den Rücken zuwenden.

Nbss.: R. eine stehende und l. eine sitzende Sphinx.

[Ein gleichartiger S. ist vom princ. Aldobrandini auf dem Casale seiner tenuta *il Procoio* im J. 1880 gefunden worden: *Notizie degli Scavi* 1880, Marzo 82.]

3208. V. Borghese.

s.-Fr. Eine Oceanusmaske mit triefendem Haar, die den Mittelpunkt der Vorderseite eines Sarkophages bildete, wird l. und r. [von Eroten] gehalten.

3209. P. Corsetti.

s.-Frr. I. Von der Hauptseite: Eine Nereide auf einem Seepferde [n. l.]. Rest eines großen Medusenhauptes mit Flügeln.

II. [Vom Deckel; links unvollständig.] Rest eines Seeungeheuers. Hälfte eines [Eck-]Gorgoneions.

Kleinere Bruchstücke.

(Eroten, Meerwesen allein, unbestimmbar.)

3210. P. Colonna.

S.-P. Eroten, auf Seewesen reitend. Der Zug geht n. l. Von dem ersten Thiere ist nur der Schweif übrig; das zweite ist ein Seelöwe, das dritte, an dem der betreffende Eros graziös hängt, ist ein Delphin.

3211. V. Rondinini. ○

S.-D.-Fr. Seepferd, Seepanther und Seelöwe, auf dem ein Eros reitet.

3212. P. Guglielmi. ○

S.-Fr. Ein Paar Seepanther und ein Paar Seepferde schwimmen n. r.; auf beiden ein Eros mit der Peitsche.

[3213. Via della Panetteria 10.

S.-Nbs.? N. r. schwimmen, als Paare gekoppelt, voran zwei Seepferde, hinter ihnen zwei Seepanther. Jedes Paar wird von einem Eros geritten; der auf den Pferden schwingt muthig die Peitsche, der auf den Panthern hält sich ängstlich fest.]

3214. P. Vaccari

S.-P. Ein Eros fällt rückwärts von zwei n. r. schwimmenden Seewiddern; ein zweiter, der Seepferde lenkt, sieht sich verwundert danach um und erhebt erstaunt die R.

Schlechte und rohe Arbeit.

3215. P. Braschi.

S.-Fr. Ein Seegreif, auf dem n. r. ein peitschenschwingender Eros. Ein Seedrache, auf dem ein Eros, mit der R. ausholend; (ob modern?; ist alt, und sind die Figuren nur, wie bei allen Reliefs im P. Braschi, ausgeschnitten und auf modernen Grund gesetzt].

3216. P. Massimi.

S.-D. Eroten, auf Seerossen reitend, [vier auf je zweien].

3217. P. Rondinini.

S.-Fr. Ein Eros, zwei n. l. schwimmende Seepferde lenkend.

3218. P. Rondinini.

S.-Fr. Ein Eros, auf einem n. l. schwimmenden Seestiere reitend.

[2219. Stud. Donatucci.

S.-Fr. Ein Eros, auf einem Seewidder n. r. stehend und ihn zügelnd. Im Wasser ein Fisch.]

3220. Stud. Canova.

S.-D.-Fr. An beiden Seiten gebrochen. Ein Eros mit Peitsche sitzt auf einem von zwei n. r. schwimmenden Seewiddern; [ein zweites Paar folgt l.].

3221. Stud. Canova.

S.-D.-Fr.? An beiden Seiten gebrochen. Ein Eros reitet auf einem n. l. schwimmenden Seewidder.

3222. Vigna Codini.

S.-D.-Fr. R. unvollständig. Jugendliche Eckmaske. R. davon reiten drei Eroten auf Seewiddern n. r.

[3222ª. V. Tanlongo.

S.-D.-Fr. L. unvollständig. R. Eckmaske eines jugendlichen Satyrs. Eroten, auf Seeböcken reitend n. l. Der vordere Theil des vorderen ist bereits weggebrochen; derselbe stützte sich mit der zurückgestreckten L. auf den Rücken des Thieres.]

[3223. V. Wolkonsky.

S.-D.-Fr. L. unvollständig. Rechts satyrartig behandelte Eckmaske eines Meerwesens mit ausgezackten Schuppen. Zwei Paar Delphine, gegen einander schwimmend; nur noch auf dem Paare zur R. der Lenker und ein auf ihm ruhender, sich n. r. umblickender Eros erhalten.]

3224. V. Panfili.

S.-D.-Fr. N. r. gebrochen. Ein Eros reitet auf einem Seethiere, dessen vorderer Theil abgebrochen ist.

3225. P. Rondinini.

S.-Fr. Ein Seepanther, n. r. schwimmend; über ihm schwebt ein Eros mit Blumenkorb.

[3226. Catacombe di S. Callisto.

S.-D.-Frr. I. Auf den Wellen sprengen auf einander zu von l. ein Seepferd, von r. ein Seegreif; zwischen ihnen aufgerichtet ein Dreizack, auf dessen Seiten vertheilt: LOL LIA.

II. Zwei Delphine, auf einander zuschwimmend; zwischen ihnen ein Dreizack ebenso aufgerichtet.]

3227. P. Corsetti.

S.-D. Ohne Inschrift. Von l. schwimmen n. r. ein Seetiger und ein Seewidder; von r. n. l. ein Seewidder und ein Seetier. [In der Mitte ein leeres Inschriftfeld].

[3228. Basil. di S. Petronilla.

S.-D.-Fr. Ein Seepferd und ein Seedrache n. r.; von dem Inschriftfelde in der Mitte ist nur erhalten:

```
ΚΛ.Φι
ΤΕΚΝϹ
ΚΛ.ϹΛ
ΑΝΟϹ   ]
```

3229. V. Panfili.

S.-D.-Fr. Drei Seeböcke schwimmen n. r.

[3230. V. Wolkonsky.

S.-D.-Fr. Seegreife n. l., einer fast ganz, vom zweiten der Schwanz erhalten.]

[3231. V. Tomba.

S.-D.-Fr. L. unvollständig. Ein Meerwesen n. l.]

3232. P. Castellani.

S.-D.-Fr. [R. unvollständig; gr. L. 1,10; H. 0,25.] Erhalten sind fünf Delphine in verschiedenen Richtungen schwimmend.

[3233. Catacombe di S. Callisto.

S.-D.-Fr. Fünf Delphine, von denen einer n. r. über einen n. l. weghüpft.]

3234. Vigna Codini.

S.-Fr. Kopf und Rücken eines n. l. gewandten Seestieres. Eine nackte [männliche] Figur umfasst denselben mit beiden Händen; [der Kopf der letzteren fehlt, wie auch die Beine großentheils; die Figuren kommen in merkwürdiger Weise aus dem Relief heraus].

[3235. V. Caracciuolo.

Gr. M. L. Eckmaske eines S.-D.'s, auf dem, wie noch ein Huf und eine Flosse zeigt, Seewesen dargestellt waren. Die Maske ist die eines jugendlichen Triton: satyrhaft mit ganz kleinem Schnurr- und Kinnbart, reichem, über der Stirn sich aufbäumendem und an den Seiten voll niederfließendem Haar, in welchem zwei Krebsscheeren. Die Augensterne sind durch Gravirung angedeutet.]

MELEAGER.

Vollständige Sarkophage.

3236. V. Massimi i. h. S.

Beschr. von Zoega A. 434: »P. Sacripante già al palazzo Massimi a Campidoglio«.

[Vgl. *Ann. dell' Ist.* 1869, 77 X (Matz).]

S. [Vom Thorweg ist nur die untere Hälfte antik; oben ist er verkehrt als Pfeiler ergänzt.] Oineus in der gewöhnlichen Tracht n. l. abgehend, den Kopf zurückwendend, die r. Hand nach unten vorgestreckt, im l. Arme ein Scepter; an der Seite wird ein Schwertgriff sichtbar. Zu seinen Füßen sitzt ein Hund. Artemis, im doppelt gegürteten Chiton n. l. eilend, den Kopf n. r. wendend, das Haar in einen Knoten gebunden; auf dem Rücken ein Köcher, Vorderarme fehlen. Zwischen beiden im Hgr. ein Mann im gegürteten Chiton n. r. gewandt, [ein eben solcher, bärtig, r. von Artemis]. Ankaios mit dem Eberfell, bärtig, ungeschickt n. r. vorstürzend, in der L. die Doppelaxt; [im Hgr. sein Hund]. Die beiden Dioskuren, ihre Pferde am Zügel führend. Meleager, nur mit der Chlamys bekleidet, in der gewöhnlichen Stellung; [der zweite Dioskur legte seinen weggebrochenen r. Arm an den seinigen, ebenfalls fehlenden]. Atalante schießend (Vorderarme gebrochen), das Haar in der bekannten Weise geordnet; [zwischen beiden ein großer angreifender Hund]. Der Eber aus seiner Höhle n. l. hinstürzend über Schilfstauden. Von

oben herab wirft ein Jäger [mit Jagdkappe] mit einem Steine. Ein
zweiter [von hinten kommend] schwingt (fast ganz vom Rücken
gesehen) einen Speer gegen ihn; die Chlamys ist über den l. Ellbogen geworfen. Ein stehender Verwundeter, die Arme gebrochen; ein
Mantel fällt über die l. Schulter.

R. Nbs.: Eine Frau, ganz in ein Gewand gehüllt, sitzt unter
einem Baume vor einem links angebrachten Grabmale, in dessen
Giebelfelde ein Kranz.

L. Nbs.: Zwei Männer, der erste in gegürteter Exomis, der
zweite im kurzärmeligen Chiton, tragen ein Jagdnetz. Der erste
links hält in der R. eine verkürzte Jagdgabel.

3237. V. Panfili.

Zeichnung: Cod. Cob. 494, 220.

[Abgeb.: *Mon. dell' Ist.* 1869, Tav. II, 3.]

Beschr. von Zoega A. 354.

[Vgl. *Ann. dell' Ist.* 1869, 77 W (Matz).]

s. Drei Scenen. I. R. von einem Thorbogen steht Oineus in
seiner gewöhnlichen Tracht e. f., doch n. l. abgehend; die L. fasst
den Zipfel des auf der l. Schulter aufliegenden, um die unteren
Theile des Körpers geworfenen Mantels; die R. ist n. l. unten in
seine Rede begleitendem Gestus ausgestreckt. Um das reiche Haar
ist eine Binde gelegt; er sieht Atalante an, die, nach der entgegengesetzten Seite (n. r.) abgehend, sich wieder nach ihm umsieht.
Dieselbe trägt einen kurzen, doppelt gegürteten Chiton und Stiefeln, auf dem Rücken einen Köcher; ihr Haar ist in einen Knauf
gebunden; die l. Hand war (dicht hinter dem Ellbogen gebrochen) nach
aufwärts gebogen, die r. n. l. unten ausgestreckt; sie hielt, wie aus
C. hervorgeht, einen Speer. Hinter beiden werden zwei u. r. gehende
Netzträger sichtbar. — II. Ein bärtiger Mann (Ankaios) mit reichem, wiederum durch eine Binde zusammengehaltenem Haar steht
ruhig n. r. gewendet da; um die untere Parthie des Körpers ist
ein Gewand geschlungen, das die breite Brust frei lässt; in der L.
hält er die gerade aufgerichtete Doppelaxt, die R. fasst die Leine
eines Hundes. Im Hgr. wiederum ein Netzträger in gegürtetem
Chiton und Chlamys. Ein Dioskur n. r. mit lang über den Rücken
hängender Chlamys; in der L. ruht der Speer, die R. vorgestreckt;
er verhandelt scheinbar mit einem jungen Manne, der, n. r. abgehend, sich nach ihm umsieht; was die R. hielt, ist undeutlich;
über den l. Ellbogen ist das eine Ende der Chlamys geworfen; es hat
den Anschein, als ob er die Achseln zucke. Zwischen beiden kommt

25 *

der zweite Dioskur zum Vorschein. — III. Meleager, sehr zerstört, in der gewöhnlichen Stellung; hinter ihm erscheint ein Speerwerfer; r. vor ihm Atalante, die mehr in den Vordergrund tritt als auf den anderen Bildwerken. Zwei Hunde, auf den Eber einstürmend. Ein Verwundeter, n. r. ausgestreckt, mit der R. nach seinem Beine greifend. Über dem Baumstamme (keine Höhle), hinter dem der Eber zum Vorschein kommt, ein Speerwerfer, [ein anderer von vorn neben Atalante]. Der e. f. gebildete stehende Verwundete ist bärtig, zeigt das reiche Haar und die dasselbe zusammenhaltende Binde angeordnet wie der Ankaios der zweiten Scene; die Beine sind abgebrochen.

R. Nbs.: Zwei Jäger, die, einander zugewendet, ein Netz halten; vor demselben am Boden ausgestreckt der todte Eber. Mir und Zoega schien, als wollten sie ihn damit bedecken.

L. Nbs.: Zwei Netzträger.

Sehr grobe Arbeit und zerfressen.

J a g d.

3238. P. Doria.

[Abgeb.: Braun, *Ant. Marmorw.* II, 6.
Vgl. *Bull. dell' Ist.* 1846, 131 (Jahn); Kekulé, *De fab. Meleagr.* 48; *Ann. dell' Ist.* 1869, 77 A; 78 f (Matz).]

Beschr. von Zoega A. 360ᵇ (Deckel); 533 (das Übrige): »V. Panfili«.

s. I. Auszug zur Jagd. In der l. Ecke steht Oineus im gegürteten Chiton mit kurzen Ärmeln; auf der l. Schulter ruht der Mantel, den er mit der L. aufnimmt. Zoega bemerkt noch in dieser Hand lo scettro; [allerdings, von der Hand zum r. Knie gehend; oberhalb nicht mehr sichtbar. L. unten noch ein Puntello]; an den Seiten trägt er das Schwert, an den Füßen Stiefel; das mit einem Diadem umgebene Haupt wendet er n. r., die r. Hand erhebt er, als wenn er aufmerksam etwas beobachte. N. r. schreitet rüstig vor Ankaios, ein Fell quer um den Leib gebunden und die Axt schulternd; er trägt eine gewundene Binde. Zwischen ihm und Oineus im Hgr. der Kopf eines Jünglings [n. l.], der die R. an eine Lanze legt; scheint nach Zoega, der ihn als barbato beschreibt [ist sicher unbärtig], mit Oineus zu sprechen. Neben Ankaios ein Hund. Atalante im gegürteten Chiton mit Stiefeln [über der rechten Schulter den Köcher], steht e. f. da, mit beiden Händen quer vor

sich einen Speer haltend. Über den Schultern wieder zwei jugendliche Köpfe, [der l. n. l. bärtig, der r. n. r. jugendlich; zu Atalante's Füßen sitzt ein zu ihr aufblickender Hund].

II. Jagdscene. Einer der Dioskuren fällt Meleager, der den
Eber abfängt, in den Arm, der andere erhebt den Blick und die
Hand. Rechts neben Meleager [auf höherem Terrain] Atalante
schießend (»è perito il braccio destro e dell' arco altro non resta
che la parte alla quale è applicata la freccia«) [jetzt, da alles überschmiert, nicht mehr zu constatiren]. Zwei Hunde greifen das Unthier
an, das durch ein Schilfgebüsch bricht; [in der Höhe auf dem Fels
ein Baum]. Über ihm zwei Steinschleuderer (von dem ersten zur l..:
»manca la destra, la quale era alzata«). R. vom Eber holt ein Jüngling
mit Chlamys mit der Lanze weit gegen ihn aus, in der L. hält er
zwei andere Speere. In der Ecke steht e. f. ein bärtiger Mann;
er stützt sich mit der L. auf den Speer und greift mit der R. nach
einer am Schenkel vorauszusetzenden Wunde. Ein dritter ist hingestürzt und sucht sich mit den Händen aufzurichten; sein Haar
umgiebt eine Binde.

R. Nbs.: L. sitzt n. r. Atalante auf einem Felsen, [neben dem
ein zu ihr aufblickender Hund], trauernd das Gesicht in der r. Hand
verbergend. R. neben ihr, im Abgehen begriffen, [den Kopf ihr
zugewandt], ein bärtiger Mann in gegürtetem Chiton, Chlamys und
Stiefeln; in der R. hält er ein Schwert in der Scheide, mit der L.
macht er eine Bewegung, wie wenn er sein letztes Wort gesprochen
habe [einer der Thestiaden [anders Ribbeck, *Röm. Trag.* 513, 16]].
R. von ihm steht mit gekreuzten Beinen, die l. Hand auf den
Rücken legend und die r. auf eine Lanze stützend, Meleager; den
Kopf umgiebt eine Binde. R. ein Thor.

L. Nbs.: Meleager mit Binde um den Kopf, weit ausschreitend, zückt mit der R. ein Schwert und packt mit der anderen das
Eberfell, [nachdem er es theilweise um seinen Unterarm geschlun-
gen], das der hingestürzte Thestiade im Todeskrampf noch festhält.
Von r. kommt, [fast vom Rücken gesehen], der zweite darüber zu;
um den l. Ellbogen ist ein Mantel geschlungen, im Arme hält er
zwei Speere, den r. Arm erhebt er erstaunt.

Deckel: Auf einem mit zwei Rossen bespannten Wagen steht
der jugendliche Wagenlenker n. r., die L. an einen Speer [viel-
mehr Knüppel, schief und krumm] legend, in der R. die Zügel.
Hinter den Rossen ein zweiter, der mit der R. das Gewand vor's
Gesicht führt; im l. Arme ruht ein Speer. Vor den Rossen ein
bärtiger Mann (Zoega: »giovine«) [mir scheint der Kopf ergänzt] n. l.,

der in der R. die Zügel hält, mit der L. (gebrochen) die Leine eines
sitzenden Hundes fasst, [dessen Kopf und Hals neu]. Dann die Heim-
tragung des Leichnams: am Kopfende ein, am Fußende zwei Träger; von den letzteren ist derjenige, welcher die Beine von hinten
leicht unterstützt, bärtig. Im Hgr. der trauernde Pädagog [und
eine trauernde Frau]. Voran Oineus im gegürteten Chiton und
Mantel, an der Seite das Schwert, [die l. Hand auf das Scepter
gestützt, die r. hoch und hinter sich erhoben; ebendorthin geht
der Blick]; den Kopf umgiebt eine Binde. Rechts ein unbärtiger
junger Mann, vom Rücken gesehen, mit Chlamys und Speer. Dem
Zuge entgegen eilt mit ausgebreiteten Armen Meleager's Gattin,
von einem jungen Mädchen zurückgehalten. Voran n. r. die Dioskuren mit eiförmigen Mützen zu Pferde. Oineus, schwankenden
Schrittes, [den Kopf erhoben, mit den Händen suchend], wird von
zwei Jünglingen n. r. geleitet. Althaia, welcher eine Frau von r.
vergeblich in die Arme fällt, stößt sich, neben dem Grabmale
knieend, den Dolch in die Seite. L. und r. statt der Eckmasken
sitzende Figuren, und zwar l. ein auf einem Felsen sitzender bärtiger Lokalgott (Zoega: »Acheloo«), der die R. an den Hinterkopf
legt, [mit dem Ellbogen auf eine ausfließende Urne gestützt], im
l. Arme Schilf, [einen Schilfkranz um den Kopf]. R. und l., auf
einem Felsen sitzend, eine trauernde, das Gesicht mit der r. Hand
bedeckende, tief verschleierte Frau. [Vor ihr ein Baum.]

Nach Zoega: »di conservazione quasi perfetta«; jetzt sehr überschmiert.

3239. V. Medici.

[Zeichnungen: Cod. Cob. 494, 219; Cod. Pigh. 225, 215 (abgeb.: Beger,
Meleagr. 21); Windsor IV, 63.]

Beschr. von Zoega A. 377.

[Vgl. *Ann. dell' Ist.* 1869, 77 G (Matz).

Ist identisch mit dem von Aldroandi 219, in P. Capranica »che hora si fabrica«
notirten S.]

S.-P. Sehr verstümmelt; zwischen Oineus und Artemis ist die Platte gebrochen, doch wohl richtig zusammengefügt.

Ankaios mit dem quer über den Leib gebundenen Fell schreitet n. r.; neben ihm ein Hund, den er wohl an der Leine führt;
über seiner l. Schulter ragt die Doppelaxt hervor. Meleager e. f.,
den Kopf n. r. gewendet, den Speer in beiden Händen vor sich
haltend. [L. hinter Ankaios in ganz flacher Zeichnung eine anscheinend weibliche Figur, bloß mit der Nebris bekleidet; erscheint
auf C. nackt und bärtig.] Oineus im Untergewande und darüber

geworfenem Mantel, wie gewöhnlich [bewegt sich n. l.], blickt n. r.,
und erhebt die R., wie es scheint, als Zeichen des Erstaunens
(Zoega: »con atto di sdegno«). Von der auf den Riss folgenden
Artemis ist nur der obere Theil antik; über ihrer r. Schulter erscheint
der Köcher; die Arme fehlen; der untere Theil ist schon auf C. als zerstört angegeben, daher erscheint das Gewand auch länger als üblich. [Zwischen Oineus
und Artemis wird im Hgr. noch ein bärtiger Kopf sichtbar.] Es
folgen die Dioskuren: der erste ist vom Rücken sichtbar; die Chlamys ist quer über den Rücken gezogen und über den l. Arm geschlagen; der Kopf ist erhoben. Der zweite eilt aus dem Hgr.
n. l. und erhob den l. Arm; über ihren Schultern erscheinen die
Köpfe ihrer Pferde. Meleager in der gew. Stellung, den Eber auffangend (Kopf und Arme fehlen). An seiner l. Seite vortretend Atalante. Der Eber bricht n. l. aus einer Höhle hervor, über der zwei
Leute, Steine werfend, sichtbar werden; [ein Hund bellt ihn an;
einen anderen hat er unter sich niedergeworfen]. Ein Jüngling,
vom Rücken gesehen, schleudert von oben einen Speer auf das
Unthier. Ein mit der Exomis bekleideter Verwundeter ist an die
Erde gesunken; sein r. Arm ist gebrochen; von r. wird er von einem
gleichfalls mit der Exomis bekleideten Genossen aufgehoben; beider
Köpfe sind zerstört. An der Ecke ein Fragment des stehenden Verwundeten. R. davon an der Erde liegt n. l. der Acheloos mit
entblößtem Oberleibe, die R. erhebend; darüber auf dem Felsen
sitzen zwei Nymphen in kleinen Figuren, deren Köpfe zerstört.

3240. P. Massimi alle colonne.
[Zeichnung bei Franks, flüchtig, Seicento; Stich Bern. Capitelli's z. B. Barber. X,
1, 5, fol. 255.
Abgeb.: Spon, *Miscell.* 312.]
Beschr. von Zoega A. 386, 3.
[Vgl. *Ann. dell' Ist.* 1869, 77 F L (Matz).]

s.-p. L. steht Oineus in der gewöhnlichen Tracht; im l. Arme
das Scepter, den Blick n. r. gewandt. Ankaios, mit umgürtetem
Fell, einen Hund an der Leine führend: die Axt, die er gewöhnlich schultert, ist nicht deutlich, [jedoch ist das ganze untere Ende
deutlich vorhanden]. Artemis in Jagdstiefeln, aus dem Hgr. hervortretend. Der Bogen in der L. ist ganz weggebrochen, [der l. Unterarm ist angesetzt, doch scheint mir die Hand alt], mit der R. zieht sie einen
Pfeil aus ihrem Köcher. Von den nun folgenden Dioskuren ist der
vordere im Begriff n. l. zu entweichen, der hintere fällt Meleager
in den Arm. Atalante ist wie gewöhnlich bogenschießend dargestellt. Über dem Eber erscheint ein Jüngling, der Steine auf

denselben wirft, den Kopf mit einem niedrigen Hute bedeckt. Der liegende Verwundete ist knabenhaft [zwar unbärtig, aber völlig entwickelt] gebildet. Ein unbärtiger Jüngling rechts von dem Eber holt mit einem Spieße gegen ihn aus. In der Ecke ist ein Krieger in römischer Rüstung, dem ein vor ihm knieender Diener eine Wunde am Beine verbindet.

(Diese stehende Figur erklärt Zoega für modern mit Ausnahme des rechten Fußes, wie auch den oberen Theil des knieenden Dieners) [und zwar von letzterem Kopf und r. Hand mit einem Stück Unterarm, und entsprechend vom Speerschleuderer der r. Arm von der Mitte des Oberarmes ab; an dem modernen Ursprunge dieses ganzen Stückes kann gar kein Zweifel sein; hiernach sind einige Bemerkungen und Schlüsse von Matz im oben genannten Artikel der Annali zu cassiren.] Die Bäume im Hgr. sind moderne Zuthat.

3241. P. Mattei.

[Abgeb.: *Mon. Matth.* III, 30.]

Notirt von Zoega A. 47, 17.

[Vgl. *Ann. dell' Ist.* 1869, 77, C (Matz).]

s.-p. Eine jugendliche weibliche (?) Figur im doppelten, langärmeligen Gewande mit Stiefeln stützt mit der L. einen Speer auf, ist übrigens von sehr zweifelhaftem Alterthume und in keine Beziehung gesetzt zu der folgenden, [scheint mir sicher alt und zugehörig, neu sind der Kopf und r. Unterarm: also Oineus, (wonach die bezügliche Bemerkung *Ann.* a. a. O. 81 zu verbessern)]. Meleager [sich von Oineus verabschiedend] e. f., nur mit der Chlamys bekleidet, hält in der L. einen Speer und streckt die R. zur Seite; [neu sind Kopf, r. Unterarm vom Ellbogen ab, drei Finger der l. Hand und der Speer fast ganz (doch ist letzterer sicher), sowie beide Beine]. Ankaios (Kopf modern) mit Fell um die Hüften, in der L. einen Speer (?), dessen oberer Theil fehlt; mit der R. (Arm neu [ebenso der Speer mit der l. Hand, die gewiss das Doppelbeil geschultert hielt]) hielt er die Leine eines Hundes. Im Hgr. zwei [männliche] Köpfe. Artemis, in kurzem Jagdgewande [n. l.] vorschreitend, in der L. den Bogen, mit der R. einen Pfeil aus dem Köcher nehmend [r. Arm neu], unten ein vorspringender Hund, [dessen Kopf und Vorderbeine neu sind]. Einer der Dioskuren, vom Rücken gesehen, bekleidet mit Chlamys, in der L. den Speer; der ganze r. Arm mit dem Messer ist ergänzt und zum Theil jetzt wieder abgefallen [ergänzt sind ferner das r. Bein, l. Glutäus, l. Ellbogen, und manches am Kopfe]. Im Hgr. eine unbärtige Figur [neu: der Kopf, ein großer Theil des r. Beines und des Speeres in der R.]. Meleager, in der gewöhnlichen Stellung den Eber auffangend [r. Unterarm ergänzt, [ebenso beide Beine, der größere Theil des hinter ihm befindlichen Hundes und wahrscheinlich auch M.'s Kopf]). Das Motiv der Figur der Atalante war das gleiche wie bei der

Artemis, doch hat man das bei der Restauration der Hälfte des Unterarmes mit
der Hand dahin verändert, dass man ihr einen jetzt schon zum größten Theil
wieder zerstörten Speer in die Hand gab; [der obere Theil des Bogens ist neu].
Das Motiv des Steinwerfers über der Höhle, aus welcher der Eber
hervorstürzt, ist ziemlich schwächlich ausgefallen; er trägt einen
flachen Hut, [diesen konnte ich nicht bemerken; der r. Arm und wohl
auch der Kopf sind neu]. Der Speerschleuderer ist durch den engen
Raum sehr in's Gedränge gekommen (der l. Arm ist Ergänzung [ebenso
Kopf und l. Unterbein].) [Es folgt der niedergesunkene bärtige Verwundete, von dem mit Sicherheit nur der r. Arm als ergänzt anzugeben ist].
Der stehende Verwundete trägt einen eigenthümlich flachen barett-
artigen Hut; [es ist der Kopf eines sog. indischen Bacchus oder dgl. und sicher
aufgesetzt; neu auch der r. Arm (vielleicht ohne die Hand) und das l. Bein].
Zoega, der das Relief nur kurz notirt hat, bemerkt: »gran ristauro: tutte le
teste moderne (was mir nicht so schien) [doch fast!] assieme colla sciabola del
Dioscuro.

3242. V. Panfili.

[Vgl. *Ann. dell' Ist.* 1869, 77 J (Matz).]

S.-P. Oineus, in der gewöhnlichen Tracht, in der L. das
Scepter, die R. an's Kinn legend, eilt aus dem Hgr. hervor und
blickt gespannt n. r. Artemis, in der Stellung der Statue von Ver-
sailles; zwischen ihren Füßen ein Hund zu ihr aufsehend. Ankaios, hier ganz nackt und sogar unbärtig, gewiss ergänzt, doch ist das
Einzelne nicht zu bestimmen; [r. Unterbein, r. Unterarm und wahrscheinlich der
Kopf neu; neben ihm ein sich umblickender Hund, dessen Kopf mit Hals
neu]. Einer der Dioskuren, sein r. Bein vorsetzend, reißt sein Ross
n. l.; ebenso der zweite, dessen Chlamys nach vorn lang herabfällt.
Meleager, den [von zwei Hunden angegriffenen] Eber auffangend
und Atalante schießend, weichen von den gewöhnlichen Darstellungen in nichts ab, [beiden die r. Arme ergänzt]. Über dem n. l. aus
der Höhle hervorstürzenden Eber ein bekleideter Mann mit flatternder Chlamys, einen Stein (?) werfend. Ein Jüngling mit durch den
l. Ellbogen gezogener Chlamys [l. Arm neu, Hand wieder alt] n. l., auf
den Eber einen Speer schleudernd. Dieselbe Figur noch einmal von moderner Hand in Stuck wiederholt. Stark und sehr roh ergänzt.

3243. V. Panfili.

[Vgl. *Ann. dell' Ist.* 1869, 77 K (Matz).]

S.-P. Die sechs ersten Figuren sind moderne Zuthat und nur aus Stuck
gefertigt. Die erste antike Figur ist ein Jüngling, der n. r. mit
dem r. Arme (der richtig ergänzt ist) einen Speer schleudert. Er ist
zumeist c. f. gebildet, setzt den r. Fuß n. l. weit vor; mit der

l. Hand greift er nach der in der Gegend seiner r. Hüfte zum Vorschein kommenden Chlamys. Eine Figur, die unmöglich einer der Dioskuren sein kann, im kurzen geschürzten exomisartigen Gewande, das Hinterhaupt zerstört, greift, von l. kommend, dem Meleager an den Ellbogen. Hinten eine gleichfalls kurzbekleidete Gestalt. Meleager ausfallend wie gewöhnlich. Atalante [von hinten kommend] im doppelt gegürteten Chiton, das Gewand bogenförmig über sich flatternd. Ein Hund springt auf den Eber los, der einen zweiten schon niedergetreten hat. Von oben wirft ein Mensch mit einem Steine; n. l. gestreckt liegt ein Verwundeter, nach oben blickend; in der L. ruht noch der Speer. Der Speerschleuderer, durch dessen l. Ellbogen die Chlamys gezogen ist, während er in der Hand zwei Spieße hält, schleudert weit ausholend mit der R. Endlich zum Schluss der stehende Verwundete, der mit der R. an den r. Schenkel greift.

[3244. P. Albani.
Beschr. von Zoega, *Bassir.* I, 76.
Vgl. *Ann. dell' Ist.* 1869, 78 E F (Matz).

S.-P. L. tritt aus einem Thorwege Oineus, den Kopf n. r. gewandt, in seiner gewöhnlichen Tracht. Neben ihm steht e. f., den Kopf ihm zugewandt und den Arm in der Rede zu ihm erhoben, Meleager, im l. Arme den Speer, im Begriff abzugehen; am Boden sitzt ein Hund mit Halsband n. l. Es folgt Ankaios, n. r. eilend, das Fell umgegürtet, die Doppelaxt geschultert, vor ihm Atalante; im Hgr. ein gezäumtes Pferd (»per portar le reti« Zoega). Dann die beiden Dioskuren, dem Meleager in den Arm fallend, der den von r. heranstürmenden Eber auffangen will; neben ihm in gewöhnlicher Weise Atalante. Im Vgr. alsdann noch erhalten das l. Bein eines Jägers, der den Eber von oben stoßen will; es folgt der zusammengesunkene und darauf der am Schenkel Verwundete. Über die ganze Scene vertheilt schließlich viele Hunde.

Die von oben l. schräg n. r. unten gehende Ergänzungslinie schneidet den Oberkörper der schießenden Atalante ab und geht dann durch am Kopfe des Ebers, am Knie des neben diesem stehenden Jägers, am Halse des zusammengesunkenen und am Fußknöchel des am Schenkel Verwundeten (ich bemerke dies besonders wegen der unrichtigen Vermuthung *Ann.* a. a. O. p 85).
Schlechte Arbeit und schlecht erhalten.]

3245. P. Rospigliosi.
[Zeichnung: Cod. Pigh. 224, 213, abgeb.: Beger, *Meleagr.* 19.
Vgl. *Ann. dell' Ist.* 1869, 77 F (Matz).]

S.-P. Groß. Oineus, wie gewöhnlich gekleidet [mit Jagdstiefeln]

e. f. [Kopf n. r.], die R. [seitwärts] ausgestreckt [und geöffnet] und mit der L. seinen übergeworfenen Mantel haltend, wendet sich einem l. befindlichen Thore zu, aus dem ein bärtiger Jäger mit Stiefeln hervorschreitet. Ankaios, im quer umgeworfenen Löwenfell n. r. Zwischen ihm und Oineus im Hgr. ein Kopf, n. r. oben schauend. Artemis, im kurzen doppelt gegürteten Chiton mit falsch ergänzten, nach vorn gesenkten Armen. Der eine Dioskur mit Chlamys sucht, n. r. ausschreitend, den gegen den Eber ausfallenden Meleager zurückzuhalten: hinter ihm kommt der zweite zum Vorschein. R. von Meleager im Hgr. Atalante, bogenschießend, unverhältnissmäßig klein gebildet. Hinter dem Eber zwei Jäger, Steine schleudernd, der zweite mit Hut. Der speerschleudernde Jäger (n. l.); die Chlamys ist von seiner r. Schulter quer über den Rücken gezogen. Zwischen seinen Beinen der liegende Verwundete, der mit der R. nach dem l. Beine greift. Der stehende Verwundete, über der Brust den Schwertriemen; die r. Hand ist falsch so ergänzt, als ob er das Schwert ziehen wolle.

Stark erhoben, doch wenig gut gearbeitet; die meisten Extremitäten sind ergänzt und zwar sehr ungeschickt.

Bruchstücke von der Jagd.

3246. V. Giustiniani. ○

[Abgeb.: *Gall. Giust.* II, 75.]

Notirt von Zoega A. 298.

s.-Fr. Von einem Hunde verfolgt, bricht der Eber von r. hervor; über ihm erscheint ein junger Mann in gegürtetem ärmellosem Chiton, der mit der R. ein Reh hält (durch die neue Restauration des Kopfes zu einem Hasen umgestaltet). Durch den Oberarm des Jünglings geht zwar ein Bruch und der Körper des Thieres ist schlecht gearbeitet, doch scheint er mir antik zu sein; ein senkrechter Bruch, der die Schnauze des Ebers streift, trennt diesen Theil des Reliefs von einem zweiten, der möglicherweise zugehörig ist: ein Mann (Kopf und l. Bein modern) in gegürtetem Chiton und Chlamys tritt hier dem Eber mit hoch gezücktem Speer entgegen. Von der folgenden weiblichen Figur ist nur die Schulter und ein sehr schmaler Gewandstreifen antik. Man erkennt, dass der Arm erhoben war. Ein Stück des Gewandzipfels zwischen den Beinen des vermuthlichen Meleager scheint gleichfalls antik.

3247. V. Medici.

[Vgl. *Ann. dell' Ist.* 1869, 77 H (Matz).]

S.-Fr. Meleager, n. r. ausschreitend. ist im Begriff den Eber
aufzufangen. Im Hgr. Atalante mit dem sonst der Artemis eignenden Motiv, d. h. mit der R. einen Pfeil aus dem Köcher ziehend.
[Auch ein großer Hund kläfft den Eber an.] An der Erde, halb
liegend, ein Verwundeter, der nach seinem l. Beine greift. R. ein
stehender, am r. Schenkel verwundeter Jäger. [Über der Höhle
wird noch der Rest eines steinwerfenden Jägers in Chlamys sichtbar.]

3248. P. Corsetti.

[Vgl. *Ann. dell' Ist.* 1869, 77 BB, CC; 100, 1 (Matz).]

S.-Frr.? I. Einem Deckel angehörig. Vom Auszuge zur Jagd: Artemis,
aus dem Hgr. [u. l.] hervortretend, und Ankaios. u. r. schreitend.

II. Der Vorderseite angehörig: Figur des [n. r. in's Knie gesunkenen] vom Eber verwundeten Mannes; [über ihm der untere Theil
eines anderen nackten Jägers n. r.].

III. Althaia, n. l. kniecnd, entblößten Oberleibes, ersticht sich.
Zu beiden Seiten des Kopfes Hände der Personen, die sie zurückhalten wollen.

[3249. Via Appia. Magazin der Fortificationsscavi.

S.-Fr. L. und unten unvollständig; gr. H. 0,66. Erhalten ist nur der
stehende Verwundete rechts, n. r. schreitend, bärtig, mit der L.
auf den Speer gestützt, mit der R. an den Schenkel fassend; und
links davon die felsige Rückseite der Höhle, über welcher der sich
über dieselbe beugende Steinwerfer sichtbar wird. [Der liegende Verwundete mit seinem Genossen fehlt also)].

3250. V. Casali. ○

S.-Fr. Ein unbärtiger Mann im gegürteten Chiton, erschreckt
n. r. sehend, erhebt die R. Meleager, ebenso gekleidet, mit flatternder Chlamys, fängt den Eber auf. Neben ihm ein Mann, die
R. an's Kinn legend. Von r. kommt ein Mann, nackt bis auf die
Chlamys, im Arme eine Lanze; er erhebt die R. Ein anderer im
gegürteten Chiton eilt n. r. Schlechteste Arbeit.

3251. Stud. Altini.

S.-Fr. Eine weibliche Figur im Jagdchiton mit reichem, halb
aufgelöstem Haar — also vermuthlich keine Atalante — ist im
Begriff n. r. einen Pfeil auf einen Eber abzudrücken; von letzterem
ist wenig mehr als die Schnauze erhalten. [R. oben eine Eiche.]

Zusammenstellung von Figuren.

3252. V. Mellini.

[Vgl. *Ann. dell' Ist.* 1869, 77 DD) (Matz).]

K.-S. Geriefelt. Es sind zu den Seiten und in der Mitte unter einer von einem Bogen überspannten Nische auf den Meleagermythus bezügliche Figuren angebracht.

In der Mitte steht Meleager e. f., unbärtig, den Kopf etwas n. r. gesenkt; der r. Arm ist in die Seite gestemmt, die L. auf die Lanze gestützt; die Beine sind gekreuzt und zwar ist das l. Bein über das r. geschlagen. Über den Rücken hängt eine auf der r. Schulter befestigte Chlamys. Neben ihm ein Baum mit Blättern; hinter ihm liegt der getödtete Eber [n. r.]. In dem Viereck zur L. steht Atalante, n. l. abgehend, doch n. r. zurückschauend; vor sich hält sie mit beiden Händen die Lanze. Ihr Haar ist in einen Knauf zusammengenommen. Sie trägt den kurzen gegürteten Jagdchiton, einen Köcher, und Stiefel, [neben ihr sitzt ein Hund]. Zur Rechten die Figur des stehenden Verwundeten, der mit der R. an seinen Schenkel greift und n. l. blickt; über seiner l. Schulter hängt ein Gewandzipfel, [um die Brust hängt das Schwert); das r. Bein ist gebogen.

[Nbss. leer.]

Tödtung der Thestiaden.

3253. Stud. Canova.

[Vgl. *Ann. dell' Ist.* 1869, 91, 1 η (Matz).]

S.-Nbs. L. gebrochen. Von Meleager, welcher das Eberfell gepackt hält, ist nur das eine vorgesetzte Bein erhalten. Derjenige der Thestiaden, dem er es entreißt und der es auch im Todeskrampfe noch nicht loslässt, ist auf die r. Seite gefallen und vom Rücken sichtbar. Der Bruder (bärtig) kommt von r. herbei und ist im Begriff das Schwert zu ziehen; [zwischen beiden im Hgr. noch Reste einer e. f. geschenen weiblichen Figur in Bewegung n. l.].

3254. V. Panfili.

[Abgeb.: Gerhard, *Ant. Bildw.* Taf. CXVI, 4.

Vgl. ebenda Text 369; Kekulé, *De fab. Meleagr.* 50.]

S.-Nbs. Meleager n. r. zückt das Schwert gegen den an der

Erde liegenden, vom Rücken sichtbaren Thestiaden, der mit der
L. noch das Eberfell gepackt hält. Von r. tritt der Bruder hinzu;
um den l. Ellbogen ist ein Gewandstück gewickelt, in der Hand
hält er zwei Speere, den r. Arm erhebt er erstaunt. Rechts eine
Felsmasse.

Nach der Jagd.

3255. V. Wolkonsky.

[Vgl. *Ann. dell' Ist.* 1869, 90 (Matz); Surber, *Die Meleagersage* (Zür. 1880), 109].

S.-P. Gr. L. 1,00.; urspr. Höhe etwa 0,80. L. unvollständig. Der riesige Eber liegt, n. l. gewandt, todt am Boden. Zwei Jäger, von
denen übrigens nur die Hände und Theile der Unterarme erhalten sind, [von
dem zur R. auch das l. Bein ganz], stehen hinter ihm und sind im Begriff, ihn mit einer Lanze zu messen. Auf den Kopf setzt ein Jagdhund, dessen Hals von einer dritten Figur umfasst wird, seine
Vorderpfoten. [Die Gestalt greift ihn vielmehr an den Achseln,
wie um ihn wegzuziehen, damit er nicht störe.] Ganz links steht
Atalante, zumeist e. f., doch wenig n. l. gewandt. Sie trägt Sandalen und wie gewöhnlich den aufgeschürzten ärmellosen Chiton;
um den Leib ist noch ein shawlartiges Tuch gewickelt. Die herabhängende L. hält den Bogen, der r. Arm war erhoben; Kopf fehlt.

3256. Vigna Sassi.

S.-Fr. [L. und r. unvollständig.] Ein todter Eber liegt n. l. ausgestreckt. Ein Jüngling in Chlamys naht von r.; die R. erhebt er
demonstrirend, mit der L. fasst er den Speer, den auch von l. her
ein anderer packt. Man scheint das Thier zu messen.

Vgl. die vorige Nr.

3257. Stud. Canova.

Zeichnungen [auf beiden Seiten vollständiger]: [Cod. Cob. 494, 221]; Cod. Pigh.
225, 216 [abgeb.: Beger, *Meleagr.* 22; Windsor IV, 64.
Vgl. *Ann. dell' Ist.* 1869, 90 (Matz).]

S.-D.-Fr. Nur die l. Hälfte ist erhalten und auch diese am Ende verstümmelt. In der Mitte (jetzt am r. Ende) ein [weibliches] Brustbild
mit abbozzirtem Gesicht. Von den Schultern aus fliegen n. l. und r.
oben zwei Eroten mit Tünien. L. davon sind drei Männer im gegürteten Chiton mit Stiefeln bemüht, einen todten Eber, dem zwei
Stricke um den Bauch gebunden sind, an einem wagerecht längs

dem Rücken befestigten Stabe zu heben. Weiter l. schüttet ein
Mann aus einer großen spitzen Amphora etwas auf einen viereckigen Gegenstand, [Jahn: Gefäß; mir schien es ein niedriger Altar,
vor dem vorn ein Scheit liegt; auf C. ein auf viereckigem Untersatze stehender Topf deutlich]. Ein mit bloßem Schurz bekleideter
Mann holt mit der Axt gewaltig aus, offenbar um einen Stier (nicht
mehr vorhanden], den ein knieender, gleichfalls nur mit dem Schurze
bekleideter Mann hielt, niederzuschlagen; [man würde den Stier-
schläger weiter l. erwarten, oder den Stier weiter r., auch ist der
knieende Mann l. nach den Zeichnungen mit einem Ofen, nicht
mit einem Stiere beschäftigt; also muss der Mann mit der Axt als
Holzspalter erklärt werden. Ganz l. noch der Rücken und einge-
knicktes r. Bein des zur L. einen heißen Trank brauenden Mannes
erhalten. R. war das Mahl dargestellt. Vgl. die folgende Nr. und auch
Nr. 3132].

Sehr mittelmäßige Arbeit.

[3258. Catacombe di S. Callisto.

S.-Fr. R. und oben unvollständig. L. ein Altar, dessen Zeichnung
sich auf der Nebenseite fortsetzt; etwas rundliches, wie ein Gefäß,
bemerkt man auf ihm, davor in halbknieender Stellung n. l. ein
nackter junger Mensch, die l. Hand vor sich nieder, die r. an den
Gegenstand auf dem Altar gelegt. Kopf und Hals fehlen leider, so dass
nicht zu entscheiden ist, ob er anblies. Rechts stand ein zweiter, auch
nackt, n. r., von dem nur die beiden Unterbeine, und ein dritter, von dem
nur etwas von einem Unterbeine erhalten ist. Die Erklärung des Bruch-
stückes scheint mir durch die vorige Nr. gegeben.]

3259. Via Laurina 26. ○

S.-D.-Fr. L. und r. gebrochen. L. sieht man noch die Reste des
Parapetasma, vor dem das Brustbild der beigesetzten Person sich
befand. R. davon, gleichfalls vor einem Parapetasma, liegt n. r.
bequem auf den Bauch gestreckt Atalante im kurzen gegürteten
ärmellosen Jagdchiton. Den l. Ellbogen stützt sie auf und legt den
emporgerichteten Kopf in die Hand; in der R. hält sie einen Skyphos. Die Haartracht ist die gewöhnlich bei ihr übliche; vgl. die
Aspasia des Vatikan. R. von ihr der Rest eines Mannes.

Meleager's Heimtragung.

3260. V. Panfili.

Abgeb.: Winckelmann, *Mon. ined.* 88: »cavato da un disegno« [und ohne den jetzigen Aufstellungsort zu kennen]; [*Mon. dell' Ist.* 1869, Tav. II, 2.]

Beschr. von Zoega A. 287.

[Vgl. *Ann. dell' Ist.* 1863, 101 (Helbig); 1869, 99 C (Matz).]

S.-P. Die aus zwei Scenen bestehende Composition wird r. und l. durch einen jugendlichen nackten, nur mit der Chlamys bekleideten Reiter c. f. abgeschlossen. Das Pferd des zur L. erhebt sein Haupt und scheint zu wiehern. Neben ihm am Boden steht ein Panzer und ein Helm [aus Stuck]. Im Hgr. ein Vorhang. I. Nach l. weicht ein nackter c. f. gebildeter Krieger, über dessen Arm ein Gewandstück fällt und der in der L. einen runden Schild trägt, aus gegen einen von r. oben auf ihn eindringenden, gleichfalls [bis auf die Chlamys] nackten Gegner. Köpfe und Beine beider verstümmelt, doch sind die Bewegungen unzweifelhaft. Im Hgr. steht auf einer runden Säule [scheint mir ein eckiger Pfeiler] ein verstümmeltes Gefäß (Schale?). Ein nackter Krieger (Meleager?) mit einem großen länglich runden Schilde (nur der Torso antik), den l. Fuß vorgesetzt n. r., mit eingelegter Lanze. Zwischen seinen bis auf die Füße verloren gegangenen Beinen erblickt man den auf den Rücken gefallenen Leichnam eines gerüsteten Kriegers, der die Arme von sich streckt, in perspectivischer Verkürzung. R. von dem Meleager ist ein behelmter Krieger mit Panzer und darüber hängendem Kriegsmantel in's r. Knie gesunken; er wendet das Haupt nach seinem Gegner um; den Rücken sucht er sich durch einen mit flachem Relief [einen durch einen anderen niedergeworfenen Krieger darstellend] verzierten Schild zu decken; in der auf den Boden gestemmten Rechten hielt er das Schwert. Hinter dem Schilde Meleager's erscheinen noch zwei Krieger: der eine in der Höhe nackt, vom Rücken gesehen sich n. r. mit einer in der R. geschwungenen Waffe vertheidigend [Arme fehlen], der andere, gegen Meleager ankämpfend, erscheint n. l. gewandt mit großem rundem Schilde; von diesem wird nur ein Theil der Brust sichtbar, der Kopf fehlt. Im Hgr. eine hohe Mauer mit zwei Thürmen und einem Thorbogen.

II. Auf einem von zwei Rossen gezogenen Wagen steht, n. r. gewandt, ein Mann im kurzen gegürteten Chiton, über dem Rücken eine Chlamys (Kopf fehlt), der r. Arm [Unterarm fehlt] war gebogen, erhoben und wahrscheinlich auf eine Lanze gestützt, die L. hielt die Zügel. Hinter den Rossen erscheinen noch fünf Figuren; der erste links bekleidet [mit auf der Schulter geknüpfter Chlamys], sich nach dem Wagenlenker umsehend; der dem Kopfe der Rosse zunächst stehende sein Antlitz mit der R. bedeckend; der Blick der anderen ist empor gerichtet. In einer derselben will Zoega noch Atalanta mit Köcher auf dem Rücken erkennen. Über dem Kopfe des hinteren der Rosse erscheint in der Höhe ein runder Schild mit Darstellung eines Eberjägers, [»Meleager, den kalydonischen Eber erlegend«, nach Jahn, *Sächs. Ber.* 1861, 322, 116]. Zoega nimmt an, dass er von dem vordersten der Männer an einer Stange getragen wurde. Meleager [der niederhängende r. Arm fehlt] wird nackt n. r. getragen; derjenige Diener, welcher die Brust von unten hält [Kopf fehlt], trägt einen kurzärmeligen Chiton, darüber eine Chlamys, und Stiefeln; der die Beine tragende [Beine weggebrochen] ist kleiner gebildet und trägt eine Art Exomis. Ein anderer bekleideter Mann unterstützt die Beine von oben; den l. Arm Meleager's erhebt ein von r. herantretender Mann (das Gesicht ist zerstört, doch Spuren des Bartes erhalten). In der Höhe ein Mann, gleichfalls bekleidet, anscheinend bärtig, erhebt pathetisch seine R. [Unterarm fehlt. Verwandt der Sarkophag: Cod. Cob. 495, 227].

Gute sorgfältige Arbeit. Extremitäten sehr verstümmelt, meist mit schon wieder abgefallenem Stuck ergänzt.

3261. P. Barberini.

[Zeichnung: Cod. Cob. 495, 226. — Fehlt im Inventar von 1738.

Abgeb.: *Mon. dell' Ist.* VIII, Tav. II, 1.

Vgl. *Ann. dell' Ist.* 1869, 94 (Matz).]

s. Von l. n. r.: Auf einem Wagen steht ein Mann, beide Hände nach vorn gestreckt, wie zur Lenkung der Zügel; die Vorderarme sind abgebrochen, der Kopf zerstört; von den Pferden senkt das vordere den Kopf, den das hintere hebt (Köpfe verstümmelt). Hinter dem Manne steht eine bekleidete Figur, in der L. einen Stab, die R. mit dem Gewandzipfel zum Gesicht erhebend, und weinend. Rest einer verstümmelten männlichen bekleideten Figur hinter dem Kopfe des hinteren Pferdes. Von einem Krieger in römischer Rüstung, kurzen Ärmeln, Mantel, Helm und Helmbusch wird Meleager getragen; unter des letzteren Leichnam steht ein Helm. Hinter seiner l. Schulter ein bärtiger Mann, gerade aus [n. r.] schauend, die R. erhebend. Von r. kommt ein bärtiger Mann, erhebt den schlaffen Arm Meleager's, und streckt selbst seine rechte Hand bedauernd aus. Ein kleiner Diener in gegürtetem Chiton

mit Stiefeln trägt die Beine. Behülflich ist ihm dabei mehr n. r.
ein nackter, nur mit der Chlamys bekleideter Mann; ein anderer,
bärtig, ebenfalls in Chlamys, im Hgr., die R. auf einen Stab gestützt, [n. r. blickend]. Vorauf eilt im gegürteten Chiton mit Mantel darüber eine männliche Figur mit Stiefeln (Kopf zerstört), die R.
leidenschaftlich erhoben. Entgegen eilt, die r. Brust entblößt, mit
aufgelöstem Haar, von einem Thore her Althaia, vorn von einer
weiblichen Figur (Kopf ganz weggebrochen durch ein in den S. geschnittenes
viereckiges Loch) zurückgehalten. Den Oineus, der mit gebrochenen
Knieen n. r. wankt, geleiten zwei Figuren: links (vom Beschauer)
eine mehr ruhig stehende nackte [vom Rücken gesehene], nur mit
der Chlamys über der l. Schulter bekleidet; rechts eine bekleidete
in gegürtetem Chiton, Gewand bis zum Knie, dem Anscheine und
langem Haar nach weiblich, [scheint mir doch männlich].

L. Nbs.: Von r. eilt Althaia n. l., sich n. r. umsehend; ihr
Gewand flattert über ihrem Kopfe; sie packt es am Zipfel, und
legt das Scheit in die Flammen eines Altars; l. von ihr eilt eine
Furie an der l. Seite des Altars von r. nach l., in kurzem gegürteten Chiton; die (abgebrochene) L. war auffordernd zu Althaia gerichtet, vielleicht auch mit vertikal rückwärts erhobenem Unterarme, die gesenkte R. hielt wohl eine Geißel. Im Haar Schlangen.

R. Nbs.: Meleager, mit Schild und Köcher, von Apollon verfolgt; [vgl. hierzu *Arch. Zeit.* 1872, 117 (Heydemann)].

Rohe Arbeit.

3262. P. Sciarra. ○

(Zeichnungen: Cod. Cob. 495, 226; Windsor IV, 70 (Sepia und Kreide auf
dunklem Grunde; nicht schlecht).

Alte Stiche: Bern. Capitelli's (z. B. Barber. X, 1, 5, fol. 254. 255; L. 0,716;
H. 0,094); eines unbekannten Stechers des Seicento: ebenda X, 1, 31.

Abgeb.: Bartoli, *Adm.* 70. 71, und theilweise bei Foggini, Mus. Cap. 223
(nach Bartoli).]

Beschr. von Zoega A. 100: »P. Barberini«.

[Fehlt im Inventar Barb. von 1738.

Vgl. Winckelmann, *Mon. ined.* 119; *Werke* III, XXIX; *Arch. Zeit.* 1863, 121 *
(Michaelis); *Ann. dell' Ist.* 1869, 99 F (Matz).]

S.-D. I. Auf einem mit zwei Rossen bespannten Wagen steht
n. r. ein unbärtiger junger Mann, der mit der R. die Zügel der
Rosse haltend, mit der L. das Gesicht bedeckt. Hinter den Rossen
ein anderer junger Mann, in der R. eine Lanze (Spitze undeutlich)
schulternd. Ein bärtiger Mann n. r. gewendet, mit der R. sein
Gesicht bedeckend. Ein Ross n. r. mit einer Felldecke, an der

zwei oben gegabelte Stangen hängen. Ein Mann, zwei Hunde an
der Leine führend, im gegürtetem Chiton und Chlamys; mit der
L. eine Lanze schulternd; geringe Spuren eines Backenbartes.
Bärtiger Jäger mit Lanze. Ein junger, nackter Mann n. r., die
R. nachdenklich an's Kinn legend. Meleager's Leichnam, vorn und
hinten von zwei Männern in gegürtetem Chiton getragen, der erste
links bärtig; ein dritter mit Spuren eines Backenbartes umfasst die
Mitte des Leichnams mit der R. Im Hgr. der bärtige Pädagog(?),
mit Krückenstab n. l., betrachtet den Todten mit Theilnahme.
Voran Oineus, bärtig, in gegürtetem ärmellosem Chiton und Mantel; die L. legt er an den Schwertgriff, die R. erhebt er, sich umsehend. Dem Zuge entgegen eilt mit ausgebreiteten Armen die
Gattin(?) Meleager's. Eine Frau mit aufgelöstem Haar scheint sie
zurückhalten zu wollen. Ihr folgt ein Mädchen, gleichfalls mit aufgelöstem Haar, das Gesicht mit beiden Händen bedeckend. Die
Scene schließt ein Jüngling in gegürtetem Chiton und Chlamys,
der, den Kopf neigend, die R. an's Kinn legt.

II. Die Verbrennung des Leichnams, der, auf einem Scheiter-
haufen liegend, mehr als zur Hälfte von einem Felsen verdeckt ist.
Ein bärtiger Mann, von l. kommend, rückt die Beine zurecht. Im
Hgr. eine, dem Gesicht und der Bildung des Nackten nach be-
jahrtere Frau, sich das Haar zerraufend. R. davon in einer Höhle
Althaia, l. von der Amme, r. von einem jüngeren Weibe, die darüber zuzukommen scheinen, zurückgehalten, bohrt sich ein Schwert
in die Brust; der ganze obere Theil des Körpers ist entblößt. An
der r. Ecke sitzt völlig eingehüllt eine Frau, die beide Arme gegen
ein rundes, mit einem Kuppeldach versehenes Grabmal ausstreckt.

Die Abbildung S. Bartoli's ist im Ganzen sehr getreu. Nichts ergänzt.

3263. V. Medici.

Beschr. von Zoega A. 372.

[Vgl. *Ann. dell' Ist.* 1869, 99 J (Matz).]

S.-D.-Fr. Von dem Gespann sind nur noch die beiden Pferde
erhalten, von denen das vordere den Kopf senkt, während das hintere ihn hebt. Hinter den Thieren steht, n. l. gewendet, ein bekleideter Mann (Kopf zerstört); in der L. ruht ein Stab. Der bis auf
die untergebreitete Chlamys nackte Leichnam Meleager's wird n. r.
getragen; das Kopfende fasst ein größerer Mann, der sein Gesicht
n. l. oben wendet; er trägt ein kurzärmeliges [gegürtetes] Gewand,
das die Schenkel kaum bedeckt. Die kleinere Figur, auf deren
Schultern die Beine des Leichnams ruhen, ist in einen gegürteten

Chiton gekleidet. Hinter dem Todten erscheint e. f. von r. ein
bekleideter, bärtiger Mann, der in der L. einen Stab hält, mit der
R. den Arm Meleager's zu heben scheint, [und ihn voll Trauer an-
blickt]. Im Hgr. ist ein Vorhang ausgespannt.

3263ᵃ. P. Mattei.

[Abgeb.: *Mon. Matth.* III, 42, 1.]

Beschr. von Zoega A. 347, 15.

S.-Fr. R. und l. unvollständig. Meleager's Leichnam wird in der
gewöhnlichen Weise n. r. getragen, links unterstützt von einem
gerüsteten Krieger, rechts von einem Diener im gegürteten Chiton.
Der bärtige Pädagog hebt trauernd den l. Arm des Todten auf.
Außerdem sind noch zwei andere Personen gegenwürtig, von denen
jedoch nur Kopf und Brust sichtbar sind.

Das Relief ist zu hoch und zu ungünstig eingemauert, um eine Einzel-
prüfung zuzulassen. Zoega: »non v' è [von Meleager's Leichnam] d' antico altro,
che il torso; dei due che lo portano, sono moderne le teste, come ancora del
vecchio, che pare rappresenti il padre. Sospetto ancora è quella del pedagogo;
nel fondo vedesi una bella testa di eroe giovine«.

3264. V. Rondinini. ○

Beschr. von Zoega A. 527, 7.

[Vgl. *Ann. dell' Ist.* 1869, 99 K (Matz).]

S.-D.-Fr. Die Gruppe des getragenen Leichnams ist nicht erhalten, dagegen der dem Zuge voranschreitende Oineus (?), der hier
im Panzer und schmalem umgeworfenem Mantel erscheint. Er schaut
rückwärts und hält in der L. einen Stab. Althaia, dem Zuge n. l.
entgegenstürzend mit aufgelöstem Haar und entblößter l. Brust.
Die Amme hinter ihr mit Kopftuch will sie zurückhalten. Im Hgr.
erscheint noch Kopf und Brust eines jungen Mannes n. r. Unter
einem Thorwege steht n. l. ein älterer Mann, bärtig, mit hoher
kahler Stirn; er ist in einen Mantel gehüllt, der die Brust so gut
wie ganz frei lässt; in der L. hält er einen knotigen Stab.

3265. V. Medici.

S.-Fr. Oineus, von zwei Jünglingen n. r. geleitet. Hinten ein
Parapetasma.

Nur der obere Theil der Figuren ist erhalten und auch diese sind sehr
zerstört.

M U S E N.

3266. V. Medici.

[Abgeb.: *Ann. dell' Ist.* 1871, Tav. D E, b.

Vgl. ebenda 28 (Trendelenburg); *Bull.* 1861, 84 (Brunn).]

Beschr. von Zoega A. 372.

s.-p. Sämmtliche Musen tragen einen langen, zum Theil kurzärmeligen Chiton und ein umgeworfenes Obergewand. Die erste
von l. ist Kalliope ([e. pr.] n. r.), die in der L. vor sich das auf-
geklappte Diptychon hält. Euterpe, n. l. gehend, bläst mit gesenktem Kopfe die lang hinuntergehende Doppelflöte. Terpsichore
n. r. hält die große, auf ein vor ihr stehendes Postament gesetzte
Lyra; in der R., welche herabgeht, ein Plektron. Erato n. l. hat
die Chelys vor sich auf die Erde gesetzt; eins der geschweiften
Hörner fasst sie am oberen Ende mit der L. Polyhymnia(?) hat sich
vollständig in ihren Mantel eingehüllt, der auch den an der Brust
aufwärts gebogenen l. Arm bedeckt; sie schreitet, den Kopf umwendend, n. l. Melpomene n. r.; die schräg gesenkte r. Hand
hält wagerecht ein Schwert, mit der L. vor sich eine tragische
Maske. Thaleia e. f. hält in der L. zur Seite die komische Maske,
die R. ist auf den Rücken gelegt; ihr Blick ist der Melpomene
zugewandt. Kleio, ganz eingehüllt, n. l. schreitend, hält in der
R. vor sich eine Rolle. Urania n. l., in der L. eine Kugel, der
sie ein Stäbchen nähert. Im Hgr. ist ein [die Figuren theils tren-
nender, theils zu Gruppen einrahmend vereinigender] Hain von verschiedenen Bäumen, darunter eine Palme, ausgedrückt.

Schönes Relief, recht gut erhalten.

[Vgl. die folg. Nr. und was dazu über die Benennungen gesagt ist.]

3267. V. Pacca.

[Abgeb.: *Ann. dell' Ist.* 1871, Tav. D E a.

Vgl. *Bull.* 1834, 131. (Campana); *Ann. dell' Ist.* 1861, 122, 1 (Wieseler); O. Jahn.
Sächs. Ber. 1869, 16. 18; Trendelenburg, *Ann. a. a. O.* 1871, 27.]

K.-S. L. 1,04; H. 0,48; T. 0,40. [Gefunden in Ostia.] N. r. gewandt
eine Muse, ganz in Chiton und Mantel eingehüllt, ohne Attribute:
Euterpe (?). Ihr zugewandt Kleio, mit ihr redend, in der R. eine
Rolle. Thaleia n. l., im leichten, von der Schulter gleitenden Gewande und Mantel, in der L. die komische Maske. Ihr zugewandt
Erato, die vor sich auf einen Felsblock die Lyra gesetzt hat. Ganz
eingehüllt steht n. l., wendet jedoch den Kopf n. r. Polyhymnia ?,
in der l. Hand ein viereckiges Volumen, [sieht mehr aus wie eine
geöffnet zusammengenommene Rolle]. N. r. abgehend Melpomene,
in der l. Hand die tragische Maske, [den Kopf n. l.]. N. r. Urania, in der L. die Kugel. Ihr zugewandt Terpsichore, vor ihr auf
einen Stein gesetzt die Lyra. Sie wendet sich zurück nach Kalliope, die, einen Zipfel ihres Gewandes fassend, ihr aus einem
Diptychon, das sie geöffnet in der R. hält, vorlesen zu wollen scheint.
Zwischen den einzelnen zusammengehörigen Musenpaaren Bäume:
[und zwar von links anfangend: Lorbeer, Eiche, Lorbeer, Eiche].

R. Nbs.: R. sitzt n. l. Apollon, sich mit der l. Hand auf die
Lyra stützend, in der r. das Plektron erhebend, [gegen Marsyas,
wie um diesem Stillesein zu befehlen]. Vor ihm steht spreizbeinig
Marsyas, die Doppelflöte blasend. — L. Nbs.: An einem Baume r.
hängt Marsyas. Vor ihm und zu ihm aufschauend der das Messer
schleifende Skythe, [hinter dem ebenfalls ein Baum].

Der Deckel ist flach. An den Ecken Widderköpfe. Der Länge
nach zieht sich ein an beiden Enden von [schwebenden] Eroten
getragener Lorbeerkranz.

[Ich hielt mich nicht für berechtigt, die Musenbenennungen zu modificiren,
obwohl sie ja Matz selbst schon theilweise als bedenklich erschienen, und er z. B.
zur zweiten Muse bereits zweifelnd »Polyhymnia?« am Rande notirte, und nach
Trendelenburg's Darlegungen: *Annali* 1871, 37 ff. und besonders in seiner Schrift
»*Der Musenchor*«, Berl. Winckelmannsprogr. 1876 sie weder für diesen Sarkophag
noch den nahe verwandten vorhergehenden mehr haltbar sind.]

3268. V. Mattei.

[Zeichnungen: Cod. Cob. 487, 165; Cod. Pigh. 216, 175 (abgeb.: Beger, *Herc.
ethn.* 30); nur zwei Figuren; Windsor XVIII, 87, 88 (»al giardino del Sig^r Ciriaco
Mattei«), Langseite und beide Nebenseiten, zusammengesetzt (schlecht).

Abgeb.: Spon, *Misc.* 44; *Mon. Matth.* III, 16. 17.

Vgl. Winckelmann, *Werke* V, 22. 28; *Arch. Zeit.* 1843, 115, 11 g (Gerhard).]

S. Sehr groß. L. 2,30; H. 1,17; T. 1,14. [Gr. M.] Die Front des

Sarkophages ist durch sechs korinthische, von Bogen überspannte [geriefelte] Säulen in fünf Nischen getheilt. In jeder eine Figur. L.: I. im doppelten Gewande, r. Standbein, Erato, r. neben sich die große Schildkrötenlyra, in der R. das Plektron (Kopf fehlt). — II. Melpomene trägt einen Ärmelchiton; zwei Zipfel ihres Mantels sind vorn tief herabgezogen und werden durch einen breiten Gürtel gehalten, [auf welchem als Agraffe ein Gorgoneion]. Der Mantel fällt dann noch tief vom l. Arme herab; die Hand hält von unten eine große bärtige tragische Maske; Kopf [und r. Arm] fehlt. Auf der Schulter haften noch Locken; [l. neben ihr das untere Ende der Keule, welche sie mit der R. aufstützt]. — III. Euterpe im Ärmelchiton und schmalem umgeworfenen Tuche. Quer vor sich hält sie die Doppelflöte; der Kopf mit auffallender Frisur (das Haar ist vom Hinterkopfe in breiter Masse nach vorn gezogen) ist erhalten. — IV. Thaleia im gegürteten Chiton und Mantel, dessen einen Zipfel sie mit der L. hält, in der R. eine komische Maske; [Kopf fehlt]. — V. Terpsichore n. r., den l. Fuß auf eine [auf dem Postamente der Ecksäule liegende] Rolle setzend, stützt auf das [l.] Knie eine schwere gewaltige Lyra auf; Kopf und Vorderarme fehlen.

Nbss. gleichfalls unter Bogen: R. VI. Urania n. r., in der l. Hand einen Globus, den sie mit einem Stäbchen in der anderen berührt; der Chiton gleitet von der r. Schulter; der Kopf ist mädchenhaft frisirt, das Haar hinten in einen Knauf genommen. Mittelnische: Ein kahlköpfiger Mann im umgeworfenen Himation, das die r. Seite frei lässt, schreitet n. r., in beiden Händen einen gewaltigen Stab. — VII. Polyhymnia n. r. in der ihr eigenthümlichen Stellung; Haartracht der der Urania gleich. L. Nbs. L.: VIII. Kalliope im gegürteten Chiton und umgeworfenen Mantel, den Kopf n. r. neigend, in der L. den sehr deutlichen Rest eines Diptychons. In der Mitte ein bärtiger Mann im Himation, [in der l. Hand außer dem Gewandzipfel eine Rolle]; den Kopf n. r. gewandt und die R. an's Ohr legend, als lausche er den Worten der IX. Kleio, die r. vor ihm steht und drei Finger der r. Hand belehrend erhebt; in der l. hält sie eine allerdings wenig charakteristisch ausgedrückte Rolle. Auch die Haartracht der beiden zuletzt beschriebenen Musen gleicht der auf der anderen Nebenseite.

Hinterseite des Sarkophages, in ganz flachem Relief: Zwei Löwen, die, symmetrisch gestellt, den einen Fuß auf einen in der Mitte stehenden Krater setzen. Ob die Löwen, auf denen der Sarkophag ruht, antik sind, konnte ich nicht entscheiden; [mir schienen sie früh-mittelalterlich, im Stile an die capitolinische Wölfin erinnernd].

3269. S. Maria di Ara Coeli.

Beschr. von Zoega A. 512, 5.

s.-p. In Nischen, zwischen denen geriefelte Säulen stehen: I. Figur in bis auf die Mitte der Unterbeine reichendem Chiton mit darüber geworfenem Mantel, der die Brust nicht weiter bedeckt, [bärtig; links neben dem Kopfe wird ein länglicher Gegenstand sichtbar, wie das Ende eines Stabes oder dgl., den die R. hielt (Unterarm erhoben)]. — II. In langem Ärmelgewande mit breitem Gürtel; [neben sich, wie mir scheint, eine große Lyra]. — III. Ganz gekleidet wie I., nur sicht man am unteren Saume des Gewandes deutliche Fransen. Die R. [gesenkt] hält einen an die Erde gestellten Stab[?]. — IV. In langem Gewande und weitem, hinten herabwallendem Mantel, in der L. die Lyra. — V. Im langen Gewande auf Kothurnen, in der R. die Keule, in der L. eine kaum mehr kenntliche Maske. — VI. In langem Gewande mit Gürtel und Mantel, letzteren mit der R. lüpfend, die L. in die Seite gestemmt, [bärtig]. — VII. In kürzerem Gewande wie I. und III. In beiden Händen einen stabartigen Gegenstand vor sich haltend, bärtig [?]. (III. Thaleia (?), IV. Terpsichore (Zoega: Apollo citaredo), V. Melpomene, VII. Euterpe?).

Sehr zerstört.

3270. P. Farnese.

[Zeichnungen: Cod. Cob. 487, 160; Cod. Pigh. 215, 167; Windsor XVIII, 86 («a Farnese in Trastevere», also nach 1580).

Vgl. *Arch. Zeit.* 1844, 299 (Gerhard).

Inventar von 1796: «... S. frammentato .... è di cattiva scultura, non merita ristauro, ed esiste nel giardino del palazzo della Farnesina in Roma». *Documenti* I, 207, 398.]

s. Von links anfangend: Kalliope im Doppelgewande; Hände und Attribute gebrochen. Euterpe im langen Gewande mit breitem Gürtel, in der [r.] Hand zwei Flöten, von denen die Reste deutlich erkennbar: [r. Hand und Arm weggebrochen]. Thaleia im Doppelgewande, in der R. Maske, in der L. Lagobolon. Melpomene im langen [Ärmel]gewande mit Gürtel, in der L. Maske, in der R. Keule, von der ein Rest neben dem r. Fuße erkennbar, [r. Arm gebrochen]. Erato, den l. Fuß auf eine [altarähnliche] Erhöhung setzend; auf dem l. Schenkel ruht die Schildkrötenlyra, welche sie spielt; [r. Unterarm weggebrochen]. Terpsichore, im Doppelgewande, trägt die Kithara am Tragbande, in der R. ein riesiges Plektron. Kleio, tief eingehüllt, in der L. die Rolle. Urania, in der R. den Stab; die Kugel in der L. ist weggebrochen. Polyhymnia in der bekannten

Stellung n. l., sich an einen Pfeiler lehnend. Im Hgr. ein Parapetasma, das jedoch erst zwischen der zweiten und dritten Figur beginnt und zwischen der siebenten und achten wieder aufhört; hier erscheinen zwei bärtige Leute.

Nbss.: Je ein sitzender bärtiger Mann, der eine Rolle entfaltet.

Mit Mittelfiguren.

3271. V. Giustiniani. ○

[Abgeb.: *Gall. Giust.* II, 90.]

Beschr. von Zoega A. 295.

[Vgl. *Arch. Zeit.* 1843, 115, 12 k (Gerhard).]

S.-Fr. Hinter den Figuren ist ein Parapetasma ausgespannt. Zunächst l. Erato im doppelten Gewande, das l. Bein aufstemmend, mit Schildkrötenlyra. Es folgt halb sitzend, gleichfalls das l. Bein aufgestemmt, Apollon, die Lyra spielend, zu seinen Füßen der Rabe. Darauf Athena sitzend, mit Helm, Ägis und Lanze, zu ihren Füßen die Eule. Dann eine weibliche, völlig eingehüllte Figur, die L. senkend, die R. unterhalb des Mantels auf der Brust aufwärts gebogen. Terpsichore im lang herabfallenden Ärmelchiton mit breitem Gürtel, im l. Arme die große Lyra, in der R. das Plektron. Urania, n. r. gewandt, mit einem Stäbchen auf die Kugel deutend, die sie in der L. emporhält, zu ihren Füßen ein Kästchen(?). Schließlich eine völlig eingehüllte weibliche Figur, in der Stellung der eben beschriebenen durchaus ähnlich; (Zoega: »mi pare, che nell' abbassata s. tenga un avanzo di volume«).

3272. P. Sciarra.

Beschr. von Zoega A. 403: »P. Barberini«.

[Inventar Barberini v. J. 1738: *Docum.* IV, 44, 4.

Vgl. Spon, *Misc.* 46; Winckelmann, *Werke* II, 617; *Mon. ined.* 56; 243. 247; Visconti, *Mus. Pio-Cl.* IV, 109, 1; Michaelis, *Arch. Anz.* 1863, 121* und 1864, 123, 2].

S. Gr. M. Hinten ist ein Parapetasma gespannt: vor diesem I. Polyhymnia (Zoega: »Clio«, n. r. sich anlehnend, mit einer Rolle. — II. Euterpe mit zwei Flöten. Im Hgr. zwischen beiden eine Sonnenuhr auf einem Pfeiler. — III. Thaleia, n. r. schreitend, in der L. eine Maske, in der R. das oben [und unten] abgebrochene Lagobolon. — IV. Melpomene e. f., in der L. eine Maske

des Herakles, in der R. die mit dem dicken Ende auf einem Stierkopfe ruhende Keule; r. neben ihr an der Erde noch eine weibliche tragische Maske. — V. Terpsichore spielt die auf einen Pfeiler
gesetzte Lyra, das Plektron in der niedergehenden r. Hand. —
Apollon im Kitharödencostüm, mit dem Porträtkopfe eines Knaben, hält in der L. die Lyra, die er mit der R. rührt (das Plektron
mit der Hand ist abgebrochen); r. neben ihm der Greif und ein schlangen-
umwundener Dreifuß (»dentro cui giace un globo cinto d'una fascia«
Zoega). — Athena, den l. Fuß [n. r.] auf ein Felsstück setzend,
stützt sich auf eine Lanze, die sie mit beiden Händen umfasst [und
blickt n. l. um]. — VI. Kleio (Zoega: »Polimnia«), n. r. abgehend,
in der l. Hand die Rolle. Zwischen Athena und Kleio auf einem
Pfeiler eine tragische Maske. — VII. Erato, den l. Fuß auf einen
Schemel stellend, rührt die Schildkrötenlyra. — VIII. Urania mit
Globus und Stab. — IX. Kalliope schreibt mit einem Stifte auf
eine längliche, [oben und unten mit einer Handhabe versehene]
Tafel.

R. Nbs. [abgeb.: Fabretti, *Synt. de col. Trai.* 215; vgl. Schra-
der, *Die Sirenen* 78, 13 a; Jahn, *Sächs. Ber.* 1856, 283, 33]: In
einem Schiff, dessen Vordertheil mit einem Auge verziert ist, Odysseus, an den Mast gebunden; hinter ihm sitzt ein Ruderer.

L. Nbs. zerstört, doch sind Reste von Wellen vorhanden, [so-
wie das Hintertheil eines Schiffes mit ausgespannten Segeln (von
letzteren erkannte auch Zoega un' avanzo)]. Hier waren wohl die
Sirenen dargestellt [?].

3273. V. Medici.
[Zeichnungen: Cod. Cob. 487, 164; Cod. Pigh. 216, 174: »Card. de la Valle«.]
Beschr. von Zoega A. 379.

s.-P. Polyhymnia, ganz eingehüllt, stemmt sich mit dem r.
Ellbogen, die Hand an's Kinn legend, auf einen vor ihr stehenden
Pfeiler; in der L., die unter dem genannten Ellbogen zum Vorschein kommt, eine Rolle. Zoega: »pare che nel fondo vi sia un
orologio solare« [ja!]. Euterpe, gleichfalls n. r. gewandt, sich n. l.
umsehend; in der L. eine Flöte. Thaleia, n. r. schreitend, in der
gehobenen l. Hand eine Maske, in der r. einen Stab; am Boden
steht noch eine Maske. Erato, n. r. schreitend, sich n. l. um-
schend; die L. hält die Lyra, die R. ist gesenkt. Melpomene,
n. l. eilend, die R. gesenkt: »con essa s'appoggiava ad una clava«.
mit der L. die Maske aufstützend; Kopfwendung n. r. Apollon,
nackt bis auf die Chlamys, e. f., Kopf n. l. gewendet; in der L.

die Lyra, in der R. das Plektron haltend, [den Kopf wie im Gesang emporgerichtet; rechts von ihm sein Greif]. Athena, mit Ägis und Helm, e. f.; der l. Fuß ist auf den Kopf einer Eule gesetzt, die Hände sind an einen r. stehenden Speer gelegt; Kopfwendung n. l. Kleio, n. r. gebend; Wendung des Kopfes n. l.; in der gesenkten L. hält sie eine Rolle, der r. Arm unter dem Gewande. Terpsichore im doppelten Gewande, den l. Fuß aufstemmend; auf dem l. Schenkel eine große Lyra; mit der R. greift sie in die Saiten. Urania, n. r. abgehend, Blick n. l.; in der r. Hand einen Stab, mit der l. die Kugel aufstützend. Kalliope n. r., den l. Fuß etwas vorgesetzt, scheint auf einem in der L. gehaltenen Diptychon zu schreiben.

3274. S. Maria di Ara Coeli. Weberei. O
Zeichnung beim Institut; darnach beschrieben.

s. Links Polyhymnia, n. r. aufgestützt. Urania mit Kugel und Stäbchen. Terpsichore mit Lyra und Plektron. Euterpe mit zwei Flöten. Dann, in der Rechten eine Rolle oder Plektron, die L. ist weggebrochen, Erato (?). Apollon, nackt, im l. Arme die Lyra, neben ihm der Greif. Thaleia, im doppelten Gewande, mit der R. die sehr zerstörte komische Maske erhebend. Melpomene, im langen Gewande mit breitem Gürtel. R. neben ihr die bärtige tragische Maske; im l. Arme die Keule. Athena, sich n. l. auf einen Speer lehnend, um den sich die Schlange windet. An der Erde der runde Schild. Kalliope, in der L. den Stift, in der R. das Schreibtäfelchen. Kleio ohne Attribute, fest in einem Mantel eingeschlagen, in welchem der r. Arm auf der Brust ruht.

Nbss. zerstört, die eine mit einem Kreuze versehen.

3275. P. Giustiniani.
[Abgeb.: *Gall. Giust.* II, 114.]
Beschr. von Zoega A. 363, 12.
[Vgl. *Arch. Zeit.* 1843, 115, 12 h (Gerhard).]

[S.-Frr.] Die drei ersten Figuren im Stich sind in Wirklichkeit jetzt r. an das Relief herangerückt. [Im Hgr. des Ganzen: Parapetasma]. Die erste Figur ist Thaleia in dem eng anschließenden gesteppten Gewande und darüber geworfenem Mantel; die gesenkte R. legt sie auf eine Maske, welche auf einem Piedestale ruht; im l. Arme ruht das oben abgebrochene Lagobolon; um den Hals hängt eine Bulla. Erato, im doppelten Gewande, den l. Fuß etwas aufsetzend, mit Lyra und Plektron. Auf einem Stuhle, die

Füße von einem Schemel unterstützt, sitzt ein junger Mann e. f.
in römischer Tracht, in der L. eine Rolle, die R. erhebend (Zoega:
»donna«), [der Kopf ist allerdings weiblich, mit einer Haartracht
aus der zweiten Hälfte des dritten Jahrhunderts, doch schien mir
kein Zweifel zu sein, dass er mit dem Halse aufgesetzt ist; auch
glaubte ich trotz der ungünstigen Aufstellung die Commissur zu
erkennen]. Weiter rechts eine Frau im gerollten und gescheitelten
Haar (zweite Hälfte des dritten Jahrh.), ruhig stehend; die R. ruht
im Obergewande auf der Brust, in der L. eine Rolle. Zwischen
den letzten beiden der Kopf einer Muse (nach Z.: »con tre piume
in capo«. Kalliope im gegürteten Chiton und Obergewande; die
gesenkte R., die modern ist, hielt den Stift, den sie eintauchte in
den Tintenbehälter, der getragen wird von Kopf und Händen einer
kleinen Karyatidenherme; in der L. ein nicht deutlicher Gegenstand wie ein dickes Papierbündel (»quinterno di membrana«. Zoega);
r. über ihrer Schulter eine Maske. Urania, mit der L. eine Kugel
aufstützend, auf die sie mit einem Stäbchen weist. Folgt Euterpe
im langen breitgegürteten Gewande, in jeder Hand zwei Flöten.
Wieder Urania, n. r. gewendet, die Kugel aufstützend, die R. ergänzt.
Endlich Polyhymnia, tief in einem Mantel gehüllt; die R. ruht im
Obergewande auf der Brust, die L. ist an ein Scepter gelegt, [von
dem aber jetzt nichts mehr zu sehen ist]; nach Zoega ist die Figur
priva del braccio sinistro, del volto, e del cranio, [Letzteres konnte ich
nicht sehen].

Dass dieser Theil zu dem vorigen gehört, wird durch die sich wiederholende
Urania unwahrscheinlich gemacht; in Arbeit und Größe sind sonst keine Diffe-
renzen zu spüren. Zoega betrachtet ihn als nicht zugehörig.

3276. S. Paolo f. l. m.

[Abgeb.: Nicolas, *Della basilica di S. Paolo*, Tav. X; die r. Seite: Welcker,
Zeitschr. f. alte Kunst, Taf. II, 9 = Heeren, *Verm. hist. Schriften* III, Taf. 3
= Müller, *Denkm. d. a. K.* II, 14, 153; besser nach einer 1820 genommenen
Zeichnung Wilkinson's in den *Transactions of the royal society of literature* XI, 2
(1876, zu p. 263.]
Beschr. von Zoega A. 30ᵇ [= Welcker, *Zeitschr.* 147.
Vgl. Winckelmann, *Mon. ined.* 50; Heeren a. a. O. 139; *Ann. dell' Ist.* 1858,
326 E (Michaelis); *Ann. dell' Ist.* 1861, 122, 1 (Wieseler); für die Architektur des
S.'s: Matz, *Arch. Zeit.* 1873, 13, 5.]

S. L. 2,33; H. 1,15; T. 1,12; Deckelhöhe 0,50. L. sitzt eine Frau
im gegürteten Chiton, über den Schenkeln ein Obergewand. Unter
dem Stuhle steht ein von einem Tuche bedecktes Salbgefäß; Kopf
und Extremitäten zerstört. Ihr gegenüber, n. l. gewandt, sitzt auf

einem Stuhle mit Löwentatzen eine männliche Figur im langen
Ärmelgewande; die Füße ruhen auf einem Schemel. Unter diesem
Stuhle eine in's Profil gestellte [unbärtige] tragische Maske. Zwischen, hinter, und neben diesen befinden sich acht Musengestalten;
die Federn über der Stirn sind nicht bei allen erhalten. Von den drei ersten,
die sich um die sitzende Frau gruppiren, lässt sich über Attribute nichts Bestimmtes sagen; von den drei folgenden e. f. gebildeten scheint die
erste Thalcia zu sein; das eigenthümlich gesteppte Gewand glaube
ich noch deutlich zu erkennen. Von den Fragmenten l. neben ihr
wird das untere der Rest eines Pfeilers, das obere der einer Maske
sein; eine andere liegt über ihrer l. Schulter auf einem Pfeiler;
darunter ein Lagobolon. Sie wendet ihr Gesicht ihrer Nachbarin
zur R. zu, welche sie gleichfalls anschaut, doch ihre l. Hand auf
die Schulter der nächsten legt; an jener glaube ich noch Reste
eines breiten Gürtels wahrzunehmen. Diese trägt einen gegürteten
Chiton und ein Obergewand, das über den l. Arm zurückfällt.
Über beider Schultern erscheinen die Reste einer Maske. Es folgt
Urania, durch die Kugel, die sie mit der L. aufstützt, kenntlich:
ihre r. Schulter ist durch das sinkende Gewand entblößt. Die letzte
der Musen scheint Melpomene zu sein, wenigstens trägt sie einen
breiten Gürtel und dicke Sohlen; auf der Schulter haften Haar-
locken; [r. von ihrer Schulter auf einem Pfeiler ebenfalls Reste
einer Maske, und zwar anscheinend einer mit hohem Onkos]. Den
Hgr. bildet ein Parapetasma. Der Sarkophag stimmt mit dem besser erhaltenen Palermitaner überein und manche Figuren sind nach
demselben zu bestimmen: *Ann. dell' Ist.* 1861, Tav. II.

L. Nbs.: Unter einer Pinie sitzt Apollon (Z.: »Orfeo«) n. r.
gewandt, in der R. das Plektron, in der L. die Lyra; er trägt einen
Ärmelchiton; die Chlamys wird auf der Schulter durch eine Spange
festgehalten. Die phrygische Mütze auf dem Kopfe ist wegen der Verstümme-
lung nicht so deutlich wie auf dem Stich. (Z.: »un pileo quasi come quello dei
Dioscuri«.) Neben dem Stuhle sitzt der Greif, [jedoch n. l. mit
umgewandtem Kopfe]. Dem Gott gegenüber steht in Toga und
Tunica gekleidet ein bärtiger Mann, den r. Ellbogen auf einen
Pfeiler stützend, in der L. eine Rolle haltend. Zwischen beiden
erscheint ein jüngerer unbärtiger, gleichfalls mit der Toga gekleideter Mann. Beider Köpfe sind Porträts.

R. Nbs.: Marsyas, die Hände über dem Haupte zusammengebunden und von einem r. stehenden Skythenschergen die Pinie
hinaufgezogen. L. kniet der Skythe, der, zu dem Besiegten aufblickend, das Messer schleift. Hinter dem Baume kommt Hermes

mit Flügelschuhen und Kerykeion hervor. R. neben Marsyas an der Erde liegt ein Böckchen.

Der Sarkophag ist so dicht an die Wand gerückt, dass eine Vergleichung der die Rückseite wiedergebenden Zeichnung mit dem Original nicht möglich war. Nach dem Stich sind darauf drei Schiffe, deren Bemannung Eroten bilden. Die beiden ersten scheinen nur einen Ruderer zu haben, das dritte hat deren zwei. Auf den Mastbaum des ersten klettert einer, auf die des zweiten und dritten je zwei hinauf. Im ersten ist außerdem noch einer mit Auswerfen eines Netzes beschäftigt.

Der Deckel ist als ein mit großen flachen Ziegeln gedecktes Dach gebildet. An den Ecken sind tragische Masken; gleiche sind an den Stirnziegeln angebracht. Im Tympanon links halten zwei Victorien ein Gorgoneion; darunter zwei Palmzweige. Das Medusenhaupt im Tympanon zur r. Hand wird von zwei geflügelten Eroten unterstützt. Darunter ein Köcher mit darauf gebundenem Bogen.

Die Arbeit ist sehr mittelmäßig. Die Vorderseite ist bis zur Unkenntlichkeit zerstoßen und zerschunden. Die Nbss. sind besser erhalten. [Zoega ist geneigt, die Sculptur der Rückseite für christlich zu halten. Der Sarkophag ist im zwölften Jahrhundert zur Bestattung Pierleones verwandt worden zufolge der Inschrift auf dem Mittelfelde des Deckels, welcher eine alte, wie es scheint, hat weichen müssen.

```
     + TE PETRVS ET PAVL v
     SERVENT PETRE LEONIS
     DENT ANIMA CELO 9VOS
       TAM DEVOTVS AMASTI
     ET Q · B · EST IDEM TVMV
     LVS SIT GLORIA TECVM
```

Nicolai a. a. O. 284.]

3277. Pᵃ. Margana 24.

s. I. Mnemosyne [wohl eher Polyhymnia], sich n. r. anlehnend, mit Rolle. — II. Erato, mit von der r. Schulter gleitendem Gewande, n. r., wie ihre Nachbarin an einen Pfeiler gelehnt, auf den sie ihre Lyra gestellt hat. — III. Kalliope, n. r. abgehend, in ein doppeltes Gewand gehüllt; [in der r. Hand, wie es scheint, eine Rolle oder ein Schriftbündel]. — IV. Terpsichore, n. r. schreitend, rührt mit der R. die Kithara, die sie umgehängt hat. — V. Euterpe mit zwei Flöten. — VI. Thaleia in einem Netzgewande. L. neben ihr auf bedecktem Block eine komische Maske, auf die sie die R. legt; in der L. das Lagobolon. Im Hgr. [l.] auf einem

Pfeiler eine zweite Maske. — VII. Kleio, n. r. schreitend, in der L. eine Rolle. — VIII. Urania mit Kugel und Stäbchen. — IX. Melpomene e. f., eine tragische Maske erhebend. L. neben ihr steht eine zweite. Zwischen V und VI steht als Mittelfigur ein auf römische Art gekleideter Knabe mit Rolle in der l. Hand, [auf die er die r. legt].

Nbss. links: leer; rechts: eingemauert.

3278. P. Mattei.

[Abgeb.: *Mon. Matth.* III, 49, 2.]

Beschr. von Zoega A. 392, 45.

[Vgl. Winckelmann, *Werke* II, 499; *Arch. Zeit.* 1843, 115, 11 f (Gerhard).]

[K.-]S. An den Enden rund. In der Mitte sitzt auf einem hohen Stuhle, die Füße auf einen Schemel stellend, ein junger Mann in Tunica mit übergeworfenem [leichtem] Mantel, [das Gesicht abbozzirt]; in der L. hält er eine Rolle. Auf einem Pfeiler l. neben ihm steht noch ein Bündel solcher Schriftrollen. Die erste Figur, die l. in der Verkürzung sichtbar wird, ist lang bekleidet und hat in der L. eine Rolle. Dann Polyhymnia, wie gewöhnlich in den Mantel geschlagen und die R. an's Kinn legend, hält in der L. eine Rolle. Neben ihr steht ein Cippus, auf welchem eine [un]bärtige Maske [mit Diadem] liegt. Euterpe mit zwei geraden Flöten (Kopf neu). R. im Hgr. eine tragische [weibliche] Maske auf einem Pfeiler. Erato mit der Lyra. Melpomene, in der gesenkten R. die Keule, die auf einem Stierkopfe ruht, in der L. eine bärtige tragische Maske. R. von der sitzenden Mittelfigur Urania, mit dem Stäbchen auf eine Kugel zeigend, die im Hgr. auf einem hohen Pfeiler liegt, [vielmehr von ihrer l. Hand hoch gehalten wird]. Thaleia in dem anschließenden gesteppten Untergewande, [das auch hosenartig die Beine bedeckt, darüber einen Mantel um l. Schulter, Seite und Unterkörper]; im l. Arme die komische Maske, in der R. Rest des Lagobolon. L. am Boden eine tragische Maske mit Diadem. [sieht aus, wie die komische Carricatur einer weiblichen tragischen Maske]. R. Terpsichore, die Lyra spielend, welche auf einem Pfeiler r. neben ihr steht. Kleio, in ein Doppelgewand gehüllt, ohne Attribute (Zoega: »tiene con ambe le mani avanti se un volume aperto« [richtig!]). Kalliope, vor sich in der L. ein Diptychon haltend; der r. Arm ist abgebrochen. Im Hgr. ist ein Parapetasma gespannt.

3279. S. Maria in Aventino.

[Zeichnung: Cod. Barber. XLIX, fol. 37, 38.]

Abgeb. als Vignette: Foggini, *Mus. Capit.* IV, 127.

Beschr. von Zoega A. 180.

[Vgl. Montfaucon, *Diar.* 164 (der den S. ohne Grund nicht für antik hält); *Arch. Zeit.* 1843, 115, 13 l (Gerhard).]

s. In der Mitte steht der Verstorbene in Tunica und Toga, in der L. eine halbgeöffnete Rolle, der Kopf abbozzirt; neben seinem l. Fuße ein verschlossenes halbrundes Scrinium. R. neben ihm Athena mit Helm ohne Ägis; neben ihrem r. Fuße die Eule; die R. stützt sie auf die Lanze, die L. legt sie an die Seite. Die Muse zur R. der Athena trägt außer dem Chiton noch einen Mantel, in welchem der r. Arm auf der Brust ruht; in der l. Hand eine Rolle; neben ihr ein Bündel Schriftrollen (Kleio). Die folgende, im langärmeligen Gewande mit breitem Gürtel, hält in der L. die Lyra, in der R. das Plektron (Terpsichore). Dann Urania in ärmellosem Chiton und darüber geworfenem Mantel; in der L. eine Kugel, in der R. ein Stäbchen; der Globus ist mit Sternen versehen und wird von zwei Bändern umgeben, die sich im r. Winkel kreuzen; die vierte im ärmellosen gegürteten Chiton, mit vom r. Arme herabfallenden Mantel, hält in der L. ein Diptychon, in der gesenkten R. einen Stift, den sie eintaucht in ein halbkugelförmiges Becken, das auf einem geschweiften Ständer ruht (Kalliope). — L. von der Mittelfigur: die erste an der l. Ecke tief verhüllt n. r. mit gekreuzten Beinen; mit dem r. Ellbogen stützt sie sich auf einen Pfeiler, mit der Hand berührt sie das Kinn, in der l. Hand eine Rolle (Polyhymnia). Die zweite in Ärmeltunica, mit breitem, vorn giebelförmig gebildetem Gürtel, hält in jeder Hand eine Flöte (Euterpe); die dritte im gesteppten langärmeligen Gewande, um die Hüften einen Mantel; in der erhobenen L. eine vorn zerstörte Maske, in der R. das Lagobolon (Thaleia); die vierte im Ärmelgewande, mit umgeworfenem Mantel, der die r. Brust nicht weiter bedeckt; in der L. eine tragische Maske, in der gesenkten R. eine Keule, deren oberes Ende zwischen den Hörnern eines Stierkopfes [auf Kothurnen] ruht (Melpomene). Die fünfte im kurzärmeligen Chiton und um die Hüften geschlungenen Mantel; den l. Fuß auf einen Stein aufstützend, im l. Arme die Lyra, in der R. das Plektron [Erato]. Zwischen ihr und der Mittelfigur erhebt sich auf einem Pfeiler eine Sonnenuhr. Hinten ist von einem Ende zum anderen ein Parapetasma gespannt. Sämmtliche Musen haben Federn an der Stirn.

Nbss. l.: Ein bärtiger Mann, der, auf einem Klappstuhle
sitzend, eine Rolle entfaltet, eine zweite liegt [geöffnet] auf einem
Pfeiler vor ihm. R.: Ein bärtiger Mann im Himation, das den
Oberleib frei lässt, n. l. sitzend, in der L. eine Rolle, langt mit der
R. nach einem Schriftbündel, das auf einem Pfeiler vor ihm ruht.
Rohe Arbeit.

Oben die moderne Grabinschrift: Balthe spinello presulo corsiolano attico
secretario vitae santitate fideque ‖ nobilitate et integruitate qui ‖ vix. annos. LX.
m · x · ‖ i · b · de cardellis nepoti dulcissimo ‖ · b · m · p

[3280. V. Casali.

Vgl. *Bull. dell' Ist.* 1873, 19 (Brizio); *Sulle scoperte archeologiche etc. negli anni*
1871—72, 12.

Gefunden in Vigna Casali.

S. Gr. (grauer) M. In der Mitte steht, auf dem r. Beine ruhend,
eine Frau in Chiton mit kurzen Ärmeln, Mantel, der, über die
l. Schulter zurückgeworfen, für die r. Hand an der Seite einen
tiefen Sinus bildet, und Schuhen; die l. Hand hält eine Rolle: der
etwas n. r. gewandte Kopf trägt eine Frisur aus der zweiten Hälfte
des dritten Jahrhunderts; die Augensterne sind angegeben, die
Züge jugendlich. L. neben ihr Athena, mit dem l. Fuße hoch auftretend auf einen Fels, mit beiden Händen auf ihre Lanze gestützt,
in ärmellosem gegürtetem Chiton, Ägis und Mantel, der die l. Seite
und den Unterkörper bedeckt; auf dem Kopfe ein großer Helm
mit Doppelbusch; der Kopf ist n. l. der Mittelfigur zugewandt.

L. und r. die neun Musen. L.: I. Polyhymnia, in der gew.
Stellung, auf einen Fels gelehnt, den Blick in die Höhe gerichtet. —
II. Euterpe, in breitgegürtetem langärmeligem Chiton mit Mantel,
l. Standbein, den Blick n. l. gewandt, in jeder Hand eine Flöte
(r. großentheils weggebrochen; zu ihren Füßen beiderseits Masken mit
hohem Kopfaufsatze. — III. Thaleia im durchlöcherten Chiton und
Mantel um l. Seite und Unterkörper, in der l. Hand ein Lagobolon, in der r. hoch erhoben eine komische Maske; an den Füßen
eine Art niedriger Sandalen; auch sie blickt aufwärts. — IV. Melpomene, auf Kothurnen, in langärmeligem breitgegürtetem Chiton,
worüber ein Mantel; im l. Arme eine Keule, die R. auf eine tragische Maske gelegt, die auf einem Postamente steht; Kopf aufwärts
gewandt. — V. Terpsichore, mit dem l. Fuße hoch auftretend auf
eine mit einem Schloss versehene runde Capsa mit Tragband; in
gegürtetem ärmellosem Chiton, der von der r. Schulter niedergeglitten ist, und Mantel um die Beine; auf das Postament zu

ihrer R. ist die Schildkrötenlyra aufgestützt, zu der sie das Plektron
in der L. hielt. Ihr Blick geht n. l.

R.: VI. Kalliope, ganz im langen Unter- und Obergewande.
mit der L. den Zipfel des letzteren haltend, die R. n. r., den Blick
zurück gewandt. — VII. Erato in langärmeligem breitgegürtetem Gewande, am Schulterbande die auf einem Postamente ruhende Lyra.
wozu sie in der niedergehenden R. das Plektron hält, den Blick
n. l. — VIII. Urania, ebenso gewandt, in langem Chiton mit genestelten Halbärmeln und Mantel, der die l. Seite und untere Körperhälfte bedeckt; auf der erhobenen L. die Himmelskugel, in der
niedergehenden R. den Radius. — IX. Kleio, n. r. gewandt, ebenso
gekleidet, in der L. ein Diptychon, auf welches sie mit dem Stilus
in der R. schreibt: neben ihrem l. Fuße eine mit Schloss verschlos-
sene Capsa. Alle haben Schuhe und auf dem Kopfe Federn.

Hinter dem Ganzen ein Parapetasma.

R. Nbs.: Geflügelte Löwen zwischen Schilfpflanzen.

L. Nbs. ebenso, aber ohne die Pflanzen.

Ordinäre Arbeit.

Dieser S. steht und stand ursprünglich auf Nr. 2696, worauf er auf dreieckigen Würfeln ruht.]

3281. P. Mattei.

[Abgeb.: *Mon. Matth.* III, 49, 1.]

Beschr. von Zoega A. 348.

[Vgl. Winckelmann, *Werke* II, 499; *Arch. Zeit.* 1843, 115, 11 e (Gerhard).]

s.-P. Polyhymnia (Zoega: »Clio«), ganz in einen Mantel geschlagen, mit gekreuzten Beinen n. r. gewandt; sie stützt den Ellbogen auf einen Pilaster und legt die r. Hand an's Kinn (der Kopf
ist nach Z. modern), in der l. eine Rolle. Euterpe e. f. im langen
gegürteten Gewande, in jeder Hand eine Flöte. An der Erde zu
beiden Seiten eine tragische Maske. Thaleia, in der L. das Lagobolon, mit der R. eine komische Maske erhebend. Melpomene [auf
Kothurnen], im l. Arme die Keule: l. auf einem kleinen Pilaster
eine bärtige tragische Maske, [an welche sie die Hand legt]. Weiter
Erato, den l. Fuß auf eine Erhöhung stellend, mit Lyra und Plektron.
— Die Mittelfigur ist eine ganz in ein Pallium gehüllte männliche
Figur, die in der L. eine Rolle hält. Athena mit Helm, den l. Fuß
auf eine felsige Erhöhung stellend, stützt sich mit beiden Händen auf die Lanze [und blickt n. l.]. — Kleio (Zoega: »Polinnia«,
ganz eingehüllt, sich n. r. abwendend. Terpsichore im Kitharoe-
dengewande, in der gesenkten r. Hand das Plektron; die große

Lyra, die mit einem Tragbande befestigt ist, hat sie auf einen Pfeiler neben sich gestellt. Urania, mit der L. eine Kugel aufstützend, in der [gesenkten] R. ein Stäbchen. Kalliope, n. r. gewandt, auf eine Tafel schreibend; die r. Hand [und Unterarm] mit dem Stifte ist modern; [ebenso die l. mit dem oberen Stück der Tafel]; r. neben ihr ein runder, mit Rollen gefüllter Schriftkasten mit Tragband.

3282. P. Rospigliosi.

s.-p. Polyhymnia (n. r.), ganz eingehüllt, mit wenig gekreuzten Beinen, den r. Arm, den sie an den Kopf legt, aufgestützt, in der L., welche unter dem r. Ellbogen zum Vorschein kommt, die Rolle. Euterpe im langen Chiton und breiten Gürtel, e. f., das Gesicht n. l.; in den beiden Händen nach vorn hält sie zwei Flöten. Thaleia e. f., den Kopf n. r. gewandt, in der L. das Lagobolon, in der erhobenen R. eine komische Maske; sie trägt das gesteppte, eng anliegende Gewand und Schuhe; ein Mantel umhüllt den unteren Theil ihres Körpers; l. neben ihr steht am Boden noch eine [weibliche] Maske [mit hohem Onkos]. Melpomene im langen Gewande mit breitem Gürtel, in der gesenkten r. Hand eine [bärtige] Maske [auf eine kleine Säule gestützt], im l. Arme ruht die Keule; sie ist fast e. f. gebildet mit Wendung des Gesichtes etwas n. r. Erato (?) e. f. im ärmellosen Chiton und um die Beine noch ein Übergewand geschlungen; das l. Bein ist aufgestützt; auf dem Knie ruht die Lyra mit gebogenen Hörnern, die sie mit der L. hält, in der R. das Plektron. Ihr Kopf ist n. l. gewandt. — Dann eine jugendliche, in ein bis auf die Knöchel reichendes Gewand gehüllte Frau, in der L. eine Rolle, mit Kopfwendung n. r. [und einer Frisur des dritten Jahrhunderts]. Athena im Chiton und über die Beine geschlagenem Obergewande, die Arme auf die r. stehende Lanze (jetzt zerstört) aufgestützt, das r. Bein auf den Kopf der Eule gesetzt; ihr Blick geht n. l., [l. von ihr ein vielleicht zur vorigen Figur gehöriges Scrinium]. — Eine weitere Muse, ganz eingehüllt, ruht auf dem l. Fuße; ihr Kopf n. l.; sie scheint die r. Hand an die Schulter der folgenden gelegt zu haben. Terpsichore, gleichfalls auf dem r. Fuße ruhend, mit der L. die auf ein Postament gesetzte (jetzt zerbrochene) Lyra fassend, die R. mit dem Plektron gesenkt; Kopfwendung n. l.; im doppelten Gewande. Urania: die gesenkte R. hält einen Stab, die L. stützt eine Kugel auf; sie geht, den Kopf n. l. wendend, r. ab. Kalliope, im doppelten Gewande, schreibt auf einem Diptychon oder einer entfalteten Rolle; [zu ihren Füßen ein Scrinium]. Sehr weißer M.; Erhaltung gut, Arbeit mittelmäßig.

Bruchstücke.

3283. V. Borghese.

s.-Fr. [L., r. und unten unvollständig; pentel. M.] L. und r. gebrochen. Die erste Figur l. ist Thaleia im Chiton mit übergeworfenem Mantel, mit der L. die komische Maske erhebend, [die R. vor der Brust]. Es folgt Apollon, nackt, das Haar hinten in einen Knoten gebunden. Auf der l. Schulter liegt der Zipfel eines Mantels auf, der von der r. Hand [r. unten] vorgezogen wird. R. steht ein Dreifuß, [auf den er sich mit dem l. Arme stützt]. Dann folgt eine weibliche Figur in ärmellosem [gegürtetem] Chiton und Mantel, [der über das leicht vorgesetzte r. Bein niederfällt], in der R. das Plektron. [Hinten ein Parapetasma.

Schöne, wie griechische Arbeit.]

[3284. Catacombe di S. Callisto.

s.-Frr. I. Untere Hälfte einer n. r. hoch auftretenden Muse (Terpsichore?) im Untergewande und über die Beine geschlagenem Mantel; hinter ihr ein Pfeiler, von dem wohl eine Sonnenuhr weggebrochen; l. neben ihr, aber n. l. blickend, der Kopf von Apollon's Greif. — II. Mit der Feder geschmückter Kopf einer Muse [alles von der Stirn abwärts fehlt] n. l. und l. davon das obere Ende einer Lyra, wohl von einer jetzt verlorenen Figur n. l. gehalten. — III. Oberkörper einer Muse n. l. in ärmellosem Chiton, an einem Tragbande eine große Lyra; am Kopfe Federn. — Hinter dem Ganzen war ein Vorhang.

Gute Arbeit.]

[3285. Catacombe di S. Callisto.

Vgl. de Rossi, *Roma sott.* III, 444.

s.-Frr. I. Melpomene, in Bewegung n. r., in langem Ärmelgewande, den Mantel breit über den Leib gegürtet, in der R. einen Köcher, in der L. eine Lyra; ihr Kopf ist n. l. gewandt, die Federn abgebrochen; r. von ihr am Boden die sog. Wasserorgel. R. eine andere Muse n. r., Federn im Haar, beide Arme [nur die Oberarme theilweise erhalten] n. r.; unten am Boden das Tintenfass, von einem kleinen Atlanten getragen, zur folgenden Muse gehörig. — II. Athena [Kopf und Füße fehlen], den l. Arm emporgerichtet [Hand fehlt]; r. unten neben ihr werden Euterpe's Flöten sichtbar. — III. Zwei Köpfe, der Thaleia, mit dem geschuppten Gewand und breitem Brustkranze

n. l., und einer anderen. wie es scheint, singenden Muse, auch n. l. Hinter dem Ganzen ein Parapetasma.

Ebenda noch unbedeutende Reste eines anderen Musensarkophages.

[3286. **Catacombe di S. Callisto** (Casino des Capo-custode).

S.-Frr. R. unvollständig. L. Polyhymnia, n. r. aufgelehnt; r. von ihr Melpomene in langärmeligem gegürtetem Gewande und Mantel. den r. Arm erhoben, zur Seite den Köcher, in der L. eine Keule. Nbss. (flach): I. Ein n. r. sitzender bärtiger Alter, den Mantel in der gew. Weise umgenommen, in der L. eine aufgerollt zusammengeschlagene Rolle; vor ihm ein Jüngling in Chiton und Mantel, den Kopf dem Lehrer zugewandt. — II. Ein n. l. sitzender Jüngling, um die Beine einen Mantel geschlagen, die R. wie zur Begleitung der Rede erhoben; neben ihm ein Pfeiler, worauf ein Schriftbündel. Vor ihm steht ein Alter in Tunica und Mantel, in der vorgestreckten L. ein Schriftbündel, die R. am Gewande, e. f. n. r. stehend.]

[3287. **P. Cardelli.**

s.-Fr. L. Seite: Euterpe, r. Standbein, e. f., in langem Chiton mit langen Ärmeln und Obergewande. das an der r. Seite breit vorgenommen, über die l. Schulter im Zipfel wieder niederfällt; im l. Arme hält sie zwei Flöten, an deren oberes Ende sie die R. legt (der r. Arm ist fast ganz ergänzt). Zu ihr spricht eine zweite Muse (Kleio?), ebenfalls e. f., mit r. Standbein, fast ebenso gekleidet, in der niedergehenden L. etwas wie eine Doppelrolle, die R. im Gespräch erhoben. Es folgt Thaleia, im gesteppten Chiton und Mantel, r. Standbein, etwas n. l. gewandt, in der erhobenen R. eine komische ältliche bartlose Maske, in der L. einen unten krummen Stab. Dann n. r., das l. Bein auf ein Scrinium hoch aufgesetzt, und auf dem Knie eine große Lyra, die sie mit beiden Händen spielt, Terpsichore, in gegürtetem, an der r. Schulter niedergleitendem Chiton und um die Beine geschlagenem Mantel; neben ihr, das r. Bein über das l. geschlagen, den Kopf auf die r. Hand, den Ellbogen durch die auf einem Pfeiler ruhende l. Hand unterstützt, Polyhymnia, ganz eingehüllt, den Kopf n. l. gewandt und zuhörend.

Arbeit gewöhnlich.]

3288. V. Panfili.

Beschr. von Zoega A. 261, 16.

s.-Fr. Die Figuren befinden sich vor einem Vorhang; sie haben lange, bis auf die Schultern fallende Locken, Krobylos und Federn.

Kalliope e. f., Blick n. l.; im l. Arme ruht ein geschlossenes längliches Diptychon; l. neben ihr die Reste eines kleinen Dreifußes (?),
[zu dem sie die R. niederstreckt]. Euterpe, n. l. abgehend, den
Kopf n. r. umwendend. Die L. hält eine Flöte mit Mundstücken,
was die R. fasst, ist nicht zu erkennen. Terpsichore (?), mit Lyra
und Plektron, geht, sich umsehend, n. r. ab. Thaleia, in dem
eigenthümlichen gesteppten enganschließenden Gewande, über das
unten ein Mantel geworfen ist, erhebt in der R. die komische
Maske und hält in der L. das Lagobolon. Links von ihr am Boden steht eine tragische Maske. Kleio (?), während sie n. r. abgeht,
sich umwendend, in der L. eine Rolle. Doppelte Gewänder und
lange Ärmel haben Euterpe und Thaleia.

Sehr späte und rohe Arbeit.

3289. Stud. Canova.

S.-Fr. l., r. und unten gebrochen. Thaleia, n. l. abgehend, im
netzartigen Untergewande, über das ein Mantel geschlagen ist, der
den Leib zum größten Theile frei lässt; im l. Arme ruht das Lagobolon (oben gebrochen); um den Hals trägt sie eine Bulla. Euterpe,
n. r. abgehend, im langen Ärmelgewande und breitem Gürtel; in
der r. Hand den Rest einer Flöte, den l. Arm erhoben; [in der
l. Hand trug sie auch eine Flöte, wie zwei Ansätze oben an der Leiste
und r. von ihrem Oberschenkel zeigen]. Am Kopfe Federn. Zwischen beiden im Hgr. auf einem Pfeiler eine komische Maske.

3290. P. Castellani.

S.-D.-Fr. R. unvollständig. An der l. Ecke des S.-Körpers ein
Kinderkopf mit Lockenhaar. Auf dem Deckel selbst in sehr klei-
nen Figuren Euterpe mit zwei Flöten, Melpomene mit Kothurnen,
Keule und Maske; die dritte scheint Urania zu sein.

Schlechtes, ganz flaches Relief.

[3291. Tre Fontane.

S.-Fr. Gefunden bei der hinteren Kirche am 2. Nov. 1877.

Erhalten sind drei Musen (Köpfe weggebrochen).

I. Euterpe; r. Standbein, gegürteter Ärmelchiton und Mantel,
der, an der r. Hüfte vorgenommen, über die l. Schulter zurückfällt, und Schuhe. Vor der Brust eine große Flöte, welche wohl
die r. Hand hielt, doch ist kein Ansatz sichtbar und der ganze Arm weggebrochen, ebenso der l. von der Mitte des Oberarmes ab; derselbe ging frei
n. r. nieder; auch diese Hand lag vermuthlich an der Flöte. Rechts

neben der Muse auf einem Postamente eine cannelirte Säule mit hoher Basis, wohl einen Nischenbogen tragend.

II. Thaleia, in gegürtetem Chiton und Mantel, der, über die l. Schulter niedergezogen und an der r. Hüfte vorgenommen, von der Hand zusammengehalten wird; in der l. Hand eine großentheils weggebrochene komische Maske. R. wieder ein Säulenbruchstück.

III. R. Standbein, gegürteter Ärmelchiton, der Mantel durch beide unter ihm vom Körper frei abgehenden Arme auseinander gezogen (r. Unterarm und Hand weggebrochen).

Über den Figuren wölben sich tiefe muschelartige Nischen mit Palmettenrand, die auf reich geschmückte Capitäle aufsetzen.

Späte Arbeit.]

3292. P. Castellani.

S.-Fr. Ringsum gebrochen. Polyhymnia, ganz eingehüllt, sich n. r. auf einen Pfeiler aufstützend. Euterpe mit zwei Flöten, [von denen nur eine erhalten. Hinten ein Vorhang].

3293. V. Giustiniani. ○

Beschr. von Zoega A. 301.

S.-Fr. R. unvollständig. Polyhymnia, n. r. gewandt, lehnt sich mit gekreuzten Beinen an einen Pfeiler; den r. Ellbogen auf denselben aufstützend, legt sie die Hand an's Kinn. Es folgt Euterpe, e. f. gesehen, in jeder Hand eine Flöte. Vgl. *Mus. Pio-Cl.* IV, 14.

[3294. Vigna del Pigno.

S.-Fr. R. und unten unvollständig. Vor einem Vorhang Obertheil einer Polyhymnia n. r., in der bekannten Weise aufgestützt. R. der Kopf einer zweiten Muse n. r.]

[3295. Catacombe di S. Callisto.

S.-Fr. Tragische Maske, am Boden stehend; l. davon noch der beschuhte r. Fuß und etwas Gewand von einer Muse.]

3296. Palatin.

S.-Fr.? Groß. Kopf einer Muse; das zurückgestrichene Haar umgiebt eine Binde; vorn Reste der Federn.

3297. S. Paolo f. l. m.

S.-Fr. L. und r. geriefelt. Von der Darstellung in der Mitte ist noch eine Muse (Melpomene) erhalten im langen gegürteten Chiton; sie erhebt die R. und hält in der L. eine Maske. Zu jeder Seite ein Scrinium.

[3298. P. Rusticucci.

S.-Fr. Gr. M. Geriefelt. Von den Figuren im oblongen Felde links ist erhalten der Obertheil einer Muse, durch die Feder gekennzeichnet, n. l. gewandt, sowie der obere Theil einer Lyra und die auf dieselbe gelegte l. Hand einer Muse zur L.]

3299. V. Pamfili.

S.-Fr. Kolossal. Zunächst Relief aus Stuck, die Hinführung eines Stieres zum Opfer darstellend; antik ist nur eine, mit dieser Gruppe in keinem Zusammenhange stehende, ganz in ein Gewand gehüllte, n. r. blickende weibliche Figur. Die gekreuzten Beine beweisen, dass sie angelehnt war. Die r. Hand legt sie an's Kinn; in der l., die unter dem Ellbogen jenes Armes zum Vorschein kommt, hält sie eine Rolle (Polyhymnia, Kleio?). [Der Mund ist geöffnet.]

Gute Arbeit.

3300. Stud. Canova.

S.-Fr. R. [und l.] gebrochen. Eine weibliche Figur in Chiton mit übergeworfenem Mantel e. f.; der r. Arm ruht, auf die Brust gelegt, in letzterem, der l. hängt herab; vorn an der Haarbinde des Kopfes scheint der Ansatz einer Feder, was für eine Muse entscheidend wäre; von einer zweiten weiblichen Figur links von dieser ist nur noch ein kümmerliches Fragment erhalten. [Hinter dem Ganzen ein Vorhang.]

Ziemlich gute Arbeit.

[3301. P. Rondinini.

S.-P. Gr. L. 1,15. L. unvollständig, vielleicht auch r. Gr. M. Das Ganze macht zunächst einen durchaus pasticcioartigen Eindruck, doch wird es schwer sein, denselben aufrecht zu erhalten gegenüber der durchweg antiken Zeichnung einer durch vier Pfeiler getheilten Mauer, welche zu der gesammten Darstellung den durchaus gleichartigen Hintergrund bildet.

R. gewahrt man zunächst zwei weibliche Gestalten, welche wie Musen aussehen; die eine zur R. steht, mit r. Standbein, etwas n. l. gewandt; im l. Arme hält sie etwas, das fast wie ein mit dem unteren Ende nach oben gekehrtes Schwert in der Scheide aussieht, die R. hat sie wie sprechend erhoben. Der Kopf ist modern, ebenso die l. Hand, von der erhobenen r. die Finger, und überhaupt der oberste Theil des Grundes. L. von ihr, wie zuhörend, mit dem l. Ellbogen auf einen Pfeiler gestützt, den Kopf in die Hand geschmiegt, steht nach Art der Polyhymnia, die Beine gekreuzt, eine andere, in ungegürtetem Chiton, der, am r. Arme niedergeglitten, die r. Schulter und Brust theilweise bloß lässt, und Mantel; die r. Hand (Vorderarm ergänzt) ging nieder und hielt vielleicht etwas, wodurch sie in Verbindung stand mit der Kugel, welche unten am Boden liegt und oben etwas wie einen Ansatz zeigt (modern sind der r. Unterarm und die Spitze des r. Fußes mit etwas Grund). L. neben, resp. hinter der ebenbeschriebenen Gestalt liegt, auf dem gleichen Felsgrunde, wie die beiden Frauen, ein ovaler Gegenstand, welcher oben eine Erhöhung zeigt; die sog. Wasserorgel kann es nicht sein: am größten ist die Ähnlichkeit mit einem Fass.

Hier wird der Grund durch eine gerade Linie abgeschnitten, welche weiter oben, stets dem Contour der Polyhymniaartigen Gestalt folgend, das eben beschriebene Stück von dem folgenden völlig trennt.

Ein Mann in kurzärmeligem Chiton und die Beine bedeckendem Mantel, den er mit der L. fasst, scheint n. r. zu schreiten, wohin er auch seine l. Hand streckt: der Kopf ist modern. Vor ihm am Boden stehen auf kleinen Untersätzen vier runde offene Gefäße nach Art der Wein- und Ölbehälter. Ein Zwischenstück, welches den Pfeiler hinter der sog. Polyhymnia und den Mauergrund zwischen jener und dem eben beschriebenen Manne, sowie seinen vorgestreckten l. Arm größtentheils und einiges von seinem Gewande umfasst, ist modern. Es folgen weiter links ein e. f. stehender Mann (Kopf neu) in kurzem Chiton und Mantel, welch letzterer über den l. Arm zurückfällt, in der l. Hand eine Rolle, die r. ausgestreckt nach einem anderen, der von l. herauschreitet in kurzärmeligem Chiton und längerem, ihn ganz verhüllendem Mantel, aus dem nur der r. Arm und ein Stück Brust hervorkommen; ihn hat der Ergänzer durch einen scheinbar antiken Kopf zur Frau gemacht. Links unten sitzt alsdann ein Greif, von dem Hintertheil, Vorderfüße, Kopf und Hals neu aber richtig ergänzt sind; vielleicht gehörte der Greif zu einer Apollonfigur, ähnlich wie auf dem Berliner S., *Arch. Zeit.* 1843, Taf. VI, und hat man die Wahl, ob man die vermeintlichen Musen rechts nach l. versetzen will, oder die n. r. hin jeder weiteren Ergänzung fähige Mittelscene auf beiden Seiten von Musen u. s. w. sich will eingeschlossen denken. Trotz wiederholter und sorgfältiger Betrachtung habe ich über dies schwierige Relief nicht zur Klarheit kommen können.]

OPFERSCENEN-FRAGMENTE.

Nicht mit Sicherheit zu classificiren.

3302. V. Giustiniani. ○

[Abgeb. (sehr frei): *Gall. Giust.* II, 65.]

Beschr. von Zoega A. 298.

S.-Fr. Wie es scheint Fragmente, die zu einem Ganzen verbunden sind. R. ist eine Nische durch einen auf zwei Pilastern ruhenden Bogen gebildet, daran reihen sich links drei quadratische Felder.

In der überwölbten Nische steht Athena, n. l. gewandt, die L. gesenkt, die R. legt sie an den Speer (Zoega: »manca della testa e del braccio s. nè appartiene alla nicchia, ove resta«). In dem l. folgenden Quadrat: r., n. r. gewendet, eine weibliche Figur in ruhiger Stellung, die eine (oder zwei?) brennende Fackel auf einen vor ihr stehenden Altar senkt. Hinter ihr steht, nach derselben Seite gewendet, ein Togatus, der in die Flamme eines (modernen?) Altars libirt. In dem anschließenden Felde eine Figur im aufgeschürzten Gewande mit Stiefeln, in der einen Hand einen messer-, in der anderen einen löffelähnlichen Gegenstand. Sie erscheint e. f. Der Kopf ist n. r. gewendet.

Der Flötenbläser im dritten Felde scheint ganz modern zu sein.

3303. P. Mattei.

Abgeb.: *Mon. Matth.* II, 65, 2.

S.-Fr. Unter einem von Pilastern getragenen Bogen steht, etwas n. l. gewandt, eine knabenhafte Gestalt, mit der Chlamys bekleidet; die gesenkte R. berührt einen kleiner als auf dem Stich gebildeten Gegenstand, der allerdings einem abgeschnittenen Thierkopfe gleicht; dieser ruht auf einem noch räthselhafteren, unten schmal zugehenden Untersatze. In der l. Hand ein länglicher Gegenstand, wie eine Keule, [ist nur der Gewandzipfel].

3304. Stud. Altini.

s.-D.-Fr. Von der Inschrift auf der Mitte der Tafel sind noch die zwei Buchstaben I O erhalten. L. davon zwei runde Altäre neben einander; der erste zur L. höher als der zweite. Auf jenem scheinen Reste eines Götterbildes zu stehen, auf dem zweiten lodert ein Feuer. Vor diesem steht — nur zur unteren Hälfte erhalten — eine weibliche Figur [in langem Chiton]. Zwischen ihr und dem Altar Reste eines Böckchens.

3305. P. Merolli.

s.-Fr. [L. ein Baum.] Ein Mann in gegürteter Exomis, in der L. einen Stab (der r. Arm, [welcher nach vorn ausgestreckt war], gebrochen), steht n. r. vor einem kleinen runden Altar, hinter welchem eine runde Basis, auf der sich ein Götterbild erhebt; dasselbe trägt eine gegürtete Tunica und Chlamys, in der L. einen Zweig, in der R. ein Messer, ist also Silvan.

[3306. P. Farnese.

s.-Fr.? Oben und l. unvollständig. L. ein runder bekränzter Altar, auf dem Feuer brennt. Davor noch das Bein eines mit kurzer Tunica bekleideten Opfernden sichtbar. Dann r., am Ende des Ganzen, ein hohes viereckiges Postament, worauf noch die Füße einer männlichen Statue, n. l. schreitend, mit r. Standbein (Apollon?). Unten ein Schwein n. l.

Späte Arbeit.]

3307. P. Merolli. ○

s.-Fr. Rest einer Kline; davor in kleiner Figur ein kleiner nackter Knabe, der einen Widder n. r. schiebt.

3308. V. Panfili.

s.-Fr.? Von der ersten Figur links ist nur ein nackter Fuß erhalten und ein kleiner Rest des bekleideten Beines. N. l. eilte auf dieselbe zu ein Knäbchen im kurzen Chiton und Stiefelchen (der obere Theil zerstört). Davon durch eine in Schneckenwindungen cannelirte Säule getrennt eine andere Scene: Ein n. l. gewandter Mann in kurzärmeliger Tunica und darüber geworfenem Mantel, dessen eines Ende er mit der L. fasst, reicht mit der R. einer um einen beblätterten Baumstamm gewickelten Schlange mit Kamm und Bart einen eiförmigen Gegenstand zum Fressen dar. Er trägt Sandalen. Hinter ihm am Boden liegt eine halbaufgewickelte Rolle.

Ganz im Hgr. steht eine männliche bekleidete Figur e. f., die r. Hand etwas erhebend, [d. h. die beiden ersten Finger geöffnet. die letzten eingeschlagen: eine ähnliche Gestalt, nur noch flacher. stand hinter dem vorher erwähnten Knaben].

Späte rohe Sculptur.

3309. P. Farnese.

S.-Fr. R. steht unter einer Pinie die Bildsäule einer Artemis, mit der R. im Begriff, einen Pfeil aus dem Köcher zu ziehen, in der L. den Bogen. Weiter n. l. ein Opferknabe 'Beine fehlen' mit lockigem, hinten lang herabfallendem Haar, vor sich eine geöffnete [breite] Acerra haltend. Endlich der [l.] Arm eines Mannes, der die Hand an einen Speer gelegt hat.

3310. P. Castellani. ○

S.-Fr. L. und r. gebrochen. Man erkennt einen kleinen runden Altar. Auf denselben zu läuft, n. l. sich umsehend, eine bekleidete weibliche Figur: eine zweite wird hinter ihr n. r. sichtbar: von einer dritten l. ist nur Kopf und Brust erhalten. R. von dieser Gruppe ist der obere Theil einer n. r. gewendeten weiblichen(?) Figur erhalten, die, wie es scheint, die Arme n. r. vorstreckte.

[3311. V. del Grande.

S.-Fr. Gr. L. 0,45; gr. H. 0,20. L., r. und oben unvollständig. L. Rest eines Baumstammes, vor dem ein Altar, auf dem Feuer brennt: an demselben steht ein kleiner Opferdiener in kurzem Chiton und mit gamaschenartig umwundenen Beinen, von dem nur die untere Hälfte erhalten. Von r. führt eine Frau ein Lamm herbei, das an einem Strick auch von dem Opferdiener gezogen scheint. Zwischen beiden Figuren im Hgr. noch ein Baum. Vorn etwas wie ein geöffneter Sack, wohl die Mola enthaltend. Dann noch die Beine eines zweiten ebenso gekleideten Opferdieners, n. r. eilend; neben ihm ein Thier. Es folgt die Wurzel noch eines Baumes und noch ein n. l. gestellter r. Fuß.

Schlechte Arbeit.]

3312. V. Borghese.

S.-Fr. L. gebrochen. Hinter einem runden Altärchen, auf welchem Früchte aufgehäuft sind, steht ein Opferknabe, der die Doppelflöte bläst. Unten sucht eine kleine geflügelte Nike einen Stier, der n. l. springen will, zurückzuhalten. R., die ganze Höhe des

Sarkophages einnehmend, ein Jüngling [mit Flügeln, also Eros],
nackt bis auf die auf der r. Schulter befestigte Chlamys; der r. Arm
ist aufwärts gebogen [und fehlt jetzt. Vor'm Kopfe des Bläsers wird
die ein Skeptron haltende l. Hand einer zweiten l. stehenden geflügelten Figur sichtbar; vom Flügel ist noch eine kleine Ecke erhalten].

3313. Palatin. Päpstl. Ausgr. ○

S.-Fr. R. Ecke. Erhalten ist nur eine Frau in gegürtetem Chiton mit darüber geworfenem Mantel, die in der R. eine kleine
runde Acerra mit zurückgeklapptem spitzem Deckel hält; der r. Arm
war vorgestreckt.

[3314. P. Castellani.

S.-Fr.*) Nach r. zum Schlage ausholender nackter bartloser
Jüngling (Opfer?). Links hinter ihm der gebogene l. Arm eines
Maunes.]

PHAETHON.

3315. V. Borghese. [Privatgarten.
[Abgeb.: Winckelmann, *Mon. ined.* 43.**]
Vgl. Winckelmann, *Werke* II, 505—534; Visconti. *Mus. P.-Cl.* VII, 65, 2;
Wieseler, *Phaethon* 15, 3 u. ö.]
Beschr. von Zoega A. 479.

S. Sehr groß. L. [in der Höhe] sitzt, n. r. gewendet, Helios.
nackt bis auf die Chlamys, im l. Arme ein Füllhorn, in der R. die
Fackel [Kopf fehlt; vor ihm steht mit gekreuzten Beinen (sehr zerstört,
Phaethon [Kopf und r. Bein fehlen, ebenso der r. Arm; die r. Hand legte er
an die l. Hand des Vaters]. In der Mitte stürzt Phaethon über
Kopf mit geschlossenen Augen, wie Zoega [richtig] bemerkt, vom

---

*) Von Matz liegt nur eine Bleistiftskizze vor.
**) Mit Unrecht hat Matz, *Berl. Ber.* 1871, 457, 159, den S. im Louvre für
den von Winckelmann a. a. O. publicirten gehalten. Die Coburger Zeichnung
dagegen, sowie eine andere bei A. W. Franks [120], bereits mit allen Ergänzungen, stellen den Pariser S. dar.]

Wagen herab. Von den vier Rossen haben sich die beiden äußeren vom Joche gelöst. Zu den Seiten galoppiren die Dioskuren. Hinter dem Pferde des Dioskuren zur L. ein kleiner Knabe im eiligen Laufe n. r. begriffen; der r. Arm ist weggebrochen; nach Zoega hielt er in den Händen eine Fackel [nicht mehr zu constatiren]. Ein zweiter stürzt gleichfalls köpflings r. von Phaethon herab: in der R. hält er eine kleine brennende Fackel. Den Phaethon nimmt Eridanos auf, gebildet in Gestalt eines unbärtigen halbnackten Jünglings, der n. l. gestreckt daliegt und den l. Ellbogen auf ein Wassergefäß legt; im l. Arme ruht ein Schilfstengel; [rechts] neben dem Wasser Spuren eines trinkenden Schwanes. L. von ihm steht Kyknos weinend, mit der R. die Flügel eines Schwanes zusammenfassend, und hinter ihm gleichfalls n. r. ein junger Mann in Chlamys, deren Zipfel er mit der L. fasst, während er die R. verwundert erhebt; zwischen seinen Füßen eine Schildkröte. L. davon die drei Heliaden; die erste stehend [das Gewand über den Kopf, die L. erhebend, die R. auf der Brust]; die zweite halb knieend und das l. Knie umfassend; die dritte, schon halb verwandelt, scheint aus dem Geäste eines Baumes hervorzuwachsen und stützt in tiefer Bekümmernis ihr Haupt; [hinter der zweiten erhebt sich auch schon ein Baum]. Unten, rechts vom Eridanos, lagern sich gegenüber zunächst n. r. eine weibliche Personification des Meeres (Zoega: Thetis; derselbe bemerkte über ihrer Stirn im Haar zwei Krebsscheeren) mit entblößtem Oberleibe, die R. auf ein jetzt nur noch in Fragmenten vorhandenes Ruder aufstützend, auf der L. einen Delphin; und Tellus, im l. Arme ein Füllhorn, in der R. Ähren und Mohn. R. neben ihr an der Erde ein Kind mit Früchten im Schoße; l. ein zweites und ein drittes, letzteres fasst sie liebkosend am Kinn. Über dem Füllhorn Reste eines vierten. Zwischen dem zweiten und dritten stehen aufrecht zwei Gestalten: l. ein bärtiger Mann mit reichem Haar (kein Kranz), in der L. das Scepter, die R. an den Bart legend. Auf der l. Schulter liegt der Zipfel eines Gewandes auf, das, neben der r. Hüfte vorgezogen, über den l. Arm geworfen ist. R. von ihm steht eine Frau im einfachen Chiton und segelartig über ihr sich wölbendem Tuche, die R. (Unterarm fehlt zur Hälfte) erhebend; [bemerkenswerth ist ihr bei Reconstruction der Originalcomposition zu verwerthender Parallelismus mit der ersten der Heliaden] Über diesem Tuche kommt ein Knabe im Himation zum Vorschein, in dessen l. Hand ein oben und unten gebrochener stabförmiger Gegenstand. Über Tellus sitzt ein junger Mann in vollkommener Ruhe, die Arme kreuzend, den Blick nach oben gerichtet. Über ihm Caelus [Jahn, *Süchs. Ber.* 1849, 65], und wieder über diesem ein jugendlicher Windgott, dem auf der anderen Ecke ein gleicher entspricht.

Nbss.: L. auf einem Zweigespann fährt Helios aufwärts mit Fackel, auf dem Haupte einen Kamm. Unten liegt [auf die Urne gestützt] eine dem Anschein nach männliche Gottheit, im Arme einen Schilfstengel. R.: Selene, in der Hand die Fackel, fährt mit einem Rindergespann über Tellus hinweg.

Auf dem Deckel des Sarkophages ruht ein Ehepaar, die Frau mit abbozzirtem Kopfe; letztere hält in der R. einen Kranz. [Der Oberkörper des Mannes ist ergänzt.] Auf dem Lager [r.] sitzt ein schlummernder Eros.

3316. V. Borghese. (Thorweg, der in den Privatgarten führt.)

[Dieser S. ist mit der vor. Nr. in der *Beschr. Roms* III, 3, 227 in schlimmer Weise zusammengeworfen. Wieseler, *Phaethon* 15, 3 und 16, 5, scheiterte an dieser Verwirrung. — Die Abweichungen von der vor. Nr. sind von Zoega in die Beschreibung des letzteren mit aufgenommen.]

S.-P. Mit der vorigen Nr. fast identisch; er war zerstörter, als jener: die Ergänzungen sind meist abgefallen. Abweichungen und andere Bemerkungen: Die Fackel des Helios ist [bis auf einen kleinen Rest oben] weggebrochen. Phaethon kreuzt auch hier die Beine und legt die R. an's Kinn. Die kleine r. von dem stürzenden Phaethon gebildete Figur ist bis auf die letzte Spur weggebrochen. Neben der Urne des Eridanos eine Ente. Auf der Hand der Meergottheit ist der Delphin völlig erhalten. Das Haar des sceptertragenden Mannes ist von einer Binde umgeben. Der Knabe über dem sich wölbenden Tuche der daneben stehenden Frau fehlt ganz. Zwei von den Kindern der Tellus sind weggebrochen.

3317. V. Pacca.

[Abgeb.: *Ann. dell' Ist.* 1869, Tav. F.

Vgl. *Bull. dell' Ist.* 1834, 131 (Campana); *Bull. dell' Ist.* 1867, 68 (Helbig); *Ann. a. a. O.* 130 (Wieseler); *Arch. Zeit.* 1870, 113 (Matz); Purgold, *Arch. Bemerkk. zu Claudian und Sidonius* 56; *Süchs. Ber.* 1878, 139 (Heydemann).]

S. Aus Ostia stammend. L. oben sitzt, den Rücken von einem Mantel bedeckt, Helios; er erhebt entsetzt die R. vor dem Begehren Phaethons, der, die R. erhebend [in Chlamys, die L. in die Seite gestützt, das r. Bein über das l. geschlagen], vor ihm steht. In der Ecke vom Throne des Helios nach unten die vier Horen: zuerst der Winter, ganz verhüllt; der Herbst, traubenbekränzt mit Fruchtkorb; der Sommer mit nacktem Oberkörper, den Kopf durch einen Hut geschützt; neben ihm ein Fruchtkorb, in der R. ein längliches, nicht deutlich ausgedrücktes Instrument (keine Sichel, [ein Zweig? merkwürdig ist, dass Matz *Arch. Zeit.* a. a. O. ausdrücklich eine Sichel bezeugt, im Widerspruch mit sich selbst und dem Original]: : der Frühling mit Pinienkranz: neben ihm ein Blumenkorb [vgl. *Ovid. Met.* II, 26 sq.). Die vier Sonnenrosse n. l. werden von eben so vielen Jünglingen am Zügel gehalten. Über ihren Köpfen [ebenfalls n. l.] der Rest einer bekleideten Figur [Kopf und Arme fehlen] mit über dem Haupte flatterndem Mantel, etwas nach vorn gebeugt: das Motiv ist auch am Originale durchaus unklar; [vor ihr wird die aufgerichtete Deichsel sichtbar].

Mittelgruppe: Phaethon stürzt kopfüber aus dem Wagen: die Pferde in Verwirrung. Zu den Seiten galoppiren die Dioskuren. An der Erde sitzt [links nach] r. die Schicksalsgöttin, die Rolle öffnend; r. davon Kyknos, auf einen Stab gestützt, vor ihm ein Schwan.

Dritte Scene: Oben r.. n. l. gewandt, sitzt wieder Helios, den Kopf betrübt in die Hand legend; offenbar wird ihm von dem jungen, das l. Bein aufstützenden Manne [vor ihm] die Nachricht von dem Unglück gebracht; [dieser hat im l. Arme etwas wie einen Zweig, aber kein Kerykeion, und die R. redend erhoben; die Stellung entspricht ganz der des Münchener sog. Iason]. Hinter ihm steht im doppelten Gewande, das Haar mit Fichten bekränzt, eine junge Frau. L. drei Heliaden in tiefer Betrübnis; die vordere umfasst, das Haupt beugend, ihr Knie mit beiden Händen. [Dies alles geht auf frei angegebenem Terrain [Wolken?] vor sich.] An der Erde lagern einander zugekehrt l. eine männliche jugendliche Wassergottheit, in der L. einen Baumstamm. Hinter ihr ein Drache [einfache Schlange, n. l. aufzüngelnd], den ich von ihr nicht trennen zu dürfen glaube; r. ein Anker. Weiter r. ein Jüngling, der die R. an den oberen Rand eines großen Rades legt, welches dem Sonnengott wie sonst der Mantel des Caelus zum Sitz zu dienen scheint; [die L. legt er an sein aufgestütztes Knie]. Der letztere von Helbig als Personification des Alpenüberganges, von Wieseler als Tellumo erklärt: [Matz erklärt auf eine Personification des Himmelsgewölbes. mit Hinweis auf das Erscheinen des Caelus an dieser Stelle auf einem S.-Fr. in Porto, s. *Arch. Zeit.* a. a. O. (später geschrieben, als vorstehendes].

3318. P. Camuccini.

s.-Fr. Ringsum gebrochen. Ein geschirrtes Pferd n. l., dem Anschein nach im Begriff, hintenaus zu schlagen, dahinter ein schräg aufrecht stehender Gegenstand, den man für die Deichsel halten

kann und ein [r.] Fuß, dessen Zehen nach oben gerichtet sind; der
Körper muss also kopfüber stürzen. Hinter und über dem ersten
Pferde scheinen noch die Spuren eines zweiten zu sein [ja!].

SCHLACHT.

3319. V. Panfili.

S.-P. Die starke Zerstörung dieses sehr figurenreichen Reliefs erlaubt eine
detaillirte Beschreibung, die auch kaum ein anschauliches Bild geben würde,
nicht. Ich hebe deshalb nur hervor, was bedeutend ist und sich zugleich mit
einiger Sicherheit erkennen lässt.

Zu den beiden Seiten der Composition stehen je zwei durch
ihre Größe ausgezeichnete Barbarenfiguren e. f. neben einander.
Die erste links war verloren gegangen und ist jetzt durch eine Figur aus Stuck
ergänzt. Erhalten ist die weibliche Figur r. daneben; sie ist bekleidet mit langem Chiton und Mantel, der über das r. Knie fällt.
Sie setzt den r. Fuß auf einen nicht mehr deutlich erkennbaren
Gegenstand, wahrscheinlich einen Helm. In den Armen ein Kind;
Kopf fehlt. In der entsprechenden Gruppe rechts erscheint zunächst
ein hohes Barbarenweib; Hosen und Gewand (unter dem Busen
durch einen Gürtel aufgenommen) scheinbar aus einem Stück; über
den Rücken fällt ein Mantel herab, der von der l. Hand vorgezogen und fest gehalten wird; im r. Arme ruht ein Köcher; sie blickt
n. r. Neben ihr ein Kind, das die r. Hand zu ihr emporstreckt.
R. von ihr ein bärtiger Barbar, das Kinn mit der r. Hand unterstützend. Der r. Ellbogen ruht auf der l. Hand; er trägt Hosen
und einen kurzen Chiton. Hinter beiden Paaren Tropäen, bestehend aus Kriegsmänteln, Speeren, Streitäxten und dergl., [die
zur L. sind aus Stuck ergänzt]. Im Hgr. zieht sich eine Mauer mit
Thürmen entlang, namentlich an der l. Seite ist ein großer Theil
sichtbar. Über ihr erscheinen Kämpfer im wildesten Getümmel.
Neben einem im r. Theile des Reliefs sichtbaren Thore stürzen zwei
Barbaren kopfüber. Ein Grieche scheint rittlings n. l. auf der Mauer
zu sitzen und einen sich sträubenden bekleideten bärtigen Mann,
der halben Leibes über der Mauer erscheint, herabwerfen zu wollen.
Unten Verwundete und Gefallene, niederstürzend und sich aufrich-

tend: aufspringende und niederstürzende Pferde in wilder Un-
ordnung.

In der Mitte der Feldherr auf einem n. r. sprengenden Rosse
(Kopf fehlt). Er trägt einen Panzer mit Pteryges und einen Kriegsmantel; das Knie ist bloß, doch scheinen die Beine geschützt gewesen zu sein, denn dicht unter demselben werden drei um das
Bein gelegte Ringe (Riemen?) sichtbar: [das Knie ist nicht bloß,
sondern das ganze Bein mit unter dem Knie zugebundenen Hosen
oder Gamaschen bekleidet, welche auch schuhartig den Fuß ein-
hüllen]. R. neben ihm e. f., die l. Brust entblößt, wird eine amazonenartige Figur sichtbar; die Bewegung der Beine und Arme ist
nicht mehr zu constatiren: [der r. Arm scheint kränzend über dem
Feldherrn erhoben gewesen zu sein: die Figur wäre somit als Virtus aufzufassen]. Der Körper erscheint durchaus ruhig. L. und r.
Kampfgetümmel. Über dem Feldherrn (?) sprengt noch ein Reiter,
behelmt und im Chiton, n. r.; [hinter ihm wird der Kopf eines
Tubabläsers sichtbar]. Über der Mauer erscheint noch ein Ross,
das sich n. l. hin bäumt, geritten von einem gleichfalls behelmten
Manne. Sehr zerstört; wie es scheint, sorgfältige und gute Arbeit.

3320. V. Panfili.

[Zeichnung: Windsor I, 3 (braun schraffirter Grund mit schwarzer weiß auf-
gehöhter Zeichnung).]

s.-p. Unter einem aus Schilden, Helm und Speeren bestehenden Tropaion sitzt, n. r. gewandt, ein Gallier mit auf den Rücken
gebundenen Händen. Ein nackter Gallier (vom Rücken gesehen)
ist von dem n. l. galoppirenden Pferde gestürzt; das r. Bein ist
noch über den Rücken des Thieres geschlagen, das l. schon unter
demselben, die Arme abgebrochen (er griff wie am capitolinischen S.
nach dem Zügel des Pferdes). Ein griechischer Reiter auf n. r.
sprengendem Ross scheint gegen die eben beschriebene Figur nach
unten einen Stoß zu führen; die Hand ist mit dem Instrumente,
das sie führte, verloren gegangen. R. von dem herabgestürzten
eine zerstörte Stelle [Reste eines gestürzten Kriegers erkennbar]:
über derselben ein griechischer Reiter auf einem mit einem Pantherfell gesattelten, n. r. sprengenden Rosse (stark verstümmelt), nach unten stoßend. Der Stoß ist gerichtet gegen einen Gallier, der, in
den mit einem Schilde bewehrten l. Arm gesunken, sich ein in die
Brust gedrungenes Eisen herauszuziehen bemüht ist. Der Blick
ist nach oben gerichtet [und der Mund schmerzlich geöffnet]. Er
trägt ein Gewandstück, das, um die Hüfte zusammengebunden, die

r. Seite völlig frei lässt. N. r. gewandt und zumeist vom Rücken sichtbar ein gallischer Krieger, mit gespreizten Beinen stehend; er blickt nach oben und holte mit der R. gewaltig aus (Arme sind gebrochen). Oben sprengt ein nackter gallischer Krieger, die L. weit zurückgeworfen. n. l. heran. Unten ist ein nackter gallischer Krieger mit Torques über sein n. r. in's r. Knie gestürztes Pferd hinweggefallen: der Kopf berührt den Nacken des Pferdes. Darüber ein griechischer Krieger, mit der L. den Zügel seines Pferdes fassend, mit der R. nach unten stoßend. Das Pferd ist mit einem Pantherfell bedeckt. Unten vorn ein griechischer Krieger n. r.: mit der R. ausholend, packt er mit der L. einen in's Knie gesunkenen Gallier an den Haaren; letzterer, durch die Torques gekennzeichnet, stützt sich mit der L. auf, während er mit der R. seinen Gegner abzuwehren sucht. Darüber ein griechischer Krieger, n. l. gewendet, stößt in die Trompete, die L. an den Hinterkopf gelegt. Den Schluß macht, entsprechend der Eckfigur links, ein unter einem Tropaion von gallischen Gewändern, Schilden, Speeren, das von einem Skalp (?) [wohl richtig] gekrönt wird,. gefesselt sitzender nackter Gallier. (Die griechischen Krieger tragen über dem kurzärmeligen Kriegsrocke anschließenden Panzer. Helme und Kriegsmäntel.) Vgl. den S. im Capitol: Righetti, *Mus. Cap.* II, 377.

Sehr abgerieben und zerfressen.

3321. Palatin.

S.-Fr. Vorderseite: An einem Tropaion sitzt, ganz zusammengesunken, eine [oberwärts] nackte männliche, nur mit einem Schurz um die Hüften bekleidete Figur; um das Gelenk der r. Hand ist eine Kette befestigt. Ein griechischer Krieger [vom Rücken gesehen] holt gewaltig n. r. aus; [unter ihm Reste eines gestürzten Pferdes, vor ihm Rest eines Streitwagens].

L. anstoßende Nbs.: Ein jugendlicher Krieger in gegürtetem Chiton, am l. Arme einen Schild mit geflügeltem Gorgonenhaupt, holt n. l. aus. Hinter ihm ist n. r. ein Pferd in's Knie gestürzt. Hinter dem ersten erscheint ein zweiter Krieger, gleichfalls kampfbereit [mit erhobenem Schwerte].

3322. V. Casali. ○

S.-Fr. Ein reitender Krieger, griechisch gerüstet, auf einem Pferde mit kurz geschorenem Nackenhaar. sprengt n. r.; in der L. hält er den Schild, mit der R. holt er aus. Auf ihn dringt ein ähnlich gerüsteter Krieger ein, der ebenfalls mit der R. ausholt.

Gute Erfindung und nicht üble Arbeit.

[3323. **Stud. Altini.**

s.-Fr. Ein Reiter in gegürteter Tunica sprengt n. r.; seine Züge sind jugendlich und porträthaft. Unter dem Pferde der Kopf eines Barbaren mit kurzem Barte und in lauter einzelgeflochtenen Locken vom Scheitel niederhängendem Haar.]

3324. Arch. Institut.

s.-Fr. Ringsum gebrochen. Hinter einem n. l. gestürzten nackten Krieger schreitet ein anderer n. r. Ein dritter hebt einen vierten verwundeten, völlig gerüsteten auf.

3325. Via de' Crociferi 44. ○ [Seit acht Jahren fort.]

s.-Fr. (vom oberen Theil): Ein bärtiger Krieger, mit auf der r. Schulter durch eine Spange befestigter Chlamys bekleidet, in der L. den Schild, holt mit dem Schwerte, das er in der R. hält, aus; er ist im Vorschreiten n. l. begriffen. R. davon: Ein bärtiger Krieger ohne Helm, wie der vorige, bekleidet mit Chlamys und einem Gewande, das von der Brust an die unteren Theile des Körpers zu bedecken scheint; die R. ist gesenkt, die L. fasst an's Schwert; er sieht n. l.

3326. Stud. Altini. ○

s.-Frr. I. Zwei Krieger vertheidigen sich n. r. oben, wo ein Pferdekopf sichtbar wird. — II. Zwei Krieger, n. r. auslegend. — III. Ein Krieger, n. l. hauend.

3327. P. Giustiniani.

[Abgeb.: *Gall. Giust.* II, 69.]

s.-Fr. Von diesem Relief ist nur ein viereckiger Ausschnitt antik. Der Bruch, der das Alte vom Neuen sondert, geht von oben senkrecht am Nacken des Pferdes herab, so dass von dem Manne, der es am Zügel hält, nur der l. Arm antik ist; vom Pferde bleiben nur Kopf und Hals [und Brust] übrig. Ein jüngerer Krieger kommt entgegen, gekleidet in eine gegürtete Tunica und einen auf der r. Schulter befestigten Mantel; er scheint das Thier anhalten zu wollen, indem er ihm die R. auf den Kopf, die L. vor die Brust legt. Er trägt einen Helm, der, nach Art der phrygischen Mütze gebogen, mit Schuppen bedeckt ist. Ein zweiter behelmter Krieger in einem exomisartigen gegürteten Chiton, ist n. r. gewandt; was er gethan, ist, da beide Arme bis zur Mitte des Oberarmes fehlen, nicht mehr zu bestimmen: den Kopf bedeckt ein Helm: das [unbärtige] Gesicht ist zerstört, doch scheint es männlich. so dass an eine Virtus nicht zu denken. [Mir doch das Wahrscheinlichste. Die beiden letztgenannten Figuren sind nur vom Ansatz der Schenkel aufwärts antik.]

3328. P. Giustiniani.

[Abgeb.: *Gall. Giust.* II, 70.]

S.-Fr. Nach l. hockt, das r. Bein aufstemmend. ein jugendlicher Krieger in leichtem kurzem Gewande; die L. legt er an einen Speer, [jedoch ist der ganze l. Arm mit dem Speer modern]: der Blick ist nach oben gerichtet. Ein gepanzerter und behelmter [jugendlicher] Krieger führt, sich umsehend, ein im Hgr. erscheinendes Pferd n. l. Ein zweiter, den Kopf senkend und in der R. eine Lanze, schreitet ruhig n. l. Von dem Schilde, den ihm die Abbildung in die Hand giebt, ist nichts mehr erhalten; [von diesem Krieger sind nur Kopf, r. Brust, Schulter und Arm antik, vom vorherigen beide Unterbeine neu]; doch ist hier ein großer Theil mit Stuck ergänzt. Daran schließt sich n. r. nach einem Stuckeinsatz ein nach Größe und Arbeit gewiss demselben Monument angehörendes Reliefstück. Ein Streitross mit Felldecke (nur der vordere Theil erhalten) wird von einem Manne in gegürtetem Chiton und Chlamys n. r. gezogen. Der Mann blickt sich n. l. um: in der L. hält er einen riesigen Helm. Zwei andere Pferde [mit Decken] schreiten n. r. Die Köpfe sind nicht erhalten.

Ziemlich flaches, grob gearbeitetes Relief. [Wohl Hinterseite eines S.'s.]

3329. P. Giustiniani.

[Abgeb.: *Gall. Giust.* II, 71.

Vgl. *Ann. dell' Ist.* 1831, 304 (Blackie).]

S.-Fr. Das Relief ist sehr hoch und an einer sehr dunklen Stelle eingemauert. Die Composition hat etwas Befremdendes und ist das Ganze trotz der zahlreichen Restaurationen nicht unverdächtig.

Es ist der Augenblick dargestellt, wo die feindlichen Heere aufeinander stoßen. L. die Römer, r. die Barbaren. Auf jener Seite bemerkt man vier Reiter, in einer Linie n. r. galoppirend. Auf dem ersten Ross sitzt ein vollkommen gerüsteter römischer Krieger: der Kopf und der erhobene r. Arm [sowie das r. Bein] sind ergänzt, [vom Pferde der Kopf, sowie ein Stück von den Vorderfüßen]. Nebenher schreitet zu Fuß, sich n. l. umschauend, ein nackter [bärtiger] Soldat mit lang herabfallender Chlamys, in der L. den Schild, den Helm auf dem Kopfe. Der Reiter des zweiten Rosses ist bärtig, wie ihn der Stich angiebt, doch erscheint nichts mehr als der Kopf [und theilweise die Brust mit der (ergänzten) r. Schulter]. Die übrigen Figuren in der Höhe im Hgr. scheinen mit dem Stich zu stimmen, doch sind sie in ganz flachem

Relief gearbeitet und im Einzelnen nicht erkennbar. Die beiden vorderen Rosse der Barbaren sind vor Schreck hingestürzt; das vordere wendet den Kopf n. r. zurück; Kopf und r. Unterarm, [sowie der l. Oberschenkel] des Reiters sind modern; ebenso bei dem zweiten, [dessen Schild auch größtentheils neu]. Von dem dritten, der nach hinten weit mit dem Schwerte ausholt, sind Kopf und der ganze r. Arm neu [bis auf ein kleines Stück am Oberarme, ferner alles, was von der Brust sichtbar wird, sowie die vordere Hälfte seines Pferdes, wie auch des seines Vorgängers mit dem ganzen Reliefgrunde]. Von den beiden oben r. im Hgr. erkennbaren Figuren wendet sich der eine n. r. zur Flucht [Vordertheil des Pferdes mit r. Arme neu]; der zweite, in ganz flachem Relief, schleudert eine Lanze n. l.; [dieser, wie die entsprechende letzte Figur links scheinen mir mit dem ganzen Grunde dazwischen modern. Von den Bläsern und Signiferi im Hgr. des Stiches habe auch ich nichts Sicheres erkennen können]. Zwischen beiden Heeren liegt, auf den Rücken gestürzt, ein gefallener Barbar, [modern mit dem ganzen Reliefgrunde].

3330. P. Giustiniani.

[Zeichnung der l. Hälfte: Windsor XVIII, 80 [schlecht. »Aracelia].

Abgeb.: *Gall. Giust.* II, 72.

Vgl. *Ann. dell' Ist.* 1831, 304 [Blackie].]

S.-Fr. [R. unvollständig]. L. stehen vor einem Tropaion, das übrigens viel einfacher gehalten ist, als die Zeichnung giebt, e. f. ein gefesselter Barbar und sein Weib: dieses mit einem Kinde an der Brust (der obere Theil des Kindes [und die Beine] ist Ergänzung]. Die Composition liegt in drei Reihen über einander. Zunächst unten l. neben dem Weibe ein römischer Krieger mit Helm, nackten Beinen und Stiefeln, gegen einen behosten Barbaren kämpfend; der r. Unterarm des ersteren sowie der Kopf und r. Unterarm des letzteren sind ergänzt; beider Schilde sehr zerstört und die Zeichen unkenntlich. Zwischen beiden ist ein Barbar kopfüber mit seinem Pferde gestürzt. Rechts von der beschriebenen Gruppe ist ein Barbar in's Knie gesunken und erhebt flehend den Blick und den r. Arm, [dieser modern]. Ein Krieger haut von oben auf ihn ein. Über dem beschriebenen Theile ein Reiter n. r. [Kopf und Hals [und beide Vorderbeine] des Pferdes, so wie der untere Theil des r. Armes mit dem Schwerte sind neu]; mir schien er statt des Helmes eine phrygische Mütze zu haben, was einen Barbaren andeuten würde; [der Kopf ist mit gerader Schnittfläche aufgesetzt, also von zweifelhaftem Alterthume]. Ein zweiter Krieger, wie es scheint Barbar, sprengt gleichfalls n. r. Oben in der Höhe zwei Köpfe von Barbaren und einer eines römischen Kriegers. Ein anderer Barbar, der n. r. auf einem Pferde sitzt, wendet, laut schreiend, den Blick

n. l. oben. — Das Stück, das sich r. an das Beschriebene anschließt, unterscheidet sich in Farbe und Arbeit wesentlich von dem vorhergehenden. Ist es antik, so gehört es jedenfalls nicht zu jenem. Auffallend ist schon der Reiter in gegürtetem Chiton und Chlamys, der auf seinem Rosse n. r. sprengt. Die Figuren im Hgr., von denen man wenig erkennt, sind in ganz flachem Relief gearbeitet, das auf dem vorher beschriebenen Theile nicht vorkommt. Unter dem Pferde des Reiters in der Mitte ein gestürztes Pferd und ein vom Rücken sichtbarer gefallener Barbar, der mit der L. den Medusenschild erhebt. Den noch übrigen Raum ausfüllend, ein n. r. gewandtes, lang bekleidetes und mit der phrygischen Mütze versehenes barbarisches Weib. [Die Ergänzungen sind theilweise wieder abgefallen.]

3331. P. Giustiniani.

[Abgeb.: *Gall. Giust.* II, 134.
Vgl. *Ann. dell' Ist.* 1831, 304 (Blackie und Gerhard).]

S.-P. An den Ecken hocken zwei halbnackte, klein gebildete Barbaren mit auf dem Rücken gefesselten Händen; über ihnen schweben zwei Victorien. Die Mitte des Reliefs nimmt der n. r. sprengende Feldherr ein. Ihm ist ein Kopf mit dem Porträt des Nero aufgesetzt, ebenso ist das Schwert in der R. mit der Hand selbst ergänzt, [fehlt jetzt ganz]. Unter dem Pferde ein auf den Rücken gefallener Krieger, der mit der L. den Schild erhebt; [derselbe ist rücklings n. l. vom hingestürzten Pferde gesunken: die R., am Boden liegend, erfasst ein Schwert (der r. Arm von Schulter bis Handgelenk ist ergänzt]. Rechts unterhalb ein Schild, angelehnt, wie sich aus dem Stich ergiebt, auf einen anderen zu unterst hingesunkenen Krieger; noch von einem anderen ebenfalls hingestürzten sichere Reste]. Auf den Reiter dringt ein nackter Krieger ein, den Schild erhebend, in der oberen Hälfte vom Rücken gesehen. Wir müssen in dieser Figur einen Barbaren erwarten; auffallend ist, dass der behelmte Kopf nicht aufgesetzt scheint; [die ganze untere Hälfte der Figur mit Ausnahme des r. Unterschenkels ist jedoch modern]. Weiter rechts stürzt ein nackter Barbar kopfüber (von hinten gesehen) vom Pferde herab; [alt sind von ihm nur der l. Oberschenkel und der r. Fuß]. Dem von diesem Barbaren gerittenen [durchgehenden] Pferde im Hgr. fällt von r. ein römischer Krieger in die Zügel. In der Höhe erscheint r. noch ein zweiter Barbar, sein sich bäumendes Pferd beruhigend; [sein Kopf ist antik, aber vielleicht nicht zugehörig.] Kehren wir zur Mittelfigur zurück; über derselben erscheint im Hgr. ein Trompeter. An der Erde sucht ein mit der L. den Schild erhebender nackter Barbar einen behelmten römischen gefallenen Krieger an sich heranzuziehen, wahrscheinlich um ihn der Waffen zu berauben. Ein zweiter, fast e. f., ist in's r. Knie gesunken und deckt sich nach hinten mit dem Schilde; sein Kopf ist zerstört. In der Höhe im Hgr. noch zwei römische Krieger, an einander vorbeisprengend: Kopf und r. Arm des zur L. sind neu. [Im Hgr. in ganz flacher Zeichnung noch ein Barbar auf bäumendem Ross.]

Schlechte Arbeit.

Gefangene, vor den Imperator geführt. Opfer.

[3332. P. Rondinini.

Abgeb.: Guattani, *Mon. ined.* 1786, Aprile, Tav. I (zu p. XXXII,.

S.-P. Gr. L. 0,79. L. unvollständig. Auf einem größtentheils ergänzten Throne sitzt n. l. ein Krieger in Schuhen, Panzer und Chlamys, namentlich in der Barttracht Marc Aurel vergleichbar. Die l. Hand liegt am Schwerte, die r. hat er huldvoll einem bärtigen Barbaren entgegengestreckt, der im Begriff ist, sich vor ihm niederzuwerfen: erinnert dieser durch seine »phrygische« Tracht, der auch die Mütze nicht fehlt, an die Asiaten, mit denen die Kaiser um Ende des zweiten Jahrhunderts kämpften, so möchte man in einem anderen Barbaren neben ihm, der ebenfalls im Begriff ist, sich zu beugen, einen Germanen erkennen; er ist nur mit einem kleinen Mantel bedeckt, hat struppiges Haar und eine Art Knebelbart. Hinter beiden wird von l. durch einen römischen Krieger in Panzer und Chlamys (Kopf fehlt) an der l. Hand ein Pferd mit griechischer Mähne, an der r. eine widerstrebende Frau, am Handgelenk gefasst, herbeigeführt; die Frau ist in ein gegürtetes Untergewand gekleidet, welches die r. Brust frei lässt, und über Schulter und Beine geschlagenen Mantel; ihr Kopf und gewiss auch der erhobene r. Arm sind ergänzt. Hinter dem sitzenden Feldherren steht ein ernst dreinschauender bärtiger Römer, im Hgr. zwei Zuschauer n. l., der erste vollbärtig, mit Helm und barbarischem Typus, vielleicht einer der Leibgarde, der zweite leichtbärtig. Ergänzt sind die Füße aller Figuren. Vgl. namentlich den S. im Belvedere: *Mus. P.-Cl.* V, 31.]

3333. P. Mattei.

[Abgeb.: *Mon. Matth.* III, 35, 1.]

S.-Fr. [Ganz l. Thorweg: dann] L. zwei Krieger im Panzer, mit Schild und Lanzen bewehrt; dann der Feldherr, sitzend auf

einer runden Erhöhung, die von Erde scheint, und mit einem befransten Teppich oder, wie es mir wahrscheinlicher ist, zwei befransten Lederpanzern bedeckt ist [ja]; er trägt einen Waffenrock
mit ganz kurzen Ärmeln und einen Kriegsmantel, in der L. hält
er den Feldherrnstab. Ihm nahen sich eine Frau (Oberleib nackt),
die ein Kind bittend vorführt; weiter im Hgr. ebenso ein Mann
mit phrygischer Mütze; ein zweiter, gleichfalls mit phrygischer
Mütze, wendet sich einem nackten e. p. stehenden Jünglinge zu,
der die R. erhebt; [derselbe hält in der R. einen Speer oder vielleicht eine Tropaionstange geschultert und trägt einen kurzärmeligen
panzerartigen Rock und jedenfalls darüber ein chlamysähnliches
Gewand, das l. Schulter und Arm freilässt]. Folgt ein anderer Gefangener mit vorn und hinten herabhängender Chlamys; die Arme
fehlen, doch sieht man aus Resten, dass sie auf den Rücken gebunden waren. Ein Krieger, der sich nach einem anderen, der n. r.
eilt, zurück wendet, hält den Strick.

Die nächste weibliche Figur gehört schon einem anderen Relief an.

3334. P. Mattei.

[Abgeb.: *Mon. Matth.* III, 35. 2.]
Beschr. von Zoega A. 396ᵉ, 55.

s.-Fr. Einem rechts u. l. sitzenden Imperator, hinter dessen
Stuhle ein Krieger mit der Lanze steht, werden gefangene Barbaren
zugeführt; vor ihm kniet ein bärtiger Mann in gegürteter Exomis;
über seinem Kopfe erscheint eine Frau mit gefesselten Händen (?).
Weiter l. zwei Soldaten, von denen der zur L. vollständig gerüstet
ist, der weiter zur R. einen viereckigen Schild trägt.

Die Arme der ersteren Figur fehlen nach Zoega [der zur L. scheint mir
ganz modern, und auch der hinter'm Stuhle ist mir verdächtig].

3335. P. Mattei.

[Abgeb.: *Mon. Matth.* III, 42, 1.]

s.-Fr. Von l. wird von einem Opferschlächter, in dessen l. Arme
ein Beil ruht, ein Stier herbeigeführt; links neben ihm ein kleiner Knabe, in ein Gewand gehüllt; (Kopf und r. Vorderarm [?] modern).
Im Hgr. ein bekränzter (weiblicher?) Kopf [männlich; jedoch wohl
modern]. Ein Krieger, in Panzer und umgeworfenem Mantel [neu:
Kopf, l. Arm und l. Bein größtentheils, sowie die r. Hand mit der Schale], libirt
n. l. in die Flamme des Altars, auf dem Früchte, darunter ein
Pinienzapfen, liegen. Im Hgr. ein Camillus, der in beiden Händen
vor sich eine Platte (?) [Acerra] hält: weiter [im Hgr.] ein bärtiger

Mann [e. f.], in Haar- und Barttracht an die Antonine erinnernd [Gesicht zur Hälfte neu]: über der l. Schulter des Popa kommt noch ein bekränzter Kopf zum Vorschein. Ein Theil der l. Seite des libirenden Kriegers ist neu. Die weiter nachfolgenden Figuren sind von Stuck gemacht.

3336. P. Mattei.

Abgeb.: *Mon. Matth.* III, 43, 1.

s.-Fr. Zwei mit dem Schurz umgürtete Opferdiener sind damit beschäftigt, den Nacken eines Stieres niederzubeugen; ein dritter im Hgr. holt zu dem Streiche aus. R. ein Altar mit lodernder Flamme.

Gut erhaltenes Relief, das sich jedoch durch die Ausführung [trotz mannigfacher Ergänzungen] als modern verräth.

3337. V. Mattei.

S.-Fr. Ringsum gebrochen. L. der obere Theil eines römischen Feldzeichens; oben sitzt ein Adler, auf einem Täflein darunter ein Clipeus mit dem Brustbilde des Zeus. R. davon ein Baumstamm mit herabhängenden Ketten, davor ein Barbar. Rechts oben ein Victoriaflügel.

THEBANISCHER SAGENKREIS.

3338. P. Mattei.

[Zeichnung bei Franks (68), flüchtige Feder z. um 1600.]

Abgeb.: *Mon. Matth.* III, 11, 1. 2; Raoul-Rochette, *Mon. inéd.* VII, 1 (nur die r. Hälfte).

Beschr. von Zoega A. 396 b, 50.

Vgl. [Zoega, *Bassir.* II, 12, 5; O. Jahn, *Arch. Beitr.* 112, 65, a; 417, 30; Overbeck, *Theb.-troisch. Heldenkr.* 52; *Ann. dell' Ist.* 1660, 375 (Petersen)]; Helbig, *Symb. phil. Bonn.* 369.

s.-P. Drei Eroten tragen zwei reiche Festons [gebildet aus theilweise aufplatzenden Feigen, Nüssen, Trauben, Quitten, Eicheln und Pinienzapfen]. In den beiden so entstehenden halbkreisförmigen Feldern sind zwei verschiedene mythologische Scenen gebildet, l. aus dem Oedipusmythos, r. aus der Sage von Polyphemos und Galateia.

I. Auf einem überhangenden Felsen sitzt die Sphinx [n. r.], das Gesicht dem Beschauer zukehrend, die l. Tatze erhebend: [auf die Schultern fallen Locken]; Zoega: »la testa moderna; ai suoi piedi vedonsi due teste di uomini sbranati«; [neu auch das r. Vorderbein, sowie das Gelenk am r. Hinterbein]. Vor ihr steht ein Jüngling, nackt bis auf ein Gewandstück, das ihm vom l. Arme herabhängt; der r. Unterarm ging, wie man aus den Resten sieht, nach oben mit einem seine Rede begleitenden Gestus; [der jetzt thöricht e. f. gekehrte Kopf modern]; hinter ihm steht ein zweiter junger Mann im gegürteten Chiton, im l. Arme zwei Speere; [zwischen beiden im Hgr. der Kopf eines ruhig stehenden Pferdes mit griechischer Mähne n. l., das von dem Begleiter wahrscheinlich mit der R. am Zügel gefasst wurde]; beider Köpfe sind nach Zoega neu, [der des letzteren mit Schulter und r. Arme, soweit derselbe sichtbar wird].

II. Rechts sitzt, n. l. gewandt, Polyphemos (Kopf nach Zoega neu [ja!]), nackt bis auf ein Chlamys[artig umgenommenes Fell, dessen Zipfel über den r. Schenkel niederfällt, während er den Bausch] mit der l. Hand unterstützt: in dem Bausche glaubt Helbig rundliche Gegenstände, wahrscheinlich Früchte, bemerkt zu haben, [scheint mir vielmehr thierartig: wohl andere junge Lämmer]; mit der R. hält er einen Widder [keine Hörner! kann ebensogut ein Schaf oder Lamm sein] der Galateia (Zoega: »testa moderna«) als Geschenk hin, die [ein streifenartiges Gewand um l. Schulter und Oberschenkel], bequem auf einem Delphin gelagert, den r. Arm über das Haupt legend, an ihm vorbei treibt. Unter dem Sitze des Kyklopen befindet sich ein Schaf, zwischen seinen Beinen liegt ein Lagobolon. Oberhalb des Kopfes der Galateia sitzt, bequem [n. l.] gelagert, eine nackte jugendliche [männliche] Lokalgottheit, die mit der R. in den Zweig eines Baumes fasst, [mit der L. sich auf eine ausfließende Urne stützt]; Zoega: »testa rifatta«. [Sehr viel ist modern von den tragenden Eroten, so der zur R. fast ganz, von dem zur L. Beine, r. Arm und Kopf.]

3339. V. Panfili.

[Zeichnung bei Franks (265), um 1600.

Abgeb.: Raoul-Rochette, *Mon. inéd.* LXVII, A = Overbeck, *Theb.-troisch. Heldenkreis*, Taf. VI, 9.]

Beschr. von Zoega A. 268.

[Vgl. Winckelmann, *Werke* IV, 150; Welcker, *Ann. dell' Ist.* 1844, 169 = *A. D.* II, 176; Overbeck a. a. O. 148; Petersen, *Ann. dell' Ist.* 1860, 368; *Arch. Zeit.* 1861, 195; Stephani, *C. R.* 1863, 187, 1.]

S.-P. Von der ersten Figur links ist nur ein Theil der oben

mit der Chlamys bedeckten Brust erhalten: die L. war mit dem
Schilde bewehrt, von dem neben der l. Schulter noch ein Stückchen
sichtbar ist. Folgt n. r. ein großes Fragment eines jugendlichen,
lebhaft n. r. schreitenden Kriegers mit Chlamys; der r. Arm ist an
der Schulter abgebrochen, der l. hält einen Schild; der Blick ist entschieden nach oben gerichtet, der Kopf mit einem Helme bedeckt.
Unten kniet ein hässliches altes halbnacktes Weib, das r. Bein aufstützend; um den unteren Theil des Körpers ist ein Gewandstück
geschlungen, das Gesicht ist zerstört (Zoega: »testa gettata indietro«):
die ursprünglich vorgestreckten Arme sind im Ellbogen abgebrochen
(Zoega: »le mani occupate a spiegare il suo peplo«). Ein bärtiger,
mit einem die r. Brust unbedeckt lassenden Pallium bekleideter
Mann »gli occhi chiusi, la bocca aperta«) im Hgr. senkt das Haupt
n. l. und legt die r. Hand an's Kinn. Eine weibliche bekleidete
Gestalt, n. l. oben blickend, legt ihre r. Hand auf die r. Schulter
eines jungen Mannes in Chlamys, der, n. r. zurückblickend, sich
n. l. zu wenden scheint: in der R. trägt er ein bloßes Schwert,
in der L. einen Schild: die Beine waren ergänzt. — Nach r. steigt mit
gewaltigen Schritten Kapaneus [Zoega, *Bassir.* I, 223] eine Leiter
hinauf; in der L. hält er den Schild, die r. Hand und das r. Bein sind
ergänzt, [hielt jedoch sicher das Schwert, dessen Scheide an seiner
l. Seite sichtbar wird]. Der Blick des mit dem Helme bedeckten
Hauptes ist nach oben gerichtet. — Amphiaraos in voller Rüstung
mit Helm fährt vorübergebeugt auf einem Zweigespann n. r.: die
unter den Rossen befindliche weibliche Figur mit bloßer Brust ragt
nach Zoega aus einer Felsspalte hervor. Auf einer Erhöhung im
Hgr. (Felsen?) liegen die Leichname (?) dreier gerüsteter Krieger.
Über die Natur der Erhöhung lässt sich aus dem Relief nichts
Sicheres entnehmen: mehrere unregelmäßige Einschnitte scheinen
Felsen anzudeuten; unter dem oberen wagerechten Rande ist eine
einfache Hohlkehle gebildet, um den Pferden des Wagens Relief
zu geben. — Folgt der Brudermord: der eine, ein nackter Jüngling, ist in's l. Knie gesunken, die L. erhebend, (die R. mit dem
Reste des Dolches ist neu); der andere durchbohrt ihn, rasch herantretend, von oben in der Gegend des Schlüsselbeines mit dem Schwerte:
er trägt die Chlamys und an der l. Seite die Schwertscheide (Kopf
und l. Arm modern). — Folgen zwei schlafende gerüstete Krieger neben
einander; endlich Antigone, die mit Hülfe der Argia (?) den nackten Leichnam des Bruders forträgt; die Köpfe der Frauen und der rechts
schlaff herabhängende Kopf des Leichnams sind modern.

Von den Restaurationen sind manche wieder abgefallen.

3340. V. Wolkonsky.

s.-Fr. II. etwa 0,30. Ein altes Weib kniet mit dem r. Knie auf der Erde und stemmt das l. Bein, welches durch das den Unterleib verhüllende Gewandstück nicht mit verdeckt wird, auf. Die Brüste hängen schlaff herab, der Kopf fehlt; über die Schultern fällt das lange Haar. Von den Armen (nur die Oberarme erhalten) war der l. erhoben, der r. gesenkt. Die Figur entspricht im Allgemeinen der Eriphyle auf der vor. Nr. und wird von einem ähnlichen S. herstammen.

TROISCHER SAGENKREIS.

Parisurtheil.

3341. V. Medici.

[Zeichnungen: Cod. Cob. 491, 199; Cod. Pigh. 223, 203 [abgeb.: Beger, *Spicil.* 131. 135; *Sächs. Ber.* 1849, Taf. IV = *Wiener Vorlegebl.* Ser. A, XI, 3); Windsor VIII, 22; bei Franks geistreiche Federzeichnung des Cinquecento, rechts unvollständig; ferner eine sorgfältige Federzeichnung (mit den Ergänzungen), wohl des 17. Jahrhunderts.

Einzelstich (ohne Ergänzungen, der Zeichnung des Cod. Cob. entsprechend, aber klein und verkehrt herum): *Bibl. Corsin.* anon. saec. XVI (46, 3), fol. 102; ein anderer in Pest, und ein Stich Bonasone's, erwähnt von v. Pulszky, *Beitr. zu Raphael's Stud. der Antik.* 24; vgl. Thode, *Die Antiken in den Stichen Marcanton's u. s. w.* 25.

Vgl. Welcker, *Alte Denkmäler* V, 422, 80; O. Jahn, *Sächs. Ber.* a. a. O. 55; Overbeck, *Theb.-troisch. Heldenkreis* 241, 71; Michaelis, *Arch. Zeit.* 1867 (66 ⚊) 82.]

Beschr. von Zoega A. 382, 39 [abgedruckt von O. Jahn a. a. O.]

S.-P. Zwei nackte, durch einige Gewandmotive unten leicht verhüllte weibliche Gestalten (Bergnymphen) stehen e. f., sich mit den Leibern zu einander neigend, an einen Felsen gelehnt; [die zur L. hatte nach C. ihre l. Hand um den Nacken der zur R. gelegt]; Arme, Köpfe und Stücke der Beine fehlen; zwischen ihnen ein liegendes Thier, vielleicht ein Schaf [? sieht auf C. mehr wie ein Rind aus]. Auf einem Felsblock sitzt n. r. gewandt Paris; bekleidet mit Chiton und übergeschlagenem Mantel, Hosen und phrygischer Mütze, den l. Ellbogen (der r. ist im Oberarm gebrochen) auf einen Krückstock gestützt [vielmehr ruhte die r. Hand auf demselben (und zwar auf

dem unteren Ende, da das gekrümmte obere am Boden sichtbar
wird), während der l. Ellbogen auf den Fels neben ihm gesetzt und
die Hand an das Gesicht gelehnt war], blickt er ein wenig in die
Höhe. Vor ihm, völlig bekleidet mit gegürtetem Chiton und bogenförmig hinter dem Rücken flatterndem Obergewande, steht Aphrodite (Kopf und Arme fehlen]. [den Zipfel des Obergewandes führte sie
mit der L. vor den Schoß]: ein kleiner, auf Paris zuschreitender
Eros (Extremitäten sehr zerstört) scheint sie auf diesen zuzuführen: [ein
anderer scheint jetzt weggebrochen zu sein und sie von hinten geschoben zu
haben]. L. von ihr im Hgr., etwas kleiner, erscheint Hermes, das
r. Bein aufgestemmt; im r. Arme ruht das Kerykeion [Kopf und Hals
fehlt]. L. über Hermes erscheint Hera (Kopf modern, Arme fehlen; von
einem Schilde, wie bei [C. und] Pighius angedeutet scheint, sehe
ich nichts: [doch ruhte im l. Arm ein Scepter]. Über Aphrodite
erscheint halben Leibes Athena mit Helm und Schild. Von hinten
auf Aphrodite zufliegend die jetzt sehr schwer zu erkennende Nike,
die wohl als sie krönend gedacht ist. Über Paris und den Bergnymphen eine Heerde von Rindern und Schafen.

R. die Rückkehr der Göttinnen in den Olymp. Vorn strebt
aufwärts Aphrodite, mit langem gegürtetem Chiton bekleidet, den
Kopf in die Höhe gerichtet; (Arme gebrochen); [dieselben waren, wie
es nach C. und P. scheint, ausgebreitet, der l. mehr nach rückwärts, der r. mehr nach vorn]. Darauf Hera (jetzt sehr zerstört); über
dieser hervorragend Athena, behelmt. Den Göttinnen [und zwar
deutlich der Aphrodite] voran fliegt Nike, im gegürteten, geschürzten und geschlitzten Chiton, in der L. die Palme. In einer Reihe
mit Athena, doch in kleineren Figuren: l. von dieser Helios [mit
Strahlenkranz], einen Mantel ähnlich wie ein Segel über sich haltend, auf einer Quadriga. Vor der Göttin (d. h. rechts von ihr:
der Zug bewegt sich auf den thronenden Zeus zu) reiten die beiden
Dioskuren und schwebt Hermes e. f. mit Flügelhut und Kerykeion.
Unter dem Throne des Zeus erscheint der bärtige Caelus [die Vorstellungen dieses Sarkophages erscheinen mir trotz Jahn's zweifeln-
dem Ausdruck (S. 66) so rein griechisch, dass ich ruhig Uranos
sagen würde], seinen Mantel als Himmelsgewölbe über sich span-
nend. Zeus selbst (der Kopf fehlt jetzt) ist unten bekleidet: der auf
dem Schoße ruhende Donnerkeil, den er mit der R. zu halten
scheint, ist sehr deutlich; r. neben ihm der Adler. N. r. gewandt
wird halben Leibes eine weibliche Figur in exomisartiger Tracht
(Kopf fehlt) sichtbar: der Mantel flattert über ihrem Haupte: sie
beugt sich stark nach vorn und ist wohl in ihr die dem Helios

entsprechende Selene zu erkennen: [ich nenne sie Nyx; denn Selene
ist eine (von M. ausgelassene) Figur, deren oberer Theil in kleiner
Gestalt zwischen Zeus und der eben beschriebenen niedergehenden
Gestalt e. f. sichtbar wird, charakterisirt durch die Mondsichel über
der Stirn und das über den Hinterkopf genommene Gewand: so
folgt der Nyx die Selene im Niedersteigen n. r., während die von
l. heransprengenden Dioskuren das Emporkommen des Helios vor-
herverkünden]. Unter dieser Götterversammlung auf der Erde ruhen
mehrere Lokaldämonen. L. unten [sitzt] auf dem Boden eine weibliche [halb vom Rücken gesehene] Gestalt mit langem Haar, n. r.
gewandt, die r. Hand auf die Erde gestützt, die l. erhoben: sie
trägt ein Gewand, welches die r. Brust und Rücken bloß lässt.
Weiter, gleichfalls n. r., ein bärtiger Flussgott mit Ruder in der
L. [mit dem r. Ellbogen in ihren Schoß gestützt]; der Unterkörper
desselben wird verdeckt durch einen, umgekehrt, n. l. lagernden
zweiten halbnackten Wassergott von noch mächtigeren Formen, der
sich auf den l. Ellbogen stützt (Kopf und r. Arm fehlen). In der Ecke
r. sitzt auf einem erhöhten [Fels]sitz, völlig bekleidet (Kopf, r. Hand
und l. Arm fehlen), eine weibliche Gestalt; neben ihr ein liegendes
Rind. [Zwischen den beiden letztbeschriebenen Figuren war nach
C. und P. noch eine, schon damals bis auf ein Stück der Beine
völlig zerstörte, kleine nackte männliche Gestalt, auf höherem
Niveau im Vorschreiten nach vorn begriffen.

In der Mitte zwischen beiden Scenen steht eine nackte jugendliche männliche Gestalt, an beiden unbetheiligt, e. f. im Vorschreiten mit r. Standbein, Wehrgehenk und in der hoch erhobenen L.
einen Schild, die R. niedergehend (Hand modern), auf der l. Schulter
etwas Gewand aufliegend (Kopf fehlt). Zoega betrachtete den Namen
Ares für die Gestalt als selbstverständlich, ohne die Benennung
inhaltlich zu motiviren, ebenso Welcker; Jahn verzichtete auf eine
Deutung, Gerhard nahm Ares wieder auf, erklärte dessen Bedeutung in der Scene aber in unmöglicher Weise (*Arch. Zeit.* 1849, 69),
Michaelis dachte an den heroisirten Verstorbenen; mir scheint Ares
die formell naheliegendste Deutung; ich halte sie fest, und möchte
das Erscheinen des Ares analog der vorbedeutenden Erscheinung
der Eris auf den Vasen in Karlsruhe und Petersburg erklären.

Von einem S., auf dem die Rückkehr der Göttinnen in den Olymp in ähnlicher Weise vorgestellt war, und auch die Mittelfigur des Ares nicht fehlt,
stammt, wie ich glaube, das lateranische Fragment Nr. 230.

3342. V. Panfili.

[Zeichnungen: Cod. Cob. 491, 200 (vgl. Mats dazu S. 446); Windsor XVIII, 18
flüchtig. Anfang des 17. Jahrh. Benutzung durch Raffael wahrscheinlich gemacht durch Jahn, *Süchs. Ber.* 1849, 68; vgl. Thode, *Die Antiken in den Stichen
Marcanton's u. s. w.* 34, 42—44; 43.]

Abgeb.: Raoul-Rochette, *Mon. inéd.* I., 1; *Mon. dell' Ist.* III, Tav. 3; *Annali*
1839, *Tav. d'agg.* H [= Overbeck, *Theb.-troisch. Heldenkr.*, Taf XI, 5.]

Beschr. von Zoega A. 241 [vgl. Welcker, *Rh. Mus.* III, 596].

[Vgl. Welcker, *A. D.* V, 421; Overbeck a. a. O. 240, 70; Bernoulli, *Aphrodite*
402; 405, 2.]

S.-P. I. Eine weibliche jugendliche Gestalt e. f., deren über
die l. Schulter geworfenes Gewand den ganzen Rumpf bloß lässt,
lehnt sich mit dem l. Ellbogen auf ein Postament; l. von ihr an
der Erde steht eine Urne. Auf eine andere größere Urne legt die
zweite, sitzende, gleichfalls nackte, nur um die Hüften mit einem
Gewandstücke bekleidete Figur die l. Hand: sie wendet dem Beschauer den Rücken zu. Im Hgr. in der Höhe auf einem Felsen
ein Schaf und eine Ziege (C.: Kuh). Eine dritte e. f. stützt sich
mit der r. Hand gleichfalls auf ein Wassergefäß. Ihr Gewand fällt,
an der r. Hüfte nach vorn gezogen, nachlässig über den r. Schenkel, der l. Arm war, nach Ausweis von C., seitwärts gestreckt [noch
auf dem Orig. zu sehen]. Sie macht ihre beiden Gefährtinnen auf die
r. vor sich gehende Scene aufmerksam. Nach C. sind alle drei mit
Schilf bekränzt; [ebenso wachsen Schilfpflanzen verschiedentlich aus
dem Boden. — Jahn, *Arch. Beitr.* 64, 39 und *Süchs. Ber.* 1849, 60,
nennt sie Nymphen].

II. Paris, den Oberleib entblößt, sitzt nachlässig auf einem
Stein; über die Schenkel fällt das vom Rücken herabkommende
Gewandstück; der r. Ellbogen ruht hinten auf einem Fels(?)stück;
der Oberarm ist jetzt abgebrochen; [beide Vorderarme fehlen auf C. zur Hälfte;
vor dem Fels sitzt ein Hund n. r.]; im Grunde oben zwei Kühe.
Paris gegenüber steht zunächst [Hermes, das r. Bein hochaufge-
setzt, den Ellbogen auf dem Knie und mit der Hand seine Rede
zu Paris begleitend; im l. Arme ruht das Kerykeion; dann] Aphrodite, ganz nackt; über ihrem Rücken wölbt sich bogenförmig das
Gewand, der Blick ist n. r. gewendet; in der L. hält sie einen
Stab. Ein Eros, auf sie zueilend, hebt den r. Arm [nach C. beide
Arme] zu ihr empor [nach Jahn *Süchs. Ber.* 1849, 59], um Paris
auf ihre Schönheit aufmerksam zu machen]; r. neben ihr Reste
eines zweiten. Hera, völlig bekleidet im Doppelchiton, ist in [leb-
haftem] Vorwärtsschreiten begriffen; ihr Kopf ist zerstört [das Obergewand zieht sich über ihn]. Ruhig steht die gleichfalls ganz

bekleidete, mit Ägis und Helm gerüstete Pallas da (n. l.): den
r. Arm stützt sie auf die Lanze. Unten ruht, den Unterkörper mit
einem Gewande bedeckt, [die ährenbekränzte] Ge, in den Händen
ein großes Füllhorn haltend: so nach C.; auch jetzt ist wenigstens noch
erkennbar, dass ihr in der Institutspublication ganz mit Unrecht ein Bart gegeben ist. In der Höhe sitzen drei kleine Figuren [irrig Jahn, *Arch.*
Beitr. 63, 35]: in der Mitte Zeus [n. l.]; ihm gegenüber eine weibliche 'jedenfalls unbärtige' Gestalt, die ganz in ihren Mantel gehüllt ist und in ihrer Stellung an die Polyhymnia in Statuen und
Reliefs erinnert. Die bei Raoul-Rochette im Rücken des Zeus erscheinende, unten bekleidete, die Hände auf den Rücken legende
Figur, welche, das r. Bein hoch aufstemmend, n. l. gewendet ist,
muss man von unten für antik halten [ist auch auf C.].

3343. Palestrina. (Giardino Barberini.) ○

S.-Fr. Ursprünglich mindestens zwei durch einen Pfeiler getrennte Scenen,
von denen nur der obere Theil derjenigen zur L. erhalten. L. erscheint Paris,
n. r. gewandt, im kurzärmeligen Chiton mit phrygischer Mütze: der
l. Arm (vorn gebrochen) war vorgestreckt. Beine fehlen. Ihm gegenüber eine Gruppe von drei Figuren: von der Athena ist nur der
behelmte Kopf erhalten; er ragt hervor über der r. Schulter der
Hera, deren Hinterhaupt verschleiert ist (Gesicht zerstört); im l. Arme
ruhte ein Scepter. R. von derselben der obere Theil der Figur
einer Nike mit großen Flügeln (der Kopf zerstört). Von der Aphrodite hat
sich keine Spur erhalten. Dagegen erscheint zwischen Paris und der
Gruppe der Göttinnen ein nackter Berggott, von r. n. l. gelagert,
auf einem Löwenfell. Den Kopf bedeckt eine Mütze, die R. legt
er an's Hinterhaupt, der Blick geht n. r.

An dem Pfeiler r. ist noch das Figürchen eines Eros, mit dem
er verziert war, erhalten. — R. von ihm erscheint noch das Fragment der Figur einer Athena mit Helm und Gorgoneion. Sie ist
n. r. gewandt.

Das Relief ist stark verstümmelt und abgerieben; die Arbeit war recht gut.

Achilleus' Festigung?

3344. P. Castellani.

S.-Nbs.? R. und unten gebrochen. Eine Frau in ärmellosem Chiton
und Mantel ist gebildet als stürze sie vorn über, [oder stütze sich
ruhig abwartend mit dem l. Ellbogen auf]. Die L. legt sie an die
Stirn, mit der R. hat sie das Bein eines Kindes gepackt, das, mit
dem Kopfe (Oberleib zerstört) nach unten hängend, mit dem l. Beine

in der Luft zappelt. [Achill. der in den Styx getaucht wird vgl.
Mus. Capit. IV, 17 und Stephani's Zusammenstellungen *C. R.* 1559,
76, 3], oder Melikertes? [letzteres mir völlig unwahrscheinlich].
[L. oben ist ein unkenntlicher Rest, vielleicht von einem Baume.]

Achilleus auf Skyros.
3345. V. Panfili.

[Abgeb.: Raoul-Rochette, *Mon. inéd.* pl. 12 = Inghirami. *Gall. om.* II, 180.
Beschr. von Zoega A. 240.
Vgl. Winckelmann, *Werke* IV, 106; Zoega in Welcker's *Zeitschrift f. G. u. A.
d. a. K.* 424, 3; O. Jahn, *Arch. Beitr.* 353, 6, 1); Overbeck, *Theb.-troisch. Heldenkr.* 259, 6.]

s.-p. Ein Mädchen im gegürteten und geschlitzten Chiton geht
n. l. ab, indem sie sich n. r. umsieht; eine zweite im langen Chiton, vom Rücken gesehen, eilt gleichfalls, den Kopf nach der Mitte
wendend. n. l.; ihr über beide Arme liegender Mantel hängt bogenförmig über den Rücken. Die dritte, gleichfalls im langen gegürteten Chiton, hält mit der R. den hinter ihr flatternden Schleier:
in der L. ruht die Lyra; der Blick ist nicht gesenkt, sondern zur
Mittelgruppe gewendet und etwas erhoben; die vierte, gleichfalls
mit flatternden Gewändern, fällt, n. r. eilend, dem Achilleus in
den Arm, der das l. Bein hoch aufstemmt; das r. wird bei der Bewegung des Gewandes völlig entblößt; ihre Blicke begegnen sich.
(Zoega: »Achille imbraccia colla s. lo scudo«). Im Hgr. zwischen
beiden der gleichfalls n. r. gewandte Kopf eines Mädchens (?): unten ein großer Helm. R. davon ein knieendes, den r. Arm er-
hebendes Knäbchen. Ein Mädchen, mit einem Gewande bekleidet.
das die l. Schulter bloß lässt, kniet n. l., den Blick n. oben gewendet, [die R. erhoben, die L. auf den Kopf des Knäbchens
gelegt]. Eilend kommt von r. eine andere, den Kopf zurückwendend, die Arme wahrscheinlich n. l. vorstreckend (sie sind gebrochen
[das Gewand hoch über sich gebauscht]. In dem auf der Tafel
Raoul-Rochette's leergelassenen Raume flattert ein kleiner Eros n. r.
[auf Deidameia zu]. Vom Hgr. eilt Odysseus herbei, bärtig, in
Exomis und Stiefeln; die Schiffermütze ist kaum noch erkennbar.
in der L. hielt er einen stabartigen Gegenstand [Speer]. Weiter r.
kommt eine Figur in eng anschließendem Panzer zum Vorschein:
die L. legt sie an den erhobenen Hinterkopf: offenbar ist es der
Trompeter Agyrtes. Die letzte antike von r. vordringende Figur
(die weit lebhafterer Bewegung ist, als man aus R.-Rochette's Zeichnung abnehmen kann] ist anscheinend ganz nackt [über den l. Arm

hängt ein Stück Chlamys nieder: vielleicht dort auch ein Schild]: quer über die Brust hängt das Schwertband: sie ist die R. an den Knauf des Schwertes legend gedacht.

Sehr mit dunklem Moose überwachsen, und im Einzelnen schwer zu erkennen. Die Köpfe sind völlig zerstoßen, doch ist ihre Richtung noch zu erkennen.

3346. V. Giustiniani. ○

Beschr. von Zoega A. 296 (kurz).

[Vgl. Zoega in Welcker's *Zeitschr. f. G. u. A. d. a. K.* 424, 4.

S.-Fr. Die Hauptfigur Achilleus im gegürteten ärmellosen Chiton eilt, den Kopf umwendend, n. r.; der l. Arm war wohl gesenkt; von der Mitte des Oberarmes ist er neu; mit der L. erhebt er den Schild, von dem noch ein Theil sichtbar. An dem sich über ihm wölbenden Mantel hängt ein Eros. R. von Achilleus eine weibliche gleich gekleidete Figur; in die r. gesenkte Hand hatte ihr eine frühere Ergänzung ein Ährenbündel gegeben; die brennende Fackel, die sie jetzt hält, gehört einer ganz modernen Restauration an. Der l. Arm ist vor die Brust gebogen, die Hand ist modern. Von dem Mädchen (Deidamcia), das sich Achilleus von l. naht und die L. auf seine Schulter legt, ist der l. Unterarm modern. Ein drittes Mädchen, noch mehr zur R., schreitet vom Hgr. vor; mit der L. fasst sie den Zipfel ihres Obergewandes, die R. legt sie an den Oberarm der vorigen, der Blick ist entschieden n. l. gewendet. Völlig der beschriebenen Scene abgewendet steht das vierte Mädchen, deren Blick n. l. etwas erhoben ist. Ein nicht unbeträchtliches Stück der ganzen unteren Hälfte des Reliefs ist übrigens modern; von der zuletzt beschriebenen Figur sind nur Kopf und Brust antik; modern sind von den beiden vorhergehenden noch die Unterbeine, vom Achilleus der ganze l. Schenkel und von der letzten Figur in der r. Ecke auch der ganze Unterleib vom Nabel an.

Das Relief gehörte einem sehr großen Sarkophage an, der dem Achilleussarkophag im Capitol in der Ausführung nicht viel nachgab.

3347. V. Carpegna.

Beschr. von Zoega A. 410ᵈ.

[Vgl. Zoega in Welcker's *Zeitschrift f. G. u. A. d. a. K.* 425, 5; O. Jahn. *Arch. Beitr.* 353, 6, E; Overbeck, *Theb.-troisch. Heldenkr.* 289, 7.]

S.-P. L. und r. unvollständig. In der Mitte Achilleus in Mädchenkleidern; das r. entblößte Bein n. l. setzend, den (ergänzten) Kopf n. r. [oben] wendend, am l. erhobenen Arme den Schild [r. Hand fehlt]. L. neben ihm auf einer Art von Schemel der Helm. R. von ihm ist Deidameia n. l. in's Knie gestürzt; sie sucht ihn zu umfassen mit dem r. Arme und macht mit der L. [die sie vor

die Brust legt und öffnet; n. r.. wohin auch sie blickt, eine ab-
wehrende Bewegung (Zoega: la sua testa è la parte più bella e
meglio eseguita in questa scultura); [der Kopf ist mit verschämt
traurigem Ausdruck n. r. gesenkt]. Der Krieger mit dem Schild, der von
r. kommt, ist völlig modern. L. von der Mittelgruppe drei erschreckte
Mädchen: zunächst Achilleus eilt die erste [im Hgr.] rückblickend
n. l.; eine zweite eilt auf ihn zu, eine dritte in derselben Richtung, wie die erste; der Kopf und der obere Theil des über ihr flatternden
Gewandes sind neu, ebenso der Kopf der vorletzten. Gute Arbeit.

3348. P. Mattei.

Beschr. von Zoega A. 391, 36.

S.-Fr. Der obere Theil einer Jünglingsfigur, die mit der L.
einen Schild erhebt und n. r. oben blickt, ist erhalten. Über den
Schildrand neigt sich von oben ein weiblicher Kopf (ebenso Zoega).
Achilleus auf Skyros? [Die Deutung ist gesichert durch den niedergleitenden weiblichen Chiton. L. noch ein Stück vom Helme
eines der griechischen Krieger].

Waffenstreit?
3349. P. Camuccini.

S.-Fr. An der Erde liegt ein leerer Harnisch mit Pteryges und
Lederstreifen. Auf der Brust das Gorgoneion; l. und r. sind noch
zwei [sich entgegengesetzte] menschliche Füße sichtbar; [der zur R.
muss über den Panzer weggetreten sein. Von Matz sehr zögernd
auf den Waffenstreit bezogen].

3350. P. Rondinini.

S.-Fr. An beiden Seiten gebrochen. Die Hauptfigur ist ein junger
Phryger, der, in gegürtetem Ärmelchiton mit der Mütze auf dem
Kopfe, etwas vorgebeugt n. l. schreitet; in der r. Hand hält er
einen jetzt sehr zerstörten kleinen länglichen Gegenstand. Er nähert
sich einem Geräth, das wie ein hoher auf vier Füßen gestützter
Block erscheint, in den oben ein Kessel eingelassen ist, der vorn
einen breiten Einschnitt zeigt: wahrscheinlich ein Loostopf. Neben
diesem, wie um zu überwachen, dass Alles mit rechten Dingen zu-
gehe, steht ein unbärtiger behelmter Krieger in gegürtetem Chiton
[mit langen Ärmeln, und Hosen], in der R. die Lanze [n. r. blickend].
L. von ihm erscheint noch ein unbärtiger baarhäuptiger Mann [n. l.],

der die r. Hand auf die Brust legt. R. von dem zuerst beschriebenen Phryger noch ein behelmter Krieger 'n. r.'.

Sehr schlechte Arbeit.

Amazonen.

'S. Nr. 2220—2229; 3403.'

[3351. Via Giulio Romano 23.

Abgeb.: Winckelmann, *Mon. ined.* 139 = Inghirami, *Gall. om.* 244 = Overbeck,
Theb.-troisch. Heldenkr. XXI. 3.

Vgl. Winckelmann a. a. O. 192; Overbeck a. a. O. 496, 4; *Ann. dell' Ist.* 1877,
278 'Mau'.

(Von Matz liegt keine Beschreibung vor, obwohl er das Stück durch Bormann's
Mittheilung kannte.)

S.-D.-Fr. Gr. Länge etwa 0,44; H. 0,22. An beiden Seiten unvollständig.
Tief vermauert und dick übertüncht. In der Mitte sitzt n. r. auf einem
Stein Hekabe, das r. Bein vorgesetzt, in gegürtetem Chiton und
über den geneigten Kopf gezogenem Obergewande, in trauernder
Stellung, vor sich auf dem Schoße eine Urne haltend. Hinter ihr
stehen drei andere Frauen: die vordere, in Chiton mit Halbärmeln
und Mantel, der von der l. Schulter zum r. Oberschenkel läuft.
legt die L. klagend an den Kopf und unterstützt durch die R. den
Ellbogen: eine zweite, r. von ihr, aber mehr im Hgr., in ähnlicher
Stellung; eine dritte, ähnlich gewendet, steht l. e. f., den Kopf
n. l. gewendet und wie im Begriff, dorthin zu hören oder abzugehen. Von r. tritt auf Hekabe zu eine Amazone in kurzem gegürteten und geschürztem Chiton und hinten herabhängendem Mantel, ihr mit den Händen an's Gesicht fassend, wie um sie zu trösten
(Kopf fehlt). R. stehen noch zwei Amazonen: die zur L. mit r. Standbeine, das l. zurückgesetzt, etwas n. r. gewandt, am l. Arme einen
Schild, im r. Bipennis (?): r. eine zweite, mit l. Standbeine, das r.
leicht vorgesetzt, mit der über ihre Schulter erhobenen r. Hand ihr
Wehrgehenk abnehmend (s. *Sächs. Ber.* 1850, 52° Jahn'.

Zur Erklärung vgl. das von Winckelmann a. a. O. 137 publi-
cirte Relief in V. Borghese.

[3352. Arch. Institut.

Vgl. *Bull. dell' Inst.* 1878, 100 (Klügmann).

S.-P. 'In zwei Stücke gebrochen.) Gefunden beim Bau des neuen Insti-
tutes in den alten Ställen des P. Caffarelli.

L. wird eine n. l. sprengende Amazone, den Schild am l. Arme,
in der R. die Zügel. von einem nackten Krieger mit Helm und
Schild am Schopf erfasst: sowohl unter ihrem Pferde wie zwischen

den Beinen des Kriegers ist ein Helm. Von r. eilt noch ein bärtiger Krieger zu Hülfe, in einer Art Exomis, welche die r. Brust
und Schulter unbedeckt lässt, am l. Arme den Schild, mit der R.
das Schwert ziehend: auf dem Kopfe hat er keinen Helm, vielleicht
einen Spitzhut, wäre also Odysseus. Am Boden liegt ein zusam-
mengesunkener Verwundeter n. l., mit dem l. Arme aufgestützt.
Über diesem im Hgr. eine ausholende Amazone n. l. Es folgt eine
n. r. gewandte Amazone (sehr zerstört, augenscheinlich im Begriff,
einer anderen zu Hülfe zu kommen, welche zusammengesunken ist
und von einem vom Rücken gesehenen Krieger am Schopf gefasst
wird, wogegen sie vergeblich mit ihrer erhobenen R. sich zu sträu-
ben sucht, während er mit dem Schwerte in der R. zum Stoße ausholt. Ein anderer Krieger in nur bis zum Oberschenkel reichendem Chiton greift einer mit ihrem Pferde n. r. in's Knie gesunkenen Amazone (r. Unterarm weggebrochen) von hinten mit der L. in
den Schopf. Eine vor letzterer n. r. galoppirende Amazone wendet
sich um, zum Streiche mit dem Doppelbeil nach ihm ausholend:
unter dem Pferde liegt n. l. gestreckt eine todte Amazone, den r.
Arm über den Kopf, am l. noch den Schild. Von r. drängt ein
vom Rücken gesehener Krieger mit hoch vor sich erhobenem Schilde.
mit der R. zum Stoße ausholend, der letztbeschriebenen sprengenden Amazone entgegen. Schließlich eine n. r. enteilende Amazone.
welche zurückblickt und den r. Arm zurückstreckt. Von strengerer
Symmetrie ist nicht viel mehr zu spüren.

Sehr zerstört.)

3353. V. Pacca.

:Zeichnung beim Institut.

Vgl. *Bull. dell' Ist.* 1834, 131 (Campana.]

s. Stammt aus Ostia. L. ist n. l. eine Amazone in's Knie gestürzt: ein Grieche sucht ihr von oben mit der Lanze den Todes-
stoß beizubringen. Von l. eilt der bedrängten eine zweite, die die
Axt schwingt, zu Hülfe. Über einen an die Erde gestürzten Krieger sprengt n. l. eine Amazone hinweg. Ein gerüsteter Reiter
sprengt mit gezücktem Schwerte n. r. über eine todte [die Wunde
ist ihr an der r. Brust angegeben] n. l. hingestürzte Amazone hinweg. Gruppe des Achilleus und der Penthesilea, er nackt und
ohne Helm mit hinten flatternder Chlamys. Auf einem n. l. gezogenen Wagen steht eine Amazone, in der L. den Schild, mit der
R. gegen einen nackten Krieger mit der Lanze ausholend, der sie.
von r. aus einem Thore hervortretend. anfällt. Unter den spren-

genden Rossen des Wagens liegt wieder eine todte Amazone, auf's
Gesicht gestürzt. Nbss.: l. leer, r. Greif.

Das Relief ist ziemlich flach.

3354. V. Panfili.

s.-P. Amazone (Kopf neu) in der gewöhnlichen Tracht e. f. ruhig
stehend. Die ergänzte herabhängende R. hält ein Schwert (als Eckfigur?). Amazone zu Pferd, n. r. galoppirend, holt mit der R. gewaltig aus. Unten, neben einem gefallenen Pferde, ein gefallener
Krieger in Panzer und Kriegsmantel; halb aufgerichtet blickt er
n. r. oben. Ein nackter Krieger n. r. mit Helm und Chlamys
reißt eine Amazone vom Pferde. Im Hgr. eine Amazone n. l., die
sich umdreht, und] beim Anblick dieser Gruppe erschreckt den
r. Arm vorstreckt: [eine andere galoppirt n. r.]. In der Mitte der
Composition die Gruppe des Achilleus und der Penthesileia. Unten
eine gefallene Amazone n. r. oben blickend, und ein gefallenes
Pferd. Amazone, n. r. galoppirend, holt zum Schlage aus; ein
nackter Krieger n. l. fällt ihr mit der L. in die Zügel; er trägt
Helm und Chlamys. Vorn drei gefallene Krieger in verschiedenen
Stellungen [eine dieser drei Gestalten scheint mir eine Amazone,
die mit ihrem Pferde gestürzt ist. Weiter r. wird der Kopf noch
einer todten Amazone sichtbar]. Ganz im Hgr. noch ein sich n. l.
wendender Krieger [auf einem ihm nur widerstrebend gehorchen-
den, also erbeuteten Pferde]. Amazone als Eckfigur im doppelt gegürteten Chiton e. f. stehend, die R. über den Kopf gelegt, in der
L. das Tropaion haltend. An der Ecke stehen Panzer und Helm
(modern). Mäßige Arbeit, schlecht erhalten.

3355. P. Borghese.

s. In der Mitte die Gruppe des Achilleus mit der Penthesileia.
Beider Köpfe sind abbozzirt. Unter ihr liegt ihr n. r. gestürztes Ross.
L. und r. zwei sich entsprechende Gruppen: L. ein Krieger, e. f.
gesehen, n. l. zurücktretend, sucht eine n. r. sprengende Amazone
vom Pferde zu reißen (das Motiv ist durchaus deutlich, wenn auch Köpfe
und Arme fehlen). R. ein anderer Krieger fällt n. l. eilend einer n. r.
galoppirenden Amazone in die Zügel. Unter den beiden sprengenden Pferden ist l. ein griechischer Krieger, r. eine Amazone zu
Pferde und noch ein Grieche niedergestürzt; [eine andere im Hgr.
stürzt gerade vom Pferde]. Außer diesen Gruppen, sich wieder
ungefähr entsprechend, l. [in der Höhe] eine Amazone mit geschul-
terter Axt n. r. reitend. An der Erde liegt eine mit dem Pferde

gestürzte. R. [in der Höhe]: eine Amazone sprengt auf einem Pferde n. l. Sie wendet sich um und schwingt ihre Axt gegen einen Krieger, der von r. auf sie eindringt. An der Erde liegen noch zwei gefallene Amazonen. Die Ecken bilden zwei Tropaia tragende Amazonen. Im Hgr. noch vier Figuren: unter ihnen ist ein Trompeter deutlich.

[Späte Arbeit; die Figuren sind merkwürdig in die Länge gezogen.'

3356. P. Rospigliosi.

[Abgeb.: Raoul-Rochette, *Mon. inéd.* pl. 24.
Vgl. Winckelmann, *Mon. ined.* 187; Zoega bei Welcker, *Zeitschr. f. G. u. A d. a. K.* 432, 104; Overbeck, *Theb.-troisch. Heldenkr.* 505.]

S.-P. An den beiden Ecken: Zwei Amazonen, in der gewöhnlichen Tracht, symmetrisch gestellt, reißen zwei galoppirende Pferde nach außen. Zwischen ihren Beinen erscheinen: l. eine verwundete, r. eine todte Amazone, zusammengekauert in sehr verkleinerter Gestalt. Den Mittelpunkt bildet die Gruppe des Achilleus und der Penthesileia; letztere fasst mit der L. einen Zipfel ihres Gewandes. L. davon ein Krieger, der n. r. auf eine n. r. in's Knie gesunkene Amazone, die er mit der L. an den Haaren fasst, eindringt (der r. Arm neu). R. von der Mittelgruppe: Ein nackter n. l. stürmender Krieger (Arme neu) fällt eine im Hgr. n. l. sprengende Amazone an, die in der L. eine Fackel schwingt (so?), und sucht dieselbe zugleich vom Pferde zu reißen. Eine ähnliche Gruppe (nur sprengt das Pferd n. r.) erscheint auch über dem Kopfe der in's Knie gesunkenen Amazone. L. oben im Hgr. wohl ein blasender Trompeter; r. zwei Kriegerköpfe, von denen der vordere neu. R. unten von der Mittelgruppe: ein kopfüber gestürzter, vom Rücken sichtbarer Krieger.

Überladenes Relief von ähnlicher hölzerner Ausführung wie die Replik im Cortile des Belvedere.

3357. P. Lancelotti.

Notirt von Zoega A. 423, 8.

S.-P. In der Mitte Achilleus, die zusammenbrechende Penthesileia umfasst haltend. L. von der Mittelgruppe: eine kleine Amazone zu Pferde, n. r. ausholend. R. eine Amazone, n. r. sprengend. Ein Grieche fällt ihr in die Zügel; an der Erde noch eine gefallene Amazone. — Oben und unten ist das Relief beträchtlich verbreitert; es ist von dem S. schief ausgeschnitten, weshalb sich die Figuren in meist unmöglicher Lage befinden. [Die Köpfe von Achilleus und Penthesileia sind beide

Porträt: er ist unbärtig, mit kurzem Haar und alten Zügen (der Hals ist zwischengesetzt): sie hat die Frisur aus der Zeit Diocletian's.]

3358. Via de' Banchi 8.

S.-Fr. (r. Seite einer S.-P.) L. ist noch gerade erhalten die Mittelgruppe des n. r. gewandten, sich umblickenden Achilleus, der mit beiden Händen die niedersinkende Penthesileia an den Hüften umfasst; er zeigt ein kurzbärtiges Porträtgesicht, und sie war ebenfalls Porträt: ihr vorn gescheiteltes Haar ist hinter den Ohren beutelartig gesammelt nach Art des vierten Jahrhunderts. Rechts neben Penthesileia am Boden Reste eines zusammengestürzten Pferdes; über der Gruppe wird der Kopf eines anderen n. r. eilenden gezäumten Pferdes sichtbar. R. von der Gruppe in der Höhe reitet eine Amazone n. r. (r. Arm fort); unter derselben am Grunde vom Rücken gesehen ein n. r. gestreckter griechischer Krieger, der sich mit dem Oberkörper aufgerichtet hat, um mit dem erhobenen 'l. Arme den Schlag einer links von ihm ebenfalls, aber e. f., knieenden Amazone zu pariren, die mit dem in der R. erhobenen Doppelbeil gegen ihn ausholt; der Krieger hält in der r. Hand etwas Unklares, das aussieht wie eine Schwertscheide. Weiter r. schreitet ein zumeist vom Rücken gesehener griechischer Krieger mit Chlamys, Schwert und Helm n. l., eine in der Höhe n. l. reitende Amazone am Kinn ergreifend, welche, entsetzt über das Unglück der Penthesileia, den r. Arm ausgestreckt hatte und den Kopf zurückgeworfen: im l. Arme hielt sie ein jetzt größtentheils weggebrochenes Doppelbeil: was der Krieger in der R. hielt, ist nicht mehr zu erkennen, wohl sein Schwert. Weiter r. oben ein n. l. reitender griechischer Tubabläser in Chlamys, Schwert und Helm, die L. an den Hinterkopf gelegt. Unten r. eine wie es scheint n. r. fliehende Amazone. Ganz r. oben gewahrt man noch Theile eines Tropaions, wohl zum Abschluss rechts gehörig.

Decorativ, aber kräftig.]

3359. S. Lorenzo f. l. m.

S.-Fr. Eckfigur links eine Amazone im doppelt geschürzten Chiton und offener r. Brust, die ein n. l. sprengendes Pferd n. r. herumreißt; im l. Arme ruht ein Tropaion an langer Stange, das jedoch abgebrochen ist; ebenso ihr Kopf. Zwischen ihren Füßen ein Helm. Ein nackter Krieger, der zumeist e. f. gesehen wird, den r. Fuß n. l. vorsetzt und in der R. ein Schwert schwingt, reißt eine n. r. sprengende Amazone an den Haaren vom Pferde. Letztere

erhebt in der L. den Schild, der gesenkten R. entfällt die Axt.
Hinter dem Krieger liegt am Boden eine auf's Gesicht gestürzte
behelmte Amazone. Unter den Vorderfüßen des sprengenden Pferdes ein Helm. Achilleus, n. r. gewandt, mit flatternder Chlamys
[und Helm], den Blick n. l. oben gewandt, die R. auf einen Speer
aufstützend, umfasst mit der L. den Leib der sehr klein gebildeten
Penthesileia, deren noch im Griff des Schildes steckendem l. Arme
die Streitaxt entfällt; ihr Pferd ist unter ihr n. r. vornüber gestürzt.
Der obere Theil der Amazone ist zerstört. Eine Amazone, n. r. sprengend,
holt mit einer Streitaxt, die sie in der L. hält, n. r. aus; sie ist
behelmt. Hier ist das Relief gebrochen: schon der Nacken des Rosses fehlt.

Sehr flaches und sehr spätes Relief.

Iliupersis.

3360. P. Mattei.

[Abgeb.: *Mon. Matth.* III, 36, 2.

Vgl. Heydemann, *Mittheil. aus d. Antikens. in Ober- u. Mittelitalien* 9, 14.]
Beschr. von Zoega A. 391, 41.

S.-Fr. Von diesem Relief ist die ganze l. Hälfte, darstellend eine Ad-
locutio, modern; auch von der r. Hälfte ist der untere Theil Ergänzung. Die
Scheidelinie geht durch die Kniee der stehenden Figuren und den Nabel des
Priamos.

Priamos im doppelten Gewande (mit langärmeligem Chiton) ist
vor einem brennenden Altar niedergesunken und erhebt die Hände;
an der r. Seite trägt er ein Schwert, von dem der Griff antik ist. Neopto-
lemos [von l. kommend], nackt bis auf die Chlamys, mit Schild
und Helm bewehrt, [auch von dem Speere, den er in der R. hält, ist die
Spitze vor der Brust und das Stück in der r. Hand antik], packt ihn [von
hinten] an seiner phrygischen Mütze. Hinter dem Altar kommt
von r. ein zweiter unbärtiger Krieger [Gesicht modern] hervor, der
im Begriff ist, das Schwert zu ziehen [und im l. Arme einen Speer
hält].

Ziemlich flaches Relief, spät und ungeschickt.

Odysseus und der Kyklop.

3361. Via del collegio Capranica 10.

S.-D.-Fr. L. unvollständig. L. noch ein tafelhaltender Eros n. l.
Die r. erhaltene Hälfte wird eingenommen durch folgende Darstellung, welche zum größeren Theil unter überhängenden, eine
Höhle andeutenden Felsen vor sich geht: R. sitzt am Ende Polyphemos nackt, fast e. f. Von l. kommt Odysseus in exomisartiger

Tracht heran (Kopf zerstört), mit der R. eine ganz unverhältnismäßig
große Schale unterstützend, nach welcher Polyphemos die Hand
ausstreckt. L. halten zwei Gefährten, bartlos und nackt, völlig
knabenhaft gebildet, etwas unklares Längliches gemeinsam vor sich,
das wohl den Schlauch vorstellen soll.

Schlechte Arbeit, und äußerst zerstört.]

Odysseus und die Sirenen.

3362. V. Pitocchi.

S.-Fr. L. und r. unvollständig. Odysseus in Exomis, auf dem
Kopfe den Pileus, ist, n. r. gewandt, an den Mast eines Schiffes
gebunden. Zu beiden Seiten von ihm je ein nackter Ruderer.
Von r. oben [l. fehlt] bläst eine Windgottheit, die nach hinten in
einen sich ringelnden Drachenschwanz ausläuft, in ein längliches
Horn, indem sie die L. an's Hinterhaupt legt. R. stehen die Sirenen, alle e. f., den Kopf n. l. wendend, mit Vogelbeinen; alle in
ein kurzes Gewand gehüllt, [das, von der l. Schulter zur r. Seite
geschlagen, r. Brust und Schulter frei lässt]. Die erste hält Lyra
und Plektron, die zweite eine Flöte, ebenso die dritte; es folgt ein
Eros n. r., der einen Schild hielt; der übrige Theil des Reliefs fehlt. [Im
Wasser ein Delphin.] Späte rohe Arbeit.

[Für die symbolische Bedeutung dieser nur auf ganz späten, vielleicht nur
auf christlichen Monumenten sepulcral vorkommenden Darstellung s. de Rossi
z. folg. Nr., Benndorf-Schöne, *Lateran* 126, und Conze's Andeutung: *Sitzungsber.
d. Wiener Akad. ph.-hist. Cl.* 1672, 332.]

3363. Catacombe di S. Callisto.

Vgl. de Rossi, *Roma sotterranea* I, 344. 345; III, 444.

K.-S. In einem Schiffe steht Odysseus, bartlos, an den Mast
gebunden, mit gegürteter Tunica, Chlamys und Spitzhut, den Kopf
lauschend emporgerichtet; r. am Ufer stehen die drei Sirenen in
der gewöhnlichen Bildung: die zur L. spielt die Lyra, die zur R.
die Flöte; das Instrument der mittleren ist nicht mehr zu erkennen; der zweiten und dritten fehlen die Köpfe. Äußerst rohe, wohl christliche
Arbeit.]

[3364. V. Saraffini.

S.-Fr. Erhalten ist die r. Hälfte. Links ein Eros n. l., der wohl
einen Clipeus hielt. Ganz r. (wohl an der Ecke) eine weibliche
tragische Maske mit einem Tuche über den hohen Onkos. Dazwischen Odysseus und die Sirenen. Nach r. führt ein Schiff, in

dessen Mitte Odysseus (Kopf fehlt), in kurzer Exomis, an den Mast gebunden ist. Hinten und vorn je ein Ruderer. Ein Mann in Exomis, auf dem hinteren Schiffsrande stehend, ist mit der Raae beschäftigt, an welcher vorn ein geblühtes Segel. L. auf einem Felsen zwei Sirenen (Köpfe fehlen), den Oberkörper in Chiton und Himation gehüllt, unter dem die Vogelbeine hervorkommen; die vordere spielte eine Kithara; was die zweite hielt, ist nicht mehr zu erkennen. Späte Arbeit.]

[3365. Catacombe di S. Callisto.

S.-Fr. R. und l. unvollständig. In einem Schiffe ist Odysseus an einen Mast gebunden und erhebt die Hände; links wird noch ein sitzender Ruderer sichtbar. Vom Meere sieht man wenig mehr, als ein kolossales Seeungethüm n. r.

Schlechteste Arbeit und gewiss christlich.]

3366. Sapienza [Mus. ital.].

Abgeb.: (I; vollständiger, als jetzt) *Ann. dell' Int.* 1859, Tav. Q. »V. Altieri«. [Hierzu von M. die Notiz:] »gesehen und notirt im Sept. 1858 (soll heißen 1868 bei einem Scarpellino auf Piazza S. Salvadore in Lauro«.

Beschr. von Zoega 339: »V. Altieri«.

S.-Fr. R. und l. gebrochen. I. Von l. ragt in das Fragment ein schräg aufwärts stehender Balken, wahrscheinlich die Prora eines Schiffes, herein. R. auf einem Hügel zwei Sirenen mit Schurzen, Vogelbeinen und Flügeln. Die zur L. bläst die Doppelflöte, die zur R. hat Lyra und Plektron.

Zu diesem Fragment gehört ein anderes, jetzt nicht mehr nachweisbares, das Zoega noch mit jenem in Villa Altieri vereinigt sah und Braun dort zeichnen ließ: II. Von r. n. l. gehend: Auf der Barke und dieselbe zum größten Theile verdeckend sitzt ein Mann, in ein Pallium geschlagen, mit halbnackter Brust; er blickt sich nach den Sirenen um und erhebt die R.; l. neben ihm steht auf einer Säule eine Sonnenuhr. L. davon sitzt ein gleichfalls halbnackter Mann, der mit Aufmerksamkeit eine auf einem Pfeiler stehende Maske betrachtet. Von einem dritten ist nur noch das bekleidete Bein und eine Hand, die eine halbgeöffnete Rolle hält, übrig. [Vgl. Nr. 3119.]

Orestes. — Iphigeniakreis.

[Vgl. Nr. 3375—76.]

3367. P. Giustiniani.

Zeichnung: Windsor II, 21 [*Arch. Zeit.* 1875, 66].
Abgeb.: Bartoli, *Admiranda* 52; *Gall. Giust.* II, 150.]
Beschr. von Zoega A. 364.

[Vgl. Winckelmann, *Werke* III, xxx, Herausgeber IV, 373, 444; *Mon. ined.* 193;
Zoega und Welcker, *Zeitschr. f. G. u. A. d. a. K.* 432—436; Overbeck, *Theb.-
troisch. Heldenkr.* 701, 28; *Ann. dell' Ist.* 1865, 235 (Benndorf).]

S.-P. [S. die folgende Nr.] Das Relief ist eine genaue Replik des
vaticanischen in der Gall. de' candelabri bei Visconti, *Mus. P.-Cl.*
V, 22. — L. die drei schlafenden Eumeniden [von Benndorf irrthümlich
für eine Restauration nach dem vatik. S. gehalten]. Dann die Mittelgruppe:
Aigisthos rücklings über seinen Stuhl dahingestürzt; hinten über
ihm die Amme, mit der Geberde äußersten Entsetzens davon eilend.
Dann das verbündete Freundespaar: der eine in der R. das Schwert,
mit der L. den Mantel des Aigisthos wegziehend: der andere die
Scheide in der L., in der R. sicher das (jetzt mit dem Unterarme abgebrochene) Schwert schwingend. Weiter im Vgr.: Klytaimnestra,
rücklings hingestreckt; ein kauernder Diener, der sich mit einem
Schemel das Gesicht deckt. Im Hgr. hinter einem Parapetasma,
das rechts auf einer bärtigen Herme aufliegt, die Eumeniden mit
Fackel (Schlange wohl abgebrochen). Schließlich: Orestes (Z.: testa moderna), mit dem Schwerte in der R., steigt über eine schlafende
Eumenide, die eine umgekehrte Fackel hält, hinweg, von dem vom
delphischen Lorbeer überragten Dreifuß herab, dessen oberen Rand
er mit der L. ergreift.

Gut ausgeführt und gut erhalten.

3368. P. Giustiniani.

[Zeichnung, mit der Hauptseite l. und r. zusammengeklebt, von gleicher Hand
und in gleichem Maßstabe: Windsor II, 21 (*Arch. Zeit.* 1875, 66).

Abgeb.: *Gall. Giust.* II, 132; Michaelis, *Das corsinische Silbergefäß* II, 2.

Vgl. Winckelmann, *Mon. ined* 207; *Werke* VI, 1, 205; Visconti, *Mus. P.-Cl.* V,
149; Overbeck, *Theb.-troisch. Heldenkr.* 720, 64; Michaelis, *Arch. Zeit.* 1876, 107;
Robert, ebenda 138.]

Beschr. von Zoega A. 413.

Zwei Reliefplatten (Nebenseiten eines Sarkophages?), [Nebenseiten des vorhergehenden, wie aus der oben angeführten Zeichnung hervorgeht. Vgl. auch
Visconti a. a. O.].

L. steht in doppeltem Gewande n. r., halb vom Rücken gesehen, Iphigenia, die r. Hand erhebend. Vor ihr an der Erde ein
Krug (der untere Theil desselben, sowie die Füße der Iphigenia modern). Auf
sie zu eilen zwei Jünglinge, nackt bis auf die Chlamys; der vordere (Orestes) berührt mit der r. Hand das stark gebogene Knie
des vorgesetzten Beines; der zweite (Pylades) hebt mit der R. einen
Theil der Chlamys von der Brust gegen das Kinn, die L. scheint
auf der Brust aufgelegen zu haben, wo undeutliche Spuren; [so der

Stich; der Arm muss jedoch, wie in der jetzigen Ergänzung richtig
angegeben, zum l. Oberschenkel niedergegangen sein, wo deutlich die
l. Hand antik erhalten ist; was Matz und der Zeichner des Stiches auf
der Brust für eine Handspur hielten, ist wohl zum Schwertgriff
gehörig. Im Übrigen ist fast das ganze l. Bein, l. Seite und l. Oberarm des Pylades neu].

Angerückt ist an diese Platte eine andere, die offenbar zu demselben Monument gehörte:

Vor einem Tische, dessen Füße unten mit Löwentatzen ver-
ziert sind, steht l. eine Erinnys [s. auch Petersen, *Arch. Zeit.* 1862, 279]
im langen gegürteten, unten gefransten, ärmellosen Gewande; die
länglichen Gegenstände, die sie in den Händen hält, sind undeutlich. Zoega nimmt an: in der L. eine Fackel, in der R. den
Rest einer Geißel. R. steht Athena mit Helm und Ägis, im Chiton
und auf der r. Schulter zusammengeheftetem, unter der l. Achsel
durchgezogenem Peplos; die l. Hand stemmt sie in die Seite. die
r., die den Stimmstein hält, nähert sie der auf dem Tische stehenden Urne. Unter dem Tische ein umgestürztes Gefäß, das übrigens
zur Hälfte modern ist, [es ist ganz antik, nur durch eine Bruchlinie getrennt],
ebenso der untere Theil der Athenafigur.

Sehr mittelmäßige Arbeit.

[Eine theilweise Replik dieser Platte erkennt Heydemann, *Sächs. Ber.* 1878,
119, 4, in einem Relief der Loggia scoperta des Vatican.]

3369. P. Lancelotti.

[Vgl. *Ann. dell' Ist.* 1865, 236, 6 (Benndorf).]

S.-Fr. Orestes, wie er n. l., vom delphischen Dreifuß herab-
steigend, über die Erinnyen hinwegschreitet; nur er allein ist erhalten
[mit Omphalos, etwas vom Dreifuß und Gewand].

3370. V. Panfili.

[Abgeb.: *Villa Pamphilia* 5 (am Piedestal meiner Nr. 995); nur als Skizze zu
brauchen.]

S.-Fr. (?). Gr. H. 0,60; Br. 0,30. Eine junge Frau, zumeist vom
Rücken gesehen, n. r. gewandt, im langen Chiton, über den ein
über die r. Schulter, [die merkwürdigerweise auch durch den Chiton
unbedeckt geblieben ist], herabgeglittenes Gewandstück geworfen
ist. Der r. Arm war ein wenig aufwärts gebogen; das Haar in
einen Knoten gesammelt. Vor ihr auf der Erde eine Urne mit
Henkeln.

(Bruchstück einer bekannten Gruppe aus den Iphigenien-Sarkophagen a—g
bei Robert, *Arch. Zeit.* 1876, 138; vgl. Nr. 3366].)

Nicht schlechte Arbeit.

3371. P. Mattei.

[Abgeb.: Winckelmann, *Mon. ined.* 130 (höchst ungenau, und verkehrt herum
= Inghirami, *Gall. om.* 157; *Mon. Matth.* III, 34.]
Beschr. von Zoega A. 392, 46.

Vgl. Winckelmann, *Mon. ined.* a. a. O.; *Werke* IV, 145; Welcker, *Griech. Trag.*
1171; Overbeck, *Theb.-troisch. Heldenkr.* 730, 79; Robert, *Arch. Zeit.* N. F.
VIII (1876) 138, d.]

S.-Fr. In der Mitte sitzt n. r. Orestes, in einen weiten, über das
Hinterhaupt gezogenen Mantel gehüllt, die R. an den Kopf legend,
die L. ruht eingewickelt auf dem r. Schenkel. Hinter ihm steht
ein bärtiger, das Haar mit einer Binde umwundener Krieger, der
unter dem unten mit Lederstreifen besetzten Panzer einen Ärmelchiton trägt; der r. Arm ist gesenkt (in der Hand der Rest eines
Parazoniums), mit der L. schultert er eine Waffe. Der Kopf, welcher über dem Orestes zum Vorschein kommt, ist jugendlich und
unbärtig; Zoega nahm auch eine phrygische Mütze wahr [ja!]. Die
Figur legt die r. Hand an einen Speer. Vor Orestes steht n. l.,
vornüber gebeugt, den r. Ellbogen aufstemmend und das Haupt in
die r. Hand legend, Pylades; er legt die L. an einen gewundenen
Stab und kreuzt die Beine. Hinter Pylades kommt noch Brust und
Kopf eines jungen Skythen mit phrygischer Mütze zum Vorschein.

Die letzte Figur l. ist ganz modern; neu sind auch die Unterbeine des Pylades, die Füße des Orestes und die Unterbeine des hinter diesem stehenden Kriegers. Die richtige Erklärung gab Zoega mit Hinweis auf das Relief Grimani.

[3372. V. Tomba.

S.-Fr. Iphigenia, aus einer Composition der Familie A — F
bei Robert, *Arch. Zeit.* 1876, 137. Nur diese ist erhalten, von den
Knieen aufwärts, von rechts heranschreitend und dorthin zurückblickend; die r. Hand vor der Brust, in der gesenkten l. das Schwert
in der Scheide; im Chiton mit Halbärmeln, welcher an der l. Schulter niedergleitet, und Mantel um die untere Körperhälfte.]

SARKOPHAGE UND SARKOPHAGTHEILE MIT NOCH UNERKLÄRTEN MYTHISCHEN DARSTELLUNGEN.
[Vgl. Nr. 2887; 3350.]

3373. P. Castellani.

S.-Fr. L. und r. unvollständig. Von der Inschrifttafel ist l. noch
ein schmaler Streifen erhalten. Die Figuren, in Schauspielertracht
und, wie trotz der flachen und schlechten Arbeit zu erkennen ist,
mit Masken versehen, sind folgende: I. Eine Frau .?) im langen
Ärmelgewande mit Gürtel steht, den Kopf senkend und die Hände
über dem Leibe kreuzend, betrübt n. r. gewendet. — II. Eine Figur
in dem enganliegenden gesteppten Chiton, wie es die Silene und
die Komöden tragen, und umgeschlagenem Himation, steht e. f.
Im l. Arme ruht das Lagobolon; die R. erhebt sie. Die [weib-
liche] Maske, die sie trägt, ist offenbar komisch. — III. Zweite
Scene: ein bärtiger Schauspieler im langen unter der Brust gegürteten Gewande und von der l. Schulter lang herabwallenden Mantel geht mit entblößtem Dolche in der L. hinter einer [weiblichen]
Figur im langen, langärmeligen, unter der Brust gegürteten Gewande [und mit auf die Schultern niederhängendem Haar] her,
welche die Hände auf den Rücken gebunden hat. Ihr Gesicht ist
zerstört. Eine andere [kurzbärtige] Figur geht, sich umsehend, voran
und erhebt dabei wie belehrend die R. [von der R. habe ich nichts
Sicheres entdecken können, dagegen fasst die zurückgreifende L.
den l. Unterarm der gefesselten Figur]. Zwischen den beiden Figuren der ersten Scene und vor der ersten in der zweiten stehen
auf niedrigen Basen jene zwei kreisförmigen Geräthe, die man für
Wasserorgeln erklärt [vgl. zum Rel. in V. Panfili Nr. 3802].

Die letzte Scene hat eine unverkennbare Verwandtschaft mit dem ersten
Streifen des Kircher'schen Silberdiskus, der von Arnold auf Pentheus und die

Mänaden erklärt worden ist [Arnold, *Festgruß der philol. Gesellsch. zu Würzburg* 1868, 142 ff., vgl. *Arch. Zeit.* 1867 Taf. 225, 1 und S. 73 ff. (O. Jahn), Kekulé, *Kunstmuseum zu Bonn* Nr. 645]. Von der Inschrift ist Folgendes erhalten:

VIE
ƏRI ET
/IETER
\IN AQV
T ANNOS
IN PACE
\TI FECER
⌐⌐⌐⌐ ⌐⌐⌐

[n. m. A.]

3374. V. Mattei.

Abgeb.: *Ann. dell' Ist.* 1858, Tav. K [= Ritschl, *Opuscula* I, Taf. IV].

Beschr. von Zoëga A. 58.

[Vgl. *Bull. dell' Ist.* 1858, 49 (Brunn); Ritschl, *Opusc.* I, 615 ff.]

S.-P. Untere Hälfte einer durchgesägten Platte. [Mir sehr fraglich, ob von einem S. L. 2,33. Gr. H. 0,59. Gr. M.] In der Mitte: L. von einem bekränzten Altar mit lodernder Flamme steht n. r. ein Camillus in der üblichen Tracht, [jedoch reicht das Gewand bis zur Mitte der Unterschenkel herab], und hält vor sich mit beiden Händen eine mit Früchten, unter denen namentlich ein Pinienapfel erkennbar, gefüllte Schale. Ihm gegenüber steht an der anderen Seite ein opfernder Krieger n. l. [Der Panzer], der umgeschlagene Mantel und die Stiefel sind deutlich erkennbar; im l. Arme ruht das Schwert, der r. ist gesenkt, in der abgebrochenen Hand hielt er wohl die Patera, um in die Flamme zu libiren. Von l. eilt, die L. an's Schwert legend [vielmehr das Schwert in der L. haltend], ein anderer nackter Krieger herbei, [der vielleicht in der r. Hand eine jetzt ganz weggebrochene Lanze hielt, auf welche ein Ansatz am r. Beine des im Hgr. stehenden Opferdieners zu führen scheint, den ich sonst nicht zu erklären weiß]. Im Hgr. ist ein Opferdiener im befransten Gewande und ein herbeigeführter Stier (Wampe und vorgesetztes [r.] Bein) deutlich erkennbar. R. und l. symmetrisch geordnet je ein Zweigespann mit sprengenden Rossen. Auf dem zur L. ist ein nackter Krieger und sein bekleideter Wagenlenker, auf dem zur R. ein gerüsteter Krieger (Zoëga: »due loricati« [ja!]) zu erkennen. Unter den Pferden l. liegen zwei Todte. Außerdem gewahrt man zwei ovale Schilde und einen Köcher, dessen Deckel zurückgeschlagen ist; befiederte Pfeile sehen aus ihm

hervor. An der Ecke befinden sich noch die Reste einer vom
Rücken sichtbaren [n. l. eilenden] Kriegerfigur. Unter den Rossen r., denen ein anderer Krieger, aus seinen Bewegungen zu
schließen, in die Zügel gefallen ist, liegen gleichfalls zwei Todte;
der vordere bedeckt mit der L. seine Wunde auf der Brust, mit
der R. hält er noch krampfhaft das Schwert. Schon aus der Beschreibung geht hervor, dass es sich an den Seiten um einen
Kampf, in der Mitte um die Schließung eines Bündnisses handelt.
An Pelops und Oinomaos ist also in keinem Falle zu denken.

Vortreffliche Arbeit.

[3375. Vigna Guerrieri.

S.-D.-Fr.? L. durch eine gerade Linie, r. oben halbrund abgeschlossen,
mit leicht vorgewölbtem Grunde. In flacher Zeichnung und kleiner Figur
gewahrt man einen n. l. sitzenden Barbaren, bärtig, in Hosen, gegürtetem Ärmelgewande und Mantel um l. Arm und Beine; die
l. Hand ruht auf dem Schoße, mit der r. fasst er wie nachdenklich an den Bart; auf dem Kopfe eine phrygische Mütze; die Füße
fehlen. Vor ihm steht ein nackter Jüngling (Kopf fast ganz fort); die
R. geht nieder; im l. Arme einen großen, sich ganz über ihn wölbenden Lorbeerzweig.

Mir fehlen für diese an sich klare Darstellung eines um Gnade flehenden
griechischen Jünglings vor einem Barbaren monumentale Analogien: Orestes vor
Thoas, resp. Chryses wie Robert will (*A. Z.* 1876, 134), ist ein sich natürlich
zunächst aufdrängender Gedanke, der jedoch anderweitiger Unterstützung be-
dürfte, um berechtigt zu sein.]

3376. P. Corsetti. ○

S.-Fr. Ringsum gebrochen. Eine weibliche langbekleidete Figur,
von der nur der untere Theil erhalten, berührt den Kopf eines Jünglings
(nur Obertheil erhalten) in ärmellosem Gewande, der, die Hände auf
den Rücken gebunden (?), n. r. vor ihr wohl kniend zu denken
ist. Iphigenia?

[3377. Via Madonna de' Monti 75.

S.-Fr. Erhalten ist noch ein Eros, von der Mitte der Oberschenkel aufwärts, welcher einen Rosen-Feston trägt. In dem l.
erhaltenen Felde über letzterem sitzt n. l. eine Frau in langem
ärmellosem geschürztem Chiton und die Beine umgebendem Mantel, den l. Fuß über den r. gelegt, in tiefer Trauer den Kopf —
das einfach gescheitelte Haar hängt nieder — auf die r. Hand gestützt, den r. Ellbogen auf einen oblongen Kasten, der neben ihr,

wie es scheint auf Felsgrund, steht; am Felsen, in flachem Relief, liegt noch etwas Längliches, woran sie die l. Hand legt, vielleicht ein Köcher mit Köcherband?

Composition gut, Arbeit decorativ, aber nicht schlecht.]

3378. P. Castellani.

S.-Fr. L. ein Baum. R. davon kauert, n. r. gewandt, doch sich n. l. umwendend, ein nacktes Weib; in beiden Händen hält sie Enden eines Schleiers, der über ihr flattert. [Sehr zerstört.]

[Matz dachte an Artemis von Aktaion überrascht.]

[3379. Lateran.

S.-Fr. Gefunden bei den Renovirungsarbeiten der Apsis 1876. L., r. und oben unvollständig. Gr. H. vom unteren Ende des Flügels bis zur oben erhaltenen Leiste 0,37.

Man sieht r. einen großen Vogelflügel ausgebreitet, und unten etwas Gewand vor demselben. L. oben auf einem Felsblocke sitzt ein Jüngling, mit reichem Lockenhaar, n. l., und sich umwendend, als betrachte er die unten vor sich gehende Scene; mit der L. streckt er ein Gewand, welches ihm noch über den l. Oberschenkel fällt, lüftend vor sich, die R. lag, wie es scheint, auf dem [zerstörten] Knie des aufgezogenen r. Beines; die Füße fehlen ihm großentheils; der Jüngling ist von kräftiger Bildung, und wohl als Berggott zu fassen. Hinter ihm erhebt sich wahrscheinlich ein Baumstamm.

Bei der anerkannten Unechtheit des Reliefs von Granada (*Arch. Zeit.* 1865, Taf. 199, 2; vgl. O. Jahn ebenda S. 52. 53) wage ich nicht, bei dem Berggott an einen Zuschauer einer Leda- oder Ganymedesscene zu denken.]

3380. Stud. Canova.

S.-Fr. An beiden Seiten gebrochen. Eine Frau sitzt, dem Beschauer zugekehrt, kummervoll auf ihrem Lager; den geneigten Kopf stützt sie auf die l. Hand, den Hinterkopf bedeckt ein Obergewand, das über den Chiton geworfen ist. L. neben ihr stand eine weibliche Figur, die ihre l. Hand (nur diese und der Arm sind erhalten) auf's Haupt der Sitzenden legte. Im Hgr. ein Pilaster. R. unten erscheint noch das bekleidete gebogene Unterbein [einer der Frau zugekehrten], oben der Hinterkopf [einer n. r. abgewendeten] weiblichen Figur.

Gute Arbeit.

3381. Stud. Canova.

S.-Fr. R., l. und unten gebrochen. Eine Frau im gegürteten und an der r. Seite geschlitzten ärmellosen Chiton [mit Überwurf] ist

n. l. hingestürzt (?); das r. Bein ist völlig entblößt; mit dem l. Arme stützt sie sich auf dem Boden auf, mit der R. umfasst sie ein auf ihrer r. Hüfte stehendes, mit einem kurzen gegürteten Röckchen bekleidetes Kind, dessen [ausgestreckt gewesene] Arme abgebrochen sind.

[**3382. V. Wolkonsky.**

S.-Fr. Über einer Art Grotte sitzt n. l. eine Frau im Doppelgewande, in dem l. Arme einen Stab, den Ellbogen auf einen Korb gestützt, die R. auf dem r. Beine ruhend, im Haar ein Diadem. Über dem r. Arme wird wieder Fels sichtbar; darüber etwas wie der Rest eines Armes in viel größeren Dimensionen.

Rohe Arbeit.]

[**3383. Vigna del Pigno.**

S.-Fr. Groß. Obertheil einer anscheinend männlichen nackten Figur, n. l.; den Ellbogen aufgestützt, den Kopf mit reichem, hinten in einen Knauf gesammeltem Haar und Lorbeer(?)kranz n. r. gewandt (Apollon?). Dahinter ein Vorhang, der an einer Pinie befestigt ist. Vor dieser, durch Fels von der vorigen Figur getrennt, ein rechter, auf einen Stab(?) hoch aufgestützter, bis zum Handgelenk bekleideter, männlicher Arm.]

[**3384. Dr. Klügmann.**

S.-Fr. L. Ecke. Erhalten ist nur die Eckfigur einer Nike bis oberhalb der Kniee, mit großen nach beiden Seiten streichenden Flügeln, den feinen Kopf n. r. gesenkt. Sie trägt den attischen ärmellosen geschürzten Chiton; das Haar ist hinten in eine kleine attische Haube gefasst, und außer von der diese Haube haltenden rundum laufenden Binde noch durch eine zweite quer über den Kopf gelegte zusammengehalten; ihr r. Unterarm ist erhoben, der l. gesenkt (die vordere Hälfte des Unterarmes mit der Hand fehlt). Die Nbs. zeigt unter den Flügeln der Nike nichts, auf der Vorderseite dagegen wird noch eine gesenkte männliche r. Hand mit entblößtem Schwerte und etwas Unterarm sichtbar, an die Schwerthaltung des über die Erinyen wegschreitenden Orestes erinnernd.

Ein ähnliches noch unerklärtes Fragment befindet sich im Akropolismuseum zu Athen (L. v. Sybel, *Katalog u. s. w.* Nr. 6146).

Schöne Arbeit.]

[**3385. Stud. Jerichau.**

S.-Fr. R. und unten unvollständig. L. ein Pfeiler, auf den zur Neben- wie zur Vorderseite je ein Bogen setzt; außerdem trägt er

eine Vase. Aus dem Bogen auf der Vorderseite hervor kommt ein
Mann, nackt bis auf die Chlamys, welche nach hinten niederfällt,
und an der r. Hüfte wieder vorkommt; l. Arm nieder (Puntello
am l. Oberschenkel); die r. Hand vor der Brust an der Chlamys:
Kopf und Hals fehlen, ebenso die Beine großentheils; er macht Halt, und
steht wie ausschreitend n. l. R. vom Rücken gesehen, n. r. gewandt, ein zweiter nackter Mann, mit Schwertband und über den
l. Unterarm niederhängendem Gewande; Kopf, r. Arm und Beine fehlen
großentheils. Zwischen beiden in der Mitte wird im Hgr. der Kopf
eines dritten n. r. gewandten Mannes in Chlamys sichtbar. Man
denkt zunächst an eine Alkestis- oder Protesilaoscomposition.]

[3386. P. Castellani.

S.-Fr.*) N. l. wie verwundet hingestreckter jugendlicher Mann,
nackt bis auf die Chlamys; im l. Arme ein Speer. Kopf und r. Arm
fehlen.]

3387. Stud. Altini. ○

S.-D.-Fr. An beiden Seiten und unten gebrochen. Im Hgr. Fels.
Ein bis auf einen schmalen Schurz völlig nackter männlicher Leichnam ist kopfüber so gestürzt, dass man ihn vom Rücken sieht.
R. davon n. r. gewandt eine männliche Figur in gegürtetem Chiton; Gesicht und Arme sind zerstört.

3388. S. Paolo f. l. m.

S.-Fr. H. 0,55; Br. 0,40. L. unvollständig. Ein nackter junger Satyr trägt n. l. auf dem Nacken ein Böckchen, dessen über die
Schultern geworfene Beine er packt; ein kleinerer nackter, doch,
wie es auch noch bei der Zerstörung des Reliefs scheint, bärtiger
Mann schreitet, den l. Fuß vorsetzend, n. r. vor; der Blick ist in
die Höhe gerichtet, ebenso waren die Arme gehoben, als wolle er
einen schweren Gegenstand mit Anstrengung in die Höhe drängen.
Aus einer deutlich angegebenen Felshöhle kommt ihm ein Thier
entgegen, das man nach dem Halsbande, welches es trägt, und
nach der Größe als einen Hund anerkennen muss. Über dem
Kopfe des Mannes erscheint noch n. r. gewandt eine weibliche
Figur im ärmellosen dorischen Chiton, die den l. Arm erhebt.
[L. unten Unterschenkel eines n. l. fortschreitenden Mannes.]

3389. Stud. Canova.

S.-Fr. R. Ecke. L. und r. gebrochen. Ein 'starker nackter Mann

---

[*] Von Matz liegt nur eine Bleistiftskizze vor.]

mit gewaltigem Brustkasten (Gesicht zerstört) ist n. l. rücklings auf die Erde gefallen: mit der l. Hand stützt er sich auf den Boden, den r. Arm hebt er. Eine andere Figur, von der sonst nichts erhalten, legt die Hand auf diesen Arm (vgl. die Zerreißung des Pentheus). Über dem Kopfe erscheint ein bärtiger Satyr (?) mit Nebris, der die R. über den Kopf zurückbiegt, wie um zu einem Schlage auszuholen. Über ihm erscheint wieder ein Dritter, [ebenfalls bärtig und ältlich]. — R. Nbs.: Rest eines n. r. schreitenden Mannes mit Chlamys.

[3390. V. Aquari.

S.-Fr. Oberkörper einer n. r. sitzenden Frau, auf dem Kopfe einen Pinienkranz, n. l. in die Höhe blickend; Locken fallen auf die Schultern; das Gewand ist von der r. Schulter herabgesunken; der l. Arm scheint mit dem Ellbogen aufgstützt zu sein. Über ihrem l. Arme wird im Hgr. eine kleine nackte männliche Figur e. f. sichtbar, mit einem Lagobolon im r. Arme; Kopf fehlt; (Satyr?.)

[3391. V. Wolkonsky.

S.-Fr. Ecke eines großen S. Auf der Hauptseite ist links allein noch erhalten der Vordertheil eines Kentauren, bärtig, das Haar in's Gesicht hängend, mit stark angedeuteten Augensternen und wildem Gesichtsausdruck. Der Kopf ist n. r. gewandt. Über die l. Schulter hängt ihm ein Gewandstück; die l. Hand legt er auf die r. Schulter, in der l. Hand scheint er etwas gehalten zu haben, doch ist dieselbe größtentheils weggebrochen. Unten eine kleine nackte männliche Figur (nur bis zum Oberschenkel sichtbar) n. l. schreitend, r. Arm erhoben, l. nieder; es läuft vielleicht ein Fell von der r. Schulter zum l. Schenkel.

Nbs.: Jugendlicher Seekentaur, n. r. über die Wogen sprengend, wobei er eine lange Muschel bläst, die er mit der L. fasst. R. Arm und Seite fehlen.]

SARKOPHAG·FRAGMENTE,
WELCHE ZU ZERSTÖRT SIND, UM CLASSIFICIRT WERDEN ZU KÖNNEN.

3392. P. Castellani.

S.-Fr. Figur der Tellus mit Schlangenhalsband n. r. Nur Kopf und Oberleib sind erhalten.

3393. V. Panfili.

S.-Fr. Tellus (?) n. r. gelagert. Das zurückgestrichene Haar bekränzt, um den Hals ein Schlangenhalsband, das vorn zusammengeknotet ist. Deutliche Schuppen.

3394. Vigna Codini.

S.-Eckstücke. Von der Vorderseite sind noch die sich entsprechenden Eckfiguren erhalten; sie stellen beide Male eine ruhig stehende Gestalt im langen einfachen ärmellosen, unter der Brust gegürteten Chiton dar. Der Blick der zur L. ist n. r. oben gewandt; sie legt die L. an's Ohr, wie um zu lauschen [sie bedeckt vielmehr das Ohr], mit der R. umfasst sie eine auf der Erde stehende brennende Fackel. Das Motiv der Figur zur R. ist genau dasselbe. Beider Haar ist lockig.

Nbss.: Greife.

3395. V. Panfili.

S.-Fr. Auf dem erhaltenen Stücke der Vorderseite: Eine geflügelte Victoria (das Gewand geht von der l. Schulter über den Rücken und ist bei der r. Hüfte nach vorn gezogen), das l. Bein aufgestützt, der r. Arm vorgestreckt (gebrochen): sie scheint auf einen Schild geschrieben zu haben, von dem ein Stück, auf einen

runden bekränzten Cippus gestützt, vor ihr noch erhalten ist.
[Neben ihrem r. Fuße eine kegelförmig sich zuspitzende Erhöhung.]

L. Nbs.: Ein Eros, n. r. schreitend, hält mit beiden Händen
vor sich eine Fackel und sieht sich n. l. um. Vor ihm steht ein
Baum.

Gewöhnliche Arbeit.

[3396. P. Colonna.

S.-Fr. L. und r. unvollständig. Brustbild eines unbärtigen jungen
Mannes in Tunica und auf der r. Schulter befestigtem Mantel, der
mit den beiden ersten Fingern der r. Hand eine Schriftrolle berührt, welche die l. hält. Hinter ihm ein Vorhang, der von zwei
Knaben in Chlamys gehalten wird: nur noch der l. ist erhalten;
derselbe hat den Vorhang über den Nacken genommen und fasst
den Zipfel über der r. Schulter mit der r. Hand. Links von letzterem eine Pinie, darunter ein Fruchtkorb, auf dem ein Vogel sitzt.]

3397. P. Rondinini.

S.-Fr. L. und r. unvollständig. Zwei Jünglinge, von vorn gesehen, heben mit der einen Hand den Zipfel zweier Tücher empor,
deren Träger an den anderen Ecken verloren gegangen sind. Sie
sind nackt bis auf die über den Rücken hängende Chlamys; den
Kopf bedeckt ein flacher Hut. Zwischen beiden hockt, wie es
scheint tiefbetrübt, an der Erde eine kleine nackte Knabenfigur;
das r. Bein ist aufgestützt, der Kopf ruht in der r. Hand, indem
der Ellbogen sich auf das r. Knie aufstützt.

[Der Jüngling links ist von den übrigen Figuren getrennt und
nur jetzt damit in dieser verkehrten Weise vereinigt; er war ursprünglich dem jetzt zur R., ursprünglich zur L. befindlichen entsprechend r. aufgestellt, sodass der jetzt fehlende Vorhang zwischen
beiden sich befand. Der (jetzt) zur R. hält in der R. einen kleinen runden jetzt unklaren Gegenstand empor.]

[3398. V. Panfili.

S.-Fr. Erhalten nur der obere Theil einer Frauengestalt, das
Gesicht Porträt. Das Hinterhaupt ist verschleiert. Die Frisur
[weist in die zweite Hälfte des dritten Jahrhunderts].

[3399. V. Borghese.

S.-Fr. Erhalten ist nur der etwas n. r. geneigte e. f. gesehene Kopf
einer Frau, so eingehüllt, dass nur Augen und Nase sichtbar werden.

Nicht späte Arbeit.]

[**3400. V. Tomba.**

S.-Fr. R. unvollständig. Obertheil eines Mannes in langärmeligem Chiton, wüstem Haar und Barte, n. r. gewandt, unter der
l. Achsel, wo auch die r. Hand liegt, wie es scheint unterstützt;
der l. Arm ging nieder. Man würde an einen Hirten, etwa von
der Nbs. eines Endymion-S.'s denken, wenn nicht vor ihm der
Rest eines Pfeilers erhalten wäre.]

Noch unvollendet, und nicht zu erkennen.

3401. P. Valentini.
[Vgl. Benndorf-Schöne, *Lateran* S. 348.]
s. Die Vorderseite des Sarkophags ist [durch glatte korinthische Säulen] in sechs Nischen abgetheilt, die abwechselnd von
Bogen und von dreieckigen Giebeln überspannt sind; die Figuren,
die in den Nischen stehen sollten, sind noch nicht ausgeführt,
sondern im Marmor ausgespart.
[Nbss. glatt.]

PASTICCIO.

3402. P. Barberini.
S.-Frr. Ein geflügelter Eros mit gesenktem r. Arme steht n. r.
Das Wunder der Brotvermehrung; r. davon, n. r. gewandt,
Eva, wohl aus der Schöpfungsgeschichte.
Ein Eros n. l. [in einer Chlamys, die ihm auch die Lenden
bedeckt], libirt in die Flamme eines l. von ihm stehenden Altares,
auf dem Früchte. Hinter dem Altare ein bekränzter Eros, die
Doppelflöte blasend. [S. Nr. 2806—2810].

3403. P. Giustiniani.
[Abgeb.: *Gall. Giust.* II, 85.]
S.-Frr. Dass alte Theile auch zu der l. gebildeten Gruppe verwandt sind,
scheint mir unzweifelhaft. Leider ist das Relief so geschwärzt und war die mir
zu Gebote stehende Leiter so niedrig, dass ein ganz sicheres Urtheil nicht möglich.

Die Arme und Beine [und der Kopf] des nackten Weibes, welches ein bärtiger, sich mit der L. auf einen Speer aufstützender Mann erhebt, sind angesetzt; das Gesicht ist nicht n. r., sondern n. l. gewandt. Wahrscheinlich ist, um diese Figur hinten zu befestigen, dem Manne selbst das unklare, vielleicht nur von Stuck gebildete Gewandstück um den Leib gegeben; [scheint auch mir aus Stuck; der bärtige Kopf ist alt, und zeigt so deutlich den Hadestypus, dass ich nicht anstehe, in der Composition ein Stück Koraraub (s. Nr. 3058—3056) zu erkennen]; der untere Theil der Beine ist modern. Vielleicht auch der nackte Speerwerfer im Hgr. Die Amazone, die, n. l. schreitend, ein Pferd in der gleichen Richtung fortreißt, gehört mit Bestimmtheit einem Sarkophage mit Darstellung der Penthesileia an; [modern sind Kopf, Unterbeine, r. Arm und l. Hand; s. Nr. 3351—3359]. Der Kopf des zwischen ihren Beinen sichtbaren hingestürzten Kriegers, der sich mit der L. aufstützt und in der R. ein Schwert hält, ist modern. Antik bis auf das vorgesetzte l. Bein ist auch im Wesentlichen der Krieger, der, aus dem Hgr. hervorkommend, im l. Arme einen (zur Hälfte modernen) Schild, gegen das Ross der Amazone ein Schwert schwingt. Dagegen scheint das zweite oben im Hgr. zum Vorschein kommende Pferd modern.

3404. V. Giustiniani. ○
[Abgeb.: *Gall. Giust.* II, 76.]
Beschr. von Zoega A. 297 (kurz).

S.-Frr. I. Ganz zu trennen von den übrigen Gruppen ist diejenige linker Hand: An eine bärtige Satyrgestalt im kurzärmeligen Chiton, über den ein Thierfell gebunden ist, schmiegt sich von r. ein Jüngling, nackt bis auf die Chlamys, die einen Theil seiner l. Schulter bedeckt; der l. Arm ist gesenkt, der r. umschlingt den Nacken des Alten. Nur der obere Theil der Figuren, etwa vom Nabel an, ist antik; der obere Theil beider Köpfe und das Gesicht des Jünglings sind restaurirt: die Satyrohren scheinen unzweifelhaft (nach Zoega Marsyas und Olympos, was wohl recht zweifelhaft ist). Zu diesem Theile des Reliefes gehört noch die Felspartie, über der ein nackter bärtiger Gebirgsgott erscheint. Um die Brust läuft eine Fichtenguirlande, der Blick ist entschieden n. r. gerichtet, der l. Unterarm ist neu: (Arbeit nicht übel); in der R. hebt er das Lagobolon. — Nichts mit dem beschriebenen Relief hat zu thun

II. das Stück, welches von r. angerückt und der kalydonischen Jagd entlehnt ist [s. Nr. 3236—3265]. Der Eber bricht von r. wie gewöhnlich hervor. Von derselben Seite sucht ihn ein Jüngling, nackt bis auf die Chlamys, mit dem Speere, den er in der R. schwingt, zu treffen (sehr schlechte hölzerne Arbeit). Ein Theil des Grundes um den vorderen Theil des Ebers mit seinen Füßen ist modern.

III. Ein drittes nicht zugehöriges antikes Stück, das über dem Kopfe des Ebers erscheint, enthält Kopf und Brust einer Jünglings-

figur. die auf dem Rücken, nach Art des guten Hirten, ein Böckchen trägt: wohl von einem Jahreszeiten-Sarkophag [s. Nr. 3005
— 3035].

3405. V. Giustiniani. ○

[Abgeb.: *Gall. Giust.* II, 77.]

S.-Frr. I. Auf einem Sessel mit gekreuzten Beinen sitzt eine
Frau im ärmellosen gegürteten Chiton, die unteren Partieen des
Körpers mit einem Obergewande bedeckt; das r. Bein ist etwas
eingezogen; sie griff mit der R. in die Saiten einer Lyra, von de-
nen der untere Theil antik ist. Ein Kind im einfachen gegürteten
Chiton lehnt sich an ihren Schoß und scheint die Lyra mit der L.
zu unterstützen. Die Köpfe beider Figuren sind modern, ebenso wie der
Grund, in den die Figuren eingelassen sind.

II. Nicht zugehörig ist der in der r. Ecke knieende nackte Satyr mit
Rückenschwänzchen, der, den Blick in die Höhe richtend, in der L. das untere
Ende eines oben gebrochenen Thyrsos (?) hält. Die Reliefhöhe dieses Bruch-
stückes ist sehr stark.

3406. P. Mattei.

[Abgeb.: *Mon. Matth.* III, 42, 2.]

Beschr. von Zoega A. 346, 13.

S.- und R.-Frr. Die Platte besteht aus verschiedenen Stücken (Zoega:
»pasticcio di molti pezzi disparati presi almeno da cinque monumenti«), die
durch die beifolgende Skizze sich verdeutlichen lassen:

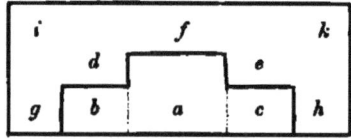

Bei *a*: Brustbild eines älteren [bartlosen kurzhaarigen] Mannes vor einem
von zwei fackeltragenden Eroten gehaltenen Vorhang. Die zur Seite (*b*, *c*)
gelagerten weiblichen Gestalten sind auf Reliefplatten gebildet, die, wie die
Commissuren deutlich machen, nicht zu der mittleren höheren Platte gehören.
Links bei *g* steht Dionysos, jugendlich, mit nacktem Oberkörper, in der R. den
Thyrsos (Zoega: »molto ristaurato nelle estremità, senza alcuna circostanza no-
tabile«); über ihm erscheint (*i*) Kopf und Brust einer jugendlichen Figur
[Bacchantin?] mit kurzen Ärmeln, in der L. einen nicht bestimmbaren Gegenstand, der das Aussehen dreier Knollen hat. Bei *h* sitzt auf einer stark gerun-
deten Kugel ein nacktes Weib, die L. gesenkt, mit der R. ein sich bauschendes
Tuch hebend, in dessen Falten sie hineinblickt; die Sohlen der geschlossenen
Füße befinden sich im Mittelpuncte eines Rades (Zoega: »era anticamente forse
una Nereide o simil figura; tutti gli attributi sono moderni«). Über ihr (*k*)
eine nackte jugendliche männliche alterthümlich gebildete Figur mit stark vor-

springender Brust und ebenso ausgebildeten Glutäen, das Haar in steife Locken gelegt; in der r. erhobenen Hand hielt sie einen Gegenstand von der Form einer arabischen Acht (Rest eines Kerykeion?); was die L. hielt, ist nicht mehr zu erkennen; [die Zugehörigkeit dieser Hand zu der Figur wird durch eine durchgehende gerade Commissur sehr zweifelhaft]. Bei *d* und *e* sitzen sich gegenüber zwei Togati, in der einen Hand eine Schriftrolle; was die unbärtige zur L. (*d*) in der L. hielt, lässt sich nicht bestimmen; die bärtige (*e*) hält in der L. eine halbgeöffnete Rolle (Zoega: »sembrano appartenere unitamente a qualche congiario«). Bei *f* vor einem Vorhange zwei gleichfalls, wie es scheint, mit der Toga bekleidete Figürchen (Zoega: »marito e moglie, presi da qualche altro sarcofago«; [scheinen mir zwei Frauen].

3407. P. Mattei.

[Abgeb.: *Mon. Matth.* III, 41.]

Beschr. von Zoega A. 347.

Zusammengesetzt aus zurechtgeschnittenen Stücken, wie die glatten Commissuren zeigen. Zunächst gehören sicher zusammen die drei ersten Figuren links. Ein bärtiger Mann in gegürteter Tunica [in regelmäßige Falten gelegtem Mantel auf der l. Schulter] und Stiefeln schreitet in Begleitung von Frau und Kind n. l., wohl von einem Sarkophage mit Darstellung von Gefangenen, die vor den Feldherrn geführt werden [s. Nr. 3332—3337]. Was das Kind in der R. hält, ist nicht mehr zu erkennen [wie es scheint, ein Thier]. Für sich zu nehmen und durch deutliche Fugen von der Umgebung getrennt ist ein Mädchen mit der Acerra [Kopf modern]. Dasselbe gilt von der Togastatue auf dem Piedestal [neu r. Unterarm und l. Hand; der Kopf ist abbozzirt], und der Statue des Zeus [Zoega: »Esculapio« [was mir gewiss scheint; der r. Arm mit etwas von der Schulter ist angesetzt]) auf einer Säule: der Blitz in der R. nicht deutlich (Zoega: »la colonna è moderna di pianta«); [doch ist die oblonge Basis der Säule, vorn mit einem von Bukranien herabhängenden Kranze geschmückt, wieder alt]. Dann ein libirender Haruspex mit einer Rolle in der L.; er besteht mit dem brennenden Altare [vor ihm] aus einem Stücke. Der [den Altar schmückende] auf dem Delphin reitende Eros ist durchaus deutlich; [aber nur modern verwandt zur Ausfüllung der weggebrochenen ganzen unteren Hälfte des runden Altars, mit einem Stücke Grund; ob dieser letzte viereckige Ausschnitt neu ist, weiß ich nicht]. Endlich gehören zusammen zwei bärtige mit kurzer Toga bekleidete, in Conversation begriffene Männer [r. von denen ein korinthischer Pfeiler].

3408. P. Mattei.

Beschr. von Zoega A. 347, 18.

S.-P. An den Enden rund. Zwei symmetrisch von l. und r. herbeischwebende Eroten halten einen Clipeus, in welchem sich das

Brustbild eines unbärtigen Mannes befindet. Gerade unter dem
Schilde steht mit gekreuzten Beinen ein Eros, der die R. oben an
einen Schilfstengel legt [und in der L. eine Tänie hält]. L. liegt
Oceanus mit Ruder, [ausfließender Urne und Krebsscheeren im
Haare]; r. Tellus mit Füllhorn: auf beide kriechen zwei Kinder
zu. R. ist ein dicker glatter, von einer Schlange umwundener
Stab deutlich sichtbar: Zoega: »una gran torcia [ja!] avvolta dalle
spire d'un serpe«. Zu den Füßen des Oceanus ein Seedrache. In
der l. Ecke ein Satyr, der, im Tanzschritt sich n. r. bewegend,
eine Flöte bläst. In der r. Ecke ein zweiter, e. f. stehend, der
den r. Arm erhebt. Die übrig bleibenden Figuren links (eine) und
rechts (zwei) sind zur Verlängerung der Relieftafel angefügt, gehören aber vielleicht einem und demselben ovalen Sarkophage an.
L. springt zu einem Satyr, der n. r. schreitet, ein Hund in die
Höhe. Im Hgr. eine Pinie. R. eine Mänade, n. l. schreitend,
im l. Arme eine Doppelflöte. Ein Satyr tanzt n. r. sich umsehend.
Beider Blicke begegnen sich.

3409. V. Medici.

Kurz notirt von Zoega A. 372.

S.-Frr. I. Zunächst Fragment einer Hochzeitsdarstellung (?): Ein
Togatus [e. f., den breiten Streifen über der Brust], den Kopf etwas
n. l. gewendet, die R. etwas erhoben; [beide Hände fehlen]. Links
von ihm, etwas mehr im Hgr., ein zweiter gleichfalls mit der Toga
bekleideter bärtiger Mann (n. r.); vor diesem die Reste einer mit
einer kurzen Tunica bekleideten Kinderfigur, die n. l. eilt; die L.
war gehoben, die R. gesenkt. Weiter r., die Ecke bildend, ein
[als] schlanker geflügelter Jüngling [gebildeter Eros] e. f., den l.
Arm vorgebogen, den r. gesenkt (Kopf fehlt); gerade über ihm die
Reste einer geflügelten e. f. gebildeten Figur, wahrscheinlich im
Begriff, ihn zu krönen.

II. Amazonenkampf: Eine verwundete, ermattet in's r. Knie
gesunkene Amazone e. f., Kopf n. l., die man sich wahrscheinlich
von einer jetzt fehlenden l. stehenden Figur gezerrt zu denken hat.
Ein bärtiger Krieger n. r., eine Amazone vom Pferde reißend.
Eine dritte ist [n. l.] in's Knie gesunken und deckt sich n. r.
oben mit dem Schilde. Gegen eine vierte gleichfalls knicende
schleudert von oben herab ein jugendlicher Krieger seine Lanze.
[Unter'm Pferde noch eine niedergestürzte Amazone, auf dem r.
Arme ruhend, die l. Hand im Schmerz erhoben]. In der r. Ecke
eine weibliche Figur im langen geschlitzten, das eine Bein ent-

blößt lassenden Chiton: der r. Arm ist gesenkt, der l. erhoben. Anscheinend ist sie geflügelt: die Figur, größer als die übrigen. war wohl Eckfigur des Sarkophages: [Kopf, r. Bein und r. Unterarm neu].

3410. S. Paolo f. l. m.

S.-Frr. Durch einen Pfeiler sind zwei Scenen getrennt: von der zur L., die wohl eine Jagdscene war, ist nichts als der Kopf eines n. l. sprengenden Hundes erhalten [fand ich nicht mehr]. R. von dem Pfeiler sitzt n. r. eine junge Frau im doppelten Gewande mit Lyra und Plektron. L. hinter ihr steht ein Mädchen. eine Schale (modern?) haltend. Über ihr erscheint eine Flötenbläserin.

Von l. oben ist ein Relieffr. angerückt von gleicher Arbeit und vielleicht zu der ersten Scene gehörig, darstellend ein n. r. sprengendes Pferd, das ein Jüngling mit Chlamys zurückzuhalten sucht.

Nicht zu entscheiden vermochte ich, ob ein darunter eingemauerter fragmentirter Reliefstreifen zugehöre oder abzulösen sei [sicher abzulösen]: L. ein großer Panther [n. l. sprengend], r. davon zwei Jäger in viel kleineren Figuren auf der Hirschjagd [n. r.].

SARKOPHAGDECKEL, ECKMASKEN UND UNTERBALKEN.

3411. P. Farnese.

[Vgl. Furtwängler, *Bull. dell' Ist.* 1877, 125.]

S.-D. L. 2,05. Der Deckel ist als Kline gebildet. Auf ihm ist ein Ehepaar gelagert. Der Oberleib des den Gesichtszügen nach älteren, kurzbärtigen Mannes ist nackt. Um den Hals trägt er eine Hypothymis, die auf die Brust herabhängt; in der L. einen Skyphos, [die R. ist um den Nacken der Frau gelegt]. Als Unterlage dient ihm ein Löwenfell. Hinten liegt ein flacher kurzer Köcher. aus dem Pfeile hervorragen, [sowie eine Keule]. Die Frau ist mit

einem gegürteten [ärmellosen] Chiton bekleidet; sie hält in der r.
Hand einen Kranz; [der l. Unterarm ist zum Kopfe geführt]; den
Kopf bedeckt eine Perrücke, [Haartracht der Plautilla]. Am l. Ende
der Kline sitzt ein bekleidetes Knäbchen (Kopf fehlt), in der R. eine
Traube, die L. auf einen Vogel gelegt.

Rohe Arbeit.

3412. P. Lepri-Gallo.

s.-d. Der Mann, der sich mit dem l. Ellbogen aufstützt, trägt
ein griechisches Himation, das den Oberleib frei lässt; in der
Hand hält er einen Skyphos, den r. Vorderarm legt er um den
Nacken einer vor ihm gelagerten Frau im leichten Chiton, der von
der r. Schulter gleitet. Ihre Beine deckt ein. Mantel. Auch sie
stützt sich auf den l. Ellbogen auf.

Es fehlt an der Frau der r. Unterarm; die Köpfe beider scheinen neu.

3413. P. Aldobrandini.

s.-d. Von ungewöhnlich großen Dimensionen. Mann und Frau sind
n. l. gelagert; er trägt eine Tunica mit Halbärmeln mit darüber
geworfenem Mantel. In der l. Hand (der Ellbogen ist aufgestützt)
der Skyphos (der Kopf fehlt jetzt). Vor ihm die Frau in unter der
Brust gegürteter Tunica mit genestelten Halbärmeln, den l. Ellbogen auf ein reich gesticktes Kissen aufstützend, [den r. Arm um
den Nacken des Mannes gelegt] (Kopf und l. Unterarm fehlen). Am
Fußende sitzt ein sehr zerstörtes nacktes Knäbchen.

3414. P. Massimi.

[Vgl. Visconti, *Mus. Pio-Cl.* IV, 110, 2.]

s.-d. L. 1,65. Beide sind n. l. gelagert. Der Mann hat den
l. Ellbogen aufs Kissen gestützt, in der Hand hält er das Fragment einer Schale. Vor ihm die Frau im [ungegürteten] ärmellosen [vielmehr genestelte Halbärmel] Chiton, der von der r. Schulter herabgeglitten ist. Auch sie stemmt den l. Ellbogen auf ein
Kissen. Mit der R. fasst sie den Zipfel ihres Obergewandes, [es
ist das des Mannes, das auch ihre Beine bedeckt]; Köpfe fehlen.

3415. P. Sciarra. ○

s.-d. Die Kline ist auf drei Seiten mit sehr hohen Lehnen
nach Art unserer Sophas versehen. Auf ihr liegt ein Mann in Lgr.
mit keilförmigem Barte; in der L. hält er eine Schale, mit der

R. berührt er die sein Haupt umgebende Corona tortilis. Das
l. Bein ist unter das ausgestreckte r. geschlagen. Am Ende des
Lagers war, wie ein runder, roh ausgemeißelter Ausschnitt bezeugt,
etwas eingelassen.

3416. V. Corsi-Stolzi. ○

[S.-D.] Ein alter unbärtiger Mann liegt n. l. gestreckt, die
Beine in einen Mantel eingeschlagen, auf seinem Lager. Der
l. Ellbogen ruht auf einem Kissen, in der Hand hält er einen
Becher; in der rechten hält er einen zusammengenommenen Kranz
mit sparsam vertheilten Blumen und Blättern. Der aufgesetzte
Kopf ist n. r. gewandt.

3417. P. Gabrielli.

S.-D. Auf dem Deckel liegt eine schlafende, n. l. gestreckte
weibliche Figur im ärmellosen, unter der Brust gegürteten Chiton.
Über die Beine ist ein Mantel geworfen. Die Hände sind gebrochen. Die Frisur [des dritten Jahrhunderts. Die r. Hand hielt
etwas Längliches, jetzt Weggebrochenes: Mohn?].

3418. P. Mattei.

In Marini's Scheden ex ms. Ioannis Capotii in Bibl. Card. Alex. Albani: »In SS.
Sergii et Bacchi«; in Sarti's Scheden: »nel palazzo Mattei«.

K.-S.-D. Auf einem viereckigen Kinder-Sarkophag mit Inschrift ein ovaler nicht zugehöriger noch kleinerer Deckel. Auf
diesem ist eine weibliche Figur gelagert, die sich mit dem l. Ellbogen aufstützt. Kopf, Hals und Arme fehlen. Vor ihr kriechen eine
Eidechse (?) und Schildkröte. L. liegt ein umgestürzter Blumenkorb mit Primeln.

[Die Inschrift ist auf der Vorderseite des Sarkophages so angebracht, dass
links steht:

IN · FR · P · XIX
IN · AG · P · XIII

rechts:

M · LIVIVS · M · F
CASSIVS
CLODIANVS
FILIA · P ·

dazwischen, von zwei Pfeilern eingeschlossen, sich ein jetzt nicht mehr vorhandenes Rundbild befand.]

[3419. V. Altierl.

S.-D. a. M. Nach l. gelagerte Frau. Der l. Ellbogen ist auf den Felsen gestützt, auf dem die Gestalt ruht; die l. Hand ruht an einer mit der Mündung nach vorn liegenden Amphora, die r. Hand vor der Brust in der Gegend der l. Schulter. Ein Gewand bedeckt die Beine und zieht sich hinten herum und über den l. Arm. Der Kopf zeigt ältliche Porträtzüge mit der gewöhnlichen Frisur des dritten Jahrhunderts.

Die Arbeit dieser gewissen Nymphentypen entlehnten Figur ist äußerst schlecht. Vielfach gebrochen, doch in allem Wesentlichen alt.]

[3420. V. del Grande.

S.-D. In Lgr. liegt n. l. eine Frau in Chiton mit Halbärmeln, und Mantel um die Beine. Die L. liegt vorn am Gewande. Das l. Bein ist angezogen, die r. Hand ruht auf dem r. Knie. Ergänzt ist der Kopf.]

[3421. V. Caracciuolo.

S.-D.-Fr. Eine Frau lag auf dem Deckel n. l.: erhalten ist nur ihre l. Hand mit etwas Gewand und ein Kranz. Neben ihr rechts auf dem Rande des Lagers liegen zwei Eroten; der hintere faßt den vorderen über der r. Schulter, als suche er ihm sein Gewand wegzuziehen, dieser sieht sich zärtlich zu ihm um.

Das Motiv ist besser, als die Ausführung.]

[3422. Catacombe di S. Callisto.

K.-S.-D. Grauer quarziger M. N. l. liegt auf der l. Seite die bis auf die fehlenden Füße vollständige Figur (gr. L. 0,71) eines Mädchens in einem Untergewande, von dem merkwürdigerweise auch der r. Arm bedeckt wird, während der l., dessen Hand den auf dem Kissen ruhenden Kopf im Schlummer unterstützt, nackt ist; die Figur ruht außerdem auf einem Mantel, welcher an ihrer l. Schulter und Seite zum Vorschein kommt und die Beine bedeckt. Die ganze sonderbare Bekleidungsart ist durchaus mehr einer stehenden als einer liegenden Figur entsprechend. Die r. Hand ruht auf einem Häschen, das Trauben frisst. Der Kopf des Mädchens ist nur abbozzirt. Neben dem Kopfende, ebenfalls n. l., liegt ein kleiner nackter Eros, schlafend in der bekannten Stellung. Ob am Fußende ein ebensolcher war, ist nicht mehr zu entscheiden.

Das Ganze roh und flach.]

3423. P. Mattei.

Abgeb.: *Mon. Matth.* II, 64, 2.

K.-S.-D. Der Kopf des Mädchens ruht auf der Hand des im Ellbogen aufgestützten l. Armes; der r. Arm ist über den Leib gelegt, von der Hand hängt ein Kranz herab. Gekleidet ist die Figur in einen gegürteten ärmellosen Chiton, um den ein den Oberleib nicht weiter bedeckender Mantel geworfen ist. .

3424. V. Panfili. ○

K.-S.-D. Oval. Ein schlafender Knabe, die l. Hand unter den Kopf geschoben. Zu seinen Füßen ein umgestürzter Blumenkorb.

[3425. Catacombe di S. Callisto.

S.-D.-Fr. Bruchstück von der oberen Fläche des Deckels selbst, links und hinten weggebrochen, rechts mit rundem Abschluss.

Erhalten ist nur ein vorn rechts frei gearbeiteter kleiner Knabe, n. l. liegend und gegen eine Art Polster gelehnt, nackt bis auf die untergebreitete Chlamys, mit der R. einen Vogel gegen seine Brust pressend, die L. am Kissen. (L. des Knaben 0,195; gr. L. des ganzen Stückes 0,41.) Der Knabe liegt wie im Begriff, herunter zu gleiten, ist auch mangelhaft ausgearbeitet. Der ganze Deckel wird eine liegende, wahrscheinlich weibliche Gestalt getragen haben, welche von diesem Knaben und vermuthlich einem anderen zu den Füßen begleitet war. Vgl. z. B. einen S. im Vatikan (Zimmer des Torso), den S. Savelli-Torlonia, oder den Jagd-S. im neuen capitol. Museum.]

[3426. Basil. di S. Petronilla.

S.-D.-Fr. Gr. L. 0,56; gr. H. 0,45. R. Ecke. R. Ende einer Kline mit höher als Delphin geformter Seitenlehne; ein hohes Polster bedeckt die Kline, auf dem vermuthlich die ausgestreckte Todte lag. Erhalten ist nur die Figur eines wie auf der Außenseite des Polsters n. l. gelagerten und unter dem l. Arme unterstützten Eros, den r. Arm über den Kopf, in der niederhängenden L. das obere Ende einer umgekehrten brennenden Fackel haltend.]

[3427. Catacombe di S. Callisto.

S.-D.-Fr. Bärtiger Kopf, welcher die Ecke eines großen S.'s bildete. Das Gesicht ist ganz glatt und weiß polirt, das Haar reich und rauh behandelt. Es fehlen Mund und Kinn, sowie der obere Theil des Schädels. Dieser Kopf und alle die vielen ähnlich behandelten gehören in den Ausgang des zweiten und den Anfang des dritten Jahrhunderts. Am nächsten liegt unter andersartigen Kunstwerken der Vergleich mit der neuen Büste des Commodus im Conservatoren-palast.]

[3428. Via nazionale 25.

S.-D.-Fr. Erhalten ist nur die l. Eckmaske: ein Kopf mit langen Locken und phrygischer Mütze; dann rechts in dreieckig abge-schlossenem Felde ein Gorgoneion c. f., als solches nur durch das strahlenförmig nach allen Seiten sich auseinandersträubende Haar kenntlich.]

3429. Vigna Codini.

S.-D.-Fr.? Nur die Ecke ist erhalten, auf der eine bärtige tra-gische Maske steht, durch welche Augen und Mund zu erkennen sind. [L. beim Übergange zum schrägen Dache noch eine kleine bartlose Maske mit weit geöffnetem Munde.]

[3430. V. Tomba.

S.-D.-Fr. Kleine Eckmaske. Tragische weibliche Maske; der Mund ist weit geöffnet; Mund und Augen durchgebohrt.]

[3431. V. Tomba.

S.-D.-Frr. Eckmasken. Drei verschiedene Masken jugendlicher bartloser Satyrn, den Mund etwas geöffnet; einmal niederblickend ohne plastische Angabe der Augen, das zweite Mal aufblickend.]

[3432. P. Merolli.

S.-D.-Fr. H. 0,17. Eckmaske, jugendlich männlich, mit phrygi-scher Mütze, unter der das reiche Haar und auch ein Stück Frucht-kranz über'm Ohr hervorkommt; das Gesicht ist satyrhaft, stark bewegt, der Blick emporgerichtet, der Mund geöffnet und die Zähne zeigend.]

3433. Via Florida 27.

S.-U.-B. Der Block hat eine beträchtliche Länge [Gesammtl. 0,70; H. 0,75; H. d. Relieffläche 0,40]; vorn ist ein nackter bärtiger halbknieen-der Mann gebildet, der beide Arme emporreckt, um eine Last zu tragen [vgl. *Lateran* 415. 427].

3434. P. Merolli.

S.-U.-B. Kopfstück eines solchen Balkens mit derselben Vor-stellung.

[3435. P⊃ della Consolazione 45.

S.-U.-B. Der eigentliche Körper desselben ist hergestellt durch Pflanzenvoluten, welche oben in ein rundes Bund zusammenlaufen. Die Vorderseite ist geschmückt mit der Reliefdarstellung eines jugendlichen Giganten, dessen Schlangenfüße wieder ihre eigenen Köpfe haben; mit der l. Hand umfasst er den einen derselben, mit der r. erhebt er hoch einen Stein zum Schleudern.]

[3436. Catacombe di S. Callisto.

S.-U.-B. Kniender bärtiger nackter Mann, der mit beiden emporgestreckten Händen etwas trägt. Blick n. r. Unten rechts ein rechteckiger Ausschnitt, der den größten Theil der Beine fortnimmt.]

[3437. Marmorata.

S.-U.-B., und zwar einer, der bestimmt war, vom Beschauer aus rechts zu stehen, da die Außenseite umrahmte Felderverzierung zeigt.

Auf der Kopfseite: Ein Eros, nackt, mit gekreuzten Beinen, unter der l. Achsel auf eine umgekehrte Fackel gestützt; die r. Hand ist zur l. Achsel geführt, die niederhängende l. hält einen Kranz.]

[3438. Vigna del Pigno.

S.-U.-B.? Gr. H. 0,19; Br. 0,21. Rechts und l. durch gerade Fläche abgeschnitten. In ziemlich flachem gutem Relief Victoria n. l., den Mantel von der r. Seite zur l. genommen und über den l. Unterarm zurückfallend, in dem ein Palmzweig ruht. Von den Knieen ab fehlend.]